关中山东方言岛
语言接触与演变研究

陈荣泽 脱慧洁 著

国家社科基金青年项目"语言接触下的关中山东方言岛语言演变研究"（13CYY018）结项成果

西藏民族大学及其"藏秦喜马拉雅人才发展支持计划·杰出青年学者"资助出版

目　录

绪　论 ·· 1
   第一节　关于"语言接触" ··· 1
   第二节　汉语方言间的接触研究 ·· 14
   第三节　关中地区的山东方言岛研究 ··· 25
   第四节　关中山东方言岛的分布及代表点 ······································ 27

第一章　关中山东方言岛及其源方言、关中方言音系 ···················· 34
   第一节　大李村及其源方言音系 ·· 34
   第二节　谭家村及其源方言音系 ·· 39
   第三节　马家庄及其源方言音系 ·· 43
   第四节　官路村及其源方言音系 ·· 48
   第五节　杨居屯及其源方言音系 ·· 52
   第六节　太平村及其源方言音系 ·· 56
   第七节　雷家寨及其源方言音系 ·· 60
   第八节　关中方言音系 ·· 64

第二章　关中山东方言岛与源方言、关中方言的语音比较 ············· 70
   第一节　关中山东方言岛与源方言、关中方言的声母比较 ················ 71
   第二节　关中山东方言岛与源方言、关中方言的韵母比较 ················ 81
   第三节　关中山东方言岛与源方言、关中方言的声调比较 ················ 93

第三章　关中山东方言岛与源方言、关中方言的词汇比较 …………… 96
 第一节　关于汉语方言间词汇比较研究的方法问题 ………………… 96
 第二节　关中山东方言岛与源方言、关中方言的名词比较 ………… 98
 第三节　关中山东方言岛与源方言、关中方言的动词比较 ………… 116
 第四节　关中山东方言岛与源方言、关中方言的其他词比较 ……… 122

第四章　关中山东方言岛与源方言、关中方言的语法比较 …………… 129
 第一节　关中山东方言岛与源方言、关中方言的词法比较 ………… 129
 第二节　关中山东方言岛与源方言、关中方言的句法比较 ………… 133

第五章　关中山东方言岛语言接触的制约机制 ………………………… 141
 第一节　接触首主体与关中山东方言岛的语言接触 ………………… 141
 第二节　接触次主体与关中山东方言岛的语言接触 ………………… 146
 第三节　接触关系与关中山东方言岛的语言接触 …………………… 152

第六章　关中山东方言岛语言接触的过程机制 ………………………… 155
 第一节　关中山东方言岛语言接触的结构过程机制 ………………… 155
 第二节　关中山东方言岛语言接触的功能过程机制 ………………… 163

第七章　关中山东方言岛语言接触的变化机制 ………………………… 170
 第一节　关中山东方言岛语言接触的结构变异机制 ………………… 170
 第二节　关中山东方言岛语言接触的结构演变机制 ………………… 178
 第三节　语言接触下关中山东方言岛结构演变的相关问题 ………… 193

参考文献 …………………………………………………………………… 199
附录　关中山东方言岛与源方言单字音对照表 ………………………… 207
后　记 ……………………………………………………………………… 314

绪 论

第一节 关于"语言接触"[①]

近十余年,"语言接触"已成为国内历史语言学、社会语言学、接触语言学等众多学科研究的热点,产出了不少有影响的论著。然而,从整体上看,语言接触的定义还存在不少分歧。本节立足于既有的相关研究,从语言接触的定义入手,在语言接触的分类基础上为本书的研究构建一个理论框架。

一、语言接触的定义

何为"语言接触"？由于研究视角、研究对象等的不同,国内外学者对"语言接触"这一概念有诸多表述。R. R. K. 哈特曼和 F. C. 斯托克（1981：77）认为,语言接触是"说不同语言的人经常相遇所引起的语言上的相互影响"。《中国语言学大辞典》编委会（1991：599）认为,语言接触是指操不同语言的人经常交往所引起的语言上的相互影响。戴维·克里斯特尔（2000：81）认为,（语言）接触是"指语言或方言之间地理上相邻接或社会上相邻近（因而互相影响）的状况"。戴庆厦（2004a：86）认为,"语言接触是指不同民族、不同社群由于社会生活中的相互接触而引起的语言接触关系"。何俊芳（2005：129）认为,语言接触是讲不同语言的人群由于交往所引起的语言在结构上和交际功能上的变化。曾晓渝（2008：490）认为,语言接触是"在一个环境内有两种或两种以上的语言（或方言）一齐使用,从而引起语言变异"。语言学名词审定委员会（2011：194）则认

[①] 本节的主要内容可以参看陈荣泽:《论语言接触与语言接触机制》,邢向东主编:《语言与文化论丛》（第二辑）,中国社会科学出版社,2020年,第162—178页。

为，语言接触是指"不同的语言或方言因接触而相互渗透、相互影响的现象"。张兴权（2012：5—6）在总结国内外学者关于"语言接触"定义的基础上认为，"语言接触指使用两种或多种不同语言或变体的个人或群体，在直接或间接接触过程中所发生的各种语言使用现象及其结果所产生的各种变化情况"。

从上述各种不尽相同的定义中可以看出，其实"语言接触"这一概念包含了接触主体、接触关系和接触结果三大要素。

首先是接触主体。接触主体关注的是谁与谁发生接触的问题。由上可见，在语言接触主体的表述上分为两种情况：一是不同的语言（或方言），一是说不同语言（或方言）[①]的人。邹嘉彦（2004：1）认为，"语言接触"在概念与术语方面实际上有可商榷的地方，因为"语言"不能自己单独接触，而是透过不同语言背景的使用者的直接接触才能接触的。语言是人类最重要的交际工具，人是语言的使用者和传播者，因此语言接触归根结底是由说不同语言的人的相互接触而造成的。所以，语言接触的真正主体是人，具体说来是个人或群体。但是，如果将接触主体仅简单地表述为"不同民族、不同社群"则不够准确，因为不同民族、不同社群并非一定有不同的语言。然而，将语言接触的主体表述为"不同的语言"也是合适的，因为它是"语言接触"研究的重点所在。为了区别这两个相关而不同的主体，我们将"说不同语言的个人或群体"称为"首主体"，将"不同的语言"称为"次主体"。

其次是接触关系。"接触"既是一种关系，又是一种状态，也是一个过程。语言接触，实则为语言间一种十分常见的关系类型。不同的语言一旦接触，那么语言之间就会产生各种联系。在以上的表述中，"相遇""交往""相邻接""相邻近""一齐使用"等，其实都是指不同语言发生了"接触关系"这一社会现实。而这种社会现实则是以一定状态存在的，正如戴维·克里斯特尔所说的"状况"，即语言的一种社会状态。而 Sarah G. Thomason（2014：1）的"语言接触是同时同地使用一种以上的语言"的定义也指的是一种状态。在概念的界定上，早先的表述都没有明确指出"接触"，而最近的表述中都直接使用"接触"，从而使对概念的

---

① 为使行文简洁，下文提到的语言接触的主体都只说"语言"，但也包括"方言"。

表述更为明晰。接触也是一个过程。在接触过程中，不同语言之间的接触会有接触方式、接触程度、接触强度等方面的不同。关于接触方式，张兴权在语言接触的定义中明确地将其分为"直接或间接接触"。当然，语言接触的方式是多种多样的，直接接触和间接接触也只是其中最常见的类型。

最后是接触结果。接触结果关注的是接触对语言产生的各种影响。从逻辑上讲，接触会对语言产生两种结果：一是接触对语言没有产生影响，一是接触对语言产生了影响。学界所倾力研究的是接触对语言产生的各种影响。在接触结果上，常见的表述有"影响""变异""变化"等。另外，语言接触的结果，既有语言结构方面的，也有语言功能方面的。从接触结果的表述上看，何俊芳、张兴权的表述较完备，且何俊芳的表述更为清晰。如果从语言结构和语言功能两个方面考虑，将语言接触的结果表述为"变化"较为妥帖。原因在于："变异"常用于共时的语言结构变化，"演变"多用于历时的语言结构变化，而"变化""影响"虽然都可用于结构、功能上，但是"变化"侧重于表述事物发展的结果，而"影响"侧重于表述事物间的相互作用。

综上，从接触主体、接触关系和接触结果三个方面看，可以将"语言接触"定义为：说不同语言的个人或群体在相互接触过程中引发语言在结构及功能上的变化。

二、语言接触的类型

分类，是指按事物的性质来划分类别，是人们认识、研究事物时常用的一种方法，其目的在于更便捷、更有效地把握事物，做到条分缕析。从不同的角度，根据不同的标准，学界对"语言接触"的类型进行了许多讨论。不过，以往的分类虽然有一定的标准，但是没形成一个明确的体系。我们认为，语言接触可以从其概念的三大要素来进行分类。

1. 接触主体的分类

这里的"接触主体"是指语言接触的次主体，即语言。首先，根据语言有无亲属关系，语言接触可以分为亲属语言之间的接触和非亲属语言之间的接触。周磊（2007：9）将我国的语言接触首先分为亲属语言之间的接触和非亲属语言之间的接触两大层次。其次，在同一语系中可以再分为相同语族语言的接触与不同语族语言的接触，相同语支语言的接触与不同语支语言的接触。再次，在同一种语言中，各方言之间也有远近亲疏的关系。就汉语而言，汉语方言之间的接触，大致分为官话区内不同方言之间的接触、官话方言与非官话方言之间的接触和非官话方言之间的接触三种类型（陈荣泽，2016a：126）。如果把汉语普通话视为一种特殊的方言，那么在汉语方言接触类型中还应该增加汉语普通话与方言之间的接触，而这一类型的接触受到学界的长期关注。

此外，语言的客观存在形式有口语和书面语两种。因此，语言接触有口语接触和书面语接触之分。口语与书面语在交际功能上存在显著差异，因而口语接触和书面语接触在接触方式和接触结果方面都存在较大的不同。因此，在讨论语言接触时还需要注意是何种语言形式的接触。

2. 接触关系的分类

在接触关系的分类中，惯常的分类是以接触方式为标准。因为接触方式会影响语言接触的过程和结果。所以，从接触方式上区分不同的语言接触也是极有必要的。陈保亚（1996：8）将语言接触分为自然接触和非自然接触，他认为，自然接触是指不同语言在同一空间的相互接触，非自然接触是指不是在同一空间展开的，而是在不同空间通过文字传播或文献翻译展开的接触。胡明扬（2007：4）认为，语言接触可以先分为直接接触和间接接触两类，直接接触指使用不同语言的人直接进行口头语言交际，间接接触指使用不同语言的人没有直接的口头语言交际，而只是通过书面语或现代通信媒体进行的间接交际。曾晓渝（2008：490）也做了类似的分类：直接接触（自然接触），如地缘接触、移民迁入等，这一般是人们生活方面的接触；间接接触（非自然接触），如远距离的文化、宗教、经济的交流；另外还有辗转接触。根据相关语言接触的历史和现实面貌，洪波、意西微萨·阿错（2007）将汉语与周边语言接触的方式分为跨地缘文化交流性接触、地缘接壤性接触和治化教育性接触三种基本类型，指出各种接触类型各有着不同的变异结果。这三种接触类型可以简化为直接接触和间接接触，地缘接壤性接触属于直接接触，而跨地缘文化交流性接触和治化教育性接触属于间接接触。

如果从接触程度的深浅来看，语言接触还可以分为"浅度接触""中度接触"

"深度接触"（曾晓渝，2013）。但是，在实际的研究中，多见的是"深度接触"的提法及其相关研究，而很少有"中度接触""浅度接触"的说法。不过，"浅度接触"是常有的，语言中的借词则是其显见的结果。此外还有"内部接触"和"外部接触"的分类，但所指不同。瞿霭堂（2004：58、59）将语言接触分为语言内部的接触和语言外部的接触两类：一个人头脑中两种或几种语言之间的相互联系、相互作用和相互影响，是结构层面上的接触，即语言内部的接触；一个人使用两种或多种语言，是指应用层面上的接触，是语言外部的接触。该分类是从接触发生的语言层面来划分的。黄晓东（2006）以汉语方言岛为特定研究对象，从接触发生的地域空间角度，将语言接触分为内部接触和外部接触：内部接触指方言岛内的居民所操方言存在一定差异，在语言交际中逐渐磨合，最终融合成高度统一的方言的过程；外部接触指岛方言与周围方言的互相影响和渗透。这一分类对全面分析方言岛或语言岛的语言演变具有重要作用。

3. 接触结果的分类

因接触主体、接触方式的不同，语言接触的结果会有许多不同的表现，常见的有语言成分借用、语言兼用（包括双语和多语）、语言干扰、语言联盟、语言混合、语言磨蚀、语言转用、语言濒危、语言消亡等。这些纷繁的接触结果可以归入语言结构变化和语言功能变化两个方面，即成分借用、语言干扰、语言联盟、语言混合属于语言结构变化方面的结果，语言兼用、语言转用、语言濒危、语言消亡则属于语言功能变化方面的结果，而语言磨蚀则既属于语言结构变化又属于语言功能变化。语言磨蚀（attrition）是语言失去其使用者、范围而最终失去其结构的一个渐变过程，也是不被新材料（如借自强势族群语言的材料）所替代的语言材料的丢失（Sarah G. Thomason，2014：227）。由此应看到，语言结构变化与功能变化不是截然分开的，二者有着密切联系：前者属于语言发展变化"量"的方面，后者则多属于语言发展变化"质"的方面（王远新，1994：159）；前者常常是用来判断后者的重要依据，后者则常常体现了语言结构变化的深度和广度（王远新、刘玉屏，2007：34）。

至于汉语方言接触的结果，游汝杰认为主要有借用、萎缩、转用、混杂、兼用等现象（游汝杰，2004b：164—176）。从语言接触对方言结构、功能的影响程度来看，方言接触的结果做如下调整或许要更合理些：借用→兼用→萎缩→混杂→转用（陈荣泽，2016a：127）。但是这个结果还不够全面，详细说来，汉语方言间的接触结果应该包括方言成分借用、方言兼用、方言磨蚀、方言混合、方言转用、方言濒危、方言消亡等。

三、语言接触的制约机制

何为"语言接触机制"？"语言接触机制"又有哪些机制？诸如此类的问题在以往的许多研究中是含混不清的。作为名词，"机制"的含义有：①机器的构造和工作原理；②机体的构造、功能和相互关系；③指某些自然现象的物理、化学规律；④泛指一个工作系统的组织或部分之间相互作用的过程和方式（中国社会科学院语言研究所词典编辑室，2020：600）。本文所说的"机制"重在"关系"和"规律"，因此语言接触机制所要探讨的是，语言接触的构成要素之间的制约关系以及由接触引发的语言变化的规律。根据"语言接触"概念的三个要素，语言接触机制相应地分为制约机制、过程机制和变化机制（见表0-1[①]）。以下分别讨论这三种机制。

表0-1　语言接触要素与语言接触机制

接触主体			接触关系			接触结果	
首主体	次主体		方式	强度	过程	结构变化	功能变化
人	客观因素	口语					
		强强	直接	强[②]		借用 干扰 混用 联盟 混合	兼用
		强弱	直接	强		借用 干扰 混用 联盟 混合	兼用 磨蚀 转用 濒危 消亡
	主观因素	书面语	强强	间接	弱		借用 干扰	
			强弱	间接	弱		借用 干扰	兼用
制约机制						过程机制	变化机制	

[①] 为了便于分析，把接触方式、接触强度等也归入制约机制，而过程机制只对应接触的过程。
[②] 表0-1中"次主体"的"强""弱"分别指强势语言和弱势语言。为了便于分类，这里把语言磨蚀归入功能变化中。

制约机制重点探讨哪些因素如何影响接触过程和接触结果。王远新、刘玉屏（2007：35）认为，在语言接触过程中，制约或影响语言变化的因素主要有三个：一是接触各方语言的性质和特点，二是语言接触的方式，三是语言接触过程中语言使用者的语言态度。不难看出，这三个制约因素分别对应接触次主体、接触关系和接触首主体。

1. 关于"接触次主体"的制约机制

国内学者较多探讨语言类型、语言亲属关系与语言接触结果的关系。曾晓渝（2008：492）认为："相接触语言之间的亲属关系不同，可能会引起接触机制方面的较大差异。"也就是说，语言间在发生学、类型学上的亲疏异同在很大程度上影响到语言接触的机制和结果，但是，在以往的研究中，二者对接触结果究竟有哪些具体的影响，依然不是很清楚。王远新、刘玉屏（2007：36）就指出，在语言接触过程中，接触双方语言的性质及特点与语言变化的方式、程度之间存在怎样的相关度，我们还缺乏比较明晰的认识。在语言亲属关系的远近问题上，周磊（2007：9、10）认为：亲属语言的接触产生的结果容易在语言上引起渐变，非亲属语言接触产生的结果就有引起语言突变的可能。在语言类型的异同问题上，吴福祥（2007）指出：将一个语言的结构特征借入类型一致的语言系统比借入类型不同的语言系统要容易得多，而类型不同的两种语言之间的结构借用通常需要有高强度的语言接触，但是类型相似的两种语言之间的结构借用在强度较低的接触情形里也可能发生。简言之，在语言接触时，类型近同的语言比类型不同的语言更容易产生结构借用，且在接触强度较低时就可发生。以上都是从宏观的角度来讨论不同语言的接触，但是在一种语言内从较微观的角度讨论不同亲疏关系的语言在相互接触时有何异同，相关论述较少。例如，曾晓渝（2012）以国内的倒话、诶话、莫语、回辉话等为分析对象，认为相接触语言之间的类型差距在一定程度上控制着语言质变的构成特点。国外学者 Sarah G. Thomason（2014：76、77）讨论了"普遍的标记性""特征可并入语言系统的程度""源语与受语之间的类型距离"等语言因素对语言接触性演变的制约作用。

2. 关于"接触首主体"的制约机制

接触首主体是人，是语言人，也是社会中的人。因此，接触首主体的制约机制既与人有关,又与社会因素相关。而人是有思想的高等动物,本身具有主观能动性。所以,接触首主体的制约机制可以从客观因素和主观因素两个方面来分析。

接触首主体的客观因素主要是人口因素。其中,人口构成、人口数量、人口变化是必须考虑的重要因素,这对语言接触的结果尤为关键。萨利科科·S.穆夫温(2012:46、92、99)提出"创始人原则"和"创始人口"两个术语来解释克里奥尔语的结构特征是如何在很大程度上由创建殖民地的人口所使用的本地语特征来决定的,认为:"创始人原则"有人种和结构两方面的证据,不同地区创始人口中词源语言的使用者和底层语的使用者之间的比率造成了不同的克里奥尔语之间巨大的差异,而克里奥尔语结构上的一些根深蒂固的特征源自创始人口的语言特征。可见,人口构成、人口数量在克里奥尔语的形成过程中发挥了重要作用。不仅如此,人口因素在语言濒危、语言消亡中也是至关重要的。由于不断转用其他语言,一种语言的使用者急剧减少甚至消亡,会直接导致语言濒危或消亡。人口因素在其中的作用是显而易见的。

接触首主体的主观因素主要是集体意识。与集体意识相对应的是个体意识或个人意识。比较而言,个人意识不及集体意识对语言接触性演变的影响大。因此,学界在讨论接触首主体的主观因素时一般指的是集体意识。接触首主体的语言态度就是一种集体意识,学界有较多论述,一般认为语言态度既是阻碍接触性演变又是促进接触性演变的重要社会因素(吴福祥,2007)。除语言态度外,整个社会存在的其他意识也是制约语言接触的重要的主观因素。语言接触首主体是社会中的人,社会系统状态影响人的思想和行为,从而制约语言接触。社会系统状态可以粗略地分为开放和封闭两种。开放的社会系统创造积极活跃的社会活动,促使语言系统处于活跃开放的状态,在封闭的社会系统状态下语言的发展趋向保守、停滞(江荻,2007:90、91)。例如,在音译借词方面,粤语比官话多,现代日语比汉语多,其原因在于中国沿海比内地、现代日本比中国在文化上更具兼容性(邹嘉彦,2004:8—11)。文化上的兼容性从侧面反映出的是一个开放程度较高的社会系统。而当今的中国在全球化背景下比以往任何时期都要开放,中国境内的各种语言都在经历着来自语言接触带来的巨大冲击,发生着不同程度的变化,给语言接触研究带来了更多亟待解决的现实问题,如语言濒危的问题。

3. 关于"接触关系"的制约机制

接触方式、接触强度其实是完全依存于接触过程的。但是，我们这里把"接触方式"和"接触强度"从接触过程中剥离出来置于"制约机制"中，是因为二者会对接触过程、接触结果产生直接影响。

接触方式可以分为直接接触和间接接触。如果两种语言是间接接触，则其接触多是通过书面语展开的，接触结果多表现为语言结构上的借用，通常是词汇、语义的借用，而语法、语音借用较少，很难对语言功能造成影响，即便有影响也是较小的。如果两种语言直接接触，接触通过口语的直接交流来完成，其结果会在语言结构和语言功能上造成全面而深刻的影响。

其实，无论是直接接触还是间接接触，其结果还与接触强度或接触深度紧密关联。在语言结构方面，接触对其的显著影响是借用。Sarah G. Thomason（2014：70、71）认为借用成分的种类和等级与接触强度有密切联系。如果是在两种语言势均力敌的情况下，高强度的接触或深度接触会对语言结构造成巨大影响，可以导致语言混合、语言联盟。例如，藏汉语深度接触形成的混合语——雅江倒话，其词汇主要来自汉语，构词方式多与藏语相同，音系结构对应于藏语，语法结构主要来自藏语（意西微萨·阿错，2001）。又如粤北土话，庄初升（2004：327）认为，"粤北韶州片和连州片土话是以两宋以来江西中、北部的方言为主要来源，逐渐融入了明清以来粤北的客家话、粤方言或西南官话的一些成分和特点而形成的一类混合型方言"。在语言功能上，如果是在强弱悬殊情况下，高强度的接触或深度接触，可能造成语言转用、语言濒危甚至语言消亡。陈保亚（2006）指出，接触中的语言或方言如果出现了强势和弱势的层阶，就会有双方言或双语现象出现，甚至可以有多方言或多语现象，而汉语濒危方言则是在母方言转换过程中形成的，主要出现在孤岛方言的条件下。

四、语言接触的过程机制

"过程机制"是从接触运行的角度分析语言如何接触、接触过程怎样等问题。从具体运行的层面上看，语言接触是以语言结构的各个组成部分（即语音、词汇、语法、语义）为载体的。语言的结构变化是语言接触的最直接的结果，而语言功能变化是语言个体或社团在不同状况下使用语言结构本身的外在表现。要观察语言接触的过程，探讨其过程机制，不论是对业已完成接触的语言还是正在接触中的语言，都需要从接触结果来追溯或观察其接触机制，否则就没有可考察的具体对象，也就无从论及其过程。因此，在分析语言接触的过程机制时需要以语言的结构变化和功能变化为线索，故而过程机制可分为结构变化的过程机制和功能变化的过程机制。如前文所言，语言接触引发的结构变化和功能变化不是截然分立的。为将二者进行有机衔接，可从宏观和微观两个视角来观察语言接触的过程机制，所以将语言接触的过程机制分为宏观的过程机制和微观的过程机制（见表0-2）。

表 0-2 语言接触的过程机制

	结构变化的过程机制	功能变化的过程机制
宏观的过程机制	结构变化 > 功能变化	
微观的过程机制	借用 > 干扰 > 混用 > 混合 > 联盟	
		兼用 > 磨蚀 > 转用 > 濒危 > 消亡

（一）宏观的过程机制

如果结构变化是"量"、功能变化是"质"的话，那么由结构的"量"变到功能的"质"变本身就是一个过程。那么，语言接触的宏观过程机制可以表述为：结构变化 > 功能变化。这个过程是宏观的，是极易发现的。这一过程可以做如下诠释：（1）时间先后上，接触引发的语言结构变化先于接触引发的语言功能变化；（2）蕴含关系上，语言功能变化一定包含语言结构变化，反之则不然；（3）难易程度上，语言结构变化要比语言功能变化容易。

（二）微观的过程机制

微观的过程机制所要讨论的是语言结构的各种变化过程和语言功能的各种变化过程。接触引发的结构变化主要有借用、干扰、混用、混合、联盟等。这些结构变化是语言在不同接触条件下、不同接触状况下产生的结果，因此这些结果之间也存在着一定的关系，即：借用＞干扰＞混用＞混合＞联盟。接触引发的功能变化主要有兼用、磨蚀、转用、濒危、消亡等。其实，这些功能变化也是语言接触在不同条件、不同接触状况下产生的结果，因此这些结果之间也存在着一定的关系，即：兼用＞磨蚀＞转用＞濒危＞消亡。从时间先后看，最初的借用不会造成兼用，而兼用一定会造成结构上的干扰，所以结构变化与功能变化的简单关联始于"干扰－兼用"。这里的符号"＞"表示一种可能的变化方向，而非每一结果都是必经的阶段。Sarah G. Thomason（2014：129—153）分析了接触引发语言变化的语码转换、语码交替、被动熟悉、"协商"、第二语言习得策略、双语人的第一语言习得和蓄意决定七个机制。这些机制重在分析接触引发语言功能变化是如何发生的，属于过程机制。国内的接触过程机制研究集中在借用、干扰、混合等方面。

1. 借用的过程机制

借用是指一种语言的使用者引入其他语言成分并在母语中使用的现象。借用是语言接触引发的结构变化中最为常见的类型。陈保亚（1996：144）认为，"语言的接触是无界的，语言系统的任何层面都可能受接触的影响"。因此，在一定条件下，语言中所有成分都是可以被借用的。而语言成分的借用在社会因素均等的前提下具有一定的等级或顺序，接触语言学家比较认可的借用等级是：词汇成分（非基本词）＞句法成分/音系成分＞形态成分（吴福祥，2007）。语言成分借用涉及词语、语义、语音、语法四个方面，然而对于借用过程机制的探讨则很少。方欣欣（2008）提出语言接触和词语借用领域的"三段两合"论，将汉语中的外来词（主要是英语外来词）分为接触、接纳和接续三个接触阶段以及交接和交融两个交合。这对深入研究汉语词语借用的过程机制大有裨益，对汉语方言以及民族语言中的词语借用过程机制研究也有重要的借鉴意义。

2. 干扰的过程机制

在文献中"干扰"的概念所指不一（吴福祥，2007），本文在讨论过程机制时，"干扰"仅指第一语言特征的迁移过程，即"母语干扰"，相对应于接触引发的功能变化——语言兼用。陈保亚（1996：8—81）认为，母语干扰要经历匹配、回归、并合三个过程。匹配是母语对目标语的匹配，产生第二语言；回归是第二语言向目标语靠拢；并合是目标语向第二语言靠拢。从匹配、回归到并合，从造成母语对目标语的干扰，中介为第二语言，母语通过第二语言来干扰目标语。随着社会的发展，语言兼用现象将会日益增多，上述"母语干扰"机制有利于深入分析语言兼用（包括方言兼用）的形成过程。

3. 混合的过程机制

在深度接触下，两种或多种不同的语言可能混合成为一种新的语言，即混合语。我国的混合语有五屯话、唐汪话、诶话、扎话和倒话（孙宏开等，2007：2562—2563）。其中，意西微萨·阿错（2004：128—204）运用语言接触方向分析、特定接触方向下的显著性分析、异源结构指向性分布的"阶"分析和交际压力度分析四种分析方法对倒话的历时形成机制进行了深入研究，认为藏汉语社团在不同阶段、不同环境下呈现出不同的交际压力，其中藏汉联姻家庭中交际压力度增大，形成藏汉中介语，并通过后代作为母语使用而成为一种独立的语言。意西微萨·阿错从倒话的共时混合特征入手，采用一系列新的分析方法深入细致地考察了倒话异源结构的历时形成机制，这对混合语、混合方言的形成机制具有重要的参考价值。

五、语言接触的变化机制

"变化机制"是从语言接触的结果角度来探讨语言变化的规律。根据接触结果，变化机制可分为接触引发的结构变化机制和接触引发的功能变化机制。其中，结构变化机制又可以从共时和历时两个维度将其再细分为变异机制和演变机制两类（见表0-3）。

表0-3 语言接触的变化机制

接触引发的语言变化机制	结构变化机制	变异机制	语音	词汇	语义	语法
		演变机制				
	功能变化机制		兼用	磨蚀	转用	濒危	消亡

从国内研究现状看，接触引发的结构变化机制的研究成果较多，而接触引发的功能变化机制的研究则很少，如王湘云（2011）重点分析了语言磨蚀的内部机制

和外部机制,赵阿平等(2013)重点分析了满语和赫哲语濒危的过程和原因。而在结构变化机制研究中,关注较多的是接触引发的结构演变机制,而较少关注接触引发的结构变异机制。在结构演变方面,接触引发演变的直接后果是受语系统发生不同程度或不同方式的改变,其典型情形有特征的增加、消失、替代和保留四种情况(吴福祥,2007)。其中,特征的增加、消失和替代是较为凸出的演变结果,其中特征的增加更是接触引发的结构演变机制研究的焦点。

接触引发语言结构的演变结果中,常见的特征增加就是借词(或外来词)。接触引发语言的结构演变不但肇始于借词,而且语音、语义、语法特征的增加也往往是以借词为载体的,甚至其他语言成分的演变也会由借词引发。因此,借词在语言接触研究中占有显著地位,长期为学界所关注,研究成果丰硕。国内学者对借词的关注集中在两个方面:一是汉语中的外语借词,二是国内民族语言中的汉语借词。其研究内容多为借词的来源、分类、历史层次以及文化研究等,而较少涉及借词以及相关词汇系统的演变,如顾江萍(2011:142—167)从语音、词法、词义和字形等方面分析了汉语对日语借词的改造与同化,薄文泽(1996)深入分析了汉语借词"哥"引发贵州省平塘县卡蒲佯僙语亲属称谓系统的演变。

在接触性结构演变机制中,研究语音演变机制是最多、最深入的。其中,汉语方言中的"文白异读"是学界长期关注、讨论的一个问题。文白异读是"方言间相互影响的产物,它取决于历史上同源的音类在方言中的分合,以同源的音类在方言中的不同语音表现为前提,方言中的文读音是受权威方言影响的结果",方言音系中文读形式的产生使音变出现了叠置式音变(徐通锵,2001:388、389)。在一种方言的音系中,外来的语音层除了来自权威方言的文读音,其实还有来自其他方言的旁读音。游汝杰(2016a:238)认为:就读音的来源而言,白读音是内源音,文读音是外源音,外源音除了来自标准音的文读音外,还有来自外地方言的"旁读音";"旁读音"大都来自当地强势方言,是方言口头接触的结果;"旁读音"对于方言接触、方言演变和历史层次研究都将是很有用的概念和术语。"旁读音"是方言叠置式音变中除文读音之外的一个常见来源,已有的白读音并不能涵盖方言中其他异读。"旁读音"对于在方言接触背景下研究弱势方言的读音层具有重要作用,但是这一概念还没有得以充分运用,希望引起学界的重视。

在接触性语义演变机制方面，吴福祥（2013b）认为接触引发的语义演变主要有语义借用和语义复制两种类型。其中，语义复制有"同音复制"和"多义复制"两种模式。需要注意的是，在语义复制中，尤其是在"多义复制"中，"语义"既可以指义项也可以指语义特征。例如，文昌话对年长者的称谓与临高语的分类方法完全相同而与普通话迥异，对年幼者称谓的区分方式则完全是普通话与台语语义特征的叠加。薄文泽（2002）认为，这一有趣的语言现象是由文昌话与临高话接触造成的，是汉语和临高语有关语义特征叠加的结果。

目前学界对语法演变机制的研究成果很少，而对接触引发的语法演变机制研究就更匮乏了。近年来，吴福祥（2013a）对接触引发的语法演变机制有深入的研究，认为接触引发语法演变的机制主要有语法借用和语法复制两种。如果说吴福祥是从宏观的角度来论述接触引发的语法演变机制的话，那么，王春玲（2017）则以四川客家话与西南官话接触为例，从较为微观的角度来分析方言接触引发的语法演变机制，认为四川客家话与西南官话接触引发的语法演变结果为语法成分的替代、增加、融合和叠置，其演变机制主要有语法借用、接触引发的语法化和构式拷贝。

以上所涉及的语言接触机制，要么是针对比较具体的语言或方言而提出的，要么是针对较多语言而提出的，这些机制是否具有普适性还需要进行更多的具体研究和更深入全面的综合研究。今后的研究应充分考虑接触主体、接触关系、接触结果的异同，在此基础上系统地探寻语言接触的各种机制，进而总括具有普适性的语言接触机制。这应该是今后语言接触研究的核心内容，不论是历史语言学、社会语言学，还是接触语言学。

第二节　汉语方言间的接触研究

自新世纪以来，国内的语言接触研究日渐兴盛。从接触主体的角度看，国内的语言接触研究集中在三个方面：汉语方言间的接触研究、汉语（方言）与民族语言的接触研究以及汉语（方言）与外语的接触研究。这三种接触研究都存在一个研究的侧重问题，或以汉语某个方言为主要研究对象分析其他汉语方言对某一方言的影响，或以汉语（方言）为主要研究对象分析民族语言、外语对汉语的影响，或以民族语言为主要研究对象分析汉语对民族语的影响，或以外语为主要研究对象分析汉语对外语的影响。限于研究对象和研究范围，下面仅撮要综述汉语方言①间的接触研究。

从接触方式上看，语言接触通常分为直接接触和间接接触两类。汉语方言间的接触也可以分为直接接触和间接接触。汉语方言的直接接触主要是毗邻汉语方言的接触，也包括汉语方言岛与周边汉语方言的接触，以口语接触为主。汉语方言间的间接接触多是权威方言与非权威方言的接触。作为民族共同语的普通话是一种特殊的方言，因而汉语方言间的间接接触主要是汉语方言与普通话的接触，以书面语接触为主。

一、汉语方言与普通话的接触

汉语方言间的间接接触研究或许始于方言中的"文白异读"研究。方言的接触在汉语中显得异常突出，结果形成了层次复杂的文白异读现象（陈保亚，2015：393）。罗常培（1956：41）早在20世纪30年代就已注意到厦门话中的"文白异读"现象。到60年代，方青（1963）指出：方言中的文读音一般比较接近普通话，白读音与普通话差异比较大，新派与普通话相同或比较接近，老派与普通话差异较大，文白异读和新老异读表现出普通话对方言的影响。文白异读是从历时演变角度来研究方言与民族共同语之间的接触，而新老差异则是从共时变异角度研究方言与民族共同语之间的接触。这是方言与民族共同语接触研究的两个主要方面。相比而言，文白异读研究更为深入，徐通锵、王洪君（1986）在文白异读的研究基础上提出了"叠置式音变"理论，极大地推动了历史语言学的研究。

新老差异（或年龄差异）研究起步略晚，受关注的程度远不及文白异读，研究成果不多。20世纪80年代，许宝华等（1982）较早调查研究上海话的新老差异，

---

① 这里的汉语方言是一个广义的概念，包括作为民族共同语的普通话。

详细地比较了新老派在声韵调以及连读变调上的共时差异，认为其复杂的共时差异是由各种因素造成的。同一时期，刘虹（1986）运用社会语言学的方法实地调查了 50 位大连人的发音，采用数学统计的方法联系年龄、职业、文化程度、性别等社会因素来分析交际中的语音变异材料，认为：从不同年龄的人使用变项的不同情况看，大连话正处于向普通话方向演变之中，这主要是推广普通话所造成的结果。约 20 年后，高玉娟（2005）同样运用社会语言学的方法调查大连市内四区 100 名受试者的读音，从年龄、性别、受教育程度、职业四个方面的社会因素来分析五个韵母的语音变化，得出几近一致的结论：大连方言的发音变化受外部力量的推动，越来越向普通话靠拢。进入 21 世纪，方言的新老差异研究逐渐增多。例如，周及徐（2001）选取了老、中、青三代人的发音分别作为 20 世纪早、中、末三期成都话语音的代表，详细比较了三代人在声韵调发音上与普通话的异同，全面分析了成都话语音变化的规律，深入思考了方言音变的原因，认为普通话的影响是成都话语音变化的主要因素，向普通话语音靠拢是成都话语音变化的主要趋势。又如，在太原方言新派语音中，卷舌辅音的零星出现、鼻化韵到鼻音韵尾的演变以及入声韵尾和白读字的大量消失，这些都是在普通话的影响下发生的变化（崔容，2000）。在普通话的影响下，新派方言向普通话靠拢的看法是比较一致的。游汝杰（2004b：199）指出，由于教育水平的不断提高和公共传播媒介的强有力影响，各地新派方言有越来越靠拢普通话的趋势。在普通话的影响下，方言语音向普通话靠拢是大势所趋，那么其具体影响表现在哪些方面呢？张树铮（1995）在山东方言材料基础上较全面地讨论了普通话对方言语音的影响，认为普通话对方言声韵调的影响表现在音类和音值两个方面，且对方言音系也造成较大影响。

随着普通话在全社会中的大力推广和现代传媒的传播，普通话在人们的日常生活中已无处不在。在方言区，随着学习普通话的人群越来越多，方言与普通话的接触也越来越频繁。近些年，《临沂方言和普通话的接触研究》（陈建伟，2008）、《南昌话和普通话接触研究》（江燕，2008）、《方言与普通话的接触研究——以长沙、上海、武汉为背景》（傅灵，2010）和《方言和普通话的语音接触研究——以无锡方言为例》（曹晓燕，2012）等几篇博士论文就专门讨论方言与普通话的接触问题。这些论文以某一或某些方言与普通话的接触为切入点来探讨语言接触的一般理论问题,这对国内语言接触理论的发展是十分有益的。这些研究也打破了我们惯常的认识,即方言与普通话的接触是简单的。而事实并非如此,方言与普通话的接触也是复杂的,曹晓燕(2017)认为其接触显示出语言成分间的强弱对比、语音稳定度关系习得普通话难度、标记性影响语言成分强弱程度。

二、毗邻汉语方言间的接触

毗邻汉语方言是指地理上相邻接的不同汉语方言。这里的"不同",其程度可大可小,大到指属于不同方言区的不同方言,小到指属于同一方言区的不同方言。但是学界更多地关注分属不同方言区的毗邻方言间的接触。从大的角度说,中国有十大方言,不同方言区之间的毗邻接触是极其丰富的;从小的角度说,毗邻方言接触则不胜枚举,例如游汝杰的《方言接触和上海话的形成》(2004a:319—344)。下面从大处着眼来看属于不同方言区的毗邻方言的接触,其中吴语、闽语、赣语、湘语与毗邻方言的接触备受关注[①]。

1. 吴语与毗邻方言的接触。吴语的地域分布较广,其北部、西北部与江淮官话相连,西部、西南部跟徽语、赣语相接,南部和东南部与闽语相邻。这样的分布格局就决定了吴语必然与相毗邻的其他方言发生接触关系。钱乃荣(1992:2、4)认为:"宋元以后北方官话不断地向南推移影响着吴语,太湖片的吴语比南片吴语带有更多的北方话成分,官话化最为显著,而江淮官话和徽语则更可以看作为带有吴语底层的更早为官话同化的语言。由于自唐以后常有福建人反向迁移到浙南,致使浙南的吴语带有闽语的某些成分。"吴语与毗邻方言的接触在语音、词汇、语法等方面都有丰富的表现(侯精一,2002:81、82)。语音方面,曹志耘(2002:190—217)详细分析了南部吴语与毗邻方言接触发生变化的四种方式,即冲刷、感染、扩散和碰撞。语法方面,上海方言中存在着 SOV 和 SVO 两种不同语序的完成体句子,其中 SOV 为方言固有形式,SVO 为外来的江淮官话形式(钱乃荣,2011)。

---

① 因毗邻方言接触常涉及两种或两种以上的方言,故从研究的主要对象出发叙述毗邻方言接触的概况。

2. 闽语与毗邻方言的接触。闽语可以分为沿海闽语和沿山闽语：沿海闽语为典型的闽语，包括分布于福建、广东、海南和台湾沿海的闽东、莆仙、闽南和琼雷等四个小区，沿山闽语分布在福建中北部山区，包括闽北、闽中两区，其有些特点受到周围客赣方言的影响（侯精一，2002：216）。尤其是闽北方言受到了赣方言的较大影响。在赣语对闽北方言的语音影响方面，黄金文（2001：26）以方言接触视角从声韵调三个方面研究闽北方言音韵的演变情况及其规律，认为从时间层次上看，"客赣层"是最早的。近年，杜佳伦（2014：453、454）也从语言接触的角度重新思考闽语的历史音韵演变以及层次与音变的交互关系，其中也论及了闽北方言与赣方言的接触，认为建阳、崇安两地方言的 [$t^h > h$]、[$ts^h > t^h$] 两项声母音变是受到赣方言的接触影响。

3. 湘语与毗邻方言的接触。湘语主要分布在湖南的大部分地区和广西北部的兴安、灌阳、全州和资源四县，其东与赣语相连，其北、西、南三面都跟西南官话相接。从历史上看，赣语和西南官话对湘语的分布及方言结构特征都产生了巨大的影响。五代以前，湖南的外地移民多来自北方，在湘北形成官话区，湘语部分地区古全浊声母的清化和入声的演变都和官话长期的冲击和渗透有关；五代以后，湖南的外地移民多来自东方（主要是江西），在湘东形成赣语区和在湘中、湘西南留下赣语方言点，赣语让一些湘语方言点带上不同程度的赣语色彩，甚至对湘语内部形成清浊两大分野产生一定影响（侯精一，2002：119、122）。

正因赣语、西南官话对湘语的各种影响，湘语与赣语、西南官话的接触研究成为湖南方言研究的主要内容之一。湖南的赣语主要分布于湘东和湘中，与赣语发生接触的也是湘东、湘中的湘语。湘语与赣语的接触研究多在语音方面。例如罗昕如（2009）以新化方言为例讨论湘语与赣语的接触问题，认为历史上大量的江西移民带来的赣语与新化本土的湘语发生了长期的接触，导致新化湘语具有了明显的赣语色彩，如入声的走向与部分赣语一致。在交界地带，由于长期频繁的接触，不同方言间相互影响，从而在语言结构特征上形成"你中有我，我中有你"的混合方言，这些混合方言在湘东、湘中都普遍存在，如湘东的茶陵下东方言就是一种具有赣语和湘语特点的独立的混合类型方言（李珂，2006），湘中的隆回高坪话既具有明显的赣语特征，同时又与湘语新化话有密切联系（刘道锋，2003）。从微观的角度，贝先明、石锋（2008）以长沙、萍乡、浏阳等毗邻方言为例，运用实验语音学的方法分析方言接触在元音格局中的表现，认为过渡性是混合方言元音格局不同于始发方言和目的方言的最大特征。对于像湖南湘赣交界地带的方言接触研究，李永新（2013）在总结既有的相关研究后认为交界地区方言有空间范围不明确、语言特征不稳定、内部一致性不强等特点，提倡运用地理语言学的方法研究交界地区的方言。

虽然湘语的北、西、南三面都有西南官话，但是从对湘语的影响程度看，北部的西南官话对湘语影响更大。罗昕如、吴永存（2006）指出，长益片湘语深受官话的影响，语音上的突出表现是长益片湘语古全浊声母今已清化，词汇上也吸收了大量官话词语，如长益片湘语第三人称代词多用"他"，结构助词多用"的"，是非否定词多用"不"等。在湘西南，西南官话对湘语也产生了不少影响，如绥宁汉语方言受到西南官话的横向渗透，丧失老湘语最重要的语音特征，反而具有了一些西南官话的重要特征（李康澄，2015）。近年来，随着语言接触研究的深入，广西湘语与西南官话的接触研究逐渐增多，其研究既有点上的详细考察，也有面上的综合分析。罗昕如等从语言结构特征入手研究了广西湘语与西南官话的接触，认为广西湘语既保留了湖南湘语的一些固有特征，在方言接触中又兼有西南官话的某些特征。例如广西资源湘语，其语音、词汇、语法等都受到以桂林话为代表的西南官话的影响而具有了某些西南官话的特征，在西南官话的影响渗透下，资源话的湘语特征正在不断萎缩，西南官话特征逐渐增强，其发展趋势是逐渐向西南官话靠拢（龚娜、罗昕如，2010）。又如：广西部分湘语保留了湖南湘语的"唔"，大部分湘语兼用"不"则是西南官话影响所致；表"没有"的否定词，湖南湘语与广西湘语在词形、读音与用法上均有差异，湖南湘语一般说"冇得""冇"，广西湘语受到以桂林话为代表的西南官话的影响则说成"没得"（罗昕如、周婷，2016）。在个案研究的基础上，曾达之、罗昕如（2015）对广西湘语与西南官话的接触进行了理论探讨，从接触方式、接触程度、接触方向、接触结果等角度对方言接触类型进行了较为全面的分析。

4. 多方言接触。以上讨论的是两种毗邻方言接触的情况。然而，在一些地区还同时存在多种不同的汉语方言。同时并存多种汉语方言的地理区域（非行政区域），即"多方言区"。多种不同汉语方言在同一地区发生接触的现象,可称为"多方言接触"。在我国,陕南是比较有名的多方言区。在这里,中原官话、西南官话、江淮官话、赣语等构成了复杂的接触关系:在汉中市境内,中原官话与西南官话发生接触;安康市境内,中原官话、西南官话、江淮官话以及赣语发生接触;商洛市境内,中原官话与江淮官话、赣语发生接触(邢向东,2008)。众多方言学者高度关注多方言接触现象,对此进行了大量深入的调查研究,取得了丰硕的学术成果,尤其是在语音方面。例如在声调方面,在多方言接触中语音变化首先以声调变化最为普遍,在调类、调值、轻声和连读变调中,又以调值变化最为普遍,轻声和连读变调往往随调类、调值的变化而变化(周政,2013)。又如在声母方面,接触结果按古知庄章精组字的读音,有的仍维持着典型的读音类型,有的却产生了一种或几种变异类型(周政,2014)。在语音接触机制方面,郭沈青、刘夏君(2016)运用参照析层法分析了商洛镇安城关话的层次,认为镇安城关话是由明代的中原官话层和清代的江淮官话层融合层叠而成,其融合型层叠的机制是:"本地话"与"外来话"势均力敌地共处一县,巨大的交际压力使两大方言快速融合,在言语调适作用下形成一种保留本地中原官话和外来江淮官话特征的镇安城关话。《安康方言接触层次研究》(周政,2016)在语言接触视野下详细地分析了安康方言的层次,极大地推动了陕南方言研究。张振兴在该书的序言中指出:"像陕南这种因语言接触而形成的复杂且多层次的方言格局在汉语方言的地理分布上具有典型意义,既是研究方言接触的活标本,又是研究语言与社会关系的极好对象。"因其所具有的典型意义,今后还应该继续深入研究,探明多方言接触的机制。

三、汉语方言岛与周围方言的接触

如果从第一部汉语方言岛著作《华阳凉水井客家话记音》(董同龢,1956)的问世算起,汉语方言岛的调查研究已有近70年的时间了,期间产出不少有影响的论著。其中,何大安较早从语言(方言)接触视角来分析方言岛中的特殊音变现象。《论永兴方言的送气浊声母》(何大安,1986)一文中从方言接触的角度,分析了四川永兴湘方言岛送气浊声母的形成,认为永兴送气浊声母是受西南官话浊声母清化后平声送气的影响而产生的,指出"永兴、竹篙两个方言让我们看到了方言接触和结构变迁的许多重要现象"。之后，何大安（1988：77）将永兴方言送气浊声母的成因明确地归结于"方言接触"，认为"接触，是语言发生结构变迁的一个重要因素"。其语言接触视角在《方言接触与语言层次——以达县长沙话三类去声为例》（何大安，1990）中显现得更加清晰，认为达县长沙话去声甲、去声乙、去声丙三类去声的形成分为入湘前、在湘、入川后三个阶段，与之对应的有四个语言层：第一阶段，入湘前，赣语层；第二阶段，在湘，湘语层（白话层、文读层）；第三阶段，入川后，西南官话层。该文对于汉语方言岛研究具有方法论意义。此后，丁邦新（1998：151—157）根据汉语方言岛的情况观察方言接触的类型，认为南平官话方言岛是"交融积累型"，凉水井客家方言岛是"犬牙交错型"，永兴湘方言岛是"无中生有型"，碗窑闽南方言岛是"急速改变型"。

进入 21 世纪，随着语言接触研究的兴起，从语言接触角度研究汉语方言岛的论著逐渐增多。胡松柏（2003）率先明确提出通过语言接触对毗邻方言和方言岛进行研究。在全面调查赣东北方言的基础上，胡松柏对赣东北的赣方言、吴方言、徽语以及闽语、客语等方言岛从语音、词汇、语法等语言结构上进行深入的方言接触研究，归纳了赣东北方言接触的方式、类型，以核心词共有率来考察赣东北方言之间的接触关系，总结了赣东北方言接触的特点，为方言接触研究提供了可资借鉴的理论思考，在一定程度上有着填补空白的价值。接触是语言演变的一个重要外部原因，黄晓东（2004）在分析浙江安吉县河南方言岛的方言演变时提出"内部接触"和"外部接触"，这两种接触分别在方言岛的融合和演变中发挥了不可小觑的作用，对细致分析方言岛的发展演变产生了一定的理论影响。陈玉燕（2013）也使用"内部接触"和"外部接触"的概念和方法分析浙南蒲城瓯语方言岛的形成和演变。以上多是从语音方面讨论方言岛的语言接触，近年来也有从语法方面探讨客家方言岛语言接触的论著。付新军（2016）指出，商洛客家方言在长期与强势方言接触的条件下正在丧失固有的一些语言特征，而逐渐与普通话和权威方言趋同，如客家方言三个典型词缀"公""嘛""牯"的缩减以及"子尾词"的产生和增加。王春玲（2017）以四川客家话与西南官话接触为例分析了方言接触引发的语法演变机制，认为方言接触引发的语法演变结果为语法成分的替代、增加、融合和叠置，其演变机制主要有语法借用、接触引发的语法化和构式拷贝。

此外,《汉语方言接触视角下的四川客家方言研究》(兰玉英等,2015)一书在语言接触视角下,详细地从语音、词汇、语法三个方面通过大量的比较分析对四川客家方言岛的发展演变进行了研究,指出四川客家方言演变的特点、方式、规律、原因等。该书的出版是对数十年四川客家方言研究的一次很好总结,极大地推动了对四川客家方言岛的研究。

四、汉语方言接触理论的探讨

在具体研究基础上,部分学者也开始探讨汉语方言接触的理论问题。从整体上看,方言学界较少从宏观角度论述汉语方言接触的理论问题,其中李如龙、游汝杰等在建构方言接触理论方面做出了较大的贡献。

在方言学界,李如龙较早以汉语方言为主要材料重点分析了语言接触的类型、方式和过程。语言接触的过程总是由浅层到深层、由量变到质变、由局部到系统,而方言深度接触的结果可以形成过渡语、混合语或发生语言转化;汉语接触的类型有早期民族语言的"底层",外族语借词,历代通语及方言的语音、词汇在方言中的积存,有的已形成语音或词汇的区域特征,边界方言的变异等类型;常见的语言接触的方式有叠加式、双语并用式、借贷式和感染式(李如龙,2013)。其中,方言接触可能形成区域特征,不只包括语音、词汇,还应该包括语法。

对语言演变的原因,学界持基本一致的观点:语言演变是内部因素和外部因素共同作用的结果,其中外部因素主要是语言接触。李如龙(2015:36—47)从宏观上提出语言的发展有演化和接触两种基本模式,演化(自变)的基本动因是语言的内部矛盾,接触造成的"他变"是语言发展的外部原因,认为:研究演化需要进行纵向的历时比较,有点式和链式两种基本方法;研究接触则需要进行周边不同方言的横向共时比较,方言接触研究的比较方法具体说来要从语言影响、接触面、接触程度、社会历史等多个维度进行考察。李如龙提出的比较方法对方言接触研究极具指导意义。

语言接触的一个特殊结果就是混合型语言。李如龙(2012)对此也有深入的思考,认为混合型方言是"方言演变中的另类",有狭义和广义之分:狭义指两种或多种相差较大的方言经过深度接触而整合成稳定系统的、边缘清楚的方言;广义泛指带有混合性质的方言,包括渐变型的"过渡方言"和蜕变型的方言、浅度接触的合变型方言和微变型方言。关于混合方言的问题,徐荣、游汝杰也有详细的论述。已有的"混合方言"研究尚缺乏清晰的定义和判断标准,相关的理论探讨以及混合方言之间的比较分析很少,为此徐荣(2012)在总结和批判混合方言的现有理论基础上引入"深度接触"术语并用以指代混合方言现象,对深度接触方言的定义、分类、判定和特点等问题进行了论述,提出许多自己的观点,如:方言接触会导致"新"方言的形成;"混合方言"不是方言层次的"克里奥耳语";深度接触分为修补式接触和重建式接触两种基本的接触方式,深度接触方言可分为深度借用型方言和深度干扰型方言。对于新语言或新方言产生的原因,游汝杰(2016b)与徐荣(2012)持相同观点,即现代世界产生新语言的途径是语言接触而不是语言分化,并进一步认为:语言接触形成的新语言是混合型语言或方言,其类型有边界型、移民型、克里奥尔型和柯内因型等,其最主要的特点是音系简化。该文以汉语方言材料为主来分析混合型语言,但是应该看到汉语方言间接触形成的混合型方言与汉语方言和其他民族语言接触形成的混合语之间是同中有异的。另外,游汝杰(2016a:261—276)就混合方言的形成问题进行了单独讨论,认为"方言趋同"导致混合型方言的产生,混合型方言有缩减、多元化和同质化等特点,其典型代表有现代上海话、现代厦门话和古代杭州话。

陈保亚(1996:144)认为,"语言的接触是无界的,语言系统的任何层面都可能受接触的影响"。方言接触同样也会影响到方言语法。在方言语法接触方面,王健(2008)以泰州、扬州、绩溪、安庆四地方言中表现不同的体助词"著"为例,探讨了方言接触在语法层面上的规律,认为:方言中出现空格的地方容易吸收异方言的相应成分;简化和自然的语法成分容易生存,发展迅速;两种功能相当的成分杂糅在一个句子中,形成叠床架屋的形式;新成分借入后会发生重新分配现象,来自不同方言的成分会出现新的分工;方言特征显著的成分较难被新成分替换。上述结论对于接触引发的方言语法演变机制具有重要的理论价值,同时也是接触引发的方言语音、词汇演变机制的必要补充。例如,在词汇借用上,借用的多为新事物、新概念,新事物、新概念在受语中表现为意义或概念上的空格,因而容易被借用。

接触引发的方言演变，其制约因素有语言结构本身的因素，也有语言之外的社会因素。在语言接触的制约因素方面，孟万春（2011）以陕南的汉语方言接触事实为理论分析的着眼点，从外来人口和本地人口的混杂程度，方言人口的文化水平、职业，方言人口的年龄、性别、婚姻状况，方言使用者的语言态度等四个方面较深入地讨论了方言接触中社会因素对陕南汉语方言接触的影响，认为汉语方言变化有社会因素和语言结构因素，但真正推动其变化的是社会文化力量，它的发展变化总是直接或间接地与社会文化因素密切相关。该文分析了社会因素对方言接触的影响，对全面分析制约接触的外部因素具有积极作用。

总之，汉语方言间的接触现象是多姿多彩的，已经成为汉语方言研究中不可或缺的内容。若以20世纪60年代汉语方言与普通话的接触研究为起点，汉语方言间的接触研究已历经了半个多世纪，所取得的成绩主要有：(1)在历史语言学领域提出"叠置式音变"理论，对历史语言学、方言学都有重大的理论价值；(2)产出了一批较有影响的学术成果，例如何大安的《方言接触与语言层次——以达县长沙话三类去声为例》；(3)极大地推动了汉语方言研究向纵深发展，尤其在汉语方言演变研究方面有不可磨灭的功绩。不过，旗帜鲜明地运用语言接触理论来研究汉语方言的时间还并不长，许多问题的讨论都还处在初始阶段，因此汉语方言间的接触研究还存在不足。在研究方法上：点上的研究还不够深入细致；受制于点的研究，现有的研究多用既有理论来解释方言接触现象，面上的研究缺乏理论创建，对方言接触理解的总结还不够。在研究内容上：较关注历时演变，而不太注重共时变化，接触制约机制和变化机制讨论较多，而接触过程机制研究稀缺；对接触引发的语言结构变化研究多，而对接触引发的语言功能变化研究少。因此，今后汉语方言接触研究应朝着点面结合、结构与功能并重、过程与结果并重的方向迈进，从而推动汉语方言学、历史语言学、社会语言学、接触语言学等学科的发展。

第三节 关中地区的山东方言岛研究

一、关中地区山东方言岛的研究现状

关于国内汉语方言岛的研究情况，我们做了简要回顾（陈荣泽，2012b）。自2012年以来，汉语方言岛还在不断被发现，相关的研究也相继涌现，如《一个面临淹没的方言岛——山东临沂市东风移民村四十年来的语音演变》（朱军玲、张树铮，2013）、《江西省信丰县城的官话方言岛》（张倩，2013）、《晋南绛县山东方言岛语音概述》（李仙娟，2015）、《湖南城步长安营西南官话方言岛研究》（唐周凝、李素琼，2016）等。有些方言岛的调查研究直接以语言接触为视角，如《汉语方言接触视角下的四川客家方言研究》（兰玉英等，2015）、《方言接触引发的语法演变》（王春玲，2017）。应该说，语言接触是今后汉语方言岛研究中一个十分重要的内容。

从当前的研究现状看，"关中地区山东方言岛的调查研究是相当薄弱的，缺乏全面的调查和深入的研究。因此，关中地区的山东方言岛就成了关中汉语方言调查研究中一块有待深入挖掘的领域"（陈荣泽，2016a：9）。在关中地区，山东方言岛已形成百余年，其分布地域较广。不过，关中山东方言岛长期不为外界所知，无相关的调查研究。自2011年以来，这一现状才有所改观，随着方言调查的深入，对关中地区山东方言岛的调查研究已经起步，并产出相关成果。《关中地区山东方言岛的语音特点》（陈荣泽，2012a）在大量实地调查基础上以5个村庄为代表点，选取了一些语音特点，分别与源方言与周围的关中方言进行比较，并指出方言岛发生的一些语音变化。《西安阎良谭家堡山东话语音的内部差异》（陈荣泽，2016b）重点描写谭家堡山东话语音的内部差异，认为其内部差异主要表现在年龄上：老派保留源方言的特点较多，受陕西话的影响较小；中派保留源方言的特点在逐渐减少，受陕西话的影响较大；青派则是源方言的一些语音特点已经消

失,其语音有较为明显的普通话化倾向。《关中地区山东方言岛语音研究》(陈荣泽,2016a)选取关中地区 11 个"山东庄"作为山东方言岛的代表点,主要调查其老派方言,通过细致地描写音系以反映山东方言岛语音的基本面貌,与中古音进行比较以反映其语音的基本特点,将山东方言岛与源方言、关中方言进行比较,展现山东方言岛在语音上发生的各种变化,探讨山东方言岛语音变化的特点、原因及方向,从语言接触理论视角揭示山东方言岛语言演变的一些规律。本书是调查研究关中地区山东方言岛的第一部学术专著,具有填补空白的重要意义。书中第七章也引入语言接触,从语言接触视角分析山东方言岛的语言变化。

上文梳理了关中地区山东方言岛的相关研究成果,从总体上看,其调查研究还处于起步阶段,尚存在诸多不足,主要表现在:(1)从研究队伍上看,研究人员很少,没有形成科研团队;(2)从研究成效上看,科研成果还比较少,缺乏有影响力的论著;(3)从研究内容上看,关中地区山东方言岛与源方言的比较研究还比较粗疏,在多语言或方言的接触下,方言岛的语言演变呈现得还不够清晰。

二、关中地区山东方言岛的研究意义

由于历史原因,关中地区出现了许多山东方言岛,它们脱离源方言已百余年,长期与关中方言密切接触,已经成为关中地区汉语方言的有机组成部分,但长期以来没有受到学界的重视。

本书以语言接触理论为研究视角,在既有的研究成果基础上对语言接触理论进行了探讨,对"语言接触"进行了界定,将语言接触研究分为语言接触的制约机制、过程机制和变化机制,并在语言接触视角下,通过全面的双向比较研究,动态地呈现出关中山东方言岛百余年来发生的不同程度的语言演变。

在具体的研究过程中,采用了调查法和比较法。首先是对关中地区的山东方言岛进行更大范围的调查;再按一定标准选取山东方言岛代表点,选取不同年龄段、不同性别、不同职业的发音人,调查语音、词汇、语法,包括调查内部差异;然后以老派为主调查有明确来源地的方言岛的源方言。通过调查,从社会角度观察关中地区山东方言岛内部的语音差异以及方言岛语音演变的趋势和方向。其次,运用第一手调查资料进行比较研究,探讨其演变规律。一方面是将山东方言岛与源方言、周围方言进行双向比较，另一方面是对方言岛内部的新老派方言进行比较。通过比较，明确了关中山东方言岛语言演变的结果、过程和方向，揭示了其语言演变的原因和规律。

通过本书的研究，第一，将为语言接触研究提供一些鲜活的语料和为语言演变理论提供更为丰富的例证；第二，将进一步拓宽关中地区汉语方言的调查研究领域，对丰富、发展关中地区的汉语方言研究具有积极作用；第三，将极大地弥补关中地区山东方言岛调查研究的不足，将更加全面地呈现山东方言岛的语言面貌和深入地揭示其语言演变，并将在很大程度上推动关中地区山东方言岛的语言研究向纵深发展。

第四节　关中山东方言岛的分布及代表点

关中山东方言岛是清末至民国到关中垦荒的山东移民因聚居而形成的。关于山东移民迁徙关中的历史原因、迁出时间、迁出地、迁徙路线以及山东方言岛的分布，笔者在《关中地区山东方言岛语音研究》一书中已有详细论述（2016a：13—36）。本节主要对关中山东方言岛的分布进行补充，并在更广泛的调查基础上确定方言岛及其源方言的代表点。

一、关中山东方言岛的分布

随着调查的深入，更多的山东方言岛被发现。为反映新近的调查成果，我们在原有基础上根据实地调查和收集的文献材料对方言岛的分布进行了补充。关中山东方言岛的具体分布见表0-4。

表 0-4　关中山东方言岛分布统计表[①]

市	区/县	镇/街办	村	数量
宝鸡	眉县	城关	醋家塬村	1
铜川	耀州	小丘	南移村	1
咸阳	泾阳	三渠	武寨府　山东庄	2
		高渠	新安寨村　周肖村　申家堡	3
	三原	城关	大李村　屯王村　上马村　新立村　新庄　刑窑村　起驾村 李乡　小梁堡　南尧村　北尧村　解李村　小李村　寇家村 杨家堡　线马	16
		渠岸	大吉高村　渠岸张村　新义村　董家窑大村　王村　南滩　黄毛寨　仁郝村　南高　北高　崔家坟　田家堡	12
		安乐	安东村　安中村　薛家村　上朱村　下朱村　刘家堡　孙家堡 赵家庄　南毛村　东毛村　河里村　水福村　蔡家堡　山西庄 仁和村　闫家滩　崔家堡　北窑村　埝北村	19
		西阳	西北村　吕家户　青杨村　马张村　武官坊　新城	6
		独李	南仵村　刘官渡	2
		陂西	庙张村　庙东　大门赵　东尧　街子孙北组　北李（部分） 佛张（部分）　宋家滩	8
		大程	义和村　大和村　吴家村　金西村　金中村　西王　李家　雷东　雷西　西张北村　西张中村　西张西村　华王	13
		徐木	福音村	1
西安	高陵	鹿苑	仁和村　老屈庄	2
	临潼	徐阳	李家村　陈家滩　公义村　共和村　福寿村　聚合　永兴村 黄庄　庆合村　中和村　新庄　兴隆村　吴家村　闫庄　新民 奎杨	16
		栎阳	同义村　里仁村　朝邑庄　兴隆庄　复兴村　义和村	6

---

① 本表除村名外的各级行政名称大致按自西往东依次自上而下排列。眉县的材料来自王健：《西府有个山东村》，《宝鸡日报》2010 年 2 月 2 日，见阎良区政协文史法制侨务委员会：《关中山东移民》，三秦出版社，2015 年，第 335—338 页；耀州、泾阳、高陵、临潼、临渭、大荔的材料来自我们的实地调查；三原、富平、蒲城的材料也做了一些实地调查，但更全面的信息仍依据阎良区政协文史法制侨务委员会：《关中山东移民》，三秦出版社，2015 年，第 795—797 页；阎良的材料依据政协西安市阎良区委员会编：《阎良村情》（上、下），内部资料，2011 年。

续表

市	区/县	镇/街办	村	数量
西安	临潼	新市	新兴村　程庄　三义村　长庆村　东兴村	7
		交口	辛李村　杏合村　新兴村	3
		相桥	宽容村　谭庄　谭家村	3
	阎良	振兴	郑家堡　三镇堡　谭家村　东太平　西太平　昌平村　东来村　聚合村　宝合村　复兴村　三义村　礼义村　冯家　永立　民东　民西　莱芜　邓家庄　永合　义合	20
		凤凰	徐家　陈家　西广合　中广合　三合　安芦　凤凰岭　三贤　新永	9
		新华	大良　小良　新兴村	3
		北屯	平安堡　秦家村　沟东村　李家庄　聂家村　奉镇村　民立组　兴合组　东来村　聚合　合众　邱家庄　新民村　新义村　浩东村　浩中村　东庄　马家庄	18
		新兴	万合村　孟家村　金佛寺村　解家村　邰家村　万南村　万北村　东官路　石川河　西官路	10
		武屯	太平村　新民村　两镇堡　李家庄　赵家庄　杨居北　杨居屯　敬东河　敬家村　东鲁村　三合东　三合北　芦堡村　新义村　王铁北　仁义　丰收　中合　新义村　房西村　义合村	21
		关山	仁合　西兴　东兴西　东兴东　东合　义合　联南　联北　山陕村　刘家村　新农　复合　长山村	13
渭南	临渭	官底	东来村　筱村　星光村	3
	富平	梅家坪	仁和村	1
		庄里	兴隆寨　凤凰村　凤西村	3
		齐村	涝池　十字路　三里村　安乐村　二里村　董南村　来福村　三合村　仁和村　义和村　中合村　大杨村　小杨村	13
		南社	沙河　太平川　（西）石佛原	3
		淡村	西盘龙湾	1
		窦村	窦村　岳家村	2
		城关	（东）石佛原　南韩	2
		东上官	永岳　双福　来福　牛蹄窝　双河村　兴隆庄　双东　双西	8

续表

市	区/县	镇/街办	村	数量
渭南	富平	留古	太平　北庄	2
		刘集	南川村　二合村　吕当村　仁和村　东全村　富荣村　新太村	7
		张桥	刘家庄　巨贤村　巨南　里仁　新庄　柏树庙　太平村　西来村　新兴村　东来村　兴隆庄	11
		华朱	宏隆村　兴隆村　太平　西义和　东义和　小义　太平庄　新民村	8
		王寮	太平庄　大义庄　新义村　孙村　三合村　辛庄　永合村　永西村　新庄　郎家庄　路家　刘家窑	12
		施家	西川　西沟　龙泉	3
		到贤	姜家村　马家堡　马家窑　马家沟　忽家　聚贤村　永合村　三义村	8
		流曲	顺义村　北坡村　仁义村　五里墩　兴隆庄　盐林村　长裕村	7
		曹村	义合村　土坡窑	2
		美原	西吴村　东吴村	2
		雷古坊	东盘　西盘	2
		老庙	曹北堡	1
	蒲城	兴镇	东来村	1
		三合	三合村　双合（部分）	2
		翔村	八福村　六合村　新立村　崇礼村　南六合	5
		罕井	山东村	1
		甜水井	许家庄	1
		贾曲	太平村　三义村　李贾村　仁义村	4
		陈庄	永平村　东鲁村　东明堡　齐鲁村　刘家堡	5
		党睦	高密村　新民村	2
		龙池	东来村　太平村	2
		钤饵	永和村	1
		龙阳	凤凰岭　东太平　西太平　小寨　朱家窑	5

续表

市	区/县	镇/街办	村	数量
渭南	蒲城	椿林	保南洼　泰来村　太平村　东乐村　护南7组　白家塬	6
		孙镇	赵庄村　潘庄村　南昌平　高平村　孙家窑	5
		洛滨	永平村	1
	大荔县	下寨	朝阳村　老庄村	2
		羌白	沙苑　小庄　沙南　东海　西营　北营	6
		官池	北丁　中草　小元	3
		冯村	雷家寨　严庄村　平王	3
		段家	坊镇	1
		许庄	西大壕营　西坊村	2
		城关	泰山　秦豫　西关	3
		朝邑	官庄　伯士	2
		双泉	仁义　相底	2
		两宜	仁和　寄楼村	2
		安仁	安三　安二　小旬　胡家营	4
		赵渡	鲁豫　鲁安　新鲁村	3
合计				390

山东方言岛较集中地分布在三原、阎良、富平、蒲城和大荔等区/县。其中，大荔的山东方言岛有其特殊性，不少居民存在再次迁徙的情况。最初的移民多居于今大荔东部的黄河滩。"清光绪二十年（1894）黄河西滚改道二十五里多，县境东南一带村堡淹没，人口逃亡。民国十五年（1926），河水又东归故槽，大片土地复归。民国十八年（1929）二月，陕西省政府由朝邑划出大庆关和大片黄河滩地新置平民县，时仅有4000余人，实行招垦后，人口日见增加。民国二十六年（1937）县人口增为5881人。抗日战争时期，沦陷区人口不断流入，至民国三十六年（1947），人口增至23605人。"（大荔县志编纂委员会，1994：122）然而，1949年后因修建三门峡，"1956年组织三门峡库区群众迁移，先后共计移

民 107005 人。其中迁至县境内的 8343 户，41601 人。外迁 14299 户，65404 人。1986 年，经国务院批准，将原库区迁出移民，根据返迁政策又陆续迁回，至 1989 年，已迁入安置原籍的 54025 人"（大荔县志编纂委员会，1994：122）。今大荔中西部地区的山东方言岛多是在 20 世纪 50 年代安置三门峡库区移民而形成的，居住相对分散，人口不太集中。而今黄河滩中的山东方言岛则是由迁居外县而后重返库区的山东移民形成的，但其人口来源较为复杂，其中有不少是河南移民。这一点从村名就可见一斑，例如鲁豫村。在大荔县南部的渭河滩地，也有不少河南移民和山东移民。

大荔县北边（埝桥—城关—朝邑一线以北），"山东庄"多数是 1949 年后安插黄河滩库区移民而形成的，有的是在 1959 年左右安插的，有的是在 20 世纪 80 年代安插库区反迁移民而形成的。因此，这一带没有特别大的"山东庄"，只有前后山东庄（属冯村镇雷家寨）、鲁安村、鲁豫村的人口较多。前后山东庄约 1100 人，鲁安村 1530 人，鲁豫村 2600 人。后两个村，河南人占多数。前后山东庄主要是山东菏泽籍居民，也有河南、安徽籍居民。大荔县南边（埝桥—城关—朝邑一线以南），"山东庄"多数是 1949 年前就已经形成，在羌白、官池一带的沙地有许多山东、河南的移民村。在大荔县以南的"山东庄"中，没有人口特别多的村庄，都比较分散。这些"山东庄"基本上都还说山东话。

二、关中山东方言岛的代表点

选择方言岛的代表点与一般方言的调查有所不同，在确定方言岛代表点时需要考虑更多的因素，而这些因素在很大程度上制约着方言岛的发展演变。首先是人口因素。人口因素主要包括人口来源、人口数量、迁徙时间等。一般说来，各个方言岛的人口来源不尽相同，各山东方言岛的居民多来自某一个县或几个邻县，其方言、风俗等相差不大。例如三原县城关镇新立村多来自山东博兴，而三原县城关镇大李村多来自山东菏泽、定陶一带。而每个山东方言岛的人口数量也是多少不等的，多则四千左右，如阎良谭家村，少则七八百，如阎良马家庄，甚至只有四五百，如阎良长山村。另外，人口迁徙的时间（即方言岛形成的时间）也不一样，多数山东方言岛居民来陕时间在清光绪十五年（1889）前后，但也有形成于抗战期间的，如泾阳县三渠镇山东庄、大荔县冯村镇雷家寨山东庄。其次，方言岛的分布状况。有的方言岛离群索居，成为方言孤岛，如眉县醋家塬；有的方言岛呈斑点状分布，周围还存在其他山东方言岛，如阎良振兴街道办的谭家村，其东有淄川堡，其西有三原大程镇的义和村。

  本书的研究重在"演变"，而充分展现"演变"的重要途径是比较方言岛的源方言。其中，确定"源方言"尤为重要，如果所比较的并非是其真正的"源方言"，那么所比较的结果就会直接影响到结论的准确性。当然，"源方言"有广义和狭义之分。为了能更好、更准确地反映方言岛的演变，这里的"源方言"是一个狭义的概念，仅指方言岛主要居民迁出村镇的方言，而非迁出地所属市或县的方言。"源方言"涉及方言岛居民的迁出地。在关中山东方言岛中，不少居民还知道祖籍在何处、何时迁居陕西，而且有的还与山东老家有联系，但也有不少居民已经不知祖辈是何时从山东某地移居关中。鉴于此，我们在村中选取知道来源地的山东籍后裔，优先选取有家谱、碑文、家书等一类材料的山东籍后裔。综合上述因素和研究取向，本书选取了大李村等7个方言岛代表点，并列出相应的源方言点（见表0-5）。方言岛代表点按其地理位置自西往东依次排列，下文都按此次序进行论述。

表0-5 关中山东方言岛的代表点及其源方言

序号	方言岛代表点	方言岛的源方言
1	三原县城关街道办大李村（简称"大李村"）	菏泽市小留镇耿庄村（简称"耿庄"）
2	阎良区振兴街道办谭家村（简称"谭家村"）	高密市阚家镇谭家营（简称"谭家营"）
3	阎良区北屯街道办马家庄村（简称"马家庄"）	莱芜区羊里街道办朱家庄村（简称"朱家庄"）
4	阎良区新兴街道办官路村（简称"官路村"）	寿光市上口镇东堤村（简称"东堤村"）
5	阎良区武屯街道办杨居屯（简称"杨居屯"）	青州市高柳镇西朱鹿村（简称"朱鹿村"）
6	蒲城县城关镇太平村（简称"太平村"）	昌邑市北孟镇魏马村（简称"魏马村"）
7	大荔县冯村镇雷家寨（简称"雷家寨"）	郓城县侯咽集镇北李庄村（简称"北李村"）

第一章　关中山东方言岛及其源方言、关中方言音系

第一节　大李村及其源方言音系

一、大李村音系

大李村位于三原县城东北,距县城约 7 公里,属三原县城关街道办,总人口 1700 余人。能证明该村历史的是村中的"永矢弗谖"碑[①]。碑文如下:"人生斯世,遭逢何常,居处靡□。舜生诸冯迁于负夏,文生岐周卒于毕郢。历观帝王迁徙犹然,而况今之愚民乎?以故,自光绪十五年间,由山东曹州府菏泽县遂李老夫子讳玉良公携行西迁,老幼共计百十余口,山川跋涉,不惮路遥,晓行夜宿,严谨防护,来至陕西三原县东北方十五里。公制地一拾八亩一分,各分半亩为宅,前后所余除为公地,过户安粮,卜宅益屋,穿井栽树,起名大李村。遂立自治数端:一禁鸦片;二禁赌博,无故饮酒不可过量;三禁村中不许斗殴。如有家业雕殁者,出卖宅基,只以当时制地原价,不准出卖外人。此治皆夫子一人之功,其用心可谓密矣。遵而奉行一十三年,不幸师数归天,遗规难忘,计其传远,恐有犯不遵者,议准乡保与众酌罚,不受者攻出村外。恪遵数端,续行不改,延绵日久,永年不朽,虽不等里仁为美,亦可称乡党亲睦矣!以是为序。主事、经理人:安闻礼、

[①] 该石碑曾立于大李村村中,但是字迹漫漶,难以辨认。幸亏大李村李鸣东老师此前将碑文全部抄录下来,笔者 2010 年 3 月 16 日去大李村调查时,有幸将其碑文全部拍照,并将其辑录于此。笔者 2016 年 4 月准备再次去拜访李鸣东老师时,得知李老师已驾鹤西归,在此表达对李老师的无限哀思!

丁相友、李合运、王道显、李东、李天成、王兆元、杨秀春、毕天润、李士和。民国四年二月上浣吉日立。"从碑文可知，该村居民于清光绪十五年（1889）由山东曹州府菏泽县迁居于此。据立于民国十一年（1922）的李玉良墓碑显示，李氏迁自今定陶五里长寨。① 据《李氏家谱》记载，王氏家族迁自菏泽小留集王花园②，而其族人居住于今菏泽市牡丹区小留镇耿庄村。从籍贯看，大李村居民多来自今菏泽市定陶区马集镇一带。发音人：王景川，男，1957 年生，三原县城关镇大李村人，农民，小学文化，能说山东话、陕西话；王天顺，男，1962 年生，三原县城关镇大李村人，农民，高中文化，能说山东话、陕西话。调查时间：2016 年 7 月。

（一）声母（25 个，含零声母）

p 八布别兵　　pʰ 爬派倍片　　m 母麦门明　　f 符飞饭风

t 毒到多东　　tʰ 太讨天同　　n 怒脑南难　　　　　　　　l 路老吕蓝

ts 资字争纸　　tsʰ 草全茶抄　　　　　　　　s 丝苏三酸

tʂ 张柱装主　　tʂʰ 初床春城　　　　　　　　ʂ 山双手十　　ʐ 热然认软　　ɭ 二儿耳③

tɕ 举酒结精　　tɕʰ 去秋权轻　　ȵ 泥女年宁　　ɕ 想谢响县

k 高贵竿共　　kʰ 开可葵看　　　　　　　　x 胡好灰活　　ɣ 爱袄岸恩

ø 二衣问云

说明：

1. [ɭ] 只与 [ə] 拼合，持阻时间较长，约占整个音节时长的三分之二。

2. 发 [ɣ] 时软腭处的摩擦较重。

（二）韵母（36 个，不含儿化韵）

ɿ 字刺丝师　　　　i 米飞第急　　　　u 赌苦五骨　　　　y 虚雨绿局

ʅ 直尺试十

---

① 李富春（李鸣东之子）告知，该墓碑的原有墓碑埋于地下，新碑与原碑内容完全一致。
② 《王氏家谱》由大李村王景川于 2016 年 4 月提供。
③ 例字下加"＿＿"表示白读，加"＿＿"表示文读，下文不再一一说明。

ɚ 二儿

a 八爬辣茶　　　　ia 架夹牙鸭　　　　ua 刮夸花瓦

ə 歌二盒热　　　　iə 接节写鞋　　　　uə 坐过郭活　　　　yə 靴学月药

ɛ 排盖开爱　　　　　　　　　　　　　uɛ 帅怪快外

ɔ 宝包桃烧　　　　iɔ 条桥笑小

ou 走豆丑收　　　　iou 六秋油有

ei 白赔飞色　　　　　　　　　　　　uei 对率鬼国

ã 半胆南三　　　　iã 年恋减盐　　　　uã 短酸官万　　　　yã 软权选圆

ẽ 本深认根　　　　iẽ 林紧心新　　　　uẽ 寸春滚温　　　　yẽ 军群勋云

ɑŋ 党糖桑张　　　　iɑŋ 良讲响阳　　　uɑŋ 床双光王

əŋ 灯争庚横　　　　iŋ 病灵星硬　　　　uŋ 东横红翁　　　　yŋ 穷胸兄用

说明：

1. [a] 在 [a、ia、ua] 中的实际音值为 [ᴀ]。

2. [ə] 拼 [tʂ、tʂʰ、ʂ、ʐ、l] 时略带卷舌色彩，舌位较高；拼 [p、pʰ、m] 时唇形略圆，其前带有一个很短的过渡音 [u]，实际音值为 [ᵘə]；在 [iə] 中，[ə] 的舌位靠前偏高，接近 [e]；在 [uə、yə] 中，[ə] 略带圆唇色彩。

3. [ɛ] 的舌位稍低，在阴平调中略有动程。

4. [ɔ] 略有动程，实际音值接近 [ɔº]。

5. [ei] 的动程较小，实际音值为 [eɪ]。

6. 在零声母音节中，[uŋ] 的实际音值为 [uəŋ]。

（三）单字调（4个）

阴平 213　　　东风开春谷节哭月

阳平 53　　　门油铜红急毒白罚

上声 55　　　懂古统草买老五有

去声 31　　　动近怪半寸去路地

说明：

1. 阴平的曲折不太明显，起点比 2 度低。

2. 阳平的终点比 3 度稍低。

3. 上声的实际调值比 55 略低，接近 44。

4. 去声的起点比 3 度略高。

二、耿庄音系

耿庄位于菏泽市以北，距离菏泽市城区约 20 公里，属于菏泽市牡丹区小留镇。发音人：王在福，男，1950 年生，菏泽市牡丹区小留镇耿庄村人，农民，小学文化，只能说山东话。调查时间：2017 年 7 月。

（一）声母（24 个，含零声母）

p 八步兵病	pʰ 爬派片旁	m 母麦门明	f 飞费饭风	
t 道多东毒	tʰ 太讨同天	n 拿脑南农		l 路老蓝连
ts 资早租酒	tsʰ 刺草全清		s 丝酸想谢	
tʂ 张争纸主	tʂʰ 茶初床虫		ʂ 事双顺手	ʐ 热绕然软
tɕ 结九见经	tɕʰ 旗丘权轻	ɲ 泥女年娘	ɕ 虚休县响	
k 高贵跪共	kʰ 开口葵看		x 好灰活话	ɣ 袄安岸昂
ø 二衣问月				

说明：

1. [ɕ] 拼 [i] 时，发音部位靠后，接近 [ç]。

2. 发 [ɣ] 时软腭处的摩擦较轻。

（二）韵母（36 个，不含儿化韵）

ɿ 资瓷四丝	i 米戏飞锡	u 苦五出谷	y 雨橘绿局
ʅ 直尺师试			
ɚ 二而耳儿			
a 茶塔法辣	ia 夹下牙鸭	ua 刮夸耍瓦	
ə 歌盆蛇热	iə 贴接写鞋	uə 坐过郭活	yə 靴月药学
ɛ 排买盖开		uɛ 帅怪快怀	
ɔ 饱桃烧绕	iɔ 苗条桥笑		

ou 斗走丑收　　　　iou 酒丘油六

ei 北白赔色　　　　　　　　　　　uei 对桂鬼国

ã 山半南含　　　iã 减钱年盐　　　uã 短酸官玩　　　yã 权选圆元

ẽ 根本深门　　　iẽ 林紧心新　　　uẽ 寸春滚魂　　　yẽ 君群勋云

ɑŋ 帮糖党纲　　　iɑŋ 讲响良样　　　uɑŋ 床双广王

əŋ 灯藤争庚　　　iŋ 硬病星明　　　uŋ 东横红翁　　　yŋ 兄用琼容

说明：

1. [a] 在 [a、ia、ua] 中的实际音值为 [ᴀ]。

2. [ə] 拼 [tʂ、tʂʰ、ʂ、ʐ] 时略带卷舌色彩，舌位较高；拼 [p、pʰ、m] 时唇形略圆，其前带有一个很短的过渡音 [u]，实际音值为 [ᵘə]；在 [iə] 中，[ə] 的舌位靠前偏高，接近 [e]；在 [uə、yə] 中，[ə] 略带圆唇色彩。

3. [ɛ] 的舌位稍低，在阴平调中略有动程。

4. [ɔ] 略有动程，实际音值接近 [ɔº]。

5. [ei] 的动程较小，实际音值为 [eɪ]。

6. 在零声母音节中，[uŋ] 的实际音值为 [uəŋ]。

（三）单字调（4个）

阴平 213　　东风开春谷搭月叶

阳平 52　　　门油铜红急白盒罚

上声 55　　　懂古统草买老五有

去声 412　　动近怪半寸去路地

说明：

1. 阴平的曲折度不太明显，起点比 2 度稍低，接近 113。

2. 上声的实际调值比 55 略低，接近 44。

3. 去声的起点有时略低，接近 312。

第二节　谭家村及其源方言音系

一、谭家村音系

谭家村位于西安市阎良区西部，与三原县大程镇毗邻，属阎良区振兴街道办，距阎良城区约4公里，总人口约4000人。其居民主要来自今山东高密西北阚家镇和昌邑南部的北孟镇一带。据《高祖谭清俊自述一生》，谭家迁自山东高密谭家营，于清光绪二十四年（1898）3月与孙、丘两姓来陕，清光绪二十五年（1899）3月正式定居在谭家堡。① 又据《孙氏家谱》，孙氏家族迁自山东昌邑南乡孙家上疃（今属昌邑市北孟镇）。②《高氏族谱》记载，高治勋、高布勋于清宣统元年（1909）自山东昌邑太保庄北七里兰村迁居此地。③ 据《张氏家谱》，张一习于清宣统二年（1910）由山东莱州府昌邑县南乡张家老东庄迁居此地。④ 又据《山东高密张家村张氏来陕支谱》（1947年编修），张旭于清宣统三年（1911）携家九口由山东高密西乡三十里郑公乡刘宗社张家村迁居该村。⑤ 如果以高密谭家营为中心，该村居民的迁出地多在谭家营周边约15公里的范围内。发音人：毕亮祥，男，1947年生，阎良振兴街道办谭家村人，农民，小学文化，说山东话，不太会说陕西话。其先辈在清光绪三十三年（1907）从山东昌邑北孟镇角兰村迁居于此。⑥ 调查时间：2017年2月。

---

① 该材料由村民谭胜利于2010年5月17日提供。2015年7月，我们到高密谭家营调查时通过查阅谭家的家谱进行比对后才知"谭清俊"的名字有误，其实际名字为"谭际俊"。
② 该材料由长安大学孙锡平教授于2010年5月15日提供。
③ 该材料由村民高明熠于2013年7月24日提供。
④ 该材料由村民张所义于2013年7月23日提供。
⑤ 该材料由村民张广文于2013年7月17日提供。
⑥ 阎良区的材料依据政协西安市阎良区委员会编：《阎良村情》（下），内部资料，2011年，第14页。

（一）声母（26个，含零声母）①

p 八布别兵	pʰ 怕派倍盘	m 母麦门明	f 符飞饭冯	v 袜万问翁
t 到道夺东	tʰ 太讨田同	n 怒脑南农		l 路吕连若
ts 祖糟焦精	tsʰ 曹从齐枪		s 丝苏修线	
tʂ 主招张蒸	tʂʰ 初潮昌虫		ʂ 师书扇生	ʐ 日认然软　ɭ 儿耳二
tɕ 足举经俊	tɕʰ 趣桥丘权	ȵ 泥女牛年	ɕ 虚休向旋	
k 高跪九共	kʰ 可开葵孔	ŋ 爱袄岸恩	x 化灰活红	
ø 而日认远				

说明：

1. 发 [v] 时唇齿接触较松，摩擦较轻，实际音值接近 [ʋ] 或 [w]，在单字发音时出现较多，但在语流或词语中时隐时现，有消失的迹象。

2. [ts、tsʰ、s] 拼齐齿呼时，舌尖位置较高，抵住或靠近上齿龈，实际音值为 [tsʲ、tsʲʰ、sʲ]。

3. [ɭ] 的持阻时间较长，舌尖与硬腭前部形成的阻碍较轻，卷舌色彩稍弱。

4. [x] 的摩擦较重。

（二）韵母（35个，不含儿化韵）

ɿ 资刺丝	i 比第急日	u 木赌出故	y 绿虚雨欲
ʅ 支知是			
ɚ 儿耳二而			
ɑ 爬辣茶割	iɑ 架夹鸭牙	uɑ 耍刮花瓦	
ə 波舌河儿	iə 铁姐野热	uə 托落过郭	yə 绝缺靴月
ɛ 派盖开爱	iɛ 介解鞋矮	uɛ 帅怪快怀	
ɔ 宝保桃烧	iɔ 条桥笑绕		
ei 北百妹色		uei 内摔桂国	

---

① 这里的声母数量与《关中地区山东方言岛语音研究》（陈荣泽，2016a：43）所记录的声母有差异，即少了 [tθ、tθʰ、θ]。这是由发音人的差异所造成的结果，并非 [tθ] 组声母在谭家村山东话中已完全消失。

ou 斗丑收走　　　　iou 流酒秋肉
ã 胆三竿含　　　　　iã 连间衔然　　　　uã 短恋酸官　　　yã 权圆软远
ɔ̃ 分陈根问　　　　　iɔ̃ 林紧新人　　　　uɔ̃ 寸春魂温　　　yɔ̃ 群勋云国
ɑŋ 党糖桑张　　　　 iɑŋ 良讲想让　　　　uɑŋ 床双光王
əŋ 东争庚红　　　　 iŋ 灵穷胸用

说明：

1. [y] 单独做韵母有时发音为 [yᵘ]。

2. [ə] 拼 [l̩] 时的舌位较高，时长很短；拼 [p、pʰ、m] 时舌位略靠后，唇形略圆；[iə] 中的 [ə] 舌位略高偏前，音值接近 [e]。

3. [ɔ] 略有动程，音值接近 [ɔᵒ]。

4. [ɛ] 的舌位介于 [ɛ] 与 [æ] 之间。

5. [ei、ou] 的动程很小。

6. [ɑŋ、əŋ、iŋ] 中 [ŋ] 的实际音值为 [ỹ]。

（三）单字调（4 个）

阴平 213　　专尊开天集吸质雹
阳平 52　　 床才人麻急宅合服
上声 55　　 纸短体有得七说发
去声 31　　 是坐对望月入麦药

说明：

1. 阴平的起点比 2 度稍低。

2. 上声的实际调值比 55 略低。

二、谭家营音系

谭家营位于高密市西北，距离市区约 20 公里，属高密市阚家镇。谭家营为一个自然村，包括 4 个行政村，约有 2800 人。谭家营距离角兰村约 15 公里。发音人：谭京图，男，1954 年生，高密市阚家镇谭家营一村人，农民，高中文化，只会说山东话。调查时间：2015 年 7 月。

（一）声母（31 个，含零声母）

p 八步别病　　pʰ 爬派盘片　　m 母麦门明　　f 符飞饭冯　　v 围微瓦翁

t 毒到道夺　　tʰ 太讨甜同　　n 怒脑南嫩　　　　　　　　　l 路吕兰连

tθ 资祖糟增　　tθʰ 醋曹仓从　　　　　　　　θ 丝苏散僧

ts 节焦精匠　　tsʰ 齐趣全枪　　　　　　　　s 修线旋想

tʂ 支助争装　　tʂʰ 茶初虫床　　　　　　　　ʂ 诗师税生　　　　　ɭ 而儿二耳

tʃ 知主招蒸　　tʃʰ 除潮船昌　　　　　　　　ʃ 蛇书扇声

tɕ 举结九经　　tɕʰ 桥丘权轻　　ȵ 泥女年娘　　ɕ 虚休县向

k 高贵跪共　　kʰ 开葵康孔　　ŋ 爱袄欧岸　　x 胡化灰红

ø 武约然远

说明：

1. [ts、tsʰ、s] 拼齐齿呼时，舌尖位置较高，抵住或靠近上齿龈，实际音值为 [tsʲ、tsʰʲ、sʲ]；拼撮口呼时，舌尖位置较低，气流摩擦舌尖与上齿发声。

2. [ɭ] 的持阻时间较长，舌尖与上齿形成的阻碍较轻，卷舌色彩稍弱。

3. [x] 的摩擦较轻。

（二）韵母（34 个，不含儿化韵）

ɿ 资知刺丝　　　　i 比第急日　　　　u 木赌出故　　　　y 绿虚举雨

ʅ 支纸翅师

ə 波舌儿河　　　　iə 铁姐野热　　　　uə 落过郭合　　　　yə 绝缺靴月

a 爬法辣割　　　　ia 架夹下鸭　　　　ua 抓刮花瓦

ɛ 派盖买爱　　　　iɛ 介街鞋矮　　　　uɛ 帅怪快怀

ɔ 包桃烧高　　　　iɔ 条教笑绕

ou 走斗收丑　　　　iou 流秋肉有

ei 百妹色危　　　　　　　　　　　　uei 雷摔桂国

ã 胆三竿含　　　　iã 连间衔然　　　　uã 短恋酸官　　　　yã 权选圆软

ə̃ 分深问根　　　　iə̃ 林紧心人　　　　uə̃ 寸吞魂温　　　　yə̃ 群勋云闰

ɑŋ 党糖桑章　　　iɑŋ 良江想让　　　uɑŋ 床双光王

əŋ 东争庚红　　　　iŋ 灵穷胸用

说明：

1. [ɿ] 拼 [tθ、tθʰ、θ] 时实际音值为齿间舌尖元音。

2. [ɿ、ʅ、i] 单独做韵母时，舌位不稳定，后半部分松弛，实际音值分别为 [ɿᵊ、ʅᵊ、iᵊ]。

3. [yu] 中的 [u] 舌位稍低，接近 [yo]。

4. [ə] 拼 [l̩] 时的舌位较高，时长很短；拼 [p、pʰ、m] 时舌位略靠后，唇形略圆。

5. [ɛ̝] 的舌位介于 [ɛ] 与 [æ] 之间。

6. [ei、ou] 的动程很小。

7. 韵尾 [ŋ] 的实际音值为 [ỹ]。

（三）声调（4个）

阴平 213　　　边安开三飞天杉忽

阳平 52　　　　陈才平文局读合服

上声 55　　　　比好女有得一百发

去声 31　　　　是厚对用月入麦袜

说明：

1. 阴平的起点有时比 2 度稍低。

2. 阳平的终点比 2 度略低，接近 51。

3. 上声的实际音值接近 44。

第三节　马家庄及其源方言音系

一、马家庄音系

马家庄村位于阎良区的南部，距城区约 8 公里，属阎良区北屯街道办桥东村，是一个自然村。清末，山东莱芜移民于此建村，因马姓来得较早，故名马家庄；

现有村民 888 人，主要姓氏有朱、张、陶、吕、马、王。① 其中，朱、陶、张为村内的大姓。据《阎良朱氏家谱》记载，朱懋仁夫妇于清光绪三十三年（1907）携三个儿子从山东莱芜朱家庄逃难至临潼（今阎良）马家庄。② 陶姓来此地的时间与朱家大体一致，据《陶氏族谱》记载，陶之材、陶效先叔侄两家共计十余口人迁居马家庄。③ 发音人：陶秀江，男，1946 年生，阎良北屯街道办桥东村人，农民，小学文化，能说山东话、陕西话（不标准）。调查时间：2017 年 7 月。

（一）声母（25 个，含零声母）

p 八布步别　pʰ 怕派倍盘　m 木妹门明　f 飞冯符费

t 到道夺东　tʰ 太讨田同　n 拿脑怒南　　　　　　　l 吕路若连

ts 祖糟堆争　tsʰ 醋曹全仓　　　　　　s 丝苏诗修

tʂ 主招蒸装　tʂʰ 茶初潮昌　　　　　　ʂ 十书手扇　ʐ 日绕软认　l̢ 儿耳二

tɕ 举结焦精　tɕʰ 旗秋枪穷　ɲ 泥女年硬　ɕ 虚休县旋

k 高贵跪共　kʰ 开葵抗空　ŋ 岸案袄欧　x 胡话灰红

ø 闻而言运

说明：

1. [pʰ、tʰ、kʰ] 的喉部摩擦较重。

2. [l̢] 的持阻时间较长，舌尖肌肉较松，卷舌色彩较弱。

（二）韵母（37 个，不含儿化韵）

ɿ 资词丝四　　　　i 比米第急　　　　u 木赌出故　　　　y 举虚雨欲

ʅ 知直池是

ɚ 儿耳二而

a 爬辣茶割　　　　ia 架夹鸭牙　　　　ua 刮夸花瓦

ə 儿舌各过　　　　iə 姐接铁野　　　　uə 落过郭河　　　　yə 确靴药月

---

① 政协西安市阎良区委员会编：《阎良村情》（上），内部资料，2011 年，第 130 页。
② 《阎良朱氏家谱》由阎良区马家庄朱应昌于 2010 年 5 月 13 日提供。
③ 《陶氏族谱》由阎良区马家庄陶秀江于 2017 年 2 月 11 日提供。

ɛ 派在盖爱	iɛ 介解鞋矮	uɛ 怪快帅怀	
ɔ 饱保桃烧	iɔ 条桥笑要		
ei 北百妹色		uei 内摔贵国	
ou 斗鹿收丑	iou 流秋有		
ã 胆三竿含	iã 连减衔盐	uã 船酸官欢	yã 卷权选远
ɔ̃ 根陈深很	iɔ̃ 林紧心新	uɔ̃ 寸春魂温	yɔ̃ 群军勋云
ɑŋ 帮党桑章	iɑŋ 良讲想阳	uɑŋ 庄床光王	
əŋ 灯争升庚	iŋ 灵星兵应	uŋ 东横红翁	yŋ 穷兄胸用

说明：

1. [ɿ、ʅ、i] 单独做韵母时，在阴平 31 调后常带有一个 [ə] 音尾，实际音值分别为 [ɿᵊ、ʅᵊ、iᵊ]。

2. [y] 单独做韵母时，在阴平 31 调后常带有一个舌位略低的 [ɯ] 音尾，实际音值为 [yᵚ]。

3. [ə] 拼 [l] 时时长很短；拼舌根音声母时舌位靠后，实际音值为 [ɤ]；在 [ei] 中，舌位靠前偏高，实际音值接近 [e]；在 [uə、yə] 中略带圆唇色彩，舌位略高偏后，接近 [ɤ]。

4. [ɛ] 的舌位略低。

5. [ei、ou] 的动程较小。

（三）单字调（3 个）

阴平 31　　高低天伤竹一黑湿
上声 55　　陈龙展好急杂舌服
去声 53　　坐正大用月六麦袜

说明：

1. 阴平的起点比 3 度略低。

2. 上声比 5 度略低，接近 44。

3. 去声的终点比 3 度稍低。

二、朱家庄音系

朱家庄位于济南市莱芜区羊里街道办以东，距羊里街道办约 2 公里，距莱芜区约 18 公里。朱姓迁自今莱芜区羊里街道办朱家庄，陶姓迁自今莱芜区羊里街道办陶北村，两村相距约 3 公里，两村的方言基本一致。发音人：朱司钦，男，1945 年生，羊里街道办朱家庄村人，农民，小学文化。调查时间：2015 年 8 月。

（一）声母（29 个，含零声母）

p 八步别兵	pʰ 怕派盘片	m 母麦门明	f 发符飞冯	v 武围闻王
t 大到道夺	tʰ 太讨同透	n 拿怒南能		l 路吕兰软
tθ 字祖糟增	tθʰ 刺曹仓醋		θ 丝苏散酸	
ts 节焦俊精	tsʰ 齐趣全枪		s 修线心旋	
tʂ 主招争蒸	tʂʰ 初售虫昌		ʂ 诗书生声	ʐ 日绕然认	ɭ 而儿二耳
tɕ 举九结经	tɕʰ 旗去丘从	ȵ 泥女年宁	ɕ 虚休县玄	
k 贵高竿共	kʰ 开葵抗孔	ŋ 袄欧岸恩	x 胡化灰红	
ø 缘远约闰				

说明：

1. 发 [v] 时，唇齿接触较松，实际音值为 [ʋ]。

2. 发 [tθ、tθʰ、θ] 时，上下齿微开，舌尖与齿间的细缝接触较紧，舌尖一般不伸出齿间。

3. [ts、tsʰ、s] 拼齐齿呼时，舌尖位置较高，抵住或靠近上齿龈，实际音值为 [tsʲ、tsʲʰ、sʲ]；拼撮口呼时，舌尖位置较低，气流摩擦舌尖与上齿发声。

4. [tʂ、tʂʰ、ʂ、ʐ] 的舌位略靠前。

5. [ɭ] 的持阻时间较长，约占整个音节时长的一半。

6. [x] 的摩擦较重。

（二）韵母（36个，不含儿化韵）

ɿ 资此丝	i 比第急日	u 赌故苦五	y 绿虚雨欲
ʅ 知支师			
ə 波舌儿河	iə 铁姐野热	uə 落各郭国	yə 绝缺靴月
ɑ 爬辣蛇割	iɑ 架夹掐牙	uɑ 刮夸花瓦	
ɛ 排盖开爱	iɛ 介解鞋矮	uɛ 怪帅快外	
ɔ 包宝桃烧	iɔ 表条笑桥		
ou 斗走收丑	iou 流酒秋油		
ei 百妹色刻		uei 雷肋税贵	
ã 胆三竿含	iã 连间衔缘	uã 短恋酸软	yã 卷权宣圆
ə̃ 分问深根	iə̃ 林紧心新	uə̃ 寸春滚魂	yə̃ 群勋云闰
ɑŋ 党唐章王	iɑŋ 良讲想阳	uɑŋ 庄床双光	
əŋ 灯层争庚	iŋ 病灵星硬	uŋ 东农红翁	yŋ 龙穷胸用

说明：

1. [ɿ、ʅ、i、u] 单独做韵母时，舌位不稳定，后半部分松弛，实际音值为 [ɿᵊ、ʅᵊ、iᵊ、uᵊ]。

2. [y] 单独做韵母时，舌位不稳定，后半部分松弛，实际音值为 [yɯ]。

3. [ɿ] 拼 [tθ、tθʰ、θ] 时，实际音值为齿间舌尖元音。

4. [ə] 拼 [l] 时的舌位较高，时长很短；拼 [p、pʰ、m] 时舌位略靠后，唇形略圆；[iə] 中的 [ə] 舌位略低，音值接近 [ɐ]。

5. [ɛ] 的舌位介于 [ɛ] 与 [æ] 之间。

6. [ei、ou] 的动程很小。

7. 韵尾 [ŋ] 的实际音值为 [ỹ]。

（三）单字调（3个）

阴平 213　高低天伤得笔铁说

上声 55　　陈云展有急食舌服

去声 31　　是共盖帽月入麦袜

说明：

1. 阴平的起点比 2 度低，曲折度不很明显，有时接近 113 或 13。
2. 上声的实际高度比 5 度略低，接近 44。

第四节　官路村及其源方言音系

一、官路村音系

官路村位于阎良区东边，距离阎良区约 4 公里，属阎良区新兴街道办，是一个行政村，人口约 1300 人，其中山东人约 1000 人。该村居民多为山东寿光籍移民的后裔，主要迁自山东省寿光市上口镇、洛城街道、稻田镇一带。该村有张、萧、谷、韩、宋、孙、刘、李等姓氏，宋、孙、刘、李四姓的人口较多。其中，李氏为同宗两支，祖籍为山东省寿光市上口镇李家南邵村，清光绪六年（1880）南邵李家十六世孙李鹤九携家小迁至今官路村，另一支十八世孙李成绪先迁往黑龙江青冈县，后回南邵李家村，清光绪九年（1883）迁至今阎良官路村。① 发音人：李民政，男，1952 年生，阎良新兴街道办官路村人，退休职工，初中文化，能说山东话、陕西话、普通话。调查时间：2016 年 8 月。

（一）声母（25 个，含零声母）

p 八步别病	pʰ 怕派倍盘	m 母麦门明	f 副飞饭冯	
t 毒到夺东	tʰ 太讨甜同	n 纳怒脑南		l 路吕兰连
ts 祖糟堆增	tsʰ 醋曹寸仓		s 丝苏三酸	
tʂ 主招张争	tʂʰ 茶初潮昌		ʂ 诗书双声	ʐ 绕然认软　ɭ 儿耳二
tɕ 举节焦经	tɕʰ 旗秋枪轻	ȵ 泥女年娘	ɕ 虚休线想	
k 高贵庚共	kʰ 开葵抗孔	ŋ 袄岸恩昂	x 胡好活红	

---

① 西安市阎良区委员会文史侨务法制委员会编：《阎良文献辑要》，内部资料，2013 年，第 222 页。

ø 午围远用

说明：

1. 发 [ts、tsʰ、s] 时，舌尖位置较低，带有齿间色彩。

2. [l] 的持阻时间较长，约占整个音节的一半。

3. [x] 的摩擦较重。

（二）韵母（共37个，不含儿化韵）

ɿ 资次丝

ʅ 支知师

ɚ 儿耳二而

a 爬辣茶割　　　　ia 架夹夏牙　　　　ua 刮夸花瓦

ə 婆舌儿各　　　　iə 铁贴接野　　　　uə 落歌郭合　　　yə 缺靴月药

ɛ 排盖开爱　　　　iɛ 介鞋矮　　　　　uɛ 怪快怀帅

ɔ 饱桃烧高　　　　iɔ 条桥笑腰

ei 北赔妹色　　　　　　　　　　　　　uei 对摔桂国

ou 斗走丑收　　　　iou 流秋修油

ã 胆三竿含　　　　iã 廉减衔盐　　　　uã 短酸官万　　　yã 卷权选远

ə̃ 门根深人　　　　iə̃ 林紧心新　　　　uə̃ 寸春滚温　　　yə̃ 军群勋云

aŋ 党糖章钢　　　　iaŋ 良讲枪响　　　uaŋ 床双光黄

əŋ 朋争庚横　　　　iŋ 兵灵星硬　　　　uŋ 东横红翁　　　yŋ 琼胸用容

说明：

1. [u] 在零声母音节中有时略带摩擦，实际音值为 [ʋ]。

2. [ə] 拼 [l] 时舌位略高，时长很短；[ə] 在 [iə] 中舌位靠前偏高，实际音值接近 [ie]；[ə] 在 [uə、yə] 中的舌位靠后偏高，略带圆唇色彩。

3. [ɛ] 的舌位介于 [ɛ] 与 [æ] 之间。

4. [ei、ou] 的动程很小。

（三）单字调（4个）

阴平 213　　东风春天哭拍刻塔

阳平 53　　龙门铜红急毒白盒

上声 55　　古懂九统朴确迫劈

去声 31　　动半寸地六麦月叶

说明：

1. 阴平的起点比 2 度稍低，曲折不太明显。

2. 上声的实际调值略低，近似 44。

二、东堤村音系

东堤村位于寿光市东北，隶属于寿光市上口镇，距市区约 15 公里，离李家南邵村约 3 公里。发音人：刘伟军，男，1950 年生，寿光上口镇东堤村人，农民，初中文化，只能说山东话；李彩云，女，1950 年生，寿光上口镇西北上口村人，农民，小学文化，只能说山东话；刘连军，男，1965 年生，寿光上口镇东堤村人，农民，高中文化，只能说山东话。调查时间：2015 年 8 月。

（一）声母（25个，含零声母）

p 八布倍别	pʰ 怕派盘片	m 母麦门明	f 符飞费冯	
t 到道夺东	tʰ 太讨天同	n 拿农脑难		l 路吕老连
ts 祖糟堆僧	tsʰ 醋曹仓从		s 丝苏散酸	
tʂ 主招张中	tʂʰ 初潮昌虫		ʂ 师书生扇	ʐ 绕然软认　ɭ 而儿耳二
tɕ 举节焦精	tɕʰ 齐枪秋桥	ȵ 你女年娘	ɕ 虚休旋线	
k 跪高竿共	kʰ 可开葵抗	ŋ 袄欧岸恩	x 胡化灰红	
ø 药言远王				

说明：

1. [ts、tsʰ、s] 组声母的发音部位略低，有时发成齿间音 [tθ、tθʰ、θ]。[tθ] 组声母为 [ts] 组声母的自由变体，本文一律记为 [ts] 组声母。

2. [l] 的持阻时间较长。

（二）韵母（36个，不含儿化韵）

ɿ 资刺丝四	i 米第急以	u 抱木赌故	y 绿虚雨欲
ʅ 支知池事			
ə 波婆磨儿	iə 铁姐些野	uə 落郭国合	yə 缺靴月药
ɑ 爬辣割蛇	iɑ 架夹夏牙	uɑ 刮夸花瓦	
ɛ 排盖开爱	iɛ 解鞋矮崖	uɛ 怪快怀帅	
ɔ 饱抱桃烧	iɔ 条桥笑腰		
ou 斗收丑走	iou 流九秋油		
ei 北赔妹色		uei 对雷摔桂	
ã 胆三竿含	iã 廉减衔盐	uã 短酸官万	yã 卷权选远
ə̃ 本门根深	iə̃ 林紧心新	uə̃ 寸春魂温	yə̃ 君群勋云
ɑŋ 党唐郎冈	iɑŋ 良讲强阳	uɑŋ 床双光王	
əŋ 朋正庚横	iŋ 平定灵星	uŋ 东共红翁	yŋ 龙穷兄用

说明：

1. [ɿ、ʅ、i] 单独做韵母时，常不是一个纯粹的单元音，发音的后半段逐渐松弛，舌位向下滑动，其实际音值为 [ɿˠ、ʅˠ、iˠ]。

2. [u] 在零声母音节中的实际音值为 [w]。

3. [ə] 拼 [l] 时舌位略高、时长较短；[uə、yə] 中 [ə] 的舌位靠后偏高，略带圆唇色彩。

4. [ɑ、iɑ、uɑ] 中 [ɑ] 的实际音值为 [ᴀ]。

5. [ɛ] 的舌位介于 [ɛ] 与 [æ] 之间。

6. [ou] 的动程很小，其中 [u] 的舌位较低，实际音值为 [ʊ]。

（三）声调（4个）

阴平 213　　专安天飞得湿七百
阳平 53　　　唐平神云急食读服
上声 55　　　走口好五笔答劈扑
去声 31　　　是大爱用月入纳麦

说明：

上声的实际调值略低，接近44。

第五节　杨居屯及其源方言音系

一、杨居屯音系

杨居屯为一个自然村，距阎良市区约13公里，隶属于阎良区武屯街道办杨居屯（行政村），全村有892人，其村民多为山东青州移民后裔，杨、孙、贾等姓为该村大姓。① 据《孙氏族谱》记载，孙氏祖籍青州西朱鹿村，十四世孙沛云、孙川云于清光绪十五年（1889）迁居杨居屯。② 直到现在孙家还与山东老家有联系。发音人：孙克和，男，1953年生，阎良区武屯街道办杨居屯人，农民，小学文化，说山东话、陕西话。调查时间：2017年2月。

（一）声母（25个，含零声母）

p 八布别兵	pʰ 怕派倍盘	m 木麦门明	f 飞冯符费	
t 低到夺东	tʰ 体讨太同	n 怒脑难能		l 路吕软然
ts 资祖糟增	tsʰ 粗草寸仓		s 丝苏三酸	
tʂ 主招张蒸	tʂʰ 初潮昌虫		ʂ 师书扇生	ʐ 绕然软让　ɭ 儿耳二
tɕ 九结俊精	tɕʰ 去丘桥趣	ȵ 泥女年娘	ɕ 虚修旋县	
k 高贵跪共	kʰ 可开葵康	ŋ 袄岸安恩	x 胡化灰活	
ø 而缘午远				

说明：

1. [pʰ、tʰ、kʰ]的摩擦较重。

---

① 政协西安市阎良区委员会编：《阎良村情》（上），内部资料，2011年，第236页。
② 此材料由孙克杰于2013年7月26日提供。

2. [l] 的持阻时间较长，约占整个音节时长的一半，且只与 [ə] 拼合。

（二）韵母（37 个，不含儿化韵）

ɿ 资词丝四	i 备米地急	u 母赌出故	y 绿虚雨欲
ʅ 支知齿诗			
ɚ 耳二儿			
a 爬塔辣割	ia 架夹夏鸭	ua 刮跨花瓦	
ə 波磨舌儿	iə 铁姐节野	uə 落过郭河	yə 绝确靴月
ɛ 派在盖爱	iɛ 解鞋矮崖	uɛ 怪快怀帅	
ɔ 饱桃烧高	iɔ 条桥笑要		
ei 北妹色黑		uei 内桂摔国	
ou 斗收丑走	iou 流九秋有		
ã 胆三竿含	iã 连减衔盐	uã 短恋酸官	yã 权选圆元
ẽ 真深认根	iẽ 林紧心新	uẽ 村春魂温	yẽ 俊群勋云
aŋ 党唐桑帮	iaŋ 良强讲阳	uaŋ 壮床双光	
əŋ 梦灯争庚	iŋ 兵灵星硬	uŋ 东横红翁	yŋ 琼穷胸用

说明：

1. [ə] 拼 [l] 时舌位偏高；拼 [p、pʰ、m] 时略圆唇，其前有一个过渡音 [u]，实际音值为 [ᵘə]；[iə] 中的 [ə] 舌位略靠前偏高；[uə、yə] 中的 [ə] 略带圆唇色彩，舌位略高偏后。

2. [ei] 几乎无动程，近似单元音 [e]。

3. [aŋ、iaŋ、uaŋ] 中韵尾 [ŋ] 较松，实际音值接近 [ỹ]。

4. [uŋ] 在零声母音节中的实际音值为 [uəŋ]。

（三）单字调（4 个）

阴平 213	高低天飞织积入纳
阳平 53	唐平龙文急白食拔
上声 55	比体手女笔出窄八
去声 31	坐厚汉帽月六麦袜

说明：

1. 阴平的曲折度不很明显，起点比 2 度低。

2. 阳平的终点比 3 度稍低。

3. 上声的高度比 55 低，实际调值为 44。

二、朱鹿村音系

朱鹿村隶属于青州市高柳镇，位于青州市北部，距离青州市区约 20 公里。发音人：孙华庆，男，1952 年生，青州市高柳镇朱鹿村人，退休教师，大专文化，只能说山东话。调查时间：2015 年 8 月。

（一）声母（24 个，含零声母）

p 布倍别兵	pʰ 怕派盘片	m 母麦门明	f 符飞费冯	
t 到道夺东	tʰ 太讨天同	n 农脑南能		l 路吕绕认
ts 祖糟堆僧	tsʰ 醋曹仓从		s 丝苏散酸	
tʂ 主招张中	tʂʰ 初潮昌虫		ʂ 师书生扇	ɻ 儿耳二入
tɕ 举节焦精	tɕʰ 齐枪秋桥	ȵ 女年宁娘	ɕ 虚休旋线	
k 高跪竿共	kʰ 可开葵康	ŋ 岸案袄欧	x 胡灰红上	
ø 围言闻硬				

说明：

1. [l] 的发音部位略靠后。

2. [ts、tsʰ、s] 在洪音前有时带齿间音色彩。

3. [ɭ] 与 [ə] 拼合时的时长较长，约占整个音节的一半；[ɭ] 与 [ɻ] 拼合时的时长略短，且其舌位略靠前，舌叶与龈后部位接触的面较大。

（二）韵母（37 个，不含儿化韵）

ɿ/ʅ 资丝支知		ʯ 住除书乳	
	i 米第急以	u 木赌农故	y 去虚雨欲
ə 波婆儿日	iɘ 铁姐野	uə 落坐各合	yə 缺靴月药
ɑ 爬辣割蛇	iɑ 架掐夏牙	uɑ 刮跨花瓦	

ɛ 排盖海爱　　　　　iɛ 介鞋谐矮　　　　　uɛ 怪快怀帅

ɔ 饱桃烧高　　　　　iɔ 条桥小腰

ou 斗走丑收　　　　　iou 流酒秋有

ei 北妹迈色　　　　　　　　　　　　　uei 对捽桂国

ã 南山竿含　　　　　iã 廉减衔盐　　　　uã 短酸官万　　　yã 卷权宣圆

ẽ 枕深认根　　　　　iẽ 林紧心新　　　　uẽ 懂寸春魂温　　yẽ 淋群勋云

ɑŋ 党唐桑张　　　　　iɑŋ 良讲响阳　　　　uɑŋ 床双光王

əŋ 灯贞庚横　　　　　iŋ 兵灵星硬　　　　uŋ 东通红翁　　　yŋ 龙粽穷胸

说明：

1. [ə] 拼 [l̩] 时带有卷舌色彩，接近 [ɚ]；在 [iə、yə] 中 [ə] 的舌位靠前偏高，接近 [e]。

2. [ɛ] 的舌位介于 [ɛ] 与 [æ] 之间。

3. [ɔ] 略有动程，接近 [ɔº]。

4. [ei、ou] 的动程较小。

5. [ɑŋ、iŋ] 中的 [ŋ] 实际音值为 [ỹ]。

6. [uŋ] 在零声母音节中的实际音值为 [uəŋ]。

（三）单字调（4个）

阴平 213　　　高猪边安接薛不击

阳平 53　　　陈唐文云局杂白读

上声 55　　　古碗老有急竹七发

去声 31　　　厚对大让月入袜药

说明：

1. 阳平的终点比 3 度略低。

2. 上声的实际音值为 44。

第六节　太平村及其源方言音系

一、太平村音系

太平村位于蒲城县西，距离蒲城县约 10 公里，隶属于蒲城县城关镇，是一个行政村，分为北太平、中太平和南太平三个自然村，有居民约 2700 人。村中居民主要来自山东昌邑。发音人：英常杰，男，1954 年生，蒲城县城关镇太平村人，农民，小学文化，能说山东话、陕西话，但陕西话不地道。其祖籍为山东昌邑凤凰屯村。调查时间：2016 年 8 月。

（一）声母（31 个，含零声母）

p 八步别兵	pʰ 爬派派片	m 泥麦门明	f 副飞饭风			
t 毒道多东	tʰ 太讨天同	n 怒脑南能				l 老蓝连路
tθ 资早租坐	tθʰ 刺草寸祠		θ 丝三酸桑			
ts 节姐酒精	tsʰ 齐秋清枪		s 谢修心想			
tʂ 竹争装纸	tʂʰ 茶抄初床		ʂ 事山双生	ʐ 如绕瑞染	ɭ 儿耳二	
tʃ 知主张蒸	tʃʰ 车船春城		ʃ 顺手书十			
tɕ 举九减江	tɕʰ 去全权轻	ȵ 泥女年娘	ɕ 鞋县旋响			
k 高贵跪共	kʰ 开口葵康	ŋ 熬欧安恩	x 好灰活红			
ø 热问软用						

说明：

1. [t、tʰ、n、l] 的发音部位略低，有齿化色彩。

2. 发 [tθ、tθʰ、θ] 时舌尖抵住上下齿间的空隙，舌尖前部伸出齿间较少。

3. [ɭ] 只与 [ə] 拼合，其时长约占整个音节的五分之三。

4. 发 [tʃ、tʃʰ、ʃ] 时，舌叶抬起，舌尖紧贴下齿，除与 [u] 韵母拼合时，没有明显的撮唇动作。

（二）韵母（36个，不含儿化韵）

ɿ 刺丝知池	i 第急戏日	u 主谷苦五	y 绿局虚雨
ʅ 支纸师是			
ɚ 而儿耳			
ɑ 八法辣茶	iɑ 架夹夏牙	uɑ 刮夸话瓦	
ə 波磨歌壳	iə 节接写热	uə 坐哥活郭	yə 靴学月药
ɛ 派代开爱	iɛ 阶界鞋挨	uɛ 怪快怀帅	
ɔ 宝饱桃赵	iɔ 交桥笑要		
ei 白北飞色		uei 对摔鬼国	
ou 豆走丑收	iou 六九秋油		
ã 半南三山	iã 减前年盐	uã 短船官玩	yã 卷权远软
ə̃ 本针深根	iə̃ 林紧心新	uə̃ 敦寸春滚	yə̃ 君群闰云
ɑŋ 帮房糖仓	iɑŋ 良讲响央	uɑŋ 床双光王	
əŋ 灯争横东	iŋ 硬穷星用	uŋ 弄终瓮翁	

说明：

1. [ɿ] 拼 [tθ、tθʰ、θ] 时带有齿间色彩，拼 [tʃ、tʃʰ、ʃ] 时带有舌叶色彩。

2. [u] 拼 [tθ、tθʰ、θ] 时唇形略展、舌位稍低，拼 [tʃ、tʃʰ、ʃ] 时带有舌叶色彩，音值接近 [ʮ]。

3. [ə] 拼 [l] 时时长较短，舌位略高；拼 [tʃ、tʃʰ、ʃ] 时舌位略低；拼 [p、pʰ、m] 时略圆唇，其前有一个过渡音 [u]，实际音值为 [ᵘə]；在 [iə] 中，[ə] 的舌位略靠前偏高；在 [uə、yə] 中，[ə] 略带圆唇色彩，舌位略高偏后。

4. [ɑ、iɑ、uɑ] 中的 [ɑ] 略偏央。

5. [ɛ] 的舌位较低，介于 [ɛ] 与 [æ] 之间。

6. [ei、ou] 的动程较小。

（三）单字调（4个）

| 阴平 213 | 东风通开谷百刻塔 |
| 阳平 53 | 门龙皮铜急毒盒罚 |

上声 55　　　古老五有搭拍哭切

去声 31　　　动近后树六麦叶月

说明：

1. 阴平的曲折度不太明显，起点比 2 度低。

2. 上声的实际调值比 55 低，接近 44。

二、魏马村音系

魏马村位于昌邑市东南部，隶属于北孟镇李家埠社区，距离昌邑市凤凰屯村约 10 公里。发音人：魏先泽，男，1952 年生，北孟镇李家埠社区魏马村人，农民，小学文化，只会说昌邑话。调查时间：2015 年 7 月。

（一）声母（30 个，含零声母）

p 八步别兵	pʰ 爬派盘片	m 母麦门明	f 发符飞冯	
t 毒到夺东	tʰ 太讨甜同	n 怒南能浓		l 路吕兰连
tθ 字祖糟增	tθʰ 醋曹仓从		θ 丝苏散宋	
ts 节焦酒精	tsʰ 齐趣全枪		s 修线旋想	
tʂ 支炸站争	tʂʰ 匙茶初虫		ʂ 诗色税生	ɭ 而儿二耳
tʃ 主赵周蒸	tʃʰ 车除潮昌		ʃ 蛇书扇声	
tɕ 举结九经	tɕʰ 旗去丘权	ȵ 女年娘宁	ɕ 虚休县响	
k 高跪竿共	kʰ 可开葵康	ŋ 袄欧岸恩	x 胡化灰红	
ø 武围然远				

说明：

1. 发 [tθ、tθʰ、θ] 时，上下齿微开，舌尖与齿间的细缝接触较紧，舌尖一般不伸出齿间，但在送气时舌尖伸出稍多。

2. [ts、tsʰ、s] 拼齐齿呼时，舌尖位置较高，抵住或靠近上齿龈，实际音值为 [tsʲ、tsʰʲ、sʲ]；拼撮口呼时，舌尖位置较低，气流摩擦舌尖与上齿发声。

3. [ɭ] 的持阻时间较长，舌尖与上腭形成的阻碍较轻，卷舌色彩稍弱。

4. [tɕ、tɕʰ、ɕ] 的发音部位略靠后。

5. [x] 的发音部位略靠后，且摩擦较轻。

（二）韵母（36个，不含儿化韵）

ɿ 资次知世	i 比第急日	u 赌农故五	yu 绿虚雨欲
ʅ 支翅试师			
ə 波车儿各	iə 铁姐野热	uə 坐落郭河	yə 绝缺靴月
ɑ 爬辣蛇割	iɑ 架夹夏牙	uɑ 刮跨话瓦	
ɛ 排盖开爱	iɛ 街鞋崖矮	uɛ 怪快怀帅	
ɔ 包桃早烧	iɔ 条桥笑绕		
ou 斗走丑收	iou 流九秋肉		
ei 百妹色刻		uei 雷肋摔国	
ã 胆三竿含	iã 连间衔缘	uã 短散官玩	yã 卷权选软
ə̃ 分深根问	iə̃ 林心新人	uə̃ 寸春魂温	yə̃ 群勋云闰
ɑŋ 党糖桑章	iɑŋ 良讲想让	uɑŋ 床双光王	
əŋ 灯争升庚	iŋ 兵灵星硬	uŋ 东宋红翁	yŋ 胸诵荣用

说明：

1. [ɿ] 拼 [tθ、tθʰ、θ] 时带有齿间色彩，拼 [tʃ、tʃʰ、ʃ] 时带有舌叶色彩。

2. [ɿ、ʅ、i、u] 单独做韵母时，舌位不稳定，后半部分松弛，实际音值为 [ɿᵊ、ʅᵊ、iᵊ、uᵊ]。

3. [ə] 拼 [l] 时的舌位较高，时长很短；拼 [p、pʰ、m] 时舌位略靠后，唇形略圆；[iə] 中的 [ə] 舌位略高偏前，接近 [e]。

4. [ɛ] 的舌位介于 [ɛ] 与 [æ] 之间。

5. [ei、ou] 的动程很小。

6. [ɑŋ] 中 [ŋ] 的实际音值为 [ỹ]。

（三）单字调（4个）

阴平 213　　高低天伤竹曲百铁

阳平 53　　　陈唐人云急食白舌

上声 55　　　古草好女七湿桌说

去声 31　　　坐盖汉用月六麦袜

说明：

1. 阴平的起点比 2 度稍低。
2. 上声的实际调值为 44。

第七节　雷家寨及其源方言音系

一、雷家寨音系

雷家寨"山东庄"位于大荔县城西北 10 公里，分为前后两个自然村，分别为前山东庄、后山东庄。据雷家寨村委员李全景介绍，雷家寨"山东庄"共计约 1100 人，其居民祖籍多为今山东菏泽市郓城、鄄城、巨野等县，也有少数是安徽、河南籍居民。据张宏臣介绍，其祖父祖母带着其大姑、父亲在 1940 年前后从山东郓城侯咽集镇黄冈村（位于侯咽集镇西南约 4 公里处）历时 1 个多月走到陕西，先在平民县（今大荔县平民镇）里仁落户，后来 20 世纪 50 年代因修建三门峡水库由政府统一安置到雷家寨。发音人：张宏臣，男，1954 年生，大荔县冯村镇雷家寨人，农民，高中文化，能说山东话、陕西话，但陕西话不地道。调查时间：2016 年 8 月。

（一）声母（24 个，含零声母）

p 八布步兵　　pʰ 爬派片平　　m 木麦门明　　f 书肥饭风

t 毒多到东　　tʰ 太讨同甜　　n 脑南能农　　　　　　　　l 路老蓝连

ts 资租早坐　　tsʰ 刺草寸全　　　　　　　　s 丝三酸桑

tʂ 纸主张争　　tʂʰ 车初春床　　　　　　　　ʂ 十事山双　　ʐ 日热如软

tɕ 节酒见经　　tɕʰ 齐秋权轻　　ȵ 泥女年娘　　ɕ 谢修县响

k 高贵根共　　kʰ 开葵康孔　　　　　　　　x 好话活灰　　ɣ 爱熬藕安

ø 而围问用

说明：

1. [t、tʰ] 拼 [u] 时双唇颤动，实际音值为 [tᴮ、tʰᴮ]。

2. 发 [ɣ] 时软腭处的摩擦较重。

（二）韵母（37个，不含儿化韵）

ɿ 资刺丝诗	i 飞米七戏	u 出苦谷五	y 绿橘局雨
ʅ 支知尺师			
ɚ 而儿耳二			
a 八法辣茶	ia 架夹夏牙	ua 刮跨花瓦	
ə 歌盒热壳	iə 贴节写野	uə 坐过郭活	yə 靴学月药
ɛ 排盖开爱	iɛ 阶界鞋崖	uɛ 怪快怀帅	
ɔ 宝饱桃烧	iɔ 条桥笑要		
ou 豆丑收走	iou 六酒丘油		
ei 北赔飞色		uei 对醉鬼国	
ã 半南三山	iã 减衔年盐	uã 短酸船官	yã 卷权选圆
ẽ 分深根肯	iẽ 林紧心新	uẽ 寸春滚温	yẽ 军群迅云
ɑŋ 帮糖浪让	iɑŋ 两讲响央	uɑŋ 床双光王	
əŋ 灯争升庚	iŋ 硬灵星影	uŋ 东中共横	yŋ 倾兄用荣

说明：

1. [a] 在 [a、ia、ua] 中的实际音值为 [ᴀ]。

2. [ə] 拼 [tʂ、tʂʰ、ʂ、ʐ、l] 时略带卷舌色彩，舌位较高；拼 [p、pʰ、m] 时唇形略圆，其前带有一个较短的过渡音 [u]，实际音值为 [ᵘə]；在 [iə] 中，[ə] 的舌位靠前偏高，接近 [e]；在 [uə、yə] 中，[ə] 略带圆唇色彩。

3. [ɛ] 的舌位稍低，在阴平、去声调中略有动程，实际音值接近 [ɛᴱ]。

4. [ɔ] 略有动程，实际音值接近 [ɔº]。

5. [ei] 的动程较小，实际音值为 [eɪ]。

（三）单字调（4个）

阴平 213　　东风开春谷百塔叶

阳平 53　　龙门红糖急毒白罚

上声 55　　懂九统讨草买老有

去声 412　　动近四寸卖路地树

说明：

1. 阴平的起点比 2 度略低。

2. 阳平的终点比 3 度低些。

3. 去声的起点比 4 度稍低。

二、北李村音系

北李村隶属郓城县侯咽集镇，位于郓城县以北，距离县城约 20 公里，距离侯咽集镇 1.5 公里。发音人：李修忠，男，1950 年生，侯咽集镇渠北李庄人，退休教师，高中文化，只能说山东话；李凤花，女，1973 年生，侯咽集镇渠北李庄人，农民，小学文化，只能说山东话。调查时间：2017 年 7 月。

（一）声母（24个，含零声母）

p 八部别兵　　pʰ 爬派盘片　　m 母麦门明　　f 书飞饭风

t 毒到多东　　tʰ 太讨甜同　　n 纳脑南能　　　　　　　　l 路老蓝连

ts 资早酒坐　　tsʰ 刺草全清　　　　　　　　s 丝修酸想

tʂ 纸主争装　　tʂʰ 初茶春床　　ʂ 事书山顺　　ʐ 日绕软认

tɕ 举结九经　　tɕʰ 旗去权轻　　ȵ 泥年娘宁　　ɕ 戏休县响

k 高贵竿共　　kʰ 开考康孔　　　　　　　　x 好灰活红　　ɣ 熬欧安恩

ø 二味问王

说明：

1. [ts、tsʰ、s] 拼齐齿呼时，舌尖位置较高，抵住或靠近上齿龈，实际音值为 [tsʲ、tsʰʲ、sʲ]。

2. [ɣ] 与 [ɛ、ɔ、ou] 相拼时软腭处的摩擦普遍较轻。

（二）韵母（37个，不含儿化韵）

ɿ 资刺丝	i 飞米急戏	u 猪骨苦五	y 绿局橘雨
ʅ 直尺师			
ɚ 而儿耳二			
a 法塔辣茶	ia 架夹夏牙	ua 刮跨花瓦	
ə 歌热壳盒	iə 写接贴节	uə 托坐过活	yə 确靴学月
ɛ 排代开爱	iɛ 街解鞋崖	uɛ 怪快怀外	
ɔ 宝饱桃烧	iɔ 表条桥笑		
ou 豆走丑收	iou 六秋休油		
ei 北妹色客		uei 对醉桂国	
ã 半胆南山	iã 年减衔盐	uã 短团官万	yã 卷权玄远
ẽ 本阵深根	iẽ 林紧心新	uẽ 寸春滚温	yẽ 君群勋云
ɑŋ 帮糖张双	iɑŋ 讲强响阳	uɑŋ 庄床双王	
əŋ 灯争庚横	iŋ 兵定星硬	uŋ 东横红翁	yŋ 琼倾雄用

说明：

1. [i] 拼 [f] 时带有较强的摩擦。

2. [ɚ] 不是一个纯粹的单元音，在发音的前半部分舌头卷起与龈后接触，后半部分为卷舌元音，其实际音值可记为 [lɚ]。

3. [a] 在 [a、ia、ua] 中的实际音值为 [A]。

4. [ə] 拼 [tʂ、tʂʰ、ʂ、ʐ] 时舌位较高；拼 [p、pʰ、m] 时唇形略圆，其前带有一个很短的过渡音 [u]，实际音值为 [ᵘə]；在 [iə] 中，[ə] 的舌位靠前偏高，接近 [e]；在 [uə、yə] 中，[ə] 略带圆唇色彩。

5. [ɛ] 的舌位稍低，在阴平、去声调中略有动程，实际音值接近 [ɛᴇ]。

6. [ɔ] 略有动程，实际音值接近 [ɔᵒ]。

7. [ei] 的动程较小，实际音值为 [eɪ]。

（三）单字调（4个）

阴平 213　　该灯通开搭拍六月

阳平 52   门龙皮糖急白盒罚

上声 55   懂九统讨草买五有

去声 412   动后冻半快去路洞

说明：

1. 阴平的曲折度不太明显，起点比 2 度稍低。

2. 上声的实际调值比 55 略低，接近 44。

3. 去声的重点略高，接近 423。

第八节 关中方言音系①

一、三原方言音系

发音人：张根利，男，1956 年生，三原县城关街道办北城人，农民，高中文化；刘玉莲，女，1945 年生，三原县城关街道办北城人，退休教师，大专文化。调查时间：2009 年 9 月。

（一）声母（29 个，含零声母）

p 爸布北	pʰ 怕步杯盘	m 妈木门	f 裤费冯	v 武微晚
t 到夺钉精	tʰ 太同听秋	n 脑难怒		l 吕路兰嫩
ts 糟祖坐	tsʰ 曹初全		s 诗修生	
tʂ 知招张	tʂʰ 侄潮昌		ʂ 十社扇	ʐ 绕若然
tʃ 主转庄	tʃʰ 处穿撞		ʃ 书说帅	ʒ 若闰软

---

① 本小节附陕西关中方言音系，该音系一般以方言岛所在区县的方言为准，其中把富平方言作为阎良区山东方言岛当地方言的原因在于：（1）阎良方言没有较全面的调查材料，（2）富平距离阎良约 10 公里，两地方言基本一致，且有调查材料可资比较。三原方言由我们亲自调查，富平、蒲城、大荔方言材料由徐朋彪调查、提供，在此表示衷心的感谢！

tɕ 举结江　　　　tɕʰ 趣嚼丘　　　　ȵ 年女硬　　　　　ɕ 虚休旋
k 高贵共　　　　 kʰ 开跪口　　　　 ŋ 爱袄岸　　　　　x 鞋化灰
ø 日围雨元

（二）韵母（39个）

ɿ 资支只　　　　　i 第踢去　　　　　　u 堡木出　　　　　y 足曲虚
ʅ 知直吃
ɚ 日儿耳
a 爬茶辣　　　　　ia 家牙夹　　　　　　ua 耍刮瓦
o 薄坡磨　　　　　　　　　　　　　　　uo 多坐郭　　　　 yo 确靴握月
ɤ 车各我
　　　　　　　　　iɛ 铁姐歇
æ 来菜盖　　　　　iæ 阶戒崖　　　　　　uæ 帅怪外
ɔ 饱摸烧　　　　　iɔ 苗咬笑
ɯ 疙胳咳
ei 北百妹　　　　　　　　　　　　　　　uei 最贵国
ou 赌鹿收　　　　 iou 绿流秋
ã 胆三竿　　　　　 iã 连减延　　　　　 uã 短酸玩　　　　 yã 权选圆
ẽ 分问根　　　　　 iẽ 林紧银　　　　　 uẽ 顿轮温　　　　 yẽ 军群云
aŋ 帮党章　　　　 iaŋ 良讲阳　　　　　uaŋ 床光王
əŋ 灯吞庚　　　　 iŋ 冰定影　　　　　　uŋ 东横翁　　　　 yŋ 琼胸容

（三）单字调（4个）

阴平 31　　　猪开婚三笔出六
阳平 24　　　才平娘文匹读合
上声 52　　　展短口草好粉有
去声 55　　　坐厚爱唱汉大用

二、富平方言音系

发音人：邵扶中，男，1938年生，富平县城关镇金城堡人，退休干部，中专文化。调查时间：2010年10月。

（一）声母（30个，含零声母）

p 不包帮	pʰ 赔盘怕	m 门马明	f 飞冯符	v 往文物
t 到道低挤	tʰ 太同稻	n 难拿崖		l 兰路来
ts 支烛左	tsʰ 查催梯秋		s 沙时西	z 扔儿
tʂ 知占赵	tʂʰ 吃车朝		ʂ 闪十神	ʐ 认绕热
tʃ 主捉装	tʃʰ 处戳吹		ʃ 书刷双	ʒ 入软绒
tɕ 经举遵	tɕʰ 丘旗村	ȵ 女牙硬	ɕ 希雪孙	
k 干贵盖	kʰ 开跪狂	ŋ 额袄岸	x 鞋灰黄	
ø 而围午元有				

（二）韵母（40个）

ɿ 姊时扔	i 几眉碑	u 不哭猪	y 女娶喂
ʅ 知吃失			
ɚ 二日儿			
ɑ 打杂瞎	iɑ 假牙夹	uɑ 瓜夸抓	
o 坡磨佛		uo 多锅捉	yo 脚却学
ɤ 哥可车			
	iɛ 结进写		yɛ 靴劣缺
æ 摆在奶	iæ 械介街	uæ 怪坏帅	
ɔ 胞草高	iɔ 叫瓢鸟		
ɯ 胳疙咳			
ei 北黑麦		uei 灰泪吹	
ou 斗竹路	iou 酒袖留		

ã 板胆占	iã 间前盐	uã 短宽转	yã 旋圆钻
ẽ 奔根文	iẽ 新银匀	uẽ 论婚准	yẽ 孙群云
ɑŋ 帮巷张	iɑŋ 良讲乡	uɑŋ 光王装	
əŋ 僧冷坑	iəŋ 兵应硬	uəŋ 空红中	yəŋ 兄穷荣

（三）单字调（4个）

阴平 31　　高天低安缺割月
阳平 35　　穷徐麻人舌杂服
上声 53　　古好手草洗理有
去声 55　　坐厚汉盖饭近计

三、蒲城方言音系

发音人：刘文龙，男，1940年生，蒲城县城关镇达仁五组人，农民，初中文化。调查时间：2010年3月。

（一）声母（30个，含零声母）

p 包帮北	pʰ 怕坡赔病	m 门木买	f 发飞冯	v 微唯袜
t 多刀店挤	tʰ 拖太稻	n 难拿能		l 兰路灵
ts 早争粥	tsʰ 粗查地妻		s 生沙西	z 褥肉儿
tʂ 知招正	tʂʰ 昌仇赵		ʂ 声蛇闪	ʐ 人绕热
tʃ 猪捉总	tʃʰ 出戳葱		ʃ 书双送	ʒ 入弱软
tɕ 经举遵家	tɕʰ 旧窍村	ȵ 女牙鸟	ɕ 雪旋孙	
k 干贵过	kʰ 开跪狂	ŋ 额袄岸	x 鞋灰黄	
ø 而一鱼魏				

（二）韵母（39个）

ɿ 资支翅	i 被弟以	u 夫五树	y 女俗茎
ʅ 知吃十			
ɚ 而耳儿			

ɑ 爬拿辣	iɑ 家茄夹斜	uɑ 瓜夸刷	
o 拨婆磨		uo 河夺郭捉	yo 学角缺脚
ɤ 遮车舌			
	iɛ 茄进爷		
æ 盖寨奶	iæ 介街解	uæ 怪歪率	
ɔ 胞摸烧	iɔ 表钓巧		
ɯ 咳圪核			
ei 妹北德		uei 慰国追	
ou 斗狗收	iou 秋流丢		
ã 板胆占	iã 间前盐	uã 短宽转	yã 圈旋圆酸
ẽ 奔根文	iẽ 新银匀	uẽ 论婚准	yẽ 群云孙
ɑŋ 帮巷张	iɑŋ 良讲乡	uɑŋ 黄王装	
əŋ 僧冷坑	ieŋ 兵平硬	ueŋ 空共中	yeŋ 兄穷荣

（三）单字调（4个）

阴平 31　　高诗灯黑辣割月
阳平 35　　陈时移白合舌麻
上声 53　　口使体米假本有
去声 55　　盖替让近大饭书

四、大荔方言音系

发音人：张升阳，男，1942年生，大荔县城关镇人，县志办民俗学家，大专文化。调查时间：2010年5月。

（一）声母（28个，含零声母）

p 布包表	pʰ 怕朋白	m 门满买		
pf 猪中转	pfʰ 出虫串		f 书帅风	v 味袜万武
t 刀对低挤	tʰ 太同夺天秋	n 男拿闹		l 兰路灵

ts 争渣早	tsʰ 粗查草		s 生师西	z 肉仍耳
tʂ 知招正	tʂʰ 昌仇赵		ʂ 声蛇闪	ʐ 人绕热
tɕ 经举家遵	tɕʰ 窍棋旧村	ȵ 女牙鸟	ɕ 雪旋酸	
k 干贵共	kʰ 开跪狂	ŋ 额袄牛	x 鞋孝黄	
ø 而一围鱼驴				

(二) 韵母（40个）

ɿ 资支死	i 被弟飞	u 木树五	y 女驴俗苇
ʅ 知吃十			
ɚ 而耳日			
a 爬拿遮	ia 家茄夹斜	ua 瓜夸瓦	
o 拨婆磨		uo 多河郭	yo 学角缺脚
ɤ 遮舌热			
	iɛ 叶姐捏		yɛ 靴
æ 盖寨奶	iæ 介街解	uæ 怪快歪	
ɔ 包烧草	iɔ 表钓尿		
ɯ 咳圪核			
ei 妹色德		uei 回为国	
ou 斗狗收	iou 秋流丢		
ã 板单占	iã 间前烟	uã 短宽弯	yã 酸暖旋圆
ẽ 奔根文	iẽ 林心斤	uẽ 混温滚	yẽ 群轮尊
aŋ 帮张装	iaŋ 良讲羊	uaŋ 光王框	
əŋ 等坑种	iəŋ 顶平硬	uəŋ 空共瓮	yəŋ 兄穷倾

(三) 单字调（4个）

阴平 31	高开灯黑辣割麦
阳平 24	陈来才白合舌麻
上声 52	古短比纸口本有
去声 55	盖借坐厚饭树用

第二章　关中山东方言岛与源方言、关中方言的语音比较

在科学研究中，比较是一种重要的研究方法，通过比较可以发现事物间的异同，进而探究事物发展变化的规律。本章至第四章将从语言结构上比较关中山东方言岛与源方言、关中方言，反映三者间的异同，作为后文探讨关中山东方言岛发展演变的基础。

钱曾怡（2007）指出："语音研究时刻都离不开音类和音值问题。音值决定音类的划分，可是相同的音值在不同的方言里未必属于相同的音类。"另外，相同音类在不同方言中也常常有不同的音值。因此，语音比较既可以从音值角度进行，也可以从音类角度进行，或是二者兼而有之。由于相同音值在不同方言中未必属于相同音类，故而当涉及跨方言比较时，较为便捷的办法是进行音类比较。因本章涉及山东的冀鲁官话、胶辽官话和中原官话以及关中地区的中原官话等不同的方言，所以下文主要从音类角度比较关中山东方言岛与源方言、关中方言的异同，但也会涉及一些音值（如调值）。至于音值上的异同，尤其是关中山东方言岛与源方言在音值上的异同，将在后面章节中详细论述。

在语音比较中，尤其是在声母、韵母的比较中，将选取山东方言、关中方言中的一些"特字"进行比较。曹志耘（2002：59）指出："'特字'是指读音特殊的字。所谓特殊，一般是指不符合本方言的古今语音演变规律。当一项语音演变由于受到某种因素的阻碍而中途停止时，演变就不成系统，如果这项不成系统的演变所波及的字很少，这些字就会成为特字。此外，有时所谓不符合语音演变规律的字音，实际上另有古代来源，只是这个来源的读法今天在多数方言里已不通用，因此，沿用该来源的读音就显得比较特殊。"由于特殊演变而形成的方言特字，

是某地方言语音特征的一个重要体现。因此，比较特字的语音能够很好地反映出方言岛语音的变化。在特字的选取上，尽量兼顾山东方言和关中方言，因为这样能够更好地展现关中山东方言岛的语音变化。但是这里的兼顾也只是对部分方言而言的，尤其是山东方言岛的源方言，因其涉及胶辽官话、冀鲁官话和中原官话，特字也只能是对其中某些方言而言，很难兼顾全部。

第一节　关中山东方言岛与源方言、关中方言的声母比较

在声母方面，因山东方言、关中方言帮系字、端泥组字的读音基本一致，所以下面重点比较山东方言岛与关中方言存在一些读音差异的精组、知系、见系字。

一、精组字读音比较

在山东方言中，古精组字可能因今韵母的洪细差异存在读音上的差异，因此本书从精组洪音字和精组细音字两个方面来比较山东方言岛、源方言、关中方言的读音异同。

1. 精组洪音字

精组洪音字在关中山东方言岛中大致有三种读音：(1) 多数读 [ts、tsʰ、s]，如大李村、谭家村、马家庄、官路村、雷家寨；(2) 部分读 [tθ、tθʰ、θ]，如太平村；(3) 有少数方言岛部分山合三、通合一精组字读 [tɕ] 组声母，如杨居屯、马家庄，而"雪"多数读 [ɕ]。从表 2-1 中可见，谭家村、马家庄精组洪音字发生了明显变化，尤其是马家庄。谭家村还有不少人把精组洪音字读为 [tθ] 组声母，但是马家庄的 [tθ] 组声母已消失殆尽。至于山合三、通合一精组字读 [tɕ] 组声母的情况，如马家庄、杨居屯"粽"字还保留源方言的发音特点。

表 2-1　精组洪音字读音比较表①

例字 音韵地位 方言点	祖 遇合一 上姥精	粽 通合一 平东精	草 效开一 上皓清	从 通合三 平钟从	丝 止开三 平之心	雪 山合三 入薛心	随 止合三 平支邪
大李村 三原	tsu⁵⁵	tsuŋ³¹	tsʰɔ⁵⁵	tsʰuŋ⁵³	sʅ²¹³	ɕyo²¹³/suə²¹³	suei⁵³
耿　庄 菏泽	tsu⁵⁵	tsuŋ⁴¹²	tsʰɔ⁵⁵	tsʰuŋ⁵³	sʅ²¹³	suə²¹³	suei⁵³
三原县 城关	tsou⁵²	tsuŋ⁵²	tsʰɔ⁵⁵	tsʰuŋ²⁴	sʅ³¹	ɕyo³¹	suei²⁴
谭家村 阎良	tsu⁵⁵	tsəŋ²¹³	tsʰɔ⁵⁵	tsʰəŋ⁵²	sʅ²¹³	ɕyə⁵⁵	suei⁵²
谭家营 高密	tθu⁵⁵	tθəŋ³¹	tθʰɔ⁵⁵	tθʰəŋ⁵²	θʅ²¹³	syə⁵⁵	θuei⁵²
马家庄 阎良	tsou⁵⁵	tsuŋ⁵³/tɕyŋ⁵³	tsʰɔ⁵⁵	tsʰuŋ⁵⁵	sʅ³¹	ɕyə⁵⁵	suei⁵⁵
朱家庄 莱芜	tθu⁵⁵	tθuŋ³¹/tɕyŋ³¹	tθʰɔ⁵⁵	tɕʰyŋ⁵⁵	θʅ²¹³	syə²¹³	θuei⁵⁵
官路村 阎良	tsu⁵⁵	tsuŋ³¹	tsʰɔ⁵⁵	tsʰuŋ⁵³	sʅ²¹³	ɕyə²¹³	suei⁵³
东堤村 寿光	tsu⁵⁵	tsuŋ³¹	tsʰɔ⁵⁵	tɕʰyŋ⁵³	sʅ²¹³	ɕyə²¹³	suei⁵³
杨居屯 阎良	tsu⁵⁵	tɕyŋ⁵⁵	tsʰɔ⁵⁵	tsʰuŋ⁵⁵	sʅ²¹³	ɕyə⁵⁵	suei⁵⁵
朱鹿村 青州	tsu⁵⁵	tɕyŋ⁵⁵	tsʰɔ⁵⁵	tɕʰyŋ⁵⁵	sʅ²¹³	ɕyə⁵⁵	suei⁵³
富平县 城关	tsou⁵³	tsuəŋ⁵³	tsʰɔ⁵³	tsʰuəŋ³⁵	sʅ³¹	ɕyɛ³¹	suei³⁵
太平村 蒲城	tθu⁵⁵	tθəŋ³¹	tθʰɔ⁵⁵	tθʰəŋ⁵³	θʅ²¹³	ɕyə⁵⁵	θuei⁵³
魏马村 昌邑	tθu⁵⁵	tθuŋ³¹	tθʰɔ⁵⁵	tθʰuŋ⁵³	θʅ²¹³	syə⁵⁵	θuei⁵³
蒲城县 城关	tsou⁵³	tʃuəŋ⁵⁵	tsʰɔ⁵³	tʃʰuəŋ³⁵	sʅ³¹	ɕyo³¹	ʃuei³⁵
雷家寨 大荔	tsu⁵⁵	tsuŋ⁴¹²	tsʰɔ⁵⁵	tsʰuŋ⁵³	sʅ²¹³	suə²¹³	suei⁵³
北李村 郓城	tsu⁵⁵	tsuŋ⁴¹²	tsʰɔ⁵⁵	tsʰuŋ⁵³	sʅ²¹³	suə²¹³	suei⁵³
大荔县 城关	tsou⁵²	tsuəŋ⁵²	tsʰɔ⁵²	tsʰuəŋ²⁴	sʅ³¹	ɕyo³¹	suei²⁴

2. 精组细音字

精组细音字的读音，主要是尖团的问题。关中山东方言岛精组细音字的读音分

---

① 本章比较表中方言岛及其源方言代表点的排列顺序与第一章中的音系顺序相同，其中增加了当地方言点。为便于比较，将当地方言点放在方言岛的源方言点之后；表中用"/"表示并列的多种读音或说法，用下标双横线表示文读音，用下标单横线表示白读音，用下标波浪线表示旁读音；只标调值，不标调类，用"0"表示轻声；如果没有相应读音，就用"—"表示。

两类情况:(1)不分尖团,读[tɕ]组声母,如大李村、官路村、杨居屯、雷家寨;(2)分尖团,读[ts]组声母,如谭家村、太平村,但是精组撮口呼字读[tɕ]组声母。除上述两类情况外,还有较为特殊的一类,如马家庄,多数已不分尖团,但是有少数心邪母细音字还保留尖音的发音,如"写""像"。从表2-2可看到,与源方言比较,大李村、马家庄、雷家寨精组细音字发生了显著的变化,而马家庄也只有部分人存在心邪母字读尖音的情况,多数已变为团音。与关中方言比较,关中山东方言岛尖音变团音的过程应与关中方言无关,因为关中方言是分尖团的。但是,有些精组细音字的发音,则是受关中方言的影响,如"捷"字,谭家村、杨居屯等声母读[t]。

表2-2 精组细音字读音比较表

例字 音韵地位 方言点	酒 流开三 上有精	枪 宕开三 平阳清	前 山开四 平先从	捷 咸开三 入叶从	写 假开三 上马心	婿 蟹开三 去霁心	像 宕开三 上养邪	俗 通合三 入烛邪
大李村 三原	tɕiou⁵⁵	tɕʰiaŋ²¹³	tɕʰiã⁵³	tɕiə⁵³	ɕiə⁵⁵	ɕy³¹	ɕiaŋ³¹	su⁵³
耿 庄 菏泽	tsiou⁵⁵	tsʰiaŋ²¹³	tsʰiã⁵³	tsiə⁵³	siə⁵⁵	sy⁴¹²	siaŋ⁴¹²	sy⁵³
三原县 城关	tiou⁵²	tʰian³¹	tʰiã²⁴	tiɛ²⁴	siɛ⁵²	si³¹	sian⁵⁵	ɕy²⁴
谭家村 阎良	tsiou⁵⁵	tsʰiaŋ²¹³	tsʰiã⁵²	tiə⁵²	siə⁵⁵	ɕy⁵⁵	sian³¹	ɕy⁵²
谭家营 高密	tsiou⁵⁵	tsʰiaŋ²¹³	tsʰiã⁵²	tsiə⁵²	siə⁵⁵	syu²¹³	sian⁵²	syu⁵²
马家庄 阎良	tɕiou⁵⁵	tɕʰian³¹	tɕʰiã⁵⁵	tɕiə⁵⁵	siə⁵⁵	ɕy³¹	sian⁵³	ɕy⁵⁵
朱家庄 莱芜	tsiou⁵⁵	tsʰiaŋ²¹³	tsʰiã⁵⁵	tsiə⁵⁵	siə⁵⁵	sy²¹³	sian³¹	sy⁵⁵
官路村 阎良	tɕiou⁵⁵	tɕʰiaŋ²¹³	tɕʰiã⁵³	tɕiə⁵⁵	ɕiə⁵⁵	ɕy²¹³	ɕiaŋ³¹	ɕy⁵³
东堤村 寿光	tɕiou⁵⁵	tɕʰiaŋ²¹³	tɕʰiã⁵³	tɕiə⁵⁵	ɕiə²¹³	ɕy²¹³	ɕiaŋ³¹	ɕy⁵³
杨居屯 阎良	tɕiou⁵⁵	tɕʰiaŋ²¹³	tɕʰiã⁵³	tiə⁵³	ɕiə⁵⁵	ɕy³¹	ɕiaŋ³¹	ɕy⁵³
朱鹿村 青州	tɕiou⁵⁵	tɕʰiaŋ²¹³	tɕʰiã⁵³	tɕiə⁵⁵	ɕiə⁵⁵	ɕy³¹	ɕiaŋ³¹	ɕy⁵³
富平县 城关	tiou⁵³	tʰian³¹	tʰiã³⁵	tiɛ³⁵	siɛ⁵³	si⁰	sian⁵⁵	ɕy³⁵
太平村 蒲城	tsiou⁵⁵	tsʰiaŋ²¹³	tsʰiã⁵³	tsiə⁵³	siə⁵⁵	ɕy⁵⁵	sian⁵³	ɕy⁵³
魏马村 昌邑	tsiou⁵⁵	tsʰiaŋ²¹³	tsʰiã⁵³	tsiə⁵⁵	siə⁵⁵	syu⁵⁵	sian³¹	syu⁵³

续表

例字	酒	枪	前	捷	写	婿	像	俗
音韵地位	流开三	宕开三	山开四	咸开三	假开三	蟹开四	宕开三	通合三
方言点	上有精	平阳清	平先从	入叶从	上马心	去霁心	上养邪	入烛邪
蒲城县城关	tiou⁵³	tʰiaŋ³¹	tʰiã³⁵	tʰiɛ³⁵	siɛ⁵³	si⁰	siaŋ⁵⁵	ɕy³⁵
雷家寨大荔	tɕiou⁵⁵	tɕʰiaŋ²¹³	tɕʰiã⁵³	tɕiə⁵³	ɕiə⁵⁵	ɕy⁵³	ɕiaŋ⁴¹²	ɕy⁵³
北李村郓城	tsiou⁵⁵	tsʰiaŋ²¹³	tsʰiã⁵³	tsiə⁵³	siə⁵⁵	sy⁴¹²	siaŋ⁴¹²	sy⁵³
大荔县城关	tiou⁵²	tʰiaŋ³¹	tʰiã²⁴	tʰiɛ²⁴	siɛ⁵²	si⁰	siaŋ⁵⁵	ɕy²⁴

二、知系字读音比较

1. 知庄章组字的读音比较

知庄章组字在关中山东方言岛中主要有两类读音：(1)多数读 [tʂ] 组声母，如大李村、谭家村、马家庄、杨居屯、官路村、雷家寨；(2)少数读 [tʂ] 组和 [tʃ] 组两套声母，如太平村。另外，雷家寨部分生书禅母合口字读 [f]。从表2-3、表2-4可以清楚地看到：(1)谭家村知庄章组字的读音变化最明显，由原来的 [tʂ] 组和 [tʃ] 组两套声母变为 [tʂ] 组一套声母；(2)关中山东方言岛普遍受关中方言影响，不少知庄章组字由 [tʂ] 组声母变为 [ts] 组声母，如大李村、马家庄、官路村、雷家寨的"斩""策"等字，有的则形成叠置，如大李村的"茶""柴"等字。

表2-3 知庄章组字读音比较表1

例字	中	抽	茶	斩	策	柴	双
音韵地位	通合三	流开三	假开二	咸开二	梗开二	蟹开二	江开二
方言点	平东知	平尤彻	平麻澄	上豏庄	入麦初	平佳崇	平江生
大李村三原	tʂuŋ²¹³	tʂʰou²¹³	tsʰa⁵³/tʂʰa⁵³	tsã⁵⁵	tsʰei²¹³	tʂʰɛ⁵³/tsʰɛ⁵³	ʂuaŋ²¹³
耿 庄菏泽	tʂuŋ²¹³	tʂʰou²¹³	tʂʰa⁵³	tʂã⁵⁵	tʂʰei²¹³	tʂʰɛ⁵³	ʂuaŋ²¹³
三原县城关	tʃuŋ³¹	tʃʰou³¹	tsʰa²⁴	tsã⁵²	tsʰei³¹	tsʰæ²⁴	ʃuaŋ³¹
谭家村阎良	tʂəŋ²¹³	tʂʰou²¹³	tʂʰa⁵³	tʂã⁵⁵	tʂʰei⁵⁵	tʂʰɛ⁵²	ʂuaŋ²¹³

续表

例字 音韵地位 方言点	中 通合三 平东知	抽 流开三 平尤彻	茶 假开二 平麻澄	斩 咸开二 上豏庄	策 梗开二 入麦初	柴 蟹开二 平佳崇	双 江开二 平江生
谭家营 高密	tʂəŋ²¹³	tʃʰou²¹³	tʂʰɑ⁵²	tsã⁵⁵	tʂʰei⁵⁵	tʂʰɛ⁵²	ʂuaŋ²¹³
马家庄 阎良	tʂuŋ³¹	tʂʰou³¹	tʂʰɑ⁵⁵	tsã⁵⁵	tʂʰei³¹	tʂʰɛ⁵⁵	ʂuaŋ³¹
朱家庄 莱芜	tʂuŋ²¹³	tʂʰou²¹³	tʂʰɑ⁵⁵	tsã⁵⁵	tθʰə²¹³/tʂʰei²¹³	tʂʰɛ⁵⁵	ʂuaŋ²¹³
官路村 阎良	tʂuŋ²¹³	tʂʰou²¹³	tʂʰɑ⁵³	tsã⁵⁵	tʂʰei²¹³	tʂʰɛ⁵³	ʂuaŋ²¹³
东堤村 寿光	tʂuŋ²¹³	tʂʰou²¹³	tʂʰɑ⁵³	tsã⁵⁵	tʂʰei²¹³	tʂʰɛ⁵³	ʂuaŋ²¹³
杨居屯 阎良	tʂuŋ²¹³	tʂʰou²¹³	tʂʰɑ⁵³	tsã⁵⁵	tʂʰei⁵⁵	tʂʰɛ⁵³	ʂuaŋ²¹³
朱鹿村 青州	tʂuŋ²¹³	tʂʰou²¹³	tʂʰɑ⁵³	tsã⁵⁵	tʂʰei⁵⁵	tʂʰɛ⁵³	ʂuaŋ²¹³
富平县 城关	tʃuəŋ³¹	tʂʰou³¹	tsʰa³⁵	tsã⁵³	tʂʰei³¹	tsʰæ³⁵	ʃuaŋ³¹
太平村 蒲城	tʂəŋ²¹³	tʃʰou²¹³	tsʰa⁵³	tsã⁵⁵	tʂʰei³¹	tʂʰɛ⁵³	ʂuaŋ²¹³
魏马村 昌邑	tʂuŋ²¹³	tʂʰou²¹³	tʂʰɑ⁵³	tsã⁵⁵	tʂʰei⁵⁵	tʂʰɛ⁵⁵	ʂuaŋ²¹³
蒲城县 城关	tʃuəŋ³¹	tʂʰou³¹	tsʰa³⁵	tsã⁵³	tʂʰei³¹	tsʰæ³⁵	ʃuaŋ³¹
雷家寨 大荔	tʂuŋ²¹³	tʂʰou²¹³	tsʰa⁵³	tsã⁵⁵	tʂʰei²¹³	tʂʰɛ⁵³	ʂuaŋ²¹³/faŋ²¹³
北李村 郃城	tʂuŋ²¹³	tʂʰou²¹³	tsʰa⁵³	tsã⁵⁵	tʂʰei²¹³	tʂʰɛ⁵³	ʂuaŋ²¹³/faŋ²¹³
大荔县 城关	pfəŋ³¹	tʂʰou³¹	tsʰa²⁴	tsã⁵²	tʂʰei³¹	tsʰæ²⁴	faŋ³¹

表 2-4 知庄章组字读音比较表 2

例字 音韵地位 方言点	色 曾开三 入职生	主 遇合三 上麌章	唱 宕开三 去漾昌	舌 山开三 入薛船	书 遇合三 平鱼书	身 臻开三 平真书	十 深开三 入缉禅	熟 通合三 入屋禅
大李村 三原	sei²¹³	tʂu⁵⁵	tʂʰaŋ³¹	ʂə⁵³	ʂu²¹³	ʂẽ²¹³	ʂʅ⁵³	ʂu⁵³
耿 庄 菏泽	ʂei²¹³	tʂu⁵⁵	tʂʰaŋ⁴¹²	ʂə⁵³	ʂu²¹³	ʂẽ²¹³	ʂʅ⁵³	ʂu⁵³
三原县 城关	sei³¹	tʃu⁵²	tʂʰaŋ⁵⁵	ʂɤ²⁴	ʃu²¹³	ʂẽ³¹	ʂʅ²⁴	sou²⁴
谭家村 阎良	ʂei⁵⁵	tʂu⁵⁵	tʂʰaŋ³¹	ʂə⁵²	ʂu²¹³	ʂẽ²¹³	ʂʅ⁵²	ʂu⁵²

续表

例字 音韵地位 方言点	色 曾开三 入职生	主 遇合三 上虞章	唱 宕开三 去漾昌	舌 山开三 入薛船	书 遇合三 平鱼书	身 臻开三 平真书	十 深开三 入缉禅	熟 通合三 入屋禅
谭家营高密	ʂei⁵⁵	tʃu⁵⁵	tʃʰaŋ³¹	ʃ²⁵²	ʃu²¹³	ʃɔ̃²¹³	ʃʅ⁵²	ʃu⁵²
马家庄阎良	sei³¹	tʂu⁵⁵	tʂʰaŋ⁵³	ʂə⁵⁵	ʂu³¹	ʂɔ̃⁵³	ʂʅ⁵⁵	ʂu⁵⁵
朱家庄莱芜	ʂei²¹³	tʂu⁵⁵	tʂʰaŋ³¹	ʂə⁵³	ʂu²¹³	ʂɔ̃²¹³	ʂʅ⁵⁵	ʂu⁵⁵
官路村阎良	ʂei²¹³	tʂu⁵⁵	tʂʰaŋ³¹	ʂə⁵³	ʂu²¹³	ʂɔ̃²¹³	ʂʅ⁵³	ʂu⁵³
东堤村寿光	ʂei²¹³	tʂu⁵⁵	tʂʰaŋ³¹	ʂə⁵³	ʂu²¹³	ʂɔ̃²¹³	ʂʅ⁵³	ʂu⁵³
杨居屯阎良	ʂei⁵⁵	tʂu⁵⁵	tʂʰaŋ³¹	ʂə⁵³	ʂu²¹³	ʂẽ²¹³	ʂʅ⁵³	ʂu⁵³
朱鹿村青州	ʂei⁵⁵	tʂʮ⁵⁵	tʂʰaŋ³¹	ʂə⁵³	ʂʮ²¹³	ʂẽ²¹³	ʂʅ⁵³	ʂʮ⁵³
富平县城关	sei³¹	tʃu⁵³	tʃʰaŋ⁵⁵	ʂɤ³⁵	ʃu³¹	ʂɔ̃⁵³	ʂʅ³⁵	sou³⁵
太平村蒲城	ʂei⁵⁵	tʃu⁵⁵	tʃʰaŋ³¹	ʃə⁵³	ʃu²¹³	ʃɔ̃²¹³	ʃʅ⁵³	ʃu⁵³
魏马村昌邑	ʂei⁵⁵	tʃu⁵⁵	tʃʰaŋ³¹	ʃə⁵³	ʃu²¹³	ʃɔ̃²¹³	ʃʅ⁵³	ʃu⁵³
蒲城县城关	sei³¹	tʃu⁵³	tʂʰaŋ⁵⁵	ʂɤ³⁵	ʃu³¹	ʂẽ³¹	ʂʅ³⁵	sou³⁵
雷家寨大荔	ʂei²¹³	tʂu⁵⁵	tʂʰaŋ⁴¹²	ʂə⁵³	ʂu²¹³/fu²¹³	ʂẽ²¹³	ʂʅ⁵³	ʂu⁵³
北李村郃城	ʂei²¹³	tʂu⁵⁵	tʂʰaŋ⁴¹²	ʂə⁵³	ʂu²¹³/fu²¹³	ʂẽ²¹³	ʂʅ⁵³	ʂu⁵³/fu⁵³
大荔县城关	sei³¹	pfu⁵²	tʂʰaŋ⁵⁵	ʂɤ²⁴	fu³¹	ʂẽ³¹	ʂʅ²⁴	sou²⁴

2. 日母字的读音比较

日母字在方言中常常有比较特殊的发音，其中因韵摄的不同，日母字的发音又存在差异。在关中山东方言岛中，日母字的发音也十分有特点。（1）止开三日母字，大李村、谭家村、马家庄、官路村、杨居屯、太平村多数读 [l]，部分读零声母，而雷家寨都为零声母。（2）非止开三日母字，大李村、马家庄、官路村、雷家寨多为 [ʐ] 声母，而谭家村、太平村为 [ʐ] 声母和零声母，杨居屯为 [ʐ] 声母和 [l] 声母。通过比较可见，关中山东方言岛多数保留着源方言的特点，但也受到关中方言的一些影响，例如"日"字，谭家村、马家庄、杨居屯都有 [ɚ] 一读。需注意的是，大李村止开三日母字有 [l] 一读，而源方言耿庄无此读。

表 2-5　日母字读音比较表

例字 音韵地位 方言点	儿 止开三 平支日	二 止开三 去至日	耳 止开三 上止日	乳 遇合三 上虞日	绕 效开三 去笑日	软 山合三 上狝日	日 臻开三 入质日	认 臻开三 去震日	肉 通合三 入屋日
大李村三原	lə⁵³	ə³¹/lə³¹	lə⁵⁵	ʐu⁵⁵	ʐɔ³¹	ʐuã⁵⁵	ʐʅ²¹³	ʐẽ³¹	ʐou³¹
耿　庄菏泽	ə⁵³	ə⁴¹²	ə⁵⁵	ʐu⁵⁵	ʐɔ⁵⁵	ʐuã⁵⁵	ʐʅ⁵⁵	ʐẽ⁴¹²	ʐou⁴¹²
三原县城关	ə²⁴	ə⁵⁵	ə⁵²	ʒu⁵²	ʐɔ⁵²/ʒɔ⁵²	ʒuã⁵²	ə³¹	ʐẽ⁵⁵	ʐou⁵⁵
谭家村阎良	ə⁵⁵/lə⁵²	ə³¹/lə³¹	ə⁵⁵/lə⁵⁵	ʐu⁵⁵	ʐɔ⁵⁵/iɔ⁵⁵	ʐuã⁵⁵/yã⁵⁵	ə³¹/i³¹/ə³¹	ʐə̃³¹/iə̃³¹	iou³¹
谭家营高密	lə⁵²	lə³¹	lə⁵⁵	yu⁵⁵	iɔ⁵²	yã⁵⁵	i³¹	iə̃³¹	iou³¹
马家庄阎良	ə⁵⁵/lə⁵³	ə⁵³	ə⁵⁵/lə⁵⁵	ʐu⁵⁵	ʐɔ⁵⁵	ʐuã⁵⁵	ə³¹	ʐə̃⁵³	ʐou⁵³
朱家庄莱芜	lə⁵⁵	lə³¹	lə⁵⁵	lu⁵⁵	ʐɔ⁵⁵	luã⁵⁵	ʐʅ⁵⁵	ʐə̃³¹	ʐou³¹
官路村阎良	ə⁵³/lə⁵³	ə³¹/lə³¹	ə⁵⁵/lə⁵⁵	ʐu⁵⁵	ʐɔ⁵⁵	ʐuã⁵⁵	ʐə̃³¹	ʐə̃⁵³	ʐou³¹
东堤村寿光	lə⁵³	lə³¹	lə⁵⁵	ʐu⁵⁵	ʐɔ⁵⁵	ʐuã⁵⁵	ʐə̃³¹	ʐə̃³¹	ʐou³¹
杨居屯阎良	lə⁵³	lə³¹	lə⁵⁵	ʐu⁵⁵/lu⁵⁵	ʐɔ⁵⁵	ʐuã⁵⁵/luã⁵⁵	ə³¹/lə³¹	lẽ³¹	lou³¹
朱鹿村青州	lə⁵⁵	lə³¹	lə⁵⁵	lʅ⁵⁵	lɔ⁵³	luã⁵⁵	lə³¹	lẽ³¹	lou³¹
富平县城关	ə³⁵	ə⁵⁵	ə⁵⁵	ʒu⁵³	ʒɔ⁵³	ʒuã⁵³	ə³¹	ʐẽ⁵⁵	ʐou⁵⁵
太平村蒲城	ə⁵³/lə⁵³	ə³¹/lə³¹	ə⁵⁵/lə⁵⁵	ʐu⁵⁵	ʐɔ⁵⁵/iɔ⁵⁵	ʐuã⁵⁵/yã⁵⁵	ʐʅ³¹/i³¹	iə̃³¹	iou³¹
魏马村昌邑	lə⁵³	lə³¹	lə⁵⁵	yu⁵⁵	iɔ⁵⁵	yã⁵⁵	i³¹	iə̃³¹	iou³¹
蒲城县城关	ə³⁵/ʐʅ³⁵	ə⁵⁵/ʐʅ⁵⁵	ə⁵³	ʒu⁵³	ʒɔ⁵³	ʒuã⁵³	ʐʅ³¹/ə³¹	ʐẽ⁵⁵	ʐou³¹
雷家寨大荔	ə⁵³	ə⁴¹²	ə⁵⁵	ʐu⁵⁵	ʐɔ⁵⁵	ʐuã⁵⁵	ʐʅ²¹³	ʐẽ⁴¹²	ʐou⁴¹²
北李村郃城	ə⁵³	ə⁴¹²	ə⁵⁵	ʐu⁵⁵	ʐɔ⁵³	ʐuã⁵⁵	ʐʅ²¹³	ʐẽ⁴¹²	ʐou⁴¹²
大荔县城关	ə²⁴/ʐʅ²⁴	ə⁵⁵/ʐʅ⁵⁵	ə⁵²/ʐʅ⁵²	vu⁵²	ʐɔ⁵²	vã⁵²	ʐʅ³¹	ʐẽ⁵⁵	ʐou⁵⁵

三、见系字读音比较

1. 疑影母开口一等字的读音比较

疑影母开口一等字，关中山东方言岛主要有 [ɣ][ŋ] 两种读音：读 [ɣ] 声母的有大李村、雷家寨，谭家村、马家庄、官路村、杨居屯、太平村读 [ŋ]。另外，还有部分字为零声母，如"鹅""我"。通过比较，谭家村的"鹅"、马家庄的"我"等字应是受关中方言的影响而变为 [ŋ] 声母。

表 2-6　疑影母开口一等字读音比较表

例字 音韵地位 方言点	鹅 果开一 平歌疑	我 果开一 上哿疑	艾 蟹开一 去泰疑	袄 效开一 上晧影	藕 流开一 上厚疑	欧 流开一 平侯影	岸 山开一 去翰疑	安 山开一 平寒影	昂 宕开一 平唐疑
大李村三原	ɣə⁵³	uə⁵⁵	ɣɛ³¹	ɣɔ⁵⁵	ɣou⁵⁵	ɣou²¹³	ɣã³¹	ɣã²¹³	ɣaŋ²¹³
耿　庄菏泽	ɣə⁵³	uə⁵⁵	ɣɛ²¹³	ɣɔ⁵⁵	ɣou⁵⁵	ɣou²¹³	ɣã⁴¹²	ɣã²¹³	ɣaŋ⁵³
三原县城关	ŋɤ²⁴	ŋɤ⁵²	ŋæ⁵⁵	ŋɔ⁵²	ŋou³¹	ŋou³¹	ŋã⁵⁵	ŋã³¹	ŋaŋ²⁴
谭家村阎良	ŋə⁵²	uə⁵⁵	ŋɛ³¹	ŋɔ⁵⁵	ŋou²¹³	ŋou²¹³	ŋã³¹	ŋã²¹³	ŋaŋ²¹³
谭家营高密	uə⁵²	uə⁵⁵	ŋɛ³¹	ŋɔ⁵⁵	ŋou²¹³	ŋou²¹³	ŋã³¹	ŋã²¹³	ŋaŋ²¹³
马家庄阎良	ŋə⁵⁵	ŋə⁵⁵	ŋɛ⁵³	ŋɔ⁵⁵	ŋou⁵⁵	ŋou³¹	ŋã⁵³	ŋã³¹	ŋaŋ⁵⁵
朱家庄莱芜	ŋə⁵⁵	və⁵⁵	ŋɛ³¹	ŋɔ⁵⁵	ŋou⁵⁵	ŋou²¹³	ŋã³¹	ŋã²¹³	ŋaŋ⁵⁵
官路村阎良	uə⁵²	uə⁵⁵	ŋɛ³¹	ŋɔ⁵⁵	ŋou²¹³	ŋou²¹³	ŋã³¹	ŋã²¹³	ŋaŋ²¹³
东堤村寿光	uə⁵²	uə⁵⁵	ŋɛ³¹	ŋɔ⁵⁵	ŋou⁵⁵	ŋou²¹³	ŋã³¹	ŋã²¹³	ŋaŋ⁵³
杨居屯阎良	uə⁵³	uə⁵⁵	ŋɛ³¹	ŋɔ⁵⁵	ŋou⁵⁵	ŋou²¹³	ŋã³¹	ŋã²¹³	ŋaŋ²¹³
朱鹿村青州	uə⁵³	uə⁵⁵	ŋɛ³¹	ŋɔ⁵⁵	ŋou⁵⁵	ŋou²¹³	ŋã³¹	ŋã²¹³	ŋaŋ⁵⁵
富平县城关	ŋɤ³⁵	ŋɤ⁵³	ŋæ⁵⁵	ŋɔ⁵³	ŋou⁵³	ŋou³¹	ŋã⁵⁵	ŋã³¹	ŋaŋ³¹
太平村蒲城	uə⁵³	uə⁵⁵	ŋɛ³¹	ŋɔ⁵⁵	ŋou⁵⁵	ŋou³¹	ŋã³¹	ŋã²¹³	ŋaŋ²¹³
魏马村昌邑	uə⁵³	uə⁵⁵	ŋɛ³¹	ŋɔ⁵⁵	ŋou⁵⁵	ŋou²¹³	ŋã³¹	ŋã²¹³	ŋaŋ²¹³
蒲城县城关	ŋɤ³⁵	ŋuo⁵³	ŋæ⁵⁵	ŋɔ⁵³	ŋou⁵⁵	ŋou³¹	ŋã⁵⁵	ŋã³¹	ŋaŋ³¹
雷家寨大荔	ɣə⁵³	uə⁵⁵	ɣɛ⁵⁵	ɣɔ⁵⁵	ɣou⁵⁵	ɣou²¹³	ɣã⁴¹²	ɣã²¹³	ɣaŋ²¹³
北李村郓城	ɣə⁵³	uə⁵⁵	ɣɛ⁴¹²	ɣɔ⁵⁵	ɣou⁵⁵	ɣou²¹³	ɣã⁴¹²	ɣã²¹³	ɣaŋ⁵³
大荔县城关	ŋɤ²⁴	ŋuo⁵²	ŋæ⁵⁵	ŋɔ⁵²	ŋou⁵²	ŋou⁵²	ŋã⁵⁵	ŋã³¹	ŋaŋ³¹

2. 微疑影云以母合口字的读音比较

微疑影云以母合口字在关中山东方言岛中多数为零声母，如大李村、马家庄、官路村、杨居屯、太平村、雷家寨，少数方言岛部分字为零声母、部分字为 [v] 声母，如谭家村。与源方言比较，马家庄由 [v] 声母变为零声母，谭家村读 [v] 声母的字数量在逐渐减少。与关中方言比较后发现，马家庄、谭家村方言 [v] 声母的消失应与关中方言无关，因为关中方言存在 [v] 声母。

表 2-7　微疑影云以母合口字读音比较表

例字 音韵地位 方言点	雾 遇合三 去遇微	问 臻合三 去问微	五 遇合一 上姥疑	玩 山合一 去换疑	蛙 蟹合二 平佳影	委 止合三 上纸影	围 止合三 平微云	王 宕合三 平阳云	维 止合三 平脂以
大李村 三原	u³¹	uẽ³¹	u⁵⁵	uã⁵³	ua²¹³	uei⁵⁵	uei⁵³	uaŋ⁵³	uei⁵³
耿　庄 菏泽	u⁴¹²	uẽ⁴¹²	u⁵⁵	uã⁵³	ua²¹³	uei⁵⁵	uei⁵³	uaŋ⁵³	uei⁵³
三原县 城关	vu⁵⁵	vẽ⁵⁵	u⁵²	uã²⁴	ua³¹	uei⁵²	uei²⁴	uaŋ²⁴	vei²⁴
谭家村 阎良	u³¹	vɤ̃³¹	u⁵⁵	vã⁵²	uɑ²¹³	uei⁵⁵	uei⁵²	vaŋ⁵²	uei⁵²
谭家营 高密	u³¹	vɤ̃³¹	u⁵⁵	vã⁵²	vɑ⁵²	vei⁵²	vei⁵²	vaŋ⁵²	vei⁵⁵
马家庄 阎良	u⁵³	uɤ̃⁵³	u⁵⁵	uã⁵⁵	uɑ⁵⁵	uei⁵⁵	uei⁵⁵	uaŋ⁵⁵	uei⁵⁵
朱家庄 莱芜	vu³¹	vɤ̃³¹	vu⁵⁵	vã⁵⁵	vɑ⁵⁵	vei⁵⁵	vei⁵⁵	vaŋ⁵⁵	vei⁵⁵
官路村 阎良	u³¹	uɤ̃³¹	u⁵⁵	uã⁵³	uɑ²¹³	uei²¹³	uei⁵³	uaŋ⁵³	uei⁵³
东堤村 寿光	u³¹	uɤ̃³¹	u⁵⁵	uã⁵³	uɑ⁵³	uei⁵⁵	uei⁵⁵	uaŋ⁵⁵	uei⁵⁵
杨居屯 阎良	u³¹	uẽ³¹	u⁵⁵	uã⁵³	uɑ²¹³	uei⁵³	uei⁵³	uaŋ⁵³	uei⁵³
朱鹿村 青州	u³¹	uẽ³¹	u⁵⁵	uã⁵³	uɑ²¹³	uei⁵³	uei⁵³	uaŋ⁵³	uei⁵⁵
富平县 城关	vu⁵⁵	vẽ⁵⁵	u⁵³	uã³⁵	ua³¹	uei⁵³	uei³⁵	uaŋ³⁵	vei³⁵
太平村 蒲城	u³¹	uɤ̃³¹	u⁵⁵	uã⁵³	uɑ²¹³	uei⁵⁵	uei⁵³	uaŋ⁵³	uei⁵³
魏马村 昌邑	u³¹	uɤ̃³¹	u⁵⁵	uã⁵³	uɑ⁵³	uei⁵⁵	uei⁵⁵	uaŋ⁵⁵	uei⁵⁵
蒲城县 城关	vu⁵⁵	vẽ⁵⁵	u⁵³	uã³⁵	ua³¹	uei⁵³	uei³⁵	uaŋ³⁵	vei³⁵
雷家寨 大荔	u⁴¹²	uẽ⁴¹²	u⁵⁵	uã⁵³	uɑ²¹³	uei⁵⁵	uei⁵³	uaŋ⁵³	uei⁵³
北李村 郓城	u⁴¹²	uẽ⁴¹²	u⁵⁵	uã⁵³	uɑ²¹³	uei⁵⁵	uei⁵³	uaŋ⁵³	uei⁵³
大荔县 城关	vu⁵⁵	vẽ⁵⁵	u⁵²	uã⁵³	uɑ³¹	uei⁵²	uei²⁴/y²⁴	uaŋ²⁴	vi²⁴

四、特字声母读音比较

在表 2-8、表 2-9 中，山东方言特字有"堆、匙、深、捆、顺、上"，关中方言特字有"杯、倍、规、穗、船、巷"。通过比较可见，关中山东方言岛既保留了源方言特字的发音特征，又吸收了关中方言特字的发音特征。

表 2-8 特字声母读音比较表 1

例字 音韵地位 方言点	杯 蟹合一 平灰帮	倍 蟹合一 上贿并	堆 蟹合一 平灰端	匙 止开三 平支禅	规 止合三 平支见	穗 止合三 去至邪
大李村 三原	pʰei213	pʰei31	tuei213/tsuei213	sʅ55	kuei213/kʰuei213	suei31
耿 庄 菏泽	pei213	pei412	tsuei213	ʂʅ55	kuei213	suei412
三原县 城关	pʰei31	pʰei55	tuei31	sʅ24	kʰuei31	ɕy55
谭家村 阎良	pʰei213	pʰei31	tuei213/tsuei213	tʂʰʅ31	kuei213	suei31
谭家营 高密	pei213	pei31	tθuei213	tʂʰʅ55	kuei213	θuei31
马家庄 阎良	pei31	pei53	tsuei31	tʂʰʅ55	kuei31	ɕy53
朱家庄 莱芜	pei213	pei31	tθuei213	tʂʰʅ55	kuei213	θuei31
官路村 阎良	pei213	pei31	tuei213/tsuei213	tʂʰʅ213	kʰuei213	suei31
东堤村 寿光	pei213	pei31	tsuei213	tʂʰʅ55	kuei213	suei31
杨居屯 阎良	pʰei213	pʰei31	tuei213/tsuei213	tʂʰʅ31	kuei31	suei31/ɕy31
朱鹿村 青州	pei213	pei31	tsuei213	tʂʰʅ53	kuei213	suei31
富平县 城关	pʰei31	pʰei55	tuei31	sʅ0	kʰuei31	suei55/ɕy55
太平村 蒲城	pʰei213	pʰei31	tθuei31	tʂʰʅ55	kuei213	θuei31
魏马村 昌邑	pei213	pei31	tθuei213	tʂʰʅ55	kuei213	θuei31
蒲城县 城关	pʰei31	pʰei55	tuei31	sʅ0	kʰuei31	ʃuei55/ɕy55
雷家寨 大荔	pʰei213	pei412	tsuei213	ʂʅ55	kʰuei213	suei412
北李村 郓城	pei213	pei412	tsuei213	ʂʅ55	kuei213	suei412
大荔县 城关	pʰei31	pʰei55	tuei31	sʅ0	kʰuei31	suei55/ɕy55

表 2-9　特字声母读音比较表 2

例字 音韵地位 方言点	深 深开三 平侵书	船 山合三 平仙船	捆 臻合一 上混溪	顺孝~ 臻合三 去稕船	上 宕开三 上养禅	巷 江开二 去绛匣
大李村三原	tʂʰẽ²¹³	tʂʰuã⁵³	kʰuẽ⁵⁵	ʂuẽ³¹	ʂaŋ³¹	xaŋ²¹³
耿　庄菏泽	tʂʰẽ²¹³	tʂʰuã⁵³	kʰuẽ⁵⁵	ʂuẽ⁴¹²/tʂʰuẽ⁴¹²	ʂaŋ⁴¹²/xaŋ⁰ 说不~	ɕiaŋ⁴¹²
三原县城关	ʂẽ³¹	tʃʰuã²⁴/ʃuã²⁴	kʰuẽ⁵²	ʃuẽ⁵⁵	ʂaŋ⁵⁵	xaŋ³¹
谭家村阎良	ʂɔ̃²¹³	tʂʰuã⁵²	kʰuɔ̃⁵⁵/tɕʰyɔ̃⁵⁵	ʂuɔ̃³¹/tʂʰuɔ̃³¹	ʂaŋ³¹	xaŋ²¹³
谭家营高密	ʃɔ̃²¹³	tʃʰuã⁵²	kʰuɔ̃⁵⁵/tɕʰyɔ̃⁵⁵	ʃuɔ̃³¹	ʃaŋ³¹	ɕiaŋ³¹
马家庄阎良	ʂɔ̃³¹	ʂuã⁵⁵	kʰuɔ̃⁵⁵	ʂuɔ̃⁵³	ʂaŋ⁵³	xaŋ³¹
朱家庄莱芜	ʂɔ̃²¹³/tʂʰɔ̃²¹³	tʂʰuã⁵⁵	kʰuɔ̃⁵⁵/tɕʰyɔ̃⁵⁵	ʂuɔ̃³¹	ʂaŋ³¹	ɕiaŋ³¹
官路村阎良	ʂɔ̃²¹³	tʂʰuã⁵³	kʰuɔ̃⁵⁵/tɕʰyɔ̃⁵⁵	ʂuɔ̃³¹/tʂʰuɔ̃³¹	ʂaŋ³¹	ɕiaŋ³¹/xaŋ³¹
东堤村寿光	ʂɔ̃²¹³	tʂʰuã⁵³	tɕʰyɔ̃⁵⁵	ʂuɔ̃³¹/tʂʰuɔ̃³¹	ʂaŋ³¹/xaŋ³¹ 说不~	ɕiaŋ³¹
杨居屯阎良	ʂẽ²¹³	tʂʰuã⁵³/ʂuã⁵³	kʰuẽ⁵⁵	ʂuẽ³¹	ʂaŋ³¹	xaŋ³¹
朱鹿村青州	ʂẽ²¹³	tʂʰuã⁵³	tɕʰyẽ⁵⁵	ʂuẽ³¹/tʂʰuẽ³¹	ʂaŋ³¹/xaŋ³¹ 说不~	ɕiaŋ³¹
富平县城关	ʂẽ³¹	tʃʰuã³⁵/ʃuã³⁵	kʰuẽ³¹	ʃuẽ⁵⁵	ʂaŋ⁵⁵	xaŋ³¹
太平村蒲城	ʃɔ̃²¹³	tʃʰuã⁵³	kʰuẽ⁵⁵/tɕʰyɔ̃⁵⁵	ʃuɔ̃³¹/tʃʰuɔ̃³¹	ʃaŋ³¹	xaŋ²¹³
魏马村昌邑	ʃɔ̃²¹³	tʃʰuã⁵³	kʰuẽ⁵⁵/tɕʰyɔ̃⁵⁵	ʃuɔ̃³¹/tʃʰuɔ̃³¹	ʃaŋ³¹	ɕiaŋ³¹
蒲城县城关	ʂẽ³¹	tʃʰuã³⁵/ʃuã³⁵	kʰuẽ⁵³	ʃuẽ⁵⁵	ʂaŋ⁵⁵	xaŋ³¹
雷家寨大荔	tʂʰẽ²¹³	tʂʰuã⁵³	kʰuẽ⁵⁵	fẽ⁴¹²/tʂʰuẽ⁴¹²	ʂaŋ⁴¹²	ɕiaŋ⁴¹²
北李村郓城	tʂʰẽ²¹³	tʂʰuã⁵³	kʰuẽ⁵⁵	fẽ⁴¹²/tʂʰuẽ⁴¹²	ʂaŋ⁴¹²	ɕiaŋ⁴¹²
大荔县城关	ʂẽ³¹	fã²⁴	kʰuẽ⁵²	fẽ⁵⁵	ʂaŋ⁵⁵	xaŋ³¹

第二节　关中山东方言岛与源方言、关中方言的韵母比较

山东方言与关中方言在韵母方面的差异也不是特别大，因此下面就只选取十六

韵摄中两地方言有较特殊发音的某一类字进行比较。

一、果摄一等见系字读音比较

关中山东方言岛果摄一等见系字，既有读开口呼的，也有读合口呼的，与源方言、关中方言多有交叉。大李村、雷家寨"贺"字以及谭家村、马家庄"荷"字读合口呼应是受关中方言的影响，而官路村"个""可""荷"读开口呼，与源方言有别，其中"荷"读开口呼应与关中方言无关。杨居屯、太平村与源方言基本一致，但杨居屯"哥""个""可"增加了开口呼的读法，这应是受关中方言的影响。

表 2-10　果摄一等见系字读音比较表

例字 音韵地位 方言点	哥 果开一 平歌见	个 果开一 去个见	可 果开一 上哿溪	我 果开一 上哿疑	饿 果开一 去个疑	荷 果开一 去个晓	河 果开一 平歌匣	贺 果开一 去个匣
大李村 三原	kə^{55}	kə^{31}	kʰə^{55}	uə^{55}	ɣə^{31}	xə^{31}	xə^{53}	xuə^{31}
耿　庄 菏泽	kə^{55}	kə^{412}	kʰə^{55}	uə^{55}	ɣə^{412}	xə^{53}	xə^{53}	xə^{412}
三原县 城关	kɤ^{24}	kɤ^{55}	kʰɤ^{52}	ŋɤ^{52}	ŋɤ^{55}	xuo^{0}	xuo^{24}	xuo^{55}
谭家村 阎良	kə^{213}	kə^{31}	kʰə^{55}	uə^{55}	uə^{31}	xuə^{0}	xuə^{52}	xuə^{31}
谭家营 高密	kə^{213}	kə^{31}	kʰə^{55}	uə^{55}	uə^{31}	xə^{52}	xuə^{52}	xuə^{31}
马家庄 阎良	kə^{31}	kə^{53}	kʰə^{55}	ŋə^{55}	ŋə^{53}	xuə^{55}	xə^{55}	xuə^{53}
朱家庄 莱芜	kə^{213}	kə^{31}	kʰə^{55}	və^{55}	ŋə^{31}	xə^{55}	xə^{55}	xə^{31}
官路村 阎良	kuə^{213}	kə^{31}	kʰə^{55}	uə^{55}	uə^{31}	xə^{52}	xuə^{52}	xuə^{31}
东堤村 寿光	kuə^{213}	kuə^{31}	kʰuə^{55}	uə^{55}	uə^{31}	xuə^{53}	xuə^{53}	xuə^{31}
杨居屯 阎良	<u>kə^{213}</u>/kuə^{213}	<u>kə^{31}</u>/kuə^{31}	kʰə^{55}	uə^{55}	uə^{31}	xuə^{0}	xuə^{31}	xuə^{31}
朱鹿村 青州	kuə^{213}	kuə^{31}	kʰuə^{55}	uə^{55}	uə^{31}	xuə^{31}	xuə^{31}	xuə^{31}
富平县 城关	kɤ^{35}	kɤ^{55}	kʰɤ^{53}	ŋɤ^{53}	ŋɤ^{55}	xuo^{0}	xuo^{35}	xuo^{55}
太平村 蒲城	kuə^{213}	kə^{31}	kʰə^{55}	uə^{55}	uə^{31}	xə^{53}	xuə^{53}	xuə^{31}
魏马村 昌邑	kuə^{213}	kə^{31}	kʰə^{55}	uə^{55}	uə^{31}	xuə^{31}	xuə^{31}	xuə^{31}
蒲城县 城关	kɤ^{35}	kɤ^{55}	kʰɤ^{53}	ŋuo^{53}	ŋɤ^{55}	xuo^{0}	xuo^{35}	xuo^{55}
雷家寨 大荔	kə^{55}	kə^{412}	kʰə^{55}	uə^{55}	ɣə^{412}	xə^{53}	xə^{53}	xuə^{412}

续表

例字	哥	个	可	我	饿	荷	河	贺
音韵地位	果开一	果开一	果开一	果开一	果开一	果开一	果开一	果开一
方言点	平歌见	去个见	上哿溪	上哿疑	去个疑	去个晓	平歌匣	去个匣
北李村郓城	kə55	kə412	kʰə55	uə55	ɣə412	xə53	xə53	xə412
大荔县城关	kɤ24	kɤ55	kʰɤ52	ŋuo52	ŋɤ55	xuo0	xuo24	xuo55

二、假摄开口三等字与蟹摄开口二等字读音比较

假摄开口三等字、蟹摄开口二等字主要是假摄开口三等精组字、以母字，以及蟹摄开口二等见组字。从表2-11可见，关中山东方言岛假摄开口三等字与蟹摄开口二等字还基本保持着源方言的语音特点。

表2-11　假摄开口三等字与蟹摄开口二等字读音比较表

例字	借	写	谢	爷	解	捱	鞋	矮
音韵地位	假开三	假开三	假开三	假开三	蟹开二	蟹开二	蟹开二	蟹开二
方言点	去祃精	上马心	去祃邪	平麻以	上蟹见	平佳疑	平佳匣	上蟹影
大李村三原	tɕiə31	ɕiə55	ɕiə31	iə53	tɕiɛ55	ɣɛ53	ɕiɛ53	ɣɛ55
耿　庄菏泽	tsiə412	siə55	siə412	iə53	tɕiɛ55	ɣɛ53	ɕiɛ53	ɣɛ55
三原县城关	tiɛ55	siɛ52	siɛ55	iɛ55	tɕiɛ52	næ24	xæ24	ŋæ52
谭家村阎良	tsiə31	siə55	siə31	iə52	tɕiɛ52	iɛ52	ɕiɛ52	iɛ55/ŋɛ55
谭家营高密	tsiə31	siə55	siə31	iə53	tɕiɛ55	iɛ52	ɕiɛ52	iɛ55
马家庄阎良	tɕiə53	siə55	siə31	iə53	tɕiɛ55	iɛ55	ɕiɛ55	iɛ55
朱家庄莱芜	tsiə31	siə55	siə31	iə53	tɕiɛ55	iɛ55	ɕiɛ55	iɛ55
官路村阎良	tsiə31	siə55	ɕiə31	iə53	tɕiɛ55	iɛ53	ɕiɛ53	iɛ55
东堤村寿光	tɕiə31	ɕiə213	ɕiə31	iə53	tɕiɛ55	iɛ53	ɕiɛ53	iɛ55
杨居屯阎良	tɕiə31	ɕiə55	ɕiə31	iə53	tɕiɛ55	iɛ53	ɕiɛ53	iɛ55
朱鹿村青州	tɕiə31	ɕiə55	ɕiə31	iə53	tɕiɛ55	iɛ53	ɕiɛ53	iɛ55
富平县城关	tiɛ55	siɛ53	siɛ55	iɛ55	tɕiæ53	næ35	xæ35	ŋæ53

续表

例字	借	写	谢	爷	解	揩	鞋	矮
音韵地位	假开三	假开三	假开三	假开三	蟹开二	蟹开二	蟹开二	蟹开二
方言点	去祃精	上马心	去祃邪	平麻以	上蟹见	平佳疑	平佳匣	上蟹影
太平村蒲城	tsiə³¹	siə⁵⁵	siə³¹	iə⁵³	tɕiɛ⁵⁵	iɛ⁵³	ɕiɛ⁵³	iɛ⁵⁵
魏马村昌邑	tsiə³¹	siə⁵⁵	siə³¹	iə⁵³	tɕiɛ⁵⁵	iɛ⁵³	ɕiɛ⁵³	iɛ⁵⁵
蒲城县城关	tiɛ⁵⁵	siɛ⁵³	siɛ⁵⁵	iɛ⁵³	tɕiæ⁵³	næ³⁵	xæ³⁵	ŋæ⁵³
雷家寨大荔	tɕiə⁴¹²	ɕiə⁵⁵	ɕiə⁴¹²	iə⁵³	tɕiɛ⁵⁵	ɣɛ⁵³	ɕiɛ⁵³	iɛ⁵⁵
北李村郊城	tsiə⁴¹²	siə⁵⁵	siə⁴¹²	iə⁵³	tɕiɛ⁵⁵	ɣɛ⁵³	ɕiɛ⁵³	iɛ⁵⁵
大荔县城关	tiɛ⁵⁵	siɛ⁵²	siɛ⁵⁵	iɛ²⁴/iɑ²⁴	tɕiæ⁵²	næ²⁴	xæ²⁴	ŋæ⁵²

三、遇摄合口一等端系字以及遇摄合口三等庄组部分字读音比较

遇摄合口一等端系字以及遇摄合口三等庄组部分字，关中山东方言岛多读 [u]，但是有部分字读 [ou]。表 2-12 中所举例字，山东方言多读 [u]，而关中方言都为 [ou]。显然，山东方言岛中 [ou] 的读音是受关中方言的影响。其中，马家庄受的影响最大，与关中方言都一致，而其他方言则是个别受其影响。

表 2-12　遇摄合口一等端系字以及遇摄合口三等庄组部分字读音比较表

例字	度	奴	鲁	祖	粗	苏	阻	初	助
音韵地位	遇合一	遇合一	遇合一	遇合一	遇合一	遇合一	遇合三	遇合三	遇合三
方言点	去暮定	平模泥	上姥来	上姥精	平模清	平模心	上语庄	平鱼初	去御崇
大李村三原	tu⁵⁵	nou⁵³	lu⁵⁵	tsu⁵⁵	tsʰu²¹³	su²¹³	tsu⁵⁵	tʂʰu²¹³	tsu³¹
耿　庄菏泽	tu⁴¹²	nuŋ³¹	lu⁵⁵	tsu⁵⁵	tsʰu²¹³	su²¹³	tsu⁵⁵	tʂʰu²¹³	tʂu⁴¹²
三原县城关	tou⁵⁵	nou²⁴	lou⁵²	tsou⁵²	tsʰou³¹	sou³¹	tsou⁵²	tsʰou³¹	tsou⁵⁵
谭家村阎良	tou³¹	nou⁵²	lu⁵⁵	tsu⁵⁵	tsʰu²¹³	su²¹³	tsu⁵⁵	tʂʰu²¹³	tʂu³¹
谭家营高密	tu³¹	nu³¹	lu⁵²	tθu⁵⁵	tθʰu²¹³	θu²¹³	tθu²¹³	tʂʰu²¹³	tʂu³¹
马家庄阎良	tou⁵³	nou⁵³	lou⁵¹	tsou⁵³	tsʰou³¹	sou³¹	tsou⁵⁵	tsʰou³¹	tsou⁵³
朱家庄莱芜	tu³¹	nu⁵⁵	lu⁵⁵	tθu⁵⁵	tθʰu²¹³	θu²¹³	tθu⁵⁵	tʂʰu²¹³	tʂu³¹

续表

例字 音韵地位 方言点	度 遇合一 去暮定	奴 遇合一 平模泥	鲁 遇合一 上姥来	祖 遇合一 上姥精	粗 遇合一 平模清	苏 遇合一 平模心	阻 遇合三 上语庄	初 遇合三 平鱼初	助 遇合三 去御崇
官路村 阎良	tu³¹	nou⁵³	lu⁵³	tsu⁵⁵	tsʰu²¹³	su²¹³	tsu⁵⁵	tʂʰu²¹³	tʂu³¹
东堤村 寿光	tu³¹	nu⁵³	lu⁵³	tsu⁵⁵	tsʰu²¹³	su²¹³	tsu²¹³	tʂʰu²¹³	tʂu³¹
杨居屯 阎良	tu³¹	nu⁵³	lu⁵⁵	tsu⁵⁵	tsʰu²¹³	su²¹³	tsu⁵⁵	tʂʰu²¹³	tʂu³¹
朱鹿村 青州	tu³¹	nu⁵³	lu⁵⁵	tsu⁵⁵	tsʰu²¹³	su²¹³	tsu⁵⁵	tʂʰu²¹³	tʂʅ³¹
富平县 城关	tou⁵⁵	nou³⁵	lou⁵³	tsou⁵³	tsʰou³¹	sou³¹	tsou⁵³	tsʰou³¹	tsʰou⁵⁵
太平村 蒲城	tu³¹	nu⁵³	lou⁵⁵	tθu⁵⁵	tθʰu²¹³	θu²¹³	tθu⁵⁵	tʂʰu²¹³	tʂu³¹
魏马村 昌邑	tu³¹	nu³¹	lu⁵³	tθu⁵⁵	tθʰu²¹³	θu⁵⁵	tθu²¹³	tʂʰu²¹³	tʂu³¹
蒲城县 城关	tou⁵⁵	nou³⁵	lou⁵³	tsou⁵³	tsʰou³¹	sou³¹	tsou⁵³	tsʰou³¹	tsʰou⁵⁵
雷家寨 大荔	tu⁴¹²	nu⁵³	lu⁵⁵	tsu⁵⁵	tsʰu²¹³	su²¹³	tsu⁵³	tʂʰu²¹³	tʂu⁴¹²
北李村 郓城	tu⁴¹²	nuŋ⁵³	lu⁵⁵	tsu⁵⁵	tsʰu²¹³	su²¹³	tsu⁵⁵	tʂʰu²¹³	tʂu⁴¹²
大荔县 城关	tu⁵⁵	nou²⁴	lou⁵²	tsou⁵²	tsʰou³¹	sou³¹	tsou⁵²	tsʰou³¹	tsʰou⁵⁵

四、止摄帮系字读音比较

止摄开口三等帮组字，关中山东方言岛多读 [ei]，"碑""被""眉"在谭家村、马家庄、官路村、杨居屯中常有读 [i] 的情况，这是受关中方言的影响。止摄开口三等非组字，大李村、雷家寨有 [i] [ei] 两种读音，[i] 保留了源方言的特点，但读 [i] 韵母的字在减少，如大李村。

表 2-13　止摄帮系字读音比较表

例字 音韵地位 方言点	碑 止开三 平支帮	被 止开三 去寘并	眉 止开三 平脂明	飞 止合三 平微非	妃 止合三 平微敷	费 止合三 平微敷	肥 止合三 平微奉	尾 止合三 上尾微
大李村 三原	pei²¹³	pei³¹	mei⁵³	fei²¹³/fi²¹³	fei²¹³	fei³¹	fei⁵³	uei⁵⁵/i⁵⁵
耿　庄 菏泽	pei²¹³	pei⁴¹²	mei⁵³	fi²¹³	fi⁵⁵	fi⁴¹²	fi⁵³	uei⁵⁵/i⁵⁵

续表

例字 音韵地位 方言点	碑 止开三 平支帮	被 止开三 去真并	眉 止开三 平脂明	飞 止合三 平微非	妃 止合三 平微敷	费 止合三 平微敷	肥 止合三 平微奉	尾 止合三 上尾微
三原县 城关	pi³¹	pi⁵⁵	mi²⁴	fei³¹	fei³¹	fei⁵⁵	fei²⁴	ʒuei⁵²/i⁵²
谭家村 阎良	pi²¹³	pi³¹	mei⁵²/mi⁵²	fei²¹³	fei²¹³	fei³¹	fei⁵²	uei⁵⁵/i⁵⁵
谭家营 高密	pei²¹³	pei³¹	mei⁵²	fei²¹³	fei²¹³	fei³¹	fei⁵²	vei⁵⁵/i⁵⁵
马家庄 阎良	pei³¹	pei⁵³	mi⁵⁵	fei³¹	fei³¹	fei⁵³	fei⁵⁵	uei⁵⁵/i⁵⁵
朱家庄 莱芜	pei²¹³	pei³¹	mei⁵⁵	fei²¹³	fei²¹³	fei³¹	fei⁵⁵	vei⁵⁵/i⁵⁵
官路村 阎良	pei²¹³	pei³¹	mi⁵³	fei²¹³	fei²¹³	fei³¹	fei⁵³	uei⁵⁵/i⁵⁵
东堤村 寿光	pei²¹³	pei³¹	mei⁵³	fei²¹³	fei²¹³	fei³¹	fei⁵³	uei⁵⁵/i⁵⁵
杨居屯 阎良	pi³¹	pei³¹	mei⁵³	fei²¹³	fei³¹	fei²¹³	fei⁵³	uei⁵⁵/i³¹
朱鹿村 青州	pei²¹³	pei³¹	mei⁵³	fei²¹³	fei²¹³	fei³¹	fei⁵³	uei⁵⁵/i⁵⁵
富平县 城关	pi³¹	pi⁵⁵	mi³⁵	fei³¹	fei³¹	fei⁵⁵	fei³⁵	vei⁵³
太平村 蒲城	pei²¹³	pei³¹	mei⁵³	fei²¹³	fei²¹³	fei³¹	fei⁵³	uei⁵⁵/i⁵⁵
魏马村 昌邑	pei²¹³	pei³¹	mei⁵³	fei²¹³	fei²¹³	fei³¹	fei⁵³	uei⁵⁵/i⁵⁵
蒲城县 城关	pi³¹	pʰi⁵⁵	mi³⁵	fei³¹	fei³¹	fei⁵⁵	fei³⁵	vei⁵³/i⁵³
雷家寨 大荔	pei²¹³	pei⁴¹²	mei⁵³	fei²¹³/fi²¹³	fei²¹³	fi⁴¹²	fei⁵³/fi⁵³	uei⁵⁵/i⁵⁵
北李村 郃城	pei²¹³	pei⁴¹²	mei⁵³	fi²¹³	fei⁵⁵	fi⁴¹²	fi⁵³	uei⁵⁵/i⁵⁵
大荔县 城关	pi³¹	pʰi⁵⁵	mi²⁴	fi³¹	fi³¹	fi⁵⁵	fi²⁴	vei⁵²/i⁵²

五、咸山摄开口一二等入声字读音比较

咸山摄开口一二等入声字，在山东方言岛中主要有 [a/ɑ] 和 [ə] 两类读音。其中，主要的分歧在"喝""磕""割""渴"的发音上，大李村、马家庄、雷家寨多读 [ə]，其余四点多读 [ɑ]，仅"渴"官路村读 [ə]、杨居屯读 [uə]，而官路村的读音应是受关中方言的影响，其余点都保留源方言的语音特点。

表 2-14　咸山摄开口一二等入声字读音比较表

例字 音韵地位 方言点	踏 咸开一 入合透	杂 咸开一 入合从	喝 咸开一 入合晓	磕 咸开一 入盍溪	达 山开一 入曷定	割 山开一 入曷见	渴 山开一 入曷溪	抹 山开二 入黠明
大李村三原	tʰɑ213	tsɑ53	xə213	kʰə213	tɑ53	kə213	kʰə213	mɑ213
耿　庄菏泽	tʰɑ213	tsɑ53	xə213	kʰə213	tɑ53	kə213	kʰə213	mɑ55
三原县城关	tʰɑ24	tsɑ24	xuo31	kʰɤ31	tɑ24	kɤ31	kʰɤ31	mɑ31
谭家村阎良	tʰɑ52	tsɑ52	xɑ55	kʰɑ55	tɑ52	kɑ55	kʰɑ55	mɑ55
谭家营高密	tʰɑ55	tθɑ52	xɑ55	kʰɑ55	tɑ55	kɑ55	kʰɑ55	mɑ55
马家庄阎良	tʰɑ55	tsɑ55	xə31	kʰə31	tɑ55	kɑ31	kʰə31	mɑ55
朱家庄莱芜	tʰɑ213	tθɑ55	xə213	kʰɑ213	tɑ55	kɑ213	kʰə213	mɑ55
官路村阎良	tʰɑ213	tsɑ53	xɑ213	kʰɑ213	tɑ213	kɑ213	kʰɑ213	mɑ213
东堤村寿光	tʰɑ213	tsɑ53	xɑ213	kʰɑ213	tɑ55	kɑ213	kʰuə213	mɑ55
杨居屯阎良	tʰɑ53	tsɑ53	xɑ55	kʰɑ55	tɑ53	kɑ55	kʰuə55	mɑ31
朱鹿村青州	tʰɑ53	tsɑ53	xɑ55	kʰɑ55	tɑ53	kɑ55	kʰuə55	mɑ55
富平县城关	tʰɑ35	tsɑ35	xuo31	kʰɤ31	tɑ35	kɤ31	kʰɤ31	mɑ31
太平村蒲城	tʰɑ31	tθɑ31	xɑ55	kʰɑ55	tɑ55	kɑ55	kʰɑ55	mɑ55
魏马村昌邑	tʰɑ55	tθɑ53	xɑ55	kʰɑ55	tɑ55	kɑ55	kʰɑ55	mɑ55
蒲城县城关	tʰɑ35	tsɑ35	xuo31	kʰɤ31	tʰɑ35	kɤ31	kʰɤ35	mɑ31
雷家寨大荔	tʰɑ213	tsɑ53	xə213	kʰə213	tɑ53	kə213	kʰə213	mɑ213
北李村郓城	tʰɑ213	tsɑ53	xə213	kʰə213	tɑ53	kə213	kʰə213	mɑ55
大荔县城关	tʰɑ24	tsɑ24	xuo31	kʰɤ31	tɑ24	kɤ31	kʰɤ31	mɑ31

六、曾摄一等入声字、梗摄二等入声字读音比较

山东方言、关中方言在曾摄一等入声字、梗摄二等入声字的韵母发音上是基本一致的，大都还读 [ei]，只是个别方言岛及其源方言增加了 [ə] 的读音，而读音 [ə] 应是受普通话的影响。

表 2-15　曾摄一等入声字、梗摄二等入声字读音比较表

例字 音韵地位 方言点	墨 曾开一 入德明	则 曾开一 入德精	刻 曾开一 入德溪	国 曾合一 入德见	百 梗开二 入陌帮	窄 梗开二 入陌庄	客 梗开二 入陌溪	麦 梗开二 入麦明
大李村 三原	mei²¹³	tsei²¹³	kʰei²¹³	kuei²¹³	pei²¹³	tʂei²¹³	kʰei²¹³	mei²¹³
耿　庄 菏泽	mei²¹³	tʂei²¹³	kʰei²¹³	kuə⁵⁵	pei²¹³	tʂei²¹³	kʰei²¹³	mei²¹³
三原县 城关	mei²⁴	tsei³¹	kʰei³¹	kuei³¹	pei³¹	tʂei³¹	kʰei³¹	mei³¹
谭家村 阎良	mei⁵²	tʂei⁵²	kʰei⁵⁵	kuei⁵⁵	pei⁵⁵	tʂei⁵⁵	kʰei⁵⁵	mei³¹
谭家营 高密	mei³¹	tθə⁵²	kʰei³¹	kuə⁵⁵	pei⁵⁵	tʂei⁵⁵	kʰei⁵⁵	mei³¹
马家庄 阎良	mei⁵³	tsei³¹	kʰei³¹	kuei³¹	pei³¹	tʂei³¹	kʰei³¹	mei⁵³
朱家庄 莱芜	mei³¹	tθə²¹³	kʰei²¹³	kuə⁵⁵/kuei⁵⁵	pei²¹³	tʂei²¹³	kʰei²¹³	mei³¹
官路村 阎良	mei⁵³	tsei²¹³	kʰei²¹³	kuei²¹³	pei²¹³	tʂei²¹³	kʰei²¹³	mei³¹
东堤村 寿光	mei³¹	tsei²¹³	kʰei²¹³	kuə²¹³/kuei²¹³	pei²¹³	tʂei²¹³	kʰei²¹³	mei³¹
杨居屯 阎良	mei⁵³	tsei⁵³	kʰei⁵⁵	kuei⁵⁵	pei⁵⁵	tʂei⁵⁵	kʰei⁵⁵	mei³¹
朱鹿村 青州	mei³¹	tsei⁵⁵	kʰei⁵⁵	kuə⁵⁵/kuei⁵⁵	pei⁵⁵	tʂei⁵⁵	kʰei⁵⁵	mei³¹
富平县 城关	mei³⁵	tsei³¹	kʰei³¹	kuei³¹	pei³¹	tʂei³¹	kʰei³¹	mei³¹
太平村 蒲城	mei³¹	tʂei⁵⁵	kʰei⁵⁵	kuei⁵⁵	pei⁵⁵	tʂei⁵⁵	kʰei⁵⁵	mei³¹
魏马村 昌邑	mei³¹	tθei⁵³	kʰei⁵⁵	kuə⁵⁵/kuei⁵⁵	pei⁵⁵	tʂei⁵⁵	kʰei⁵⁵	mei³¹
蒲城县 城关	mei³⁵	tsei³¹	kʰei³¹	kuei³¹	pei³¹	tʂei³¹	kʰei³¹	mei³¹
雷家寨 大荔	mei²¹³	tsei²¹³	kʰei²¹³	kuə²¹³/kuei²¹³	pei²¹³	tʂei²¹³	kʰei²¹³	mei²¹³
北李村 郓城	mei²¹³	tsei²¹³	kʰei²¹³	kuə⁵⁵/kuei²¹³	pei²¹³	tʂei²¹³	kʰei²¹³	mei²¹³
大荔县 城关	mei²⁴	tsei³¹	kʰei³¹	kuei³¹	pei³¹	tsei³¹	kʰei³¹	mei³¹

七、通摄泥组、精组字读音比较

通摄泥组、精组字，关中山东方言岛及其源方言、关中方言都有读撮口韵的情况。朱家庄、东堤村、朱鹿村、魏马村等源方言读撮口韵较多，而关中山东方言岛则日益减少，但仍有遗留，有些读开口韵应是受关中方言的影响，如"绿"，马家庄读 [ou]。

表 2-16　通摄泥组、精组字读音比较表 1

例字 音韵地位 方言点	粽 通合一 平东精	丛 通合一 平东从	宿 通合三 入屋心	龙 通合三 平钟来	绿 通合三 入烛来	踪 通合三 平钟精
大李村 三原	tsuŋ³¹	tsʰuŋ⁵³	ɕy²¹³	luŋ⁵³	ly²¹³	tsuŋ²¹³
耿　庄 菏泽	tsuŋ⁴¹²	tsʰəŋ⁵³	su²¹³/sy²¹³	luŋ⁵³	ly²¹³	tsuŋ²¹³
三原县 城关	tsuŋ⁵²	tsʰuŋ²⁴	ɕy³¹	luŋ²⁴	liou³¹/lou³¹	tsuŋ³¹
谭家村 阎良	tsəŋ²¹³	tsʰəŋ⁵²	ɕy⁵²	ləŋ⁵²	ly³¹	tsəŋ²¹³
谭家营 高密	tθəŋ³¹	tθʰəŋ⁵²	syu⁵⁵	ləŋ⁵²	lyu³¹	tθəŋ³¹
马家庄 阎良	tsuŋ⁵³/tɕyŋ⁵³	tsʰuŋ⁵⁵	ɕy³¹	luŋ⁵⁵	lou³¹	tsuŋ³¹
朱家庄 莱芜	tθuŋ³¹/tɕyŋ³¹	tθʰuŋ²¹³	sy²¹³	lyŋ⁵⁵	ly³¹	tθuŋ²¹³/tɕyŋ²¹³
官路村 阎良	tsuŋ³¹	tsʰuŋ⁵⁵	ɕy²¹³	luŋ⁵³	ly³¹	tsuŋ²¹³
东堤村 寿光	tsuŋ³¹	tsʰuŋ⁵³	ɕy²¹³	lyŋ⁵³	ly³¹	tsuŋ²¹³
杨居屯 阎良	tɕyŋ⁵⁵	tsʰuŋ²¹³	ɕy²¹³	luŋ⁵³	ly³¹	tsuŋ²¹³
朱鹿村 青州	tɕyŋ⁵⁵	tɕʰyŋ⁵³	ɕy⁵⁵	lyŋ⁵³	ly³¹	tsuŋ²¹³
富平县 城关	tsuəŋ⁵³	tsʰuəŋ³⁵	ɕy³¹	luəŋ³⁵	liou³¹/lou³¹	tsuəŋ³¹
太平村 蒲城	tθəŋ³¹	tθʰəŋ⁵³	ɕy³¹	ləŋ⁵³	ly³¹	tθəŋ²¹³
魏马村 昌邑	tθuŋ³¹	tθʰuŋ⁵³	syu⁵⁵	luŋ⁵³	lyu³¹	tθuŋ³¹
蒲城县 城关	tʃuəŋ⁵⁵	tʃʰuəŋ³⁵	ɕy³¹	luəŋ³⁵	liou³¹	tʃuəŋ³¹
雷家寨 大荔	tsuŋ⁴¹²	tsʰuŋ⁵³	ɕy²¹³	luŋ⁵³	ly²¹³	tsuŋ²¹³
北李村 郓城	tsuŋ⁴¹²	tsʰuŋ⁵³/tsʰəŋ⁵³	su²¹³/sy²¹³	luŋ⁵³	ly²¹³	tsuŋ²¹³
大荔县 城关	tsuəŋ⁵²	tsʰuəŋ²⁴	ɕy³¹	ləŋ²⁴	liou³¹	tsuəŋ³¹

表 2-17　通摄泥组、精组字读音比较表 2

例字 音韵地位 方言点	纵 通合三 去用精	足 通合三 入烛精	从 通合三 平钟从	松~树 通合三 平钟邪	诵 通合三 去用邪	俗 通合三 入烛邪
大李村 三原	tsuŋ³¹	tsu²¹³/tɕy²¹³	tsʰuŋ⁵³	suŋ²¹³	suŋ³¹	su⁵³

续表

例字 音韵地位 方言点	纵 通合三 去用精	足 通合三 入烛精	从 通合三 平钟从	松~树 通合三 平钟邪	诵 通合三 去用邪	俗 通合三 入烛邪
耿庄菏泽	tsuŋ⁴¹²	tsu²¹³/tɕy²¹³	tsʰuŋ⁵³	suŋ²¹³	suŋ⁴¹²	sy⁵³
三原县城关	tsuŋ⁵⁵	tɕy³¹	tsʰuŋ²⁴	suŋ³¹	suŋ⁵⁵	ɕy²⁴
谭家村阎良	tsəŋ³¹	tɕy²¹³	tsʰəŋ⁵²	səŋ²¹³/siŋ²¹³	səŋ³¹	ɕy⁵²
谭家营高密	tθəŋ³¹	tsyu⁵⁵	tθʰəŋ⁵²	siŋ²¹³	θəŋ³¹	syu⁵²
马家庄阎良	tɕyŋ⁵³	tɕy³¹	tsʰuŋ⁵⁵	suŋ³¹	suŋ⁵³	ɕy⁵⁵
朱家庄莱芜	tɕyŋ³¹	tsy²¹³	tɕʰyŋ⁵⁵	θuŋ²¹³/ɕyŋ²¹³	θuŋ³¹	sy⁵⁵
官路村阎良	tsuŋ³¹	tɕy²¹³	tsʰuŋ⁵³	suŋ²¹³	suŋ³¹	ɕy⁵³
东堤村寿光	tsuŋ³¹	tɕy²¹³	tɕʰyŋ⁵³	ɕyŋ²¹³	ɕyŋ³¹	ɕy⁵³
杨居屯阎良	tsuŋ³¹	tɕy²¹³	tsʰuŋ⁵³	suŋ²¹³/ɕyŋ²¹³	suŋ³¹	ɕy⁵³
朱鹿村青州	tsuŋ³¹	tɕy⁵⁵	tɕʰyŋ⁵³	ɕyŋ²¹³	ɕyŋ³¹	ɕy⁵³
富平县城关	tsuəŋ⁵⁵	tɕy³¹	tsʰuəŋ³⁵	suəŋ³¹	suəŋ⁵⁵	ɕy³⁵
太平村蒲城	tθəŋ³¹	tsu⁵⁵/tɕy⁵⁵	tθʰəŋ⁵²	səŋ²¹³	səŋ³¹	ɕy⁵³
魏马村昌邑	tθuŋ³¹	tsyu⁵⁵	tθʰuŋ⁵³	syŋ²¹³	syŋ³¹	syu⁵³
蒲城县城关	tʃuəŋ⁵⁵	tɕy³¹	tʃʰuəŋ³⁵	ʃuəŋ³¹	ʃuəŋ⁵⁵	ɕy³⁵
雷家寨大荔	tsuŋ⁴¹²	tɕy²¹³	tsʰuŋ⁵³	suŋ²¹³	suŋ⁴¹²	ɕy⁵³
北李村郃城	tsuŋ⁴¹²	tsu²¹³/tɕy²¹³	tsʰuŋ⁵³	suŋ²¹³	suŋ⁴¹²	sy⁵³
大荔县城关	tsuəŋ⁵⁵	tɕy³¹	tsʰuəŋ²⁴	suəŋ³¹	suəŋ⁵⁵	ɕy²⁴

八、特字韵母读音比较

在表 2-18、表 2-19、表 2-20 中,"蛇、摔、抱、暖、笔、剥、雹、肋、勒、懂、农"11 字为山东方言特字,"去、慰、淋、恋、吞、摸"6 字为关中方言特字,"披、堡"2 字为山东方言、关中方言共有特字。在源方言特字的韵母读音上,关中山东方言岛有些字还都保留源方言的发音,如"摔",但是有的特字,如"农",在山东方言岛中已无源方言的特殊发音。在关中方言特字的韵母读音上,关中山东方言岛无不受其影响，增加关中方言的读音特点，如"去、慰"，而有的字，如"吞"，谭家村、杨居屯的发音与关中方言完全一致。

表 2-18　特字韵母读音比较表 1

例字 音韵地位 方言点	蛇 假开三 平麻船	去 遇合三 去御溪	披 止开三 平支滂	摔 止合三 平脂生	慰~问 止合三 平微影	堡 效开一 上皓帮	抱 效开一 上皓並
大李村三原	ʂə⁵³	tɕʰy³¹/tɕʰi³¹	pʰi²¹³	ʂuei²¹³	uei³¹	pɔ⁵⁵	pɔ³¹
耿　庄菏泽	ʂə⁵³	tɕʰy⁴¹²	pʰi²¹³	ʂuei²¹³	uei⁴¹²	pɔ⁵⁵	pɔ⁴¹²
三原县城关	ʂɤ²⁴	tɕʰy⁵⁵/tɕʰi⁵⁵	pʰei³¹	ʃuæ³¹	uei⁵⁵/y⁵⁵	pu⁵²	pɔ⁵⁵
谭家村阎良	ʂə⁵²	tɕʰy³¹	pʰi²¹³/pʰei²¹³	ʂuɛ⁵⁵/ʂuei⁵⁵	uei³¹/y³¹	pɔ⁵⁵/pu⁵⁵	pɔ³¹
谭家营高密	ʃa⁵²	tɕʰyu³¹	pʰi²¹³	ʂuei⁵⁵	vei⁵⁵	pɔ⁵⁵/pu⁵⁵	pɔ³¹
马家庄阎良	ʂə⁵⁵	tɕʰy⁵³	pʰi⁵⁵	ʂuɛ⁵⁵/ʂuei⁵⁵	uei⁵³	pu⁵³	pɔ⁵⁵
朱家庄莱芜	ʂa⁵⁵	tɕʰy⁵³	pʰi²¹³/pʰei²¹³	ʂuɛ⁵⁵	vei⁵⁵	pɔ⁵⁵	pɔ³¹
官路村阎良	ʂə⁵³	tɕʰy⁵³	pʰi²¹³/pʰei²¹³	ʂuei²¹³	uei³¹/y³¹	pɔ⁵⁵/pu⁵⁵	pɔ⁵⁵
东堤村寿光	ʂa⁵³	tɕʰy⁵³	pʰi²¹³	ʂuei²¹³	uei⁵⁵	pɔ⁵⁵	pɔ³¹/pu³¹
杨居屯阎良	ʂə⁵³	tɕʰy³¹/tɕʰi³¹	pʰei³¹	ʂuei²¹³	uẽ³¹/y³¹	pu⁵⁵	pɔ⁵⁵
朱鹿村青州	ʂa⁵³	tɕʰy³¹/tɕʰi³¹	pʰei²¹³	ʂuɛ²¹³/ʂuei⁵⁵	uei⁵⁵	pɔ⁵⁵	pɔ⁵⁵
富平县城关	ʂɤ³⁵	tɕʰy⁵⁵/tɕʰi⁵⁵	pʰei³¹	ʃuæ³¹	uei⁵⁵/y⁵⁵	pɔ³¹	pɔ⁵⁵
太平村蒲城	ʃa⁵³	tɕʰy³¹	pʰi²¹³	ʂuei⁵⁵	uei⁵⁵/y⁵⁵	pɔ⁵⁵/pu⁵⁵	pu³¹
魏马村昌邑	ʃa⁵³	tɕʰyu³¹	pʰi²¹³	ʂuei⁵⁵	uei⁵⁵	pɔ⁵⁵/pu⁵⁵	pɔ³¹/pu³¹
蒲城县城关	ʂɤ³⁵	tɕʰy⁵⁵/tɕʰi⁵⁵	pʰei³¹	ʃuæ³¹	uei⁵⁵/y⁵⁵	pu⁵³	pɔ⁵⁵
雷家寨大荔	ʂə⁵³	tɕʰy⁴¹²/tɕʰi⁴¹²	pʰi²¹³	ʂuei²¹³	y⁴¹²	pu⁵⁵	pɔ⁴¹²
北李村郓城	ʂə⁵³	tɕʰy⁴¹²	pʰi²¹³	fei²¹³	uei⁴¹²	pɔ⁵⁵	pɔ⁴¹²
大荔县城关	ʂɤ²⁴/ʂa²⁴	tɕʰy⁵⁵/tɕʰi⁵⁵	pʰei³¹	fæ³¹	uei⁵⁵/y⁵⁵	pu⁵²	pɔ⁵⁵

表 2-19　特字韵母读音比较表 2

例字 音韵地位 方言点	淋 深开三 平侵来	暖 山合一 上缓泥	恋 山合三 去线来	吞 臻开一 平痕透	笔 臻开三 入质帮	摸 宕开一 入铎明
大李村 三原	liẽ^{53}	nuã^{55}	liã^{53}	tʰẽ^{213}	pi^{213}/pei^{213}	mə^{213}
耿 庄 菏泽	liẽ^{53}	nuã^{55}	luã^{412}	tʰuẽ^{213}	pei^{213}	mə^{213}
三原县 城关	liẽ^{24}	luã^{52}	luã^{24}	tʰəŋ^{31}	pi^{31}	mo^{31}/mɔ^{31}
谭家村 阎良	luɔ̃^{52}	nuã^{55}	luã^{31}	tʰəŋ^{213}	pi^{55}	mə^{31}/mɔ^{31}
谭家营 高密	liɔ̃^{52}	nuã^{55}	liã^{31}	tʰuɔ̃^{213}	pi^{55}	mə^{31}
马家庄 阎良	luɔ̃^{55}	nuã^{55}	luã^{55}	tʰɔ̃^{31}	pei^{31}	mə^{31}/mɔ^{31}
朱家庄 莱芜	luɔ̃^{55}	nuã^{55}	liã^{31}	tʰuɔ̃^{213}	pei^{213}	mə^{31}
官路村 阎良	luɔ̃^{53}	nuã^{55}	luã^{31}	tʰuɔ̃^{213}	pi^{213}	mə^{31}
东堤村 寿光	luɔ̃^{53}	nuã^{55}/naŋ^{55}~和	liã^{31}	tʰuɔ̃^{213}	pi^{55}	mə^{31}
杨居屯 阎良	liɔ̃^{53}/luẽ^{53}	nuã^{55}/naŋ^{31}~和	luã^{53}	tʰəŋ^{31}	pi^{55}	mə^{31}
朱鹿村 青州	lyẽ^{53}	nuã^{55}/naŋ^{31}~和	liã^{31}	tʰuẽ^{213}	pi^{55}	mə^{31}
富平县 城关	luẽ^{35}	luã^{53}	luã^{35}	tʰəŋ^{31}	pi^{31}	mo^{31}/mɔ^{31}
太平村 蒲城	luɔ̃^{53}	nuã^{55}	luã^{31}	tʰuɔ̃^{213}	pi^{55}	mə^{31}
魏马村 昌邑	luɔ̃^{53}	nuã^{55}	liã^{31}	tʰuɔ̃^{213}	pi^{55}	mə^{31}
蒲城县 城关	luẽ^{35}	lyã^{53}	lyã^{35}	tʰəŋ^{31}	pi^{31}	mo^{31}/mɔ^{31}
雷家寨 大荔	liɔ̃^{53}	nuã^{55}	lã^{53}	tʰuẽ^{213}	pei^{213}	mə^{213}
北李村 郓城	liɔ̃^{53}	nuã^{55}	liã^{412}	tʰuẽ^{213}	pei^{213}	mə^{213}
大荔县 城关	liẽ^{24}	yã^{52}	liã^{24}	tʰəŋ^{31}	pi^{31}	mo^{31}

表 2-20　特字韵母读音比较表 3

例字 音韵地位 方言点	剥 江开二 入觉帮	雹 江开二 入觉並	肋 曾开一 入德来	勒 曾开一 入德来	懂 通合一 上董端	农 通合一 平冬泥
大李村 三原	pə^{213}	pɔ^{213}	lei^{213}	lei^{213}	tuŋ^{55}	luŋ^{53}

续表

例字 音韵地位 方言点	剥 江开二 入觉帮	雹 江开二 入觉並	肋 曾开一 入德来	勒 曾开一 入德来	懂 通合一 上董端	农 通合一 平冬泥
耿　庄 菏泽	pə²¹³	pə²¹³	lei²¹³	lei²¹³	tuŋ⁵⁵	nuŋ⁵³
三原县 城关	pɔ³¹	pɔ³¹	lei³¹	—	tuŋ⁵²	luŋ²⁴
谭家村 阎良	pə⁵⁵~削/pɑ⁵⁵~皮	pə²¹³/pɑ²¹³~子	luei³¹	luei³¹	təŋ⁵⁵	nəŋ⁵²
谭家营 高密	pə⁵⁵~削/pɑ⁵⁵~皮	pɑ⁵²	luei³¹	luei³¹	təŋ⁵⁵	nu⁵²
马家庄 阎良	pə³¹~削/pɑ³¹~皮	pɔ³¹/pɑ⁵⁵~子	luei³¹	luei³¹	təŋ⁵⁵	nuŋ⁵⁵
朱家庄 莱芜	pə²¹³~削/pɑ²¹³~皮	pə²¹³/pɑ⁵⁵~子	luei³¹	luei³¹	tuŋ⁵⁵/tuə̃⁵⁵	nu⁵⁵
官路村 阎良	pə²¹³~削/pɑ²¹³~皮	pɑ⁵³~子	luei³¹	luei³¹	tuŋ⁵⁵/tuə̃⁵⁵	nuŋ⁵³
东堤村 寿光	pə⁵⁵~削/pɑ⁵⁵~皮	pə²¹³/pɑ²¹³~子	luei³¹	luei³¹	tuŋ⁵⁵/tuə̃⁵⁵	nu⁵³
杨居屯 阎良	pɑ⁵⁵~皮	pə²¹³/pɑ²¹³~子	lei²¹³	luei³¹	tuŋ⁵⁵	nuŋ⁵³
朱鹿村 青州	pə⁵⁵~削/pɑ⁵⁵~皮	pə²¹³/pɑ⁵³~子	luei³¹	luei³¹	tuŋ⁵⁵/tuə̃⁵⁵	nu⁵³
富平县 城关	pɔ³¹	pɔ³¹	lei³¹	—	tuəŋ⁵³	luəŋ³⁵
太平村 蒲城	pə⁵⁵~削/pɑ⁵⁵~皮	pə²¹³/pɑ⁵³~子	luei³¹	luei³¹	təŋ⁵⁵	nəŋ⁵³
魏马村 昌邑	pə⁵⁵~削/pɑ⁵⁵~皮	pɔ³¹/pɑ⁵³~子	luei³¹	luei³¹	tuŋ⁵⁵	nu⁵³
蒲城县 城关	pɔ³¹	pɔ³¹	lei³¹	—	tuəŋ⁵³	luəŋ³⁵
雷家寨 大荔	pə²¹³	pɔ⁴¹²	lei²¹³	lei²¹³	tuŋ⁵⁵	nuŋ⁵³
北李村 郓城	pə²¹³	pə²¹³	lei²¹³	lei²¹³	tuŋ⁵⁵	nuŋ⁵³
大荔县 城关	pɔ³¹	pɔ³¹	lei³¹	—	tuəŋ⁵²	ləŋ²⁴

第三节　关中山东方言岛与源方言、关中方言的声调比较

从调类上看，关中山东方言岛与源方言保持一致。这一点在古入声字的今读上体现得更为清晰。因为，除马家庄、朱家庄外，各方言岛古平上去三个调类的演

变都是一致的,因而要能更好地显示差异还得看古入声字的今读调类。在表 2-21 中,在古入声字今读调类上,除大李村、雷家寨与源方言、关中方言一致外,其余的与源方言一致而与关中方言有别。从此表也能清晰地看到,大李村、马家庄两个山东方言岛的调值发生了变化,即大李村的去声由 412 变为 31,马家庄的阴平由 213 变为 31、去声由 31 变为 53。

关于调值的变化原因,我们曾经有过分析。但是,因选择进行比较的"源方言"而非真正意义上的源方言,所以得到的结论并不完全正确。此前马家庄的主要发音人为陶进东,其阳平字中有部分读 35,如"娘"。之前,"我们更倾向于认为它是源方言的遗留"(陈荣泽,2016a:107—108),但现在看来,这样的结论应该修正:马家庄部分阳平字读 35 应是受关中方言的影响。这是因为其源方言朱家庄阳平字并不读 35。大李村去声变为 31,可能是受其周围山东方言岛的影响。之前我们将大李村与位于大李村以西约 8 公里处的新立村进行比较,但两村在距离上相距较远。2017 年我们又调查了位于大李村东北约 2 公里的西北村,其去声调值为 31[①]。据此,大李村去声调值由 412 变为 31 应该是受其周围山东方言岛的影响。

表 2-21　调类调值比较表

古调类	平		上			去		入		
古声母	清	浊	清	次浊	全浊	清	浊	清	次浊	全浊
今调类	阴平	阳平	上声			去声				
方言点＼例字	高	唐	体	有	近	对	大	福	麦	杂
大李村 三原	213	53	55			31		213		53
耿　庄 菏泽	213	53	55			412		213		53
三原县 城关	31	24	52			55		31		24
谭家村 阎良	213	52	55			31		55	31	52
谭家营 高密	213	52	55			31		55	31	52

---

① 发音人:彭刚,男,1968 年生,三原县西阳镇西北村人,农民,小学文化,会说山东话、陕西话。其调类调值分别是:阴平 213,阳平 53,上声 55,去声 31。

续表

古调类	平		上			去		入		
古声母	清	浊	清	次浊	全浊	清	浊	清	次浊	全浊
今调类	阴平	阳平	上声			去声				
例字 方言点	高	唐	体	有	近	对	大	福	麦	杂
马家庄阎良	31		55			53		31	53	55
朱家庄莱芜	213		55			31		213	31	55
官路村阎良	213	53	55			31		213	31	53
东堤村寿光	213	53	55			31		213	31	53
杨居屯阎良	213	53	55			31		55	31	53
朱鹿村青州	213	53	55			31		55	31	53
富平县城关	31	35	53			55		31		35
太平村蒲城	213	53	55			31		55	31	53
魏马村昌邑	213	53	55			31		55	31	53
蒲城县城关	31	35	53			55		31		35
雷家寨大荔	213	53	55			412		213		53
北李村郓城	213	53	55			412		213		53
大荔县城关	31	24	52			55		31		24

综上，多数关中山东方言岛既保留着源方言的一些重要语音特征，同时也发生了程度不等的变化。这些语音变化以声母变化最为显著，其次为声调变化，韵母的变化最小。其中，声调主要是某些调类的调值发生了变化，调类则基本保持不变。相对于声母、声调而言，山东方言与关中方言在韵母上的差异较小，因而关中山东方言岛韵母的变化不明显，只是个别字的韵母发生了变化，比较凌乱，不太成系统。如果从变化的系统性上看，声调变化的系统性最强，其次为声母，最后是韵母。

第三章　关中山东方言岛与源方言、关中方言的词汇比较

第一节　关于汉语方言间词汇比较研究的方法问题

　　汉语方言语音（字音）的调查一般以《方言调查字表》为据。而《方言调查字表》是根据《广韵》的声母、韵母、声调排列的。《广韵》中的声母、韵母、声调属于音类。也就是说，汉语方言字音的调查是以中古汉语的音类为参考的。汉语方言间的语音比较，不论是历时比较还是共时比较，常见的方法还是以《广韵》的音类为纲进行比较。本书第二章就是如此，这样能够较为清晰地看出音类的分混趋势以及语音的演变过程。

　　与语音比较相比，汉语方言间的词汇比较缺乏相对明确的标准。在汉语方言词汇调查方面，国内学界所拟定的调查条目一般是先以词类为纲，然后再按意义类属进行分类，如《方言调查词汇手册》（中国科学院语言研究所，1955）。《汉语方言词汇》（北京大学中国语言文学系语言学教研室，1964）所收的词条也是按照词类排列，同一词类再根据词义分类排列。这种词汇调查、比较的做法一直延续至今，如《中国语言资源调查手册·汉语方言》（教育部语言文字信息管理司、中国语言资源保护研究中心，2015）中的词汇调查条目表。至于词汇比较研究，其基础主要还是分类词表。分类词表的作用与《方言调查字表》是一样的，既是调查的大纲，又是比较研究的基础。邢向东（2007）指出，"方言词汇的比较研究，最重要的是具有系统观念和比较的共同基础"。因为词汇是一个开放的系统，在具体的研究中，方言词汇比较研究的具体对象就可能存在分歧，有的甚至存在极大

的随意性。因此，这给词汇比较研究造成一定的困难。汉语方言岛词汇比较研究常用《方言调查词汇手册》一类的分类词表和斯瓦迪士核心词表。核心词表的最初作用就是用一定数量的词项来计算语言演变的速率，尽管其适用性和可用性历来争议较大，但在世界范围语言历史研究中却获得了广泛的应用，成为语音、词汇、语法，特别是跟历史演变相关的语音史、词汇史和语法化研究的基础词表（江荻，2011）。在斯瓦迪士的二百核心词中，前一百核心词为第一阶，后一百核心词为第二阶。陈保亚（1996：197、198）认为，语言接触无界有阶，"在有亲属关系的语言中，第一百词中的关系词比例高于第二百词中的关系词比例，而在语言接触中，第一百词中的关系词比例低于第二百词中的关系词比例"，也就是说，"在同源关系中，关系词的分布是下倾的，或者说关系曲线的斜率是负的，在接触关系中，关系词的分布是上升的，或者说关系曲线的斜率是正的"。为研究赣东北方言在相互接触情况下的历史演变，胡松柏（2003：73—77）以斯瓦迪士的核心词共有率对赣东北方言之间的接触关系进行了考察。近年，兰玉英等（2015：100—120）也运用斯瓦迪士的核心词对四川客家方言岛中的方言接触进行了研究。

虽然斯瓦迪士的核心词表仍不完善，但是对于方言接触研究，尤其是方言岛词汇比较研究来说，也不失为一个标准，具有一定的作用。同时也应该看到，赣东北方言（主要有赣语、吴语、徽语以及闽客等方言岛）和四川客家方言与关中方言在亲属关系上相对较远，而本书中的山东方言岛与关中方言都属官话方言，方言之间的差异相对来说要小得多；另外，关中山东方言岛大都形成于清末民初，与关中方言的接触时间不是太长，一般在120年左右，许多接触引发的方言演变是比较容易发现的。因此，后文在比较方言岛与源方言、关中方言时通常还是采取汉语方言学界词汇调查条目的做法，先按词类排列，同一词类再根据词义分类排列。为了能更好地观察关中山东方言岛对源方言词语的保留和对关中方言的吸收，下文选取山东方言、关中方言的特征词进行比较分析。李如龙（2001）指出，"表现方言词汇特征的词就是方言的特征词"，"方言特征词必须是有一定批量的，在本区方言中普遍存在、在别区方言比较少见的方言词"。关中山东方言岛的源方言比较多，涉及胶辽官话、冀鲁官话和中原官话，因而这里比较的方言特征词就限定在胶辽官话、冀鲁官话和中原官话方言下较小的方言区范围内。下文基本按《汉语方言词语调查条目表》(中国社会科学院语言研究所方言研究室资料室，2003)的词语分类和调查条目顺序进行词语的分类比较，但有适当调整。

第二节 关中山东方言岛与源方言、关中方言的名词比较

一、天文名词比较

在表 3-1 中，"太阳""月亮""云""冰""冰雹"，关中山东方言岛多保留源方言的"太阳/日头""月姥娘/月明""云彩""冰凉/冻冻""雹子"；但是"太阳"一词，大李村、雷家寨都已不用源方言"天蓝地儿""爷地儿"的说法，而"冰雹"，大李村完全借用关中方言"冷子"的说法，雷家寨则是增加了关中方言"冷子"的说法。

表 3-1 天文名词比较表[①]

例词 方言点	太阳	月亮	云	冰	冰雹
大李村三原	太阳 tʰɛ⁵³iaŋ⁰ 日头 ʐ̩²¹tʰou⁵⁵	月亮 yə²¹liaŋ⁵⁵ 月姥娘 yə²¹lɔ⁵⁵ŋiaŋ⁰	云彩 yẽ⁵⁵tsʰɛ⁰	冰凉 piŋ²¹liaŋ⁵⁵	冷子 ləŋ⁵⁵nə⁰
耿　庄菏泽	天蓝地儿 tʰiã²⁴lã⁵³tir⁴¹²	月姥娘 yə²¹lɔ⁵⁵ŋiaŋ⁰	云彩 yẽ⁵⁵tsʰɛ⁰	冰凉 piŋ²¹liaŋ⁵⁵	雹子 pə⁵⁵tə⁰
三原县城关	太阳（爷）tʰæ⁵⁵iaŋ⁰(iɛ⁵⁵) 日头 ə⁻³¹tʰou⁰	月亮 yo⁵²liaŋ⁰ 月亮婆婆 yo³¹liaŋ⁰pʰo²⁴pʰo⁰	云 yẽ²⁴	冰 piŋ³¹	冷子 ləŋ⁵²tsɹ̩⁰
谭家村阎良	太阳 tʰɛ⁵⁵iaŋ⁰	月明 yə⁵⁵miŋ⁰	云彩 yə̃²⁴tsʰɛ⁵²	冻冻 təŋ³¹təŋ⁰	雹子 pa²⁴tsɹ̩⁰
谭家营高密	太阳 tʰɛ³¹iaŋ⁵² 日头儿 i⁵⁵tʰour⁰	月明 yə⁵⁵miŋ⁰	云彩 yə̃²⁴tθʰɛ⁰	冻冻 təŋ³¹təŋ⁰	雹子 pa²⁴tθɹ̩⁰
马家庄阎良	太阳 tʰɛ⁵³iaŋ⁰ 日头 ʐ̩⁵⁵tʰou⁰	月亮 yə⁵⁵liaŋ⁰	云彩 yə̃²⁴tsʰɛ⁰	冰 piŋ³¹	雹子 pa²⁴tə⁰

[①] 表中"（ ）"表示该音节可有可无，下文不再一一说明。

续表

例词 方言点	太阳	月亮	云	冰	冰雹
朱家庄 莱芜	太阳 tʰɛ³¹iaŋ⁵⁵ 日头 ʐʅ⁵⁵tʰou⁰	月亮 yə⁵⁵liaŋ⁰ 月奶奶 yə³¹nɛ³¹nɛ⁵⁵	云彩 yɔ̃²⁴tθʰɛ⁰	冻冻 tuŋ³¹tuŋ²¹³	雹子 pa²⁴tθʅ⁰
官路村 阎良	太阳 tʰɛ³¹iaŋ⁵³	月明 yə⁵⁵miŋ⁰ 月姥儿 yə³¹lɔr⁵⁵	云彩 yɔ̃²⁴tsʰɛ⁰	冻冻 tuŋ³¹tuŋ⁰	雹子 pa²⁴tsʅ⁰
东堤村 寿光	太阳 tʰɛ³¹iaŋ⁵³ 太阳儿 tʰɛ³¹irar⁵³ 日头 ʐʅ⁵⁵tʰou⁰	月明 yə⁵⁵miŋ⁰	云彩 yɔ̃²⁴tsʰɛ⁰	冻冻 tuŋ³¹tuŋ⁰	雹子 pa²⁴tsʅ⁰
杨居屯 阎良	太阳 tʰɛ⁵⁵iaŋ⁰	月亮 yə⁵⁵liaŋ⁰	云彩 yɔ̃²⁴tsʰɛ⁵³	冻冻 tuŋ³¹tuŋ⁰	雹子 pa²⁴tsʅ⁰
朱鹿村 青州	太阳 tʰɛ³¹iaŋ⁵³ 日头 lɔ⁵⁵tʰou⁰	月亮 yə⁵⁵liaŋ⁰ 月妈妈儿 yə⁵⁵ma³¹mar⁰	云彩 yɔ̃²⁴tsʰɛ⁰	冻冻 tuŋ³¹tuŋ⁰	雹子 pa²⁴tsʅ⁰
富平县 城关	日头 ɚ⁵³tʰou⁰ 太阳（爷）tʰæ⁵⁵iaŋ⁰(iɛ⁵⁵)	月亮（爷）yɛ⁵³liaŋ⁰(iɛ⁵⁵)	云 yɛ̃³⁵	冰 piaŋ³¹	冷子 ləŋ⁵³tsʅ⁰
太平村 蒲城	太阳 tʰɛ⁵⁵iaŋ⁰ 日头 i⁵⁵tʰou⁰	月亮 yə⁵⁵liaŋ⁰ 月明 yə⁵⁵miŋ⁰	云彩 yɔ̃²⁴tθʰɛ⁰	冻冻 təŋ³¹təŋ⁰	雹子 pa²⁴tθʅ⁰
魏马村 昌邑	太阳 tʰɛ³¹iaŋ⁵³ 日头儿 i⁵⁵tʰour⁰	月明 yə⁵⁵miŋ⁰	云彩 yɔ̃²⁴tθʰɛ⁰	冻冻 tuŋ³¹tuŋ⁰	雹子 pa²⁴tθʅ⁰
蒲城县 城关	日头 ɚ⁵³tʰou⁰ 太阳（爷）tʰæ⁵⁵iaŋ⁰(iɛ⁵⁵)	月亮（爷）yo⁵³liaŋ⁰(iɛ⁵⁵)	云 yɛ̃³⁵	冰 piaŋ³¹	冷子 ləŋ⁵³tsʅ⁰
雷家寨 大荔	太阳 tʰɛ⁴¹iaŋ⁵⁵	月亮 yə²¹liaŋ⁵⁵ 月姥娘 yə²¹lɔ⁵⁵ŋiaŋ⁰	云彩 yɛ̃⁵⁵tsʰɛ⁰	冰凌 piŋ²¹liŋ⁵⁵	冷子 ləŋ²⁴tsʅ⁰ 雹子 pə⁵⁵tsʅ⁰
北李村 郓城	太阳 tʰɛ⁴¹iaŋ⁵⁵ 爷地儿 iə⁵⁵trər²¹³	月亮 yə²¹liaŋ⁵⁵ 月姥娘 yə²¹lɔ⁵⁵ŋiaŋ⁵³	云彩 yɛ̃⁵⁵tsʰɛ⁰	冻冻 tuŋ²¹tuŋ⁵⁵	雹子 pə⁵⁵tsʅ⁰
大荔县 城关	太阳 tʰæ⁵⁵iaŋ⁰ 日头 ʐʅ³¹tʰou⁰	月亮（娘娘） yo³¹liaŋ⁰(ŋiaŋ²⁴ŋiaŋ⁰)	云 yɛ̃²⁴	冰 piaŋ³¹	冷子 ləŋ⁵²tsʅ⁰

二、地理名词比较

"温水""路"，关中山东方言岛还保留源方言"温乎水""道（儿）"的说法；而"开水""垃圾""胡同"，关中山东方言岛多兼有关中方言的说法，分别说成

"煎水""脏发""巷子"。其中,大李村"巷子"的发音既有关中方言的成分,又有自身语音的特点,即"巷"的声韵母与当地关中方言一致,而"子"缀的发音又是其自身音变的结果。

表 3-2 地理名词比较表[①]

方言点＼例词	温水	开水	垃圾	胡同	路
大李村 三原	温乎水 uẽ^{21}xu^{0}ʂuei^{55}	开水 k^{h}ɛ^{21}ʂuei^{55}	垃圾 la^{24}tɕi^{213}	巷子 xaŋ^{21}nə^{55}	路 lu^{31}
耿　庄 菏泽	温水 uẽ^{21}ʂuei^{55}	开水 k^{h}ɛ^{21}ʂuei^{55}	垃圾 la^{24}tɕi^{213}	胡同道儿 xu^{55}t^{h}uŋ^{55}tɔr^{412}	路 lu^{412}
三原县 城关	温水 uẽ^{31}ʃuei^{52} 温都子 uẽ^{52}tou^{31}tsʅ^0	开水 k^{h}æ^{31}ʃuei^{52} 煎水 tiã^{31}ʃuei^{52}	恶圾 ŋɤ^{31}sa^0	巷子 xaŋ^{31}tsʅ^0 道道 tɔ^{55}tɔ^0 巷巷 xaŋ^{31}xaŋ^0	路 lou^{55}
谭家村 阎良	温乎水 uɤ^{31}xu^{0}ʂuei^{55} 温温水 uɤ^{31}uɤ^{0}ʂuei^{55}	煎水 tsiã^{24}ʂuei^{55}	脏发 tsaŋ^{31}fa^0	巷子 xaŋ^{52}tsʅ^0 巷道儿 xaŋ^{24}tɔr^0	路 lu^{31}
谭家营 高密	温乎水儿 vɤ^{31}xu^{0}ʂuər^{55}	开水 k^{h}ɛ^{24}ʂuei^{55} 汤 t^{h}aŋ^{213}	垃圾 la^{24}tɕi^{55}	胡同 xu^{24}t^{h}əŋ^{55} 巷子 ɕiaŋ^{55}tθʅ^0	路 lu^{31} 道儿 tɔr^{31}
马家庄 阎良	温水 uɤ^{31}ʂuei^{55} 温乎水 uɤ^{53}xu^{0}ʂuei^{55}	开水 k^{h}ɛ^{31}ʂuei^{55} 煎水 tɕiã^{31}ʂuei^{55}	垃圾 la^{53}tɕi^0	胡同 xu^{24}t^{h}uŋ^{53} 道道 tɔ^{55}tɔ^0	路 lu^{53}
朱家庄 莱芜	温水 vɤ^{31}ʂuei^{55} 温和水 vɤ^{31}xuə^{0}ʂuei^{55}	开水 k^{h}ɛ^{31}ʂuei^{55}	垃圾 la^{24}tɕi^{55}	胡同 xu^{24}t^{h}uŋ^{55}	路 lu^{31} 道 tɔ^{31}
官路村 阎良	温乎水 uɤ^{31}xu^{0}ʂuei^{55}	煎水 tɕiã^{31}ʂuei^{55}	脏发 tsaŋ^{31}fa^0	夹骨道儿 tɕia^{31}ku^{55}tɔr^{31} 夹骨道子 tɕia^{31}ku^{55}tɔ^{55}tsʅ^0	路 lu^{31} 道儿 tɔr^{31}
东堤村 寿光	温乎水 uɤ^{31}xu^{0}ʂuei^{55} 热乎水 zɤ^{55}xu^{0}ʂuei^{55}	开水 k^{h}ɛ^{24}ʂuei^{55}	垃圾 la^{24}tɕi^{55}	胡同 xu^{24}t^{h}uŋ^{55} 巷子 ɕiaŋ^{55}tsʅ^0	路 lu^{31} 道儿 tɔr^{31}
杨居屯 阎良	温乎水 uẽ^{31}xu^{0}ʂuei^{55}	开水 k^{h}ɛ^{31}ʂuei^0	垃圾 la^{31}tɕi^0 脏发 tsaŋ^{31}fa^0	胡同 xu^{24}t^{h}uŋ^{55}	路 lu^{31} 道 tɔ^{31}
朱鹿村 青州	□□水 u^{24}t^{h}u^{53}ʂuei^{55}	开水 k^{h}ɛ^{24}ʂuei^{55}	垃圾 la^{31}tɕi^{55}	胡同 xu^{31}t^{h}uŋ^{55}	路 lu^{31} 道 tɔ^{31}

---

① 表中"□"表示该音节本字不明,下文不再一一说明。

续表

例词\方言点	温水	开水	垃圾	胡同	路
富平县城关	温温水 uẽ³¹uẽ⁰ʃuei⁵³	煎水 tiã³¹ʃuei⁵³ 开水 kʰæ³¹ʃuei⁵³	脏发 tsaŋ³¹fa⁰	巷子 xaŋ⁵³tsʅ⁰	路 lou⁵⁵
太平村蒲城	温乎水 uə̃³¹xu⁰ʂuei⁵⁵	煎水 tsiã³¹ʂuei⁵⁵	垃圾 la³¹tɕi⁰ 脏发 tsaŋ³¹fa⁰	巷道儿 xaŋ²⁴tɔr³¹	路 lu³¹ 道儿 tɔr³¹
魏马村昌邑	温乎水儿 uə̃³¹xu⁰ʂuer⁵⁵ 喇叭匠水儿 la²⁴pa⁵⁵tsiaŋ⁵⁵ʂuer⁵⁵	开水 kʰɛ²⁴ʂuei⁵⁵ 热水 iə³¹ʂuei⁵⁵	垃圾 la²⁴tɕi⁵⁵	胡同 xu²⁴tʰəŋ⁵⁵ 巷子 ɕiaŋ⁵⁵tθʅ⁰	路 lu³¹ 道 tɔ³¹
蒲城县城关	温温水 uẽ³¹uẽ⁰ʃuei⁵³	煎水 tiã³¹ʃuei⁰ 滚开水 kuẽ⁵³kʰæ³¹ʃuei⁵³	脏发 tsaŋ³¹fa⁰	巷子 xaŋ⁵³tsʅ⁰	路 lou⁵⁵
雷家寨大荔	温水 uẽ²¹ʂuei⁵⁵	煎水 tɕiã²¹ʂuei⁵⁵	垃圾 la²⁴tɕi²¹³	巷 xaŋ²¹³	路 lu⁴¹² 道儿 tɔr⁴¹²
北李村郃城	温水 uẽ²¹ʂuei⁵⁵ 热乎水 zə²¹xu²¹ʂuei⁵⁵	开水 kʰɛ²¹ʂuei⁵⁵	垃圾 la²⁴tɕi²¹³	胡同 xu⁵³tʰuŋ²¹³	路 lu⁴¹² 道儿 trɔr⁴¹²
大荔县城关	温水 uẽ³¹fei⁵²	煎水 tiã³¹fei⁵² 开水 kʰæ³¹fei⁵²	脏发 tsaŋ³¹fa⁰ 恶物 ŋɤ²⁴vo³¹	巷子 xaŋ³¹tsʅ⁰	路 lou⁵⁵

三、时令名词比较

在时令时间名词上，关中山东方言岛多保留源方言的说法，较为明显的是"刚才"。虽然有些说法与关中方言一致，但是从源方言来看，应该是保留了源方言的说法。如"去年"，大李村、耿庄、三原都说"年时个"，大李村应保留了源方言的说法。

表 3-3 时令名词比较表

例词\方言点	去年	今天	昨天	上午	刚才
大李村三原	年时个 ɲiã⁵⁵ʂʅ⁰kə⁰	今儿个儿 tɕir²¹kər⁵⁵	夜儿个儿 iər⁵³kər⁰	上午 ʂaŋ⁵⁵u⁰/xu⁰	刚 tɕiaŋ²¹³ 刚才 tɕiaŋ²⁴tsʰɛ⁵³
耿庄菏泽	年时个 ɲiã⁵³ʂʅ⁰kə⁰	今个儿 tɕiẽ²¹kər⁵⁵	晏天 iã²¹tʰiã²¹³	上午 ʂaŋ⁵³u⁵⁵	刚 tɕiaŋ²¹³

续表

方言点 \ 例词	去年	今天	昨天	上午	刚才
三原县城关	年时（个）ɲiã²⁴sʅ⁰(kə⁰) 昨年 tsuo²⁴ɲiã⁰	今儿（个）tɕiẽr³¹(kə⁰)	夜儿（个）iɛr²⁴¹(kə⁰) 昨儿 tsuor²⁴¹	晌午 ʂaŋ³¹xu⁵²	刚（刚）kaŋ²⁴(kaŋ²⁴) 刚才 kaŋ²⁴tsʰæ²⁴ 业个儿 ɲie³¹kər⁵⁵²
谭家村 阎良	上年 ʂaŋ³¹ɲiã⁰	今日 tɕiɔ̃³¹i⁰	夜来 iə⁵²lɛ⁰	头晌 tʰou⁵⁵ʂaŋ⁰	才将儿 tsʰɛ⁵²tɕiar²¹³ 才急忙儿 tsʰɛ⁵²tɕi⁴mar⁵²
谭家营 高密	上年 ʃaŋ⁵⁵ɲiã⁰	今日 tɕiɔ̃³¹i³¹ 今天 tɕiɔ̃⁵⁵tʰiã²¹³	夜来 iə⁵⁵lɛ⁰	头晌 tʰou⁵⁵ʃaŋ⁰	才急忙儿 tθʰɛ⁵²tɕi⁴mar⁵² 刚才 kaŋ²⁴tθʰɛ⁵²
马家庄 阎良	年时 ɲiã⁵⁵sʅ⁰	今天 tɕiɔ̃⁵⁵tʰiã³¹ 今门 tɕiɔ̃⁵³mɔ̃⁰ 今日 tɕiɔ̃⁵⁵ʐʅ⁰	昨天 tsuə⁵⁵tʰiã³¹ 夜来 iə⁵⁵lɛ⁰	上午 ʂaŋ³¹u⁵⁵	刚才 tɕiaŋ³¹tsʰɛ⁵⁵ 前边 tɕʰiã²⁴piã⁵³
朱家庄 莱芜	年时 ɲiã²⁴sʅ⁰	今门 tɕi³¹mɔ̃¹²	夜来 iə⁵⁵lɛ⁰	上午 ʂaŋ³¹vu⁵⁵	刚才 tɕiaŋ³¹tθʰɛ⁵⁵
官路村 阎良	年时 ɲiã²⁴sʅ⁰	今门儿 tɕiɔ̃³¹mər⁰	夜来 iə⁵⁵lɛ⁰	上午 ʂaŋ²⁴u⁵⁵	刚才 tɕiaŋ²⁴tsʰɛ⁵³ 才刚 tsʰɛ⁵³tɕiaŋ²¹³
东堤村 寿光	今上年 tɕiɔ̃²⁴ʂaŋ³¹ɲiã⁰	今门儿 tɕiɔ̃³¹mər⁰	今夜来 tɕiɔ̃²⁴iə⁵⁵lɛ⁰	上午 ʂaŋ²⁴u⁵⁵	刚才 tɕiaŋ²⁴tsʰɛ⁵³ 才刚 tsʰɛ⁵³tɕiaŋ²¹³
杨居屯 阎良	年时 ɲiã²⁴sʅ⁵³ 上年 ʂaŋ³¹ɲiã⁰	今门儿 tɕiɔ̃³¹mər⁰	夜来 iə⁵⁵lɛ⁰	上午 ʂaŋ³¹u⁵⁵	刚才 tɕiaŋ²⁴tsʰɛ⁵³
朱鹿村 青州	上年 ʂaŋ³¹ɲiã⁰	今门儿 tɕiɔ̃³¹mər⁰	夜来 iə⁵⁵lɛ⁰	头晌 tʰou⁵⁵xaŋ⁰	刚 tɕiaŋ²⁴ 刚才 tɕiaŋ²⁴tsʰɛ⁵³
富平县 城关	年时 ɲiã³¹sʅ⁵³	今儿 tɕiẽr³¹	夜来 ia³¹læ⁰	上午 ʂaŋ⁵⁵u⁵³	刚 kaŋ³⁵
太平村 蒲城	去年 tɕʰy⁵⁵ɲiã⁰	今日 tɕiɔ̃³¹i⁰	夜来 iə⁵⁵lɛ⁰	头晌 tʰou⁵³ʃaŋ⁰	将才 tɕiaŋ²⁴tθʰɛ⁵³ 才将忙儿 tθʰɛ⁵³tɕiaŋ²⁴mar⁵³
魏马村 昌邑	头年 tʰou⁵³ɲiã⁰	今日 tɕiɔ̃²⁴i³¹	夜来 iə⁵³lɛ⁰	头晌 tʰou⁵³ʃaŋ⁰	才将儿 tθʰɛ⁵³tɕiar²¹³ 才急忙儿 tθʰɛ⁵³tɕi²⁴mar⁵³
蒲城县 城关	年时 ɲiã³⁵sʅ⁰	今儿个 tɕiẽr³¹kɤ⁰	夜来 ia³¹læ⁰	上半天 ʂaŋ⁵⁵pã⁵⁵tʰiã³¹ 前半天 tʰiã³⁵pã⁵⁵tʰiã³¹	刚 kaŋ³⁵

续表

例词 方言点	去年	今天	昨天	上午	刚才
雷家寨 大荔	年时个 ɲiã⁵³ʂʅ⁰kə⁰	今儿 tɕir²¹³ 今儿个 tɕi²¹kʰə⁵⁵	夜儿个 iə⁵³kə⁵⁵	上午 ʂaŋ²⁴xu⁰	刚 tɕiaŋ²¹³
北李村 郓城	年时 ɲiã⁵³ʂʅ⁰	今门儿 tɕi²¹mər⁵⁵	夜黑儿 iə⁵³xer⁰	头上午 tʰou⁵³ʂaŋ⁴¹u⁰	刚才 tɕiaŋ²¹³tsʰɛ⁵³
大荔县 城关	年时 ɲiã²⁴ʂʅ⁰	今儿 tɕiẽr³¹	夜里 ia⁵⁵li⁰	赶早 kã³¹tsɔ⁵²	刚 kaŋ²⁴

四、农业名词比较

山东方言岛在农业名词方面受到了关中方言的一些影响。如"石磙",山东方言为"石磙"或"碌轴",但有不少关中山东方言岛为"碌头","头"或许是"礴"的音变,即 tsʰ＞tʰ。"磨""碾子""铡刀",山东方言一般为"磨""碾""铡",不带后缀"子",但是部分关中山东方言岛带上了后缀"子",如谭家村、马家庄、杨居屯、太平村。

表 3-4　农业名词比较表

例词 方言点	石磙	磨	碾子	铡刀
大李村 三原	石磙 ʂʅ⁵³kuẽ⁵⁵	磨 mə³¹	碾子 ɲiã⁵⁵nə⁰	铡 tʂa⁵³
耿　　庄 菏泽	石磙 ʂʅ⁵³kuẽ⁵⁵	磨 mə⁴¹²	碾 ɲiã⁴¹²	铡 tʂa⁵³
三原县 城关	碌礴 lou⁵²tsʰou⁰	磨子 mo⁵⁵tsʅ⁰	碾子 ɲiã⁵²tsʅ⁰	铡子 tsʰa²⁴tsʅ⁰
谭家村 阎良	碌轴 ly⁵⁵tʂu⁰	磨 mə³¹	碾子 ɲiã³¹tsʅ⁵⁵	铡 tʂa⁵²
谭家营 高密	碌轴 lyu⁵⁵tʂu⁰	磨 mə³¹	碾 ɲiã³¹	铡 tʂa⁵²
马家庄 阎良	碌轴 ly⁵⁵tʂu⁰ 碌头 lou⁵³tʰou⁰	磨 mə⁵³	碾子 ɲiã³¹nə⁵³	铡子 tʂa²⁴tə⁰
朱家庄 莱芜	碌轴 ly⁵⁵tʂu⁰	磨 mə³¹	碾 ɲiã³¹	铡 tʂa⁵⁵
官路村 阎良	碌头 ləu⁵⁵tʰəu⁰	磨 mə³¹	碾 ɲiã³¹	铡 tʂa⁵³
东堤村 寿光	碌轴 ly⁵⁵tʂu⁰	磨 mə³¹	碾 ɲiã⁵³	铡 tʂa⁵³
杨居屯 阎良	碌头 lou⁵⁵tʰou⁰	磨 mə⁵⁵	碾子 ɲiã³¹tsʅ⁵⁵	铡 tʂa⁵³

续表

例词\方言点	石磙	磨	碾子	铡刀
朱鹿村 青州	磙轴 ly⁵⁵tʂʅ⁰	磨 mə³¹	碾 ȵiã³¹	铡 tʂa⁵³
富平县 城关	磙磕 lou⁵³tʂʰou⁰	碾子 uei⁵⁵tsʅ⁰	碾子 ȵiã⁵⁵tsʅ⁰	铡子 tsʰa³¹tsʅ⁵³
太平村 蒲城	磙头 lou⁵⁵tʰou⁰	磨 mə³¹	碾子 ȵiã³¹tθʅ⁰⁵⁵	铡 tʂa⁵³
魏马村 昌邑	磙轴 lyu⁵⁵tʂʅ⁰	磨 mə³¹	碾 ȵiã³¹	铡 tʂa⁵³
蒲城县 城关	磙磕 lou⁵³tʂʰou⁰	碾子 uei⁵⁵tsʅ⁰	碾子 ȵiã⁵⁵tsʅ⁰	铡子 tsʰa³⁵tsʅ⁰
雷家寨 大荔	石磙子 ʂʅ⁵³kuẽ⁵⁵tsʅ⁰ 石溜磙 ʂʅ⁵³liou⁰kuẽ⁵⁵	磨 mə⁴¹²	碾 ȵiã⁴¹²	铡 tʂa⁵³
北李村 郓城	石磙 ʂʅ⁵³kuẽ⁵⁵	磨 mə⁴¹²	碾 ȵiã⁴¹²	铡 tʂa⁵³
大荔县 城关	磙磕 lou³¹tʂʰou⁰	碾子 uei⁵⁵tsʅ⁰	碾子 ȵiã⁵⁵tsʅ⁰	铡子 tsʰɑ²⁴tsʅ⁰

五、植物名词比较

"高粱""向日葵"在关中山东方言岛中多保留源方言的说法，而"白薯""李子"则受关中方言的影响，常有"红苕""梅李（子）"的说法，"香菜"的说法几乎都一样，但是大李村、马家庄、雷家寨"荽"读为[ɕy]，这也应是受关中方言的影响。

表 3-5 植物名词比较表

例词\方言点	高粱	向日葵	白薯	香菜	李子
大李村 三原	秫秫 ʂu⁵⁵ʂu⁰	交交葵 tɕiɔ²¹tɕiɔ⁵⁵kʰuei⁵³	红苕 xuŋ⁵³ʂɔ²¹³	芫荽 iã⁵⁵ɕy⁰	梅李子 mei²¹li⁵⁵tə⁰
耿 庄 菏泽	秫秫 ʂu⁵⁵ʂu⁰	交交葵 tɕiɔ²¹tɕiɔ⁵⁵kʰuei⁵³	红薯 xuŋ⁵³ʂu⁰	芫荽 iã⁵⁵suei⁰	李子 li⁵⁵tə⁰
三原县 城关	高粱 kɔ³¹liaŋ⁰ 稻黍 tʰɔ³¹ʃu⁰	向葵 ɕiaŋ⁵²kʰuei²⁴	红苕 xuŋ²⁴ʂɔ²⁴	香菜 ɕiaŋ³¹tsʰæ⁵⁵ 芫荽 iã²⁴ɕy⁰	梅李 mei²⁴li⁰
谭家村 阎良	秫秫 ʂu²⁴ʂu⁵²	朝阳花 tʂʰɔ⁵⁵iaŋ⁵²xua²¹³	红苕 xəŋ⁵⁵ʂɔ⁵² 地瓜 ti⁵⁵kua³¹	芫荽 iã²⁴suei⁵²	梅李儿 mei²⁴lir⁵²
谭家营 高密	秫秫 ʃu²⁴ʃu⁰	朝阳花 tʃʰɔ⁵⁵iaŋ⁵²xua²¹³ □日花 tʃʰɛ³¹i³¹xua²¹³	地瓜 ti⁵⁵kua³¹	芫荽 iã²⁴θuei³¹	李子 li²⁴tθʅ⁵⁵

续表

方言点＼例词	高粱	向日葵	白薯	香菜	李子
马家庄 阎良	稻秫 tʰɔ⁵³ʂu⁰ 秫秫 ʂu²⁴ʂu⁵³	常阳花 tʂʰaŋ²⁴iaŋ⁵⁵xua³¹	红苕 xuŋ⁵⁵ʂɔ⁵⁵	芫荽 iã²⁴suei⁵³/ɕy⁵³	李子 li⁵⁵tsə⁰
朱家庄 莱芜	秫秫 ʂu²⁴ʂu⁵³	朝阳花 tʂʰɔ²⁴iaŋ⁵⁵xua³¹	地瓜 ti²⁴kua⁰	芫荽 iã²⁴θuei⁵³	李子 li³¹tθŋ⁵⁵
官路村 阎良	高粱秫秫子 kɔ³¹liaŋ⁰ʂu²⁴ʂu⁵⁵tsʅ⁰	常阳花 tʂʰaŋ²⁴iaŋ⁵⁵xua⁰	红苕 xuŋ⁵³ʂɔ⁵³	芫荽 iã²⁴suei³¹	梅李子 mei²⁴li⁵⁵tsʅ⁰
东堤村 寿光	秫秫 ʂu²⁴ʂu⁰	葵花 kʰuei²⁴xua³¹	地瓜 ti⁵⁵kua³¹	芫荽 iã²⁴suei³¹	李子 li²⁴tsʅ⁵⁵
杨居屯 阎良	秫秫 ʂu²⁴ʂu⁵³	块块头 kʰuɛ⁵⁵kʰuɛ⁰tʰou⁵³	红苕 xuŋ⁵³ʂɔ⁵³	芫荽 iã²⁴suei³¹	梅李子 mei²⁴li⁵³tsʅ⁰
朱鹿村 青州	秫秫 ʂʅ²⁴ʂʅ⁰	块块头 kʰuɛ²⁴kʰuɛ⁰tʰou⁵³	地瓜 ti⁵⁵kua³¹	芫荽 iã²⁴suei³¹	李子 li³¹tsʅ⁵⁵
富平县 城关	稻黍 tʰɔ³¹ʃu⁰	向葵 ɕiaŋ⁵³kʰuei³⁵	红苕 xuəŋ³⁵ʂɔ³⁵	芫荽 iã³¹ɕy⁵³	梅李 mei³¹li⁵³
太平村 蒲城	秫秫 ʃu²⁴ʃu⁰	朝阳花 tʃʰɔ⁵³iaŋ⁵³xua²¹³	红苕 xəŋ⁵³ʂɔ⁵³ 地瓜 ti⁵⁵kua³¹	芫荽 iã²⁴θuei³¹	李子 li³¹tθŋ⁵⁵
魏马村 昌邑	秫秫 ʃu²⁴ʃu⁰	朝日花 tʃʰɔ²⁴i³¹xua²¹³	地瓜 ti⁵⁵kua³¹	芫荽 iã²⁴θuei³¹	李子 li²⁴tθŋ⁵⁵
蒲城县 城关	稻黍 tʰɔ³¹ʃu⁰	向儿葵 ɕiar⁵³kʰuei³⁵	红苕 xuəŋ³⁵ʂɔ³⁵	芫荽 iã³⁵ɕy⁰	梅子 mei³⁵tsʅ⁰
雷家寨 大荔	高粱 kɔ²¹liaŋ⁵⁵	葵花 kʰuei⁵⁵xua²¹	红薯 xuŋ⁵³ʂu⁰	芫荽 iã⁵⁵ɕy⁰	李子 li²⁴tsʅ⁰
北李村 郓城	高粱 kɔ²¹liaŋ⁵⁵	交交葵 tɕiɔ²¹tɕiɔ²⁴kʰuei⁵³	红芋 xuŋ⁵⁵y⁴¹²	芫荽 iã⁵⁵suei⁰	李子 li⁵⁵tsʅ⁰
大荔县 城关	稻黍 tʰɔ³¹fu⁰	葵花 kʰuei²⁴xua⁵¹	红薯 xuəŋ²⁴fu⁰ 红苕 xuəŋ²⁴ʂɔ²⁴	芫荽 iã²⁴ɕy³¹	李子 li³¹tsʅ⁰

六、动物名词比较

"牲口""母牛""公猫",有些关中山东方言岛吸收了关中方言的说法,增加了"头牯""乳牛""郎猫"的说法,"鸭子""狼"有些方言岛则保留其源方言的说法,如谭家村、官路村还分别说"扁嘴""犳狐"。

表 3-6 动物名词比较表

方言点 \ 例词	牲口	母牛	公猫	鸭子	狼
大李村 三原	头牯 tʰou⁵⁵ku⁰ 牲口 ʂəŋ²¹kʰou⁵⁵	乳牛 zu⁵⁵ȵiou⁵³ 氏牛 ʂʅ⁵³ȵiou⁰	郎猫 laŋ⁵³mɔ²¹³ 男猫 nã⁵³mɔ²¹³	鸭子 ia²¹tə⁵⁵ 呱呱儿 kua²¹kuar⁵⁵	狼 laŋ⁵³
耿　庄 菏泽	牲口 ʂəŋ²¹kʰou⁵⁵ 头牯 tʰou⁵⁵ku⁰	氏牛 ʂʅ⁵³ȵiou⁰	儿猫 ɚ⁵³mɔ⁰	扁嘴子 piã⁵³tsuei⁵⁵tə⁰	狼 laŋ⁵³
三原县 城关	头牯 tʰou²⁴ku⁰ 牲口 səŋ³¹kʰou⁰	乳牛 ʒu⁵²ȵiou²⁴ 母牛 mu⁵²ȵiou²⁴	郎猫 laŋ²⁴mɔ⁰	鸭子 ȵia³¹tsʅ	狼 laŋ²⁴
谭家村 阎良	牲口 ʂəŋ³¹kʰou⁰ 头牯 tʰou²⁴kou⁵²	氏牛 ʂʅ⁵⁵ȵiou⁰	牙猫 ia²⁴mɔ⁵²	扁嘴 piã²¹³tsuei⁵⁵ 嘎嘎 ka³¹ka⁰	狼 laŋ⁵² 犸狐 ma³¹xu⁰
谭家营 高密	牲口 ʂəŋ³¹kʰou⁰	氏牛 ʂʅ⁵²ȵiou⁰	公猫 kəŋ³¹mɔ⁰	扁嘴 piã²¹³tθuei⁵⁵	犸狐 ma³¹xu⁰
马家庄 阎良	牲口 ʂəŋ⁵³kʰou⁰ 头牯 tʰou²⁴ku⁵³	乳牛 zu³¹ȵiou⁵⁵ 氏牛 ʂʅ⁵⁵ȵiou⁰	牙猫 ia²⁴mɔ⁵³ 郎猫 laŋ⁵⁵mɔ⁰	鸭子 ia³¹tə⁰	狼 laŋ⁵⁵
朱家庄 莱芜	牲口 ʂəŋ³¹kʰou¹²	氏牛 ʂʅ⁵⁵iou⁰	花子 xuɑ³¹tə¹²	鸭子 ia²⁴tə⁵⁵	犸狐 ma³¹xu¹²
官路村 阎良	头牯 tʰəu²⁴kəu⁰	氏牛 ʂʅ⁵³ȵiəu⁰	牙猫 ia²⁴mɔ⁰	扁嘴 piã²⁴tsuei⁵⁵	狼 laŋ⁵³ 犸狐 ma³¹xu⁰
东堤村 寿光	牲口 ʂəŋ³¹kʰou⁰	氏牛 ʂʅ⁵³ȵiou⁰	公猫 kuŋ³¹mɔ⁰	扁嘴 piã²⁴tsuei⁵⁵	犸狐 ma³¹xu⁰
杨居屯 阎良	牲口 ʂəŋ³¹kʰou⁰ 头牯 tʰou²⁴kou³¹	乳牛 zu⁵⁵ȵiou⁰ 氏牛 ʂʅ⁵⁵ȵiou⁰	牙猫 ia²⁴mɔ⁵³	扁嘴 piã³¹tsuei⁵⁵ 呱呱儿 kua³¹kuar⁵⁵	狼 laŋ⁵³
朱鹿村 青州	牲口 ʂəŋ³¹kʰou⁰	氏牛 ʂʅ⁵³ȵiou⁰	公猫 kuŋ³¹mɔ⁰	扁嘴 piã²⁴tsuei⁵⁵	犸狐 ma³¹xou⁰
富平县 城关	头牯 tʰou³¹ku⁵³ 牲口 səŋ³¹kʰou⁰	乳牛 ʒu⁵³ȵiou³⁵	郎猫 laŋ³⁵mɔ³⁵	鸭子 ȵia⁵³tsʅ⁰	狼 laŋ³⁵
太平村 蒲城	牲口 ʂəŋ³¹kʰou⁰	氏牛 ʂʅ⁵³ȵiou⁰	儿猫 lə²⁴mɔ³¹	扁嘴 piã³¹tθuei⁵⁵	狼 laŋ⁵³
魏马村 昌邑	牲畜儿 ʂəŋ²⁴tʂʰur⁵⁵	氏牛 ʂʅ⁵³ȵiou⁰	儿猫 lə²⁴mɔ³¹	扁嘴 piã²¹³tθuei⁵⁵	狼 laŋ⁵³ 犸狐 ma³¹xu⁰
蒲城县 城关	头牯 tʰou³⁵ku⁰ 牲口 səŋ³¹kʰou⁰	乳牛 ʒu³⁵ȵiou³⁵	郎猫 laŋ³⁵mɔ³⁵	鸭子 ȵia⁵³tsʅ⁰	狼 laŋ³⁵
雷家寨 大荔	牲口 ʂəŋ²¹kʰou⁵⁵	氏牛 ʂʅ⁵³ȵiou⁰	儿猫 ɚ⁵³mɔ²¹³	鸭子 ia²¹tsʅ	狼 laŋ⁵³
北李村 郓城	牲口 ʂəŋ²¹kʰou⁵⁵	氏牛 ʂʅ⁵³ȵiou⁰	儿猫 ɚ²⁴mɔ⁴¹	鸭子 ia²¹tsʅ⁵⁵	狼 laŋ⁵³
大荔县 城关	头牯 tʰou²⁴ku⁰ 牲口 səŋ³¹kʰou⁰ 牲畜 səŋ³¹tsʰou⁰	母牛 mu⁵²ŋou²⁴ 乳牛 vu⁵²ŋou²⁴	郎猫 laŋ²⁴mɔ²⁴	鸭子 ȵia³¹tsʅ⁰	狼 laŋ²⁴

七、房舍器具名词比较

"厨房""枕头""风箱",关中山东方言岛基本都保留源方言的说法,多为"饭屋""斗枕""风掀",而"厕所""暖水瓶"则受关中方言的影响,尤其是"暖水瓶",完全换用关中方言"电壶"的说法。

表 3-7 房舍器具名词比较表

例词 方言点	厨房	厕所	枕头	暖水瓶	风箱
大李村 三原	厨屋 tʂʰu⁵³u²¹³	茅子 mɔ⁵³tə⁰	枕头 tʂē⁵³tʰou⁰	电壶 tiã²¹xu⁵³	风掀 fəŋ²¹ɕiã⁵⁵
耿　庄 菏泽	厨屋 tʂʰu⁵³u²¹³	茅子 mɔ⁵⁵tə⁰	枕头 tʂē⁵³tʰou⁰	暖水壶 nuã⁵³ʂuei⁵⁵xu⁵³	风掀 fəŋ²¹ɕiã⁵⁵
三原县 城关	厨房 tʃʰu²⁴faŋ⁰ 灶火 tsɔ⁵⁵xuo⁰	茅子 mɔ²⁴tsɿ⁰ 后头 xou⁵⁵tʰou⁰ 茅房 mɔ²⁴faŋ²⁴	枕头 tʂē⁵²tʰou⁰	电壶 tiã⁵⁵xu²⁴	风箱 fəŋ³¹xã⁰
谭家村 阎良	饭屋 fã⁵⁵u³¹	圈 tɕyã³¹ 茅子 mɔ²⁴tsɿ⁵²	斗枕 tou⁵⁵tʂɔ̃⁰	电壶 tiã³¹xu⁵²	风掀 fəŋ³¹ɕiã⁰
谭家营 高密	厨房 tʃʰu⁵²faŋ⁵²	厕所儿 tθʰɔ³¹ʂuər⁵⁵ 茅儿房 mɔr²⁴faŋ⁰ 圈 tɕyã³¹	斗枕 tou⁵⁵tʃɔ̃⁰	暖壶 nuã⁵⁵xu⁵²	风掀 fəŋ³¹ɕiã⁰
马家庄 阎良	饭屋 fã⁵⁵u³¹	茅子 mɔ²⁴tə⁰	斗枕 tou⁵⁵tʂɔ̃⁰	电壶 tiã³¹xu⁵⁵	风掀 fəŋ⁵³ɕiã⁰
朱家庄 莱芜	饭屋 fã⁵⁵vu²¹³	茅房 mɔ⁵⁵faŋ⁵⁵	斗枕 tou⁵⁵tʂɔ̃⁰	暖瓶 nuã²⁴pʰiŋ⁵⁵	风匣 fəŋ³¹ɕiɑ⁰
官路村 阎良	饭屋 fã⁵⁵u³¹	茅子 mɔ²⁴tsɿ⁰	斗枕 təu⁵⁵tʂɔ̃⁰	电壶 tiã³¹xu⁵³	风掀 fəŋ³¹ɕiã⁰
东堤村 寿光	饭屋 fã⁵⁵u³¹	茅子 mɔ²⁴tsɿ⁰	斗枕 tou⁵⁵tʂɔ̃⁰	暖壶 nuã²⁴xu⁵³ 水瓶 ʂuei²⁴pʰiŋ⁵³	风掀 fəŋ³¹ɕiã⁰
杨居屯 阎良	饭屋 fã⁵⁵u³¹	茅子 mɔ²⁴tsɿ⁰	斗枕 tou⁵⁵tʂē⁰	电壶 tiã³¹xu⁵³	风掀 fəŋ³¹ɕiã⁰
朱鹿村 青州	饭屋 fã⁵⁵u³¹	茅子 mɔ²⁴tsɿ⁰	斗枕 tou⁵⁵tʂē⁰	暖壶 nuã²⁴xu⁵⁵	风匣 fəŋ³¹xɑ⁰
富平县 城关	厨房 tʃʰu³¹faŋ³¹	茅子 mɔ³¹tsɿ⁵³ 后院 xou⁵⁵yã⁰	枕头 tʂē⁵³tʰou⁰	电壶 tiã⁵⁵xu³⁵	风匣 fəŋ⁵³xã⁰
太平村 蒲城	饭屋 fã⁵⁵u³¹	圈 tɕyã³¹ 茅房 mɔ⁵³faŋ⁵³	斗枕 tou⁵⁵tʃɔ̃⁰	电壶 tiã³¹xu⁵³	风掀 fəŋ³¹ɕiã⁰
魏马村 昌邑	火房 xuə²⁴faŋ⁵³ 饭屋 fã⁵⁵u³¹	茅房 mɔ²⁴faŋ⁰ 栏 lã⁵³	斗枕 tou⁵³tʃɔ̃⁰	暖壶 nuã²⁴xu⁵³ 暖瓶 nuã²⁴pʰiŋ⁵³	风掀 fəŋ³¹ɕiã⁰

续表

例词\方言点	厨房	厕所	枕头	暖水瓶	风箱
蒲城县 城关	灶房 tsɔ⁵⁵faŋ³⁵	后院 xou⁵⁵yã⁰ 茅子 mɔ³⁵tsɿ⁰	枕头 tʂẽ⁵³tʰou⁰	电壶 tiã⁵⁵xu³⁵	风匣 fəŋ⁵³xã⁰
雷家寨 大荔	厨屋 tʂʰu⁵³u²¹³	茅子 mɔ⁵⁵tsɿ⁰	枕头 tʂəŋ⁵³tʰou⁰	电壶 tiã²¹xu⁵³	风掀 fəŋ²¹ɕiã⁵⁵
北李村 郓城	厨屋 tʂʰu⁵³u²¹³	茅子 mɔ⁵⁵tsɿ⁰	枕头 tʂẽ⁵³tʰou⁰	暖壶 nuã⁵⁵xu⁵³	风掀 fəŋ²¹ɕiã⁵⁵
大荔县 城关	灶火 tsɔ⁵⁵xuo⁰	茅房 mɔ²⁴faŋ²⁴ 后头 xou⁵⁵tʰou⁰ 茅子 mɔ²⁴tsɿ⁰	枕头 tʂẽ⁵²tʰou⁰	电壶 tiã⁵⁵xu²⁴	风匣 fəŋ³¹xɑ⁰

八、称谓名词比较

"男孩儿""女孩儿",关中山东方言岛基本保留源方言的说法,但"老头儿"已变成关中方言的说法,如大李村、谭家村、马家庄、官路村把"老头儿"说成"老汉"。与关中方言比较,有不少关中山东方言岛把"贼"说成"贼娃子",这无疑也是受关中方言的影响。

表 3-8 称谓名词比较表

例词\方言点	男孩儿	女孩儿	老头儿	贼
大李村 三原	小子孩儿 ɕiɔ⁵⁵tɤ⁰xɛr⁵³	小妮儿 ɕiɔ⁵⁵ŋir²¹³	老汉 lɔ⁵⁵xã⁰	小偷儿 ɕiɔ⁵⁵tʰour²¹³ 贼 tsei⁵³
耿　庄 菏泽	小儿 siɔr⁵⁵	妮儿 ŋir²¹³	老头儿 lɔ⁵⁵tʰour⁵³	贼 tsei⁵³ 小偷儿 siɔ⁵³tʰour²¹³
三原县 城关	男娃子 nã²⁴uɑ⁰tsɿ⁰	女娃子 ŋy⁵²uɑ⁰tsɿ⁰ 丫头 ia⁵²tʰou⁰	老汉 lɔ⁵²xã⁰	贼娃子 tsei²⁴uɑ⁰tsɿ⁰ 绺娃子 liou⁵²uɑ⁰tsɿ⁰
谭家村 阎良	小厮 siɔ³¹sɿ⁵⁵	小嫚姑儿 siɔ⁵⁵mã²⁴kur⁰	老汉 lɔ⁵⁵xã³¹	贼娃子 tsei²⁴uɑ⁵²tsɿ⁰
谭家营 高密	小厮孩儿 siɔ²⁴sɿ¹θŋ¹xɛr⁵²	小嫚姑儿 siɔ³¹mã²⁴kur⁰	老头儿 lɔ²⁴tʰour⁵²	贼 tθei⁵²
马家庄 阎良	小厮 siɔ³¹sɿ⁵⁵	闺女 kuei⁵³ŋy⁰	老汉 lɔ⁵⁵xã⁵³	贼娃子 tsei²⁴uɑ⁵⁵tə⁰

续表

方言点＼例词	男孩儿	女孩儿	老头儿	贼
朱家庄 莱芜	小厮 siɔ³¹θʅ⁵⁵	闺女 kuə̃³¹ŋy¹²	老头子 lɔ³¹tʰou²⁴tsə⁰	贼 tθei⁵⁵
官路村 阎良	小厮 ɕiɔ²⁴sʅ⁵⁵ 小崽娃子 ɕiɔ⁵⁵tsɛ³¹uɑ³¹tsʅ⁰	闺女孩儿 kuei³¹ŋy³¹xɛɹ⁵³	老汉 lɔ⁵⁵xã⁰	贼 tsei⁵³ 贼娃子 tsei²⁴uɑ⁵⁵tsʅ⁰
东堤村 寿光	小厮孩儿 ɕiɔ²⁴sʅ⁵⁵xəɹ⁵³	小妞儿 ɕiɔ⁵⁵nəɹ²⁴ 闺女孩儿 kuei³¹ŋy³¹xɛɹ⁵³	老头儿 lɔ²⁴tʰɹouɹ⁵³ 老汉子 lɔ²⁴xã⁵⁵tsʅ⁰	贼 tsei⁵³
杨居屯 阎良	小厮（孩子） ɕiɔ³¹sʅ⁵⁵(xɛ²⁴tsʅ⁰)	闺女 kuei³¹ŋy³¹	老汉子 lɔ⁵⁵xã⁵⁵tsʅ⁰	贼娃子 tsei²⁴uɑ³¹tsʅ⁰
朱鹿村 青州	小厮（孩儿） ɕiɔ²⁴sʅ⁵⁵(xɛɹ⁵³)	闺女 kuei³¹ŋy⁰ 小妞儿 ɕiɔ⁵³ŋiɹ⁵⁵	老汉子 lɔ⁵⁵xã⁵⁵tsʅ⁰ 老汉儿 lɔ⁵⁵xəɹ³¹	贼 tsei⁵³
富平县 城关	小子娃 siɔ⁵³tsʅ⁰uɑ⁵⁵	女娃儿 ŋy⁵³uaɹ⁰	老汉 lɔ⁵³xã⁰	贼娃子 tsei³¹uɑ⁵³tsʅ⁰
太平村 蒲城	小厮（孩儿） siɔ³¹θʅ⁵⁵(xɛɹ⁵³)	小嫚儿 siɔ⁵⁵mər²¹³	老汉子 lɔ³¹xã⁵⁵tθʅ⁰	贼 tθei⁵³ 贼娃子 tθei²⁴uɑ³¹tθʅ⁰
魏马村 昌邑	小厮 siɔ²⁴θʅ⁵⁵	小嫚儿 siɔ⁵³mər²¹³	老汉子 lɔ²⁴xã⁵³tθʅ⁰	贼 tθei⁵³
蒲城县 城关	小子娃 siɔ⁵³tsʅ⁰uɑ⁵⁵	女子娃 ŋy⁵³tsʅ⁰uɑ⁵⁵	老汉 lɔ⁵³xã⁰	贼娃子 tsʰei³⁵uɑ⁰tsʅ⁰
雷家寨 大荔	小儿 ɕiɔɹ⁵⁵	小妞儿 ɕiɔ⁵⁵ŋiɹ²¹³	老汉 lɔ²⁴xã⁴¹	贼 tsei⁵³ 贼娃子 tsei⁵³uɑ⁴¹tsʅ⁰
北李村 郓城	小儿 sɹiɔɹ⁵⁵	妞儿 ŋiɹ²¹³	老汉 lɔ⁵⁵xã⁴¹²	贼 tsei⁵³
大荔县 城关	小子娃 siɔ⁵²tsʅ⁰uɑ⁵⁵ 牛牛娃 ŋiou²⁴ŋiou⁰uɑ⁵⁵ 主人娃 pfu⁵²zə̃⁰uɑ⁵⁵ 男娃 nã²⁴uɑ⁰	客人娃 kʰei³¹zə̃⁰uɑ⁵⁵ 女子娃 ŋy⁵²tsʅ⁰uɑ⁵⁵ 女娃 ŋy⁵²uɑ⁰	老汉 lɔ⁵²xã⁰	贼娃子 tsʰei²⁴uɑ⁰tsʅ⁰ 绺娃子 liou⁵²uɑ⁰tsʅ⁰

九、亲属名词比较

关中山东方言岛在亲属名词上多保留源方言的说法，仅个别方言岛在"叔父""妯娌"上吸收关中方言的说法。如"叔父"，官路村、杨居屯分别有"大""大大"的说法，"妯娌"马家庄有"先后"的说法。

表 3-9　亲属名词比较表

方言点＼例词	父亲	母亲	叔父背称	女儿	妯娌
大李村 三原	爹 tiə²¹³	娘 ȵiaŋ²¹³	叔 ʂu⁵⁵	闺女 kuei²¹ȵy⁵⁵ 妮儿 ȵir²¹³	妯娌 tʂu⁵⁵li⁰
耿　庄 菏泽	爹 tiə²¹³	娘 ȵiaŋ²¹³	叔 ʂu⁵⁵	闺女 kuei²¹ȵy⁵⁵ 妮儿 ȵir²¹³	妯娌 tʂu⁵⁵li⁰
三原县 城关	爸 pa⁵⁵ 大 ta²⁴	妈 ma²⁴	大大 ta²⁴ta⁰ （排行＋）爸 pa⁵⁵	姑娘 ku⁵²ȵiaŋ 女子 ȵy⁵²tsɿ⁰	先后 siã⁵⁵xou⁰
谭家村 阎良	爹 tiə²¹³ 大 ta⁵² 爸 pa⁵²	娘 ȵiaŋ⁵²	叔 ʂu⁵⁵	闺女 kuei³¹ȵy⁰ 嫚姑儿 mã²⁴kur⁰	妯娌 tʂu²⁴li⁵²
谭家营 高密	爹 tiə²¹³ 大大 ta³¹ta⁰ 爷 iə⁵²	娘 ȵiaŋ⁵²	叔 ʃu⁵⁵	嫚姑子 mã²⁴ku³¹tθɿ⁰ 闺女 kuei³¹ȵyu⁰	妯娌 tʃu²⁴lyu⁰
马家庄 阎良	爷 iə⁵⁵	娘 ȵiaŋ⁵⁵	叔 ʂu³¹	闺女 kuõ⁵³ȵy⁰	妯娌 tʂu²⁴li⁵⁵ 先后 siã⁵⁵xou⁰
朱家庄 莱芜	爷 iə⁵⁵ 爸爸 pa²⁴pa⁵³	娘 ȵiaŋ⁵⁵	叔 ʂu²¹³	闺女 kuõ³¹ȵy¹²	妯娌 tʂu²⁴li⁵⁵
官路村 阎良	爷 iə⁵³	娘 ȵiaŋ⁵³	（排行＋）大 ta⁵³	闺女 kuei³¹ȵy⁰	妯娌 tʂu²⁴li⁰
东堤村 寿光	爹 tiə²¹³ 爷 iə⁵³ 爸爸 pa⁵⁵pa⁰	娘 ȵiaŋ⁵³ 妈 ma²¹³	叔 ʂu²¹³	闺女 kuei³¹ȵy⁰ 妮子 ȵi²⁴tsɿ⁵⁵	妯娌 tʂu²⁴li⁰
杨居屯 阎良	爷 iə⁵³	娘 ȵiaŋ⁵³	大大 ta²⁴ta⁵³	闺女 kuei³¹ȵy⁰	妯娌 tʂu²⁴li⁵³
朱鹿村 青州	爷 iə⁵³ 爹 tiə³¹	娘 ȵiaŋ⁵³	叔 ʂʅ⁵⁵	闺女 kuei³¹ȵy⁰	妯娌 tʂʅ⁵⁵li⁰
富平县 城关	大 ta³⁵ 爸 pa³⁵	妈 ma³⁵	（排行＋）大 ta³⁵ 大大 ta³¹ta⁰	女 ȵy⁵³	先后 siã⁵⁵xou⁰
太平村 蒲城	爹 tiə²¹³	娘 ȵiaŋ⁵³	叔 ʃu⁵⁵	闺女 kuei⁵³ȵy⁰ 嫚儿 mər²¹³	妯娌 tʃu²⁴ly⁰
魏马村 昌邑	爹 tiə²¹³	娘 ȵiaŋ⁵³	叔 ʃu⁵⁵	闺女 kuei³¹ȵyu⁰ 嫚儿 mər²¹³	妯娌 tʃu²⁴lyu⁰
蒲城县 城关	大 ta³⁵ 爸 pa⁵⁵	妈 ma³⁵	（排行＋）大 ta³⁵ 大大 ta⁵⁵ta⁰	女 ȵy⁵³	先后 siã⁵⁵xou⁰

续表

例词\方言点	父亲	母亲	叔父背称	女儿	妯娌
雷家寨大荔	爹 tiə²¹³	娘 niaŋ²¹³	叔 ʂu⁵⁵	闺女 kuei²¹ny⁵⁵	妯娌 tʂu⁵³li⁰
北李村郓城	爹 tiə²¹³	娘 niaŋ²¹³	叔 ʂu⁵⁵	闺女 kuei²¹ny⁵⁵ 妮儿 nir²¹³	妯娌 tʂu⁵⁵li⁰
大荔县城关	大 ta²⁴	妈 ma²⁴	叔 sou²⁴ （排行＋）大 ta²⁴ 大大 ta²⁴ta⁰	女 ny⁵² 女子（娃）ny⁵²tsʅ⁰（ua⁵⁵） 客人娃 kʰei³¹zẽ⁰ua⁵⁵ 女娃子 ny⁵²ua⁰tsʅ⁰	先后 siã⁵⁵xou⁰

十、身体名词比较

关中山东方言岛身体名词中较好保留源方言说法的是"乳房"，一般说"妈妈"或"奶子"，而"拳头""屁股""男阴"虽然部分保留了源方言的说法，但也增加了关中方言的说法。如"屁股"，大李村、马家庄除了"腚"的说法外，还有"沟蛋子"的说法。又如"男阴"，谭家村、马家庄、官路村、杨居屯除了"屌""鸭子"的说法外，还有关中方言"槌子""牛牛儿"的说法。

表 3-10　身体名词比较表

例词\方言点	拳头	屁股	男阴	乳房
大李村三原	槌头子 tʂʰuei²¹tʰou⁵⁵tə⁰	腚 tiŋ³¹ 沟蛋子 kou²⁴tã⁵³nə⁰	屌 tiɔ⁵⁵	妈妈 ma²¹ma⁵⁵
耿　庄菏泽	槌头子 tʂʰuei⁵⁵tʰou⁵⁵tə⁰	腚 tiŋ⁴¹²	屌 tiɔ⁵⁵ 鸭子 ka⁵⁵tə⁰	妈妈 ma²¹ma⁵⁵
三原县城关	槌头 tʂʰuei²⁴tʰou⁰	沟子 kou⁵²tsʅ⁰ 屁股 pʰi⁵⁵ku⁰	毬 tɕʰiou²⁴ 槌子 tʂʰuei²⁴tsʅ⁰ 牛牛儿 niou²⁴niour⁰ 用于小男孩儿 鸡鸡子 tɕi⁵⁵tɕi⁰tsʅ⁰ 用于小男孩儿	奶头 næ⁵²tʰou⁰
谭家村阎良	槌头 tʂʰuei²⁴tʰou⁵²	腚 tiŋ³¹	屌 tiɔ⁵⁵ 鸭子 ia³¹tsʅ⁵⁵ 槌子 tʂʰuei²⁴tsʅ⁰ 牛牛儿 niou²⁴niour⁰ 用于小男孩儿	奶子 nɛ³¹tsʅ⁰

续表

方言点＼例词	拳头	屁股	男阴	乳房
谭家营 高密	槌 tʂʰuei⁵²	腚 tiŋ³¹	鸭子 iɑ²⁴tθɿ⁵⁵ □儿 tʂʰər⁵² 用于小男孩儿 屌 tiɔ⁵⁵	奶子 nɛ²⁴tθɿ⁵⁵
马家庄 阎良	拳头（子）tɕʰyã²⁴tʰou⁵⁵(tə⁰)	沟蛋子 kou³¹tã⁵⁵nə⁰ 腚 tiŋ⁵³	屌 tiɔ⁵⁵ 毬 tɕʰiou⁵⁵ 槌子 tʂʰuei⁵⁵tə⁰ 牛牛子 ȵiou⁵⁵ȵiou⁵⁵tə⁰ 用于小男孩儿	奶 nɛ⁵⁵
朱家庄 莱芜	拳头子 tɕʰyã²⁴tʰou⁵⁵tə⁵⁵	腚 tiŋ³¹	屌 tiɔ⁵⁵ 雀子 tsʰyɔ³¹tsɿ⁰ 小鸡鸡 siɔ⁵⁵tɕi⁵³tɕi⁰ 用于小男孩儿	口子 kʰou²⁴tθɿ⁵⁵
官路村 阎良	槌头子 tʂʰuei²⁴tʰəu⁵⁵tsɿ⁰	腚 tiŋ³¹	屌 tiɔ⁵⁵ 槌子 tʂʰuei²⁴tsɿ⁰ 鸡巴 tɕi³¹pɑ⁰ 鸭子 iɑ³¹tsɿ⁵⁵ 牛牛儿 ȵiəu²⁴ȵiəur⁰ 用于小男孩儿	奶子 nɛ²⁴tsɿ⁵⁵
东堤村 寿光	拳 tɕʰyã⁵³ 拳头 tɕʰyã²⁴tʰou⁰	腚 tiŋ³¹	屌 tiɔ⁵⁵ 鸡巴 tɕi³¹pɑ⁰ 鸭子 iɑ³¹tsɿ⁰ □儿 tʂʰər⁵³ 用于小男孩儿	奶子 nɛ²⁴tθɿ⁵⁵
杨居屯 阎良	槌头子 tʂʰuei²⁴tʰou⁵³tsɿ⁰	腚 tiŋ⁵⁵	屌 tiɔ⁵⁵ 牛牛儿 ȵiou²⁴ȵiour⁰ 用于小男孩儿 槌子 tʂʰuei²⁴tsɿ⁰ 毬 tɕʰiou⁵³ 鸡巴 tɕi³¹pɑ⁰ 鸭子 iɑ³¹tsɿ⁵⁵	奶子 nɛ³¹tsɿ⁵⁵
朱鹿村 青州	拳 tɕʰyã⁵³ 槌 tʂʰuei⁵³	腚 tiŋ³¹	屌 tiɔ⁵⁵ 鸭子 iɑ²⁴tsɿ⁰ □儿 tʂʰər⁵³ 用于小男孩儿	奶子 nɛ²⁴tsɿ⁵⁵
富平县 城关	槌头子 tʃʰuei³¹tʰou⁵³tsɿ⁰	沟子 kou³¹tsɿ⁰	毬 tɕʰiou³⁵ 槌子 tʂʰuei³¹tsɿ⁵³ 牛牛儿 ȵiou³¹ȵiour⁵³	奶头 næ⁵³tʰou⁰
太平村 蒲城	槌头 tʂʰuei²⁴tʰou⁰	腚 tiŋ³¹	屌 tiɔ⁵⁵ 鸭子 iɑ³¹tθɿ⁵⁵	奶子 nɛ³¹tθɿ⁵⁵
魏马村 昌邑	槌 tʂʰuei⁵³	腚 tiŋ³¹	屌 tiɔ⁵⁵ 鸭子 iɑ²⁴tθɿ⁵⁵ 小鸡儿 suɔ⁵⁵tɕiər²¹³ 用于小男孩儿	奶子 nɛ²⁴tθɿ⁵⁵

续表

例词 方言点	拳头	屁股	男阴	乳房
蒲城县城关	槌头子 tʃʰuei³⁵tʰou⁰tsʅ⁰	沟子 kou³¹tsʅ⁰	毬 tɕʰiou³⁵ 槌子 tʃʰuei³⁵tsʅ⁰ 牛牛儿 ȵiou³⁵ȵiour⁰	奶头 næ⁵³tʰou⁰
雷家寨大荔	槌头子 tʂʰuei⁵³tʰou⁵⁵tsʅ⁰	腚 tiŋ⁴¹²	屌 tiɔ⁵⁵	妈妈 ma²¹ma⁵⁵
北李村郓城	拳头 tɕʰyã⁵⁵tʰou⁰	腚 tiŋ⁴¹²	屌 tiɔ⁵⁵	妈妈 ma²¹ma⁵⁵
大荔县城关	槌头子 pfʰei²⁴tʰou⁰tsʅ⁰	沟蛋子 kou³¹tʰã⁵⁵tsʅ⁰ 沟子 kou³¹tsʅ⁰	鸡巴 tɕi³¹pa⁰ 毬 tɕʰiou²⁴ 老二 lɔ⁵²ɚ⁵⁵ 牛牛儿 ȵiou²⁴ȵiour⁰ □ pa²⁴ 槌子 pfʰei²⁴tsʅ⁰	奶奶 næ²⁴næ³¹

十一、疾病名词比较

在疾病名词方面,"疤""痂""瘸子""瞎子""傻子"等词条,关中山东方言岛多保留源方言"疤痢/疤""痂扎""瘸子/瘸巴""瞎子/瞎汉""潮巴"等的说法,在"傻子"的说法上,有些方言岛受关中方言的影响较明显,如谭家村、马家庄、官路村、杨居屯都有"瓜子"的说法。

表 3-11 疾病名词比较表

例词 方言点	疤	痂	瘸子	瞎子	傻子
大李村三原	疤痢 pa²¹la⁵⁵	痂扎 kə²¹tʂa⁵⁵	瘸子 tɕʰyə⁵⁵tə⁰	瞎子 ɕia²¹tə⁵⁵	傻子 ʂa⁵⁵tə⁰
耿 庄菏泽	疤痢 pa²¹la⁵⁵	痂扎 kə²¹tʂa⁵⁵	瘸子 tɕʰyə⁵⁵tə⁰	瞎子 ɕia²¹tə⁵⁵	傻瓜 ʂa⁵⁵kua⁰
三原县城关	疤疤 pa⁵²pa⁰	痂痂 tɕia⁵²tɕia⁰	跛子 po⁵²tsʅ⁰	瞎子 xa⁵²tsʅ⁰	瓜子 kua⁵²tsʅ⁰
谭家村阎良	疤 pa²¹³	痂扎儿 ka³¹tʂar⁰	跛子 pə³¹tsʅ⁵⁵	瞎汉 ɕia³¹xã⁰	□巴 iə²⁴pa⁵² 瓜子 kua⁵²tsʅ⁰
谭家营高密	疤 pa²¹³	痂扎儿 ka³¹tʂar⁰	瘸子 tɕʰyə²⁴tθʅ⁰	瞎汉 ɕia²⁴xã⁵¹	□巴 iə²⁴pa⁵²
马家庄阎良	疤 pa³¹ 疤痢 pa⁵³la⁰	痂扎 ka⁵³tʂa⁰	瘸子 tɕʰyə²⁴tə⁰ 拐子 kuɛ³¹tə⁵⁵	瞎子 xa⁵³tə⁰ 瞎厮 ɕia³¹sʅ⁰	瓜子 kua⁵³tə⁰

续表

方言点\例词	疤	痂	瘸子	瞎子	傻子
朱家庄莱芜	疤 pa²¹³	痂扎 ka³¹tʂa²¹³	瘸子 tɕʰyə²⁴tə⁵⁵	瞎厮 ɕia²⁴θɻ⁵⁵	潮巴 tʂʰɔ²⁴pa⁵³
官路村阎良	疤儿 par²¹³	痂扎儿 ka⁵³tʂar⁰	瘸巴 tɕʰyə²⁴pa⁰ 拐子腿 kuɛ²⁴tsɻ⁰tʰuei⁵⁵	瞎汉 ɕia³¹xã⁵⁵	瓜子 kua³¹tsɻ⁰ 潮巴 tʂʰɔ²⁴pa⁰
东堤村寿光	疤 pa²¹³	痂扎儿 ka³¹tʂar⁰	瘸巴 tɕʰyə²⁴pa⁰	瞎汉 ɕia²⁴xã⁵⁵	潮巴 tʂʰɔ²⁴pa⁰
杨居屯阎良	疤 pa³¹	痂扎儿 ka³¹tʂar⁰	瘸巴 tɕʰyə²⁴pa⁵³	瞎子 ɕia³¹tsɻ⁵⁵ 瞎眼 ɕia³¹iã⁵⁵	瓜子 kua³¹tsɻ⁰ 潮巴 tʂʰɔ²⁴pa⁰
朱鹿村青州	疤 pa²¹³	痂扎儿 ka³¹tʂar⁰	瘸巴 tɕʰyə²⁴pa⁰	瞎汉 ɕia³¹xã⁵⁵	潮巴 tʂʰɔ²⁴pa⁰
富平县城关	疤疤儿 pa³¹par⁰	痂痂儿 tɕia³¹tɕiar⁰	跛子 po⁵³tsɻ⁰	瞎子 xa³¹tsɻ⁰	瓜子 kua³¹tsɻ⁰
太平村蒲城	疤 pa²¹³	痂扎儿 ka³¹tʂar⁰	拐子 kuɛ³¹tθɻ⁵⁵	瞎子 ɕia³¹tθɻ⁵⁵ 瞎子 ɕia³¹xã⁵⁵	□巴 iə²⁴pa⁰
魏马村昌邑	疤 pa²¹³	痂扎儿 ka³¹tʂar⁰	瘸腿 tɕʰyə²⁴tʰei⁰	瞎汉 ɕia²⁴xã⁵⁵	□巴 iə²⁴pa⁰
蒲城县城关	疤 pa³¹ 疤疤儿 pa³¹par⁰	痂痂儿 tɕia³¹tɕiar⁰	跛子 po⁵³tsɻ⁰	瞎子 xa³¹tsɻ⁰	瓜子 kua³¹tsɻ⁰
雷家寨大荔	疤瘌 pa²¹la⁵⁵	痂扎 kə²¹tʂa⁵⁵	瘸子 tɕʰyə⁵³tsɻ⁰	瞎子 ɕia²¹tsɻ⁰	傻子 ʂa²⁴tsɻ⁰ 拼头 pʰiɔ̃²¹tʰou⁵⁵
北李村郓城	疤瘌 pa²¹la⁵⁵	痂扎儿 kə²¹tʂar⁵⁵	瘸子 tɕʰyə⁵⁵tsɻ⁰	瞎子 ɕia²¹tsɻ⁵⁵	拼头 pʰiɔ̃²¹tʰou⁵⁵
大荔县城关	疤疤 pa³¹pa⁰	痂痂 tɕia³¹tɕia⁰	瘸子 tɕʰyo²⁴tsɻ⁰	瞎子 xa³¹tsɻ⁰	瓜子 kua³¹tsɻ⁰ 二球 ɚ⁵⁵tɕʰiou²⁴ 二蛋 ɚ⁵⁵tã⁵⁵

十二、饮食名词比较

饮食名词方面，关中山东方言岛有的还保留源方言的说法。如"馒头"，官路村、太平村还说"饽饽"。又如"饺子"，谭家村、太平村还说"𩟎馇"，杨居屯还说"下包子"，不过大李村、官路村"下包子"的说法大概是受周围山东方言岛的影响。而"油条"的说法，关中山东方言岛都没有了源方言的说法。

表 3-12 饮食名词比较表

方言点 \ 例词	馒头	包子	饺子总称	油条
大李村三原	蒸馍 tʂəŋ²¹mə⁵⁵	蒸包子 tʂəŋ²⁴pɔ²¹tə⁵⁵	下包子 ɕia³¹pɔ²¹tə⁵⁵	油条 iou⁵³tʰiɔ⁵³
耿　　庄菏泽	馒头 mã⁵⁵tʰou⁰	包子 pɔ²¹tə⁵⁵	扁食 piã⁵⁵ʂʅ⁰	油条 iou⁵³tʰiɔ⁵³
三原县城关	馍 mo⁵⁵ 蒸馍 tʂəŋ⁵²mo⁰	包子 pɔ³¹tsʅ⁰	煮角 tʃu⁵²tɕyo⁰ 饺子 tɕiɔ⁵²tsʅ⁰	油条 iou²⁴tʰiɔ²⁴
谭家村阎良	蒸馍 tʂəŋ³¹mə⁰ 馍 mə⁵²	包子 pɔ³¹tsʅ⁰	猾馇 ku³¹tʂa⁰	油条 iou⁵²tʰiɔ⁵²
谭家营高密	馒头 mã²⁴tʰou⁰ 饽饽 pə³¹pə⁰	包子 pɔ³¹tθʅ⁰	猾馇 ku³¹tʂa⁰	香油馃子 ɕiaŋ²⁴iou⁵²kuə²⁴tθʅ⁵⁵
马家庄阎良	馍 mə⁵⁵	蒸包子 tʂəŋ⁵³pɔ⁵³tə⁰	包子 pɔ⁵³tə⁰	油条 iou⁵⁵tʰiɔ⁵⁵
朱家庄莱芜	馒头 mã²⁴tʰou⁵³ 馍馍 mə⁵⁵mə⁵⁵	包子 pɔ³¹tθʅ¹² 蒸包 tʂəŋ⁵⁵pɔ²¹³	包子 pɔ³¹tθʅ¹²	油炸馃子 iou⁵⁵tʂa³¹kuə³¹tə⁵⁵
官路村阎良	馍 mə⁵³ 饽饽 pə³¹pə⁰ 干粮 kã³¹liaŋ⁰	蒸包子 tʂəŋ⁵³pɔ³¹tsʅ⁰	下包子 ɕia⁵⁵pɔ³¹tsʅ⁰	油条 iou⁵³tʰiɔ⁵³
东堤村寿光	馒头 mã²⁴tʰou⁰ 饽饽 pə³¹pə⁰	包子 pɔ³¹tsʅ⁰	猾馇 ku³¹tʂa⁰	炸馃子 tʂa²⁴kuə⁵⁵tsʅ⁰ 麻糖 ma²⁴tʰaŋ³¹
杨居屯阎良	馍 mə⁵³ 蒸馍 tʂəŋ³¹mə⁰	蒸包子 tʂəŋ³¹pɔ³¹tsʅ⁰	下包子 ɕia⁵⁵pɔ³¹tsʅ⁰	油条 iou⁵³tʰiɔ⁵³
朱鹿村青州	馒头 mã²⁴tʰou⁰ 卷子 tɕyã³¹tsʅ⁵⁵ 饽饽 pə³¹pə⁰ 馍馍 mə²⁴mə⁰	大包子 ta⁵⁵pɔ³¹tsʅ⁰ 蒸包子 tʂəŋ³¹pɔ³¹tsʅ⁰	包子 pɔ³¹tsʅ⁰ 下包子 ɕia⁵⁵pɔ³¹tsʅ⁰	油炸馃子 iou²⁴tʂa³¹kuə³¹tsʅ⁵⁵
富平县城关	蒸馍 tʂəŋ⁵³mo⁰	包子 pɔ³¹tsʅ⁰	饺子 tɕiɔ⁵³tsʅ⁰	油条 iou³⁵tʰiɔ³⁵ 油炸鬼 iou³⁵tsʰa³⁵kuei⁵³
太平村蒲城	馍 mə⁵³ 饽饽 pə³¹pə⁰ 圆形的	包子 pɔ³¹tθʅ⁰	猾馇 ku³¹tʂa⁰	油条 iou⁵³tʰiɔ⁵³
魏马村昌邑	馒头 mã²⁴tʰou⁰ 卷子 tɕyã²⁴tθʅ⁵⁵ 长方形的 饽饽 pə³¹pə⁰ 圆形的	包子 pɔ³¹tθʅ⁰	猾馇 ku³¹tʂa⁰	香油馃子 ɕiaŋ²⁴iou⁵³kuə²⁴tθʅ⁰
蒲城县城关	蒸馍 tʂəŋ⁵³mo⁰	包子 pɔ³¹tsʅ⁰	—	油条 iou³⁵tʰiɔ³⁵
雷家寨大荔	馍 mə⁵³	包子 pɔ²¹tsʅ⁵⁵	扁食 piã²⁴ʂʅ⁰	油条 iou⁵³tʰiɔ⁵³

续表

例词\方言点	馒头	包子	饺子_{总称}	油条
北李村_{郓城}	馍 mə⁵³ 馍馍 mə⁵⁵mə⁰	包子 pɔ²¹tsʅ⁵⁵	扁食 piã²⁴ʂʅ⁰	馃子 kuə²⁴tsʅ⁰
大荔县_{城关}	馍 mo⁵⁵ 蒸馍 tʂəŋ³¹mo⁰	包子 pɔ³¹tsʅ⁰	—	油条 iou²⁴tʰiɔ²⁴

第三节 关中山东方言岛与源方言、关中方言的动词比较

一、一般动词比较

在一般动词中，关中山东方言岛多数都保留源方言的说法。如"提"，山东方言岛多有"提溜"的说法。又如"踢"，谭家村、杨居屯、太平村还说"蹉"。关中山东方言岛受关中方言影响较明显的是"举手"，方言岛常增加"奓手"的说法。

表 3-13 一般动词比较表

例词\方言点	蹲	举手	踢	踩	提
大李村_{三原}	跍□ ku²¹tɕi⁵⁵	举手 tɕy⁵³ʂou⁵⁵	踢 tʰi²¹³	踩 tsʰɛ⁵⁵	提 tʰi⁵³ 掂 tiã²¹³ 提溜 ti²¹liou⁵⁵
耿 庄_{菏泽}	跍□ ku²¹tsi⁵⁵	举手 tɕy⁵³ʂou⁵⁵	踢 tʰi²¹³	踩 tsʰɛ⁵⁵	提 tʰi⁵³ 掂 tiã²¹³
三原县_{城关}	圪蹴 kɯ²⁴tiou³¹ 蹲 tuẽ³¹	举手 tɕy⁵²ʂou⁵² 奓手 tsa⁵⁵ʂou⁵²	踢 tʰi³¹	踏 tʰa²⁴ 踩 tsʰæ⁵²	提 tʰi²⁴
谭家村_{阎良}	跍□ ku³¹tɕi⁰	奓手 tʂa³¹ʂou⁵⁵	蹉 tɕyã⁵⁵	踩 tsʰɛ⁵⁵ 砑 piã⁵⁵	提 tʰi⁵² 提溜 ti³¹liou⁰ 掂 tɕiɘ²¹³
谭家营_{高密}	蹲 tuɜ̃²¹³ 跍蹲 ku³¹tuɜ̃⁰	举手 tɕy⁵⁵ʃou⁵⁵	踢 tʰi⁵² 蹉 tɕyã⁵⁵	踩 tsʰɛ⁵⁵	提 tʰi⁵² 提溜 ti³¹liou⁰

续表

方言点 \ 例词	蹲	举手	踢	踩	提
马家庄 阎良	跍堆 ku⁵³tsuei⁰ 跍蹴 kə²⁴tɕiou⁵³	举手 tɕy⁵³ʂou⁵⁵ 㐌手 tʂa⁵³ʂou⁵⁵	踢 tʰi³¹	踩 tʂʰɛ⁵⁵ 踏 tʰa⁵⁵	提 tʰi⁵³ 提溜 ti²⁴liou⁵³
朱家庄 莱芜	跍堆 ku³¹tθuei²¹³	举手 tɕy⁵⁵ʂou⁵⁵	踢 tʰi²¹³	踩 tʂʰɛ⁵⁵	提溜 ti²⁴liou⁵³
官路村 阎良	跍低 ku³¹ti⁰	举手 tɕy⁵³ʂəu⁵⁵ 㐌手 tʂa³¹ʂəu⁵⁵	踢 tʰi⁵³	轧 tʂa²¹³	提溜 ti³¹liəu⁰
东堤村 寿光	跍低 ku³¹ti⁰	举手 tɕy⁵³ʂou⁵⁵	踢 tʰi⁵³ 踩 tɕyã⁵⁵	踩 tʂʰɛ⁵⁵ 轧 tʂa²¹³	提溜 ti³¹liou⁰
杨居屯 阎良	跍堆 ku³¹tuei⁰	㐌手 tsa⁵⁵ʂou⁵³ 举手 tɕy⁵³ʂou⁵³	踩 tɕyã⁵⁵	踩 tʂʰɛ⁵⁵	提 tʰi⁵³ 提溜 ti³¹liou⁰
朱鹿村 青州	跍堆 ku³¹tuei⁰	举手 tɕy⁵³ʂou⁵⁵	踢 tʰi⁵⁵ 踩 tɕyã⁵⁵	踩 tʂʰɛ⁵⁵ 力度大 轧 tʂa²¹³ 力度小	提溜 ti³¹liou⁰
富平县 城关	圪蹴 kɯ³¹tiou⁵³	㐌手 tsa⁵⁵ʂou⁵³ 举手 tɕy⁵³ʂou⁵³	踢 tʰi³¹	踏 tʰa³⁵	提 tʰi³⁵
太平村 蒲城	跍堆 ku³¹tei⁰	举手 tɕy⁵³ʃou³¹ 㐌手 tʂa⁵³ʃou³¹ 扬手 iaŋ⁵³ʃou³¹	踢 tʰi⁵⁵ 踩 tɕyã⁵⁵	踩 tʂʰɛ⁵⁵ 砭 piã⁵⁵	提 tʰi⁵³ 提溜 ti³¹liou⁰ 撂 tɕiɤ̃²¹³
魏马村 昌邑	跍蹲 ku³¹tei⁰	举手 tɕyu⁵³ʃou⁵⁵	踩 tɕyã⁵⁵	踩 tʂʰɛ⁵⁵ 砭 piã⁵⁵	提 tʰi⁵³ 提溜 ti³¹liou⁰ 撂 tɕiɤ̃²¹³
蒲城县 城关	圪蹴 kɯ⁵⁵tiou⁰	㐌手 tsa⁵⁵ʂou⁵³ 举手 tɕy⁵³ʂou⁵³	踢 tʰi³¹	踏 tʰa³⁵	提 tʰi³⁵
雷家寨 大荔	跍□ ku²¹tɕi⁵⁵	举手 tɕy⁵³ʂou⁵⁵ 㐌手 tʂa²¹ʂou⁵⁵	踢 tʰi²¹³	踩 tʂʰɛ⁵⁵	提 tʰi⁵³ 提溜 ti²¹liou⁵⁵
北李村 郓城	跍□ ku²¹tɕi⁵⁵	举手 tɕy⁵³ʂou⁵⁵	踢 tʰi²¹³	踩 tʂʰɛ⁵⁵	提 tʰi⁵³ 提溜 ti⁵⁵liou⁰
大荔县 城关	圪蹴 kɯ⁵⁵tiou⁰ 蹴下 tiou⁵⁵xa⁰	㐌胳膊 tsa⁵⁵kɯ³¹po⁰	踢 tʰi³¹	踏 tʰa²⁴	提 tʰi²⁴ 提溜 ti²⁴liou⁰

二、心理动词比较

虽然"不知道"在关中方言中也有"知不道"的说法,但是关中山东方言岛的源方言也有"知不道"的说法,因此方言岛"知不道"应是保留了源方言的说法。

不过，方言岛"不认得"的说法应是受关中方言的影响，说成"认不得"。而部分方言岛"生气""发怒"的说法也受到关中方言的影响。例如"生气"，谭家村、马家庄、官路村、杨居屯、雷家寨有"着气"的说法。又如"发怒"，马家庄、杨居屯有"躁"的说法。

表 3-14　心理动词比较表

例词 方言点	不知道	不认得	生气	发怒
大李村 三原	知不道 tʂʅ²¹pu⁵⁵tɔ⁰	不认得 pu²⁴zɤ̃⁵³lei⁰	生气 səŋ²⁴tɕʰi³¹	恼啦 nɔ⁵⁵lɑ⁰
耿　庄 菏泽	知不道 tʂʅ²¹pu⁵⁵tɔ²¹³	不认得 pu²⁴zɤ̃²¹lei⁵⁵	生气 səŋ²⁴tɕʰi⁴¹²	发火儿 fɑ²¹xuər⁵⁵ 恼啦 nɔ⁵⁵lɑ⁰
三原县 城关	知不道 tʂʅ³¹pu³¹tɔ⁵⁵ 不知道 pu²⁴tʂʅ³¹tɔ⁵⁵	认不得 zɤ̃⁵⁵pu³¹tei²⁴	着气 tʂʰuo²⁴tɕʰi⁵⁵ 生气 səŋ³¹tɕʰi⁵⁵	躁啦 tsʰɔ⁵⁵lɑ⁰ 毛啦 mɔ²⁴lɑ⁰
谭家村 阎良	知不道 tʂʅ³¹pu³¹tɔ⁰	认不得 iɤ̃⁵⁵pu³¹tei⁰	着气 tʂʰuə⁵⁵tɕʰi³¹	发火儿 fɑ³¹xuər⁵⁵ □了 ɕyɤ̃⁵⁵lɔ⁰
谭家营 高密	不知道 pu²⁴tʃʅ⁵²tɔ⁰	不认得 pu²⁴iɤ̃⁵⁵ti⁰	生气 səŋ²⁴tɕʰi³¹	发火儿 fɑ⁵²xuər⁵⁵
马家庄 阎良	知不道 tʂʅ³¹pu⁰tɔ⁵³	认不得 zɤ̃⁵⁵pu⁰tei⁵⁵	生气 səŋ²⁴tɕʰi⁵³ 着气 tʂʰuə²⁴tɕʰi⁵³	躁唡 tsʰɔ⁵⁵liɑ⁰
朱家庄 莱芜	知不道 tʂʅ³¹pu²⁴tɔ⁵³	不认得 pu²⁴zɤ̃⁵⁵ti⁰	生气 səŋ²⁴tɕʰi³¹	发怒 fɑ²⁴nu³¹
官路村 阎良	知不道 tʂʅ³¹pu⁵⁵tɔ⁰	认不得 zɤ̃⁵⁵pu³¹ti⁰	着气 tʂʰuə⁵³tɕʰi³¹	憔气 tɕʰiɔ²⁴tɕʰi⁰ 偢嚦 tɕyə⁵⁵liã⁰
东堤村 寿光	知不道 tʂʅ³¹pu²⁴tɔ⁰	不认得 pu²⁴zɤ̃⁵⁵ti⁰	生气 səŋ²⁴tɕʰi³¹	憔啦 tɕʰiɔ²⁴lɑ⁰
杨居屯 阎良	知不道 tʂʅ³¹pu⁵⁵tɔ⁰	认不得 lɤ̃⁵⁵pu³¹ti⁵³ 不认得 pu³¹lɤ̃⁵⁵ti⁰	着气 tʂʰuə⁵³tɕʰi⁰	躁嚦 tsʰɔ⁵⁵liã⁰
朱鹿村 青州	知不道 tʂʅ³¹pu⁵⁵tɔ⁰	不认得 pu³¹lɤ̃⁵⁵ti⁰ 认不得 lɤ̃⁵⁵pu³¹ti⁰	生气 səŋ²⁴tɕʰi³¹ 憔气 tɕʰiɔ²¹³tɕʰi³¹	发火儿 fɑ⁵³xuər⁵⁵ 憔儿嚦 tɕʰiər²⁴liã⁰
富平县 城关	不知道 pu³⁵tʂʅ³¹tɔ⁰ 知不道 tʂʅ³¹pu³¹tɔ⁰	认不得 zɤ̃⁵⁵pu³¹tei³⁵	着气 tʂʰuo³⁵tɕʰi⁵⁵ □啦 ɕyɤ̃⁵⁵lɑ⁰	发凶 fɑ³⁵ɕyəŋ³¹ 躁啦 tsʰɔ⁵⁵lɑ⁰ 发火 fɑ³¹xuo⁵³
太平村 蒲城	不知道 pu²⁴tʃʅ³¹tɔ⁰ 不知道 tʃʅ³¹pu⁵⁵tɔ⁰	不认得 pu²⁴iɤ̃⁵³ti⁰ 认不得 iɤ̃⁵⁵pu³¹ti⁰	生气 səŋ²⁴tɕʰi³¹	发火 fɑ³¹xuə⁵⁵
魏马村 昌邑	知不道 tʃʅ³¹pu²⁴tɔ⁰	不认得 pu²⁴iɤ̃⁵³ti⁰	生气 səŋ²⁴tɕʰi³¹	火儿了 xuər²⁴lɔ⁵⁵
蒲城县 城关	不知道 pu³⁵tʂʅ³¹tɔ⁰ 不知道 tʂʅ³¹pu³¹tɔ⁵⁵	认不得 zɤ̃⁵⁵pu³¹tei³⁵	着气 tʂʰuo³⁵tɕʰi⁵⁵ □啦 ɕyɤ̃⁵⁵liɑ⁰	发凶 fɑ³⁵ɕyəŋ³¹ 躁啦 tsʰɔ⁵⁵liɑ⁰ 发火 fɑ³¹xuo⁵³

续表

例词\方言点	不知道	不认得	生气	发怒
雷家寨 大荔	知不道 tʂʅ²¹pu⁵⁵tɔ²¹³	认不得 zẽ⁵³pu³¹tei⁰	生气 ʂəŋ²⁴tɕʰi⁴¹ 着气 tʂʰuə⁵³tɕʰi⁴¹	发狠 fa²¹xẽ⁵⁵
北李村 郓城	知不道 tʂʅ²¹pu⁵⁵tɔ⁴¹	认不得 zẽ⁵³pu³¹tei⁰	生气 ʂəŋ²⁴tɕʰi⁴¹²	恼啦 nɔ²⁴la⁰
大荔县 城关	不晓得 pu³¹ɕiɔ⁵²tei³¹ 不知道 pu²⁴tʂʅ³¹tɔ⁰	认不得 zẽ⁵⁵pu²⁴tei³¹	着气 tʂuo²⁴tɕʰi⁵⁵	躁咧 tsʰɔ⁵⁵liɛ⁰

三、语言动词比较

在语言动词中，不论是山东方言还是关中方言，"聊天儿"都是一个独具特色的词语，山东方言一般说"拉呱（儿）"，关中方言一般说"谝"或"谝闲传"，而关中山东方言岛常是两种说法都有，形成源方言与关中方言两种说法的叠置。又如"打架"，马家庄既有源方言的"打仗"，也有关中方言的"打锤"，但关中方言已经成为较常用的说法，源方言的说法已退居二线。再如"吵架"，雷家寨除源方言的"吵架""骂架"外，还有关中方言"嚷仗"的说法。

表 3-15　语言动词比较表

例词\方言点	说话	聊天儿	骂	打架	吵架
大李村 三原	言语 yã⁵⁵i⁰	拉呱儿 la⁵⁵kuar⁵⁵ 谝谝 pʰiã⁵³pʰiã⁰	骂 ma³¹ 吃 tɕyã⁵⁵	打架 ta⁵⁵tɕia³¹	吵架 tsʰɔ⁵⁵tɕʰia³¹ 骂架 ma³¹tɕia³¹
耿庄 菏泽	说话 ʂuə²⁴xua⁴¹²	拉呱儿 la⁵³kuar⁵⁵	骂 ma⁴¹² 吃 tɕyã⁵⁵	打架 ta⁵⁵tɕia⁴¹	吵架 tʂʰɔ⁵⁵tɕia⁴¹
三原县 城关	说 ʃuo³¹ 言喘 ɲiã²⁴tʃʰuã⁰	谝 pʰiã⁵² 谝闲传 pʰiã⁵²xã²⁴tʃʰuã⁰	骂 ma⁵⁵ 日嚼 ʐʅ³¹tɕyɔ³¹ 失嚼 ʂʅ⁵²tɕyɔ³¹	打捶 ta⁵²tʃʰuei²⁴	闹仗 nɔ⁵⁵tʂaŋ³¹
谭家村 阎良	说话 ʂuə⁵⁵xua³¹	拉呱儿 la⁵⁵kuar⁵⁵ 谝谝 pʰiã⁵⁵pʰiã⁰	骂 ma³¹ 嚼 tɕyə⁵²	打仗 ta⁵⁵tʂaŋ³¹	吵仗 tʂʰɔ⁵⁵tʂaŋ³¹ 吵嘴 tʂʰɔ⁵⁵tsuei⁵⁵
谭家营 高密	说话 ʃuə²⁴xua³¹	拉呱儿 la⁵²kuar⁵⁵ 聊天儿 liɔ⁵²tʰrər²¹³	嚼 tɕyə⁵²	打仗 ta⁵⁵tʃaŋ³¹	吵起 tʂʰɔ³¹tɕʰi⁵⁵
马家庄 阎良	说话 ʂuə²⁴xua⁵³	谝 pʰiã⁵⁵ 拉呱 la⁵⁵kua⁵⁵	骂 ma⁵³ 日嚼 ʐʅ⁵³tɕyə⁰	打锤 ta³¹tʃʰuei⁵⁵ 打仗 ta⁵⁵tʂaŋ⁵³	嚷仗 zaŋ²⁴tʂaŋ⁵³

续表

例词\方言点	说话	聊天儿	骂	打架	吵架
朱家庄莱芜	说话 ʂuə²⁴xuã³¹	拉呱 la⁵⁵kua⁵⁵	呟 tɕyã⁵⁵	打仗 ta²⁴tʂaŋ⁵³	吵嘴 tʂʰɔ⁵⁵tθuei⁵⁵
官路村阎良	做声儿 tsu³¹ʂɚr⁵⁵ 言喘 ȵiã²⁴tʂʰuã⁰	拉呱儿 la⁵³kuar⁵⁵	嚼 tɕyə⁵³	打仗 ta⁵⁵tʃaŋ³¹	吵吵 tʂʰɔ³¹tʂʰɔ⁰
东堤村寿光	说话 ʂuə²⁴xuã³¹	拉呱儿 la⁵³kuar⁵⁵	嚼 tɕyə⁵³	打仗 ta⁵⁵tʃaŋ³¹	吵嘴 tʂʰɔ³¹tsue⁵⁵
杨居屯阎良	吭声 kʰəŋ²⁴ʂəŋ²¹³	拉呱儿 la³¹kuar⁵⁵ 谝闲传 pʰiã⁵⁵xã²⁴tʂʰuã⁵³	骂 ma³¹	打仗 ta³¹tʂaŋ⁵⁵	骂仗 ma³¹tʂaŋ⁵⁵
朱鹿村青州	说话 ʂuə⁵⁵xuã³¹ 做声 tsu²⁴ʂəŋ⁵⁵	拉呱儿 la⁵³kuar⁵⁵	嚼 tɕyə⁵³	打仗 ta⁵⁵tʂaŋ³¹	吵吵 tʂʰɔ³¹tʂʰɔ⁰ 拌嘴 pã³¹tsuei⁵⁵
富平县城关	说 ʃuo³¹ 言喘 ȵiã³¹tʃʰuã⁵³	谝闲传 pʰiã³⁵xã³⁵tʃʰuã³⁵	骂 ma⁵⁵	打捶 ta⁵³tʃʰuei³⁵	嚷仗 zaŋ⁵³tʂaŋ⁵⁵ 骂仗 ma⁵⁵tʂaŋ⁵⁵
太平村蒲城	说话儿 ʃuə⁵⁵xuar³¹	谝闲传 pʰiã³¹xã²⁴tʃʰuã⁵⁵ 拉呱儿 la⁵⁵kuar⁵⁵	嚼 tɕyə⁵³	打仗 ta⁵⁵tʃaŋ³¹	吵仗 tʂʰɔ⁵⁵tʃaŋ³¹ 骂仗 ma³¹tʃaŋ⁰
魏马村昌邑	说话 ʃuə²⁴xuã³¹	拉呱儿 la⁵³kuar⁵⁵	嚼 tɕyə⁵³	打仗 ta²⁴tʃaŋ³¹	吵仗 tʂʰɔ²⁴tʃaŋ³¹
蒲城县城关	说 ʃuo³¹ 言喘 ȵiã³⁵tʃʰuã⁰	谝闲传 pʰiã³⁵xã³⁵tʃʰuã³⁵	骂 ma⁵⁵	打捶 ta⁵³tʃʰuei³⁵	嚷仗 zaŋ⁵³tʂaŋ⁵⁵ 骂仗 ma⁵⁵tʂaŋ⁵⁵
雷家寨大荔	说话 ʂuə²⁴xua⁴¹²	拉呱儿 la⁵³kuar⁵⁵	呟 tɕyã⁵⁵	打架 ta⁵⁵tɕia⁴¹²	吵架 tʂʰɔ⁵⁵tɕia⁴¹² 骂架 ma²⁴tɕia⁴¹² 嚷仗 zaŋ⁵⁵tʂaŋ⁴¹²
北李村郓城	说话 ʂuə²⁴xua⁴¹²	拉呱儿 la⁵³kuar⁵⁵	呟 tɕyã⁵⁵	打架 ta⁵⁵tɕia⁴¹²	吵架 tʂʰɔ⁵⁵tɕia⁴¹ 骂架 ma²⁴tɕia⁴¹
大荔县城关	说 fiæ³¹ 言喘 ȵiã²⁴pfʰã⁰	谝（闲传） pʰiã⁵²(xã²⁴pfʰã²⁴)	□ ŋuo³¹ 骂 ma⁵⁵ 嚼 tɕyo²⁴	打捶 ta⁵²pfʰei²⁴ 打仗 ta⁵²tʂaŋ⁵⁵	嚷仗 zaŋ⁵²tʂaŋ⁵⁵ 吵仗 tʂʰɔ⁵²tʂaŋ⁵⁵ 骂仗 ma⁵⁵tʂaŋ⁵⁵

四、生活起居动词比较

从表 3-16 中可见，"撺菜"这一动作，关中山东方言岛的说法与源方言一致，说"捣菜"或"敲菜"。关中山东方言岛受关中方言影响较明显的是"欠~钱"，多数方言岛说"争"，与关中方言一致。"打嗝儿""打呼噜"，关中山东方言岛受关中方言的影响不大，有的方言使用关中方言的说法，如"打嗝儿"，大李村、杨居屯说"打够儿",而"打呼噜"雷家寨借用大荔方言的"拽鼾睡"。

表 3-16　生活起居动词比较表

例词 方言点	搛菜	打嗝儿吃饱后	打呼噜	欠~钱
大李村三原	捣菜 tɔ²⁴tsʰɛ³¹	打够儿 ta⁵⁵kour³¹	打呼噜儿 ta⁵⁵xu²¹lur⁵⁵	欠 tɕʰiã³¹ 该 kɛ²¹³ 争 tsəŋ²¹³
耿　庄菏泽	捣菜 tɔ²⁴tsʰɛ⁴¹	打嗝喽儿 ta⁵⁵kə²¹lour⁵⁵	打呼噜 ta⁵⁵xu²¹lu⁵⁵	该 kɛ²¹³
三原县城关	抄菜 tsʰɔ³¹tsʰæ⁵⁵	打够 ta⁵²kou⁵⁵	打鼾睡 ta⁵²xã⁵⁵ʃuei⁰ 打呼噜 ta⁵²xu³¹lou⁰	争 tsəŋ³¹ 欠 tɕʰiã⁵⁵
谭家村阎良	捣菜 tɔ²⁴tsʰɛ³¹	打嗝等儿 ta⁵⁵kə³¹tər⁰	打呼噜 ta⁵⁵xu³¹lu⁰	该 kɛ²¹³ 争 tsəŋ²¹³
谭家营高密	捣菜 tɔ²⁴tθʰɛ³¹	打嗝等儿 ta⁵⁵kə³¹trər⁰	打呼噜 ta⁵⁵xu³¹lu⁰	该 kɛ²¹³
马家庄阎良	敲菜 tɕi²⁴tsʰɛ⁵³	打嗝等儿 ta³¹kə⁵⁵tər⁰	打呼噜 ta⁵⁵xə⁵³lou⁰	该 kɛ³¹ 争 tsəŋ³¹ 欠 tɕʰiã⁵³
朱家庄莱芜	敲菜 tɕi²⁴tθʰɛ³¹	打嗝得 ta⁵⁵kə³¹tɕi⁰	打呼噜 ta⁵⁵xu³¹lou⁰	该 kɛ²¹³
官路村阎良	敲菜 tɕi²⁴tsʰɛ³¹	打够都儿 ta⁵⁵kəu³¹təur⁰	打呼噜 ta⁵⁵xu³¹lu⁰	该 kɛ²¹³ 争 tsəŋ²¹³
东堤村寿光	敲菜 tɕi²⁴tsʰɛ³¹	打够等儿 ta⁵⁵kou³¹trər⁰	打呼噜 ta⁵⁵xu³¹lu⁰	该 kɛ²¹³
杨居屯阎良	敲菜 tɕi²⁴tsʰɛ⁵⁵	打够儿 ta⁵⁵kour⁵⁵	打呼噜 ta⁵⁵xu³¹lu⁰	欠 tɕʰiã³¹ 该 kɛ²¹³ 争 tsəŋ³¹
朱鹿村青州	敲菜 tɕi²⁴tsʰɛ³¹	打够等儿 ta⁵⁵kou²⁴tər⁰	打呼噜 ta⁵⁵xu³¹lu⁰	该 kɛ²¹³ 欠 tɕʰiã³¹
富平县城关	抄菜 tsʰɔ³¹tsʰæ⁵⁵	打够 ta⁵³kou⁵⁵	打鼾睡 ta⁵³xã⁵⁵ʃuei⁰	争 tsəŋ³¹ 欠 tɕʰiã⁵⁵ 该 kæ³¹
太平村蒲城	捣菜 tɔ²⁴tθʰɛ³¹	打够等儿 ta⁵⁵kou³¹tər⁰	打呼噜 ta⁵⁵xu³¹lu⁰	该 kɛ²¹³ 争 tθəŋ²¹³
魏马村昌邑	捣菜 tɔ²⁴tθʰɛ³¹	打嗝儿 ta²⁴kuə³¹tər⁰	打呼噜 tɑ²⁴xu³¹lu⁰	该 kɛ²¹³
蒲城县城关	抄菜 tsʰɔ³¹tsʰæ⁵⁵	打够 ta⁵³kou⁵⁵	打鼾睡 ta⁵³xã⁵⁵ʃuei⁰	争 tsəŋ³¹ 欠 tɕʰiã⁵⁵

续表

例词 方言点	搛菜	打嗝儿吃饱后	打呼噜	欠~钱
雷家寨大荔	捣菜 tɔ²⁴tsʰɛ⁴¹²	打饱嗝儿 ta⁵⁵pɔ⁵⁵kər⁵³	打呼噜 ta⁵⁵xu²¹lou⁵⁵ 搜觰睡 iə⁵⁵xã²¹ʂuei⁵⁵	争 tʂəŋ²¹³ 该 kɛ²¹³
北李村郓城	捣菜 tɔ²⁴tsʰɛ⁴¹	打嗝喽儿 ta⁵⁵kə⁵⁵lour⁰	打呼噜 ta⁵⁵xu²¹lu⁵⁵	该 kɛ²¹³
大荔县城关	抄菜 tsʰɔ³¹tsʰæ⁵⁵ 夹菜 tɕia³¹tsʰæ⁵⁵	打够 ta⁵²kou⁵⁵	搜觰睡 iɛ³¹xã⁵⁵fei⁰ 打呼噜 ta⁵²xu³¹lou⁰	欠 tɕʰiã⁵⁵ 争 tʂəŋ³¹ 该 kæ³¹

第四节 关中山东方言岛与源方言、关中方言的其他词比较

一、形容词比较

关中山东方言岛"坏"的说法与源方言的说法较为一致,多数还有"孬"的说法,但也有部分方言岛增加了关中方言"瞎"的说法,且在语音上与关中方言形成对应,即声母韵母相同、调类一致,如谭家村、马家庄、杨居屯。类似的还有表示"好"的"嫽",如谭家村、杨居屯,其语音与关中方言形成对应。"淡""笨""心烦"的说法,关中山东方言岛常借用关中方言"甜""闷""毛乱"或"叵烦"的说法。

表 3-17 形容词比较表

例词 方言点	好	坏指人	淡不咸	笨脑子~	心烦
大李村三原	好 xɔ⁵⁵	孬 nɔ²¹³	没味儿 mei²⁴uər³¹ 淡 tã³¹	笨 pẽ³¹ 闷 mẽ²¹³	烦 fã⁵³
耿 庄菏泽	好 xɔ⁵⁵	孬 nɔ²¹³	没味儿 mei²⁴uər⁴¹²	笨 pẽ⁴¹²	烦 fã⁵³
三原县城关	好 xɔ⁵² 嫽 liɔ²⁴	瞎 xɑ³¹ 坏 xuæ⁵⁵	淡 tã⁵⁵ 甜 tʰiã²⁴	笨 pẽ⁵⁵ 闷 mẽ⁵⁵	毛乱 mu²⁴luã⁰ 毛焦 mɔ²⁴tiɔ³¹
谭家村阎良	好 xɔ⁵⁵ 美 mei⁵⁵ 嫽 liɔ⁵²	坏 xuɛ³¹ 瞎 xɑ²¹³	淡 tã³¹ 甜 tʰiã⁵²	钝 tuɔ̃³¹ 闷 mɔ̃³¹	叵烦 pʰə³¹fã⁰

续表

方言点＼例词	好	坏_指人_	淡_不咸_	笨_脑子~_	心烦
谭家营_高密_	好 xɔ⁵⁵	坏 xuɛ³¹	淡 tã³¹	笨 pə̃³¹	心烦 siə̃²⁴fã⁵²
马家庄_阎良_	好 xɔ⁵⁵	坏 xuɛ⁵³ 瞎 xɑ³¹	淡 tã⁵³ 甜 tʰiã⁵⁵	笨 pə̃³¹ 闷 mə̃⁵³	毛躁 mɔ²⁴tsɔ⁵⁵ 叵烦 pʰə⁵³fã⁰
朱家庄_莱芜_	好 xɔ⁵⁵	孬 nɔ²¹³ 坏 xuɛ³¹	淡 tã³¹	拙古 tʂuə²⁴ku⁵⁵	烦躁 fã²⁴tθ⁵³
官路村_阎良_	好 xɔ⁵⁵ 美 mei⁵⁵ 嫽 liɔ⁵³	孬 nɔ²¹³ 糙 tsʰɔ²¹³	淡 tã³¹	闷 mə̃³¹	毛乱 mu²⁴luã⁰ 叵烦 pʰə³¹fã⁰
东堤村_寿光_	好 xɔ⁵⁵	坏 xuɛ³¹ 孬 nɔ²¹³	淡 tã³¹	鲁 lu⁵⁵ 笨 pə̃³¹	心烦 siə̃²⁴fã⁵³ 心焦 ɕiə̃³¹tɕiɔ⁰
杨居屯_阎良_	好 xɔ⁵⁵ 美 mei⁵⁵ 嫽 liɔ⁵³	瞎 xɑ²¹³ 坏 xuɛ³¹	淡 tã³¹	闷 mẽ³¹	毛乱 mu²⁴luã⁵³ 毛焦 mɔ²⁴tɕiɔ⁵³
朱鹿村_青州_	好 xɔ⁵⁵	坏 xuɛ³¹ 糙 tsʰɔ²¹³ 刺毛 tsʰɿ²⁴mɔ⁵³	淡 tã³¹	鲁 lu⁵⁵ 愚 y²¹³	烦气 fã²⁴tɕʰi³¹
富平县_城关_	嫽 liɔ³⁵ 好 xɔ⁵³	瞎 xa³¹ 坏 xuæ⁵⁵	甜 tʰiã³⁵	闷 mẽ⁵⁵	毛乱 mu³¹luã⁵³ 叵烦 pʰɔ⁵³fã⁰
太平村_蒲城_	好 xɔ⁵⁵ 美 mei⁵⁵	坏 xuɛ³¹ 瞎 xɑ²¹³	淡 tã³¹	闷 mə̃³¹	毛乱 mu²⁴luã³¹
魏马村_昌邑_	好 xɔ⁵⁵	坏 xuɛ³¹ 孬 nɔ²¹³	淡 tã³¹	钝 tuə̃³¹	心烦 siə̃²⁴fã⁵³
蒲城县_城关_	嫽 liɔ³⁵ 好 xɔ⁵³	瞎 xa³¹ 坏 xuæ⁵⁵	甜 tʰiã³⁵	闷 mẽ⁵⁵	毛乱 mu³⁵luã⁰ 叵烦 pʰɔ⁵³fã⁰
雷家寨_大荔_	好 xɔ⁵⁵	孬 nɔ²¹³	甜 tʰiã⁵³	笨 pẽ⁴¹² 闷 mẽ²¹³	心烦 ɕiə̃²⁴fã⁵³ 心乱 ɕiə̃²⁴luã⁴¹²
北李村_郓城_	好 xɔ⁵⁵	孬 nɔ²¹³	淡 tã⁴¹²	木 mu²⁴ 木怵 mu²¹tʂʰu⁵⁵	心烦 siə̃²¹fã⁵³
大荔县_城关_	嫽 liɔ²⁴ 美 mei⁵² 好 xɔ⁵²	瞎 xɑ³¹ 坏 xuæ⁵⁵	甜 tʰiã²⁴ 淡 tʰã⁵⁵	闷 mẽ⁵⁵	毛乱 mu²⁴yã⁰

二、代词比较

在代词方面，山东方言与关中方言各具特点。从表 3-18 可看到，关中山东方言岛在指代词方面都与源方言保持高度一致，不受关中方言的影响。

表 3-18　指代词比较表[①]

方言点 \ 例词	我	你	那里	这么 ~做	那么 ~做
大李村 三原	俺 ɣã⁵⁵ 我 uə⁵⁵	恁 nei⁵⁵ 你 ȵi⁵⁵	那呵 na⁵³xə⁰	这样 tʂə⁵³iaŋ⁰	那样 na⁵³iaŋ⁰
耿　庄 菏泽	我 uə⁵⁵ 俺 ɣã⁵⁵	你 ȵi⁵⁵ 恁 nei⁵⁵	那呵 na⁵³xə⁰	这样 tʂə⁵³iaŋ⁰	那样 na⁵³iaŋ⁰
三原县 城关	我 ŋɤ⁵²	你 ȵi⁵²	兀搭 u⁵⁵taʔ⁰	这样 tʂɤ⁵⁵iaŋ⁰	兀样 uei⁵⁵iaŋ⁰
谭家村 阎良	我 uə⁵⁵/ŋə⁵⁵ 俺 ŋã⁵⁵	你 ȵi⁵⁵ 恁 nã⁵⁵	乜里 ȵiə²⁴li⁰	[这样]么 tʂaŋ⁵²mə⁰	[乜样]么 ȵiaŋ⁵²mə⁰
谭家营 高密	我 uə⁵⁵ 俺 ŋã²¹³	你 ȵi⁵⁵ 恁 nã⁵⁵	乜里 ȵiə⁵⁵li⁰	[这样]么 tʃaŋ⁵⁵mə⁰	[乜样]么 ȵiaŋ⁵⁵mə⁰
马家庄 阎良	我 uə⁵⁵ 俺 ŋã⁵⁵	你 ȵi⁵⁵	那里 na⁵⁵li⁰	这样 tʂə⁵³iaŋ⁰	[乜样]样 ȵiə⁵³iaŋ⁰
朱家庄 莱芜	我 və⁵⁵ 俺 ŋã⁵⁵	你 ȵi⁵⁵	那里 na⁵⁵ȵi⁰	这么 tθɤ³¹mə¹²	那么 na³¹mə¹²
官路村 阎良	我 uə⁵⁵ 俺 ŋã⁵⁵	你 ȵi⁵⁵	那里 na²⁴ȵi⁰ 乜里 ȵiə²⁴ȵi⁰	[这样]么 tʂaŋ⁵⁵mə⁰	[乜样]么 ȵiaŋ³¹mə⁰
东堤村 寿光	俺 ŋã⁵⁵ 我 uə⁵⁵	你 ȵi⁵⁵	乜里 ȵiə²⁴ȵi⁰	[这样] tʂaŋ²¹³	[乜样]么 ȵiaŋ⁵⁵mə⁰
杨居屯 阎良	俺 ŋã⁵⁵ 我 uə⁵⁵	你 ȵi⁵⁵ 恁 ŋẽ⁵⁵	那[里啊] na²⁴ȵia⁵³	[这样] tʂaŋ²¹³	[乜样] ȵiaŋ²¹³
朱鹿村 青州	我 uə⁵⁵ 俺 ŋã⁵⁵	你 ȵi⁵⁵ 恁 ŋẽ⁵⁵	乜里 ȵiə²⁴ȵi⁰ 乜旮 ȵiə²⁴ka⁰ 那里 na²⁴ȵi⁰ 那旮 na²⁴ka⁰	[这样] tʂaŋ²¹³ [这样]么 tʂaŋ⁵⁵məŋ⁰	[乜样] ȵiaŋ²¹³ [乜样]么 ȵiaŋ⁵⁵məŋ⁰

---

① 表中的"[ ]"表示合音，下文不再一一说明。

续表

例词\方言点	我	你	那里	这么~做	那么~做
富平县城关	我 ŋɤ⁵³	你 ŋi⁵³	兀搭儿 u⁵⁵tar⁰ 那搭儿 næ⁵⁵tar⁰	这样儿 tʂʅ⁵⁵ŋiar⁰	兀样儿 u⁵⁵ŋiar⁰ 那样儿 næ⁵⁵ŋiar⁰
太平村蒲城	我 uə⁵⁵ 俺 ŋã⁵⁵	你 ŋi⁵⁵ 恁 nɔ̃⁵⁵ 尊称	乜里 ŋiə²⁴li⁰	[这样]么 tʃaŋ⁵⁵mə⁰	[乜样]么 ŋiaŋ⁵⁵mə⁰
魏马村昌邑	我 uə⁵⁵ 俺 ŋã⁵⁵	你 ŋi⁵⁵ 恁 nɔ̃⁵⁵ 尊称	乜里 ŋiə²⁴li⁰	[这样]么 tʃaŋ⁵⁵mə⁰	[乜样]么 ŋiaŋ⁵³mə⁰
蒲城县城关	我 ŋuo⁵³	你 ŋi⁵³	兀搭 u⁵⁵ta⁰ 那搭 næ⁵⁵ta⁰	这样儿 tʂʅ⁵⁵iar⁰	兀样儿 u⁵⁵iar⁰ 那样儿 næ⁵⁵iar⁰
雷家寨大荔	我 uə⁵⁵ 俺 ɣã⁵⁵	你 ŋi⁵⁵	那呵 na⁵³xə⁰	这样 tʂə²⁴iaŋ⁰	那样 na²⁴iaŋ⁰
北李村郯城	我 uə⁵⁵ 俺 ɣã⁵⁵	你 ŋi⁵⁵ 恁 nei⁵⁵ 尊称	那呵 na⁵³xə⁰	这样 tʂə²⁴iaŋ⁰	那样 na²⁴iaŋ⁰
大荔县城关	我 ŋuo⁵²	你 ŋi⁵²	兀搭 u⁵⁵ta⁰ 那搭 næ⁵⁵ta⁰	这□ tʂʅ⁵⁵xɔ⁰	兀□ u⁵⁵xɔ⁰ 那□ næ⁵⁵xɔ⁰

三、副词、介词比较

"刚""一块儿""太""不要"等副词，关中山东方言岛多保留源方言的说法。而"大概""和"，有的方言岛则有关中方言的说法，如谭家村、马家庄、官路村、杨居屯常分别说成"大摸"和"赶"。

表 3-19 副词、介词比较表

例词\方言点	刚~我来没赶上	大概~有二十来里地	一块儿咱们~去	太~好了	不要慢慢儿走,~跑	和~他谈话
大李村三原	刚 tɕiaŋ²¹³	大约摸儿 ta²¹yə²¹mur⁵⁵	一堆儿 i⁵⁵tsuer⁰	些 ɕiə²¹³ 怪 kuɛ³¹	别 pɛ⁵³	跟 kẽ²¹³
耿　庄菏泽	刚 tɕiaŋ²¹³	大约摸儿 ta²¹yə²¹mur⁵⁵	一块儿 i⁵⁵kʰuɛr⁰	些 siə²⁴ 真 tʂɛ²¹³ 怪 kuɛ⁴¹²	别 pɛ⁵³	给 kei²¹³
三原县城关	刚（刚）kaŋ²⁴(kaŋ⁰) 才 tsʰæ²⁴	大摸儿 ta⁵⁵mur⁵² 大概 ta⁵⁵kæ⁵⁵	一搭儿 i³¹tar²⁴¹	太 tʰæ⁵⁵	夔 pɔ³¹	跟 kẽ³¹

续表

方言点＼例词	刚我~来没赶上	大概~有二十来里地	一块儿咱们~去	太~好了	不要慢慢儿走，~跑	和~他谈话
谭家村阎良	才 tsʰɛ⁵² 才刚儿 tsʰɛ⁵²tɕiar²¹³	大摸儿 ta³¹mur⁵⁵	一堆儿 i³¹tsuer²¹³	刚 kaŋ²¹³	别 pɛ⁵²	跟 kɤ̃²¹³ 赶 kã⁵⁵
谭家营高密	才急忙儿 tθʰɛ²⁴tɕi³¹mar⁵²	大概 ta³¹kɛ²⁴	一块儿 i²⁴kʰuɛr⁰	太 tʰɛ³¹	不要 pu⁵⁵io³¹ 别 pɛ⁵²	和 xə⁵² 跟 kɤ̃²¹³
马家庄阎良	刚 tɕiaŋ³¹	大摸 ta⁵³mu⁵⁵	一堆 i⁵⁵tsuei³¹	太 tʰɛ⁵³	别 pɛ⁵⁵	赶 kã⁵⁵
朱家庄莱芜	刚 tɕiaŋ²¹³ 才 tθʰɛ⁵⁵	大约摸 ta³¹yə³¹mə⁵⁵	一堆 i⁵⁵tθuei²¹³	忒 tʰuei⁵³	别 piə⁵⁵	和 xə⁵⁵ 跟 kɤ̃²¹³
官路村阎良	刚 tɕiaŋ²¹³	大摸儿 ta⁵³mur⁵⁵	一堆儿 i²⁴tsuer²¹³	刚 kaŋ²¹³	别 pɛ⁵³	赶 kã³¹ 和 xuə⁵³
东堤村寿光	才 tsʰɛ⁵³	大概 ta³¹kɛ²⁴ 大约 ta³¹yə²⁴	一堆儿 i⁵⁵tsuer²¹³	刚的 kaŋ²⁴ti⁰	别 pɛ⁵³	和 xuə⁵³ 跟 kɤ̃²¹³
杨居屯阎良	刚 tɕiaŋ²¹³	大摸儿 ta³¹mur⁵⁵	一堆儿 i⁵⁵tsuer⁵³ 一搭里 i⁵⁵ta²⁴ŋi⁰	刚 kaŋ²¹³	别 pɛ⁵⁵	和 xuə⁵³ 赶 kã³¹
朱鹿村青州	刚 tɕiaŋ²¹³ 才 tsʰɛ⁵³	大概 ta³¹kɛ²⁴ 大约 ta³¹yə²⁴	一堆儿 i⁵⁵tsuer⁵³	刚 kaŋ²¹³	别 piə⁵³/pɛ⁵³	和 xuə⁵³
富平县城关	刚 kaŋ³⁵ 才 tsʰæ³⁵	大摸儿 ta⁵⁵mur⁵³ 大概 ta⁵⁵kæ⁵⁵	一搭里 i³¹taoli⁵³ 一块儿 i³¹kʰuær⁵³	太 tʰæ⁵⁵	嫑 po³¹	赶 kã³¹ 跟 kɤ̃³¹
太平村蒲城	刚 tɕiaŋ²¹³ 才刚儿 tθʰɛ⁵³tɕiar²¹³	大概 ta²⁴kɛ³¹ 大约摸 ta³¹yə⁰mu⁵⁵	一块儿 i²⁴kʰuɛr⁰	綦 tɕʰi⁵³	别 pɛ⁵³	和 xuə⁵³ 跟 kɤ̃²¹³
魏马村昌邑	才刚儿 tθʰɛ⁵³tɕiar²¹³	大概 ta³¹kɛ²⁴ 大约 ta³¹yə⁵³	一撮儿 i²⁴tθʰuər⁵³	綦 tɕʰi⁵³	别 piə⁵³	和 xuə⁵³ 跟 kɤ̃²¹³
蒲城县城关	刚 kaŋ³⁵ 才 tsʰæ³⁵	大摸儿 ta⁵⁵mur⁵³ 大概 ta⁵⁵kæ⁵⁵	一块儿 i³¹kʰuɛr⁵³ 一起 i³¹tɕʰi⁵³	太 tʰæ⁵⁵	嫑 po³¹	赶 kã³¹ 跟 kɤ̃³¹
雷家寨大荔	刚 tɕiaŋ²¹³	大约摸 ta⁴¹yə⁰mu⁵³	一发儿 i²¹far⁵³	忒 tʰuei²¹³	别 pɛ⁵³	跟 kɤ̃⁵³
北李村郓城	刚 tɕiaŋ²¹³	大约摸 ta⁵³yə⁰mu⁵⁵	一发儿 i²⁴far⁵³	忒 tʰei²¹³	别 piə⁵³	跟 kɤ̃²¹³
大荔县城关	刚 kaŋ²⁴	大概 ta⁵⁵kæ⁵⁵	一搭儿 i³¹tar²⁴ 厮跟上 sɿ³¹kã³¹ʂaŋ⁰	太 tʰæ⁵⁵	嫑 po³¹	跟 kɤ̃³¹ 连 liã²⁴

四、量词、数词比较

在量词、数词方面，关中山东方言岛受关中方言的影响较小，仅谭家村、马家庄的"一遍"有关中方言的说法，而其他词都保留源方言的说法，如"一会儿"方言岛常说成"一霎儿"，"两个"说成"俩"，"三个"说成"仨"，而"三个"以上时"个"的读音在马家庄、官路村、杨居屯中有较特殊的发音，其特殊发音多与源方言一致。但是，也有不一致的情况，如官路村，或许是受周围山东方言岛的影响所致。

另外，"一下"中的"下"在官路村、杨居屯中读为 [xɑ]，并不是受关中方言的影响，而是源方言的遗留，因为源方言本身就说成 [xɑ]。

表 3-20　量词、数词比较表

例词 方言点	一遍洗~	一下打~	一会儿谈~	两个	三个	九个
大李村 三原	一遍 i⁵⁵piã³¹	一下子 i⁵⁵ɕia⁵³tə⁰	一会儿 i⁵⁵xueir³¹	俩 lia⁵⁵ 两个 liaŋ⁵⁵kə⁰	仨 sa²¹³ 三个 sã²¹kə⁵⁵	九个 tɕiou⁵⁵kə⁰
耿　庄 菏泽	一遍 i²⁴piã⁴¹²	一下子 i²⁴ɕia⁵³tə⁰	一会儿 i²⁴xuer⁴¹²	俩 lia⁵⁵ 两个 liaŋ⁵⁵kə⁰	仨 sa²⁴ 三个 sã²¹kə⁵⁵	九个 tɕiou⁵⁵kə⁰
三原县 城关	一水 i³¹ʃuei⁵² 一遍 i²⁴piã⁵⁵	一下 i³¹xɑ⁵⁵	一时 i³¹sʅ²⁴	两个 liaŋ⁵²kə⁰	三个 sã³¹kə⁰	九个 tɕiou⁵²kə⁰
谭家村 阎良	一遍 i²⁴piã⁰ 一□ i²⁴tsʰã⁰	一下儿 i²⁴ɕiar⁰	一霎儿 i³¹ʂar⁵⁵	两个 liaŋ³¹kə⁵⁵ 俩 lia⁵⁵	三个 sã³¹kə⁰ 仨 sa²¹³	九个 tɕiou³¹kə⁵⁵
谭家营 高密	一遍 i²⁴piã⁰	一下儿 i²⁴ɕrar⁰	一会儿 i²⁴xuer⁵² 一霎儿 i²⁴ʂar⁵⁵	两个 liaŋ²⁴kə⁵⁵ 俩 lia⁵⁵	三个 θã³¹kə⁰	九个 tɕiou²⁴kə⁵⁵
马家庄 阎良	一遍 i²⁴piã⁵³ 一□ i²⁴tsʰã⁵³	一下 i²⁴ɕia⁵³	一会儿 i²⁴xuer⁵³ 一霎儿 i³¹ʂar⁵⁵	两个 liaŋ²⁴kə⁰ 俩 lia⁵⁵	三个 sã²⁴kə⁵³ 仨 sa³¹	九呃 tɕiou³¹uə⁵⁵
朱家庄 莱芜	一遍 i²⁴piã⁵³	一下子 i³¹ɕia⁵⁵tə⁰	一会 i²⁴xuei⁵³	两个 liaŋ²⁴kə⁰ 俩 lia⁵⁵	三个 θã²⁴kə⁵³ 仨 θa²¹³	九呃 tɕiou²⁴və⁵⁵
官路村 阎良	一遍 i²⁴piã⁰	一下儿 i²⁴xar⁰	一霎儿 i⁵³ʂar²¹³	两个 liaŋ²⁴kuə⁵⁵ 俩 lia⁵⁵	三个 sã²⁴kuə⁰ 仨 sa²¹³	九啊 tɕiou²⁴a⁵⁵
东堤村 寿光	一遍 i²⁴piã⁰	一下儿 i²⁴xar⁰	一霎儿 i⁵³ʂar²¹³	两个 liaŋ²⁴kuə⁰ 俩 lia⁵⁵	三个 sã³¹kuə⁰ 仨 sa²¹³	九个 tɕiou²⁴kuə⁵⁵

续表

例词 方言点	一遍洗~	一下打~	一会儿谈~	两个	三个	九个
杨居屯 阎良	一遍 i^{55}piã^{31}	一下 i^{55}xa^{31}	一霎儿 i^{55}ʂar^{55}	俩 lia^{55} 两个 liaŋ^{24}kuə^{53}	三个 sã^{24}kuə^0 仨 sa^{213}	九啊 tɕiou^{31}ua^{55}
朱鹿村 青州	一遍 i^{24}piã^0	一下子 i^{31}xa^{55}tsɿ^0	霎霎儿 ʂa^{31}ʂar^{55}	两个 liaŋ^{55}kuə^0 俩 lia^{55}	三个 sã^{24}kuə^0 仨 sa^{213}	九啊 tɕiou^{24}ua^{55}
富平县 城关	一□ i^{31}tsʰã^{55} 一遍 i^{31}piã^{55}	一下 i^{31}xa^{55}	一时儿 i^{31}sɿr^{35} 一会儿 i^{31}xueir^{53}	两□ liaŋ^{31}uæ^0 ［两个］lia:ŋ^{311}	三□ sã^{31}uæ^0	九□ tɕiou^{31}uæ^0
太平村 蒲城	一遍 i^{24}piã^0	一下 i^{24}ɕia^0	一霎儿 i^{31}ʂar^{55}	两个 liaŋ^{31}kə^{55} 俩 lia^{55}	三个 θã^{31}kə^0 仨 θa^{213}	九个 tɕiou^{31}kə^0
魏马村 昌邑	一遍 i^{24}piã^0	一下儿 i^{24}ɕiar^0	一霎儿 i^{24}ʂar^{55}	两个 liaŋ^{24}kə^{55} 俩 lia^{55}	三个 θã^{31}kə^0 仨 θa^{213}	九个 tɕiou^{24}kə^0
蒲城县 城关	一□ i^{31}tsʰã^{55} 一遍 i^{31}piã^{55}	一下 i^{31}xa^{55}	一时儿 i^{31}sɿr^{35} 一会儿 i^{31}xueir^{53}	两个 liaŋ^{31}uæ^0/kuæ^0 ［两个］lia:ŋ^{311}	三个 sã^{31}uæ^0/kuæ^0	九个 tɕiou^{31}uæ^0/kuæ^0
雷家寨 大荔	一遍 i^{55}piã^{412}	一下 i^{24}ɕia^{412}	一会儿 i^{24}xuer^{412}	俩 lia^{55}	仨 sa^{213}	九个 tɕiou^{55}kə^0
北李村 郯城	一遍 i^{24}piã^{412}	一下儿 i^{24}ɕiar^{41}	一会儿 i^{24}xuer^{412}	俩 lia^{55}	仨 sa^{213}	九个 tɕiou^{24}kə^0
大荔县 城关	一□ i^{31}tsʰã^{55}	打一下 ta^{52}i^{31}xa^{55}	一会儿 i^{31}xueir^{52}	两个 liaŋ^{31}kuæ^0 ［两个］lia:ŋ^{311}	三个 sã^{31}kuæ^0 ［三个］sã:^{311}	九个 tɕiou^{52}kuæ^0

综上，在词汇方面，关中山东方言岛既保留了较多源方言的特殊词语，又吸收了不少关中方言的词语。从以上的比较看，关中山东方言岛吸收关中方言词语有两种情况：一是源方言的说法与关中方言的说法并存。这种情况较多，如谭家村，"白薯"既说"红苕 xəŋ^{55}ʂɔ^{52}"，也说"地瓜 ti^{55}kua^{31}"，前者为关中方言词语，后者为源方言词语，两种说法叠置。二是只有关中方言的说法。此类情况相对较少，如大李村把"冰雹"叫"冷子 ləŋ^{55}nə^0"。这里虽然是关中方言的说法，但读音经过方言岛音系的调整，与关中方言的发音形成对应。

关中山东方言岛不受关中方言影响的词语主要集中在亲属名词、代词、副词、数量词等几种词类上，因为这些词类属于相对封闭的词类。

第四章　关中山东方言岛与源方言、关中方言的语法比较

第一节　关中山东方言岛与源方言、关中方言的词法比较

词法是语法的重要组成部分，是词的构成、变化的规则。词法一般包括构词法和构形法。构词法是指词的构成规则，即语素如何构成词，其表现为词的结构形式。构形法则指一个词为表示不同的语法意义而发生形式变化的规则。山东方言与关中方言都为汉语北方官话方言，二者在词法方面的差异主要体现在构词法方面。

一、重叠比较

山东方言的一般名词多数不重叠，但亲属称谓词常重叠；关中方言则相反。从表4-1中可见："罐子""盆子"两个词，关中山东方言岛多为"罐子""盆子"，而关中方言则多为重叠，即"罐罐（儿）""盆盆（儿）"；"哥哥""姐姐""妹妹"三个词，关中山东方言岛除大李村、雷家寨"哥哥"说"哥"外，其余多用重叠，其中谭家村"哥哥""姐姐""妹妹"还分别有"哥""姐""妹子"的说法，这应是受关中方言的影响。

表 4-1　重叠比较表

例词 方言点	罐子	盆子	哥哥背称	姐姐背称	妹妹背称
大李村三原	罐子 kuã⁵³nə⁰	盆子 pʰẽ⁵⁵nə⁰	哥 kə⁵⁵	姐 tɕiə⁵⁵	妹妹 mei⁵³mei⁰
耿　庄菏泽	罐子 kuã⁵³nə⁰	盆子 pʰẽ⁵⁵tə⁰	哥 kə⁵⁵	姐 tsiə⁵⁵	妹妹 mei⁵³mei⁰

续表

方言点＼例词	罐子	盆子	哥哥背称	姐姐背称	妹妹背称
三原县城关	罐罐 kuã⁵⁵kuã⁰	盆盆 pʰẽ²⁴pʰẽ⁰	哥 kɤ²⁴	姐 tiɛ²⁴	妹子 mei⁵⁵tsʅ⁰
谭家村阎良	罐子 kuã⁵⁵tsʅ⁰	盆子 pʰɔ̃²⁴tsʅ⁵²	哥 kə²¹³ 哥哥 kuə³¹kuə⁰	姐 tsiə⁵⁵ 姐姐 tsiə³¹tsiə⁵⁵	妹妹 mei⁵⁵mei⁰ 妹子 mei⁵⁵tsʅ⁰
谭家营高密	罐子 kuã⁵⁵tθʅ⁰	盆 pʰɔ̃⁵²	哥哥 kə³¹kə⁰ 老兄 lɔ⁵²ɕiŋ²¹³	姐姐 tsiə²⁴tsiə⁵⁵	妹妹 mei⁵⁵mei⁰
马家庄阎良	罐子 kuã⁵⁵nə⁰	盆子 pʰɔ̃²⁴nə⁰	哥哥 kə⁵³kə⁰	姐姐 tɕiə³¹tɕiə⁵⁵	妹妹 mei⁵⁵mei⁰
朱家庄莱芜	罐子 kuã²⁴nə⁰	盆子 pʰɔ̃²⁴tə⁵⁵	哥哥 kə³¹kə¹²	姐姐 tsiə²⁴tsiə⁵⁵	妹妹 mɔ̃⁵⁵mɔ̃⁰
官路村阎良	罐子 kuã⁵⁵tsʅ⁰	盆儿 pʰər⁵³	哥哥 kuə³¹kuə⁰	姐姐 tɕiə²⁴tɕiə⁵⁵	妹妹 mei⁵⁵mei⁰
东堤村寿光	罐子 kuã⁵⁵tsʅ⁰	盆 pʰɔ̃⁵³ 盆子 pʰɔ̃²⁴tsʅ⁰	哥哥 kuə³¹kuə⁰	姐姐 tɕiə²⁴tɕiə⁵⁵	妹妹 mei⁵⁵mei⁰
杨居屯阎良	罐子 kuã⁵⁵tsʅ⁰	盆子 pʰẽ²⁴tsʅ⁰	哥哥 kə³¹kə⁰	姐姐 tɕiə³¹tɕiə⁵⁵	妹妹 mei⁵⁵mei⁰
朱鹿村青州	罐子 kuã⁵⁵tsʅ⁰	盆子 pʰẽ²⁴tsʅ⁰	哥哥 kuə³¹kuə⁰	姐姐 tɕiə³¹tɕiə⁵⁵	妹妹 mei⁵⁵mei⁰
富平县城关	罐罐儿 kuã³¹kuãr⁰	盆盆儿 pʰẽ³¹pʰẽr⁵³	哥 kɤ³⁵	姐 tiɛ³⁵	妹子 mei⁵⁵tsʅ⁰
太平村蒲城	罐子 kuã⁵⁵tθʅ⁰	盆子 pʰɔ̃²⁴tθʅ⁰	哥哥 kuə³¹kuə⁰	姐姐 tsiə³¹tsiə⁵⁵	妹妹 mei⁵⁵mei⁰
魏马村昌邑	罐子 kuã⁵³tθʅ⁰	盆子 pʰɔ̃²⁴tθʅ⁰	哥哥 kuə³¹kuə⁰ 老兄儿 lɔ⁵⁵ɕyɤr²¹³	姐姐 tsiə²⁴tsiə⁵⁵	妹妹 mei⁵⁵mei³¹
蒲城县城关	罐罐儿 kuã⁵⁵kuãr⁰	盆 pʰẽ³⁵ 盆盆儿 pʰẽ³⁵pʰẽr⁰	哥 kɤ³⁵	姐 tiɛ⁵³	妹子 mei⁵⁵tsʅ⁰
雷家寨大荔	罐子 kuã⁵³tsʅ⁰	盆子 pʰẽ⁵³tsʅ⁰	哥 kə⁵⁵	姐姐 tɕiə⁵⁵tɕiə⁰	妹妹 mei⁵³mei⁰
北李村郓城	罐子 kuã⁵³tsʅ⁰	盆子 pʰẽ⁵⁵tsʅ⁰	哥 kə⁵⁵	姐 tsiə⁵⁵ 姐姐 tsiə²⁴tsiə⁰	妹妹 mei⁵³mei⁰
大荔县城关	罐 kuã⁵⁵ 罐罐儿 kuã⁵⁵kuãr⁰ 罐子 kuã⁵⁵tsʅ⁰	盆 pʰẽ²⁴ 盆盆儿 pʰẽ²⁴pʰẽr⁰	我老大 ŋuo³¹lɔ⁵²ta⁵⁵	姐 tiɛ⁵²	妹子 mei⁵⁵tsʅ⁰

二、"子"缀比较

"子"后缀在山东方言和关中方言中十分常见，然而其在不同词语中的分布情况却不尽相同。关中山东方言岛有的词无"子"后缀，关中方言却有；有的词关中山东方言岛有"子"后缀，关中方言却无。"沙子""碾子""铡刀"三个词，关中山东方言岛多数没有"子"后缀，而关中方言都有"子"后缀；"猴子""虱子""橡子""柜子""绳子"，关中山东方言岛多带有"子"后缀，关中方言则多无"子"后缀。

表 4-2 "子"缀比较表 1

方言点 \ 例词	沙子	碾子	铡刀	猴子
大李村 三原	沙 ʂa²¹ / sa²¹tə⁵⁵	碾子 ȵiã⁵⁵nə⁰	铡 tʂa⁵³	猴子 xou⁵³tə⁰
耿 庄 菏泽	沙子 ʂa²¹tə⁵⁵	碾 ȵiã⁴¹²	铡 tʂa⁵³	猴子 xou⁵⁵tə⁰
三原县 城关	沙子 sa³¹tsɿ⁰	碾子 ȵiã⁵²tsɿ⁰	铡子 tsʰa²⁴tsɿ⁰	猴 xou²⁴
谭家村 阎良	沙子 ʂa⁵²tsɿ⁰ 沙 ʂa²¹³	碾子 ȵiã³¹tsɿ⁵⁵	铡 tʂa⁵²	猴儿 xour⁵²
谭家营 高密	沙 ʂa²¹³	碾 ȵiã³¹	铡 tʂa⁵²	猴子 xou²⁴tθɿ⁰ 狲儿 ʂur²¹³
马家庄 阎良	沙子 ʂa⁵³tə⁰	碾子 ȵiã³¹nə⁵³	铡子 tʂa²⁴tə⁰	猴子 xou²⁴tsɿ⁰
朱家庄 莱芜	沙子 ʂa³¹tθɿ²¹³	碾 ȵiã³¹	铡 tʂa⁵⁵	猴子 xou²⁴tə⁰
官路村 阎良	沙子 ʂa³¹tsɿ⁰	碾 ȵiã³¹	铡 tʂa⁵³	猴子 xəu²⁴tsɿ⁰ 猴儿 xəur⁵³
东堤村 寿光	沙 ʂa²¹³	碾 ȵiã⁵³	铡 tʂa⁵³	猴子 xou²⁴tsɿ⁰ 猴儿 xour⁵³
杨居屯 阎良	沙子 ʂa³¹tsɿ⁰	碾子 ȵiã³¹tsɿ⁵⁵	铡 tʂa⁵³	猴子 xou²⁴tsɿ⁰
朱鹿村 青州	沙 ʂa²¹³	碾 ȵiã³¹	铡 tʂa⁵³	猴子 xou²⁴tsɿ⁰ 猴儿 xour⁵³
富平县 城关	沙子 sa⁵³tsɿ⁰	碾子 ȵiã⁵⁵tsɿ⁰	铡子 tsʰa³¹tsɿ⁵³	猴 xou³⁵
太平村 蒲城	沙 ʂa²¹³	碾子 ȵiã³¹tθɿ⁵⁵	铡 tʂa⁵³	猴子 xou²⁴tθɿ⁰
魏马村 昌邑	沙 ʂa²¹³	碾 ȵiã³¹	铡 tʂa⁵³	猴子 xou²⁴tθɿ⁰ 狲儿 ʂuər213
蒲城县 城关	沙子 sa⁵³tsɿ⁰	碾子 ȵiã⁵⁵tsɿ⁰	铡子 tsʰa³⁵tsɿ⁰	猴 xou³⁵
雷家寨 大荔	沙子 ʂa²¹tsɿ⁵⁵	碾 ȵiã⁴¹²	铡 tʂa⁵³	猴子 xou⁵⁵tsɿ⁰
北李村 郓城	沙子 ʂa²¹tsɿ⁵⁵	碾 ȵiã⁴¹²	铡 tʂa⁵³	猴子 xou⁵⁵tsɿ⁰
大荔县 城关	沙子 sa³¹tsɿ⁰	碾子 ȵiã⁵⁵tsɿ⁰	铡子 tsʰa²⁴tsɿ⁰	猴 xou²⁴

表 4-3 "子"缀比较表 2

方言点 例词	虱子	橡子	柜子	绳子
大李村三原	虱子 ʂʅ²¹tə⁵⁵	橡子 tʂʰuã⁵⁵nə⁰	柜子 kuei⁵³tə⁰	绳子 ʂəŋ⁵⁵nə⁰
耿　庄菏泽	虱子 ʂʅ²¹tə⁵⁵	橡子 tʂʰuã⁵³tə⁰	柜 kuei⁴¹²	绳子 ʂəŋ⁵⁵nə⁰
三原县城关	虱 sei³¹	橡 tʃʰuã²⁴	柜 kuei⁵⁵	绳 səŋ²⁴
谭家村阎良	虱子 ʂʅ³¹tsʅ⁵⁵	橡 tʂʰuã⁵²	柜 kuei³¹	绳 ʂəŋ⁵²
谭家营高密	虱子 ʂʅ²⁴tθʅ⁵⁵	橡子 tʃʰuã²⁴tθʅ⁰	柜 kuei³¹	绳子 ʃəŋ²⁴tθʅ⁰
马家庄阎良	虱子 ʂʅ³¹tə⁰	橡 tʂʰuã⁵⁵	柜子 kuei⁵⁵tə⁰	绳 ʂəŋ⁵⁵
朱家庄莱芜	虱子 ʂʅ²⁴tə⁵⁵	橡子 tʂʰuã²⁴tθʅ⁰	柜子 kuei⁵⁵tθə⁰	绳子 ʂəŋ²⁴tθə⁰
官路村阎良	虱子 ʂʅ³¹tsʅ⁵⁵	橡儿 tʂʰuər⁵³	柜子 kuei⁵⁵tsʅ⁰	绳子 ʂəŋ²⁴tsʅ⁰ 绳儿 ʂər⁵³
东堤村寿光	虱子 ʂʅ²⁴tsʅ⁵⁵	橡子 tʂʰuã²⁴tsʅ⁰	柜子 kuei⁵⁵tsʅ⁰	绳子 ʂəŋ²⁴tsʅ⁰
杨居屯阎良	虱子 ʂʅ³¹tsʅ⁵⁵	橡子 tʂʰuã²⁴tsʅ⁰	柜子 kuei⁵⁵tsʅ⁰	绳子 ʂəŋ²⁴tsʅ⁰
朱鹿村青州	虱子 ʂʅ²⁴tsʅ⁵⁵	橡 tʂʰuã⁵³	柜子 kuei⁵⁵tsʅ⁰	绳子 ʂəŋ²⁴tsʅ⁰
富平县城关	虱 sei³¹	橡 tʃʰuã³⁵	柜 kʰuei⁵⁵	绳 ʂəŋ³⁵
太平村蒲城	虱子 ʂʅ³¹tθʅ⁵⁵	橡子 tʃʰuã²⁴tθʅ⁰	柜子 kuei⁵³tθʅ⁰	绳子 ʃəŋ²⁴tθʅ⁰
魏马村昌邑	虱子 ʂʅ²⁴tθʅ⁵⁵	橡子 tʃʰuã²⁴tθʅ⁰	柜子 kuei⁵³tθʅ⁰	绳子 ʃəŋ²⁴tθʅ⁰
蒲城县城关	虱 sei³¹	橡 tʃʰuã³⁵	柜 kʰuei⁵⁵	绳 ʂəŋ³⁵
雷家寨大荔	虱子 ʂʅ²¹tsʅ⁵⁵	橡子 tʂʰuã⁵³tsʅ⁰	柜 kuei⁴¹²	绳子 ʂəŋ⁵³tsʅ⁰
北李村郃城	虱子 ʂʅ²¹tsʅ⁵⁵	橡子 tʂʰuã⁵⁵tsʅ⁰	柜 kuei⁴¹²	绳 ʂəŋ⁵³
大荔县城关	虱 sei³¹	橡 pfʰã²⁴	柜 kʰuei⁵⁵ 柜子 kʰuei⁵⁵tsʅ⁰	绳（子）ʂəŋ²⁴(tsʅ⁰)

三、其他后缀比较

　　山东方言与关中方言在多数后缀上是基本相同的，但是在表示有某些生理缺陷的人时，关中山东方言岛除大李村、雷家寨外常用"汉"，而关中方言则多用"子"。如"瞎子"，马家庄、杨居屯、太平村也有"瞎子"的说法，这应是受关中方言影响的结果，且马家庄"瞎"的声母、韵母发音也受到关中方言的影响。

表 4-4　其他后缀比较表

方言点＼例词	聋子	瞎子
大李村三原	聋子 luŋ⁵⁵nə⁰	瞎子 ɕia²¹tə⁵⁵
耿　庄菏泽	聋子 luŋ⁵³nə⁰	瞎子 ɕia²¹tə⁵⁵
三原县城关	聋子 ləŋ²⁴tsʅ⁰	瞎子 xɑ⁵²tsʅ⁰
谭家村阎良	聋汉 ləŋ²⁴xã⁵²	瞎汉 ɕia³¹xã⁵⁵
谭家营高密	聋汉 ləŋ²⁴xã⁰	瞎汉 ɕia²⁴xã⁵⁵
马家庄阎良	聋子 luŋ²⁴nə⁰ 聋汉 luŋ²⁴xã⁰	瞎子 xɑ⁵³tə⁰ 瞎厮 ɕia³¹sʅ⁰
朱家庄莱芜	聋汉 luŋ²⁴xã⁵³	瞎厮 ɕia²⁴θʅ⁵⁵
官路村阎良	聋汉 luŋ²⁴xã³¹	瞎汉 ɕia³¹xã⁵⁵
东堤村寿光	聋汉 luŋ²⁴xã³¹	瞎汉 ɕia²⁴xã⁵⁵
杨居屯阎良	聋汉 luŋ²⁴xã⁵³	瞎子 ɕia³¹tsʅ⁵⁵
朱鹿村青州	聋汉 luŋ²⁴xã³¹	瞎汉 ɕia³¹xã⁵⁵
富平县城关	聋子 nəŋ³⁵tsʅ⁰	瞎子 xa³¹tsʅ⁰
太平村蒲城	聋汉 ləŋ²⁴xã⁰	瞎子 ɕia³¹tθʅ⁵⁵ 瞎汉 ɕia³¹xã⁵⁵
魏马村昌邑	聋汉 luŋ²⁴xã⁰	瞎汉 ɕia²⁴xã⁵⁵
蒲城县城关	聋子 nəŋ³⁵tsʅ⁰	瞎子 xa³¹tsʅ⁰
雷家寨大荔	聋子 luŋ⁵³tsʅ⁰	瞎子 ɕia²¹tsʅ⁵⁵
北李村郓城	聋子 luŋ⁵⁵tsʅ⁰	瞎子 ɕia²¹tsʅ⁵⁵
大荔县城关	聋子 nəŋ²⁴tsʅ⁰	瞎子 xɑ³¹tsʅ⁰

第二节　关中山东方言岛与源方言、关中方言的句法比较

句法是指组词成句的规则。句法包括组词规则和成句规则两个方面，即词组规则和句子规则。

一、词组规则比较

1. 动词重叠的比较

表动作的动词，山东方言一般可以重叠，重叠后表示量小，关中方言一般不重叠，而是通过在动词后加表示量小的（数）量词。关中山东方言岛在动词重叠方面都还与源方言保持一致。

表 4-5　动词重叠比较表

方言点 例词	歇歇
大李村 三原	歇歇 ɕiə²¹ɕiə⁵⁵
耿　庄 菏泽	歇歇 ɕiə²¹ɕiə⁵⁵
三原县 城关	歇嘎（子）ɕiɛ³¹kɑ⁰(tsʅ⁰)/ 歇一下 ɕiɛ³¹i³¹xɑ⁵⁵
谭家村 阎良	歇歇儿 ɕiə⁵⁵ɕiər⁰
谭家营 高密	歇歇儿 ɕriə⁵⁵ɕriər⁰
马家庄 阎良	歇歇 ɕiə³¹ɕiə⁰/ 住住 tʂu⁵³tʂu⁰
朱家庄 莱芜	歇歇 ɕiə²⁴ɕiə⁵⁵
官路村 阎良	歇歇儿 ɕiə³¹ɕiər⁵⁵
东堤村 寿光	歇儿歇儿 ɕirə²⁴ɕirə⁵⁵
杨居屯 阎良	歇歇儿 ɕiə⁵⁵ɕiər⁰
朱鹿村 青州	歇歇儿 ɕiə⁵⁵ɕiər⁰
富平县 城关	歇嘎子 ɕiɛ³¹kɑ⁰tsʅ⁰/ 歇一下 ɕiɛ³¹i⁰xɑ⁰
太平村 蒲城	歇歇 ɕiə³¹ɕiə⁵⁵
魏马村 昌邑	歇儿歇儿 ɕiər⁵³ɕiər⁰
蒲城县 城关	歇嘎子 ɕiɛ³¹kɑ⁰tsʅ⁰/ 歇一下 ɕiɛ³¹i⁰xɑ⁰
雷家寨 大荔	歇歇 ɕiə²¹ɕiə⁵⁵
北李村 郃城	歇歇 ɕiə²¹ɕiə⁵⁵
大荔县 城关	歇一下 ɕiɛ³¹i³¹xɑ⁰

另外，多数关中山东方言岛动词后可以加上"巴""达""查""悠""拉""么"等后缀，构成"V+后缀"，然后再进行重叠，表示"较为随意的动作"。例如（见表 4-6、表 4-7）：

表 4-6 动词重叠表 1

方言点 \ 例词	洗巴	拍达	抠查
大李村 三原	洗洗 ɕi⁵⁵ɕi⁰	拍拍 pʰei²¹pʰei⁵⁵	抠抠 kʰou²¹kʰou⁵⁵
耿　庄 菏泽	洗洗 si⁵³si⁰	拍拍 pʰei²¹pʰei⁵⁵	抠抠 kʰou²¹kʰou⁵⁵
三原县 城关	—	—	—
谭家村 阎良	洗巴洗巴 si³¹pa⁵⁵si³¹pa⁰ 洗洗 si⁵⁵si⁰	拍达拍达 pʰei³¹ta⁵⁵pʰei³¹ta⁰ 拍拍 pʰei⁵⁵pʰei⁰	抠查抠查 kʰou³¹tʂʰa⁰kʰou³¹tʂʰa⁰ 抠抠 kʰou²⁴kʰou⁰
谭家营 高密	洗巴洗巴 si²⁴pa⁵⁵si³¹pa⁰	拍达拍达 pʰei²⁴ta⁵⁵pʰei³¹ta⁰	抠查抠查 kʰou³¹tʂʰa⁰kʰou³¹tʂʰa⁰
马家庄 阎良	洗巴洗巴 si³¹pa⁵⁵si³¹pa⁰ 洗洗 si⁵⁵si⁰	拍达拍达 pʰei³¹ta⁰pʰei³¹ta⁰	抠查抠查 kʰou³¹tʂʰa⁵⁵kʰou³¹tʂʰa⁰ 抠抠 kʰou⁵⁵kʰou⁰
朱家庄 莱芜	洗巴洗巴 si²⁴pa⁵⁵si³¹pa⁰	拍达拍达 pʰei²⁴ta⁵⁵pʰei³¹ta⁰	抠查抠查 kʰou³¹tʂʰa⁵⁵kʰou⁵³tʂʰa⁰
官路村 阎良	洗巴洗巴 ɕi²⁴pa⁵⁵ɕi³¹pa⁰	拍达拍达 pʰei²⁴ta⁵⁵pʰei³¹ta⁰	抠查抠查 kʰəu³¹tʂʰa⁰kʰəu³¹tʂʰa⁰
东堤村 寿光	洗巴洗巴 ɕi²⁴pa⁵⁵ɕi³¹pa⁰	拍达拍达 pʰei²⁴ta⁵⁵pʰei³¹ta⁰	抠查抠查 kʰou³¹tʂʰa⁰kʰou³¹tʂʰa⁰
杨居屯 阎良	洗巴洗巴 ɕi³¹pa⁵⁵ɕi³¹pa⁵⁵ 洗洗 ɕi⁵⁵ɕi⁰	拍达拍达 pʰei³¹ta⁵⁵pʰei³¹ta⁵⁵ 拍拍 pʰei⁵⁵pʰei⁰	抠查抠查 kʰou³¹tʂʰa⁰kʰou³¹tʂʰa⁰ 抠抠 kʰou²⁴kʰou⁰
朱鹿村 青州	洗巴洗巴 ɕi²⁴pa⁵⁵ɕi³¹pa⁵⁵	拍达拍达 pʰei²⁴ta⁵⁵pʰei³¹ta⁵⁵	抠查抠查 kʰou³¹tʂʰa⁰kʰou³¹tʂʰa⁰
富平县 城关	—	—	—
太平村 蒲城	洗巴洗巴 si²⁴pa⁵⁵si³¹pa⁵⁵	拍达拍达 pʰei²⁴ta⁵⁵pʰei³¹ta⁵⁵	抠持抠持 kʰou³¹tʂʅ⁰kʰou³¹tʂʅ⁰
魏马村 昌邑	洗巴洗巴 si²⁴pa⁵⁵si³¹pa⁰	拍达拍达 pʰei²⁴ta⁵⁵pʰei³¹ta⁵⁵	抠查抠查 kʰou³¹tʂʰa⁰kʰou³¹tʂʰa⁰
蒲城县 城关	—	—	—
雷家寨 大荔	洗洗 ɕi²⁴ɕi⁰	拍拍 pʰei²¹pʰei⁵⁵	抠抠 kʰou²¹kʰou⁵⁵
北李村 郓城	洗洗 si⁵³si⁰	拍拍 pʰei²¹pʰei⁵⁵	抠抠 kʰou²¹kʰou⁵⁵
大荔县 城关	—	—	—

表 4-7　动词重叠表 2

例词 方言点	转悠	搅拉	缠么
大李村三原	转转 tʂuã⁵³tʂuã⁰	搅搅 tɕiɔ⁵³tɕiɔ⁰	缠缠 tʂʰã⁵⁵tʂʰã⁰
耿　庄菏泽	转转 tʂuã²¹tʂuã²¹³ 转悠 tʂuã⁴¹iou²¹³	搅搅 tɕiɔ⁵³tɕiɔ⁰	缠缠 tʂʰã⁵³tʂʰã⁰
三原县城关	—	—	—
谭家村阎良	转悠转悠 tʂuã⁵⁵iou⁰tʂuã³¹iou⁰ 转转 tʂuã³¹tʂuã⁰	搅拉搅拉 tɕiɔ²⁴la⁵⁵tɕiɔ³¹la⁰ 搅搅 tɕiɔ⁵⁵tɕiɔ⁰	缠巴缠巴 tʂʰã²⁴pa⁰tʂʰã³¹pa⁰ 缠缠 tʂʰã⁵²tʂʰã⁰
谭家营高密	转悠转悠 tʃuã⁵⁵iou⁰tʃuã³¹iou⁰	搅拉搅拉 tɕiɔ²⁴la⁵⁵tɕiɔ³¹la⁰	缠么缠么 tʃʰã²⁴mə⁰tʃʰã³¹mə⁰
马家庄阎良	转悠转悠 tʂuã⁵⁵iou⁰tʂuã³¹iou⁰	搅拉搅拉 tɕiɔ³¹la⁵⁵tɕiɔ³¹la⁰	缠巴缠巴 tʂʰã²⁴pa⁵³tʂʰã³¹pa⁰
朱家庄莱芜	转悠转悠 tʂuã⁵⁵iou⁰tʂuã⁵⁵iou⁰	搅和搅和 tɕiɔ²⁴xuə⁵⁵tɕiɔ³¹xuə⁵⁵	缠巴缠巴 tʂʰã²⁴pa⁵³tʂʰã³¹pa⁰
官路村阎良	转悠转悠 tʂuã⁵⁵iəu⁰tʂuã⁵⁵iəu⁰	搅拉搅拉 tɕiɔ²⁴la⁵⁵tɕiɔ³¹la⁰	缠么缠么 tʂʰã²⁴mə⁰tʂʰã²⁴mə⁰
东堤村寿光	转悠转悠 tʂuã⁵⁵iou⁰tʂuã⁵⁵iou⁰	搅拉搅拉 tɕiɔ²⁴la⁵⁵tɕiɔ³¹la⁰	缠巴缠巴 tʂʰã²⁴pa⁰tʂʰã²⁴pa⁰
杨居屯阎良	转悠转悠 tʂuã⁵⁵iou⁰tʂuã³¹iou⁰ 转转 tʂuã⁵⁵tʂuã⁰	搅拉搅拉 tɕiɔ³¹la⁵⁵tɕiɔ³¹la⁵⁵ 搅搅 tɕiɔ⁵⁵tɕiɔ⁰	缠么缠么 tʂʰã²⁴mə⁰tʂʰã²⁴mə⁰
朱鹿村青州	转悠转悠 tʂuã⁵⁵iou⁰tʂuã⁵⁵iou⁰	搅拉搅拉 tɕiɔ²⁴la⁵⁵tɕiɔ³¹la⁵⁵	缠巴缠巴 tʂʰã²⁴pa⁰tʂʰã³¹pa⁰
富平县城关	—	—	—
太平村蒲城	转悠转悠 tʃuã⁵⁵iou⁰tʃuã³¹iou⁰	搅拉搅拉 tɕiɔ²⁴la⁵⁵tɕiɔ³¹la⁵⁵	缠么缠么 tʃʰã²⁴mə⁰tʃʰã²⁴mə⁰
魏马村昌邑	转悠转悠 tʃuã⁵⁵iou⁰tʃuã³¹iou⁰	搅拉搅拉 tɕiɔ²⁴la⁵⁵tɕiɔ³¹la⁰	缠巴缠巴 tʃʰã²⁴pa⁰tʃʰã³¹pa⁰
蒲城县城关	—	—	—
雷家寨大荔	转转 tʂuã⁴¹²tʂuã⁵⁵	搅搅 tɕiɔ²⁴tɕiɔ⁰	缠缠 tʂʰã⁵³tʂʰã⁰ 缠巴缠巴 tʂʰã⁵³pa⁰tʂʰã⁵³pa⁰
北李村郓城	转悠 tʂuã⁵³iou⁰ 转转 tʂuã⁴¹tʂuã⁵⁵	搅搅 tɕiɔ⁵³tɕiɔ⁰	缠缠 tʂʰã⁵³tʂʰã⁰
大荔县城关	—	—	—

2. 程度表示法的比较

在程度的表达上，山东方言一般是用程度副词直接修饰性质形容词，构成状中结构，而关中方言一般是在性质形容词后加补语"得很"，构成中补结构。关中山东方言岛在程度表示法上虽然有的还保留源方言的特点，但是有不少方言岛已有关中方言的程度表示法,如大李村、谭家村、马家庄、杨居屯、太平村、雷家寨。其中,谭家村、雷家寨形成源方言与关中方言两种说法叠置,其余四个点都只有关中方言的说法。由此看出,关中山东方言岛在程度表示法上受关中方言的影响是很明显的。

表 4-8 程度表示法比较表

例词 方言点	香得很
大李村 三原	香得很 ɕiaŋ²¹lei⁵⁵xẽ⁵⁵
耿　庄 菏泽	些香 siə²⁴ɕiaŋ²¹³
三原县 城关	香得很 ɕiaŋ³¹tei³¹xẽ⁵²
谭家村 阎良	刚香 kaŋ²⁴ɕiaŋ³¹ 香得很 ɕiaŋ³¹tei³¹xə̃⁵⁵
谭家营 高密	很香 xə̃⁵²ɕiaŋ²¹³
马家庄 阎良	香得很 ɕiaŋ⁵³tei³¹xə̃⁵⁵
朱家庄 莱芜	怪香 kuɛ³¹ɕiaŋ²¹³
官路村 阎良	刚香 kaŋ²⁴ɕiaŋ³¹
东堤村 寿光	刚的香 kaŋ²⁴ti⁰ɕiaŋ²¹³
杨居屯 阎良	香得很 ɕiaŋ²⁴ti⁵⁵xẽ⁵⁵
朱鹿村 青州	刚香 kaŋ²⁴ɕiaŋ³¹
富平县 城关	香得很 ɕiaŋ³¹ti⁰xẽ⁵³
太平村 蒲城	香得很 ɕiaŋ³¹tei⁰xə̃⁵⁵
魏马村 昌邑	綦香 tɕʰi⁵³ɕiaŋ²¹³
蒲城县 城关	香得很 ɕiaŋ³¹ti⁰xẽ⁵³
雷家寨 大荔	怪香 kuɛ⁴¹ɕiaŋ²¹³ 香得很 ɕiaŋ²⁴ti²¹xẽ⁵⁵
北李村 郓城	怪香 kuɛ⁴¹ɕiaŋ²¹³
大荔县 城关	香得很 ɕiaŋ³¹ti⁰xẽ⁵²

二、句子规则比较

1. 比较句

在比较句方面，多数山东方言为"甲比乙 A"，但是部分山东方言也有"甲 A 起乙"的格式；关中方言一般只有"甲比乙 A"的格式。谭家村、太平村都较好地保留着源方言"甲 A 起乙"的格式，但是杨居屯"甲 A 起乙"的格式已经消失。

表 4-9　比较句比较表

方言点	例句　这个比那个好。
大李村 三原	这个比那个好。tʂə⁵⁵kə⁰pi⁵⁵na²¹kə⁰xɔ⁵⁵.
耿　庄 菏泽	这个比那个好。tʂə⁴¹kə²⁴pi⁵⁵na⁴¹kə⁰xɔ⁵⁵.
三原县 城关	这个比那个好。tʂei⁵⁵kə²¹pi⁵²na⁵⁵kə²¹xɔ⁵².
谭家村 阎良	这个比乜个好。tʂə³¹kə⁰pi⁵⁵ŋiə³¹kə⁰xɔ⁵⁵. 这个好起乜个。tʂə³¹kə⁰xɔ²⁴tɕʰi⁰ŋiə³¹kə⁰.
谭家营 高密	这个比乜个好。tʃə³¹kə⁰pi⁵⁵ŋiə³¹kə⁰xɔ⁵⁵. 这个好起乜个。tʃə³¹kə⁰xɔ²⁴tɕʰi⁰ŋiə³¹kə⁰.
马家庄 阎良	这个比乜个好。tʂə²⁴kə⁰pi⁵³ŋiə²⁴kə⁰xɔ⁵⁵.
朱家庄 莱芜	这个比那个好。tʂə²⁴kə⁵⁵pi⁵⁵nɑ²⁴kə⁵⁵xɔ²¹³.
官路村 阎良	这个比乜个好。tʂə⁵³kuə⁰pi⁵⁵ŋiə³¹kuə⁰xɔ⁵⁵.
东堤村 寿光	这个比乜个好。tʂə³¹kuə⁰pi⁵⁵ŋiə³¹kuə⁰xɔ⁵⁵. 这个好地乜个。tʂə³¹kuə⁰xɔ²⁴tiⁿ⁰ŋiə³¹kuə⁰.
杨居屯 阎良	这个比那个好。tʂə⁵³kuə⁰pi⁵⁵nɑ³¹kuə⁰xɔ²⁴.
朱鹿村 青州	这个比那个好。tʂə³¹kuə⁰pi⁵⁵nɑ³¹kuə⁰xɔ⁵⁵. 这个好起那个。tʂə³¹kuə⁰xɔ²⁴tɕʰi⁵⁵nɑ³¹kuə⁰.
富平县 城关	这［一个］比兀［一个］好。tʂʅ⁵³iɛ³¹pi⁵³u⁵⁵iɛ³¹xɔ⁵³.
太平村 蒲城	这个好起乜个。tʃə³¹kə⁰xɔ²⁴tɕʰi⁵⁵ŋiə³¹kə⁰. 这个比乜个好。tʃə³¹kə⁰pi⁵⁵ŋiə³¹kə⁰xɔ⁵⁵.
魏马村 昌邑	这个好起乜个。tʃə³¹kə⁰xɔ²⁴tɕʰi⁵⁵ŋiə³¹kə⁰. 这个比乜个好。tʃə³¹kə⁰pi⁵⁵ŋiə³¹kə⁰xɔ⁵⁵.
蒲城县 城关	这［一个］比兀［一个］好。tʂʅ⁵⁵iɛ³¹pi⁵³u⁵⁵iɛ³¹xɔ⁵³.

续表

例句方言点	这个比那个好。
雷家寨 大荔	这个比那个好。tʂə²¹kə⁵⁵pi⁵⁵na²¹kə⁰xɔ⁵⁵.
北李村 郓城	这个比那个好。tʂə²¹kə⁵⁵pi⁵⁵na⁴¹kə⁰xɔ⁵⁵.
大荔县 城关	这个比那个好。tʂʅ⁵⁵kuæ⁰pi⁵²næ⁵⁵kuæ⁰xɔ⁵².

2. 正反问句

正反问句"……，是不是？"，除大李村、雷家寨说"是不？"外，关中山东方言岛多保留源方言"是啊吧？"的说法，而关中方言常说成"得是？"。从表 4-10 看，关中山东方言岛正反问句的表达法还没有受到关中方言的影响。

表 4-10　正反问句比较表

例句方言点	香得很，是不是？
大李村 三原	香得很，是不？ɕiaŋ²¹lei⁵⁵xẽ⁵⁵, ʂʅ⁵⁵pu²¹?
耿　庄 菏泽	些香，是吧？siə²⁴ɕiaŋ²¹³, ʂʅ²¹pa⁵⁵?
三原县 城关	香得很，得是？ɕiaŋ³¹tei³¹xẽ⁵², tei³¹sʅ⁵⁵?
谭家村 阎良	刚香啦，是吧？kaŋ²⁴ɕiaŋ³¹la⁰, ʂʅ³¹pa⁰? 香得很，是吧？ɕiaŋ³¹tei³¹xẽ⁵⁵, ʂʅ⁵²pa⁰?
谭家营 高密	很香，是不是啊？xẽ⁵²ɕiaŋ²¹³, ʂʅ²⁴pu⁵¹ʂʅ⁰a⁰?
马家庄 阎良	香得很，是啊吧？ɕiaŋ⁵³tei³¹xẽ⁵⁵, ʂʅ⁵³a³¹pa⁰?
朱家庄 莱芜	怪香，是啊吧？kuɛ³¹ɕiaŋ²¹³, ʂʅ⁵⁵a³¹pa⁰?
官路村 阎良	刚香嘞，是啊吧？kaŋ²⁴ɕiaŋ³¹liã⁰, ʂʅ³¹a⁰pa⁰?
东堤村 寿光	刚的香，是啊吧？kaŋ²⁴ti⁰ɕiaŋ²¹³, ʂʅ³¹a³¹pa⁰?
杨居屯 阎良	香得很啊，是啊吧？ɕiaŋ²⁴ti⁵⁵xẽ⁵⁵a⁰, ʂʅ⁵³a³¹pa⁰?
朱鹿村 青州	刚香啊，是啊吧？kaŋ²⁴ɕiaŋ³¹a³¹, ʂʅ³¹a³¹pa⁰?
富平县 城关	香得很，得是？ɕiaŋ³¹ti⁰xẽ⁵³, tei³¹sʅ⁵⁵?
太平村 蒲城	香得很，是啊吧？ɕiaŋ³¹tei³¹xẽ⁵⁵, ʂʅ⁵³a³¹pa⁰?
魏马村 昌邑	蒸香，是啊吧？tɕʰi⁵³ɕiaŋ²¹³, ʂʅ⁵³a³¹pa⁰?

续表

方言点 \ 例句	香得很，是不是？
蒲城县城关	香得很，得是？ ɕiaŋ³¹ti⁰xẽ⁵³，tei³¹sɹ⁵⁵？
雷家寨大荔	怪香，是不？ kuɛ⁴¹ɕiaŋ²¹³，sɹ⁴¹pu⁰？ 香得很，是不？ ɕiaŋ²⁴ti²¹xẽ⁵⁵，sɹ⁴¹pu⁰？
北李村郓城	怪香，是吧？ kuɛ⁴¹ɕiaŋ²¹³，sɹ⁴¹pa²⁴？
大荔县城关	香得很，是不是？ ɕiaŋ³¹ti⁰xẽ⁵²，sɹ⁵⁵pu³¹sɹ⁵⁵？

　　山东方言与关中方言都属于北方官话方言，二者在语法上的差异不是非常大。二者在词法上有些细微差别，但是关中山东方言岛还保留着源方言的特点，不受关中方言的影响。二者在句法方面的区别略大于词法上的差异。在词组规则上的显著区别是程度表示法上的差异，山东方言一般使用状中结构，关中方言则一般使用中补结构，而有少数关中山东方言岛在程度表示法上受关中方言的影响，使用"A得很"的中补结构。在句子规则上，山东方言与关中方言在比较句和正反问句方面的差异较为明显，关中山东方言岛较多地保留了源方言的用法，较少受关中方言的影响。总之，从词法、句法比较看，关中山东方言岛在语法方面受关中方言的影响较小，更多地保留了源方言的特点。

第五章　关中山东方言岛语言接触的制约机制

第一节　接触首主体与关中山东方言岛的语言接触

人是语言的使用者和传播者。从根本上说，语言接触就是说不同语言或方言的个人或群体之间的接触。作为一个能动的个体或群体，人在语言接触中起着不可忽视的作用，人自身的各种因素制约着语言接触。人的因素可以分为客观因素和主观因素。人的这两个因素对关中山东方言岛的语言接触究竟有哪些影响呢？

一、首主体的客观因素与关中山东方言岛的语言接触

语言接触首主体的客观因素有许多，诸如人口、地理环境、社会系统状态等。这些客观因素对方言岛的语言接触会产生重要影响。

（一）人口因素

语言演化与人口有着十分密切的联系。周振鹤、游汝杰（1986b）指出："历史上的人口变迁是语言演化的主要原因之一。移民引起方言的消亡、更替、融合、并用等变化。语言演化的种种不同形态，跟移民数量的多寡、迁徙过程的久暂、迁徙距离的远近，以及移民和土著的文化背景等有关。"语言接触是语言演化的重要外部原因。在语言接触中，尤其是在因移民而形成的语言岛或方言岛的语言接触中，人口因素是接触首主体最为重要的客观因素，制约着方言岛的语言接触。

1. 人口来源

对绝大多数因移民而形成的言语社区而言，如克里奥尔语、语言岛或方言岛，其人口来源往往是复杂的。就关中山东方言岛而言，其创始人口具有"绝对多源

性"和"相对单一性"的特点（详见本书第七章第二节）。这两个特点对方言岛的内部接触产生了影响。创始人口的"绝对多源性"引起不同方言在方言岛中产生内部接触。如果在方言岛中不存在多源移民，那么在方言岛的形成过程中就不会出现不同方言在方言岛内部形成接触的现象。也就是说，方言岛中的内部接触直接源于方言岛中多源的创始人口。

在方言岛语言演变的过程中，相对于创始人口"绝对多源性"而言，创始人口"相对单一性"起着更为重要的作用。在关中山东方言岛中，创始人口"相对单一性"表现为一个方言岛中的居民多来自山东某一个相对集中的区域，如大李村居民多来自菏泽、定陶一带，谭家村居民多来自高密、昌邑一带。因而，这些方言岛在方言归属上完全可以归入山东某片方言之中。如果方言岛中的创始人口不是以山东人为主，那么方言岛的方言归属很有可能出现分歧，就不能称为"山东方言岛"。因此，方言岛创始人口"相对单一性"的特点从根本上决定了方言岛属于山东方言的本质属性。从语言接触角度来看，创始人口"相对单一性"的特点在方言岛的内部接触中发挥了决定性的作用。

总之，关中山东方言岛创始人口的来源制约着方言岛的内部接触，决定了方言岛的方言归属。当然，有些汉语方言岛现在具有很强的混合特征，已无法明确其方言归属，其原因至少有两个：第一，方言岛创始人口来源复杂，且不同来源人口的比例相对均衡，内部接触较为激烈；第二，方言岛受周围强势方言的长期影响和渗透，与其有深度的外部接触关系。不过，关中山东方言岛创始人口的这两个特点，尤其是"相对单一性"在许多汉语方言岛中都是存在的，因此经常可以见到冠以地名或某方言的"方言岛"，如河南方言岛、闽方言岛、赣方言岛、湘方言岛、客家方言岛、西南官话方言岛、北京官话方言岛等。由此不难看出，这些方言岛是以人口来源地或人口迁出地方言来命名的。

2. 人口数量

方言岛创始人口"相对单一性"是从微观的角度来看方言岛内部创始人口的数量比例，而这里所说的人口数量是从宏观的角度来看整个方言岛的人口总数，所要讨论的是方言岛人口数量的多少对方言岛在外部接触中的制约作用。

"人多势众"。一般说来，使用某种语言或方言的人越多，那么该种语言或方言就会越强势；反之亦然。以上推论是没有考虑政治、经济、军事、文化等因素的，不一定都适合所有的方言岛，但是至少在关中山东方言岛中是适用的。那么，在方言岛的外部接触中，人口数量对方言岛的发展起着关键作用。关中山东方言岛，其人口数量不尽相同，少则几百，多则几千。从前文的比较可以看到：人口数量越多的方言岛，其方言特征保留得越好，受关中方言的影响就越小，例如太平村、谭家村；而人口数量越少的方言岛，其方言特征就保留得越少，受关中方言的影响就越大，例如马家庄。有的山东移民村因为人口太少，其方言都已消失，转用关中方言。例如渭南市交斜镇的山东庄，该村仅20来户，100人左右，虽然居民多来自山东，但是他们早已不说山东话，都说陕西话。

总的来说，人口数量在方言岛的外部接触中占有重要地位。就关中山东方言岛而言，人口数量越多，方言岛受周围方言的影响就越小；人口数量越少，方言岛受周围方言的影响就越大。这样的结论具有一定的普适性，它对其他语言岛（方言岛）乃至其他的语言也是基本适用的。

3. 人口结构

人口结构，也可以称为"人口构成"，是指将人口以不同标准进行划分而得到的一种结果。其标准主要包括年龄、性别、种族、宗教、教育程度、职业等。人口结构可以分为自然结构、社会结构和地域结构。这里主要从人口的社会结构来分析人口结构对语言接触的制约关系。依据人口的社会特征，人口的社会结构主要包括阶级结构、民族结构、文化结构、宗教结构、婚姻结构、家庭结构、职业结构等。在关中山东方言岛内，婚姻结构对方言岛的语言接触产生了重大影响。

关中山东方言岛居民婚配对象经历了由过去以山东移民为主到现在以陕西当地人为主的变化。关中山东方言岛居民婚配对象的这一巨大变化对家庭构成、语言使用产生了不可忽视的影响。首先，婚配对象的改变导致家庭结构的改变，即由较为单一的"山东籍"成员变为相对多元的"山东籍+陕西籍"成员。其次，婚配对象的改变影响到家庭语言的使用，即由"山东话"单方言格局变为"山东话+陕西话"的双方言格局。在此格局形成以前，山东方言岛与陕西关中方言的接触一般都是在家庭之外，甚至主要是在村外展开的。然而，此格局形成之后，山东方言岛与关中方言的接触不但在村外有，而且在村内、家庭内同时出现。于是，山东方言岛与关中方言的接触格局由原来单一的外部接触格局变为外部接触和内部接触并存的复杂格局。这一格局的形成加速了山东方言岛的衰退，使其濒危，乃至消亡。因此，关中山东方言岛人口结构的变化导致方言岛语言接触格局的变化，从而对方言岛的语言演变造成不可低估的影响。

（二）地理因素

地理环境是人类生存的地域空间，是人类进行生产生活的场所，影响制约着人类文明的形成和文化的传播。"地理环境是指一定社会所处的地理位置以及与此相联系的各种自然条件的总和，包括气候、土地、河流、湖泊、山脉、矿藏以及动植物资源等。……地理环境是影响民族文化的重要因素，从人类总体历史发展来看，地理环境对于文明的形成及文化的传承都有关键性的作用。"（刘军平，2016：14）以上是从大的方面来说地理环境对人类的影响，而从小的方面来说，地理环境对于移民社区的影响也同样如此。就关中山东方言岛而言，其地理环境在一定程度上影响着方言岛与周围方言的外部接触。

关中，又称"关中平原""关中盆地"，或"渭河平原""渭河盆地"，号称"八百里秦川"。平原的地形地貌有利于人们的生产生活，其便捷的交通有利于人们之间的交往。因此，关中山东方言岛居民在日常生活中与当地陕西人之间的交往就十分容易。与陕西当地人的频繁交往促使山东方言与关中方言产生频繁的外部接触。在此背景下，关中方言就更容易对山东方言岛产生影响，在本书第二至四章中可以清晰地看到，关中山东方言岛无论在语音、词汇还是语法方面都受到关中方言不同程度的影响。相对于交通闭塞的地理环境，方言岛的变化速度在交通便捷的地理环境中要快些。一般说来，紧挨城镇、交通便利、人口流动较为频繁的山东方言岛的语言变化比交通相对闭塞、人员流动较小的方言岛要快。例如阎良市区就有不少山东方言岛，其岛中的小孩儿较多地使用普通话，而很少使用山东方言，其山东方言的消亡速度明显要快于农村的山东方言岛。

（三）社会因素

社会是由个体的人通过各种关系联合起来的集合体。江荻（2007：90、91）认为，开放的社会系统创造积极活跃的社会活动，促使语言系统处于活跃开放的状态，在封闭的社会系统状态下语言的发展趋向于保守、停滞。也就是说，在开放的社会系统状态下语言发展较为迅速，在封闭的社会系统状态下语言发展较为缓慢。这对于山东方言岛而言也是如此。历史的车轮滚滚向前，社会在不断发展进步。在过去，尤其是在改革开放前，中国社会比较闭塞，经济、科技、交通、传媒等发展缓慢，人们生活节奏较慢。在此背景下，关中山东方言岛与普通话的外部接触较少，受普通话的影响就很小。但是，随着经济、科技、交通、传媒的快速发展，加之普通话的大力推广，关中山东方言岛与普通话的外部接触就越来越频繁，受普通话的影响也就越来越明显，并且年龄越小，受普通话的影响就越显著。因为，现在农村的中小学甚至幼儿园中，普通话都已成为学校的教学语言。在普通话的影响下，山东方言岛的方言逐渐向普通话靠拢。这一点可从西安阎良谭家村山东方言岛内部的年龄差异中窥见一斑（陈荣泽，2016b）。

二、首主体的主观因素与关中山东方言岛的语言接触

接触首主体的主观因素主要是集体意识，而接触首主体的语言态度就是一种集体意识。既然语言态度是一种集体意识，那么它就会影响人的行为，影响人的说话，进而影响语言及其演变。语言态度对语言演变的影响有两种情况，要么阻碍语言演变，要么促进语言演变。比如美国蒙大拿州萨利希语（Montana Salish）跟英语有长期的密切接触，所有萨利希语母语使用者都是可以流利使用英语的双语人。但出于对优势语言社会强烈文化压力的一种极端反应，他们从不直接借用（至少主观上）英语的语言成分，比如他们总是利用母语的语素为借自盎格鲁（Anglo）文化的概念、物品创造本族语言的新词。相反的情形是，印度尼西亚的拉哈语（Laha）使用者和坦桑尼亚的唛语（Ma'a）使用者，他们借用了大量的外语成分，导致他们的母语已被外来的词汇和语法所淹没，只剩下某些土著词汇（吴福祥，2007）。

语言态度在汉语方言中阻碍语言演变的案例莫过于客家人"宁卖祖宗田，不卖祖宗言"的祖训了。客家人的这一祖训对客家方言的发展演变产生了重要影响，可以说在很大程度上阻碍了客家方言的演变，保存了客家方言的重要特征。客家方言是客家民系的重要标志，因而"宁卖祖宗田，不卖祖宗言"的祖训对维系和

发展客家民系起到关键作用。不过，随着社会的日益开放发达，这条祖训面临着一定的困境。据调查，在成都十陵客家方言岛中，86.5%的人仍愿意继续讲客家话，7%的人明确表示不愿意，6.5%的人持无所谓的态度（郏远春，2009：125）。即便如此，客家人的这条祖训在说汉语的族群中还是独一无二的，我们很难找到与客家人代代相传的祖训相类似的说法。然而，"不卖祖宗言"的心理植根在众多移民群体中（只是这样的语言态度在许多移民群体中并没有以语言的形式外化为明确的训言），否则我们就不会看到国内外不计其数的语言岛或方言岛。因为，作为符号系统的语言不仅有交际、思维的功能，它还有族群认同、文化传递的作用。所以，类似"不卖祖宗言"的语言态度，或许在关中地区出现山东方言岛的原因中是一个不可忽视的主观因素。在方言岛的发展过程中，类似"不卖祖宗言"的潜在语言态度并没有突显出来，但是在实际生活中，家中长辈还是多要求晚辈在家中使用山东方言。2016年我们曾经在三原县大李村山东方言岛中做了一次抽样调查，针对"作为家长，您是否要求过孩子在家说山东话？"这个问题，在200份有效问卷中，168人选了"是"，32人选了"否"。这表明，作为山东移民的后裔，他们在心理上还是希望后代说山东话的。但是由于现实原因，他们对于后代不会说山东话的态度多持包容态度，说山东话也行，说陕西话也可以。同样在大李村，在"如果您是山东人，您的子孙不会说山东话而会陕西话，您在感情上（1）不能接受（2）能接受（3）无所谓"的问卷中，2人选"不能接受"（占1%），36人选"能接受"（占18%），162人选"无所谓"（占81%）。这表明，大李村居民在其后代是否说山东话的问题上基本上是一种放任自流的语言态度。这样的一种语言态度不利于方言的代际传承，将严重影响方言岛方言的发展，在很大程度上会加速方言的濒危。

第二节 接触次主体与关中山东方言岛的语言接触

虽然本书绪论部分把语言命名为"接触次主体"，但是语言（更准确地说是发生接触关系或处于接触状态中的语言）才是语言接触研究的真正对象。然而在讨论语言本身对语言接触的制约作用时，需要考虑的因素有很多，例如语言以何种形式接触、语言之间的强弱关系以及语言间在发生学上的亲疏关系和在类型学上的异同等。

一、语言形式与关中山东方言岛的语言接触

口语和书面语是语言客观存在的两种形式。口语是以在场的形式进行直接交际，书面语则是以不在场的形式进行间接交际。二者因其不同的交际方式各有其出现的环境，发挥着各自的作用。在语言接触中，口语和书面语这两种客观存在形式在很大程度上制约着语言接触的关系和结果。

1. 语言形式对关中山东方言岛接触关系的制约

与关中山东方言岛接触的方言有其周围的山东方言、关中方言以及普通话。在这三种方言中，周围的山东方言、关中方言与关中山东方言岛是以口语形式进行接触的，普通话则是以书面语形式进行接触的。口语接触是以口语对口语的直接方式进行的，形成的是直接接触。书面语接触是以书面语对口语的间接方式进行的，形成的是间接接触。这两种不同的接触方式相应地导致了接触强度上的不同。相比而言，口语接触一般要强于书面语接触，口语接触属于强度接触，而书面语接触属于弱度接触。另外，语言形式的不同也影响了接触过程。口语接触是面对面的交际过程，也是从部分交际个体逐渐覆盖至整个言语社区的一个由点到面的接触过程。书面语接触主要是通过文化教育而形成的一种自上而下的接触过程，不过书面语的扩散还需要经由个体覆盖到整个言语社区的过程。简言之，口语接触是一个由点及面的过程，书面语接触是一个自上而下再由点及面的过程。另外，书面语的接触过程还要受制于接触首主体的文化教育程度、个人经历等因素。

就关中山东方言岛而言，其与当地的山东方言、关中方言的接触属于直接接触，与普通话的接触属于间接接触。在强度上看，山东方言岛与关中方言的接触要强于方言岛与普通话的接触。此外，虽然关中山东方言岛之间也有直接接触，但从整体上看其接触不及与关中方言接触频繁，接触强度较小，彼此间的影响很小，仅在个别方言岛中才显现出来，如三原县大李村方言声调的演变。从对方言岛影响的程度看，方言岛之间的直接接触远不及与普通话的间接接触，普通话对方言岛的影响仅次于关中方言。如关中山东方言岛是否分尖团、[v]声母的演变等，与关中方言有别，却与普通话趋同，应是受普通话的影响所致。

2. 语言形式对关中山东方言岛接触结果的制约

不同形式的语言接触不但影响语言接触的过程，而且也影响语言接触的结果。语言接触的结果纷繁芜杂，可以从语言结构和语言功能两个方面来看。从结构上看，语言接触的结果有借用、干扰、混用、联盟、混合等。从功能上看，语言接触的结果有兼用、磨蚀、转用、濒危、消亡等。从语言接触的现实看，上述这些结果属于口语接触的有借用、干扰、混用、联盟、混合、兼用、磨蚀、转用、濒危、消亡，属于书面语接触的只有借用、干扰、兼用。由此可以看出，口语接触对语言的影响是巨大的，而书面语接触对语言的影响是有限的。

在关中山东方言岛中，方言岛与关中方言的接触多为口语接触，关中方言对山东方言岛的影响是多方面的，在语言结构上表现为借用、干扰、混合，在语言功能上表现为兼用、磨蚀、转用、濒危。山东方言岛与普通话的接触多属于书面语接触，普通话对方言岛的影响比较小，在语言结构上表现为借用、干扰，在语言功能上表现为兼用。

二、语言强弱与关中山东方言岛的语言接触

语言的强弱是就语言在社会生活中所处的地位而言的。就地位高低而论，语言有强势语言和弱势语言之分。强势语言，又称"优势语言"，与"弱势语言"相对，是指在社会经济、文化等方面处于强势地位的言语共同体成员使用的语言，通常也是声望高的语言。弱势语言，与"强势语言"相对，是指在社会经济、文化等方面处于弱势地位的言语共同体成员使用的语言，通常也是声望低的语言（语言学名词审定委员会，2011：193）。语言的强弱在语言接触中起着十分重要的作用，制约着语言接触的结果。在口语接触中，如果两种语言在地位上势均力敌，那么二者更多的是影响对方的结构，产生借用、干扰、混用、联盟、混合，在功能上形成兼用；如果一种语言强势而另一种语言弱势，那么常见的结果就是强势语言战胜弱势语言，造成语言转用或语言替换。在书面语接触中，无论书面语是强是

弱，都可能在语言结构上对口语产生影响，造成借用和干扰；不过，强势的书面语可能会造成语言功能上的兼用，但是很难形成对口语的替换。

从方言地位上看，对关中山东方言岛而言，当地的关中方言和普通话都是强势语言，山东方言是弱势语言，山东方言岛必然会受关中方言、普通话的影响。虽然关中方言和普通话都是强势语言，但是在不同的历史时期，二者对于方言岛的强势地位是不同的。首先，二者本身就存在强势和弱势的差别，关中方言是弱势方言，而普通话是强势语言，普通话对关中方言也施加影响；其次，在过去，关中方言是较为强势的方言，对山东方言岛的影响较大，而随着普通话的大力推广和普及，普通话的强势地位会更加凸显，对山东方言岛的影响也会越来越大。

三、语言亲疏关系与关中山东方言岛的语言接触

语言接触造成的"他变"是从不同系统和不同特征的碰撞开始的（李如龙，2015：36—47）。也就是说，接触引发的语言演变是从语言间的差异开始的。而产生接触关系的语言间的差异，其实都可以看作是各个语言的特征。从宏观的角度看，语言接触的大趋势是"去异趋同"。从微观的角度说，语言接触则是语言特征"去异趋同"的渐变过程。不同的语言总会有区别于其他语言的特征。至于特征的多寡和特征间的差异程度，则与语言间在发生学上的亲疏关系和在类型学上的异同有密切关联。对于接触双方语言的亲属关系、类型特点与语言演变之间存在怎样的相关度，周磊（2007：9、10）、曾晓渝（2012）、Thomason（2014：76、77）等学者都有相关论述。不过，他们更多讨论的是不同语言间的接触，而鲜有讨论汉语不同方言接触与发生学的关系。因此，下面从关中山东方言岛的语言接触出发，对比不同汉语方言岛与周围汉语方言的接触情况，重点讨论汉语方言岛的语言接触与语言亲疏远近的关系。

（一）汉语方言间的亲疏关系

从发生学看，语言之间的亲疏远近关系与语言从原始母语中分化的早晚相关，即分化得越早，亲属关系就越远；分化得越晚，亲属关系就越近。方言是语言的地域变体，是语言分化的结果。那么，方言间的亲属关系也是如此。周振鹤、游汝杰（1986a：9、10）研究了现代汉语七大方言跟古汉语及其前身的关系，以及各方言间亲疏远近的关系，绘制出了汉语七大方言关系图，指出："在南方六大方言中客家方言和赣方言比较接近，吴语和老湘语比较接近，最早形成的是吴语和老湘语，其次是粤语，再次是闽语，最后是赣语和客家话。北方方言的分支江淮官话的形成比西南官话要早，新湘语则是西南官话源头与老湘语接触的产物。"关于汉语方言亲疏关系的讨论，陆致极（1987）从计算语言学角度进行分析，根据《汉语方音字汇》中十七个汉语方言点在声母、韵母分布方面的数据，采用计算机相关分析和聚类分析程序对这些数据进行了统计，得到汉语方言亲疏关系类聚树形图。

虽然分析方法不同，但是二者所得的结论是基本一致的。因此，在讨论方言间亲疏关系对方言岛与周围汉语方言接触的影响时，可以借助这两个关系图来进行分析。为了能清晰地看到方言岛与周围汉语方言接触及方言亲疏关系之间的相关度，下文选取了一些与周围汉语方言存在不同亲疏关系的汉语方言岛进行语音上的比较，看方言岛在语音上受周围方言影响的程度。

汉语的每一类方言几乎都存在方言岛的特殊分布现象。在官话方言中，常见的方言岛有河南方言岛、山东方言岛、西南官话方言岛等。在非官话方言中，常见的方言岛有湘方言岛、客家方言岛、闽方言岛、赣方言岛等。因此，我们以各方言的亲疏关系为据，尽量用同一种方言的方言岛与亲疏关系差别较大的周围方言进行对比，尝试着去分析亲疏关系与语言接触的相关度。

（二）官话方言岛与周围不同亲疏关系的汉语方言接触

官话方言中存在方言岛的主要有山东方言、河南方言。其中，山东方言岛主要分布在北方的官话方言区，而河南方言岛既分布在北方的官话方言区，也零星分布在南方的非官话方言区。但是，北方地区的河南方言岛形成时间较晚，故而选取江苏丹阳埤城河南方言岛与关中山东方言岛进行比较，二者的形成时间相差不远。丹阳埤城河南方言岛大约形成于19世纪中叶，约800人（郭熙、蔡国璐，1991）。而关中山东方言岛形成于19世纪末，二者前后相差不到50年。另外因阎良马家庄莱芜方言岛与丹阳埤城河南方言岛人口相当，而且两个方言岛在声调上都发生了变化。因此，将二者进行比较是较为合适的。

表 5-1　阎良马家庄、丹阳河南村与源方言、当地方言的声调比较表

调类 方言点	阴平	阳平	上声	去声	入声
朱家庄莱芜	213	55		31	
富　平城关	31	35	53	55	
马家庄阎良	31	55		53	
光　山河南	42	55	35	312	
埤　城丹阳	42	24	44	21	4
河南村丹阳	42	35	212	31	4

阎良马家庄方言岛与埤城河南方言岛在声调上受周围方言的影响程度是大不相同的：马家庄只有阴平调值与当地关中方言一致，去声调值是推链音变的结果（详见本书第七章）；埤城河南方言岛至少在阳平、去声、入声三个调类上受到当地吴方言的影响。与源方言比较，埤城河南方言岛阳平、去声只是调值的变化，而入声调类的增加可以说是埤城河南方言岛在声调上最显著的一个变化，也是声调上一个更深层的变化。而马家庄山东方言岛仅有调值上的变化，还没有调类上的明显变化。但是，马家庄山东方言岛调类上的变化已经开始显现，少数关中方言阳平字的调值有的发音人发为 35（陈荣泽，2016a：106）。在声调中，调值比调类更容易发生变化。从这个意义上说，在声调的变化上，马家庄山东方言岛要比埤城河南方言岛小得多。这或与方言岛周围的方言不无关系。马家庄周围的方言为中原官话，而河南村周围的方言为吴方言，中原官话与吴方言在亲疏关系上较远，彼此差异较大。

从上述情况看，在亲疏关系上，方言岛与周围汉语方言的关系远近与方言岛受周围方言影响的程度是呈正比的，即关系越远，接触引发的演变就越明显，关系越近，接触引发的演变就越微小。

（三）非官话方言岛与周围不同亲疏关系的汉语方言接触

在非官话方言中，客家方言岛较为常见。客家方言岛既有分布于非官话方言区的，也有分布于官话方言区的。下面以四川西昌黄联关客家方言岛与广东中山翠亨客家方言岛古精组和知系字的演变为例，探讨周围不同亲疏关系的汉语方言对

非官话方言岛演变的制约作用。

四川西昌黄联关客家方言岛存在相对立的 [ts] 组声母和 [tʂ] 组声母，古精组和多数古庄组字多读 [ts] 组声母，古知组字多读 [tʂ] 组声母，而古章组字 [ts] 组声母与 [tʂ] 组声母相混，且变化无规律（段英，2002）。与源方言梅县方言比较，黄联关客家方言 [tʂ] 组声母是后起的。四川西昌官话方言分 [ts] 组声母和 [tʂ] 组声母，黄联关客家方言 [tʂ] 组声母或许是受当地四川官话方言的影响而出现的。而在广东中山翠亨客语方言岛中，年龄较大的一些人读中古精庄组字声母为 [ts、tsʰ、s]，中古章知组字声母为 [tʃ、tʃʰ、ʃ]，而多数年纪稍轻的人则都读作 [ts、tsʰ、s]，这显示了翠亨客语这两组声母合流的趋势（何科根，1998）。中古章知组字年纪稍轻的人读 [ts] 组声母，这一合流趋势应是受周围粤语的影响。因为，中山粤语古精组与古知庄章组字都读 [ts] 组声母（詹伯慧、张日昇，1987）。仅从这两个例子看，周围汉语方言对非官话方言岛的演变都产生了作用，前者是官话方言引起方言岛声母的分化，后者则是粤语引起方言岛声母的合并，但从中并不能看出周围不同亲疏关系的汉语方言（官话方言、粤语）对客家方言岛的演变有何程度上的不同。

综上所述，亲疏关系对汉语方言岛的演变并没有多少相关度，或许类型上的异同才是周围汉语方言影响方言岛演变的重要因素。如广西容县客家方言岛，只有一套塞擦音和擦音 [ts、tsʰ、ɬ]，古心母字、邪母字、审母字、禅母字读 [ɬ] 与邻近的玉林白话及容县白话也一致（陈晓锦，1999）。究竟是发生学上的亲疏关系还是类型学上的异同与汉语方言岛的演变有着某种相关度，这一问题还需要进一步探讨。

第三节　接触关系与关中山东方言岛的语言接触

接触关系主要包括接触方式和接触强度。接触关系对语言接触的制约则主要表现在接触过程和接触结果两个方面。下面以关中山东方言岛为例，从接触方式、接触强度两个角度来看接触关系对语言接触的制约作用。

一、接触方式与关中山东方言岛的语言接触

从接触方式看，学界常常将语言接触分为直接接触和间接接触两类。直接接触指使用不同语言的人直接进行口头语言交际，间接接触指使用不同语言的人没有直接的口头语言交际，而只是通过书面语或现代通信媒体进行的间接交际（胡明扬，2007：4）。口语接触形成的是直接接触，书面语接触形成的是间接接触。而接触方式对语言接触的过程和结果都有影响。

在接触过程方面，关中山东方言岛在直接接触和间接接触上的表现是不同的。关中山东方言岛与关中方言的直接接触是方言岛居民在日常生活中与陕西当地人交流时进行的，其所覆盖的人群十分广泛，方言岛居民与关中方言都有过口语接触。因为陕西当地人不懂山东方言，所以山东方言岛居民在与陕西人面对面的直接接触中，为交际需要试着去学关中方言。在此过程中，关中方言的一些特征就逐渐为山东方言岛居民所熟悉，并慢慢地进入到山东方言中。例如，在表 2-3、表 2-4 中，关中山东方言岛普遍受关中方言影响，不少知庄章组字由 [tʂ] 组声母变为 [ts] 组声母，如大李村、马家庄、官路村、雷家寨的"斩""色"等字，有的则形成叠置，如大李村的"茶""柴"等字。在直接接触中，山东方言岛多数居民虽然基本能说关中方言，但是其发音还不地道。例如"睡"，大李村为 [suei^{31}]，而当地三原方言为 [ʃuei^{55}]，二者在声母和音值上有明显区别。

方言岛的间接接触是其与书面语的接触，主要出现在文化教育中，由文化程度高的人将普通话的特征带入方言，并逐渐影响文化程度低的居民，最终将普通话的特征在整个言语社区中固化下来。例如阎良谭家村山东方言岛，其语音内部存在文化程度上的差异（陈荣泽，2016b）。

二、接触强度与关中山东方言岛的语言接触

在讨论语言接触的时候，还要考虑接触的"度"。因为接触的"度"直接与接触的结果相关联。接触强度是学界常提到的一种"度"，是从一种语言影响另一种语言的力度大小角度而言的。既然是"度"，那么就有等级的差别和衡量的标准。接触强度可以分为轻度接触、中度接触和强度接触。在衡量标准上，Thomason

（2014：70、71）从借用成分的种类和等级来衡量接触的强度，认为：偶然接触，只借用非基本词汇；强度不高的接触，借用功能词和非基本词汇的实义词，以及少数结构；强度较高的接触，借用基本词汇和非基本词汇，以及更多重要的结构特征；高强度的接触，大量借用各类词汇，以及各种结构特征。根据 Thomason 的等级分类，可以将其四个接触等级对应地称为轻度接触、中度接触、强度接触和超强度接触。接触的"度"，学界有时还指"程度"，是指一种语言影响另一种语言的程度深浅，可以分为浅度接触、中度接触和深度接触。不过，接触程度与接触强度是语言接触"度"的两种不同说法。一般说来，语言接触的程度深浅与接触的强度大小是呈正相关的。因此，在论及语言接触"度"的时候，只说接触强度就可以。

至于关中山东方言岛的语言接触强度问题，可以从两个方面分析。首先，山东方言岛与不同方言接触时各自的接触强度是不同的。关中山东方言岛受关中方言的影响最大，在其语音、词汇、语法中都能看到关中方言不同程度的影响；方言岛受普通话的影响也不小，主要表现在语音上；方言岛受周围山东方言的影响很小，只有个别方言岛（如大李村）在声调上有所体现。因此，山东方言岛与关中方言接触的强度最大，与普通话的接触次之，与周围山东方言接触的强度最小。其次，从整体上看，关中山东方言岛的语言接触强度不高，还处于中度接触阶段。例如，许多山东方言岛并没有借用关中方言的基本词汇，还较好地保留着自身的基本词汇，只少量借用关中方言的语法结构。

第六章　关中山东方言岛语言接触的过程机制

如果从接触对语言有无影响的角度看，语言接触有两类：一是对语言无影响的接触，一是对语言有影响的接触。前者不在我们讨论的范围内，后者才是我们所关注的焦点。接触对语言产生影响，那么这些影响就会在语言上有所表现。接触影响语言表现在语言接触的结果上。本章所要讨论的是方言岛语言接触的过程机制，而语言接触的过程实际上就是接触如何影响语言的过程。因此，讨论语言接触的过程就不能不提及接触结果，否则过程分析就没有依存的实体。所以，语言接触的过程机制实质上是语言接触结果的过程机制。语言接触的结果既有语言结构层面的结果，也有语言功能层面的结果。下面就从这两个方面来讨论关中山东方言岛语言接触的过程机制。

第一节　关中山东方言岛语言接触的结构过程机制

一、语言接触的结构过程机制

语言接触的结果是纷繁芜杂的。从结构上看，语言接触的结果有借用、干扰、混用、混合、联盟等。关于语言接触的结构过程机制，在绪论中已经有较为详细的论述，下面再讨论语言接触结构过程的一般机制。

1. 接触之初：结构特征的碰撞

李如龙（2015：37—47）认为，语言接触造成的"他变"是从不同系统和不同特征的碰撞开始的。也就是说，在语言结构上，接触引发的语言演变是从语言的结构特征开始的。不同的语言有着不同的结构特征。在接触之初，不同语言发生接触时，首先发生碰撞的是结构特征。语言结构特征包括语音特征、词汇特征、语法特征等。在这些结构中，语音特征在彼此碰撞的过程中是最容易也是最先被人觉察到的语言特征。语音与意义密不可分，因此语音特征必须要以语言中有意义且能独立运用的词为载体。所以，语言接触实际上首先是从表层的词汇（包括语义）、语音特征开始的，之后才触及深层的语法特征。换句话说，语言发生接触时，不同的结构特征存在接触顺序的差异。这种顺序差异应该是由语言各个结构单位自身的性质特点所决定的。这种顺序差异直接影响着语言接触的结果。例如，在语言成分借用上，词语、语音借用是比较容易的，语法借用则较难。而碰撞的力度与语言之间的差异程度和语言强弱势等有关。

2. 接触之中：结构特征的并存与竞争

当接触达到一定程度时，语言接触就会对语言结构产生影响，首先造成语言成分的借用。语言成分借用是接触对语言结构产生的第一个影响。在语言成分借用的开始阶段，一些不同性质的语言成分混杂使用，形成不同语言成分并存的局面，造成一种语言掺杂进来自其他语言的异质成分。异质成分的进入打破了原本相对平衡的语言系统。在日常交际中，语言中的异质成分会增加人们交际的负担，人们一般只选用其中的某个成分。因此，异质成分与固有成分之间就必然存在竞争。竞争至少有两个常见的结果：一是固有成分战胜异质成分，一是异质成分战胜固有成分。在语言演变过程中，哪一成分将最终胜出，取决于多种因素。但是一般说来，语言会选择强势语言的成分。不过，哪种成分如何被最终选中是一个较为复杂的问题，尤其是对那些有深度接触的语言或方言而言就更是如此。

3. 接触之末：结构特征的重构

关于语言结构的重构（简称"语言重构"），主要从三个方面来分析。

第一，语言重构的本质问题。语言是一个符号系统，语言中某一结构要素发生变化，就可能引起其他结构要素发生变化。在语言接触背景下，由于异质成分的进入导致语言系统进行调整。在接触影响下的语言调整过程即"语言重构"。从本质上说，语言重构仍是语言结构要素之间相互依存、相互制约的结果。

第二，语言重构的时间问题。接触的始末之分只是为了便于分析而采取的一种权宜之计，不论在过去、现在还是将来，语言接触是常见而频繁的，语言接触会连续不断地发生，因此也就很难分出接触的始末了。如果一定要分出始末，那也只能是就语言的某一个结构特征而言了。从微观角度上看，语言接触终结于甲语言的某一结构特征被乙语言完全吸收，完成甲语言的结构特征在乙语言中的重构，最终形成一个异质有序的语言系统。其实，在接触的过程中，当异质成分在语言中成为主要结构的时候，语言重构就已经开始了，而并非是一定要等到某一固有成分被完全替代之后。当固有成分即将被完全替代的时候，语言重构应该趋于完成。也就是说，语言重构与异质成分的进入、融合相伴随行。

第三，语言重构的程度大小。世界上鲜有不与其他语言发生接触的语言，只有固有成分而无异质成分的"纯粹"语言是很难找到的。所以，从语言接触视角看，世界上的语言多是一个异质有序的符号系统。在一种语言中，异质成分总是存在的，只是多寡不同。如果异质成分所占比例较大，那么语言重构的幅度就会较为显著；如果异质成分所占比例较小，那么语言重构的幅度就会较为轻微。重构的程度还得考虑不同的语言结构，不同的语言结构在语言重构中的表现是不同的。一般说来，词汇的重构程度最小，其次是语音，语法的重构程度最大。

归结起来，语言接触的结构过程机制为：（语言结构特征的）碰撞→并存→竞争→重构。

二、关中山东方言岛语言接触的结构过程机制

（一）关中山东方言岛语言接触结构过程的一般机制

1. 接触之初

从第二至四章的比较可见，关中山东方言岛发生了一些变化，而这些变化与语言接触有密切联系。因接触时间、接触强度等因素，虽然语言接触没有使关中山东方言岛发生特别巨大的变化，但是其接触（不论是内部接触还是外部接触）的过程依然遵循着语言接触结构过程的一般机制。

关中山东方言岛与周围的山东方言、关中方言和普通话发生着不尽相同的接触关系。在接触之初，周围山东方言、关中方言和普通话的一些结构特征与关中山东方言岛在日常生活中彼此发生接触、相互碰撞，尤其是在与关中方言的接触中，

相互碰撞的力度是最大的。例如来自今潍坊地区的山东方言岛把"喝~水"多说成[xɑ]，这与当地关中方言中表示"坏"的"瞎"[xa]在读音上比较接近，从而产生误会。又如，当地关中方言把"人长得漂亮好看"说成"心疼"，而山东则多说成"俊"，山东人在刚接触到这个词时并不理解其真正的意思，回答也总是不得要领。例如，当地陕西人称赞山东人的小孩长得漂亮时说"娃心疼得很"，而山东人则回答"娃心不疼"。也就是说，在不同的语言或方言接触的时候，人们通常首先接触到的是另一种语言中词语的声音。对于陌生语言或方言中的某个词，人们常常在自己的语言或方言中找一个在声音上与之相同或相近的词进行匹配。然而，这些音同或音近的词所表示的意义可能是完全不同的，从而导致误会。

这正如赵元任（1999：3）所举的一个例子。听说从前有个老太婆，初次跟外国话有点儿接触，她就稀奇得简直不相信，她说："这明明儿是水，英国人偏偏儿要叫它'窝头'（water），法国人偏偏儿要叫它'滴漏'（de l'eau），只有咱们中国人好好儿的管它叫'水'！咱们不但是管它叫'水'诶，这东西明明儿是'水'嚜！"赵元任举这个例子的目的是说明语言与事物之间的约定俗成关系。同一事物在不同语言中用不同的语音来表达，而相同或相近的音在不同的语言中所表达的事物是不同的。然而人们在接触一种语言之初，总是不太明白这个道理，往往把对方语言中的某个词在声音上匹配自己语言中的某个词，从而造成意义上的风马牛不相及。当然，对于同一种方言而言，相同词形所表达的意思可能是不同的，这也是造成分歧的重要原因。从以上所举例子看，语言接触之初是从语言结构的碰撞开始的，具体是从词语开始的，即用自己语言中某个词的声音与对方语言中的词语进行匹配，形成二者在意义上的不对等，造成语言结构特征的碰撞。

2. 接触之中

由结构特征的碰撞到结构特征的并存需要经历一段较长的时间，其间还有一个借用的过程，由借用再到并存阶段。语言成分借用以词汇借用最为常见。在关中山东方言岛中，山东方言词语与关中方言词语并存的现象比较常见。例如在表3-15中，"聊天儿"一词山东方言一般说"拉呱（儿）"，关中方言一般说"谝"或"谝闲传"，而关中山东方言岛既有山东方言的说法，又有关中方言的说法，形成源方言与关中方言的并存。但是，两种不同语言成分并存与语言经济原则相违背，因此在语言演变过程中，其中一个成分就会隐退甚至消失。在此过程中，两种不同语言的结构成分就势必产生竞争。只是竞争的过程比较隐蔽，不易被发现，但竞争的结果却是显而易见的。例如，在表 3-1 中，通过大李村与源方言、关中方言的词语比较可以看到，"冰雹"一词大李村应该经历了如下过程：雹子→雹子、冷子（并存）→冷子（替换）。在大李村中，"冷子"一词在山东方言与关中方言的竞争中最终胜出。可以说，关中方言"冷子"一词已经融入大李村的山东方言之中。同样是在表 3-1 中，"冰雹"一词雷家寨则处于"冷子、雹子"并存的阶段。但是从使用频率上看，"冷子"更为常用，而"雹子"次之。根据大李村的情况可以推断，"雹子"的说法将在雷家寨消失，只剩下"冷子"的说法。至于将来的词汇演变，还得考虑普通话的影响，或许"冷子"的说法也会被"冰雹"所替代。

3. 接触之末

有语言接触就会有语言重构，只是重构的程度有大小之别。在关中山东方言岛中，方言岛结构重构的最显著例子要数马家庄的声调演变。在表 2-21 中，阎良马家庄方言受关中方言影响，其阴平调由原来的 213 变为 31。但是，这一变化产生了一个矛盾，即阴平调新产生的调值 31 与原来去声调的调值 31 混同。在此情况下，马家庄方言为了区分阴平和去声两个调类，就将原来去声调的调值 31 变为高降调 53。马家庄阴平调和去声调的演变，就是方言岛在语言接触下因异质成分的进入而发生的语言重构，其过程如下：

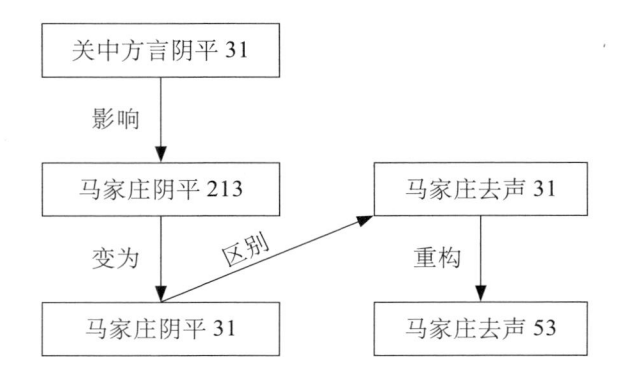

```
        关中方言阴平 31
              │
             影响
              ↓
   马家庄阴平 213      马家庄去声 31
        │                  │
       变为    区别         重构
        ↓        ↘         ↓
   马家庄阴平 31       马家庄去声 53
```

从马家庄声调的重构过程看，当其阴平调变为 31 的同时，去声调的重构就开始了，否则阴平与去声就因无法分辨而造成混淆。其实，在语言接触过程中，调类合并也是常有的事情，例如中原官话南疆片，其基础方言为陕西关中方言，关中方言的阴平与阳平，南疆片都合并为平声。刘俐李（1993）认为："南疆片的声调所以减少，与其所处语言环境密切相关。第一，南疆处于维吾尔人众多的环境中，必定受无声调的维吾尔语的影响；第二，北疆片三个声调，其形成历史比南疆片早，二者处于同一行政区，其影响显而易见；第三，在南疆片形成之初，新疆官府正盛行河州话，河州话也是三个声调，自然会影响到南疆片。以上所述系南疆片声调减少的外部因素。"对于马家庄方言而言，阴平调值的变化应是受关中方言的影响，但是其调值变化并没有与去声合并，其中大概另有原因。原因或许与其自身的调类情况有关。马家庄的源方言阳平和上声发生合并，只有三个调类。从汉语方言中的情况看，虽然只有三个调类的方言并不少见，但是已快接近用音高变化来区别意义的极限。在汉语方言中还可以看到只有两个声调的方言，例如兰州红古方言只有两个声调，阴平、阳平、去声为一个调，上声为一个调（雒鹏，1999）。如果马家庄的阴平与去声合并，则只有两个声调，这就增加了意义区分的难度。因此，马家庄在阴平213变为31时，本可以与去声31合并，但是为了能更好地区别意义，就调整去声的调值，从而对其声调系统在一定程度上进行重构。

（二）关中山东方言岛语言接触结构过程的微观机制

接触引发的结构变化主要有借用、干扰、混用、混合、联盟等。这些结构变化的大致过程为：借用 > 干扰 > 混用 > 混合 > 联盟。关中山东方言岛语言接触结构变化主要有借用、干扰、混用和混合。其结构变化的微观过程为：借用 > 干扰 > 混用 > 混合。

1. 借用

语言成分的借用是语言接触最先出现的结构变化，是语言接触中最常见的现象。语言成分的借用在社会因素均等的前提下具有一定的等级或顺序，即：词汇成分（非基本词）> 句法成分 / 音系成分 > 形态成分（吴福祥，2007）。关中山东方言岛的语言接触基本遵循这个借用顺序。关中山东方言岛主要受到关中方言的影响，从关中方言中借用了不少语言成分。在这些语言成分中，以词汇为主，语音次之，语法最少。在词汇借用中，仍是以非基本词为主，很少涉及基本词汇。

在语音借用方面，主要是某些字音借用关中方言，主要涉及声母和韵母。例如，在表2-8中，"杯""倍"的声母读音，关中山东方言岛借用关中方言的发音，常读为 [pʰ]。又如，在表2-12中，"奴"的韵母读音，关中山东方言岛借用关中方言的发音，常读为 [ou]。虽然关中山东方言岛借用了不少关中方言的发音，但是关中山东方言岛并没有增加音位。音位的增加主要是受普通话的影响。如在表2-5中，"日"字谭家村、太平村为 [ʐ] 声母和零声母，[ʐ] 是借用普通话的读音，因关中方言读 [ɚ]。语法借用主要是部分关中山东方言岛在程度表示法上借用关中方言"A得很"的中补结构。

2. 干扰

语言干扰是指由于语言接触结果在双语人的言语中所发生的偏离语言标准的现象（张兴权，2012：200）。对关中山东方言岛而言，语言干扰是指山东方言岛居民在说关中方言或普通话时偏离陕西话或普通话的现象。在方言岛中，多数方言岛居民能够说关中方言，少部分会说普通话。因此，这里讨论的"干扰"仅指方言岛居民说关中方言时因受山东母语方言影响而出现关中方言不标准的现象。关中山东方言岛居民多数能说关中方言，是双语人，但是不少方言岛居民关中方言说得并不地道。例如，在表2-3中，不少关中山东方言岛知庄章组字由 [tʂ] 组声母变为 [ts] 组声母。但是，对于知系合口字，关中方言的发音比较特殊，发为 [tʃ] 组声母。在个别方言岛中，有些知系合口字就发为接近 [tʃ] 组声母的 [ts] 声母。例如"睡"，大李村读为 [suei³¹]，三原读为 [ʃuei⁵⁵]，在发音上 [s] 与 [ʃ] 相近。大李村方言没有 [ʃ] 这样的音，因此就用了一个方言中与之接近的 [s] 音。因此，[s] 与 [ʃ] 就形成差别，从而造成山东方言岛居民说关中方言不地道的现象。

3. 混用

语言混用，又称为"语码混用"，是指"在两种语言接触的地方里，以一种语言作为主导语言，同时'不适当地'夹用另一种语言成分的现象"（张兴权，2012：193）。语码混用是语言接触的结果之一，是语言成分借用的进一步发展，是语言接触程度加深的表现，经常在不经意之间就出现在口语中。在关中山东方言岛中，语码混用也是常见的现象。例如在"他说马上就走，怎么这半天了还在家里呢？"中，谭家村、马家庄方言岛中"怎么"的说法就夹杂关中方言"咋"的说法。

谭家村阎良	他说马上就走，<u>咋</u>还在家里？
谭家营高密	他说马上就走，<u>怎么</u>这大半天还在家里呢？
马家庄阎良	他说马上走，<u>咋</u>这半天还在家呢？
朱家庄莱芜	他说马上走，<u>怎么</u>半天唡还在家？
富平县城关	他说马上就走哩，<u>咋</u>半天还在屋里哩？

4. 混合

语言混合，又称"克里奥尔语"，是指"两种或多种语言因频繁接触而形成结构上混合的现象"（语言学名词审定委员会，2011：194）。语言混合是语言深度接触的结果。我国的混合语主要有五屯话、唐汪话、诶话、扎话和倒话（孙宏开等，2007：2562、2563）。关于混合语的形成过程机制，学界有不少讨论，其中意西微萨·阿错对倒话的形成机制进行了深入探讨。由于方言之间的相互影响，在汉语方言中也存在混合型方言。不过，混合型方言与混合语存在本质上的区别：混合语是由两种不同的语言接触融合为第三种语言，而混合型方言则并没有变成其他语言，还是汉语方言。"混合型方言通常是一些通行面积不广的小方言点。就其生成的情况说，有的是在大小方言区交界处因语言接触融合而成的，这是共时作用的结果；有的是因历代不同来源移民长期杂处混合而成，这是历时作用的结果。"（李如龙，2012）这两类混合型方言，可以简称为毗邻方言区混合型方言和移民混合型方言。下面主要讨论移民混合型方言。

在移民混合型方言中，有不少是汉语方言岛。对这些移民混合型方言的研究，学界多研究其历史层次，只有少数学者关注其形成的过程机制。例如在陕南存在不少清代移民，其移民方言与当地的中原官话深度接触，从而形成混合型方言，如镇安城关话。关于其形成的过程机制，郭沈青、刘夏君（2016）认为："本地话"与"外来话"势均力敌地共处一县，巨大的交际压力使两大方言快速融合，在言语调适作用下形成一种保留本地中原官话和外来江淮官话特征的镇安城关话。至于关中山东方言岛，因接触时间不太长，方言岛多数都还保留着其源方言的方言特点，较少成系统地吸收关中方言的特征。从整体上看，关中山东方言岛的混合特征并不突出，只是在个别特征上有成系统的关中方言特征，如马家庄山东方言岛的阴平调值。那么，马家庄山东方言岛混合特征的形成过程是如何的呢？

关于混合语的形成机制，意西微萨·阿错（2004：199、200）引入交际压力度分析等方法来分析倒话的形成机制，将交际压力度分为5级，认为："在交际中的一方承受2～4度交际压力的情况下，语言接触并且各种语言混合现象开始发生；而要形成独立的拥有母语性语言地位的混合语，则至少使得接触中的双方，持续地处于3～4度交际压力的环境。或者保守地说，如果语言接触中的某一方，持续地受到4度交际压力，则可能形成混合语。"马家庄的方言使用现状是：在家庭内或村内以及山东人之间使用山东方言，在村外或与陕西人交际时说关中方言。从交际现状看，马家庄的交际压力度为2度。其实，关中山东方言岛现在也多处于2度交际压力。那么，为什么同处于2度交际压力，马家庄就发生调值变化，而其他方言岛（除大李村外）并没有发生调值变化呢？这或许与马家庄的人口数量较少有关。另外，为什么马家庄的阴平调首先发生变化？从调型上看，马家庄源方言阴平为曲折调，当地关中方言则为低降调，且当地关中方言四个调类的调型都没有曲折调。因此，马家庄居民在说关中方言时首先需要改变的就是曲折调，将其变为非曲折调。综上，马家庄山东方言岛混合特征的形成过程为：在2级交际压力下，其为曲折调的阴平调最先向当地关中方言靠近，变为具有关中方言声调特征的低降调，从而形成具关中方言特点的混合特征。

第二节　关中山东方言岛语言接触的功能过程机制

一、语言接触的功能过程机制

语言接触引发的功能变化主要有兼用、磨蚀、转用、濒危、消亡等。从整体上看，语言功能变化的过程应该经历了以下几个阶段：语言兼用＞（语言保持）＞语言磨蚀＞（语言选择）＞语言转用＞语言濒危＞语言消亡。其中，语言保持和语言选择尽管不属于功能变化，但二者是语言功能变化过程中的重要环节，决定着下一阶段语言功能变化的整体走向。

1. 语言兼用

语言兼用的概念有狭义和广义之分。狭义的语言兼用即双语兼用或双语现象，是指"一个民族除了使用自己的母语外，还兼用另一民族的语言"（戴庆厦，2012：98）。广义的语言兼用是指兼用多种语言或一种语言的多个方言，包括多语兼用和双言（或多言）兼用等。语言兼用是语言接触在语言功能上的最初表现，是语言功能变化的开端。从这个意义上说，语言的其他功能变化都导源于语言兼用。不仅如此，语言兼用对语言结构的影响也是巨大的，尤其会对母语结构产生各种影响。

2. 语言保持

由于政治、经济、文化、人口等多种因素，社会中的各种语言所处的地位是不完全相同的，有的属于强势语言，而有的属于弱势语言。在一个族群所兼用的语言中，各种语言的地位也是不同的，有的强势，有的弱势。在强弱较量之间，弱势语言并没有突然之间被强势语言所替代，仍然是族群的重要交际工具。这样的现象就是语言保持。语言保持，又称"语言维护"，是指"在多民族、多语言国家或地区里维护和维持少数民族语言，使弱势语言群体坚持使用原来语言的现象"（张兴权，2012：207）。在强势语言的影响下，弱势语言要保持下去，确实不是一件易事。

3. 语言磨蚀

关于"语言磨蚀"的定义，国内外都存在分歧。这里采用 Thomason（2014：227）的定义：语言磨蚀（attrition）是语言失去其使用者、范围而最终失去其结构的一个渐变过程，也是不被新材料（如借自强势族群语言的材料）所替代的语言材料的丢失。从中可知，语言磨蚀可以包含语言结构和语言功能两个方面，即语言的结构磨蚀和语言的功能磨蚀。王湘云（2011）根据被磨蚀语种的不同以及发生磨蚀的语言环境的差异，认为语言磨蚀可分为四种类型：母语环境中的母语磨蚀、外语环境中的母语磨蚀、母语环境中的外语磨蚀和外语环境中的外语磨蚀。上述分类可以简化为两类：母语环境中的语言磨蚀和外语环境中的语言磨蚀。

4. 语言选择

语言选择是指"选择通用语、官方语言或标准语的过程"（语言学名词审定委员会，2011：196）。语言选择是针对双语或多语者而言的。具体说来，语言选择是指语言兼用者在不同的语言环境中为达到更好的交际效果而选择适当的语言的过程。语言选择过程常常涉及语码转换。语码转换是语言兼用者在一次交际过程中换用不同语言的现象，既属于语言结构的问题，也属于语言功能的问题。本书中的"语言选择"则主要是从语言功能角度而言，是指在语言兼用的族群中因母语式微而选择其他语言作为交际工具的过程。简言之，即语言转用过程的语言选择。语言选择的前提就是语言磨蚀。在双语条件下，语言之间很难一直处于势均力敌的态势，通常都有伯仲之分，一种语言强势，另一种语言弱势。在强弱较量中，弱势语言就会出现磨蚀的现象：在语言结构上，固有的语言特征逐渐丢失；在语言功能上，使用人口日益减少。在此背景下，越来越多的人就会选择强势语言作为主要交际工具。

5. 语言转用

语言转用，又称"语言替换"，是指"一个民族或一个群体放弃使用自己的母语而用其他语言替代母语的现象"（语言学名词审定委员会，2011：195）。语言转用是一个渐进的过程，一个民族或一个群体不会在很短时间内完全放弃自己的母语。语言转用应是从一个民族或一个群体中的部分人开始的，之后才慢慢覆盖整个族群。因此，戴庆厦（2012：105）的界定更准确，"语言转用是指一个民族或一个民族的部分人放弃使用自己的母语而转用另一语言的现象"。根据族群中语言转用的人口比例情况，语言转用可以分为个别语言转用、局部语言转用、主体语言转用和整体语言转用四种类型（张兴权，2012：184）。这四种类型，其实就是语言转用的渐变阶段，其中后三个阶段直接导致了语言功能的其他变化。局部语言转用使得语言的使用人口渐次减少，语言开始式微，在语言功能上出现磨蚀。主体语言转用的结果是族群中的大部分人使用其他语言，只有少数人使用母语，从而导致语言濒危。整体语言转用的结果是族群的所有成员都使用其他语言，造成语言消亡。

6. 语言濒危

语言濒危，即语言濒临消亡。"活力弱、处于消亡边缘的语言"（语言学名词审定委员会，2011：195）即濒危语言。如何判断一个语言是濒危语言？戴庆厦（2004b：5）认为，界定濒危语言的标准应使用综合指标体系，该指标体系包括核心指标和参考指标两类：核心指标是起主要作用的，主要有丧失母语人口的数量比例、母语使用者年龄段的分布比例、母语能力的大小三个；参考指标起补充、印证作用，包括母语的使用范围、对母语的语言态度，以及与语言使用有关的社会、经济、文化等情况。虽然说语言濒危主要是从语言功能角度而言的，但是语言濒危的表现不仅仅在语言功能上，在语言结构上也有许多表现。

7. 语言消亡

语言消亡是指"一种语言由于失去交际能力和使用的人而消失"（语言学名词审定委员会，2011：195）的现象。语言消亡是族群转用其他语言的最终结果，其过程一般说来是渐进的。语言消亡的原因主要有三个："一是民族自身原因：因自然灾害、疾病、移民、节育或遭大量虐杀而语言使用人口突然大量减少；二是经济社会原因：在经济和社会生活中强势语言的影响下，使用弱势语言的人们经过双语和语言转用失去母语；三是政治原因：被侵略的国家或民族的人们被迫使用双语，以致发生整体语言转用。"（张兴权，2012：212）

二、关中山东方言岛语言接触的功能过程机制

虽然说关中山东方言岛的形成时间还不是太长，与周围语言的接触还不是特别深入，但是从其方言的功能演变结果看，山东方言岛存在兼用、磨蚀、转用、濒危、消亡等几种功能变化，其过程也经历了语言兼用 > 语言保持 > 语言磨蚀 > 语言选择 > 语言转用 > 语言濒危 > 语言消亡的功能变化过程。

1. 方言兼用

在关中山东方言岛中，方言兼用是比较普遍的现象。从方言兼用的实际情况看，关中山东方言岛居民主要兼用关中方言，能使用普通话的人并不多。方言岛居民在家、在村内或山东人之间说山东方言，在村外或与陕西人交流时则说关中方言。部分山东方言岛居民在与不会说山东方言、关中方言的人交流时使用普通话。虽然方言岛居民兼用关中方言，但是兼用的时间还不是很长。首先，从方言兼用的年龄段上看，在许多方言岛中，年龄在七八十岁以上的老人一般不会说陕西话。例如阎良谭家村的张广文（1928年生）就不会说陕西话。五六十岁以下的人则多会说陕西话。据此推测，山东方言岛出现大范围的双语现象只有50年左右

的时间。其次，方言岛居民，尤其是年龄较大的，其关中方言不太标准，而年轻人的关中方言更标准。另外，随着普通话的大力推广和普及，方言岛中会说普通话的人逐渐增多，尤其是年轻人。

2. 方言保持

关中山东方言岛居民多数是双方言人，在其使用的山东方言和关中方言中，山东方言是一种弱势方言，而关中方言是一种强势方言。不过，两种方言各有各的使用环境，各自发挥着自身的功能。语言，是一个族群区别于其他族群的重要标志，语言保持有利于维系和发展本族群文化。大多数关中山东方言岛都还使用山东方言，保留着山东人区别于当地文化的重要标志。从方言保持的整体情况看，多数关中山东方言岛都还在继续使用山东方言，但是各个山东方言岛的方言保持并不完全一样，有些方言岛的方言保持较好，例如阎良谭家村、蒲城太平村、三原大李村。有些方言岛的方言保持较差，例如阎良马家庄。语言保持与语言态度、语言环境等因素密切相关。前文已提及，关中山东方言岛都有着类似客家人"不卖祖宗言"的潜在语言态度。这是山东方言岛形成并长期存在的一个重要原因。但是，各个方言岛所表现出来的方言保持情况不尽相同，这应该有其他原因，例如人口因素。从以上的例子看，人口数量较多的方言岛方言保持较好，而人口数量较少的方言岛方言保持较差。也就是说，山东方言岛方言保持与人口数量有密切联系。

3. 方言磨蚀

"方言磨蚀"是仿照"语言磨蚀"提出来的，与这一提法相类似的是方言的"萎缩"。"方言的萎缩有两方面的涵义：某种方言在地理分布上的萎缩，与之相应的是另一种方言的扩张；某种方言在方言特征上的萎缩。"（游汝杰，2004b：166）方言萎缩表现在地理分布和方言结构特征上，这与语言磨蚀十分接近，不同的是方言萎缩强调地理分布，而语言磨蚀强调语言使用者。其实，语言的地理分布和使用人口在一定意义上是相通的。人是语言的使用者和传播者，语言的地理分布实质上就是语言使用者的分布。因此，方言磨蚀与方言萎缩在概念上的所指是基本一致的。

方言磨蚀包括方言结构的磨蚀和方言功能的磨蚀两个方面。一是方言结构磨蚀。关中山东方言岛的结构磨蚀主要表现在山东方言结构特征的磨蚀，体现在语音、词汇、语法等各个方面。语音特征的磨蚀：声母方面，如马家庄齿间音 [tθ] 组声母的消失；韵母方面，如杨居屯 [ʋ] 声母的消失；声调方面，如马家庄阴平的曲折特征消失。词汇特征的磨蚀，山东方言的一些特征词已消失，例如"冰雹"，大李村原有的"雹子"说法已被关中方言的"冷子"所取代。语法特征的磨蚀，例如比较句，杨居屯"甲 A 起乙"的格式已经消失。二是方言功能磨蚀。关中山东方言岛方言功能磨蚀主要表现在以下两个方面。第一，山东方言使用环境的缩小。在改革开放前，不少山东方言岛在村内有自己的小学，学生以本村为主，其中不少老师也是本村的，他们在上课时也使用山东方言。后来，不少山东方言岛村内的小学被撤并，陕西当地的学生和老师越来越多，平时老师、学生多说关中方言。而今，普通话已成为学校教育的重要语言。在此过程中，山东方言的使用空间被关中方言、普通话不断挤压，已退缩至村内、家庭中。在与陕西当地人通婚日益增多的情况下，山东方言在家庭内部也开始受到挤压，本来说山东方言的长辈，与娶进门的陕西当地媳妇要说关中方言。因为陕西当地媳妇听不懂山东方言。第二，山东方言的使用人口在不断减少。其中一个重要的原因就是与当地人通婚。陕西当地女子嫁入山东方言岛后，一般都说关中方言，很少会说山东方言，其子女在母亲的影响下也多说关中方言。

语言磨蚀有不同的分类。钟守满、孙崇飞（2011）认为磨蚀应包括本族语环境中的语言磨蚀和移民环境中的语言磨蚀。对于方言岛而言，其语言磨蚀属于移民环境中的语言磨蚀，有别于本族语环境中的语言磨蚀，在磨蚀的程度、速度等方面就存在差异。相对于山东境内的山东方言而言，关中山东方言岛的磨蚀速度更快。在表 2-2 中，在是否分尖团的问题上，大李村、雷家寨都已不分尖团，而源方言还分尖团。

4. 方言选择与转用

方言选择就是在方言转用过程中选择何种方言作为交际工具的问题。对于这个问题还得先从方言转用说起。在关中山东方言岛中，整体方言转用的情况还不是很常见，只有那些人口极少的山东移民村庄存在大部分方言转用的情况。例如阎良区关山镇长山村，该村共四百余人，其居民主要来自山东省长山县（今邹平县长山镇），村中只有年龄在六七十岁以上的人能说山东方言，而五十岁以下的人则多不会说山东方言，只会说关中方言。为何选择关中方言呢？这应与关中方言在当地的地位有关。在当地，关中方言是强势方言。所以，在方言岛的方言转用过程中，方言岛居民就选择关中方言作为日常生活中的主要交际工具。选择何种方言作为主要交际工具会有许多制约因素，但是对于汉语方言岛这类较为特殊的移民社区而言，在其方言转用的过程中，一般是选择当地的强势方言作为主要交际工具。

5. 方言濒危与消亡

对于长山村这样人口较少的山东方言岛而言，其村民大部分都转用关中方言，山东方言在功能上就已濒危，假以时日，等六七十岁以上会说山东方言的人老去以后，那么该村的山东方言就彻底消亡了。而人口较多的山东方言岛（如谭家村、太平村等）都没有发生濒危。从方言功能上看，村民还多数都使用山东方言，从方言结构上看，这些方言岛都较好地保留着源方言的特点。但是，对于那些人口较少的山东方言岛，其方言就显现出濒危的态势。如马家庄，受关中方言的影响，其方言结构与关中方言趋同，例如声调。又如大李村，在方言功能上，村中青少年转用关中方言的日渐增多。我们在大李村做了一个问卷调查，在"您的孙子或孙女会说什么方言？"的问题中，选只说"A 山东方言"的 25 人，选只说"B 关中方言"的 45 人，选只说"C 普通话"的 17 人，选 AB 的 4 人，选 ABC 的 20 人，选 BC 的 15 人。其中，能说山东方言的共计 49 人（约占 39%），能说陕西话的共计 84 人（约占 67%），能说普通话的共计 52 人（约占 41%）。从大李村青少年的方言使用情况看，能说关中方言的最多，是能说山东方言的 1.7 倍，能说普通话的与能说山东方言的基本持平。从这个统计数据推测，今后在大李村内，大多数年轻人将说关中方言，而山东方言只有少数年轻人才能说。如果长此以往，那么大李村多数人将转用关中方言，而山东方言则逐渐濒危，甚至消亡。这大概也是其他许多山东方言岛，甚至其他汉语方言岛的发展趋势。由转用到濒危再到消亡，这应该是方言岛演变的最终结果，只是其消亡的时间或早或晚罢了。

第七章 关中山东方言岛语言接触的变化机制

接触引发的语言变化机制分为结构变化机制和功能变化机制两种。其中，结构变化机制又可以从共时和历时两个维度将其再细分为变异机制和演变机制。在已有的研究中，结构演变机制研究较多，结构变异机制研究次之，而功能变化机制研究很少。在本章中，我们以关中山东方言岛为例，重点分析其语言接触的结构变化机制。

第一节 关中山东方言岛语言接触的结构变异机制[①]

山东方言岛的结构变异，这里以阎良谭家村的语音变异为例。谭家村是关中现存最大的山东方言岛，其居民主要来自今山东高密、昌邑一带，绝大多数人说山东高密、昌邑一带的山东话，但是其语音内部还存在差异，主要表现为年龄差异。为了更好地展现谭家村山东话语音的内部差异，我们曾调查了14位发音人。这14位发音人的年龄在18岁至85岁之间，为便于论述，我们将其分为老派（60岁及以上）、中派（40～59岁）、青派（39岁及以下）三派。由于60岁及以上的人群在一些语音变项上还存在年龄差异，因此我们将老派又分为老派1（70岁及以上）和老派2（60～69岁）。在下文中，老派1、老派2、中派、青派分别选取张广学（男，76岁）、张琪（女，67岁）、谭利军（男，56岁）、张茹（女，27岁）的发音进行说明。

[①] 本节主要内容可以参看陈荣泽：《西安阎良谭家堡山东话语音的内部差异》，《咸阳师范学院学报》2016年第1期。

一、年龄差异

（一）声母差异

1. 精组洪音字，老、中派都读 [tθ、tθʰ、θ]，青派读 [ts、tsʰ、s]。需要指出的是，在老、中派中，[tθ、tθʰ、θ] 在音值上存在着差异。这种差异因人而异，并非完全与年龄相关，有的舌尖伸出较多，齿间色彩明显，有的舌尖伸出较少，齿间色彩较弱（见表 7-1）。

表 7-1　精组洪音字读音的年龄差异

例字 发音人	资 精开三	祖 精合一	草 清开一	坐 从合一	丝 心开三	三 心开三	仓 清开一	增 精开一
老₁	ˌtθʅ	ˈtθu	ˈtθʰɔ	tθuəˀ	ˈθʅ	ˈθã	ˌtθʰaŋ	ˌtθəŋ
老₂	ˌtθʅ	ˈtθu	ˈtθʰɔ	tθuəˀ	ˈθʅ	ˈθã	ˌtθʰaŋ	ˌtθəŋ
中	ˌtθʅ	ˈtθu	ˈtθʰɔ	tθuəˀ	ˈθʅ	ˈθã	ˌtθʰaŋ	ˌtθəŋ
青	ˌtsʅ	ˈtsu	ˈtsʰɔ	tsuəˀ	ˈsʅ	ˈsã	ˌtsʰaŋ	ˌtsəŋ

由此推测，经过若干年后，谭家村山东话中的 [tθ、tθʰ、θ] 一类音可能消失，取而代之的是 [ts、tsʰ、s]。据调查，阎良马家庄山东话现在只有 [ts] 类声母，而其源方言莱芜话有 [tθ] 类声母，显然马家庄山东话已经完成了此过程。

2. 是否分尖团，老派分尖团，中派仅精组齐齿呼与见组齐齿呼字有别，而精见组撮口呼字无别，青派则不分尖团，精见组细音字完全合流（见表 7-2）。

表 7-2　是否分尖团的年龄差异

例字 发音人	精 精	经 见	秋 清	丘 溪	趣 清	去 溪	想 心	响 晓	雪 心	学 匣
老₁	ˌtsiŋ	ˌtɕiŋ	ˌtsʰiou	ˌtɕʰiou	tsʰyˀ	tɕʰyˀ	ˈsiaŋ	ˈɕiaŋ	ˈsyə	ˈɕyə
老₂	ˌtsiŋ	ˌtɕiŋ	ˌtsʰiou	ˌtɕʰiou	tsʰyˀ	tɕʰyˀ	ˈsiaŋ	ˈɕiaŋ	ˈsyə	ˈɕyə
中	ˌtɕiŋ	ˌtɕiŋ	ˌtɕʰiou	ˌtɕʰiou	tɕʰyˀ	tɕʰyˀ	ˈɕiaŋ	ˈɕiaŋ	ˈɕyə	ˈɕyə
青	ˌtɕiŋ	ˌtɕiŋ	ˌtɕʰiou	ˌtɕʰiou	tɕʰyˀ	tɕʰyˀ	ˈɕiaŋ	ˈɕiaŋ	ˈɕyə	ˈɕyə

从上表可以看出，老、中、青三派在精见组细音字的读音上呈现出逐渐混同的

趋势，我们从中可以清晰地看到精见组细音字由分到合的演变过程。在是否分尖团问题上，关中的许多山东方言岛与谭家村有着基本一致的表现，即老派或老中派仍分尖团，而中青派或青派已不分尖团。

3. 知庄章组字，除老派 1 分 [tʂ、tʂʰ、ʂ] [tʃ、tʃʰ、ʃ] 两套外，老派 2 和中青派都读 [tʂ、tʂʰ、ʂ]（见表 7-3）。

表 7-3　知庄章组字读音的年龄差异

例字 发音人	支章	知知	锄崇	除澄	愁崇	绸澄	站知	占章	争庄	蒸章	生生	声书
老 1	₌tʂʅ	₌tʃʅ	₌tʂʰu	₌tʃʰu	₌tʂʰou	₌tʃʰou	tʂã°	tʃã°	₌tʂəŋ	₌tʃəŋ	₌ʂəŋ	₌ʃəŋ
老 2	₌tʂʅ	₌tʃʅ	₌tʂʰu	₌tʃʰu	₌tʂʰou	₌tʂʰou	tʂã°	tʂã°	₌tʂəŋ	₌tʂəŋ	₌ʂəŋ	₌ʂəŋ
中	₌tʂʅ	₌tʂʅ	₌tʂʰu	₌tʂʰu	₌tʂʰou	₌tʂʰou	tʂã°	tʂã°	₌tʂəŋ	₌tʂəŋ	₌ʂəŋ	₌ʂəŋ
青	₌tʂʅ	₌tʂʅ	₌tʂʰu	₌tʂʰu	₌tʂʰou	₌tʂʰou	tʂã°	tʂã°	₌tʂəŋ	₌tʂəŋ	₌ʂəŋ	₌ʂəŋ

据调查，知庄章组字，蒲城县八福村、保南洼 60 岁左右的人基本上还分 [tʂ、tʂʰ、ʂ] [tʃ、tʃʰ、ʃ] 两套声母。其中，韵母 [ʅ] 拼 [tʃ] 组声母时带有舌叶色彩。而谭家村 60 岁左右的老派 2 知庄章组字只读 [tʂ、tʂʰ、ʂ] 一套声母，只有老派 1 才分 [tʂ、tʂʰ、ʂ] [tʃ、tʃʰ、ʃ] 两套声母。因此，在知庄章组字的读音上，谭家村的变化速度就要比八福村、保南洼快。

4. 日母字，老派读为零声母，中派部分读零声母，部分读 [z] 声母，青派读零声母的较少而读 [z] 声母的较多。其中，"日"字老派 1、中派读 [ɚ] 则是受陕西话的影响（见表 7-4）。

表 7-4　日母字读音的年龄差异

例字 发音人	二止 开三	耳止 开三	日臻 开三	燃山 开三	软山 合三	人臻 开三	让宕 开三	入深 开三	热山 开三	肉通 合三
老 1	ɚ°/lə°	°lə	ɚ°/i°	₌iã	°yã	₌iẽ	iaŋ°	yu°	iə°	iou°
老 2	lə°	°lə	i°	₌iã	°yã	₌iẽ	iaŋ°	yu°	iə°	iou°
中	ɚ°/lə°	ɚ°/lə°	ʐʅ°/i°	₌ʐã	°yã	₌iẽ	ʐaŋ°/iaŋ°	ʐu°	iə°	iou°
青	lə°	°lə	ʐʅ°/i°	₌ʐã	₌ʐuã	₌ʐẽ/₌iẽ	ʐaŋ°/iaŋ°	ʐu°	ʐə°/iə°	iou°

5. 疑影母开口一等字，老、中、青三派的差异主要在果摄开口一等疑母部分字的发音上，老派都读零声母，而中、青派有的读 [ŋ] 声母。例如"蛾""饿"，中、青派有读 [ŋ] 声母的情况，这应是受关中方言影响的结果（见表7-5）。

表 7-5　疑影母开口一等字读音的年龄差异

发音人＼例字	鹅疑	蛾疑	饿疑	我疑	爱影	艾疑	藕疑	呕影	岸疑	案影
老₁	₅uə	₅uə	uə⁼	ʿuə	ŋɛ⁼	ŋɛ⁼	ʿŋou	ʿŋou	ŋã⁼	ŋã⁼
老₂	₅uə	₅uə	uə⁼	ʿuə	ŋɛ⁼	ŋɛ⁼	ʿŋou	ʿŋou	ŋã⁼	ŋã⁼
中	₅uə	₅ŋə	ŋə⁼	ʿuə	ŋɛ⁼	ŋɛ⁼	ʿŋou	ʿŋou	ŋã⁼	ŋã⁼
青	₅uə	₅uə/eŋ₅	uə⁼/ŋə⁼	ʿuə	ŋɛ⁼	ŋɛ⁼	ʿŋou	ʿŋou	ŋã⁼	ŋã⁼

6. 曾摄开口三等入声庄组字和梗摄开口二等入声知、庄组字，老派都读 [tʂ、tʂʰ、ʂ]，中派多数读 [tʂ、tʂʰ、ʂ]，部分字读 [tθ]，青派除读 [tʂ、tʂʰ、ʂ] 外，有的读 [ts、tsʰ]，有的读 [tθ、tθʰ]（见表7-6）。

表 7-6　曾梗摄部分入声字读音的年龄差异

发音人＼例字	测曾开三初	色曾开三生	拆梗开二彻	泽梗开二澄	摘梗开二知	窄梗开二庄	责梗开二庄	策梗开二初
老₁	ʿtʂʰei	ʿʂei	ʿtʂʰei	₅ʂei	ʿtʂei	₅tʂei	ʿtʂei	ʿtʂʰei
老₂	ʿtʂʰei	ʿʂei	ʿtʂʰei	₅ʂei	ʿtʂei	₅tʂei	ʿtʂei	ʿtʂʰei
中	ʿtʂʰei	ʿʂei	ʿtʂʰei	₅tθei	ʿtʂei	₅tʂei	ʿtθei	tʂʰei
青张茹	ʿtʂʰei	ʿʂei	ʿtʂʰei	₅ʂei	ʿtʂei	₅tʂei	ʿtʂei	tsʰɤ
青孙威	ʿtθʰei	ʿθei	ʿtʂʰei	₅tθei	ʿtʂei	₅tʂei	ʿtθei	tθʰei⁼

谭家村中青派"泽、责、策、色"等字读 [tθ] 类或 [ts] 类声母，蒲城八福村也如此。读 [tθ] 类声母与读 [ts] 类声母，二者的音变过程是不尽相同的。读 [ts] 类的青派，因为受普通话影响，且其音系中已没有 [tθ] 声母，应直接从 [tʂ] 变为 [ts]，即 tʂ > ts。而读 [tθ] 类的青派，也因为受普通话影响，但又因其音系中存在 [tθ] 类声母，故而对应普通话中的 [ts] 类声母读为 [tθ] 类声母，即 tʂ > (ts >) tθ。

（二）韵母差异

1. 假摄开口三等字与蟹摄开口二等字的今读以及 [iə] 的音值差异。老、中派假摄开口三等字与蟹摄开口二等字的读音不同，青派则多数相同。老派读 [iə] 的字，中、青派读 [ie]，老派与中、青派还存在音值上的差异（见表 7-7）。

表 7-7　假开三与蟹开二读音的年龄差异

发音人＼例字	爷_{假开三}	挨_{蟹开二}	野_{假开三}	矮_{蟹开二}	姐_{假开三}	街_{蟹开二}	解_{蟹开二}	鞋_{蟹开二}
老₁	iə˧˥	ɛ˧˥	iə˨˩	ɿ˨˩	tɕiə˨˩	tɕiɛ˧˥	tɕiɛ˨˩	ɕiə˧˥
老₂	iə˧˥	ɛ˧˥	iə˨˩	ɿ˨˩	tɕiə˨˩	tɕiɛ˧˥	tɕiɛ˨˩	ɕiə˧˥
中	ie˧˥	ɛ˧˥	ie˨˩	iɿ˨˩	tɕie˨˩	tɕiɛ˧˥	tɕie˨˩	ɕie˧˥
青	ie˧˥	iɛ/ɜu˧˥	ie˨˩	ŋe˨˩	tɕie˨˩	tɕiɛ˧˥	tɕie˨˩	ɕie˧˥

2. [yu] 的音值差异。在谭家村山东话中，[yu] 主要来自泥组、精组和见系遇摄合口三等字，老派多读 [yu]，中派部分读 [yu]，部分读 [y]，青派读 [y]。当然，在青派中，有的仍读 [yu]，其音值问题似乎并非完全与年龄相关（见表 7-8）。

表 7-8　[yu] 音值的年龄差异

发音人＼例字	女_{遇合三泥}	驴_{遇合三来}	举_{遇合三见}	去_{遇合三溪}	鱼_{遇合三疑}	取_{遇合三清}	需_{遇合三心}	雨_{遇合三云}
老₁	ny˨˩	ly˧˥	tɕy˨˩	tɕʰyuʔ	yu˧˥	tsʰyu˨˩	ɕyu˧˥	yu˨˩
老₂	nyu˨˩	lyu˧˥	tɕyu˨˩	tɕʰyuʔ	yu˧˥	tsʰyu˨˩	ɕyu˧˥	yu˨˩
中	ny˨˩	ly˧˥	tɕy˨˩	tɕʰyʔ	yu˧˥	tɕʰy˨˩	ɕyu˧˥	yu˨˩
青	ny˨˩	ly˧˥	tɕy˨˩	tɕʰyʔ	y˧˥	tɕʰy˨˩	ɕy˧˥	y˨˩

3. 通摄与曾梗摄舒声韵的读音，老派一般是通摄与曾梗摄合流，读 [əŋ] [iŋ]，中、青派通摄有的则与曾梗摄有别，读 [uŋ] [yŋ]（见表 7-9）。

表 7-9　曾梗通舒声韵字读音的年龄差异

发音人＼例字	灯曾	东通	蒸曾	终通	衡梗	红通	晴梗	穷通	行梗	雄通	应曾	用通
老₁	₅təŋ	₅təŋ	₅tʂəŋ	₅tʂuŋ	₅xəŋ	₅xəŋ	₅tsʰiŋ	₅tɕʰiŋ	₅ɕiŋ	₅ɕiŋ	iŋ³	iŋ³
老₂	₅təŋ	₅təŋ	₅tʂəŋ	₅tʂəŋ	₅xəŋ	₅xəŋ	₅tsʰiŋ	₅tɕʰiŋ	₅ɕiŋ	₅ɕiŋ	iŋ³	iŋ³
中	₅təŋ	₅təŋ	₅tʂəŋ	₅tʂuŋ	₅xəŋ	₅xəŋ	₅tɕʰiŋ	₅tɕʰyŋ	₅ɕiŋ	₅ɕyŋ	iŋ³	iŋ³
青	₅təŋ	₅tuŋ/təŋ	₅tʂəŋ	₅tʂuŋ	₅xəŋ	₅xuŋ	₅tɕʰiŋ	₅tɕʰyŋ	₅ɕiŋ	₅ɕyŋ	iŋ³	iŋ³

4. 泥、精母遇摄合口一等字的读音，老₁、青派除"做"读 [ou] 外都读 [u]，老₂、中派则常读 [ou]（见表 7-10）。

表 7-10　泥精母遇摄合口一等字读音的年龄差异

发音人＼例字	奴遇合一泥	努遇合一泥	怒遇合一泥	祖遇合一精	做遇合一精
老₁	₅nu	⁻nu	nu³	⁻tθu	tsou³
老₂	₅nu/₅nou	⁻nu/⁻nou	nu³/nou³	⁻tθu/⁻tθou	tθou³
中	₅nou	⁻nu	nou³	⁻tθou	tθou³
青	₅nu	⁻nu	nu³	⁻tsu	tsou³

以上例字，除"做"外，其余读 [ou] 都是受当地陕西话的影响。因为"做"在高密、昌邑一带就读 [tsou]。可见，老派 2、中派受陕西话的影响已很大，且中派尤甚。"奴、努、怒、祖"的韵母读音，我们在 2010 年第一次调查张琪时，她都读为 [ou]，在 2013 年夏天第二次调查时她则都读为 [u]。中派的谭利军则是在同一次发音中 [ou] [u] 同现。这就说明，老派 2 仍能将山东话与陕西话截然分开，而中派则将山东话与陕西话杂糅在一起，难辨彼此。

二、文化程度差异

谭家堡山东话语音在文化程度上的差异主要表现在老派 2 和中派的声母上。下文老派以张琪（初中）、范伯伦（中师）为例，中派以谭利军（初中）、张建鹏（高中）为例。

1. 精组洪音字的读音，一般说来，文化程度低的读 [tθ、tθʰ、θ]，文化程度高的读 [ts、tsʰ、s]（见表7-11）。

表7-11　精组洪音字读音的文化程度差异

发音人＼例字	祖精合一	草清开一	坐从合一	丝心开三	仓清开一	增精开一	苏心合一	从从合一
老张琪	ꜛtθu	ꜛtθʰɔ	tθuə꜒	ꜛθʅ	ꜛtθʰaŋ	ꜛtθəŋ	ꜛθu	ˎtθʰuŋ
老范伯伦	ꜛtsu	ꜛtsʰɔ	tsuə꜒	ꜛsʅ	ꜛtsʰaŋ	ꜛtsəŋ	ꜛsu	ˎtsʰuŋ
中谭利军	ꜛtθu	ꜛtθʰɔ	tθuə꜒	ꜛθʅ	ꜛtθʰaŋ	ꜛtθəŋ	ꜛθu	ˎtθʰuŋ
中张建鹏	ꜛtsu	ꜛtsʰɔ	tsuə꜒	ꜛsʅ	ꜛtsʰaŋ	ꜛtsəŋ	ꜛsu	ˎtsʰuŋ

2. 是否分尖团，一般说来，文化程度低的分尖团，文化程度高的不分尖团（见表7-12）。

表7-12　是否分尖团的文化程度差异

发音人＼例字	精精	经见	秋清	丘溪	全从	权群	趣精	去溪
老张琪	ꜛtsiŋ	ꜛtɕiŋ	ꜛtsʰiou	ꜛtɕʰiou	ˎtsʰyã	ˎtɕʰyã	tsʰy꜒	tɕʰy꜒
老范伯伦	ꜛtɕiŋ	ꜛtɕiŋ	ꜛtɕʰiou	ꜛtɕʰiou	ˎtɕʰyã	ˎtɕʰyã	tɕʰy꜒	tɕʰy꜒
中谭利军	ꜛtsiŋ	ꜛtɕiŋ	ꜛtsʰiou	ꜛtɕʰiou	ˎtsʰyã	ˎtɕʰyã	tsʰy꜒	tɕʰy꜒
中张建鹏	ꜛtɕiŋ	ꜛtɕiŋ	ꜛtɕʰiou	ꜛtɕʰiou	ˎtɕʰyã	ˎtɕʰyã	tɕʰy꜒	tɕʰy꜒

三、性别差异

除年龄和文化程度上的差异外，谭家堡山东话语音内部还存在性别上的差异。但是，性别差异很难确定，且性别差异在语音变项上的表现很少。这主要是因为，村中的已婚妇女多数是外村的，其方言不尽相同。所以，要确定性别差异，必须选取原本就出生在本村且未长期离开本村的女性。发音人张琪及其孙女谭英符合此条件。例如，微疑影喻合口字，女性发音人张琪、谭英有部分字读 [v] 声母，而男性发音人都无 [v] 声母。当然，也并非所有女性都如此，如张茹都读成零声母（见表7-13）。

表 7-13 微疑影喻合口字读音的性别差异

发音人 \ 例字	武微	午疑	味微	围喻	瓦疑	袜微	温影	网微	翁影	瓮影
老张广学	ˊu	ˊu	ueiˋ	ˏuei	ˊua	uaˋ	ˏuẽ	ˊuaŋ	ˏuŋ	uŋˋ
老张琪	ˊu	ˊu	ueiˋ	ˏuei	ˊua	vaˋ	ˏuẽ	ˊvaŋ	ˏvəŋ	vəŋˋ
中谭利军	ˊu	ˊu	ueiˋ	ˏuei	ˊua	uaˋ	ˏuẽ	ˊuaŋ	ˏuŋ	uŋˋ
青谭英	ˊu	ˊu	ueiˋ	ˏuei	ˊua	uaˋ	ˏuẽ	ˏuaŋ	ˏvəŋ	ˏvəŋ

高密谭家营一带方言存在 [v] 声母。因此，谭家村方言中的 [v] 声母应是源方言的遗留。仅在有无 [v] 声母的问题上，女性要比男性保守一些。不过这点不是绝对的，有些男性老人中也有发 [v] 声母的，如毕亮祥。

由上可见，在语音变项上，谭家村山东方言岛内部的年龄差异集中在声母和韵母上，而声调很少发生变化，一定程度上表明了声调在语音变化过程中是一个相对稳定的、不易发生变化的部分。这在方言的新老派差异中有相当的一致性。周及徐（2001）指出，20 世纪成都话经历了老年、中年和青少年三代人的语音变化，在普通话的影响下，韵母变化最多，声母变化较少，声调变化极少。当然，在方言的新老派差异中声调也并非固定不变。例如，荔波话中，新老派在声调方面就产生了差异，在去声上，新派为 213/21，而老派为 113（曾晓渝，2005）。由此看出，方言（包括方言岛）语音中的哪些部分发生变化、如何变化等似乎是不可预测的。

即便如此，从大的趋势上看，方言岛语音变化的方向性是很明显的。综上可知，谭家村山东话语音的年龄差异表现为：老、中派保留源方言的特点较多，受陕西话的影响较小；中派保留源方言的特点在逐渐减少，且受陕西话的影响更大些；青派源方言的许多语音特点都已经消失，其语音有较为明显的普通话化倾向。从谭家村山东方言岛语音的年龄差异中不难看出，山东方言岛语音变化的方向是：与周围方言（包括普通话）相异的语音特点正在悄然磨蚀，语音与周围方言（包括普通话）日渐趋同。这应是现代方言岛语音变化的基本规律。

在方言语音变异方面，李伟（2010：98、150）对阳泉方言语音变异有过详细的调查研究，认为阳泉方言语音整体面貌稳中有变，变异方向多数表现出向普通话靠拢，年龄、性别、职业、教育程度、语言能力、语言态度等社会因素对变异的影响比较大。谭家村山东方言岛的语音变异与阳泉方言比较，二者的共同之处是：年龄越大的人语言使用越保守，年龄越小的人语言使用越灵活，越倾向于普通话；男性变异比女性快；教育程度在高学历和低学历两段呈现出语音变异程度大的趋势。谭家村山东方言岛语音变异的不同之处主要体现在不同年龄段受到不同的语言影响，即中派受陕西话的影响更大，青派有较为明显的普通话化倾向。这应该是由方言岛的特殊性决定的。

根据玛萨葡萄园 3 个语音变项和纽约市 9 个语音变项，拉波夫归纳了语音变化机制的 13 个阶段，其中 1—8 阶段是"自下的变化"（change from below），9—13 阶段是"自上的变化"（change from above）（拉波夫，2001：71—73；付义荣，2011：123—125）。在语音变异方面，山东方言岛也存在"自下的变化"和"自上的变化"两种变化。"自下的变化"主要是来自关中方言，而"自上的变化"主要是来自普通话。从年龄段看，"自下的变化"主要集中在中年，而"自上的变化"主要集中在青年。如表 7-4，中派部分日母字读 [z]，而青派则多读 [ʐ]，这应是受普通话的影响；又如表 7-10，泥精母遇摄合口一等字老₂、中派读音多为 [ou]，是受当地陕西话的影响。其中 [z] 声母的增加使得其方言音系有了调整，原本相混的曾梗通三摄在此情况下发生了分化，即部分读 [əŋ] 的字读成 [uŋ]。当然，"自下的变化"和"自上的变化"并非完全割裂，二者只是在不同人群中所占的比重不同而已。例如在中年人中，"自下的变化"一般要比"自上的变化"多。

第二节　关中山东方言岛语言接触的结构演变机制

第二至四章详细比较了关中山东方言岛和源方言、关中方言，从中能够清晰地看到关中山东方言岛与源方言、关中方言的异同，进而更好地把握关中山东方言岛的语言演变情况。

语音方面，关中山东方言岛的演变情况表现在声母、声调和韵母三个方面。声母方面：(1) [tθ、tθʰ、θ] 声母消失，如马家庄（见表 2-1）；(2) 尖音消失，如大李村、马家庄、雷家寨（见表 2-2）；(3) [tʂ] 组和 [tʃ] 组两套声母合并为 [tʂ] 组一套声母，如谭家村（见表 2-3）；(4) 大李村增加 [l] 声母（见表 2-5）；(5) [v] 声母逐渐减少甚至消失，如谭家村、马家庄（见表 2-7）。韵母方面：(1) 遇摄合口一等端系字以及遇摄合口三等庄组部分字关中山东方言岛有部分字读 [ou]（见表 2-12）；(2) 曾摄一等入声字、梗摄二等入声字，多数关中山东方言岛多数读 [ei]、少数读 [ə]，读音 [ə] 应是受普通话的影响（见表 2-15）。声调方面：大李村的去声由 412 变为 31，马家庄的阴平由 213 变为 31、去声由 31 变为 53（见表 2-21）。

词汇方面，关中山东方言岛在一些非封闭词类方面吸收了不少关中方言词语，例如大李村、雷家寨借用了关中方言词语"冷子"（见表 3-1），多数关中山东方言岛借用了关中方言词语"煎水"（见表 3-2）、"电壶"（见表 3-7）等。关中山东方言岛吸收关中方言词语有两种情况：(1) 源方言的说法与关中方言的说法并存叠置；(2) 只有关中方言的说法，且其词语的读音经过了方言岛音系的调整，与关中方言的发音形成对应。关中山东方言岛不受关中方言影响的词语主要集中在亲属名词、代词、副词、数量词等几个封闭词类上。

语法方面，部分关中山东方言岛在程度表示法上受关中方言的影响，使用"A 得很"的中补结构；在句子规则上，山东方言与关中方言在比较句和正反问句方面的差异较为显著，关中山东方言岛较多地保留源方言的用法，较少受关中方言的影响。总的看来，关中山东方言岛在语法方面受关中方言的影响较小，更多地保留了其源方言的特点。

前文的比较清晰地呈现了关中山东方言岛语言演变的原因，即受其他方言的影响，主要是受到关中方言的影响，也受到了周围其他山东方言的影响，当然在一定程度上也受到了普通话的影响。不论是关中方言，周围其他山东方言岛，还是普通话，都可纳入语言（方言）接触。也就是说，语言接触是关中山东方言岛发生演变的重要原因。语言接触是语言演变的重要原因，这一点已经成为学界基本一致的观点。很多语言学家主张，语言演变有"内部因素促动的演变"（internally motivated change）和"接触引发的演变"（contact-induced change）两种类别（吴福祥，2007）。例如，李如龙（2013）就认为：语言的演变有自变和他变；自变是内在的矛盾所引起的变化,是时间轴上的纵向变化;他变是不同质的外在矛盾所推动的变化,是语言接触所造成的空间轴上的横向变化。

根据不同的标准、研究目的、研究对象等,"语言接触"有不同的分类。本章引入"内部接触"和"外部接触"(黄晓东,2004)两个概念来分析关中山东方言岛的语言演变机制。这一分类对深入细致地分析汉语方言岛的语言演变具有重要作用。

一、关中山东方言岛的语言演变与内部接触

内部接触指方言岛内的居民所操方言存在一定差异,在语言交际中逐渐磨合,最终融合成高度统一的方言的过程(黄晓东,2004)。要论述方言岛存在的内部接触,首先从方言岛形成的复杂性来分析。

(一)方言岛形成的复杂性

从已发现的汉语方言岛来看,绝大多数方言岛的形成都是比较复杂的,很少有较为单纯的方言岛。当然,较为单纯的方言岛也存在,只是数量很少,主要是由政府统一迁出而形成的。例如山东临沂市兰山区枣沟头镇东风村移民方言岛,该村形成于20世纪60年代,1967年由于当地修建岸堤水库,山东蒙阴县刘官庄公社的大旺庄村被一分为二,一半仍留在原地,另一半的49户居民共251人被迁至山东临沂县县城以北的俄庄公社(今临沂市兰山区枣沟头镇)立村定居,时名东风大队。东风村迁出地方言属于胶辽官话,而东风村关中方言属于中原官话,因此东风村方言就成为中原官话区内的一个小小的"孤岛型"胶辽官话方言岛(朱军玲、张树铮,2013)。临沂东风移民村方言岛的形成是较为简单的,人口来源是单一的。然而,我国现存在的汉语方言岛,其形成要比东风移民村方言岛复杂得多。其复杂性主要表现在创始人口方面。

1. 创始人口的多源性

萨利科科·S.穆夫温(2012:46)使用"创始人原则"和"创始人口"两个术语来解释克里奥尔语的结构特征是如何在很大程度上(但不是全部!)由创建殖民地的人口所使用的本地语特征来决定的。这里借用"创始人原则"和"创始人

口"两个概念来阐述创始人与关中山东方言岛语言特征的密切关系。首先看关中山东方言岛的创始人情况。从田野调查看，方言岛居民多数都知道其祖籍在何处，且有不少居民还有家谱之类的材料，这为我们提供了强有力的证据。下面以阎良谭家村为例来论述方言岛创始人口的多源性。

阎良谭家村是关中现存最大的山东方言岛，至2010年底，谭家村有3788人。该村居民姓氏众多，主要有谭、孙、张、刘、李、王、高、范、毕、石、曹、焦等数十个。其中谭清俊1898年率家人从山东高密谭家营定居于此。孙姓分两支：十一组孙姓也与谭清俊一起于1898年从山东昌邑七里兰迁居于此，其余孙姓于清末从山东昌邑丈岭镇孙家上疃迁来。张姓有四个谱系：张述伦、张聿贵、张广文三支来自山东高密羊羚乡张家村，张好志一支来自山东昌邑县南高阳街。李姓分三支：七组李姓系1909年李知经携家小从山东昌邑北孟镇东角兰村迁来；十一组李姓系1900年李传薪等自山东青州益都（今青州）大王堂村迁来；二、三、八组李姓从山东莱芜迁来。刘姓于1909年迁居于此：九组刘振邦、十组刘振东一支来自山东昌邑北孟镇小南孟村，刘增利一支来自李各庄。高姓，1908年高治勋、高步勋等携家人从山东昌邑太保庄北七里兰村迁来。范姓有两支，1906年一支迁自山东昌邑李家井，一支迁自昌邑范家丘。王姓，1898年迁自山东昌邑曹戈庄。曹姓于清末自山东曹戈庄迁来。毕姓，1907年毕万全等携家人自山东昌邑北孟镇角兰村迁来。石姓，1900年自山东高密谭家营迁来。另外，村中还有少数湖北籍、河南籍移民（政协西安市阎良区委员会，2011：11—14）。从上述材料看，谭家村山东方言岛创始人口具有"绝对多源性"和"相对单一性"的特点。"绝对多源性"是指山东方言岛创始人多来自今山东的不同的小地方（少有来自同一个村的），少数来自其他省份（如湖北、河南等）。"相对单一性"是指山东方言岛创始人多来自山东某一相对集中的地理区域。例如谭家村，如果以高密谭家营为中心，其余各主要创始人口来源地多在谭家营周围15公里左右的范围内。在这一区域内，他们在方言、风俗上有着较多的一致性。其他方言岛同样具有这样的特点。又如三原县大李村，其居民主要来自今菏泽市牡丹区和定陶区，但是也有部分居民来自河北、河南等地。在这两个特点中，"相对单一性"是主要的，否则就不能形成山东方言岛。这一点在下文大李村的籍贯统计中可以得到印证。

2. 创始人口来源的不平衡性

从来源看，阎良谭家村创始人口绝大多数来自山东高密谭家营一带农村，很少来自山东其他地方以及其他省份。又如大李村，其创始人口大部分来自今菏泽牡丹区、定陶区一带，其他省份的较少。根据我们2016年8月的抽样调查（共调查210户）结果显示，祖籍"山东"的人数达187户（约占总户数的89.05%），祖籍"河南"的有3户（约占总户数的1.43%），祖籍"陕西"的有7户（约占总户数的3.33%），祖籍"河北"的有12户（约占总户数的5.71%），祖籍"山西"的有1户（约占总户数的0.48%）。由此可以看出，关中山东方言岛创始人口以山东籍为主，而其他省份的居民较少。当然，也有只有山东籍移民的山东方言岛，但是其人口数量较少，例如马家庄。

3. 创始人口迁居时间的非一致性

从时间上看，阎良谭家村创始人口迁居关中的时间并非一致。这应是由自发式垦荒移民的特点决定的。虽然每个家庭迁居关中的时间并不完全相同，但是从整个关中山东方言岛居民的迁徙时间看，方言岛创始人口迁居关中的时间一般集中在清光绪十五年（1889）前后至民国初年的二十余年间。例如西安市临潼区义和村"冠五公墓碑"记载："冠五公，氏李讳金，冠五其字，景魁、景元之先考也。原籍山东省青州府益都县北乡四十里之西营庄。世业农家，给恒不足，闻陕西三原等县招垦荒地，同乡之西来开垦者接踵相接。公为后人生活计，亦于清光绪十四年春携眷西来。尔时地已不多，插足不易，拟另觅适宜之地，会同乡数家来栎阳西滩领荒开垦。公亦与焉，相与牵茅结庐以居，不数年渐成小村落，即今之义和村也。"据临潼义和村《刘氏族谱》（1937年）记载：刘乐溪、刘乐洞于清光绪十五年（1889）迁居临潼义和村。[①] 又如，元付清于"民国二年由山东昌邑县松元村随祖父迁入陕西省蒲城县八福村落户"（陈荣泽，2016a：38）。也有一些方言岛居民迁居时间较晚，在20世纪40年代前后，例如泾阳山东庄（陈荣泽，2016a：58）、大荔雷家寨。当然还有个别是在1949年后从山东迁来的。例如大李村，村中有些妇女是20世纪五六十年代从山东老家嫁过来的。

---

① 以上两则材料由西安市临潼区义和村村民刘振起于2013年8月2日提供。

（二）方言岛内部的方言差异与内部接触

方言岛内部的方言差异在很大程度上取决于方言岛居民人口来源的差异。换言之，方言岛居民人口来源越复杂，其内部的方言差异就越大。前文已经提及，关中山东方言岛创始人口具有"绝对多源性"和"相对单一性"的特点。方言岛创始人口的这一特点也就决定了方言岛语言的"绝对多源性"和"相对单一性"。对方言岛内部方言差异的讨论则更侧重于方言岛创始人口来源的地域多源性。在关中山东方言岛内，绝大多数创始人口都不是来自一个绝对相同的地域，如相同的村落。只要人口来源的地域不同，那么就会存在方言的差异。

例如谭家村，其创始人口主要来自今山东高密谭家营一带，还有少数来自山东莱芜、益都（今青州）以及湖北、河南等地。这些不同的来源地，其方言也存在程度不等的差异。这里仅以山东方言为例，就可看出方言岛内部方言差异，至于山东其他方言以及山东以外的方言，如湖北、河南方言，其差异就自不待言了。以通摄（除帮系）字为例（见表7-14）。通摄舒声字，谭家营一般读 [əŋ] [iŋ]，而魏马村一般读 [uŋ] [yŋ]，二者的读音差异是十分明显的。

表 7-14 通摄舒声字的读音

例字 音韵地位 方言点	东 通合一 平东端	总 通合一 上董精	孔 通合一 上董溪	红 通合一 平东匣	中 通合三 平东知	穷 通合三 平东群	雄 通合三 平东云	用 通合三 去用以
谭家村 阎良	təŋ²¹³	tsəŋ⁵⁵	kʰəŋ⁵⁵	xəŋ⁵²	tʂəŋ²¹³	tɕʰiŋ⁵²	ɕiŋ⁵²	iŋ³¹
谭家营 高密	təŋ²¹³	tθəŋ⁵⁵	kʰəŋ⁵⁵	xəŋ⁵²	tʂəŋ²¹³	tɕʰiŋ⁵²	ɕiŋ⁵²	iŋ³¹
魏马村 昌邑	tuŋ²¹³	tθuŋ⁵⁵	kʰuŋ⁵⁵	xuŋ⁵³	tʂuŋ²¹³	tɕʰyŋ⁵³	ɕyŋ⁵³	yŋ³¹

又如大李村，其创始人口虽然多是"由山东曹州府菏泽县"西迁而来（少数为河北、河南），但是细究起来，其居民的来源还是不同的。其中，王姓主要来自今菏泽市牡丹区小留集，而李姓等则来自今菏泽市定陶区马集镇。然而，菏泽市牡丹区小留集与菏泽市定陶区马集镇两地相距约 40 公里，其方言是存在差异的。二者最显著的差异是古生书禅母合口字的读音。马集镇位于定陶区西南，距离定陶

市区约 8 公里，其方言与定陶市区基本一致，这里以小留集和定陶方言进行比较，以说明大李村方言岛在形成过程中存在方言差异的情况。在表 7-15 中，止摄开口三等日母字的读音，大李村的源方言耿庄话为零声母，而定陶源方言则为 [ɭ] 声母（王淑霞、张艳华，2005：19）。这表明，大李村创始人口的源方言本身就存在差异。

表 7-15　止开三日母字读音比较表

例字 音韵地位 方言点	儿 止开三 平支日	耳 止开三 上止日	二 止开三 去至日
大李村三原	ɭɚ⁵³	ɭɚ⁵⁵	ɚ³¹/ɭɚ³¹
耿　庄菏泽	ɚ⁵³	ɚ⁵⁵	ɚ⁴¹²
定陶区菏泽	ɭɚ²¹³	ɭɚ⁵⁵	ɭɚ⁴¹²

另外，即便是同一来源地的创始人口，其迁居时间的非一致性也会导致方言岛内部形成方言差异。一般说来，创始人口脱离源方言的时间长短与保留源方言特点的多少呈反比，即：创始人口脱离源方言的时间越长，保留源方言特点就越少；创始人口脱离源方言的时间越短，保留源方言的特点就越多。例如，在大李村，有部分居民是 20 世纪二三十年代从菏泽迁来的，如王天顺的祖父在 1926 年前后迁居大李村，王天顺的发音在去声上还有源方言的一些遗留，有部分字还读 412，如"霸""刹""卧"等，而这与最早迁居该村的移民后裔读 31（陈荣泽，2016a：58）有别。

在方言岛形成之初，方言岛创始人口是多源的，并且还存在创始人口迁居时间不尽相同的情况，这些因素都会导致方言岛内部出现方言差异，而不同的方言或同一方言的变体必然会在方言岛内的相互频繁交际中发生接触关系。当然，方言岛的内部接触更多的是一种推测，但是这种推测具有合理性。首先，方言岛中一些非山东籍居民现在都说山东话，如谭家村内的湖北、河南籍居民现已说高密谭家营一带的山东话，大李村内河北籍居民已说定陶马集镇一带的山东话。这样的内部接触是比较容易发现的。其次，方言岛中来自山东不同地方的居民所说的山东方言趋于一致（但并非完全一致）。在表7-14、表7-15中，谭家村、大李村的发音与源方言中的某一个方言一致，即：阎良谭家村通摄舒声字的读音与高密谭家营一致，大李村方言止开三日母字读音与定陶一致。这表明，在方言岛内，各种方言在相互接触过程中形成竞争，最终选取了某一种山东方言作为基础方言。在方言岛内，哪种方言能成为基础方言，这在很大程度上取决于创始人口的数量。在谭家村，创始人多为高密谭家营一带的移民，而大李村的创始人口多为菏泽市定陶区马集镇一带的移民。创始人口数量多，创始人口的方言在方言岛内就会成为强势方言，就可能成为方言岛的基础方言。从方言特征上看，今谭家村、大李村方言分别与今高密谭家营一带和定陶马集镇一带的方言基本一致。因此，高密谭家营一带的方言和定陶马集镇一带的方言应分别是谭家村、大李村的基础方言。

这里需要补充的一点是，关于大李村源方言古生书禅母合口字的读音问题。大李村古生书禅母合口字多读 [ʂ]，与耿庄基本一致，而与读 [f] 的定陶方言明显不同（见表7-16）。这与上文所说"大李村的基础方言应为定陶马集镇一带的方言"的结论相违背。按理说，大李村古生书禅母合口字应读 [f]，但其实际发音为 [ʂ]。这应是大李村方言岛语言演变的结果，即 [f > ʂ / u-]。当然还有另外一种可能，就是定陶一带古生书禅母合口字读 [f] 是晚近才发生的音变现象（陈荣泽，2016a：93）。不过，从一些历史文献看，古生书禅母合口字读 [f] 的现象早在元代就已经出现，例如"说""佛"同音（董绍克，1996）。因此，我们还是倾向于认为古生书禅母合口字读 [f] 的现象应早已有之，而非晚近（尤其是定陶一带移民迁居陕西以后）才出现的。

表 7-16 古生书禅母合口字读音比较表

例字 音韵地位 方言点	耍 假合二 上马生	书 遇合三 平鱼书	睡 止合三 去真禅	帅 止合三 去至生	说 山合三 入薛书	顺 臻合三 去稕船	双 江开二 平江生
大李村 三原	ʂua⁵⁵	ʂu²¹³	suei³¹	ʂɛ³¹	ʂə²¹³	ʂũ³¹	ʂuaŋ²¹³
耿 庄 菏泽	ʂua⁵⁵	ʂu²¹³	ʂuei⁴¹²	ʂɛ⁴¹²	ʂə²¹³	ʂũ⁴¹²/tʂʰuẽ⁴¹² 孝~	ʂuaŋ²¹³
定陶区 菏泽	fa⁵⁵	fu²¹³	fei⁴¹²	fɛ⁴¹²	fə²¹³	fẽ⁴¹²	faŋ²¹³

在方言岛中，岛内的方言接触与融合是十分常见的。例如谭家村以东的郑家庄，原叫淄川堡，因山东淄川籍移民先在此落户而得名，后又有许多山东临朐等地移民定居于此。根据调查，该村淄川籍居民杨玉才（男，60岁）与临朐籍居民高玉民（男，65岁）的方言已基本一致。以声调为例，浊声母平声字与清、次浊声母上声字，今淄川方言合流，为高平调55（孟庆泰、罗福腾，1994：9），而淄川籍居民杨玉才的山东话却是二者有别，浊声母平声字今为高降调53，清、次浊声母上声字今为高平调55，这与临朐籍居民高玉民一致。显然，郑家庄淄川籍居民的方言与临朐籍居民的方言经过长期的接触后已经融合（陈荣泽，2016b）。

因为方言岛创始人口的"相对单一性"特点，方言岛的内部接触与融合表现得相对简单，其接触的过程不是太复杂，不同方言间的竞争较为平和。即便如此，也应该意识到这样的事实：在移民社群中存在语言（方言）差异，不同的语言（方言）发生了接触关系。在不同方言（方言变体）间的竞争中胜出的是在数量上占优势的创始人口的方言。方言岛创始人口的"相对单一性"特点在根本上保证了方言岛具有"山东方言"的本质属性。如果方言岛中来自不同地方的创始人口势均力敌，那么方言岛内部的接触就会变得更加复杂，竞争就会异常激烈，方言岛的语言特征就可能表现出显著的混合特征。当然，方言混合特征的出现不仅是方言内部接触的结果，而且还有外部接触的重要影响。

二、关中山东方言岛的语言演变与外部接触

外部接触指岛方言与周围方言的互相影响和渗透（黄晓东，2006）。与内部接触相比，外部接触对关中山东方言岛的语言演变发挥着更为重要的作用。根据观察，关中山东方言岛的外部接触主要有三种。

（一）与关中方言的接触

关中山东方言岛的语言演变与关中方言接触有着密切的联系，是关中山东方言岛语言演变最为重要的外部因素。在关中山东方言岛的语言特征中，随处可见关中方言的影子，甚至可以说关中方言对关中山东方言岛的影响是无处不在的。

1. 山东方言岛与关中方言的语音接触

（1）山东方言岛与关中方言的声母接触

在表2-2中，山东方言岛有些精组细音字的发音受关中方言的影响，如"捷"字谭家村、杨居屯声母读[t]；在表2-3、表2-4中，关中山东方言岛普遍受关中方言影响，不少知庄章组字由[tʂ]组声母变为[ts]组声母，如大李村、马家庄、官路村、雷家寨的"斩""色"等字，有的则形成叠置，如大李村的"茶""柴"等字；在表2-6中，谭家村的"鹅"、马家庄的"我"等字受关中方言影响变为[ŋ]声母；表2-8、表2-9中，山东方言岛"杯""倍""规""穗""船""巷"等字的声母发音也受到了关中方言的影响。

（2）山东方言岛与关中方言的韵母接触

在表2-10中，大李村、雷家寨"贺"字以及谭家村、马家庄"荷"字读合口呼，杨居屯"哥""个""可"增加了开口呼的读法，是受关中方言的影响；表2-12中，关中山东方言岛遇摄合口一等端系字以及遇摄合口三等庄组部分字读[ou]，这是受关中方言的影响所致，其中马家庄受的影响最大，与关中方言都一致；表2-13中，"碑""被""眉"在谭家村、马家庄、官路村、杨居屯中常有读[i]的情况，这是受关中方言的影响；表2-18、表2-19中，"去""慰""恋""吞""摸"5个关中方言特字，关中山东方言岛无不受关中方言的影响，增加了关中方言的读音特点，如大李村、雷家寨"去"增加了[i]的读音，谭家村、官路村、杨居屯、太平村"慰"增加了[y]的读音，而"吞"字谭家村、杨居屯的发音与关中方言完全一致。

（3）山东方言岛与关中方言的声调接触

马家庄阴平调值为31，与关中方言的调值相同，应是关中方言影响的结果（见表2-21）。另外，马家庄去声调值为53，看似与关中方言无关，其实不然。在关中方言的影响下，马家庄阴平调值由原来的213变为31；然而新产生的调值31与原来的去声调值31混同，为区分阴平与去声，马家庄将原来的去声调值31变为了53。这种音变属于链式音变。链式音变分为拉链音变和推链音变两种。徐通锵（2001：207、208）指出，拉链与推链是音变中两种相反的变化方式，在"A→B→C→"这个公式中，"如果是C先变，比方说，先变成D，留下空档，然后吸引 B 变成 C，再进而吸引 A 变成 B，这种一个拉一个的变化方式称为拉链"，"如果 A，B，C 三个音位的变化方式反过来，即 A 先向 B 的方向演变，B 为了避免被 A 合并，就向 C 的方向转移，C 为了同样的理由，避免与 B 合并，就向其他的方向（例如 D）转移，那么在音变中就会出现一个推一个的推链的方式。推链和拉链是音变中的两种重要方式，一般说来，拉链的方式比较普遍，推链的方式比较少见。拉链与推链式的音变使语音的演变呈现出整齐的系统性"。从马家庄声调变化的情况看，马家庄去声调值的变化属于推链音变，即 213（A）→ 31（B）→ 53（C）。推链音变较少见，但马家庄声调的演变就属于此类音变，对研究汉语方言语音的历史演变具有一定的参考价值。马家庄去声调值由 31 变为 53，虽然不是直接受关中方言的影响，但是其变化从根源上看是与关中方言接触的间接结果，仍属于接触引发的语言演变。

2. 山东方言岛与关中方言的词汇接触

（1）山东方言岛与关中方言的名词接触

表 3-1 中，大李村"冰雹"一词借用了关中方言"冷子"的说法，雷家寨则增加了关中方言"冷子"的说法；表 3-2 中，"开水""垃圾""胡同"，关中山东方言岛多兼有关中方言的说法，分别说成"煎水""脏发""巷子"；表 3-5 中，"白薯""李子"关中山东方言岛受关中方言的影响，常有"红苕""梅李（子）"的说法；表 3-6 中，"牲口""母牛""公猫"，部分关中山东方言岛吸收了关中方言的说法，增加了"头牯""乳牛""郎猫"的说法；表 3-7 中，"厕所""暖水瓶"关中山东方言岛受关中方言的影响，尤其是"暖水瓶"，完全用关中方言"电壶"的说法；表 3-8 中，有不少关中山东方言岛把"贼"说成"贼娃子"，这是受了关中方言的影响；表 3-9 中，个别方言岛在"叔父""妯娌"上吸收关中方言的说法，如"叔父"，官路村、杨居屯有"大""大大"的说法，再如，"妯娌"，马家庄有"先后"的说法；表 3-10 中，"屁股"在大李村、马家庄除"腚"的说法外，还有"沟蛋子"的说法，再如"男阴"，谭家村、马家庄、官路村、杨居屯除了"屌""鸭子"的说法外，还有关中方言"槌子""牛牛儿"的说法；表 3-11 中，"傻子"，有些方言岛受关中方言的影响较明显，如谭家村、马家庄、官路村、杨居屯都有"瓜子"的说法；等等。

(2) 山东方言岛与关中方言的动词接触

表 3-13 中，关中山东方言岛受关中方言影响较明显的是"举手"，方言岛常增加"参手"的说法；表 3-14 中，部分方言岛"生气""发怒"的说法受到关中方言的影响，例如"生气"，谭家村、马家庄、官路村、杨居屯、雷家寨有"着气"的说法，"发怒"在马家庄、杨居屯有"躁"的说法；表 3-15 中，"聊天儿"，山东方言一般说"拉呱（儿）"，关中方言一般说"谝"或"谝闲传"，而关中山东方言岛常是两种说法都有，形成源方言与关中方言两种说法的叠置；表 3-16 中，"欠~钱"，多数方言岛有"争"的说法，与关中方言一致；等等。

(3) 山东方言岛与关中方言的其他词类接触

表 3-17 中，"坏_{指人}"，关中山东方言岛多数还说"孬"，但是也有部分方言岛增加了关中方言"瞎"的说法，且在语音上与关中方言形成对应，即声母韵母相同、调类一致，如谭家村、马家庄、杨居屯，类似的还有表示"好"的"嫽"，如谭家村、杨居屯，其语音与关中方言形成对应；表 3-19 中，"大概""和"有的方言岛则有关中方言的说法，如谭家村、马家庄、官路村、杨居屯常分别有"大摸"和"赶"的说法；等等。

3. 山东方言岛与关中方言的语法接触

从前文第四章看，在语法方面，关中山东方言岛受关中方言的影响很小，其中较为明显的影响有两处：一是程度表示法方面，在表 4-8 中，有不少方言岛已有关中方言"A 得很"的程度表示法，如大李村、谭家村、马家庄、杨居屯、太平村、雷家寨，其中除谭家村、雷家寨两个点形成源方言与关中方言两种说法叠置外，其余四个点都只有关中方言的说法；二是比较句的表达法方面，在表 4-9 中，杨居屯"甲 A 起乙"的格式已经丢失，与关中方言一致。

(二) 与普通话的接触

关中山东方言岛与普通话的接触，主要表现在语音方面，尤其是声母方面，而韵母较少，声调则很难受普通话影响。例如，表 2-2 中，大李村、马家庄、雷家寨精组细音字发生了显著变化，由原来的分尖团变为不分尖团，然而关中方言现在还分尖团，这就表明大李村、马家庄、雷家寨精组细音字读音的变化与关中方言无关,应与普通话相关。汉语方言中,许多方言原来分尖团而今却都朝着不分尖团的方向发展,其原因大概与普通话不无关系。又如,表2-7中,微疑影云以母合口字的读音,马家庄由[v]声母变为零声母,谭家村读[v]声母的字数正在逐渐减少,而关中方言存在[v]声母,因此上述变化与关中方言无关,而应与普通话有密切联系。再如,在表2-15中,雷家寨"国"字读[kuə²¹³][kuei²¹³],其中[kuə²¹³]的发音应是受了普通话的影响。

在老派的关中山东方言岛中,普通话的影响还不是特别明显。然而,随着普通话的推广和普及,普通话与方言的接触日益频繁,普通话对方言的影响就会逐渐增加,方言越来越向普通话靠拢,例如谭家村(陈荣泽,2016b)。

(三)与周围山东方言岛的接触

关中地区分布着较多的山东方言岛,因姻亲关系、风俗习惯等,邻近的山东方言岛之间有着较为频繁的联系。在密切的往来中,方言岛居民都十分清楚彼此山东方言中的异同,但又都彼此保持着多数创始人口的源方言的特点。在此情形之下,山东方言岛之间必然存在语言接触。然而,语言接触并不一定就会对语言产生显著影响。一个山东方言岛的方言影响另一个山东方言岛的情况还真的很罕见。不过,三原大李村去声调值的演变应与其周围山东方言岛的接触有关。

从地域分布上看,大李村山东方言岛与周围的解李村、西北村、青杨村、马张村、武官坊、新城村、新庄村、起驾村等山东方言岛呈点状相连分布。不过,从创始人口看,大李村就显得有些特殊。大李村的创始人口多来自今菏泽、定陶一带,而其周围的山东方言岛的创始人口则多来自桓台、青州等地,其源方言有较大的差异。下面以大李村、西北村古入声的今读来看大李村方言与周围方言岛的差异。

表 7-17 古入声今读比较表

方言点\例字	百全清入	节全清入	拍次清入	刻次清入	六次浊入	月次浊入	毒全浊入	罚全浊入
大李村三原	213	213	213	213	31	31	53	53
	阴平	阴平	阴平	阴平	去声	去声	阳平	阳平
西北村三原	55	55	55	55	31	31	53	53
	上声	上声	上声	上声	去声	去声	阳平	阳平

从表 7-17 中可见，大李村、西北村在古清入字的今读归派上存在差异，大李村归入阴平，而西北村归入上声。这足以表明其源方言之间的差异。而西北村与周围的新庄等方言岛，以及更远些的新立村在方言声调上较为一致。例如，源方言为博兴的新立村方言的调类调值为：阴平 213，阳平 52，上声 55，去声 31（陈荣泽，2016a：56）。因此，大李村可以说是一个处于山东方言岛中的方言岛，即岛中岛。所以，大李村去声调值由 412 变为 31，这极有可能是受了周围山东方言岛的影响。

综上，在关中山东方言岛的语言演变中，虽然更多的时候能够较为容易地分辨是哪些接触引发的语言演变，但不是所有的演变都能很好地分辨清楚是何种因素（内因还是外因）在起作用，是哪种接触引发的演变。例如在表 2-1 中，马家庄 [tθ] 组声母已消失殆尽，而关中方言、普通话中都没有 [tθ] 组声母，那么马家庄 [tθ] 组声母的消失，是关中方言在起作用，还是普通话在起作用呢？这样的问题一时还很难有定论。但是，这个问题更可能是与关中方言接触的结果。关中方言与山东方言岛的接触是直接接触，而普通话与山东方言岛的接触是间接接触。因此，从接触强度上看，关中方言与方言岛的接触程度远远高于普通话与方言岛的接触。当然，有些音变的发生或许是在关中方言、普通话的双重影响下发生的。例如在表 2-3、表 2-4 中，谭家村知庄章组字的读音变化最明显，由原来的 [tʂ] 组和 [tʃ] 组两套声母变为 [tʂ] 组一套声母。这一变化是受关中方言影响还是受普通话影响，的确不容易回答，将其视为关中方言与普通话共同作用的结果或许更为妥帖。又如，在表 2-5 中，谭家村"日"字有 [ʐɿ³¹/i³¹/ɚ³¹] 三种发音，第一个为普通话发音，第二个为源方言发音，第三个为关中方言发音。谭家村"日"字的三种发音表明，方言岛中某些发音是受关中方言、普通话共同影响的结果。

虽然外部接触对关中山东方言岛的语言演变产生了重大作用，但是毕竟关中山东方言岛与关中方言的接触时间还不算太长，从接触程度上看，多数方言岛与关中方言的接触应该还处于中度接触状态。这可以从关中方言对山东方言岛的影响看出：关中方言对山东方言岛的干扰往往表现得比较凌乱，多数不成系统。

三、关于方言岛语言接触的讨论

（一）应重视移民语言（方言）的内部接触研究

在学界，对于方言岛的内部接触研究曾经不受重视。黄晓东（2006）指出："有关方言岛外部接触的研究，已经屡见不鲜，但有关其内部接触的研究，则很少见。"而今，方言岛的内部接触研究逐渐被重视。例如，陈玉燕（2013）使用"内部接触"和"外部接触"的概念和方法来分析浙南蒲城瓯语方言岛的形成和演变。又如，周政（2016：131、132）在讨论安康方言的接触时将安康方言的接触类型分为内部接触和外部接触。内部接触研究在由不同移民聚集而形成的语言或方言（包括语言岛或方言岛，也包括因移民涌入而形成的方言区和区域中心城市方言）的发展演变过程中具有重要意义。其意义在于：搞清楚移民语言或方言由哪些语言或方言如何接触融合而成的，有利于探究语言的历史演变。因此，方言岛的内部接触研究应受到重视。

（二）内部接触与外部接触的关系问题

比较而言，内部接触较为隐蔽，外部接触较为凸显。内部接触在方言岛形成之初具有不可小觑的影响，而外部接触在方言岛的后期发展演变中发挥着显著的作用。但是，这两种接触并非完全各行其道而没有交叉。对方言岛而言，外部接触从方言岛诞生直至消亡就一直存在，而内部接触在方言岛发展到一定阶段后就会逐渐削弱以至消失。

然而，外部接触与内部接触并非完全对立，在一定条件下外部接触可能会转变为内部接触，从而对方言岛的语言演变产生更为重大的影响。那么，在关中山东方言岛中外部接触转变为内部接触的条件是什么？这个条件就是关中山东方言岛居民婚配对象的改变。"由于经济、文化等方面的差异，在 20 世纪七八十年代以前，关中地区的山东移民与当地人交往并不密切，他们更乐于在山东庄之间交往。这在婚配行为上表现得尤为突出。现在年龄在五六十岁以上的山东移民，其婚配对象多是山东移民，或在本村，或在周围的其他山东庄，很少有当地的。如此一来，山东方言便在山东庄内很好地传承下来。但是，在日常生活中，山东移民又不可避免地要与当地人发生方言上的密切接触。出于交际的需要，山东移民逐渐学会说当地的关中话，从而成为双方言人。虽然他们能分清哪些是山东话哪些是关中话，但是强势的关中话在不经意间影响着山东话，而且这种影响在不断地扩大。自改革开放以来，山东移民与当地人的交往日益密切。尤其是近二十年来，随着家庭经济实力的增强和生活水平的不断提高，山东移民与当地人通婚已很普遍。陕西当地女子嫁入山东庄后，除个别能学会山东话外，多数说关中话，因而她们的子女也首先习得关中话。"（陈荣泽，2016a：139—140）简言之，方言岛与关中方言的外部接触从关中当地女子嫁入方言岛之时起就逐渐变为方言岛的内部接触。随着方言岛与当地通婚日益普遍，关中方言与山东方言在岛内的接触就越来越频繁、越来越深入，关中方言在不知不觉中渗透到方言岛每户居民的日常生活中。从本质上说，外部接触变为内部接触是方言强势渗透的结果。这对方言岛内山东方言的传承造成极大的冲击，使得方言岛中年轻一代不太会说甚至不会说山东话而只会说当地的陕西话。于是，方言岛中的方言就逐渐处于濒危的境地。外部接触变为内部接触对方言岛的影响是巨大的，这从根本上动摇了方言岛方言传承的根基。

第三节　语言接触下关中山东方言岛结构演变的相关问题

一、关中山东方言岛接触引发语言演变的机制

根据受语是否保持以及"不完善学习"（imperfective learning）效应是否出现，托马森将接触引发的演变分为两类："借用"（borrowing）和"转用引发的干扰"（shift-induced interference）。借用指的是外来成分被某种语言的使用者并入该语言社团的母语：这个语言社团的母语被保持，但由于增加了外来成分而发生变化。这是语言获得干扰特征的最主要的途径，最常见的借用干扰是词汇成分（非基本词汇，特别是其中的文化词）。转用引发的干扰指的是语言转用过程中语言使用者

将其母语特征带入其目标语（Target Language）之中。这种干扰导源于转用目标语的语言社团对目标语的"不完善学习"：当转用社团在学习目标语过程中所造成的"错误"被目标语原来的使用者模仿时，那么这类"错误"就被扩散到作为一个整体的目标语（吴福祥，2007）。也就是说，接触引发语言演变的类型分为借用引发的干扰（简称"借用干扰"）和转用引发的干扰（简称"转用干扰"）。从接触产生的实际结果看，关中山东方言岛在语言接触下发生的演变主要是借用干扰，很少存在转用干扰，因为方言转用在关中山东方言岛中还不是普遍现象，仅在个别方言岛存在不完全（或不彻底）转用的情况，例如阎良区关山镇长山村。下面主要从借用干扰来分析关中山东方言岛在语音、词汇、语法等方面的演变机制。

（一）接触引发的语音演变机制

首先，借用造成不同语言成分的叠置。借用导致的直接结果就是异质语言成分的增加，固有语言成分和异质语言成分形成叠置状态。语言成分的叠置包括语音叠置、词汇叠置、语义叠置和语法叠置。

在语音叠置中，文白异读是常见的现象，而文白读竞争的过程就是叠置式音变（徐通锵，2001：389）。文读音的产生主要是权威方言（一般指共同语）影响的结果。在山东方言岛中，不但存在文白异读，而且存在来自关中方言的异读。为区别这两种异读，将方言岛中来自关中方言的异读处理为"旁读"。"旁读音"大都来自当地强势方言，是方言口头接触的结果（游汝杰，2016a：238）。例如，在表2-3中，大李村"茶""柴"都有 [tsʰ]、[tʂʰ] 两个读音。通过比较可知，[tʂʰ] 为固有读音，而 [tsʰ] 为关中方言的读音。这里 [tsʰ] 虽为当地的权威方言读音，但是不能称为文读音，称为旁读音更为合适。不过，从音变过程看，这种旁读音与文读音一样，旁读音与固有音都存在竞争，二者竞争的过程也是叠置式音变。但是，这样的叠置式音变随着普通话的大力推广而中断。在大李村中，30岁左右的青派，"茶""柴"一类字的发音为 [tʂʰ]，这应是受普通话的影响而形成的，而并非向源方言回归。

（二）接触引发的词汇、语义演变机制

词汇（主要指词汇形式）与语义（主要指词汇意义）是词汇的两个方面，这里

将二者放在一起讨论。吴福祥（2013b）认为接触引发的语义演变是指"一种语言的某个成分（词汇成分、语法语素以及句法结构）受另一种语言的影响而发生的语义演变"，主要有语义借用和语义复制两种类型：语义借用包含词汇借用和语法借用两个子集，即受语从源语中引入实际语素（音－义单位）；语义复制包含词汇复制和语法复制两个子集，即复制语复制了模式语的语义概念、语义组织模式或语义演变过程，有"同音复制"和"多义复制"两种模式。这里的语义演变仅指词汇意义的演变，即只包括词汇借用和词汇复制，而词汇复制又包括同音复制和多义复制。

  在关中山东方言岛中，词汇借用是十分常见的。词汇复制常在不同语言间的接触中发生，在汉语方言间的接触中很难发现。因此下面主要分析词汇借用。根据语音是否发生变化，借词可以分为两类。一类是与借出语言的语音相同，这类情况不是太多，例如在表 3-17 中，"坏指人"，马家庄借用了关中方言的说法，为"瞎 $xɑ^{31}$"，与关中方言相同。一类是对借词语音进行对应性的调整。例如，同样在表 3-17 中，"坏指人"，谭家村、杨居屯、太平村都为"瞎 $xɑ^{213}$"，与关中方言的调值不同，但是调类相同，都为阴平。又如在表 3-1 中，"冰雹"，大李村为"冷子 $ləŋ^{55}nə^{0}$"，雷家寨为"冷子 $ləŋ^{24}tsʅ^{0}$"和"雹子 $pə^{55}tsʅ^{0}$"。比较可知，"冷子"为关中方言的说法，大李村、雷家寨借用了关中方言"冷子"的说法，但是大李村把后缀"子"相应地变读为 $[nə^{0}]$。也就是说，借用也可以形成语音上的对应。

  语音叠置可以造成叠置式音变，那么词汇、语法叠置又可以造成什么样的演变呢？或许可以称为"替代"，即"受语系统中固有的特征被新的外来特征所替代"（吴福祥，2007）。在表 3-1 中，"冰雹"，大李村为"冷子 $ləŋ^{55}nə^{0}$"，雷家寨为"冷子 $ləŋ^{24}tsʅ^{0}$"和"雹子 $pə^{55}tsʅ^{0}$"。"冷子"为关中方言的说法，雷家寨是关中方言与源方言的说法并存，而大李村只有关中方言的说法，由此可推测大李村在"冰雹"的说法上，经历了由词语叠置到词语替代这一过程。当然，在接触造成的词语叠置中，替代并不是词语演变的唯一方向，可能形成词语在使用场合上或使用人群上的分化。

（三）接触引发的语法演变机制

  接触引发语法演变的机制主要有语法借用和语法复制两种：语法借用是指"源

语成分的语法语素迁移到受语之中",语法复制是指"模式语的语法意义或语法结构被复制到复制语里";其中,语法复制又包括语法意义复制和语法结构复制,语法意义复制的典型情形是接触引发的语法化,语法结构复制再分为结构重组(含"重排"和"择一"两种策略)和构式拷贝(吴福祥,2013a)。在关中山东方言岛中,接触引发关中山东方言岛语法演变的主要是构式拷贝,例如在表 4-8 中,有不少方言岛已有关中方言"A 得很"的程度表示法,如大李村、谭家村、马家庄、杨居屯、太平村、雷家寨。其中,除谭家村、雷家寨两个点形成源方言与关中方言两种说法叠置外,其余四个点都只有关中方言的说法。与源方言比较,能看到关中方言在语法借用方面也存在语法替代的过程。

二、关中山东方言岛接触引发语言演变的特点

从整体上看,关中山东方言岛接触引发语言演变的最显著特点就是不平衡性。不平衡性反映出来的是语言演变的快慢问题,体现出语言演变的层次。其不平衡性主要体现在以下两个方面。

(一)同一方言岛内部结构演变的不平衡性

通过前文第二至四章的比较可以看到,关中地区的每个山东方言岛在语言结构上都发生了变化,但是在语言结构的各个层面,各自变化的情况都不尽相同。总的说来,在语言的各个结构中,语音变化较为明显,词汇变化次之,而语法变化最不显著。当然,方言岛的结构变化程度应该与方言间的差异程度有密切联系。山东方言与关中方言都属于官话方言,二者的差异主要体现在语音和词汇上,而语法上的差异较小,这应该是关中山东方言岛结构演变差异的原因所在。

如果再从各个结构的组成部分看,各自的变化情况也是不同的。这里以结构演变较明显的马家庄为例。马家庄在语音方面的变化最显著,词汇变化次之,而语法变化最小。在各个结构的内部,其变化也是不同的。马家庄在语音方面的变化主要体现在声母和声调上,韵母的变化不是特别明显。马家庄在词汇方面的变化主要表现在一些非封闭词类上,封闭词类变化很小。

（二）不同方言岛结构演变的不平衡性

不平衡性不仅在同一方言岛结构演变上有丰富的表现，而且在不同方言岛的结构演变上也有诸多的反映。从大的语言结构上看，尤其是在语音方面，有的山东方言岛变化比较大，有的方言岛变化比较小，甚至不怎么变。例如，在表2-1中，精组洪音字，谭家村、马家庄、太平村的源方言都为齿间音，但是谭家村、马家庄，尤其是马家庄都变为舌尖音。又如，在表2-2中，关中山东方言岛的源方言多数都还分尖团，但是今大李村、马家庄、雷家寨等山东方言岛已经不分尖团了。再如，在表2-3中，知庄章组字，谭家村读 [tʂ] 组声母，太平村还读 [tʂ] 组和 [tʃ] 组两套声母。在声调方面，山东方言岛的源方言都相差不太大，仅大李村、马家庄方言岛发生了变化，多数方言岛并没有发生变化。词汇、语法方面的变化，各个方言岛表现出许多不一致的地方。不同方言岛结构演变的不平衡性，应主要归因于方言岛自身的社会因素。这些社会因素主要包括人口数量、形成时间、分布情况等。

三、关中山东方言岛接触引发语言演变的趋势

（一）方言结构系统的简化

纵观整个关中山东方言岛的结构演变，可以较清晰地看到关中山东方言岛在语言接触下结构演变的一个大趋势，即方言结构系统的简化。这主要体现在方言岛的语音系统上，尤其是在声母系统上，声母的音位数量减少。例如，谭家村的源方言存在 [tʂ] 组和 [tʃ] 组两套声母，但是谭家村现今只有年龄在七八十岁以上的老人中才残存有这两套声母，六十岁以下的人只有 [tʂ] 组声母；并且，[tθ] 组声母也在逐渐流失。又如，马家庄的 [tθ] 组声母、[v] 声母早已消失得无影无踪。与源方言比较，也可以看到个别方言岛的声母比源方言多，但这样的情况并不多。例如，谭家村、杨居屯、太平村就比源方言多一个 [ʐ] 声母。在音位数量上，关中山东方言岛有减有增，但减少是主流。

如果再从其他汉语方言岛结构系统的演变情况看，方言岛结构系统演变会呈现出简化与繁化两个方向。语言结构演变的方向是简化还是繁化，主要看与哪种

强势语言接触，以及强势语言与方言岛之间的差异程度。如果强势语言的结构系统比方言岛复杂，那么方言岛的结构系统就可能繁化；反之则可能简化。这可以从丹阳市埤城河南方言岛语音系统的演变中得到印证。在声母系统上，埤城话比埤城河南方言岛的源方言光山话略简单，埤城河南方言岛的声母系统也相对简单，[ts] [tʂ] 两组声母合并为 [ts] 组声母；在声调系统上，埤城话比埤城河南方言岛的源方言光山话复杂，有入声，埤城河南方言岛声调系统受埤城话的影响产生入声；在韵母系统方面，埤城话比光山话复杂，有入声韵，埤城河南方言岛也形成入声韵（郭熙、蔡国璐，1991）。埤城河南方言岛语音系统的演变，既有简化又有繁化，但繁化是主流。随着普通话的大力推广与普及，普通话对汉语方言以及方言岛的演变都产生着巨大影响。在此大背景下，方言岛的总趋势或许还是会朝着结构系统较为简单的普通话方向发展，发生简化演变。

（二）与周围的强势方言趋同

在绝大多数情况下，方言岛多处于一种弱势的地位。其实，不管结构系统的简化还是繁化，在语言接触背景下，其总体方向都是朝着周围的强势方言（也包括普通话）方向发展的。也就是说，方言岛的结构系统会逐渐地与周围的强势方言趋同。一般说来，"方言趋同"会有混合型方言的产生和方言岛的消亡两个结果。"方言趋同"会导致混合型方言的产生，混合型方言有缩减、多元化和同质化等特点，其典型代表有现代上海话、现代厦门话和古代杭州话（游汝杰，2016a：261—276）。其中，杭州话就是一个具有官话性质的方言岛，形成于南宋，时至今日却都还存在，与其在政治、经济、文化等方面的优势地位有密切关系。而"方言趋同"的另一结果就是方言岛的消亡。在汉语方言岛中，杭州方言岛其实是一个特例，许许多多的汉语方言岛都很难像杭州方言岛一样在当地的政治、经济、文化中处于优势地位，其最终结果难逃消亡的命运，只是时间早晚的问题。但是应该看到，山东方言岛有不少几近濒危，但是都还没有完全消亡。故而在此重要的时间节点上，应更加密切地关注汉语方言岛，加大调查研究及保护的力度，着力挖掘其在语言学、社会学、人类学、民俗学等方面的重要价值和意义。

参考文献

薄文泽　1996　《汉语"哥"字借入佯僙语所引起的变化》,《民族语文》第 6 期。

薄文泽　2002　《语义成分的叠加——从文昌话亲属称谓看语言接触的一种方式》,《民族语文》第 3 期。

北京大学中国语言文学系语言学教研室（编）　1964　《汉语方言词汇》,文字改革出版社。

贝先明　石　锋　2008　《方言的接触影响在元音格局中的表现——以长沙、萍乡、浏阳方言为例》,《南开语言学刊》第 1 期。

曹晓燕　2012　《方言和普通话的语音接触研究——以无锡方言为例》,苏州大学博士学位论文。

曹晓燕　2017　《方言和普通话接触现象复杂》,《中国社会科学报》5 月 18 日第 6 版。

曹志耘　2002　《南部吴语语音研究》,商务印书馆。

陈保亚　1996　《论语言接触与语言联盟——汉越（侗台）语源关系的解释》,语文出版社。

陈保亚　2006　《从接触看濒危方言、濒危特征和濒危机制》,《长江学术》第 1 期。

陈保亚　2015　《20 世纪中国语言学方法论研究》,商务印书馆。

陈建伟　2008　《临沂方言和普通话的接触研究》,苏州大学博士学位论文。

陈荣泽　2012a　《关中地区山东方言岛的语音特点》,《方言》第 3 期。

陈荣泽　2012b　《关中地区山东方言岛语言研究》,陕西师范大学博士学位论文。

陈荣泽　2016a　《关中地区山东方言岛语音研究》,中国社会科学出版社。

陈荣泽　2016b　《西安阎良谭家堡山东话语音的内部差异》,《咸阳师范学院学报》第 1 期。

陈荣泽　2020　《论语言接触与语言接触机制》，邢向东主编：《语言与文化论丛》（第二辑），中国社会科学出版社。

陈晓锦　1999　《广西容县客家方言岛调查记》，《方言》第 3 期。

陈玉燕　2013　《浙南蒲城瓯语方言岛语音研究》，复旦大学硕士学位论文。

崔　容　2000　《太原方言新派老派的语音差异》，《山西大学学报》（哲学社会科学版）第 4 期。

大荔县志编纂委员会　1994　《大荔县志》，陕西人民出版社。

戴庆厦（主编）　2004a　《社会语言学概论》，商务印书馆。

戴庆厦（主编）　2004b　《中国濒危语言个案研究》，民族出版社。

戴庆厦（主编）　2012　《社会语言学概论》，商务印书馆。

[英] 戴维·克里斯特尔（编）　2000　《现代语言学词典》（第四版），沈家煊译，商务印书馆。

丁邦新　1998　《汉语方言接触的几个类型》，北京大学中文系《语言学论丛》编委会编：《语言学论丛》（第二十辑），商务印书馆。

董绍克　1996　《元曲"说"读"佛"例》，《中国语文》第 1 期。

董同龢　1956　《华阳凉水井客家话记音》，科学出版社。

杜佳伦　2014　《闽语历史层次分析与相关音变探讨》，中西书局。

段　英　2002　《四川黄联关客家话与梅县客家话的比较》，《汕头大学学报》（人文社会科学版）第 4 期。

方　青　1963　《从现代汉语方言的文白异读和新老异读看普通话对方言的影响》，《文字改革》第 8 期。

方欣欣　2008　《语言接触三段两合论》，华中师范大学出版社。

付新军　2016　《语言接触下弱势方言的微观演变分析——以商洛客家方言词缀的使用分析为例》，《西安文理学院学报》（社会科学版）第 2 期。

付义荣　2011　《言语社区和语言变化研究：基于安徽傅村的社会语言学调查》，北京大学出版社。

傅　灵　2010　《方言与普通话的接触研究——以长沙、上海、武汉为背景》，苏州大学博士学位论文。

高玉娟 2005 《大连方言五项语音变化的社会语言学分析》,《南开语言学刊》第1期。

龚 娜 罗昕如 2010 《湘语在广西境内的接触与演变个案研究——以广西资源话为例》,《湖南师范大学社会科学学报》第2期。

顾江萍 2011 《汉语中的日语借词研究》,上海辞书出版社。

郭 熙 蔡国璐 1991 《丹阳市埤城的河南方言岛》,《徐州师范学院学报》(哲学社会科学版)第2期。

郭沈青 刘夏君 2016 《方言接触与融合型层叠——以镇安城关话为个案》,《中国语言学报》第17期。

何大安 1986 《论永兴方言的送气浊声母》,台北"中央研究院"历史语言研究所集刊第4期。

何大安 1988 《规律与方向：变迁中的音韵结构》,台北"中央研究院"历史语言研究所专刊之九十。

何大安 1990 《方言接触与语言层次——以达县长沙话三类去声为例》,台北"中央研究院"历史语言研究所集刊第4期。

何俊芳(编著) 2005 《语言人类学教程》,中央民族大学出版社。

何科根 1998 《广东中山翠亨客家话方言岛记略》,《中国语文》第1期。

洪 波 意西微萨·阿错 2007 《汉语与周边语言的接触类型研究》,《南开语言学刊》第1期。

侯精一(主编) 2002 《现代汉语方言概论》,上海教育出版社。

胡明扬 2007 《语言接触和语言之间的相互影响》,薛才德主编:《语言接触与语言比较》,学林出版社。

胡松柏 2003 《赣东北汉语方言接触研究》,暨南大学博士学位论文。

黄金文 2001 《方言接触与闽北方言演变》,台湾大学出版委员会出版。

黄晓东 2004 《浙江安吉县官话方言岛研究》,北京语言大学博士学位论文。

黄晓东 2006 《浙江安吉县河南方言岛的内部接触与融合》,《语言科学》第3期。

江 荻 2007 《汉藏语言演化的历史音变模型：历史语言学的理论与方法探索》,社会科学文献出版社。

江　荻　2011　《核心词的确切含义及词频导向的构建方法》,《中文学术前沿》第1期。

江　燕　2008　《南昌话和普通话接触研究》,苏州大学博士学位论文。

教育部语言文字信息管理司　中国语言资源保护研究中心（编著）　2015　《中国语言资源调查手册·汉语方言》,商务印书馆。

[美]拉波夫　2001　《拉波夫语言学自选集》,北京语言文化大学出版社。

兰玉英等　2015　《汉语方言接触视角下的四川客家方言研究》,中国社会科学出版社。

李　珂　2006　《湖南茶陵下东方言语音中赣语和湘语混合的特点》,《湖南师范大学社会科学学报》第2期。

李　伟　2010　《汉语阳泉方言语音变异研究》,中国社会科学出版社。

李康澄　2015　《湖南绥宁汉语方言的接触现象》,《云梦学刊》第3期。

李如龙　2001　《论汉语方言特征词》,中国语言学会《中国语言学报》编委会编:《中国语言学报》(第十期),商务印书馆。

李如龙　2012　《论混合型方言——兼谈湘粤桂土语群的性质》,《云南师范大学学报》(哲学社会科学版)第5期。

李如龙　2013　《论语言接触的类型、方式和过程》,《青海民族研究》第4期。

李如龙　2015　《演化与接触,系统与特征——再论汉语方言的比较研究》,郑通涛主编:《国际汉语学报》(第6卷第1辑),学林出版社。

李仙娟　2015　《晋南绛县山东方言岛语音概述》,《忻州师范学院学报》第6期。

李永新　2013　《交界地区方言研究的思索——以湘语和赣语交界地区为例》,《黔南民族师范学院学报》第5期。

刘　虹　1986　《大连话语音差异与社会因素之间的关系》,《语言研究》第2期。

刘道锋　2003　《湘语和赣语的混血儿——隆回高坪话》,《邵阳学院学报》第4期。

刘军平　2016　《中国传统调解文化解读》,湘潭大学出版社。

刘俐李　1993　《新疆汉语方言的形成》,《方言》第4期。

陆致极　1987　《汉语方言间亲疏关系的计量描写》,《中国社会科学》第1期。

罗常培　1956　《厦门音系》,科学出版社。

罗昕如　2009　《湘语与赣语接触个案研究——以新化方言为例》,《语言研究》第1期。

罗昕如　吴永存　2006　《从词汇看湘语与西南官话的关系》,《船山学刊》第3期。

罗昕如　周　婷　2016　《方言接触语境下广西湘语否定词考察》,《湖南师范大学社会科学学报》第5期。

雒　鹏　1999　《一种只有两个声调的汉语方言——兰州红古话的声韵调》,《西北师大学报》(社会科学版)第6期。

孟庆泰　罗福腾　1994　《淄川方言志》,语文出版社。

孟万春　2011　《语言接触与汉语方言的变化》,《华南农业大学学报》(社会科学版)第2期。

钱曾怡　2007　《谈谈音类和音值问题》,《语言教学与研究》第1期。

钱乃荣　1992　《当代吴语研究》,上海教育出版社。

钱乃荣　2011　《SOV完成体句和SVO完成体句在吴语中的接触结果》,《中国语文》第1期。

郄远春　2009　《成都客家话研究》,北京语言大学博士学位论文。

瞿霭堂　2004　《语言思维和语言接触》,邹嘉彦、游汝杰主编:《语言接触论集》,上海教育出版社。

[美]萨利科科·S.穆夫温　2012　《语言演化生态学》,郭嘉、胡蓉、阿错译,商务印书馆。

[英]R. R. K.哈特曼　F. C.斯托克　1981　《语言与语言学词典》,黄长著等译,李振麟、俞琼校,上海辞书出版社。

[美]Sarah G. Thomason　2014　《语言接触导论》,吴福祥导读,世界图书出版公司。

孙宏开　胡增益　黄　行(主编)　2007　《中国的语言》,商务印书馆。

唐周凝　李素琼　2016　《湖南城步长安营西南官话方言岛研究》,《文化学刊》第9期。

王　健　2008　《从苏皖方言体助词"著"的表现看方言接触的后果和机制》,《中国语文》第1期。

王春玲　2017　《方言接触引发的语法演变》,《西南大学学报》(社会科学版)第4期。

王淑霞　张艳华　2005　《定陶方言志》,时代文艺出版社。

王湘云　2011　《论语言磨蚀机制与模式》,《山东大学学报》(哲学社会科学版)第2期。

王远新　1994　《中国民族语言学论纲》,中央民族大学出版社。

王远新　刘玉屏　2007　《论语言接触与语言的变化》,薛才德主编:《语言接触与语言比较》,学林出版社。

吴福祥　2007　《关于语言接触引发的演变》,《民族语文》第2期。

吴福祥　2013a　《关于语法演变的机制》,《古汉语研究》第3期。

吴福祥　2013b　《语义复制的两种模式》,《民族语文》第4期。

西安市阎良区委员会文史侨务法制委员会(编)　2013　《阎良文献辑要》,内部资料。

邢向东　2007　《关于深化汉语方言词汇研究的思考》,《陕西师范大学学报》(哲学社会科学版)第2期。

邢向东　2008　《论陕南方言的调查研究》,《西北大学学报》(哲学社会科学版)第2期。

徐　荣　2012　《汉语方言深度接触研究》,复旦大学博士学位论文。

徐通锵　2001　《历史语言学》,商务印书馆。

徐通锵　王洪君　1986　《说"变异"——山西祁县方言音系的特点及其对音变理论研究的启示》,《语言研究》第1期。

许宝华　汤珍珠　汤志祥　1982　《上海方音的共时差异》,《中国语文》第4期。

意西微萨·阿错　2001　《藏汉混合语"倒话"述略》,《语言研究》第3期。

意西微萨·阿错　2004　《倒话研究》,民族出版社。

游汝杰　2004a　《方言接触和上海话的形成》,邹嘉彦、游汝杰主编:《语言接触论集》,上海教育出版社。

游汝杰　2004b　《汉语方言学教程》,上海教育出版社。

游汝杰　2016a　《方言接触论稿》,复旦大学出版社。

游汝杰　2016b　《语言接触与新语言的诞生》,《华东师范大学学报》(哲学社会科学版)第1期。

语言学名词审定委员会(编)　2011　《语言学名词》,商务印书馆。

曾达之　罗昕如　2015　《广西湘语与西南官话接触的类型》,《云梦学刊》第5期。

曾晓渝　2005　《从年龄差异看现代荔波话音变的成因》,《语言科学》第4期。

曾晓渝　2008　《语言接触理论与汉藏语言接触研究》,《当代语言学理论和汉语研究》,商务印书馆。

曾晓渝　2012　《语言接触的类型差距及语言质变现象的理论探讨——以中国境内几种特殊语言为例》,《语言科学》第1期。

曾晓渝　2013　《汉语侗台语接触类型及其变异机制》,《云南师范大学学报》(哲学社会科学版)第4期。

《中国语言学大辞典》编委会　1991　《中国语言学大辞典》,江西教育出版社。

詹伯慧　张日昇(主编)　1987　《珠江三角洲方言字音对照》,广东人民出版社。

张　倩　2013　《江西省信丰县城的官话方言岛》,《文化遗产》第5期。

张树铮　1995　《试论普通话对方言语音的影响》,《语言文字应用》第4期。

张兴权　2012　《接触语言学》,商务印书馆。

赵阿平　郭孟秀　何学娟　2013　《濒危语言:满语、赫哲语共时研究》,社会科学文献出版社。

赵元任　1999　《语言问题》,商务印书馆。

政协西安市阎良区委员会(编)　2011　《阎良村情》(上、下),内部资料。

中国科学院语言研究所(编)　1955　《方言调查词汇手册》,科学出版社。

中国社会科学院语言研究所词典编辑室(编)　2020　《现代汉语词典》(第7版),商务印书馆。

中国社会科学院语言研究所方言研究室资料室　2003　《汉语方言词语调查条目表》,《方言》第1期。

钟守满　孙崇飞　2011　《语言磨蚀定义的跨学科思考》,《江西社会科学》第6期。

周　磊　2007　《我国境内语言接触的层次和方式》,薛才德主编:《语言接触与语言比较》,学林出版社。

周　政　2013　《陕南混合方言韵母和声调的演变》,《汉语学报》第 2 期。

周　政　2014　《陕南混合方言知庄章组声母的今读类型与历史层次》,《语言科学》第 2 期。

周　政　2016　《安康方言接触层次研究》,语文出版社。

周及徐　2001　《20 世纪成都话音变研究——成都话在普通话影响下的语音变化及规律》,《四川师范大学学报》(社会科学版) 第 4 期。

周振鹤　游汝杰　1986a　《方言与中国文化》(修订版),上海人民出版社。

周振鹤　游汝杰　1986b　《人口变迁和语言演化的关系》,《上海社会科学院学术季刊》第 4 期。

朱军玲　张树铮　2013　《一个面临淹没的方言岛——山东临沂市东风移民村四十年来的语音演变》,《语言研究》第 3 期。

庄初升　2004　《粤北土话音韵研究》,中国社会科学出版社。

邹嘉彦　2004　《语言接触与词汇衍生和重整》,邹嘉彦、游汝杰主编:《语言接触论集》,上海教育出版社。

附录　关中山东方言岛与源方言单字音对照表

1. 本表收录大李村、谭家村、马家庄、官路村、杨居屯、太平村、雷家寨七个关中山东方言岛及其源方言的 1972 个单字，例字按照中古音韵地位排列，顺序依次为韵摄、开合口、韵等、调类、韵母、声母，每个字均标注中古音韵地位。

2. 单字音的声调一律上标实际的调值，如果为轻声，则用上标"0"表示。

3. 一字有多个读音，若是文白异读，则文读在上，下标双横线"＝"，白读在下，下标单横线"—"；若是旁读音，则下标波浪线"～"；若是其他又音，则不标记。

4. 用下标注明多音字出现的条件或出现的环境，如"露"字，下标"动"指动词，下标"名"指名词。

5. 如果发音人不知道或不认识某个字时，该点的字音就空缺，用"—"表示。

例字	韵摄	中古音	大李村	耿庄	谭家村	谭家营	马家庄	朱家庄	官路村
多	果开一	平歌端	tuə²¹³	tuə²¹³	tuə²¹³	tuə²¹³	tuə³¹	tuə²¹³	tuə²¹³
拖	果开一	平歌透	tʰuə²¹³	tʰuə²¹³	tʰuə²¹³	tʰuə²¹³	tʰuə³¹	tʰuə²¹³	tʰuə²¹³
他	果开一	平歌透	tʰɑ⁵⁵	tʰɑ⁵⁵	tʰɑ⁵⁵	tʰɑ⁵⁵	tʰɑ⁵⁵	tʰɑ⁵⁵	tʰɑ²¹³
驮	果开一	平歌定	tʰuə⁵³	tʰuə⁵³	tʰuə⁵²	tʰuə⁵²	tʰuə³¹	tʰuə⁵⁵	tʰuə⁵²
舵	果开一	平歌定	tʰuə⁵³	tʰuə⁴¹²	tʰuə⁵²	tuə³¹	tʰuə³¹	tʰuə⁵⁵	tʰuə⁵²
大	果开一	去个定	tɑ³¹	tɑ⁴¹²	tɑ³¹	tɑ³¹	tɑ⁵³	tɑ³¹	tɑ³¹
挪	果开一	平歌泥	nuə⁵³	nuə⁵³	nuə⁵²	nuə⁵²	nuə³¹	nuə⁵⁵	nuə⁵²
哪	果开一	上哿泥	nɑ⁵⁵	nɑ⁵³	nɑ⁵⁵	nɑ³¹	nɑ³¹	nɑ³¹	nɑ⁵⁵
那	果开一	去个泥	nɑ³¹	nɑ⁴¹²	nɑ³¹	nɑ³¹	nɑ⁵³	nɑ³¹	nɑ³¹
罗	果开一	平歌来	luə⁵³	luə⁵³	luə⁵²	luə⁵²	luə⁵⁵	luə⁵⁵	luə⁵²
左	果开一	上哿精	tsuə³¹	tsuə⁵⁵	tsuə³¹	tθuə³¹	tθuə⁵³	tθuə⁵⁵	tsuə³¹
搓	果开一	平歌清	tsʰuə²¹³	tsʰuə²¹³	tsʰuə²¹³	tθʰuə²¹³	tsʰuə³¹	tθʰuə²¹³	tsʰuə²¹³
歌	果开一	平歌见	kə²¹³	kə²¹³	kə²¹³	kə²¹³	kə³¹	kə²¹³	kə²¹³
哥	果开一	平歌见	kə⁵⁵	kə⁵⁵	kə²¹³	kə²¹³	kə²¹³	kə²¹³	kuə²¹³
个	果开一	去个见	kə³¹	kə⁴¹²	kə³¹	kə³¹	kə⁵³	kə³¹	kə³¹
可	果开一	上哿溪	kʰə⁵⁵	kʰə⁵⁵	kʰə⁵⁵	kʰə⁵⁵	kʰə⁵⁵	kʰə⁵⁵	kʰə⁵⁵
鹅	果开一	平歌疑	ɣə⁵³	ɣə⁵³	ŋə⁵²	uə⁵²	ŋə⁵²	ŋə⁵⁵	uə⁵²
蛾	果开一	平歌疑	ɣə⁵³	ɣə⁵³	ŋə⁵²	ŋə⁵²	ŋə⁵²	ŋə⁵⁵	ŋə⁵²
我	果开一	上哿疑	uə⁵⁵	uə⁵⁵	uə⁵⁵	ŋə⁵⁵	ŋə⁵⁵	və⁵⁵	uə⁵⁵
饿	果开一	去个疑	ɣə³¹	ɣə⁴¹²	uə³¹	uə³¹	ŋə⁵³	ŋə³¹	uə³¹
荷	果开一	去个晓	xə³¹	xə⁵³	xuə⁰ 薄~	xə⁵²	xə⁵⁵	xə⁵⁵	xə⁵²
河	果开一	平歌匣	xə⁵³	xə⁵³	xuə⁵²	xuə⁵²	xə⁵²	xə⁵⁵	xə⁵²
贺	果开一	去个匣	xuə³¹	xə⁴¹²	xuə³¹	xuə³¹	xə⁵³	xə³¹	xuə⁵²
茄	果开三	平戈群	tɕʰiə⁵³	tɕʰiə⁵³	tɕʰiə⁵²	tɕʰiə⁵²	tɕʰiə⁵⁵	tɕʰiə⁵⁵	tɕʰiə⁵²
波	果合一	平戈帮	pə²¹³	pʰə²¹³	pʰə²¹³	pə²¹³	pə³¹	pə²¹³	pə²¹³
簸	果合一	上果帮	pə⁵⁵	pə⁵⁵	pə⁵⁵	pə⁵⁵	pə⁵⁵	pə⁵⁵	pə⁵⁵
坡	果合一	平戈滂	pʰə²¹³	pʰə²¹³	pʰə²¹³	pʰə²¹³	pʰə³¹	pʰə²¹³	pʰə²¹³
破	果合一	去过滂	pʰə³¹	pʰə⁴¹²	pʰə³¹	pʰə³¹	pʰə⁵³	pʰə³¹	pʰə³¹
婆	果合一	平戈並	pʰə⁵³	pʰə⁵³	pʰə⁵²	pʰə⁵²	pʰə⁵⁵	pʰə⁵⁵	pʰə⁵²
薄	果合一	去过並	pə⁵³	pə⁵³	pə⁵²	pə⁵²	pə³¹	pə⁵⁵	pə⁵²
磨	果合一	平戈明	mə⁵³	mə⁵³	mə⁵²	mə⁵²	mə⁵⁵	mə⁵⁵	mə⁵²
馍	果合一	平戈明	mə⁵³	mə⁵³	mə⁵²	mə⁵²	mə⁵⁵	mə⁵⁵	mə⁵²
躲	果合一	上果端	tuə⁵⁵	tuə⁵⁵	tuə⁵⁵	tuə⁵⁵	tuə⁵⁵	tuə⁵⁵	tuə⁵⁵
剁	果合一	去过端	tuə³¹	tuə⁴¹²	tuə³¹	tuə³¹	tuə⁵³	tuə³¹	tuə³¹
糯	果合一	去过泥	luə⁵³	nuə⁴¹²	nuə³¹	nuə³¹	nuə⁵³	nuə³¹	nuə³¹
骡	果合一	平戈来	luə⁵³	luə⁵³	luə⁵²	luə⁵²	luə⁵⁵	luə⁵⁵	luə⁵²
坐	果合一	上果从	tsuə³¹	tsuə⁴¹²	tsuə³¹	tθuə³¹	tsuə⁵³	tθuə⁵⁵	tsuə³¹
座	果合一	去过从	tsuə³¹	tsuə⁴¹²	tsuə³¹	tθuə³¹	tsuə⁵³	tθuə³¹	tsuə³¹

续表

例字	韵摄	中古音	东堤村	杨居屯	朱鹿村	太平村	魏马村	雷家寨	北李村
多	果开一	平歌端	tuə²¹³	tuə²¹³	tuə²¹³	tuə²¹³	tuə²¹³	tuə²¹³	tuə²¹³
拖	果开一	平歌透	tʰuə²¹³	tʰuə²¹³	tʰuə²¹³	tʰuə²¹³	tʰuə²¹³	tʰuə²¹³	tʰuə²¹³
他	果开一	平歌透	tʰɑ²¹³	tʰɑ⁵⁵	tʰɑ⁵⁵	tʰɑ⁵⁵	tʰɑ⁵⁵	tʰɑ⁵⁵	tʰɑ⁵⁵
驮	果开一	平歌定	tʰuə⁵³	tʰuə⁵³	tʰuə⁵³	tʰuə⁵³	tʰuə⁵³	tʰuə⁵³	tʰuə⁵³
舵	果开一	平歌定	tuə³¹	tʰuə⁵³	tuə³¹	tʰuə³¹	tʰuə³¹	tʰuə⁴¹²	tʰuə⁴¹²
大	果开一	去个定	tɑ³¹	tɑ³¹	tɑ³¹	tɑ³¹	tɑ³¹	tɑ⁴¹²	tɑ⁴¹²
挪	果开一	平歌泥	nuə⁵³	nuə⁵³	nuə⁵³	nuə⁵³	nuə⁵³	nuə⁵³	nuə⁵³
哪	果开一	上哿泥	nɑ⁵⁵	nɑ²¹³	nɑ⁵⁵	nɑ⁵⁵	nɑ⁵⁵	nɑ⁵⁵	nɑ²¹³
那	果开一	去个泥	nɑ⁵³	nɑ³¹	nɑ³¹	nɑ³¹	nɑ³¹	nɑ⁴¹²	nɑ⁴¹²
罗	果开一	平歌来	luə⁵³	luə⁵³	luə⁵³	luə⁵³	luə⁵³	luə⁵³	luə⁵³
左	果开一	上哿精	tsuə³¹	tsuə³¹	tsuə³¹	tθuə³¹	tθuə³¹	tsuə⁴¹²	tsuə⁵⁵
搓	果开一	平歌清	tsʰuə²¹³	tsʰuə²¹³	tsʰuə²¹³	tθʰuə²¹³	tθʰuə²¹³	tsʰuə²¹³	tsʰuə²¹³
歌	果开一	平歌见	kuə²¹³	kuə²¹³	kuə²¹³	kuə²¹³	kuə²¹³	kə²¹³	kə²¹³
哥	果开一	平歌见	kuə²¹³	kə²¹³/kuə²¹³	kuə²¹³	kuə²¹³	kuə²¹³	kə⁵⁵	kə⁵⁵
个	果开一	去个见	kuə³¹	kə³¹/kuə³¹	kuə³¹	kə³¹	kə³¹	kə⁴¹²	kə⁴¹²
可	果开一	上哿溪	kʰuə⁵⁵	kʰə⁵⁵	kʰuə⁵⁵	kʰə⁵⁵	kʰə⁵⁵	kʰə⁵⁵	kʰə⁵⁵
鹅	果开一	平歌疑	uə⁵³	uə⁵³	uə⁵³	uə⁵³	uə⁵³	ɣə⁵³	ɣə⁵³
蛾	果开一	平歌疑	uə⁵³	uə⁵³	uə⁵³	ŋuə⁵³	uə⁵³	ɣə⁵³	ɣə⁵³
我	果开一	上哿疑	uə⁵⁵	uə⁵⁵	uə⁵⁵	uə⁵⁵	uə⁵⁵	uə⁵⁵	uə⁵⁵
饿	果开一	去个疑	uə³¹	uə³¹	uə³¹	uə³¹	uə³¹	ɣə⁴¹²	ɣə⁴¹²
荷	果开一	去个晓	xuə⁵³	xuə⁰ 薄~	xuə³¹	xə⁵³	xə⁵³	xə⁵³	xə⁵³
河	果开一	平歌匣	xuə⁵³	xuə⁵³	xuə⁵³	xuə⁵³	xuə⁵³	xə⁵³	xə⁵³
贺	果开一	去个匣	xuə³¹	xuə³¹	xuə³¹	xuə³¹	xuə³¹	xuə⁴¹²	xə⁴¹²
茄	果开三	平戈群	tɕʰiə⁵³	tɕʰiə⁵⁵	tɕʰiə⁵³	tɕʰiə⁵³	tɕʰiə⁵³	tɕʰiə⁵³	tɕʰiə⁵³
波	果合一	平戈帮	pə²¹³	pʰə²¹³	pə²¹³	pə²¹³	pə²¹³	pʰə²¹³	pʰə²¹³
簸	果合一	上果帮	pə⁵⁵	pə⁵⁵	pə⁵⁵	pə⁵⁵	pə⁵⁵	pə⁵⁵	pə⁵⁵
坡	果合一	平戈滂	pʰə²¹³	pʰə²¹³	pʰə²¹³	pʰə²¹³	pʰə²¹³	pʰə²¹³	pʰə²¹³
破	果合一	去过滂	pʰə³¹	pʰə³¹	pʰə³¹	pʰə³¹	pʰə³¹	pʰə⁴¹²	pʰə⁴¹²
婆	果合一	平戈並	pʰə⁵³	pʰə⁵³	pʰə⁵³	pʰə⁵³	pʰə⁵³	pʰə⁵³	pʰə⁵³
薄	果合一	去过並	pə⁵³	pə⁵⁵	pə⁵³	pə⁵³	pə⁵³	pə⁵³	pə⁵³
磨	果合一	平戈明	mə⁵³	mə⁵³	mə⁵³	mə⁵³	mə⁵³	mə⁵³	mə⁵³
馍	果合一	平戈明	mə⁵³	mə⁵³	mə⁵³	mə⁵³	mə⁵³	mə⁵³	mə⁵³
躲	果合一	上果端	tuə⁵⁵	tuə⁵⁵	tuə⁵⁵	tuə⁵⁵	tuə⁵⁵	tuə⁵⁵	tuə⁵⁵
剁	果合一	去过端	tuə³¹	tuə³¹	tuə³¹	tuə³¹	tuə³¹	tuə⁴¹²	tuə⁴¹²
糯	果合一	去过泥	nuə³¹	nuə⁵⁵	nuə⁵³	nuə⁵³	nuə⁵³	nuə⁵⁵	nuə⁵⁵
骡	果合一	平戈来	luə⁵³	luə⁵³	luə⁵³	luə⁵³	luə⁵³	luə⁵³	luə⁵³
坐	果合一	上果从	tsuə³¹	tsuə³¹	tsuə³¹	tθuə³¹	tθuə³¹	tsuə⁴¹²	tsuə⁴¹²
座	果合一	去过从	tsuə³¹	tsuə⁵⁵	tsuə³¹	tθuə³¹	tθuə³¹	tsuə⁴¹²	tsuə⁵⁵

例字	韵摄	中古音	大李村	耿庄	谭家村	谭家营	马家庄	朱家庄	官路村
锁	果合一	上果心	suə⁵⁵	suə⁵⁵	suə⁵⁵	θuə⁵⁵	suə⁵⁵	θuə⁵⁵	suə⁵⁵
锅	果合一	平戈见	kuə²¹³	kuə²¹³	kuə²¹³	kuə⁵⁵	kuə³¹	kuə²¹³	kuə²¹³
戈	果合一	平歌见	kuə²¹³	kə²¹³	kə⁵⁵	kə⁵⁵	kə³¹	kə²¹³	kə⁵⁵
果	果合一	上果见	kuə⁵⁵	kuə⁵⁵	kuə⁵⁵	kuə⁵⁵	kuə⁵⁵	kuə⁵⁵	kuə⁵⁵
过	果合一	去过见	kuə³¹	kuə⁴¹²	kuə³¹	kuə³¹	kuə⁵³ / kə⁵³	kuə³¹	kuə³¹
科	果合一	平戈溪	kʰə²¹³	kʰə²¹³	kʰuə²¹³	kʰə⁵⁵	kʰuə³¹	kʰə²¹³	kʰuə²¹³
颗	果合一	上果溪	kʰə²¹³	kʰə²¹³	kʰə²¹³	kʰə²¹³	kʰə⁵³	kʰə²¹³	kʰuə²¹³
课	果合一	去过溪	kʰuə³¹	kʰə⁴¹²	kʰuə³¹	kʰə³¹	kʰə⁵³	kʰə³¹	kʰuə³¹
火	果合一	上果晓	xuə⁵⁵	xuə⁵⁵	xuə⁵⁵	xuə⁵⁵	xuə⁵⁵	xuə⁵⁵	xuə⁵⁵
货	果合一	去过晓	xuə³¹	xuə⁴¹²	xuə³¹	xuə³¹	xuə⁵³	xuə³¹	xuə³¹
和	果合一	平戈匣	xə⁵³	xuə⁵³	xuə⁵²	xə⁵²	xuə⁵⁵	xə⁵⁵	xuə⁵²
祸	果合一	去果匣	xuə³¹	xuə⁴¹²	xuə³¹	xuə³¹	xuə⁵⁵	xuə³¹	xuə³¹
和	果合一	平歌匣	xuə⁵³	xuə⁵³	xuə⁵²	xuə⁵²	xuə⁵⁵	xuə⁵⁵	xuə⁵²
窝	果合一	平戈影	uə²¹³	uə²¹³	uə²¹³	uə²¹³	uə³¹	və²¹³	uə²¹³
瘸	果合三	平戈群	tɕʰyə⁵³	tɕʰyə⁵³	tɕʰyə⁵²	tɕʰyə⁵²	tɕʰyə⁵⁵	tɕʰyə⁵⁵	tɕʰyə⁵²
靴	果合三	平戈晓	ɕyə²¹³	ɕyə²¹³	ɕyə²¹³	ɕyə²¹³	ɕyə³¹	ɕyə²¹³	ɕyə²¹³
把	假开二	上马帮	pɑ⁵⁵	pɑ⁵⁵	pɑ⁵⁵	pɑ⁵⁵	pɑ⁵⁵	pɑ⁵⁵	pɑ⁵⁵
爸	假开二	去祃帮	pɑ⁵³	pɑ⁵³	pɑ⁵²	pɑ⁵²	pɑ⁵⁵	pɑ⁵⁵	pɑ³¹
怕	假开二	去祃溪	pʰɑ³¹	pʰɑ⁴¹²	pʰɑ³¹	pʰɑ³¹	pʰɑ⁵³	pʰɑ³¹	pʰɑ³¹
爬	假开二	平麻並	pʰɑ⁵³	pʰɑ⁵³	pʰɑ⁵²	pʰɑ⁵²	pʰɑ⁵⁵	pʰɑ⁵⁵	pʰɑ⁵²
麻	假开二	平麻明	mɑ⁵³	mɑ⁵³	mɑ⁵²	mɑ⁵²	mɑ⁵⁵	mɑ⁵⁵	mɑ⁵²
妈	假开二	平麻明	mɑ²¹³	mɑ²¹³	mɑ²¹³	mɑ²¹³	mɑ³¹	mɑ²¹³	mɑ²¹³
马	假开二	上马明	mɑ⁵⁵	mɑ⁵⁵	mɑ⁵⁵	mɑ⁵⁵	mɑ⁵⁵	mɑ⁵⁵	mɑ⁵⁵
骂	假开二	去祃明	mɑ³¹	mɑ⁴¹²	mɑ³¹	mɑ³¹	mɑ⁵³	mɑ³¹	mɑ³¹
拿	假开二	平麻泥	nɑ⁵³	nɑ⁵³	nɑ⁵²	nɑ⁵²	nɑ⁵⁵	nɑ⁵⁵	nɑ⁵²
茶	假开二	平麻澄	tsʰɑ⁵³ / tʂʰɑ⁵³	tʂʰɑ⁵³	tʂʰɑ⁵³	tʂʰɑ⁵²	tʂʰɑ⁵⁵	tʂʰɑ⁵⁵	tʂʰɑ⁵³
渣	假开二	平麻庄	tʂɑ²¹³	tʂɑ²¹³	tʂɑ²¹³	tʂɑ²¹³	tʂɑ³¹	tʂɑ²¹³	tʂɑ²¹³
诈	假开二	去祃庄	tsɑ³¹	tʂɑ⁵⁵	tʂɑ³¹	tʂɑ⁵²	tʂɑ⁵³	tʂɑ³¹	tʂɑ⁵²
叉	假开二	平麻初	tsʰɑ²¹³	tʂʰɑ²¹³	tʂʰɑ²¹³	tʂʰɑ²¹³	tʂʰɑ²¹³	tʂʰɑ²¹³	tʂʰɑ²¹³
岔	假开二	去祃初	tsʰɑ³¹	tʂʰɑ⁴¹²	tʂʰɑ³¹	tʂʰɑ⁵³	tʂʰɑ³¹	tʂʰɑ³¹	tʂʰɑ³¹
查	假开二	平麻崇	tsʰɑ⁵³	tʂʰɑ⁵³	tʂʰɑ⁵²	tʂʰɑ⁵²	tʂʰɑ⁵⁵	tʂʰɑ⁵⁵	tʂʰɑ⁵²
沙	假开二	平麻生	sɑ²¹³	ʂɑ²¹³	ʂɑ²¹³	ʂɑ²¹³	ʂɑ³¹	ʂɑ²¹³	ʂɑ²¹³
洒	假开二	上马生	sɑ⁵⁵	sɑ⁵⁵	sɑ⁵⁵	θɑ⁵⁵	sɑ⁵⁵	θɑ⁵⁵	sɑ⁵⁵
厦	假开二	去祃生	ʂɑ⁵⁵	ʂɑ⁵⁵	ʂɑ³¹	ʂɑ³¹	ʂɑ⁵³	ʂɑ³¹	ʂɑ³¹
家	假开二	平麻见	tɕiɑ²¹³	tɕiɑ²¹³	tɕiɑ²¹³ / kə²¹³ 谭~	tɕiɑ³¹	tɕiɑ²¹³	tɕiɑ²¹³	tɕiɑ²¹³
假	假开二	上马见	tɕiɑ⁵⁵	tɕiɑ³¹	tɕiɑ³¹	tɕiɑ⁵⁵	tɕiɑ⁵⁵	tɕiɑ⁵⁵	tɕiɑ⁵⁵
嫁	假开二	去祃见	tɕiɑ³¹	tɕiɑ⁴¹²	tɕiɑ³¹	tɕiɑ³¹	tɕiɑ⁵³	tɕiɑ³¹	tɕiɑ³¹

续表

例字	韵摄	中古音	东堤村	杨居屯	朱鹿村	太平村	魏马村	雷家寨	北李村
锁	果合一	上果心	suə⁵⁵	suə⁵⁵	suə⁵⁵	θuə⁵⁵	θuə⁵⁵	suə⁵⁵	suə⁵⁵
锅	果合一	平戈见	kuə²¹³	kuə²¹³	kuə²¹³	kuə²¹³	kuə²¹³	kuə²¹³	kuə²¹³
戈	果合一	平歌见	kuə²¹³	kə²¹³	kuə²¹³	kə⁵⁵	kuə⁵⁵	kə²¹³	kə²¹³
果	果合一	上果见	kuə⁵⁵	kuə⁵⁵	kuə⁵⁵	kuə⁵⁵	kuə⁵⁵	kuə⁵⁵	kuə⁵⁵
过	果合一	去过见	kuə³¹	kuə³¹	kuə³¹	kuə³¹	kuə³¹	kuə⁴¹²	kuə⁴¹²
科	果合一	平戈溪	kʰuə²¹³	kʰuə²¹³	kʰuə²¹³	kʰə⁵⁵	kʰə²¹³	kʰə²¹³	kʰə²¹³
颗	果合一	上果溪	kʰuə²¹³	kʰuə²¹³	kʰuə²¹³	kʰuə²¹³	kʰuə²¹³	kʰuə²¹³	kʰuə²¹³
课	果合一	去过溪	kʰuə³¹	kʰuə³¹	kʰuə³¹	kʰə³¹	kʰə³¹	kʰə⁴¹²	kʰə⁴¹²
火	果合一	上果晓	xuə⁵⁵	xuə⁵⁵	xuə⁵⁵	xuə⁵⁵	xuə⁵⁵	xuə⁵⁵	xuə⁵⁵
货	果合一	去过晓	xuə³¹	xuə³¹	xuə³¹	xuə³¹	xuə³¹	xuə⁴¹²	xuə⁴¹²
和	果合一	平戈匣	xuə⁵³	xuə⁵³	xuə⁵³	xuə⁵³	xuə⁵³	xə⁵³	xuə⁵³
祸	果合一	去果匣	xuə³¹	xuə³¹	xuə³¹	xuə³¹	xuə³¹	xuə⁴¹²	xuə⁴¹²
和	果合一	平歌匣	xuə⁵³	xuə⁵³	xuə⁵³	xuə⁵³	xuə⁵³	xuə⁵³	xuə⁵³
窝	果合一	平戈影	uə²¹³	uə²¹³	uə²¹³	uə²¹³	uə²¹³	uə²¹³	uə²¹³
瘸	果合三	平戈群	tɕʰyə⁵³	tɕʰyə⁵³	tɕʰyə⁵³	tɕʰyə⁵³	tɕʰyə⁵³	tɕʰyə⁵³	tɕʰyə⁵³
靴	果合三	平戈晓	ɕyə²¹³	ɕyə³¹	ɕyə⁵³	ɕyə⁵³	ɕyə²¹³	ɕyə²¹³	ɕyə²¹³
把	假开二	上马帮	pɑ⁵⁵	pɑ⁵⁵	pɑ⁵⁵	pɑ⁵⁵	pɑ⁵⁵	pɑ⁵⁵	pɑ⁵⁵
爸	假开二	去祃帮	pɑ³¹	pɑ²¹³	pɑ³¹	pɑ³¹	pɑ³¹	pɑ⁵³	pɑ⁵³
怕	假开二	去祃溪	pʰɑ³¹	pʰɑ³¹	pʰɑ³¹	pʰɑ³¹	pʰɑ³¹	pʰɑ⁴¹²	pʰɑ⁴¹²
爬	假开二	平麻並	pʰɑ⁵³	pʰɑ⁵³	pʰɑ⁵³	pʰɑ⁵³	pʰɑ⁵³	pʰɑ⁵³	pʰɑ⁵³
麻	假开二	平麻明	mɑ⁵³	mɑ⁵³	mɑ⁵³	mɑ⁵³	mɑ⁵³	mɑ⁵³	mɑ⁵³
妈	假开二	平麻明	mɑ²¹³	mɑ²¹³	mɑ²¹³	mɑ²¹³	mɑ²¹³	mɑ²¹³	mɑ²¹³
马	假开二	上马明	mɑ⁵⁵	mɑ⁵⁵	mɑ⁵⁵	mɑ⁵⁵	mɑ⁵⁵	mɑ⁵⁵	mɑ⁵⁵
骂	假开二	去祃明	mɑ³¹	mɑ³¹	mɑ³¹	mɑ³¹	mɑ³¹	mɑ⁴¹²	mɑ⁴¹²
拿	假开二	平麻泥	nɑ⁵³	nɑ⁵³	nɑ⁵³	nɑ⁵³	nɑ⁵³	nɑ⁵³	nɑ⁵³
茶	假开二	平麻澄	tʂʰɑ⁵³	tʂʰɑ⁵³	tʂʰɑ⁵³	tʂʰɑ⁵³	tʂʰɑ⁵³	tʂʰɑ⁵³	tʂʰɑ⁵³
渣	假开二	平麻庄	tʂɑ²¹³	tʂɑ²¹³	tʂɑ²¹³	tʂɑ²¹³	tʂɑ²¹³	tʂɑ²¹³	tʂɑ²¹³
诈	假开二	去祃庄	tʂɑ³¹	tʂɑ³¹	tʂɑ³¹	tʂɑ³¹	tʂɑ³¹	tʂɑ⁴¹²	tʂɑ⁴¹²
叉	假开二	平麻初	tʂʰɑ²¹³	tʂʰɑ²¹³	tʂʰɑ²¹³	tʂʰɑ²¹³	tʂʰɑ²¹³	tʂʰɑ²¹³	tʂʰɑ²¹³
岔	假开二	去祃初	tʂʰɑ³¹	tʂʰɑ³¹	tʂʰɑ³¹	tʂʰɑ³¹	tʂʰɑ³¹	tʂʰɑ⁴¹²	tʂʰɑ⁴¹²
查	假开二	平麻崇	tʂʰɑ⁵³	tʂʰɑ⁵³	tʂʰɑ⁵³	tʂʰɑ⁵³	tʂʰɑ⁵³	tʂʰɑ⁵³	tʂʰɑ⁵³
沙	假开二	平麻生	ʂɑ²¹³	ʂɑ³¹	ʂɑ²¹³	ʂɑ²¹³	ʂɑ²¹³	ʂɑ²¹³	ʂɑ²¹³
洒	假开二	上马生	sɑ²¹³	ʂɑ⁵⁵	ʂɑ⁵⁵	θɑ⁵⁵	θɑ⁵⁵	sɑ⁵⁵	sɑ⁵⁵
厦	假开二	去祃生	ʂɑ³¹	ʂɑ³¹	ʂɑ³¹	ʂɑ³¹	ʂɑ³¹	ʂɑ⁵⁵	ʂɑ⁵⁵
家	假开二	平麻见	tɕiɑ²¹³ / kɑ⁰张~	tɕiɑ²¹³ / kə⁰	tɕiɑ²¹³ / kə⁰张~庄	tɕiɑ²¹³	tɕiɑ²¹³	tɕiɑ²¹³	tɕiɑ²¹³
假	假开二	上马见	tɕiɑ⁵⁵	tɕiɑ²¹³	tɕiɑ⁵⁵	tɕiɑ⁵⁵	tɕiɑ⁵⁵	tɕiɑ⁵⁵	tɕiɑ⁵⁵
嫁	假开二	去祃见	tɕiɑ³¹	tɕiɑ³¹	tɕiɑ³¹	tɕiɑ³¹	tɕiɑ³¹	tɕiɑ⁴¹²	tɕiɑ⁴¹²

例字	韵摄	中古音	大李村	耿庄	谭家村	谭家营	马家庄	朱家庄	官路村
牙	假开二	平麻疑	ia⁵³	ia⁵³	ia⁵²	ia⁵²	ia⁵⁵	ia⁵⁵	ia⁵²
压	假开二	去祃疑	ia³¹	ia²¹³	ia³¹	ia³¹	ia⁵³	ia³¹	ia³¹
虾	假开二	平麻晓	ɕia²¹³	ɕia²¹³	ɕia²¹³	ɕia²¹³	ɕia³¹	ɕia²¹³	ɕia²¹³
吓	假开二	去祃晓	ɕia³¹	ɕia⁴¹²	ɕia³¹	ɕia³¹	ɕia⁵³	ɕia³¹	ɕia³¹
霞	假开二	平麻匣	ɕia⁵³	ɕia⁵³	ɕia⁵²	ɕia⁵²	ɕia⁵⁵	ɕia⁵⁵	ɕia⁵²
蛤	假开二	平麻匣	xə⁵³	xə⁵³	xɑ⁵⁵	xɑ⁵⁵	xɑ⁵⁵	xɑ⁵⁵	xɑ⁵⁵
夏	假开二	上马匣	ɕia³¹	ɕia⁴¹²	ɕia³¹	ɕia³¹	ɕia⁵³	ɕia³¹	ɕia³¹
下	假开二	去祃匣	ɕia³¹	ɕia⁴¹²	ɕia³¹	ɕia³¹	ɕia⁵³	ɕia³¹	ɕia³¹
鸦	假开二	平麻影	ia²¹³	ia²¹³	ia⁵⁵	ia²¹³	ia³¹	ia²¹³	ia⁵⁵
哑	假开二	上马影	ia⁵⁵	ia⁴¹²	ia⁵⁵	ia²¹³	ia⁵⁵	ia²¹³	ia⁵⁵
亚	假开二	去祃影	ia⁵⁵	ia⁴¹²	ia⁵⁵	ia²¹³	ia⁵³	ia²¹³	ia³¹
姐	假开三	去祃精	tɕiə⁵⁵	tsiə⁵⁵	tsiə⁵⁵	tsiə⁵⁵	tɕiə⁵⁵	tsiə⁵⁵	tsiə⁵⁵
借	假开三	去祃精	tɕiə³¹	tsiə⁴¹²	tsiə³¹	tsiə³¹	tɕiə⁵³	tsiə³¹	tsiə³¹
且	假开三	上马清	tɕʰiə⁵⁵	tsʰiə²¹³	tsʰiə⁵⁵	tsʰiə⁵⁵	tsʰiə⁵⁵	tsʰiə²¹³	tsʰiə⁵⁵
褯	假开三	去祃从	tɕiə³¹	tsiə⁴¹²	tsiə⁵⁵	tsiə³¹	tsiə³¹	tsiə³¹	tsiə³¹
些	假开三	平麻心	ɕiə⁵⁵	siə⁵⁵	siə²¹³	siə²¹³	siə³¹	siə²¹³	siə²¹³
写	假开三	上马心	ɕiə⁵⁵	siə⁵⁵	siə⁵⁵	siə⁵⁵	siə⁵⁵	siə⁵⁵	siə⁵⁵
卸	假开三	去祃心	ɕiə³¹	siə⁴¹²	siə³¹	siə³¹	siə⁵³	siə³¹	siə³¹
斜	假开三	平麻邪	ɕiə⁵³	siə⁵³	siə⁵²	siə⁵²	siə⁵⁵	siə⁵⁵	ɕiə⁵⁵
谢	假开三	去祃邪	ɕiə³¹	siə⁴¹²	siə³¹	siə³¹	siə⁵³	siə³¹	ɕiə³¹
爹	假开三	平麻知	tiə²¹³	tiə²¹³	tiə²¹³	tiə²¹³	tiə³¹	tiə²¹³	tiə²¹³
遮	假开三	平麻章	tʂə²¹³	tʂə²¹³	tʂə²¹³	tʃə⁵⁵	tʂə³¹	tʂə²¹³	tʂə²¹³
蔗	假开三	去祃章	tʂə⁵³	tʂə⁵³	tʂə⁵²	tʃə⁵⁵	tʂə⁵⁵	tʂə⁵⁵	tʂə⁵⁵
车	假开三	平麻昌	tʂʰə²¹³	tʂʰə²¹³	tʂʰə²¹³	tʃʰə²¹³	tʂʰə³¹	tʂʰə²¹³	tʂʰə²¹³
扯	假开三	上马昌	tʂʰə⁵⁵	tʂʰə⁵⁵	tʂʰə⁵⁵	tʃʰə⁵⁵	tʂʰə⁵⁵	tʂʰə⁵⁵	tʂʰə⁵⁵
蛇	假开三	平麻船	ʂə⁵³	ʂə⁵³	ʂə⁵²	ʃɑ⁵²	ʂə⁵⁵	ʂɑ⁵⁵	ʂɑ⁵³
射	假开三	去祃船	ʂə³¹	ʂə⁴¹²	ʂə³¹	ʃə³¹	ʂə⁵³	ʂə³¹	ʂə³¹
赊	假开三	平麻书	ʂə²¹³	ʂə²¹³	ʂə³¹	ʃə²¹³	ʂə³¹	ʂə²¹³	ʂə²¹³
捨	假开三	上马书	ʂə⁵⁵	ʂə⁵⁵	ʂə⁵⁵	ʃə⁵⁵	ʂə⁵⁵	ʂə⁵⁵	ʂə⁵⁵
舍	假开三	去祃书	ʂə³¹	ʂə⁴¹²	ʂə³¹	ʃə³¹	ʂə⁵³	ʂə³¹	ʂə³¹
社	假开三	上马禅	ʂə³¹	ʂə⁴¹²	ʂə³¹	ʃə³¹	ʂə⁵³	ʂə³¹	ʂə³¹
惹	假开三	上马日	zə⁵⁵	zə⁵⁵	zə⁵⁵ / iə⁵⁵	iə⁵⁵	zə⁵⁵	zə⁵⁵	zə⁵⁵
爷	假开三	平麻以	iə⁵³	iə⁵³	iə⁵²	iə⁵²	iə⁵⁵	iə⁵⁵	iə⁵³
野	假开三	上马以	iə⁵⁵	iə⁵⁵	iə⁵⁵	iə⁵⁵	iə⁵⁵	iə⁵⁵	iə⁵⁵
夜	假开三	去祃以	iə³¹	iə⁴¹²	iə³¹	iə³¹	iə⁵³	iə³¹	iə³¹
傻	假合二	上马生	ʂɑ⁵⁵	ʂɑ⁵⁵	ʂɑ⁵⁵	ʃɑ⁵⁵	ʂɑ⁵⁵	ʂɑ⁵⁵	ʂɑ⁵⁵
耍	假合二	上马生	ʂuɑ⁵⁵	ʂuɑ⁵⁵	ʂuɑ⁵⁵	ʃuɑ⁵⁵	ʂuɑ⁵⁵	ʂuɑ²¹³	ʂuɑ⁵⁵
瓜	假合二	平麻见	kuɑ²¹³	kuɑ²¹³	kuɑ²¹³	kuɑ²¹³	kuɑ³¹	kuɑ²¹³	kuɑ²¹³

续表

例字	韵摄	中古音	东堤村	杨居屯	朱鹿村	太平村	魏马村	雷家寨	北李村
牙	假开二	平麻疑	ia⁵³	ia⁵³	ia⁵³	ia⁵³	ia⁵³	ia⁵³	ia⁵³
压	假开二	去祃疑	ia³¹	ia³¹	ia³¹	ia³¹	ia³¹	ia²¹³	ia²¹³
虾	假开二	平麻晓	ɕia²¹³	ɕia³¹	ɕia²¹³	ɕia²¹³	ɕia²¹³	ɕia²¹³	ɕia²¹³
吓	假开二	去祃晓	ɕia³¹	ɕia⁵⁵	ɕia³¹	ɕia³¹	ɕia³¹	ɕia⁴¹²	ɕia⁴¹²
霞	假开二	平麻匣	ɕia⁵³	ɕia⁵³	ɕia⁵³	ɕia⁵³	ɕia⁵³	ɕia⁵³	ɕia⁵³
蛤	假开二	平麻匣	xa²¹³	xa⁵³	xa⁵³	xa⁵⁵	xa⁵⁵	xə⁵³	xə⁵³
夏	假开二	上马匣	ɕia³¹	ɕia³¹	ɕia³¹	ɕia³¹	ɕia³¹	ɕia⁴¹²	ɕia⁴¹²
下	假开二	去祃匣	ɕia³¹	ɕia³¹	ɕia³¹ / xa³¹	ɕia³¹	ɕia³¹	ɕia⁴¹²	ɕia⁴¹²
鸦	假开二	平麻影	ia²¹³	ia³¹	ia²¹³	ia⁵⁵	ia²¹³	ia²¹³	ia²¹³
哑	假开二	上马影	ia²¹³	ia²¹³	ia⁵⁵	ia⁵⁵	ia²¹³	ia⁵⁵	ia⁵⁵
亚	假开二	去祃影	ia²¹³	ia²¹³	ia²¹³	ia³¹	ia²¹³	ia⁵⁵	ia⁴¹²
姐	假开三	去祃精	tɕiə⁵⁵	tɕiə⁵⁵	tɕiə⁵⁵	tsiə⁵⁵	tsiə⁵⁵	tɕiə⁵⁵	tsiə⁵⁵
借	假开三	去祃精	tɕiə³¹	tɕiə³¹	tɕiə³¹	tsiə³¹	tsiə³¹	tɕiə⁴¹²	tsiə⁴¹²
且	假开三	上马清	tɕʰiə²¹³	tɕʰiə⁵⁵	tɕʰiə²¹³	tsʰiə⁵⁵	tsʰiə⁵⁵	tɕʰiə⁵⁵	tsʰiə²¹³
褯	假开三	去祃从	tɕiə³¹	tɕiə⁵⁵	tɕiə³¹	tsiə³¹	tsiə³¹	tɕiə⁴¹²	tsiə⁴¹²
些	假开三	平麻心	ɕiə²¹³	ɕiə²¹³	ɕiə²¹³	siə²¹³	siə²¹³	ɕiə⁵⁵	siə⁵⁵
写	假开三	上马心	ɕiə²¹³	ɕiə⁵⁵	ɕiə⁵⁵	siə⁵⁵	siə⁵⁵	ɕiə⁵⁵	siə⁵⁵
卸	假开三	去祃心	ɕiə³¹	ɕiə³¹	ɕiə³¹	siə³¹	siə³¹	ɕiə⁴¹²	siə⁴¹²
斜	假开三	平麻邪	ɕiə⁵³	ɕiə⁵³	ɕiə⁵³	siə⁵³	siə⁵³	ɕiə⁵³	siə⁵³
谢	假开三	去祃邪	ɕiə³¹	ɕiə³¹	ɕiə³¹	siə³¹	siə³¹	ɕiə⁴¹²	siə⁴¹²
爹	假开三	平麻知	tiə²¹³	tiə²¹³	tiə²¹³	tiə²¹³	tiə²¹³	tiə²¹³	tiə²¹³
遮	假开三	平麻章	tʂə²¹³	tʂə⁵⁵	tʂə⁵⁵	tʃə⁵⁵	tʃə⁵⁵	tʂə²¹³	tʂə²¹³
蔗	假开三	去祃章	tʂə²¹³	tʂə⁵³	tʂə⁵⁵~糖 tʂʅ⁵⁵甘~	tʃə⁵⁵	tʃə⁵⁵	tʂə⁵⁵	tʂə⁵⁵
车	假开三	平麻昌	tʂʰə²¹³	tʂʰə²¹³	tʂʰə²¹³	tʃʰə²¹³	tʃʰə²¹³	tʂʰə²¹³	tʂʰə²¹³
扯	假开三	上马昌	tʂʰə⁵⁵	tʂʰə⁵⁵	tʂʰə⁵⁵	tʃʰə⁵⁵	tʃʰə⁵⁵	tʂʰə⁵⁵	tʂʰə⁵⁵
蛇	假开三	平麻船	ʂa⁵³	ʂə⁵³	ʂa⁵³	ʃa⁵³	ʃə⁵³	ʂə⁵³	ʂə⁵³
射	假开三	去祃船	ʂə³¹	ʂə³¹	ʂə³¹	ʃə³¹	ʃə³¹	ʂə⁵⁵	ʂə⁴¹²
赊	假开三	平麻书	ʂə²¹³	ʂə²¹³	ʂə²¹³	ʃə⁵⁵	ʃə²¹³	ʂə²¹³	ʂə²¹³
捨	假开三	上马书	ʂə⁵⁵	ʂə⁵⁵	ʂə⁵⁵	ʃə⁵⁵	ʃə⁵⁵	ʂə⁵⁵	ʂə⁵⁵
舍	假开三	去祃书	ʂə⁵⁵	ʂə⁵⁵	ʂə³¹	ʃə³¹	ʃə³¹	ʂə⁴¹²	ʂə⁴¹²
社	假开三	上马禅	ʂə⁵⁵	ʂə³¹	ʂə³¹	ʃə³¹	ʃə³¹	ʂə⁴¹²	ʂə⁴¹²
惹	假开三	上马日	ʐə⁵⁵	ʐə⁵⁵ / lə⁵⁵	lə⁵⁵	iə⁵⁵	iə⁵⁵	ʐə⁵⁵	ʐə⁵⁵
爷	假开三	平麻以	iə⁵³	iə⁵³	iə⁵³	iə⁵³	iə⁵³	iə⁵³	iə⁵³
野	假开三	上马以	iə²¹³	iə⁵⁵	iə⁵⁵	iə⁵⁵	iə⁵⁵	iə⁵⁵	iə⁵⁵
夜	假开三	去祃以	iə³¹	iə³¹	iə³¹	iə³¹	iə³¹	iə⁴¹²	iə⁴¹²
傻	假合二	上马生	ʂa²¹³	ʂa⁵⁵	ʂa⁵⁵	ʃa⁵⁵	ʃa⁵⁵	ʂa⁵⁵	ʂa⁵⁵
耍	假合二	上马生	ʂua²¹³	ʂua⁵⁵	ʂua⁵⁵	ʂua⁵⁵	ʂua⁵⁵	ʂua⁵⁵	ʂua⁵⁵
瓜	假合二	平麻见	kua²¹³	kua²¹³	kua²¹³	kua²¹³	kua²¹³	kua²¹³	kua²¹³

例字	韵摄	中古音	大李村	耿庄	谭家村	谭家营	马家庄	朱家庄	官路村
寡	假合二	上马见	kua^{55}	kua^{55}	kua^{55}	kua^{55}	kuɑ^{31}	kua^{55}	kua^{55}
夸	假合二	平麻溪	k^{h}ua^{213}	k^{h}ua^{213}	k^{h}ua^{55}	k^{h}ua^{31}	k^{h}ua^{31}	k^{h}ua^{213}	k^{h}ua^{31}
垮	假合二	上马溪	k^{h}ua^{55}	k^{h}ua^{55}	k^{h}ua^{55}	k^{h}ua^{55}	k^{h}ua^{31}	k^{h}ua^{55}	k^{h}ua^{55}
跨	假合二	去祃溪	k^{h}ua^{31}	k^{h}ua^{412}	k^{h}ua^{31}	k^{h}ua^{31}	k^{h}ua^{53}	k^{h}ua^{31}	k^{h}ua^{31}
瓦	假合二	上马疑	ua^{55}	ua^{55}	ua^{55}	va^{55}	ua^{55}	va^{55}	ua^{55}
花	假合二	平麻晓	xua^{213}	xua^{213}	xua^{213}	xua^{213}	xuɑ^{31}	xua^{213}	xua^{213}
化	假合二	去祃晓	xua^{31}	xua^{412}	xua^{31}	xua^{31}	xuɑ^{31}	xua^{31}	xua^{31}
华中~	假合二	平麻匣	xua^{213}	xua^{53}	xuɑ^{52}	xuɑ^{52}	xuɑ^{31}	xua^{55}	xua^{213}
华姓	假合二	去祃匣	xua^{53}	xua^{53}	xuɑ^{52}	xuɑ^{52}	xuɑ^{31}	xua^{55}	xua^{213}
洼	假合二	平麻影	ua^{213}	ua^{213}	ua^{213}	ua^{213}	uɑ^{31}	va^{213}	ua^{213}
蛙	假合二	平麻影	ua^{213}	ua^{213}	ua^{213}	va^{52}	uɑ^{55}	va^{55}	ua^{213}
补	遇合一	上姥帮	pu^{55}	pu^{55}	pu^{55}	pu^{55}	pu^{55}	pu^{55}	pu^{55}
谱	遇合一	上姥帮	p^{h}u^{55}	p^{h}u^{55}	p^{h}u^{55}	p^{h}u^{55}	p^{h}u^{55}	p^{h}u^{55}	p^{h}u^{55}
布	遇合一	去暮帮	pu^{31}	pu^{412}	pu^{31}	pu^{31}	pu^{53}	pu^{31}	pu^{31}
铺	遇合一	平模滂	p^{h}u^{213}	p^{h}u^{213}	p^{h}u^{213}	p^{h}u^{213}	p^{h}u^{31}	p^{h}u^{213}	p^{h}u^{213}
普	遇合一	上姥滂	p^{h}u^{55}	p^{h}u^{55}	p^{h}u^{55}	p^{h}u^{55}	p^{h}u^{55}	p^{h}u^{55}	p^{h}u^{55}
铺	遇合一	去暮滂	p^{h}u^{31}	p^{h}u^{412}	p^{h}u^{31}	p^{h}u^{31}	p^{h}u^{53}	p^{h}u^{31}	p^{h}u^{31}
部	遇合一	上模並	pu^{31}	pu^{412}	pu^{31}	pu^{31}	pu^{53}	pu^{31}	pu^{31}
步	遇合一	去暮並	pu^{31}	pu^{412}	pu^{31}	pu^{31}	pu^{53}	pu^{31}	p^{h}u^{31}
捕	遇合一	去模並	p^{h}u^{55}	p^{h}u^{213}	p^{h}u^{55}	p^{h}u^{55}	p^{h}u^{31}	p^{h}u^{213}	p^{h}u^{213}
模~子	遇合一	平模明	mə^{53}	mə^{53}	mu^{52}	mu^{52}	mu^{31}	mu^{55}	mu^{53}
模~范	遇合一	平模明	mə^{53}	mə^{53}	mə^{52}	mə^{52}	mə^{31}	mə^{55}	mə^{53}
墓	遇合一	去暮明	mu^{31}	mu^{412}	mu^{31}	mu^{31}	mu^{53}	mu^{31}	mu^{31}
都首~	遇合一	平模端	tou^{213}	tu^{213}	tou^{55}	tu^{213}	tu^{31}	tu^{213}	tou^{213}
都~是	遇合一	平模端	tou^{213}	tou^{213}	tou^{31}	tu^{31}	tu^{31}	tou^{213}	tou^{213}
赌	遇合一	上姥端	tu^{55}	tu^{55}	tu^{55}	tu^{55}	tu^{55}	tu^{55}	tu^{55}
肚猪~	遇合一	上姥端	tu^{55}	tu^{412}	tou^{31}	tu^{55}	tu^{31}	tu^{31}	tu^{213}
土	遇合一	上姥透	t^{h}u^{55}	t^{h}u^{55}	t^{h}u^{55}	t^{h}u^{55}	t^{h}u^{55}	t^{h}u^{55}	t^{h}u^{55}
兔	遇合一	去暮透	t^{h}u^{31}	t^{h}u^{412}	t^{h}u^{31}	t^{h}u^{31}	t^{h}u^{53}	t^{h}u^{31}	t^{h}u^{31}
图	遇合一	平模定	t^{h}ou^{53}	t^{h}u^{53}	t^{h}u^{52}	t^{h}u^{52}	t^{h}ou^{55}	t^{h}u^{53}	t^{h}u^{53}
杜	遇合一	上姥定	tu^{31}	tu^{412}	tu^{31}	tu^{31}	tou^{53}	tu^{31}	tu^{31}
肚~皮	遇合一	上姥定	tu^{55}	tu^{412}	tu^{31}	tu^{31}	tu^{53}	tu^{31}	tu^{31}
度	遇合一	去暮定	tu^{55}	tu^{412}	tou^{31}	tu^{31}	tou^{53}	tu^{31}	tu^{31}
奴	遇合一	平模泥	nou^{53}	nuŋ^{53}	nou^{52}	nu^{31}	nou^{53}	nu^{55}	nou^{53}
努	遇合一	上姥泥	nou^{53}	nuŋ^{53}	nou^{55}	nu^{31}	nou^{31}	nu^{55}	nu^{55}
怒	遇合一	去暮泥	nu^{31}	nuŋ^{412}	nou^{31}	nu^{31}	nou^{31}	nou^{55}	nu^{31}
炉	遇合一	平模来	lu^{53}	lu^{53}	lu^{52}	lu^{52}	lu^{53}	lu^{53}	lu^{53}
鲁	遇合一	上姥来	lu^{55}	lu^{55}	lu^{55}	lu^{52}	lou^{53}	lu^{55}	lu^{53}
路	遇合一	去暮来	lou^{31}	lu^{412}	lu^{31}	lu^{31}	lu^{53}	lu^{31}	lu^{31}

续表

例字	韵摄	中古音	东堤村	杨居屯	朱鹿村	太平村	魏马村	雷家寨	北李村
寡	假合二	上马见	kuɑ⁵⁵	kuɑ⁵⁵	kuɑ⁵⁵	kuɑ⁵⁵	kuɑ⁵⁵	kua⁵⁵	kua⁵⁵
夸	假合二	平麻溪	kʰuɑ²¹³	kʰuɑ⁵⁵	kʰuɑ²¹³	kʰuɑ²¹³	kʰuɑ²¹³	kʰua²¹³	kʰua²¹³
垮	假合二	上马溪	kʰuɑ²¹³	kʰuɑ²¹³	kʰuɑ²¹³	kʰuɑ⁵⁵	kʰuɑ⁵⁵	kʰua⁵⁵	kʰua⁵⁵
跨	假合二	去祃溪	kʰuɑ⁵³	kʰuɑ³¹	kʰuɑ⁵³	kʰuɑ³¹	kʰuɑ³¹	kʰua⁴¹²	kʰua⁴¹²
瓦	假合二	上马疑	uɑ⁵⁵	uɑ⁵⁵	uɑ⁵⁵	uɑ⁵⁵	uɑ⁵⁵	ua⁵⁵	ua⁵⁵
花	假合二	平麻晓	xuɑ²¹³	xuɑ²¹³	xuɑ²¹³	xuɑ²¹³	xuɑ²¹³	xua²¹³	xua²¹³
化	假合二	去祃晓	xuɑ³¹	xuɑ³¹	xuɑ³¹	xuɑ³¹	xuɑ³¹	xua⁴¹²	xua⁴¹²
华中~	假合二	平麻匣	xuɑ⁵³	xuɑ³¹	xuɑ⁵³	xuɑ²¹³	xuɑ⁵³	xua²¹³	xua²¹³
华姓	假合二	去祃匣	xuɑ⁵³	xuɑ⁵⁵	xuɑ⁵³	xuɑ²¹³	xuɑ⁵³	xua⁵³	xua⁵³
洼	假合二	平麻影	uɑ²¹³	uɑ²¹³	uɑ²¹³	uɑ²¹³	uɑ²¹³	ua⁴¹²	ua²¹³
蛙	假合二	平麻影	uɑ⁵³	uɑ²¹³	uɑ⁵³	uɑ²¹³	uɑ⁵³	ua²¹³	ua²¹³
补	遇合一	上姥帮	pu⁵⁵	pu⁵⁵	pu⁵⁵	pu⁵⁵	pu⁵⁵	pu⁵⁵	pu⁵⁵
谱	遇合一	上姥帮	pʰu⁵⁵	pʰu⁵⁵	pʰu⁵⁵	pʰu⁵⁵	pʰu⁵⁵	pʰu⁵⁵	pʰu⁵⁵
布	遇合一	去暮帮	pu³¹	pu³¹	pu³¹	pu³¹	pu³¹	pu⁴¹²	pu⁴¹²
铺	遇合一	平模滂	pʰu²¹³	pʰu²¹³	pʰu²¹³	pʰu²¹³	pʰu²¹³	pʰu²¹³	pʰu²¹³
普	遇合一	上姥滂	pʰu⁵⁵	pʰu⁵⁵	pʰu⁵⁵	pʰu⁵⁵	pʰu⁵⁵	pʰu⁵⁵	pʰu⁵⁵
铺	遇合一	去暮滂	pʰu³¹	pʰu³¹	pʰu³¹	pʰu³¹	pʰu³¹	pʰu⁴¹²	pʰu⁴¹²
部	遇合一	上模并	pu³¹	pu³¹	pu³¹	pu³¹	pu³¹	pu⁴¹²	pu⁴¹²
步	遇合一	去暮并	pu³¹	pu³¹	pu³¹	pu³¹	pu³¹	pu⁴¹²	pu⁴¹²
捕	遇合一	去模并	pʰu⁵⁵	pʰu³¹	pʰu⁵⁵	pʰu⁵⁵	pʰu⁵⁵	pʰu²¹³	pʰu⁵⁵
模~子	遇合一	平模明	mu⁵³	mu⁵³	mu⁵³	mu⁵³	mu⁵³	mu⁵³	mu⁵³
模~范	遇合一	平模明	mə⁵³	mə⁵³	mə⁵³	mə⁵³	mə⁵³	mə⁵³	mə⁵³
墓	遇合一	去暮明	mu³¹	mu⁵⁵	mu³¹	mu³¹	mu³¹	mu⁴¹²	mu⁴¹²
都首~	遇合一	平模端	tu²¹³	tu²¹³	tu²¹³	tu³¹	tu²¹³	tu²¹³	tu²¹³
都~是	遇合一	平模端	tou³¹	tou²¹³	tou²¹³	tou³¹	tou³¹	tou²¹³	tou²¹³
赌	遇合一	上姥端	tu⁵⁵	tu⁵⁵	tu⁵⁵	tu⁵⁵	tu⁵⁵	tu⁵⁵	tu⁵⁵
肚猪~	遇合一	上姥端	tu³¹	tu⁵⁵	tu⁵⁵	tu⁵⁵	tu⁵⁵	tu⁵⁵	tu⁴¹²
土	遇合一	上姥透	tʰu⁵⁵	tʰu⁵⁵	tʰu⁵⁵	tʰu⁵⁵	tʰu⁵⁵	tʰu⁵⁵	tʰu⁵⁵
兔	遇合一	去暮透	tʰu³¹	tʰu³¹	tʰu³¹	tʰu³¹	tʰu³¹	tʰu⁴¹²	tʰu⁴¹²
图	遇合一	平模定	tʰu⁵³	tʰu⁵³	tʰu⁵³	tʰu⁵³	tʰu⁵³	tʰu⁵³	tʰu⁵³
杜	遇合一	上姥定	tu³¹	tou³¹	tu³¹	tu³¹	tu³¹	tu⁴¹²	tu⁴¹²
肚~皮	遇合一	上姥定	tu³¹	tu³¹	tu³¹	tu³¹	tu³¹	tu⁴¹²	tu⁴¹²
度	遇合一	去暮定	tu³¹	tu³¹	tu³¹	tu³¹	tu³¹	tu⁴¹²	tu⁴¹²
奴	遇合一	平模泥	nu⁵³	nu⁵³	nu⁵³	nu⁵³	nu⁵³	nu⁵³	nuŋ⁵³
努	遇合一	上姥泥	nu³¹	nou³¹ nu³¹	nu³¹	nou⁵³	nu³¹	nou⁵⁵	nuŋ⁵³
怒	遇合一	去暮泥	nu³¹	nu³¹	nu³¹	nou³¹	nu³¹	nu⁴¹²	nuŋ⁴¹²
炉	遇合一	平模来	lu⁵³	lu⁵³	lu⁵³	lu⁵³	lu⁵³	lu⁵³	lu⁵³
鲁	遇合一	上姥来	lu⁵³	lu⁵⁵	lu⁵⁵	lou⁵⁵	lu⁵³	lu⁵⁵	lu⁵⁵
路	遇合一	去暮来	lu³¹	lu³¹	lu³¹	lu³¹	lu³¹	lu⁴¹²	lu⁴¹²

例字	韵摄	中古音	大李村	耿庄	谭家村	谭家营	马家庄	朱家庄	官路村
露	遇合一	去暮来	lu^{31}	lu^{412}名 lou^{412}动	lu^{31}	lu^{31}	lu^{53}	lu^{31}	lu^{31}
租	遇合一	平模精	tsu^{213}	tsu^{213}	tsu^{213}	tθu^{213}	tɕiu^{31}	tθu^{213}	tsu^{213}
祖	遇合一	上姥精	tsu^{55}	tsu^{55}	tsu^{55}	tθu^{55}	tsou^{55}	tθu^{55}	tsu^{55}
组	遇合一	上姥精	tsou^{55}	tsu^{55}	tsu^{55}	tθu^{213}	tsou^{55}	tθu^{213}	tsu^{55}
做	遇合一	去暮精	tsou^{31}	tsuə^{213} tsou^{213}	tsou^{31}	tθuə^{55} tθou^{55}	tsou^{53}	tθuə^{31} tθou^{31}	tsu^{31}
粗	遇合一	平模清	tsʰu^{213}	tsʰu^{213}	tsʰu^{213}	tθʰu^{213}	tsʰou^{31}	tθʰu^{213}	tsʰu^{213}
醋	遇合一	去暮清	tsʰu^{31}	tsʰu^{412}	tsʰu^{31}	tθʰu^{31}	tsʰu^{53}	tθʰu^{31}	tsʰu^{31}
错	遇合一	去暮清	tsʰuə^{31}	tsʰuə^{412}	tsʰuə^{31}	tθʰuə^{31}	tsʰuə^{53}	tθʰuə^{31}	tsʰuə^{31}
苏	遇合一	平模心	su^{213}	su^{213}	su^{213}	θu^{213}	sou^{31}	θu^{213}	su^{213}
素	遇合一	去暮心	su^{31}	su^{412}	su^{31}	θu^{31}	su^{53}	θu^{31}	su^{31}
箍	遇合一	平模见	ku^{55}	ku^{213}	ku^{55}	ku^{213}	ku^{55}	ku^{55}	ku^{213}
姑	遇合一	平模见	ku^{213}	ku^{55}	ku^{213}	ku^{213}	ku^{31}	ku^{213}	ku^{213}
古	遇合一	上姥见	ku^{55}	ku^{55}	ku^{55}	ku^{55}	ku^{55}	ku^{55}	ku^{55}
顾	遇合一	去暮见	ku^{31}	ku^{412}	ku^{31}	ku^{31}	ku^{53}	ku^{31}	ku^{31}
苦	遇合一	上姥溪	kʰu^{55}	kʰu^{55}	kʰu^{55}	kʰu^{55}	kʰu^{55}	kʰu^{55}	kʰu^{55}
裤	遇合一	去暮溪	kʰu^{31}	kʰu^{412}	kʰu^{31}	kʰu^{31}	kʰu^{53}	kʰu^{31}	kʰu^{31}
吴	遇合一	平模疑	u^{53}	u^{53}	u^{52}	u^{52}	u^{55}	vu^{55}	u^{53}
五	遇合一	上姥疑	u^{55}	u^{55}	u^{55}	u^{55}	u^{55}	vu^{55}	u^{55}
误	遇合一	去暮疑	u^{31}	u^{412}	u^{31}	u^{31}	u^{53}	vu^{31}	u^{31}
呼	遇合一	平模晓	xu^{213}	xu^{213}	xu^{213}	xu^{213}	xu^{31}	xu^{213}	xu^{213}
虎	遇合一	上姥晓	xu^{55}	xu^{55}	xu^{55}	xu^{55}	xu^{55}	xu^{55}	xu^{55}
壶	遇合一	平模匣	xu^{53}	xu^{53}	xu^{52}	xu^{52}	xu^{55}	xu^{55}	xu^{53}
户	遇合一	上姥匣	xu^{31}	xu^{412}	xu^{31}	xu^{31}	xu^{53}	xu^{31}	xu^{31}
护	遇合一	去暮匣	xu^{53}	xu^{412}	xu^{31}	xu^{31}	xu^{53}	xu^{31}	xu^{31}
互	遇合一	去暮匣	xu^{31}	xu^{213}	xu^{31}	xu^{52}	xu^{53}	xu^{55}	xu^{31}
乌	遇合一	平模影	u^{213}	u^{213}	u^{213}	u^{213}	u^{55}	vu^{213}	u^{55}
恶可~	遇合一	去暮影	ɣə^{213}	u^{213}	u^{52}	uə^{55}	u^{53}	vu^{31}	u^{31}
女	遇合三	上语泥	ŋy^{55}	ŋy^{55}	ŋy^{55}	ŋyu^{55}	ŋy^{55}	ŋy^{55}	ŋy^{55}
庐	遇合三	平鱼来	lu^{53}	lu^{53}	lu^{52}	lou^{55}	lu^{55}	lu^{55}	lu^{53}
驴	遇合三	平鱼来	ly^{53}	ly^{53}	ly^{52}	lyu^{52}	ly^{55}	ly^{55}	ly^{53}
吕	遇合三	上语来	ly^{55}	ly^{55}	ly^{55}	lyu^{55}	ly^{55}	ly^{55}	ly^{55}
虑	遇合三	去御来	ly^{55}	ly^{412}	ly^{55}	lyu^{55}	ly^{55}	ly^{55}	ly^{55}
蛆	遇合三	平鱼清	tɕʰy^{213}	tɕʰy^{213}	tɕʰy^{213}	tsʰyu^{213}	tɕʰy^{31}	tɕʰy^{213}	tɕʰy^{213}
絮	遇合三	去御心	suei^{31}	sy^{412}	ɕy^{55}	syu^{31}	ɕy^{53}	sy^{31}	ɕy^{31}
徐	遇合三	平鱼邪	ɕy^{53}	sy^{53}	ɕy^{52}	syu^{52}	ɕy^{55}	ɕy^{55}	ɕy^{53}
序	遇合三	上语邪	ɕy^{31}	sy^{412}	ɕy^{31}	syu^{31}	ɕy^{31}	ɕy^{31}	ɕy^{31}
猪	遇合三	平鱼知	tʂu^{213}	tʂu^{213}	tʂu^{213}	tʃu^{213}	tʂu^{31}	tʂu^{213}	tʂu^{213}
除	遇合三	平鱼澄	tʂʰu^{53}	tʂʰu^{53}	tʂʰu^{52}	tʃʰu^{52}	tʂʰu^{55}	tʂʰu^{55}	tʂʰu^{53}

续表

例字	韵摄	中古音	东堤村	杨居屯	朱鹿村	太平村	魏马村	雷家寨	北李村
露	遇合一	去暮来	lu^{31}	lu^{31} 名 lou^{31} 动	lu^{31} 名 lou^{31} 动	lu^{31}	lu^{31}	lu^{412}	lu^{53} 名 lou^{412} 动
租	遇合一	平模精	tsu^{213}	tsu^{213}	tsu^{213}	tθu^{213}	tθu^{213}	tsu^{213}	tsu^{213}
祖	遇合一	上姥精	tsu^{55}	tsu^{55}	tsu^{55}	tθu^{55}	tθu^{55}	tsu^{55}	tsu^{55}
组	遇合一	上姥精	tsu^{213}	tsu^{55}	tsu^{213}	tθu^{55}	tθu^{213}	tsu^{53}	tsu^{55}
做	遇合一	去幕精	tsu^{31}	tsu^{31}	tsuə^{31}/tsu^{31}	tθuə^{31}/tθou^{31}	tθuə^{31}/tθou^{31}	tsou^{412}	tsuə^{213}
粗	遇合一	平模清	ts^{h}u^{213}	ts^{h}u^{213}	ts^{h}u^{213}	tθ^{h}u^{213}	tθ^{h}u^{213}	ts^{h}u^{213}	ts^{h}u^{213}
醋	遇合一	去暮清	ts^{h}u^{31}	ts^{h}u^{31}	ts^{h}u^{31}	tθ^{h}u^{31}	tθ^{h}u^{31}	ts^{h}u^{412}	ts^{h}u^{412}
错	遇合一	去暮清	ts^{h}uə^{31}	ts^{h}uə^{31}	ts^{h}uə^{31}	tθ^{h}uə^{31}	tθ^{h}uə^{31}	ts^{h}uə^{412}	ts^{h}uə^{412}
苏	遇合一	平模心	su^{213}	su^{213}	su^{213}	θu^{213}	θu^{213}	su^{213}	su^{213}
素	遇合一	去暮心	su^{31}	su^{31}	su^{31}	θu^{31}	θu^{31}	su^{412}	su^{412}
箍	遇合一	平模见	ku^{213}	ku^{213}	ku^{213}	ku^{213}	ku^{213}	ku^{213}	ku^{213}
姑	遇合一	平模见	ku^{213}	ku^{213}	ku^{213}	ku^{213}	ku^{213}	ku^{55}	ku^{213}
古	遇合一	上姥见	ku^{55}	ku^{55}	ku^{55}	ku^{55}	ku^{55}	ku^{55}	ku^{55}
顾	遇合一	去暮见	ku^{31}	ku^{31}	ku^{31}	ku^{31}	ku^{31}	ku^{412}	ku^{412}
苦	遇合一	上姥溪	k^{h}u^{55}	k^{h}u^{55}	k^{h}u^{55}	k^{h}u^{55}	k^{h}u^{55}	k^{h}u^{55}	k^{h}u^{55}
裤	遇合一	去暮溪	k^{h}u^{31}	k^{h}u^{31}	k^{h}u^{31}	k^{h}u^{31}	k^{h}u^{31}	k^{h}u^{412}	k^{h}u^{412}
吴	遇合一	平模疑	u^{53}	u^{53}	u^{53}	u^{53}	u^{53}	u^{53}	u^{53}
五	遇合一	上姥疑	u^{55}	u^{55}	u^{55}	u^{55}	u^{55}	u^{55}	u^{55}
误	遇合一	去暮疑	u^{31}	u^{31}	u^{31}	u^{31}	u^{31}	u^{412}	u^{412}
呼	遇合一	平模晓	xu^{213}	xu^{213}	xu^{213}	xu^{213}	xu^{213}	xu^{213}	xu^{213}
虎	遇合一	上姥晓	xu^{55}	xu^{55}	xu^{55}	xu^{55}	xu^{55}	xu^{55}	xu^{55}
壶	遇合一	平模匣	xu^{53}	xu^{53}	xu^{53}	xu^{53}	xu^{53}	xu^{53}	xu^{53}
户	遇合一	上姥匣	xu^{31}	xu^{31}	xu^{31}	xu^{31}	xu^{31}	xu^{412}	xu^{412}
护	遇合一	去暮匣	xu^{31}	xu^{31}	xu^{31}	xu^{31}	xu^{31}	xu^{412}	xu^{412}
互	遇合一	去暮匣	xu^{55}	xu^{31}	xu^{55}	xu^{31}	xu^{55}	xu^{31}	xu^{412}
乌	遇合一	平模影	u^{213}	u^{213}	u^{213}	u^{31}	u^{213}	u^{213}	u^{213}
恶可~	遇合一	去暮影	u^{53}	ŋə^{31}	u^{31}	u^{53}	u^{53}	u^{213}	u^{53}
女	遇合三	上语泥	ŋʐy^{55}	ŋʐy^{55}	ŋʐy^{55}	ŋʐyu^{55}	ŋʐyu^{55}	ŋʐy^{55}	ŋʐy^{55}
庐	遇合三	平鱼来	lu^{53}	lu^{53}	lu^{53}	lu^{53}	lu^{53}	lu^{53}	lu^{53}
驴	遇合三	平鱼来	ly^{53}	ly^{53}	ly^{53}	lyu^{53}	ly^{53}	ly^{53}	ly^{53}
吕	遇合三	上语来	ly^{55}	ly^{55}	ly^{55}	lyu^{55}	ly^{55}	ly^{55}	ly^{55}
虑	遇合三	去御来	ly^{31}	ly^{55}	ly^{31}	lyu^{31}	ly^{412}	ly^{412}	ly^{412}
咀	遇合三	平鱼清	tɕ^{h}y^{213}	tɕ^{h}y^{213}	tɕ^{h}y^{213}	ts^{h}yu^{213}	ts^{h}yu^{213}	tɕ^{h}y^{213}	tɕ^{h}y^{213}
絮	遇合三	去御心	ɕy^{31}	ɕy^{31}	ɕy^{31}	syu^{31}	syu^{31}	ɕy^{412}	sy^{412}
徐	遇合三	平鱼邪	ɕy^{53}	ɕy^{53}	ɕy^{53}	syu^{53}	syu^{53}	ɕy^{53}	sy^{53}
序	遇合三	上语邪	ɕyu^{31}	ɕy^{31}	ɕy^{31}	syu^{31}	syu^{31}	ɕy^{412}	sy^{412}
猪	遇合三	平鱼知	tʂu^{213}	tʂu^{213}	tʂʅ^{213}	tʃu^{213}	tʃu^{213}	tʂu^{213}	tʂu^{213}
除	遇合三	平鱼澄	tʂ^{h}u^{53}	tʂ^{h}u^{53}	tʂ^{h}ʅ^{53}	tʃ^{h}u^{53}	tʃ^{h}u^{53}	tʂ^{h}u^{53}	tʂ^{h}u^{53}

例字	韵摄	中古音	大李村	耿庄	谭家村	谭家营	马家庄	朱家庄	官路村
阻	遇合三	上语庄	tsu^{55}	tsu^{55}	tsu^{55}	tθu^{213}	tsou^{55}	tθu^{55}	tsu^{55}
初	遇合三	平鱼初	tʂʰu^{213}	tʂʰu^{213}	tʂʰu^{213}	tʂʰu^{213}	tsʰou^{31}	tʂʰu^{213}	tʂʰu^{213}
础	遇合三	上语初	tʂʰu^{55}	tʂʰu^{55}	tʂʰu^{55}	tʂʰu^{55}	tsʰou^{55}	tʂʰu^{55}	tʂʰu^{55}
锄	遇合三	平鱼崇	tʂʰu^{53}	tʂʰu^{53}	tʂʰu^{52}	tʂʰu^{52}	tʂʰu^{55}	tʂʰu^{55}	tʂʰu^{53}
助	遇合三	去御崇	tʂu^{31}	tʂu^{412}	tʂu^{31}	tʂu^{31}	tsou^{53}	tʂu^{31}	tʂu^{31}
梳	遇合三	平鱼生	ʂu^{213}	ʂu^{213}	ʂu^{213}	ʂu^{213}	ʂu^{31}	ʂu^{213}	ʂu^{213}
所	遇合三	上语生	suə^{55}	ʂuə^{55}	ʂuə^{55}	ʂuə^{55}	ʂuə^{55}	ʂuə^{55}	ʂuə^{55}
煮	遇合三	上语章	tʂu^{55}	tʂu^{55}	tʂu^{55}	tʃu^{55}	tʂu^{55}	tʂu^{55}	tʂu^{55}
处相~	遇合三	上语昌	tʂʰu^{53}	tʂʰu^{412}	tʂʰu^{55}	tʃʰu^{31}	tʂʰu^{55}	tʂʰu^{55}	tʂʰu^{53}
处~所	遇合三	去御昌	tʂʰu^{31}	tʂʰu^{412}	tʂʰu^{55}	tʃʰu^{31}	tʂʰu^{55}	tʂʰu^{55}	tʂʰu^{55}
书	遇合三	平鱼书	ʂu^{213}	ʂu^{213}	ʂu^{213}	ʃu^{213}	ʂu^{31}	ʂu^{213}	ʂu^{213}
鼠	遇合三	上语书	ʂu^{55}	ʂu^{55}	ʂu^{55}	ʃu^{55}	ʂu^{31}	ʂu^{55}	ʂu^{55}
暑	遇合三	上语书	ʂu^{55}	ʂu^{55}	ʂu^{55}	ʃu^{55}	ʂu^{31}	ʂu^{55}	ʂu^{55}
恕	遇合三	去御书	ʂu^{31}	ʂu^{31}	ʂu^{31}	ʂu^{31}	ʂu^{53}	ʂu^{31}	ʂu^{31}
薯	遇合三	去御禅	ʂu^{55}	ʂu^{55}	ʂu^{55}	ʂu^{55}	ʂu^{31}	ʂu^{55}	ʂu^{55}
如	遇合三	平鱼日	zu^{213}	zu^{53}	zu^{31} / y^{31}	yu^{55}	zu^{31}	lu^{55}	zu^{213}
居	遇合三	平鱼见	tɕy^{31}	tɕy^{213}	tɕy^{55}	tɕyu^{31}	tɕy^{53}	tɕyu^{213}	tɕyu^{31}
举	遇合三	上语见	tɕy^{55}	tɕy^{55}	tɕy^{55}	tɕy^{55}	tɕy^{55}	tɕy^{55}	tɕy^{55}
锯	遇合三	去御见	tɕy^{31}	tɕy^{412}	tɕy^{31}	tɕyu^{31}	tɕy^{53}	tɕy^{31}	tɕy^{31}
去	遇合三	去御溪	tɕʰy^{31} / tɕʰi^{31}	tɕʰy^{412}	tɕʰy^{31}	tɕʰyu^{31}	tɕʰy^{53}	tɕʰy^{31}	tɕʰy^{31}
渠	遇合三	平鱼群	tɕʰy^{53}	tɕʰy^{53}	tɕʰy^{52}	tɕʰyu^{31}	tɕʰy^{31}	tɕʰy^{213}	tɕʰy^{53}
巨	遇合三	上语群	tɕy^{31}	tɕy^{412}	tɕy^{31}	tɕyu^{31}	tɕy^{31}	tɕy^{213}	tɕy^{31}
鱼	遇合三	平鱼疑	y^{53}	y^{53}	y^{52}	yu^{52}	y^{55}	y^{55}	y^{53}
语	遇合三	上语疑	y^{55}	y^{55}	y^{55}	yu^{55}	y^{55}	y^{55}	y^{55}
虚	遇合三	平鱼晓	ɕy^{213}	ɕy^{213}	ɕy^{213}	ɕyu^{213}	ɕy^{31}	ɕy^{213}	ɕy^{213}
许	遇合三	上语晓	ɕy^{53} 姓 / ɕy^{55} 允~	ɕy^{55}	ɕy^{52}	ɕyu^{55}	ɕy^{55}	ɕy^{55}	ɕy^{55}
於	遇合三	平鱼影	y^{31}	y^{53}	y^{31}	yu^{31}	y^{55}	y^{213}	y^{213}
余	遇合三	平鱼以	y^{53}	y^{53}	y^{52}	yu^{52}	y^{55}	y^{55}	y^{53}
与	遇合三	上语以	y^{31}	y^{53}	y^{31}	yu^{31}	y^{31}	y^{55}	y^{31}
预	遇合三	去御以	y^{31}	y^{53}	y^{31}	yu^{31}	y^{53}	y^{31}	y^{31}
夫	遇合三	平虞非	fu^{213}	fu^{213}	fu^{55}	fu^{31}	fu^{53}	fu^{31}	fu^{213}
府	遇合三	上虞非	fu^{55}	fu^{55}	fu^{55}	fu^{55}	fu^{55}	fu^{55}	fu^{55}
付	遇合三	去遇非	fu^{31}	fu^{412}	fu^{55}	fu^{55}	fu^{53}	fu^{213}	fu^{31}
麸	遇合三	平虞奉	fu^{213}	fu^{213}	fu^{213}	fu^{213}	fu^{31}	fu^{213}	fu^{213}

续表

例字	韵摄	中古音	东堤村	杨居屯	朱鹿村	太平村	魏马村	雷家寨	北李村
阻	遇合三	上语庄	tsu²¹³	tʂu⁵⁵	tsu⁵⁵	tθu⁵⁵	tθu²¹³	tʂu⁵⁵	tsu⁵⁵
初	遇合三	平鱼初	tʂʰu²¹³	tʂʰu²¹³	tʂʰʅ²¹³	tʂʰu²¹³	tʂʰu²¹³	tʂʰu²¹³	tʂʰu²¹³
础	遇合三	上语初	tʂʰu⁵⁵	tʂʰu⁵⁵	tʂʰʅ⁵⁵	tfʰu⁵⁵	tʂʰu⁵⁵	tʂʰu⁵⁵	tʂʰu⁵⁵
锄	遇合三	平鱼崇	tʂʰu⁵³	tʂʰu⁵³	tʂʰʅ⁵³	tʂʰu⁵³	tʂʰu⁵³	tʂʰu⁵³	tʂʰu⁵³
助	遇合三	去御崇	tʂu³¹	tʂu³¹	tʂʅ³¹	tʂu³¹	tʂu³¹	tʂu⁴¹²	tʂu⁴¹²
梳	遇合三	平鱼生	ʂu²¹³	ʂu²¹³	ʂʅ²¹³	ʂu²¹³	ʂu²¹³	ʂu²¹³	ʂu²¹³
所	遇合三	上语生	ʂuə⁵⁵	ʂuə⁵⁵	ʂuə⁵⁵	suə⁵⁵	ʂuə⁵⁵	ʂuə⁵⁵	ʂuə⁵⁵
煮	遇合三	上语章	tʂu⁵⁵	tʂu⁵⁵	tʂʅ⁵⁵	tʃu⁵⁵	tʃu⁵⁵	tʂu⁵⁵	tʂu⁵⁵
处相~	遇合三	上语昌	tʂʰu³¹	tʂʰu³¹	tʂʰʅ³¹	tfʰu³¹	tfʰu³¹	tʂʰu⁵⁵	tʂʰu⁴¹²
处~处	遇合三	去御昌	tʂʰu³¹	tʂʰu⁵⁵	tʂʰʅ⁵⁵	tfʰu³¹	tfʰu³¹	tʂʰu⁵³	tʂʰu⁴¹²
书	遇合三	平鱼书	ʂu²¹³	ʂu²¹³	ʂʅ²¹³	ʃu²¹³	ʃu²¹³	ʂu²¹³ / fu²¹³	ʂu²¹³ / fu²¹³
鼠	遇合三	上语书	ʂu⁵⁵	ʂu⁵⁵	ʂʅ⁵⁵	ʃu⁵⁵	ʃu⁵⁵	ʂu⁵⁵	ʂu⁵⁵ / fu⁵⁵
暑	遇合三	上语书	ʂu⁵⁵	ʂu⁵⁵	ʂʅ⁵⁵	ʃu⁵⁵	ʃu⁵⁵	ʂu⁵³	ʂu⁵⁵ / fu⁵⁵
恕	遇合三	去御书	ʂu³¹	ʂu⁵⁵	ʂʅ³¹	ʃu⁵³	ʂu⁵³	ʂu⁴¹²	—
薯	遇合三	去御禅	ʂu⁵⁵	ʂu⁵⁵	ʂʅ⁵⁵	ʃu⁵⁵	ʂu⁵⁵	ʂu⁵⁵	ʂu⁵⁵ / fu⁵⁵
如	遇合三	平鱼日	ʐu³¹	ʐu⁵⁵ / lu⁵⁵	lu³¹	ʐu³¹	yu⁵⁵	ʐu²¹³	ʐu⁵³
居	遇合三	平鱼见	tɕy³¹	tɕy²¹³	tɕy²¹³	tɕy³¹	tɕyu³¹	tɕy⁵⁵	tɕy²¹³
举	遇合三	上语见	tɕy⁵⁵	tɕy⁵⁵	tɕy⁵⁵	tɕy⁵⁵	tɕyu⁵⁵	tɕy⁵⁵	tɕy⁵⁵
锯	遇合三	去御见	tɕy³¹	tɕy³¹	tɕy³¹	tɕy³¹	tɕyu³¹	tɕy⁴¹²	tɕy⁴¹²
去	遇合三	去御溪	tɕʰy³¹	tɕʰy³¹ / tɕʰi³¹	tɕʰy³¹ / tɕʰi³¹	tɕʰy³¹	tɕʰyu³¹	tɕʰy⁴¹² / tɕʰi⁴¹²	tɕʰy⁴¹²
渠	遇合三	平鱼群	tɕʰy⁵³	tɕʰy⁵³	tɕʰy⁵³	tɕʰy²¹³	tɕʰyu²¹³	tɕʰy⁵³	tɕʰy⁵³
巨	遇合三	上语群	tɕy³¹	tɕy³¹	tɕy³¹	tɕy³¹	tɕyu³¹	tɕy⁴¹²	tɕy⁴¹²
鱼	遇合三	平鱼疑	y⁵³	y⁵³	y⁵³	y⁵³	yu⁵³	y⁵³	y⁵³
语	遇合三	上语疑	y⁵⁵	y⁵⁵	y⁵⁵	y⁵⁵	yu⁵⁵	y⁵⁵	y⁵⁵
虚	遇合三	平鱼晓	ɕy²¹³	ɕy²¹³	ɕy²¹³	ɕy²¹³	ɕyu²¹³	ɕy²¹³	ɕy²¹³
许	遇合三	上语晓	ɕy⁵³	ɕy⁵³	ɕy⁵⁵	ɕy⁵⁵	ɕyu⁵⁵	ɕy⁵⁵	ɕy⁵⁵
於	遇合三	平鱼影	y³¹	y³¹	y³¹	y⁵³	yu³¹	y²¹³	y²¹³
余	遇合三	平鱼以	y⁵³	y⁵³	y⁵³	y⁵³	yu⁵³	y⁵³	y⁵³
与	遇合三	上语以	y³¹	y³¹	y³¹	y³¹	yu³¹	y⁴¹²	y⁵⁵
预	遇合三	去御以	y³¹	y³¹	y³¹	yu³¹	yu³¹	y⁴¹²	y⁴¹²
夫	遇合三	平虞非	fu³¹	fu³¹	fu³¹	fu⁵⁵	fu³¹	fu⁵⁵	fu²¹³
府	遇合三	上麌非	fu⁵⁵	fu⁵⁵	fu⁵⁵	fu⁵⁵	fu⁵⁵	fu⁵⁵	fu⁵⁵
付	遇合三	去遇非	fu³¹	fu³¹	fu³¹	fu³¹	fu⁵⁵	fu⁴¹²	fu⁵³
麸	遇合三	平虞奉	fu²¹³	fu³¹	fu²¹³	fu²¹³	fu²¹³	fu²¹³	fu²¹³

例字	韵摄	中古音	大李村	耿庄	谭家村	谭家营	马家庄	朱家庄	官路村
敷	遇合三	平虞敷	fu^{213}	fu^{213}	fu^{55}	fu^{55}	fu^{31}	fu^{55}	fu^{55}
赴	遇合三	去遇敷	p^{h}u^{213}	p^{h}u^{53}	fu^{55}	fu^{55}	p^{h}u^{31}	fu^{31}	fu^{31}
扶	遇合三	平虞奉	fu^{53}	fu^{53}	fu^{52}	fu^{52}	fu^{31}	fu^{55}	fu^{53}
父	遇合三	上虞奉	fu^{31}	fu^{412}	fu^{31}	fu^{31}	fu^{53}	fu^{31}	fu^{31}
腐	遇合三	上虞奉	fu^{55}	fu^{53}	fu^{55}	fu^{55}	fu^{31}	fu^{55}	fu^{55}
附	遇合三	去遇奉	fu^{31}	fu^{53}	fu^{55}	fu^{55}	fu^{31}	fu^{55}	fu^{31}
无	遇合三	平虞微	u^{55}	u^{53}	u^{52}	u^{52}	u^{55}	vu^{55}	u^{53}
武	遇合三	上虞微	u^{55}	u^{55}	u^{55}	u^{55}	u^{55}	vu^{55}	u^{55}
雾	遇合三	去遇微	u^{31}	u^{412}	u^{31}	u^{31}	u^{53}	vu^{31}	u^{31}
取	遇合三	上虞清	tɕ^{h}y^{55}	ts^{h}y^{55}	tɕ^{h}y^{55}	ts^{h}yu^{55}	tɕ^{h}y^{53}	ts^{h}y^{55}	tɕ^{h}y^{55}
趣	遇合三	去遇清	tɕ^{h}y^{31}	ts^{h}y^{412}	tɕ^{h}y^{31}	ts^{h}yu^{55}	tɕ^{h}y^{31}	ts^{h}y^{31}	tɕ^{h}y^{31}
聚	遇合三	上虞从	tɕy^{213}	tsy^{412}	tɕy^{31}	tsyu^{31}	tɕy^{53}	tsy^{31}	tɕy^{31}
须	遇合三	平虞心	ɕy^{213}	sy^{213}	ɕy^{55}	syu^{55}	ɕy^{31}	sy^{213}	ɕy^{213}
续	遇合三	去遇邪	ɕy^{31}	sy^{412}	ɕy^{31}	syu^{31}	ɕy^{53}	sy^{31}	ɕy^{31}
蛛	遇合三	平虞知	tʂu^{213}	tʂu^{213}	tʂu^{213}	tʃu^{55}	tʂu^{31}	tʂu^{213}	tʂu^{213}
株	遇合三	平虞知	tʂu^{213}	tʂu^{213}	tʂu^{213}	tʃu^{213}	tʂu^{55}	tʂu^{213}	tʂu^{213}
拄	遇合三	上虞知	tʂu^{55}	tʂu^{55}	tʂu^{55}	tʃu^{55}	tʂu^{55}	tʂu^{55}	tʂu^{55}
驻	遇合三	去遇知	tʂu^{31}	tʂu^{412}	tʂu^{31}	tʃu^{31}	tʂu^{53}	tʂu^{31}	tʂu^{31}
厨	遇合三	平虞澄	tʂ^{h}u^{53}	tʂ^{h}u^{53}	tʂ^{h}u^{52}	tʃ^{h}u^{52}	tʂ^{h}u^{55}	tʂ^{h}u^{55}	tʂ^{h}u^{53}
柱	遇合三	上虞澄	tʂu^{55}	tʂu^{412}	tʂu^{55}	tʃu^{31}	tʂu^{55}	tʂu^{55}	tʂu^{55}
住	遇合三	去遇澄	tʂu^{55}	tʂu^{412}	tʂu^{55}	tʃu^{31}	tʂu^{53}	tʂu^{31}	tʂu^{31}
数 动词	遇合三	上虞生	ʂu^{55} sou^{55}	ʂu^{55}	ʂu^{55}	ʂu^{55}	ʂu^{55}	ʂu^{55}	ʂu^{55}
数 名词	遇合三	去遇生	ʂu^{31}	ʂu^{412}	ʂu^{31}	ʂu^{31}	ʂu^{53}	ʂu^{31}	ʂu^{31}
朱	遇合三	平虞章	tʂu^{213}	tʂu^{213}	tʂu^{213}	tʃu^{55}	tʂu^{31}	tʂu^{213}	tʂu^{213}
主	遇合三	上虞章	tʂu^{55}	tʂu^{55}	tʂu^{55}	tʃu^{55}	tʂu^{55}	tʂu^{55}	tʂu^{55}
注	遇合三	去遇章	tʂu^{55}	tʂu^{412}	tʂu^{31}	tʃu^{31}	tʂu^{53}	tʂu^{31}	tʂu^{31}
铸	遇合三	去遇章	tʂu^{31}	tʂu^{412}	tʂu^{31}	yu^{31}	tɕy^{53}	tɕy^{31}	tʂu^{31}
输	遇合三	平虞书	ʐu^{213}	ʂu^{213} 运~ ʐu^{213} ~赢	ʂu^{213}	ʃu^{213}	ʂu^{53}	ʂu^{213}	ʂu^{213}
戍	遇合三	去遇书	ʂu^{213}	ʂu^{53}	—	ʂu^{31}	—	ɕy^{213}	ɕy^{31}
殊 特~	遇合三	平虞禅	ʂu^{53}	ʂu^{213} tʂ^{h}u^{213}	ʂu^{52} tʂ^{h}u^{52}	ʂu^{55}	ʂu^{55}	ʂu^{55}	ʂu^{53}
竖	遇合三	上虞禅	ʂu^{55}	ʂu^{412}	ʂu^{31}	ʃu^{31}	ʂu^{53}	ʂu^{55}	ʂu^{55}
树	遇合三	去遇禅	ʂu^{31}	ʂu^{412}	ʂu^{31}	ʃu^{31}	ʂu^{53}	ʂu^{31}	ʂu^{31}
乳	遇合三	上虞日	ʐu^{55}	zu^{55}	ʐu^{55}	yu^{55}	ʐu^{55}	lu^{55}	ʐu^{55}
驹	遇合三	平虞见	tɕy^{213}	tɕy^{213}	tɕy^{55}	tɕyu^{31}	tɕy^{31}	tɕy^{213}	tɕy^{213}
矩	遇合三	上虞见	tɕy^{55}	tɕy^{55}	tɕy^{55}	tɕyu^{31}	tɕy^{55}	tɕy^{55}	tɕy^{31}
句	遇合三	去遇见	tɕy^{31}	tɕy^{412}	tɕy^{31}	tɕyu^{31}	tɕy^{53}	tɕy^{31}	tɕy^{31}
区	遇合三	平虞溪	tɕ^{h}y^{213}	tɕ^{h}y^{213}	tɕ^{h}y^{213}	tɕ^{h}yu^{31}	tɕ^{h}y^{31}	tɕ^{h}y^{213}	tɕ^{h}y^{213}

续表

例字	韵摄	中古音	东堤村	杨居屯	朱鹿村	太平村	魏马村	雷家寨	北李村
敷	遇合三	平虞敷	fu⁵³	fu³¹	fu⁵³	fu²¹³	fu⁵⁵	fu⁵³	fu²¹³
赴	遇合三	去遇敷	fu⁵⁵	pʰu³¹	fu⁵⁵	fu³¹	fu⁵⁵	fu⁵⁵	fu⁵³
扶	遇合三	平虞奉	fu⁵³	fu⁵³	fu⁵³	fu⁵³	fu⁵³	fu⁵³	fu⁵³
父	遇合三	上虞奉	fu³¹	fu³¹	fu³¹	fu³¹	fu³¹	fu⁴¹²	fu⁴¹²
腐	遇合三	上虞奉	fu⁵³	fu⁵⁵	fu⁵⁵	fu⁵⁵	fu⁵⁵	fu⁵⁵	fu⁵⁵
附	遇合三	去遇奉	fu⁵³	fu³¹	fu⁵⁵	fu³¹	fu⁵⁵	fu⁴¹²	fu⁵³
无	遇合三	平虞微	u⁵³	u⁵³	u⁵³	u⁵³	u⁵³	u⁵³	u⁵⁵
武	遇合三	上虞微	u⁵⁵	u⁵⁵	u⁵⁵	u⁵⁵	u⁵⁵	u⁵⁵	u⁵⁵
雾	遇合三	去遇微	u³¹	u³¹	u³¹	u³¹	u³¹	u⁴¹²	u⁴¹²
取	遇合三	上虞清	tɕʰy⁵⁵	tɕʰy⁵⁵	tɕʰy⁵⁵	tɕʰy⁵⁵	tsʰy⁵⁵	tɕʰy⁵⁵	tsʰy⁵⁵
趣	遇合三	去遇清	tɕʰy³¹	tɕʰy³¹	tɕʰy³¹	tɕʰy³¹	tsʰy³¹	tɕʰy⁴¹²	tsʰy⁴¹²
聚	遇合三	上虞从	tɕy³¹	tɕy³¹	tɕy³¹	tɕy³¹	tsy³¹	tɕy⁴¹²	tsy⁴¹²
须	遇合三	平虞心	ɕy⁵⁵	ɕy³¹	ɕy²¹³	ɕy⁵⁵	sy⁵⁵	ɕy²¹³	sy²¹³
续	遇合三	去遇邪	ɕy³¹	ɕy³¹	ɕy³¹	ɕy³¹	sy³¹	ɕy⁴¹²	sy⁴¹²
蛛	遇合三	平虞知	tʂu²¹³	tʂu²¹³	tʂʮ²¹³	tʃu²¹³	tʃu²¹³	tʂu²¹³	tʂu²¹³
株	遇合三	平虞知	tʂu²¹³	tʂu²¹³	tʂʮ²¹³	tʃu²¹³	tʃu²¹³	tʂu²¹³	tʂu²¹³
拄	遇合三	上虞知	tʂu⁵⁵	tʂu⁵⁵	tʂʮ⁵⁵	tʃu⁵⁵	tʃu⁵⁵	tʂu⁵⁵	tʂu⁵⁵
驻	遇合三	去遇知	tʂu³¹	tʂu³¹	tʂʮ³¹	tʃu³¹	tʃu³¹	tʂu⁴¹²	tʂu⁴¹²
厨	遇合三	平虞澄	tʂʰu⁵³	tʂʰu⁵³	tʂʰʮ⁵³	tʃʰu⁵³	tʃʰu⁵³	tʂʰu⁵³	tʂʰu⁵³
柱	遇合三	上虞澄	tʂu³¹	tʂu³¹	tʂʮ³¹	tʃu³¹	tʃu³¹	tʂu⁴¹²	tʂu⁴¹²
住	遇合三	去遇澄	tʂu³¹	tʂu³¹	tʂʮ³¹	tʃu³¹	tʃu³¹	tʂu⁴¹²	tʂu⁴¹²
数 动词	遇合三	上虞生	ʂu⁵⁵	ʂu⁵⁵	ʂʮ⁵⁵	ʂu⁵⁵	ʂu⁵⁵	ʂu⁵⁵	ʂu⁵⁵
数 名词	遇合三	去遇生	ʂu³¹	ʂu³¹	ʂʮ³¹	ʂu³¹	ʂu³¹	su⁴¹²	su⁴¹²
朱	遇合三	平虞章	tʂu²¹³	tʂu²¹³	tʂʮ²¹³	tʃu²¹³	tʃu²¹³	tʂu²¹³	tʂu²¹³
主	遇合三	上虞章	tʂu⁵⁵	tʂu⁵⁵	tʂʮ⁵⁵	tʃu⁵⁵	tʃu⁵⁵	tʂu⁵⁵	tʂu⁵⁵
注	遇合三	去遇章	tʂu³¹	tʂu³¹	tʂʮ³¹	tʃu³¹	tʃu³¹	tʂu⁴¹²	tʂu⁴¹²
铸	遇合三	去遇章	tʂu³¹	tʂu³¹	tɕy³¹	tʃu³¹	tɕyu³¹	tʂu⁴¹²	tʂu⁴¹²
输	遇合三	平虞书	ʂu²¹³	ʂu²¹³	ʂʮ²¹³	ʃu²¹³	ʃu²¹³	ʂu²¹³ 运～ ʐu²¹³ ～赢	ʂu²¹³ 运～ ʐu²¹³ ～赢
戍	遇合三	去遇书	ɕy³¹	ʂu⁵⁵	ɕy³¹	ʃu³¹	ʃu³¹	ʂu⁵³	ʂu⁵³
殊 特～	遇合三	平虞禅	tʂʰu⁵³	ʂu⁵³	tʂʰʮ⁵³	ʃu⁵³	tʃʰu⁵³	fu⁵³	tʂʰu⁵³
竖	遇合三	上虞禅	ʂu³¹	ʂu³¹	ʂʮ³¹	ʃu³¹	ʃu³¹	fu⁴¹²	ʂu⁴¹²
树	遇合三	去遇禅	ʂu³¹	ʂu³¹	ʂʮ³¹	ʃu³¹	ʃu³¹	ʂu⁴¹²/fu⁴¹²	ʂu⁴¹²
乳	遇合三	上虞日	ʐu⁵⁵	ʐu⁵⁵/lu⁵⁵	lʮ⁵⁵	ʐu⁵⁵	yu⁵⁵	ʐu⁵⁵	ʐu⁵⁵
驹	遇合三	平虞见	tɕy²¹³	tɕy²¹³	tɕy²¹³	tɕy²¹³	tɕyu²¹³	tɕy²¹³	tɕy²¹³
矩	遇合三	上虞见	tɕy³¹	tɕy³¹	tɕy³¹	tɕy³¹	tɕyu³¹	tɕy⁵⁵	tɕy⁴¹²
句	遇合三	去遇见	tɕy³¹	tɕy³¹	tɕy³¹	tɕy³¹	tɕyu³¹	tɕy⁴¹²	tɕy⁴¹²
区	遇合三	平虞溪	tɕʰy²¹³	tɕʰy²¹³	tɕʰy⁵⁵	tɕʰy²¹³	tɕʰyu²¹³	tɕʰy²¹³	tɕʰy²¹³

例字	韵摄	中古音	大李村	耿庄	谭家村	谭家营	马家庄	朱家庄	官路村
具	遇合三	去遇群	tɕy55	tɕy412	tɕy31	tɕyu31	tɕy53	tɕy31	tɕy31
愚	遇合三	平虞疑	y53	y53	yu52	yu52	y53	y55	y53
遇	遇合三	去遇疑	y31	y412	yu31	yu31	y53	y31	y31
吁	遇合三	平虞晓	ɕy213	y53	—	yu31	y53	y213	y31
迂	遇合三	平虞影	y53	y53	—	yu52	y55	y31	y31
于	遇合三	平虞云	y53	y53	y52	yu52	y53	y55	y53
雨	遇合三	上虞云	y55	y55	y55	yu55	y55	y55	y55
芋	遇合三	去遇云	y31	y412	y52	yu52	y53	y31	y31
榆	遇合三	平虞以	y53	y53	y52	yu52	y55	y55	y55
喻	遇合三	去遇以	y31	y412	y52	yu55	y55	y31	y31
裕	遇合三	去遇以	y31	y53	y52	yu31	y53	y31	y31
獃	蟹开一	平咍端	tɛ213	tɛ213	tɛ213	tɛ55	tɛ31	tɛ213	tɛ213
戴	蟹开一	去代端	tɛ31	tɛ412	tɛ31	tɛ31	tɛ53	tɛ31	tɛ31
胎	蟹开一	平咍透	tʰɛ213	tʰɛ213	tʰɛ213	tʰɛ31	tʰɛ55	tʰɛ213	tʰɛ213
态	蟹开一	去代透	tʰɛ31	tʰɛ412	tʰɛ31	tʰɛ31	tʰɛ53	tʰɛ55	tʰɛ31
贷	蟹开一	去代透	tɛ31	tɛ412	tɛ31	tɛ31	tɛ53	tɛ55	tɛ31
台	蟹开一	平咍定	tʰɛ53	tʰɛ53	tʰɛ52	tʰɛ52	tʰɛ55	tʰɛ55	tʰɛ53
待	蟹开一	上海定	tɛ31	tɛ412	tɛ31	tɛ31	tɛ53	tɛ31	tɛ31
袋	蟹开一	去代定	tɛ31	tɛ412	tɛ31	tɛ31	tɛ53	tɛ31	tɛ31
代	蟹开一	去代定	tɛ31	tɛ412	tɛ31	tɛ31	tɛ53	tɛ31	tɛ31
耐	蟹开一	去代泥	nɛ31	nɛ412	nɛ31	nɛ31	nɛ53	nɛ31	nɛ31
来	蟹开一	平咍来	lɛ53	lɛ53	lɛ52	lɛ52	lɛ55	lɛ55	lɛ53
灾	蟹开一	平咍精	tsɛ213	tsɛ213	tsɛ213	tθɛ213	tsɛ31	tθɛ213	tsɛ213
宰	蟹开一	上海精	tsɛ55	tsɛ55	tsɛ55	tθɛ55	tsɛ55	tθɛ55	tsɛ55
再	蟹开一	去代精	tsɛ31	tsɛ412	tsɛ213	tθɛ31	tsɛ53	tθɛ31	tsɛ31
猜	蟹开一	平咍清	tsʰɛ213	tsʰɛ213	tsʰɛ213	tθʰɛ213	tsʰɛ31	tθʰɛ213	tsʰɛ213
彩	蟹开一	上海清	tsʰɛ55	tsʰɛ55	tsʰɛ55	tθʰɛ55	tsʰɛ55	tθʰɛ55	tsʰɛ55
菜	蟹开一	去代清	tsʰɛ31	tsʰɛ412	tsʰɛ31	tθʰɛ31	tsʰɛ53	tθʰɛ31	tsʰɛ31
财	蟹开一	平咍从	tsʰɛ53	tsʰɛ53	tsʰɛ52	tθʰɛ52	tsʰɛ55	tθʰɛ55	tsʰɛ53
在	蟹开一	上海从	tsɛ31	tsɛ412	tsɛ31 tɛ55~家	tθɛ31 tɛ31~家	tsɛ53	tθɛ31 tɛ31~家	tsɛ31
载	蟹开一	去代从	tsɛ55	tsɛ412	tsɛ55	tθɛ31	tsɛ53	tθɛ55	tsɛ55
腮	蟹开一	平咍心	sɛ213	sɛ213	sɛ213	θɛ213	sɛ31	θɛ213	sɛ213
赛	蟹开一	去代心	sɛ31	sɛ412	sɛ31	θɛ31	sɛ53	θɛ31	sɛ31
该	蟹开一	平咍见	kɛ213	kɛ213	kɛ213	kɛ31	kɛ213	kɛ213	kɛ213
改	蟹开一	上海见	kɛ55	kɛ55	kɛ55	kɛ55	kɛ55	kɛ55	kɛ55
概	蟹开一	去代见	kɛ31	kɛ412	kɛ31	kɛ31	kɛ31	kɛ31	kɛ31
开	蟹开一	平咍溪	kʰɛ213	kʰɛ213	kʰɛ213	kʰɛ31	kʰɛ213	kʰɛ213	kʰɛ213
凯	蟹开一	上海溪	kʰɛ55	kʰɛ55	kʰɛ55	kʰɛ55	kʰɛ55	kʰɛ55	kʰɛ55
咳	蟹开一	去代溪	kʰə53	kʰə213	kʰuə55	kʰə31	kʰə31	kʰə213	kʰuə213

续表

例字	韵摄	中古音	东堤村	杨居屯	朱鹿村	太平村	魏马村	雷家寨	北李村
具	遇合三	去遇群	tɕy³¹	tɕy³¹	tɕy³¹	tɕy³¹	tɕyu³¹	tɕy⁴¹²	tɕy⁴¹²
愚	遇合三	平虞疑	yu⁵³	y⁵³	y²¹³	y⁵³	yu⁵⁵	y⁵³	y⁵³
遇	遇合三	去遇疑	y³¹	y³¹	y³¹	y⁵³	yu⁵³	y⁴¹²	y⁴¹²
吁	遇合三	平虞晓	y³¹	—	y³¹	y⁵³	yu⁵⁵	y⁴¹²	y⁵⁵
迂	遇合三	平虞影	y³¹	—	y²¹³	y⁵³	yu⁵³	y⁵³	y⁵⁵
于	遇合三	平虞云	y⁵³	y⁵³ 姓	y⁵³	y⁵³	yu⁵³	y⁵³	y⁵³
雨	遇合三	上虞云	y⁵⁵	y⁵⁵	y⁵⁵	y⁵⁵	yu⁵⁵	y⁵⁵	y⁵⁵
芋	遇合三	去遇云	y⁵³	y³¹	y³¹	y³¹	yu⁵³	y⁴¹²	y⁴¹²
榆	遇合三	平虞以	y⁵³	y⁵³	y⁵³	y⁵³	yu⁵³	y⁵³	y⁵³
喻	遇合三	去遇以	y⁵³	y³¹	y⁵⁵	y³¹	yu⁵³	y⁴¹²	y⁴¹²
裕	遇合三	去遇以	y³¹	y³¹	y³¹	y³¹	yu³¹	y⁴¹²	y⁴¹²
歹	蟹开一	平哈端	tɛ⁵⁵	tɛ²¹³	tɛ⁵⁵	tɛ²¹³	tɛ⁵⁵	tɛ²¹³	tɛ²¹³
戴	蟹开一	去代端	tɛ³¹	tɛ³¹	tɛ³¹	tɛ³¹	tɛ³¹	tɛ⁴¹²	tɛ⁴¹²
胎	蟹开一	平哈透	tʰɛ²¹³	tʰɛ²¹³	tʰɛ²¹³	tʰɛ²¹³	tʰɛ²¹³	tʰɛ²¹³	tʰɛ²¹³
态	蟹开一	去代透	tʰɛ³¹	tʰɛ³¹	tʰɛ²¹³	tʰɛ³¹	tʰɛ²¹³	tʰɛ⁴¹²	tʰɛ⁴¹²
贷	蟹开一	去代透	tɛ³¹	tɛ³¹	tɛ³¹	tɛ³¹	tɛ³¹	tɛ⁴¹²	tɛ⁴¹²
台	蟹开一	平哈定	tʰɛ⁵³	tʰɛ⁵³	tʰɛ⁵³	tʰɛ⁵³	tʰɛ⁵³	tʰɛ⁵³	tʰɛ⁵³
待	蟹开一	上海定	tɛ³¹	tɛ³¹	tɛ³¹	tɛ³¹	tɛ³¹	tɛ⁴¹²	tɛ⁴¹²
袋	蟹开一	去代定	tɛ³¹	tɛ³¹	tɛ³¹	tɛ³¹	tɛ³¹	tɛ⁴¹²	tɛ⁴¹²
代	蟹开一	去代定	tɛ³¹	tɛ³¹	tɛ³¹	tɛ³¹	tɛ³¹	tɛ⁴¹²	tɛ⁴¹²
耐	蟹开一	去代泥	nɛ³¹	nɛ³¹	nɛ³¹	nɛ³¹	nɛ³¹	nɛ⁴¹²	nɛ⁴¹²
来	蟹开一	平哈来	lɛ⁵³	lɛ⁵³	lɛ⁵³	lɛ⁵³	lɛ⁵³	lɛ⁵³	lɛ⁵³
灾	蟹开一	平哈精	tsɛ²¹³	tsɛ²¹³	tsɛ²¹³	tθɛ²¹³	tθɛ²¹³	tsɛ²¹³	tsɛ²¹³
宰	蟹开一	上海精	tsɛ⁵⁵	tsɛ⁵⁵	tsɛ⁵⁵	tθɛ⁵⁵	tθɛ⁵⁵	tsɛ⁵⁵	tsɛ⁵⁵
再	蟹开一	去代精	tsɛ²¹³	tsɛ³¹	tsɛ²¹³	tθɛ²¹³	tθɛ²¹³	tsɛ⁴¹²	tsɛ⁴¹²
猜	蟹开一	平哈清	tsʰɛ²¹³	tsʰɛ²¹³	tsʰɛ²¹³	tθʰɛ²¹³	tθʰɛ²¹³	tsʰɛ²¹³	tsʰɛ²¹³
彩	蟹开一	上海清	tsʰɛ⁵⁵	tsʰɛ⁵⁵	tsʰɛ⁵⁵	tθʰɛ⁵⁵	tθʰɛ⁵⁵	tsʰɛ⁵⁵	tsʰɛ⁵⁵
菜	蟹开一	去代清	tsʰɛ³¹	tsʰɛ³¹	tsʰɛ³¹	tθʰɛ³¹	tθʰɛ³¹	tsʰɛ⁴¹²	tsʰɛ⁴¹²
财	蟹开一	平哈从	tsʰɛ⁵³	tsʰɛ⁵³	tsʰɛ⁵³	tθʰɛ⁵³	tθʰɛ⁵³	tsʰɛ⁵³	tsʰɛ⁵³
在	蟹开一	上海从	tsɛ³¹ / tɛ³¹~家	tsɛ⁵⁵ / tɛ⁵⁵~家	tsɛ³¹ / tɛ³¹~家	tθɛ³¹	tθɛ³¹ / tɛ⁵⁵~家	tsɛ⁴¹²	tsɛ⁴¹²
载	蟹开一	去代从	tsɛ³¹	tsɛ⁵⁵	tsɛ³¹	tθɛ³¹	tθɛ³¹	tsɛ⁴¹²	tsɛ⁴¹²
腮	蟹开一	平哈心	sɛ²¹³	sɛ²¹³	sɛ²¹³	θɛ²¹³	θɛ²¹³	sɛ²¹³	sɛ²¹³
赛	蟹开一	去代心	sɛ³¹	sɛ³¹	sɛ³¹	θɛ³¹	θɛ³¹	sɛ⁴¹²	sɛ⁴¹²
该	蟹开一	平哈见	kɛ²¹³	kɛ²¹³	kɛ²¹³	kɛ²¹³	ɡɛ²¹³	kɛ²¹³	kɛ²¹³
改	蟹开一	上海见	kɛ⁵⁵	kɛ⁵⁵	kɛ⁵⁵	kɛ⁵⁵	ɡɛ⁵⁵	kɛ⁵⁵	kɛ⁵⁵
概	蟹开一	去代见	kɛ²¹³	kɛ³¹	kɛ³¹	kɛ³¹	ɡɛ³¹	kɛ⁴¹²	kɛ⁴¹²
开	蟹开一	平哈溪	kʰɛ²¹³	kʰɛ²¹³	kʰɛ²¹³	kʰɛ²¹³	kʰɛ²¹³	kʰɛ²¹³	kʰɛ²¹³
凯	蟹开一	上海溪	kʰɛ²¹³	kʰɛ⁵⁵	kʰɛ⁵⁵	kʰɛ⁵⁵	kʰɛ⁵⁵	kʰɛ⁵⁵	kʰɛ⁵⁵
咳	蟹开一	去代溪	kʰuə⁵⁵	kʰuə³¹	kʰuə⁵⁵	kʰuə²¹³	kʰuə⁵⁵	kʰə⁵³	kʰə⁵⁵

例字	韵摄	中古音	大李村	耿庄	谭家村	谭家营	马家庄	朱家庄	官路村
碍	蟹开一	去代疑	ɣɛ²¹³	ɣɛ⁴¹²	ŋɛ³¹	ŋɛ³¹	ŋɛ⁵³	ŋɛ³¹	ŋɛ³¹
海	蟹开一	上海晓	xɛ⁵⁵	xɛ⁵⁵	xɛ⁵⁵	xɛ⁵⁵	xɛ⁵⁵	xɛ⁵⁵	xɛ⁵⁵
孩	蟹开一	平咍匣	xɛ⁵³	xɛ⁵³	xɛ⁵²	xɛ⁵²	xɛ⁵⁵	xɛ⁵⁵	xɛ⁵³
亥	蟹开一	上海匣	xɛ²¹³	xɛ⁵³	xɛ²¹³	xɛ³¹	xɛ³¹	xɛ⁵⁵	xɛ²¹³
哀	蟹开一	平咍影	ɣɛ²¹³	ɣɛ²¹³	ŋɛ²¹³	ɛ²¹³	ŋɛ³¹	ŋɛ²¹³	ŋɛ²¹³
爱	蟹开一	去代影	ɣɛ³¹	ɣɛ⁴¹²	ŋɛ³¹	ŋɛ³¹	ŋɛ⁵³	ŋɛ³¹	ŋɛ³¹
贝	蟹开一	去泰帮	pei³¹	pei⁴¹²	pei⁵⁵	pei⁵⁵	pei⁵³	pei⁵⁵	pei⁵⁵
带	蟹开一	去泰端	tɛ³¹	tɛ⁴¹²	tɛ³¹	tɛ³¹	tɛ⁵³	tɛ³¹	tɛ³¹
太	蟹开一	去泰透	tʰɛ³¹	tʰɛ⁴¹²	tʰɛ³¹	tʰɛ³¹	tʰɛ⁵³	tʰɛ³¹	tʰɛ³¹
大~夫	蟹开一	去泰定	tɛ³¹	tɛ⁴¹²	tɛ³¹	tɛ³¹	tɛ⁵³	tɛ³¹	tɛ³¹
奈	蟹开一	去泰泥	nɛ³¹	nɛ⁴¹²	nɛ³¹	nɛ³¹	nɛ⁵³	nɛ³¹	nɛ³¹
赖	蟹开一	去泰来	lɛ³¹	lɛ⁴¹²	lɛ³¹	lɛ³¹	lɛ⁵³	lɛ³¹	lɛ³¹
蔡	蟹开一	去泰清	tsʰɛ³¹	tsʰɛ⁵³	tsʰɛ³¹	tθʰɛ³¹	tsʰɛ⁵³	tθʰɛ³¹	tsʰɛ³¹
盖	蟹开一	去泰见	kɛ³¹	kɛ⁴¹²	kɛ³¹	kɛ³¹	kɛ⁵³	kɛ³¹	kɛ³¹
艾	蟹开一	去泰疑	ɣɛ³¹	ɣɛ²¹³	ŋɛ³¹	ŋɛ³¹	ŋɛ⁵³	ŋɛ³¹	ŋɛ³¹
害	蟹开一	去泰匣	xɛ³¹	xɛ⁴¹²	xɛ³¹	xɛ³¹	xɛ⁵³	xɛ³¹	xɛ³¹
拜	蟹开二	去怪帮	pɛ³¹	pɛ⁴¹²	pɛ³¹	pɛ³¹	pɛ⁵³	pɛ³¹	pɛ³¹
排	蟹开二	平皆并	pʰɛ⁵³	pʰɛ⁵³	pʰɛ⁵²	pʰɛ⁵²	pʰɛ⁵⁵	pʰɛ⁵⁵	pʰɛ⁵³
埋	蟹开二	平皆明	mɛ⁵³	mɛ⁵³	mɛ⁵²	mɛ⁵²	mɛ⁵⁵	mɛ⁵⁵	mɛ⁵³
斋	蟹开二	平皆庄	tʂɛ²¹³	tʂɛ²¹³	tʂɛ²¹³	tʂɛ²¹³	tʂɛ³¹	tʂɛ²¹³	tʂɛ²¹³
阶	蟹开二	平皆见	tɕiə²¹³	tɕiə²¹³	tɕiɛ²¹³	tɕiɛ²¹³	tɕiɛ³¹	tɕiɛ²¹³	tɕiɛ³¹
戒	蟹开二	去怪见	tɕiə³¹	tɕiə⁴¹²	tɕiɛ³¹	tɕiɛ³¹	tɕiɛ⁵³	tɕiɛ³¹	tɕiɛ³¹
界	蟹开二	去怪见	tɕiə³¹	tɕiə⁴¹²	tɕiɛ³¹	tɕiɛ³¹	tɕiɛ⁵³	tɕiɛ³¹	tɕiɛ³¹
楷	蟹开二	上骇溪	kʰɛ⁵⁵	kʰɛ⁵⁵	kʰɛ⁵⁵	kʰɛ⁵⁵	kʰɛ⁵⁵	kʰɛ⁵⁵	kʰɛ⁵⁵
谐	蟹开二	平皆匣	ɕiə⁵³	ɕiə⁵³	ɕiɛ⁵²	ɕiɛ⁵²	ɕiə⁵⁵	ɕiə⁵⁵	ɕiə⁵³
骇	蟹开二	上骇匣	xɛ²¹³	xɛ⁵³	—	xɛ⁵⁵	xɛ⁵⁵	xɛ⁵⁵	xɛ²¹³
械	蟹开二	去怪匣	ɕiə³¹	tɕiə⁴¹²	tɕiɛ³¹	tɕiɛ³¹	ɕiɛ⁵³	ɕiɛ³¹	ɕiɛ³¹
挨	蟹开二	平皆影	ɣɛ²¹³	ɣɛ²¹³	iɛ²¹³ / ŋɛ²¹³	iɛ²¹³	ŋɛ³¹	iɛ²¹³	iɛ²¹³
摆	蟹开二	上蟹帮	pɛ⁵⁵	pɛ⁵⁵	pɛ⁵⁵	pɛ⁵⁵	pɛ⁵⁵	pɛ⁵⁵	pɛ⁵⁵
派	蟹开二	去卦滂	pʰɛ³¹ 动 / pʰɛ⁵⁵ 名	pʰɛ⁴¹²	pʰɛ⁵⁵	pʰɛ⁵⁵	pʰɛ⁵⁵	pʰɛ³¹	pʰɛ³¹
牌	蟹开二	平佳并	pʰɛ⁵³	pʰɛ⁵³	pʰɛ⁵²	pʰɛ⁵²	pʰɛ⁵⁵	pʰɛ⁵⁵	pʰɛ⁵³
罢	蟹开二	上蟹并	pɑ³¹	pɑ⁴¹²	pɑ³¹	pɑ³¹	pɑ⁵³	pɑ³¹	pɑ³¹
买	蟹开二	上蟹明	mɛ⁵⁵	mɛ⁵⁵	mɛ⁵⁵	mɛ⁵⁵	mɛ⁵⁵	mɛ⁵⁵	mɛ⁵⁵
卖	蟹开二	去卦明	mɛ³¹	mɛ⁴¹²	mɛ³¹	mɛ³¹	mɛ⁵³	mɛ³¹	mɛ³¹
奶	蟹开二	上蟹泥	nɛ⁵⁵	nɛ⁵⁵	nɛ⁵⁵	nɛ⁵⁵	nɛ⁵⁵	nɛ⁵⁵	nɛ⁵⁵
债	蟹开二	去卦庄	tʂɛ³¹	tʂɛ⁴¹²	tʂɛ³¹	tʂɛ³¹	tʂɛ⁵³	tʂɛ³¹	tʂɛ³¹
柴	蟹开二	平佳崇	tʂʰɛ⁵³ / tsʰɛ⁵³	tʂʰɛ⁵³	tʂʰɛ⁵²	tʂʰɛ⁵²	tʂʰɛ⁵⁵	tʂʰɛ⁵⁵	tʂʰɛ⁵³

续表

例字	韵摄	中古音	东堤村	杨居屯	朱鹿村	太平村	魏马村	雷家寨	北李村
碍	蟹开一	去代疑	ŋɛ³¹	ŋɛ⁵⁵	ŋɛ³¹	ŋɛ³¹	ŋɛ³¹	ɣɛ⁴¹²	ɣɛ⁴¹²
海	蟹开一	上海晓	xɛ⁵⁵	xɛ⁵⁵	xɛ⁵⁵	xɛ⁵⁵	xɛ⁵⁵	xɛ⁵⁵	xɛ⁵⁵
孩	蟹开一	平咍匣	xɛ⁵³	xɛ⁵³	xɛ⁵³	xɛ⁵³	xɛ⁵³	xɛ⁵³	xɛ⁵³
亥	蟹开一	上海匣	xɛ⁵³	xɛ³¹	xɛ³¹	xɛ²¹³	xɛ³¹	xɛ⁴¹²	xɛ⁵³
哀	蟹开一	平咍影	ŋɛ²¹³	ŋɛ²¹³	ŋɛ²¹³	ŋɛ²¹³	ɛ²¹³	ɣɛ²¹³	ɣɛ²¹³
爱	蟹开一	去代影	ŋɛ³¹	ŋɛ³¹	ŋɛ³¹	ŋɛ³¹	ŋɛ³¹	ɣɛ⁴¹²	ɣɛ⁴¹²
贝	蟹开一	去泰帮	pei⁵⁵	pei⁵⁵	pei³¹	pei³¹	pei⁵⁵	pei⁵⁵	pei⁴¹²
带	蟹开一	去泰端	tɛ³¹	tɛ³¹	tɛ³¹	tɛ³¹	tɛ³¹	tɛ⁴¹²	tɛ⁴¹²
太	蟹开一	去泰透	tʰɛ³¹	tʰɛ³¹	tʰɛ³¹	tʰɛ³¹	tʰɛ³¹	tʰɛ⁴¹²	tʰɛ⁴¹²
大~夫	蟹开一	去泰定	tɛ³¹	tɛ³¹	tɛ³¹	tɛ³¹	tɛ³¹	tɛ⁴¹²	tɛ⁴¹²
奈	蟹开一	去泰泥	nɛ³¹	nɛ³¹	nɛ³¹	nɛ³¹	nɛ³¹	nɛ⁴¹²	nɛ⁴¹²
赖	蟹开一	去泰来	lɛ³¹	lɛ³¹	lɛ³¹	lɛ³¹	lɛ³¹	lɛ⁴¹²	lɛ⁴¹²
蔡	蟹开一	去泰清	tsʰɛ³¹	tsʰɛ³¹	tsʰɛ³¹	tθʰɛ³¹	tθʰɛ³¹	tsʰɛ⁴¹²	tsʰɛ⁴¹²
盖	蟹开一	去泰见	kɛ³¹	kɛ³¹	kɛ³¹	kɛ³¹	kɛ³¹	kɛ⁴¹²	kɛ⁴¹²
艾	蟹开一	去泰疑	ŋɛ³¹	ŋɛ³¹	ŋɛ³¹	ŋɛ³¹	ŋɛ³¹	ɣɛ⁵⁵	ɣɛ⁴¹²
害	蟹开一	去泰匣	xɛ³¹	xɛ³¹	xɛ³¹	xɛ³¹	xɛ³¹	xɛ⁴¹²	xɛ⁴¹²
拜	蟹开二	去怪帮	pɛ³¹	pɛ³¹	pɛ³¹	pɛ³¹	pɛ³¹	pɛ⁴¹²	pɛ⁴¹²
排	蟹开二	平皆并	pʰɛ⁵³	pʰɛ⁵³	pʰɛ⁵³	pʰɛ⁵³	pʰɛ⁵³	pʰɛ⁵³	pʰɛ⁵³
埋	蟹开二	平皆明	mɛ⁵³	mɛ⁵³	mɛ⁵³	mɛ⁵³	mɛ⁵³	mɛ⁵³	mɛ⁵³
斋	蟹开二	平皆庄	tʂɛ²¹³	tʂɛ⁵³	tʂɛ²¹³	tʂɛ²¹³	tʂɛ²¹³	tʂɛ²¹³	tʂɛ²¹³
阶	蟹开二	平皆见	tɕiɛ²¹³	tɕiɛ³¹	tɕiɛ²¹³	tɕiɛ²¹³	tɕiɛ²¹³	tɕiɛ²¹³	tɕiɛ²¹³
戒	蟹开二	去怪见	tɕiɛ³¹	tɕiɛ³¹	tɕiɛ³¹	tɕiɛ³¹	tɕiɛ³¹	tɕiɛ⁴¹²	tɕiɛ⁴¹²
界	蟹开二	去怪见	tɕiɛ³¹	tɕiɛ³¹	tɕiɛ³¹	tɕiɛ³¹	tɕiɛ³¹	tɕiɛ⁴¹²	tɕiɛ⁴¹²
楷	蟹开二	上骇溪	kʰɛ⁵⁵	kʰɛ⁵⁵	kʰɛ⁵⁵~模 tɕiɛ²¹³小~	kʰɛ⁵⁵	kʰɛ⁵⁵	kʰɛ⁵⁵	kʰɛ⁵⁵
谐	蟹开二	平皆匣	ɕiə⁵³	ɕiə⁵³	ɕiə⁵³	ɕiə⁵³	ɕiə⁵³	ɕiə⁵³	ɕiə⁵³
骇	蟹开二	上骇匣	xɛ³¹	—	xɛ³¹	xɛ³¹	xɛ³¹	xɛ⁴¹²	—
械	蟹开二	去怪匣	ɕiə³¹	tɕiɛ³¹	ɕiɛ³¹	ɕiɛ³¹	ɕiə³¹	tɕiɛ⁴¹²	ɕiɛ⁴¹²
挨	蟹开二	平皆影	iɛ²¹³	ŋɛ²¹³	iɛ²¹³	iɛ²¹³	iɛ²¹³	ɣɛ²¹³	ɣɛ²¹³ iɛ²¹³
摆	蟹开二	上蟹帮	pɛ⁵⁵	pɛ⁵⁵	pɛ⁵⁵	pɛ⁵⁵	pɛ⁵⁵	pɛ⁵⁵	pɛ⁵⁵
派	蟹开二	去卦滂	pʰɛ³¹	pʰɛ³¹动 pʰɛ⁵⁵名	pʰɛ³¹	pʰɛ⁵⁵	pʰɛ⁵³	pʰɛ⁵⁵	pʰɛ⁴¹²
牌	蟹开二	平佳并	pʰɛ⁵³	pʰɛ⁵³	pʰɛ⁵³	pʰɛ⁵³	pʰɛ⁵³	pʰɛ⁵³	pʰɛ⁵³
罢	蟹开二	上蟹并	pɑ³¹	pɑ³¹	pɑ³¹	pɑ³¹	pɑ³¹	pɑ⁴¹²	pɑ⁴¹²
买	蟹开二	上蟹明	mɛ⁵⁵	mɛ⁵⁵	mɛ⁵⁵	mɛ⁵⁵	mɛ⁵⁵	mɛ⁵⁵	mɛ⁵⁵
卖	蟹开二	去卦明	mɛ³¹	mɛ³¹	mɛ³¹	mɛ³¹	mɛ³¹	mɛ⁴¹²	mɛ⁴¹²
奶	蟹开二	上蟹泥	nɛ⁵⁵	nɛ⁵⁵	nɛ⁵⁵	nɛ⁵⁵	nɛ⁵⁵	nɛ⁵⁵	nɛ⁵⁵
债	蟹开二	去卦庄	tʂɛ³¹	tʂɛ³¹	tʂɛ³¹	tʂɛ³¹	tʂɛ³¹	tʂɛ⁴¹²	tʂɛ⁴¹²
柴	蟹开二	平佳崇	tʂʰɛ⁵³	tʂʰɛ⁵³	tʂʰɛ⁵³	tʂʰɛ⁵³	tʂʰɛ⁵³	tʂʰɛ⁵³	tʂʰɛ⁵³

例字	韵摄	中古音	大李村	耿庄	谭家村	谭家营	马家庄	朱家庄	官路村
筛	蟹开二	平佳生	ʂɛ²¹³	ʂɛ²¹³	ʂɛ²¹³	ʂɛ²¹³	ʂɛ³¹	ʂɛ²¹³	ʂɛ²¹³
洒	蟹开二	上蟹生	sa⁵⁵	sa⁵⁵	sa⁵⁵	θa⁵⁵	sa⁵⁵	θa⁵⁵	ʂa⁵⁵
晒	蟹开二	去卦生	ʂɛ³¹ ʂɛ³¹	ʂɛ⁴¹²	ʂɛ³¹	ʂɛ³¹	ʂɛ⁵³	ʂɛ³¹	ʂɛ³¹
街	蟹开二	平佳见	tɕiə²¹³	tɕiɛ²¹³	tɕiɛ²¹³	tɕiɛ²¹³	tɕiɛ³¹	tɕiɛ²¹³	tɕiɛ²¹³
解	蟹开二	上蟹见	tɕiə⁵⁵	tɕiə⁵⁵	tɕiɛ⁵⁵	tɕiɛ⁵⁵	tɕiɛ⁵⁵	tɕiɛ⁵⁵	tɕiɛ⁵⁵
崖	蟹开二	平佳疑	ia⁵³	ia⁵³	iɛ⁵²	iɑ⁵² iɛ⁵²	iɛ⁵⁵	iɛ⁵⁵	iɛ⁵³
					nɛ⁵²				
捱	蟹开二	平佳疑	ɣɛ⁵³	ɣɛ⁵³	iɛ⁵²	iɛ⁵²	iɛ⁵⁵	iɛ⁵⁵	iɛ⁵³
涯	蟹开二	平佳疑	ia⁵³	ia⁵³	ia⁵²	ia⁵²	ia⁵⁵	ia²¹³	ia⁵³
鞋	蟹开二	平佳匣	ɕiə⁵³	ɕiə⁵³	ɕiɛ⁵²	ɕiɛ⁵²	ɕiɛ⁵⁵	ɕiɛ⁵⁵	ɕiɛ⁵³
解姓	蟹开二	上蟹匣	ɕiə³¹	tɕiə⁵⁵	tɕiɛ⁵⁵	tɕiɛ⁵⁵	tɕiɛ⁵⁵	tɕiɛ⁵⁵	tɕiɛ⁵⁵
蟹	蟹开二	上蟹匣	ɕiə³¹	ɕiə⁴¹²	ɕiɛ³¹	ɕiɛ³¹	ɕiɛ⁵³	ɕiɛ³¹	ɕiɛ³¹
矮	蟹开二	上蟹影	ɣɛ⁵⁵	ɣɛ⁵⁵	iɛ⁵⁵ ŋɛ⁵⁵	iɛ⁵⁵	iɛ⁵⁵	iɛ⁵⁵	iɛ⁵⁵
败	蟹开二	去夬并	pɛ³¹	pɛ⁴¹²	pɛ³¹	pɛ³¹	pɛ⁵³	pɛ³¹	pɛ³¹
迈	蟹开二	去夬明	mɛ³¹	mã⁴¹²	mɛ³¹ mei³¹	mɛ³¹	mɛ⁵³	mɛ³¹ mei³¹	mei³¹
寨	蟹开二	去夬崇	tʂɛ³¹	tʂɛ⁴¹²	tʂɛ³¹	tʂɛ³¹	tʂɛ⁵³	tʂɛ³¹	tʂɛ³¹
币	蟹开三	去祭并	pi³¹	pi⁴¹²	pi³¹	pi³¹	pi⁵³	pi³¹	pi³¹
例	蟹开三	去祭来	li³¹	li⁴¹²	liə³¹	li³¹	liə³¹	li³¹	li³¹
厉	蟹开三	去祭来	li³¹	li⁴¹²	li³¹	li³¹	li⁵³	li³¹	li³¹
际	蟹开三	去祭精	tɕi³¹	tsi²¹³	tsi³¹	tsi³¹	tɕi⁵³	tsi⁵⁵	tɕi³¹
滞	蟹开三	去祭澄	tʂʅ³¹	tʂʅ⁴¹²	——	tʂʅ³¹	——	tʂʅ⁵⁵ tʂʰʅ⁵⁵	tʂʅ³¹
制	蟹开三	去祭章	tʂʅ³¹	tʂʅ⁴¹²	tʂʅ³¹	tʃʅ³¹	tʂʅ⁵³	tʂʅ³¹	tʂʅ³¹
世	蟹开三	去祭书	ʂʅ³¹	ʂʅ⁴¹²	ʂʅ³¹	ʃʅ³¹	ʂʅ⁵³	ʂʅ³¹	ʂʅ³¹
誓	蟹开三	去祭禅	ʂʅ³¹	ʂʅ⁴¹²	ʂʅ³¹	ʃʅ³¹	ʂʅ⁵³	ʂʅ³¹	ʂʅ³¹
艺	蟹开三	去祭疑	i³¹	i⁴¹²	i³¹	i³¹	i³¹	i³¹	i³¹
闭	蟹开四	去霁帮	pi³¹	pi⁴¹²	pi³¹	pi³¹	pi⁵³	pi³¹	pi³¹
批	蟹开四	平齐滂	pʰi²¹³	pʰi²¹³	pʰi²¹³	pʰi²¹³	pʰi³¹	pʰi²¹³	pʰi²¹³
迷	蟹开四	平齐明	mi⁵³	mi⁵³	mi⁵²	mi⁵²	mi⁵⁵	mi⁵⁵	mi⁵³
米	蟹开四	上荠明	mi⁵⁵	mi⁵⁵	mi⁵⁵	mi⁵⁵	mi⁵⁵	mi⁵⁵	mi⁵⁵
谜	蟹开四	去霁明	mi⁵³	mi⁴¹²	mi⁵²	mi⁵²	mi⁵⁵	mi⁵⁵	mi⁵³
低	蟹开四	平齐端	ti²¹³	ti²¹³	ti²¹³	ti²¹³	ti³¹	ti²¹³	ti²¹³
底	蟹开四	上荠端	ti⁵⁵	ti⁵⁵	ti⁵⁵	ti⁵⁵	ti⁵⁵	ti⁵⁵	ti⁵⁵
帝	蟹开四	去霁端	ti³¹	ti⁴¹²	ti³¹	ti³¹	ti⁵³	ti³¹	ti³¹
梯	蟹开四	平齐透	tʰi²¹³	tʰi²¹³	tʰi²¹³	tʰi²¹³	tʰi³¹	tʰi²¹³	tʰi²¹³
体	蟹开四	上荠透	tʰi⁵⁵	tʰi⁵⁵	tʰi⁵⁵	tʰi⁵⁵	tʰi⁵⁵	tʰi⁵⁵	tʰi⁵⁵
剃	蟹开四	去霁透	tʰi³¹	tʰi⁴¹²	tʰi³¹	tʰi³¹	tʰi⁵³	tʰi³¹	tʰi³¹
题	蟹开四	平齐定	tʰi⁵³	tʰi⁵⁵	tʰi⁵²	tʰi⁵²	tʰi⁵⁵	tʰi⁵⁵	tʰi⁵³

续表

例字	韵摄	中古音	东堤村	杨居屯	朱鹿村	太平村	魏马村	雷家寨	北李村
筛	蟹开二	平佳生	ʂɛ²¹³	ʂɛ²¹³	ʂɛ²¹³	ʂɛ²¹³	ʂɛ²¹³	ʂɛ²¹³	ʂɛ²¹³
洒	蟹开二	上蟹生	sa²¹³	sɑ⁵⁵/sɑ⁵⁵	sɑ⁵⁵/sɑ⁵⁵	θɑ⁵⁵	θɑ⁵⁵	sa⁵⁵	sa⁵⁵
晒	蟹开二	去卦生	ʂɛ³¹	ʂɛ³¹	ʂɛ³¹	ʂɛ³¹	ʂɛ³¹	ʂɛ⁴¹²	ʂɛ⁴¹²
街	蟹开二	平佳见	tɕiɛ²¹³	tɕiɛ²¹³	tɕiɛ²¹³	tɕiɛ²¹³	tɕiɛ²¹³	tɕiɛ²¹³	tɕiɛ²¹³
解	蟹开二	上蟹见	tɕiɛ⁵⁵	tɕiɛ⁵⁵	tɕiɛ⁵⁵	tɕiɛ⁵⁵	tɕiɛ⁵⁵	tɕiɛ⁵⁵	tɕiɛ⁵⁵
崖	蟹开二	平佳疑	iɛ⁵³	iɛ⁵³	iɛ⁵³	iɛ⁵³	iɛ⁵³	iɛ⁵³	iɛ⁵³
捱	蟹开二	平佳疑	iɛ⁵³	iɛ⁵³	iɛ⁵³	iɛ⁵³	iɛ⁵³	ɣɛ⁵³	ɣɛ⁵³
涯	蟹开二	平佳疑	ia⁵³	ia⁵³	ia⁵³	ia⁵³	ia⁵³	ia⁵³	ia⁵³
鞋	蟹开二	平佳匣	ɕiɛ⁵³	ɕiɛ⁵³	ɕiɛ⁵³	ɕiɛ⁵³	ɕiɛ⁵³	ɕiɛ⁵³	ɕiɛ⁵³
解姓	蟹开二	上蟹匣	tɕiɛ⁵⁵	tɕiɛ⁵⁵	tɕiɛ⁵⁵	tɕiɛ⁵⁵	tɕiɛ⁵⁵	tɕiɛ⁵⁵	tɕiɛ⁵⁵
蟹	蟹开二	上蟹匣	ɕiɛ³¹	ɕiɛ³¹	ɕiɛ³¹	ɕiɛ³¹	ɕiɛ³¹	ɕiɛ⁴¹²	ɕiɛ⁴¹²
矮	蟹开二	上蟹影	iɛ⁵⁵	iɛ⁵⁵	iɛ⁵⁵	iɛ⁵⁵	iɛ⁵⁵	iɛ⁵⁵	iɛ⁵⁵
败	蟹开二	去夬并	pɛ³¹	pɛ³¹	pɛ³¹	pɛ³¹	pɛ³¹	pɛ⁴¹²	pɛ⁴¹²
迈	蟹开二	去夬明	mei³¹	mɛ³¹	mei³¹	mei³¹	mɛ³¹	mɛ⁴¹²	mɛ⁴¹²
寨	蟹开二	去夬崇	tʂɛ³¹	tʂɛ⁵⁵	tʂɛ³¹	tʂɛ³¹	tʂɛ³¹	tsɛ⁴¹²	tsɛ⁴¹²
币	蟹开三	去祭并	pi³¹	pi³¹	pi³¹	pi³¹	pi³¹	pi⁴¹²	pi⁴¹²
例	蟹开三	去祭来	li³¹	li³¹	li³¹	li³¹	li³¹	li⁴¹²	li⁴¹²
厉	蟹开三	去祭来	li³¹	li³¹	li³¹	li³¹	li³¹	li⁴¹²	li⁴¹²
际	蟹开三	去祭精	tɕi²¹³	tɕi³¹	tɕi³¹	ti³¹	tsi⁵⁵	tɕi⁴¹²	tsi²¹³
滞	蟹开三	去祭澄	tʂʅ⁵³	—	tʂʅ⁵⁵	tʂʅ³¹	tʂʅ²¹³	tʂʅ⁴¹²	tʂʅ⁴¹²
制	蟹开三	去祭章	tʂʅ³¹	tʂʅ³¹	tʂʅ³¹	tʃi³¹	tʃi⁵³	tʂʅ⁴¹²	tʂʅ⁴¹²
世	蟹开三	去祭书	ʂʅ³¹	ʂʅ³¹	ʂʅ³¹	ʃi³¹	ʃi³¹	ʂʅ⁴¹²	ʂʅ⁴¹²
誓	蟹开三	去祭禅	ʂʅ³¹	ʂʅ³¹	ʂʅ³¹	ʃi³¹	ʃi³¹	ʂʅ⁴¹²	ʂʅ⁴¹²
艺	蟹开三	去祭疑	i³¹	i³¹	i³¹	i³¹	i²¹³	i⁴¹²	i⁴¹²
闭	蟹开四	去霁帮	pi³¹	pi³¹	pi³¹	pi³¹	pi³¹	pi⁴¹²	pi⁴¹²
批	蟹开四	平齐滂	pʰi²¹³	pʰi²¹³~评 pʰi⁵⁵一~	pʰi²¹³	pʰi²¹³	pʰi²¹³	pʰi²¹³	pʰi²¹³
迷	蟹开四	平齐明	mi⁵³	mi⁵³	mi⁵³	mi⁵³	mi⁵³	mi⁵³	mi⁵³
米	蟹开四	上荠明	mi⁵⁵	mi⁵⁵	mi⁵⁵	mi⁵⁵	mi⁵⁵	mi⁵⁵	mi⁵⁵
谜	蟹开四	去霁明	mi⁵³	mi⁵³	mi⁵³	mi⁵³	mi⁵³	mi⁵³	mi⁵³
低	蟹开四	平齐端	ti²¹³	ti³¹	ti²¹³	ti²¹³	ti²¹³	ti²¹³	ti²¹³
底	蟹开四	上荠端	ti⁵⁵	ti⁵⁵	ti⁵⁵	ti⁵⁵	ti⁵⁵	ti⁵⁵	ti⁵⁵
帝	蟹开四	去霁端	ti³¹	ti³¹	ti³¹	ti³¹	ti³¹	ti⁴¹²	ti⁴¹²
梯	蟹开四	平齐透	tʰi²¹³	tʰi²¹³	tʰi²¹³	tʰi²¹³	tʰi²¹³	tʰi²¹³	tʰi²¹³
体	蟹开四	上荠透	tʰi⁵⁵	tʰi⁵⁵	tʰi⁵⁵	tʰi⁵⁵	tʰi⁵⁵	tʰi⁵⁵	tʰi⁵⁵
剃	蟹开四	去霁透	tʰi³¹	tʰi³¹	tʰi³¹	tʰi³¹	tʰi³¹	tʰi⁴¹²	tʰi⁴¹²
题	蟹开四	平齐定	tʰi⁵³	tʰi⁵³	tʰi⁵³	tʰi⁵³	tʰi⁵³	tʰi⁵⁵	tʰi⁵⁵

例字	韵摄	中古音	大李村	耿庄	谭家村	谭家营	马家庄	朱家庄	官路村
弟	蟹开四	上荠定	ti^{31}	ti^{412}	ti^{31}	ti^{31}	ti^{53}	ti^{31}	ti^{31}
递	蟹开四	去霁定	ti^{31}	ti^{412}	ti^{31}	ti^{31}	ti^{53}	ti^{31}	ti^{31}
泥	蟹开四	平齐泥	ŋi^{53}	ŋi^{53}	ŋi^{52}	ŋi^{52}	ŋi^{55}	ŋi^{55}	ŋi^{53}
犁	蟹开四	平齐来	li^{53}	li^{53}	li^{52}	li^{52}	li^{55}	li^{55}	li^{53}
礼	蟹开四	上荠来	li^{55}	li^{55}	li^{55}	li^{55}	li^{55}	li^{55}	li^{55}
丽	蟹开四	去霁来	li^{31}	li^{53}	li^{31}	li^{31}	li^{53}	li^{31}	li^{31}
挤	蟹开四	上荠精	tɕi^{55}	tsi^{55}	tsi^{55}	tsi^{55}	tɕi^{55}	tsi^{55}	tɕi^{55}
妻	蟹开四	平齐清	tɕʰi^{213}	tsʰi^{213}	tsʰi^{55}	tsʰi^{213}	tɕʰi^{31}	tsʰi^{213}	tɕʰi^{213}
砌	蟹开四	去霁清	tɕʰi^{213}	tsʰiə^{412}	tsʰiə^{55}	tsʰi^{55}	tɕʰi^{55}	tsʰi^{31}	tɕʰiə^{31}
齐	蟹开四	平齐从	tɕʰi^{53}	tsʰi^{53}	tsʰi^{52}	tsʰi^{52}	tɕʰi^{55}	tsʰi^{55}	tɕʰi^{53}
西	蟹开四	平齐心	ɕi^{213}	si^{213}	si^{213}	si^{213}	si^{31}	si^{213}	ɕi^{213}
牺	蟹开四	平齐心	ɕi^{213}	ɕi^{213}	si^{213}	si^{55}	ɕi^{31}	si^{213}	ɕi^{213}
洗	蟹开四	上荠心	ɕi^{55}	si^{55}	si^{55}	si^{55}	ɕi^{55}	si^{55}	ɕi^{55}
细	蟹开四	去霁心	ɕi^{31}	si^{412}	si^{31}	si^{31}	si^{53}	si^{31}	ɕi^{31}
婿	蟹开四	去霁心	ɕy^{31}	sy^{412}	ɕy^{55}	syu^{213}	ɕy^{31}	sy^{213}	ɕy^{213}
鸡	蟹开四	平齐见	tɕi^{213}	tɕi^{213}	tɕi^{213}	tɕi^{213}	tɕi^{213}	tɕi^{213}	tɕi^{213}
计	蟹开四	去霁见	tɕi^{31}	tɕi^{412}	tɕi^{31}	tɕi^{31}	tɕi^{53}	tɕi^{31}	tɕi^{31}
溪	蟹开四	平齐溪	ɕi^{213}	ɕi^{53}	ɕi^{213}	ɕi^{52}	ɕi^{55}	ɕi^{55}	ɕi^{53}
启	蟹开四	上荠溪	tɕʰi^{55}	tɕʰi^{55}	tɕʰi^{55}	tɕʰi^{55}	tɕʰi^{55}	tɕʰi^{55}	tɕʰi^{55}
契	蟹开四	去霁溪	tɕʰi^{31}	tɕʰi^{412}	tɕʰi^{55}	tɕʰi^{213}	tɕʰi^{55}	tɕʰi^{55}	tɕʰi^{213}
倪	蟹开四	平齐疑	ŋi^{53}	—	ŋi^{52}	mi^{52}	ŋi^{55}	ŋi^{55}	ŋi^{53}
系	蟹开四	去霁匣	ɕi^{31}	ɕi^{412}	ɕi^{31}	ɕi^{31}	ɕi^{55}	ɕi^{31}	ɕi^{31}
杯	蟹合一	平灰帮	pʰei^{213}	pei^{213}	pʰei^{213}	pei^{213}	pʰei^{31}	pei^{213}	pei^{213}
辈	蟹合一	去队帮	pei^{31}	pei^{412}	pei^{31}	pei^{31}	pei^{53}	pei^{31}	pei^{31}
坯	蟹合一	平灰滂	pʰei^{213}	pʰi^{213}	pʰei^{213}	pʰei^{213}	pʰei^{31}	pʰei^{213}	pʰei^{213}
配	蟹合一	去队滂	pʰei^{31}	pʰei^{412}	pʰei^{31}	pʰei^{31}	pʰei^{53}	pʰei^{31}	pʰei^{31}
赔	蟹合一	平灰并	pʰei^{53}	pʰei^{53}	pʰei^{52}	pʰei^{52}	pʰei^{55}	pʰei^{55}	pʰei^{53}
培	蟹合一	平灰并	pʰei^{53}	pʰei^{53}	pʰei^{52}	pʰei^{52}	pʰei^{53}	pʰei^{55}	pʰei^{53}
倍	蟹合一	上贿并	pʰei^{31}	pei^{412}	pʰei^{31}	pʰei^{31}	pʰei^{53}	pei^{31}	pei^{31}
佩	蟹合一	去队并	pʰei^{31}	pʰei^{412}	pʰei^{31}	pʰei^{31}	pʰei^{53}	pʰei^{31}	pʰei^{31}
背	蟹合一	去队并	pei^{312}	pei^{412}	pei^{31}	pei^{31}	pei^{53}	pei^{31}	pei^{31}
煤	蟹合一	平灰明	mei^{53}	mei^{53}	mei^{52}	mei^{52}	mei^{55}	mei^{55}	mei^{53}
梅	蟹合一	平灰明	mei^{53}	mei^{53}	mei^{52}	mei^{52}	mei^{55}	mei^{55}	mei^{53}
每	蟹合一	上贿明	mei^{55}	mei^{55}	mei^{55}	mei^{55}	mei^{55}	mei^{55}	mei^{55}
妹	蟹合一	去队明	mei^{31}	mei^{412}	mei^{31}	mei^{31}	mei^{53}	mei^{31}	mei^{31}
堆	蟹合一	平灰端	tuei^{213} / tsuei^{213}	tuei^{213}	tuei^{213} / tsuei^{213}	tθuei^{213}	tsuei^{31}	tθuei^{213}	tuei^{213} / tsuei^{213}
对	蟹合一	去队端	tuei^{31}	tuei^{412}	tuei^{31}	tuei^{31}	tuei^{53}	tuei^{31}	tuei^{31}
推	蟹合一	平灰透	tʰuei^{213}	tʰuei^{213}	tʰuei^{213}	tʰuei^{213}	tʰuei^{31}	tʰuei^{213}	tʰuei^{213}

续表

例字	韵摄	中古音	东堤村	杨居屯	朱鹿村	太平村	魏马村	雷家寨	北李村
弟	蟹开四	上荠定	ti^{31}	ti^{31}	ti^{31}	ti^{31}	ti^{31}	ti^{412}	ti^{412}
递	蟹开四	去霁定	ti^{31}	ti^{31}	ti^{31}	ti^{31}	ti^{31}	ti^{412}	ti^{412}
泥	蟹开四	平齐泥	mi^{53}	mi^{53}	mi^{53}	mi^{53}	ŋi^{53}	ŋi^{53}	ŋi^{53}
犁	蟹开四	平齐来	li^{53}	li^{53}	li^{53}	li^{53}	li^{53}	li^{53}	li^{53}
礼	蟹开四	上荠来	li^{55}	li^{55}	li^{55}	li^{55}	li^{55}	li^{55}	li^{55}
丽	蟹开四	去霁来	li^{31}	li^{31}	li^{31}	li^{31}	li^{31}	li^{53}	li^{53}
挤	蟹开四	上荠精	tɕi^{55}	tɕi^{55}	tɕi^{55}	tsi^{55}	tsi^{55}	tɕi^{55}	tsi^{55}
妻	蟹开四	平齐清	tɕʰi^{213}	tɕʰi^{31}	tɕʰi^{213}	tsʰi^{213}	tsʰi^{213}	tɕʰi^{213}	tsʰi^{213}
砌	蟹开四	去霁清	tɕʰi^{31}	tʰiə^{55}	tɕʰi^{31}	tsʰi^{55}	tsʰi^{31}	tɕʰiə^{213}	tsʰi^{412}
齐	蟹开四	平齐从	tɕʰi^{53}	tɕʰi^{53}	tɕʰi^{53}	tsʰi^{53}	tsʰi^{53}	tɕʰi^{53}	tsʰi^{53}
西	蟹开四	平齐心	ɕi^{213}	ɕi^{213}	ɕi^{213}	si^{213}	si^{213}	ɕi^{213}	si^{213}
牺	蟹开四	平齐心	ɕi^{55}	ɕi^{213}	ɕi^{55}	si^{55}	si^{55}	ɕi^{213}	si^{213}
洗	蟹开四	上荠心	ɕi^{55}	ɕi^{55}	ɕi^{55}	si^{55}	si^{55}	ɕi^{55}	si^{55}
细	蟹开四	去霁心	ɕi^{31}	ɕi^{31}	ɕi^{31}	si^{31}	si^{31}	ɕi^{412}	si^{412}
婿	蟹开四	去霁心	ɕy^{213}	ɕy^{55}	ɕy^{31}	ɕy^{55}	syu^{55}	ɕy^{53}	sy^{412}
鸡	蟹开四	平齐见	tɕi^{213}	tɕi^{213}	tɕi^{213}	tɕi^{213}	tɕi^{213}	tɕi^{213}	tɕi^{213}
计	蟹开四	去霁见	tɕi^{31}	tɕi^{31}	tɕi^{31}	tɕi^{31}	tɕi^{31}	tɕi^{412}	tɕi^{412}
溪	蟹开四	平齐溪	ɕi^{53}	ɕi^{213}	ɕi^{53}	ɕi^{31}	ɕi^{31}	ɕi^{213}	ɕi^{53}
启	蟹开四	上荠溪	tɕʰi^{55}	tɕʰi^{55}	tɕʰi^{55}	tɕʰi^{55}	tɕʰi^{55}	tɕʰi^{55}	tɕʰi^{55}
契	蟹开四	去霁溪	tɕʰi^{31}	tɕʰi^{31}	tɕʰi^{31}	tɕʰi^{213}	tɕʰi^{55}	tɕʰi^{412}	tɕʰi^{412}
倪	蟹开四	平齐疑	ŋi^{53}	ŋi^{53}	ŋi^{53}	ŋi^{53}	ŋi^{53}	ŋi^{53}	ŋi^{53}
系	蟹开四	去霁匣	ɕi^{31}	ɕi^{31}	ɕi^{31}	ɕi^{31}	ɕi^{31}	ɕi^{412}	ɕi^{412}
杯	蟹合一	平灰帮	pei^{213}	pʰei^{213}	pei^{213}	pʰei^{213}	pei^{213}	pʰei^{213}	pei^{213}
辈	蟹合一	去队帮	pei^{31}	pei^{31}	pei^{31}	pei^{31}	pei^{31}	pei^{412}	pei^{412}
坯	蟹合一	平灰滂	pʰi^{213}	pʰei^{213}	pʰi^{213}	pʰei^{213}	pʰei^{213}	pʰei^{213}	pʰi^{213}
配	蟹合一	去队滂	pʰei^{31}	pʰei^{31}	pʰei^{31}	pʰei^{31}	pʰei^{31}	pʰei^{412}	pʰei^{412}
赔	蟹合一	平灰并	pʰei^{53}	pʰei^{53}	pʰei^{53}	pʰei^{53}	pʰei^{53}	pʰei^{53}	pʰei^{53}
培	蟹合一	平灰并	pʰei^{53}	pʰei^{53}	pʰei^{53}	pʰei^{53}	pʰei^{53}	pʰei^{53}	pʰei^{53}
倍	蟹合一	上贿并	pei^{31}	pʰei^{31}	pei^{31}	pʰei^{31}	pei^{31}	pei^{412}	pei^{412}
佩	蟹合一	去队并	pʰei^{31}	pʰei^{31}	pʰei^{31}	pʰei^{31}	pʰei^{31}	pʰei^{412}	pʰei^{412}
背	蟹合一	去队并	pei^{31}	pei^{31}	pei^{31}	pei^{31}	pei^{31}	pei^{412}	pei^{412}
煤	蟹合一	平灰明	mei^{53}	mei^{53}	mei^{53}	mei^{53}	mei^{53}	mei^{53}	mei^{53}
梅	蟹合一	平灰明	mei^{53}	mei^{53}	mei^{53}	mei^{53}	mei^{53}	mei^{53}	mei^{53}
每	蟹合一	上贿明	mei^{55}	mei^{55}	mei^{55}	mei^{55}	mei^{55}	mei^{55}	mei^{53}
妹	蟹合一	去队明	mei^{31}	mei^{31}	mei^{31}	mei^{31}	mei^{31}	mei^{412}	mei^{412}
堆	蟹合一	平灰端	tsuei^{213}	tuei^{213} / tsuei^{213}	tsuei^{213}	tθuei^{213}	tθuei^{213}	tsuei^{213}	tsuei^{213}
对	蟹合一	去队端	tuei^{31}	tuei^{31}	tuei^{31}	tuei^{31}	tuei^{31}	tuei^{412}	tuei^{412}
推	蟹合一	平灰透	tʰuei^{213}	tʰuei^{213}	tʰuei^{213}	tʰuei^{213}	tʰuei^{213}	tʰuei^{213}	tʰuei^{213}

例字	韵摄	中古音	大李村	耿庄	谭家村	谭家营	马家庄	朱家庄	官路村
腿	蟹合一	上贿透	tʰuei⁵⁵	tʰuei⁵⁵	tʰuei⁵⁵	tʰuei⁵⁵	tʰuei⁵⁵	tʰuei⁵⁵	tʰuei⁵⁵
退	蟹合一	去队透	tʰuei³¹	tʰuei⁴¹²	tʰuei³¹	tʰuei³¹	tʰuei⁵³	tʰuei³¹	tʰuei³¹
队	蟹合一	去队定	tuei³¹	tuei⁴¹²	tuei³¹	tuei³¹	tuei⁵³	tuei³¹	tuei³¹
内	蟹合一	去队泥	nei³¹	nei⁴¹²	nuei³¹	nuei³¹	nei⁵³	nei³¹	nuei³¹
雷	蟹合一	平灰来	lei⁵³	lei⁵³	luei⁵²	luei⁵²	luei⁵⁵	luei⁵⁵	luei⁵³
累	蟹合一	去队来	lei³¹	lei⁴¹²	luei⁵⁵	luei³¹	luei⁵⁵	luei³¹	luei³¹
催	蟹合一	平灰清	tsʰuei²¹³	tsʰuei²¹³	tsʰuei²¹³	tθʰuei²¹³	tsʰuei³¹	tθʰuei²¹³	tsʰuei²¹³
罪	蟹合一	上贿从	tsuei³¹	tsuei⁴¹²	tsuei³¹	tθuei³¹	tsuei⁵³	tθuei³¹	tsuei³¹
碎	蟹合一	去队心	suei³¹	suei⁴¹²	suei³¹	θuei³¹	suei⁵³	θuei³¹	suei³¹
盔	蟹合一	平灰溪	kʰuei²¹³	kʰuei²¹³	kʰuei²¹³	kʰuei²¹³	kʰuei⁵⁵	kʰuei²¹³	kʰuei²¹³
魁	蟹合一	平灰溪	kʰuei⁵³	kʰuei⁵³	kʰuei⁵²	kʰuei⁵²	kʰuei⁵⁵	kʰuei⁵⁵	kʰuei⁵³
块	蟹合一	去队块	kʰuɛ³¹	kʰuɛ⁴¹²	kʰuɛ³¹	kʰuɛ³¹	kʰuɛ⁵³	kʰuɛ³¹	kʰuɛ³¹
灰	蟹合一	平灰晓	xuei²¹³	xuei²¹³	xuei²¹³	xuei²¹³	xuei³¹	xuei²¹³	xuei²¹³
悔	蟹合一	上贿晓	xuei⁵⁵	xuei⁴¹²	xuei⁵⁵	xuei⁵⁵	xuei⁵⁵	xuei⁵⁵	xuei⁵⁵
回	蟹合一	平灰匣	xuei⁵³	xuei⁵³	xuei⁵²	xuei⁵²	xuei⁵⁵	xuei⁵⁵	xuei⁵³
汇	蟹合一	上贿匣	xuei³¹	xuei⁴¹²	xuei³¹	xuei³¹	xuei⁵³	xuei³¹	xuei³¹
溃	蟹合一	去队匣	kʰuei⁵³	kʰuei⁴¹²	xuei³¹	kʰuei³¹	kʰuei³¹	kʰuei⁵⁵	xuei³¹
蜕	蟹合一	去泰透	tʰuei³¹	tʰuei⁵³	tʰuei³¹	tʰuei³¹	tʰuei³¹	tʰuei³¹	tʰuei³¹
兑	蟹合一	去泰定	tuei³¹	tuei⁴¹²	tuei³¹	tuei³¹	tuei⁵³	tuei³¹	tuei³¹
最	蟹合一	去泰精	tsuei³¹	tsuei⁴¹²	tsuei³¹	tθuei³¹	tsuei⁵³	tθuei³¹	tsuei³¹
会~计	蟹合一	去泰见	kʰuɛ³¹	kʰuɛ⁴¹²	kʰuɛ³¹	kʰuɛ³¹	kʰuɛ⁵³	kʰuɛ³¹	kʰuɛ³¹
外	蟹合一	去泰疑	xuei³¹	uɛ⁴¹²	uɛ³¹	vɛ³¹	uɛ⁵³	vɛ³¹	uɛ³¹
会~议	蟹合一	去泰匣	xuei³¹	xuei⁴¹²	xuei³¹	xuei³¹	xuei⁵³	xuei³¹	xuei³¹
乖	蟹合二	平皆见	kuɛ³¹	kuɛ²¹³	kuɛ²¹³	kuɛ³¹	kuɛ²¹³	kuɛ²¹³	kuɛ²¹³
怪	蟹合二	去怪见	kuɛ³¹	kuɛ⁴¹²	kuɛ³¹	kuɛ³¹	kuɛ⁵³	kuɛ³¹	kuɛ³¹
块	蟹合二	去怪溪	kʰuɛ³¹	kʰuɛ⁴¹²	kʰuɛ³¹	kʰuɛ³¹	kʰuɛ³¹	kʰuɛ³¹	kʰuɛ³¹
怀	蟹合二	平皆匣	xuɛ⁵³	xuɛ⁵³	xuɛ⁵²	xuɛ⁵²	xuɛ⁵⁵	xuɛ⁵⁵	xuɛ⁵⁵
坏	蟹合二	去怪匣	xuɛ³¹ / xuei³¹	xuɛ⁴¹²	xuɛ³¹	xuɛ³¹	xuɛ⁵³	xuɛ³¹	xuɛ³¹
拐	蟹合二	上蟹见	kuɛ⁵⁵	kuɛ⁵⁵	kuɛ⁵⁵	kuɛ⁵⁵	kuɛ⁵⁵	kuɛ⁵⁵	kuɛ⁵⁵
挂	蟹合二	去卦见	kua³¹	kua⁴¹²	kuɑ³¹	kuɑ³¹	kuɑ⁵³	kuɑ³¹	kuɑ³¹
歪	蟹合二	平佳晓	uɛ²¹³	uɛ²¹³	uɛ²¹³	vɛ²¹³	uɛ³¹	vɛ²¹³	uɛ²¹³
画	蟹合二	去卦匣	xua³¹	xua⁴¹²	xuɑ³¹	xuɑ³¹	xuɑ⁵³	xuɑ³¹	xuɑ³¹
蛙	蟹合二	平佳影	ua²¹³	ua²¹³	uɑ³¹	vɑ⁵²	uɑ⁵⁵	vɑ⁵⁵	uɑ²¹³
快	蟹合二	去夬溪	kʰuɛ³¹	kʰuɛ⁴¹²	kʰuɛ³¹	kuɛ³¹	kʰuɛ⁵³	kʰuɛ³¹	kʰuɛ³¹
话	蟹合二	去夬匣	xua³¹	xua⁴¹²	xuɑ³¹	xuɑ³¹	xuɑ⁵³	xuɑ³¹	xuɑ³¹
脆	蟹合三	去祭清	tsʰuei³¹	tsʰuei⁴¹²	tsʰuei³¹	tθʰuei³¹	tsʰuei⁵³	tθʰuei³¹	tsʰuei³¹
岁	蟹合三	去祭心	suei³¹	suei⁴¹²	suei³¹	θuei³¹	suei⁵³	θuei³¹	suei³¹
税	蟹合三	去祭书	ʂuei³¹	ʂuei⁴¹²	ʂuei³¹	ʂuei³¹	ʂuei⁵³	ʂuei³¹	ʂuei³¹
卫	蟹合三	去祭云	uei³¹	uei⁴¹²	vei⁵³	vei³¹	uei⁵³	vei⁵³	uei⁵³

续表

例字	韵摄	中古音	东堤村	杨居屯	朱鹿村	太平村	魏马村	雷家寨	北李村
腿	蟹合一	上贿透	tʰuei55	tʰuei55	tʰuei55	tʰei55	tʰuei55	tʰuei55	tʰuei55
退	蟹合一	去队透	tʰuei31	tʰuei31	tʰuei31	tʰuei31	tʰuei31	tʰuei412	tʰuei412
队	蟹合一	去队定	tuei31	tuei31	tuei31	tuei31	tuei31	tuei412	tuei412
内	蟹合一	去队泥	nei31	nuei31	nei31	nei31	nuei31	nei412	nei412
雷	蟹合一	平灰来	luei53	luei53	luei53	luei53	luei53	lei53	lei53
累	蟹合一	去队来	luei31	luei31	luei31	luei31	luei31	lei412	lei412
催	蟹合一	平灰清	tsʰuei213	tsʰuei213	tsʰuei213	tθʰuei213	tθʰuei213	tsʰuei213	tsʰuei213
罪	蟹合一	上贿从	tsuei31	tsuei31	tsuei31	tθuei31	tθuei31	tsuei412	tsuei412
碎	蟹合一	去队心	suei31	suei31	suei31	θuei31	θuei31	suei412	suei412
盔	蟹合一	平灰溪	kʰuei213	kʰuei213	kʰuei213	kʰuei213	kʰuei213	kʰuei213	kʰuei213
魁	蟹合一	平灰溪	kʰuei53	kʰuei53	kʰuei53	kʰuei53	kʰuei53	kʰuei53	kʰuei53
块	蟹合一	去队块	kʰuɛ31	kʰuɛ31	kʰuɛ31	kʰuɛ31	kʰuɛ31	kʰuɛ412	kʰuɛ412
灰	蟹合一	平灰晓	xuei213	xuei213	xuei213	xuei213	xuei213	xuei213	xuei213
悔	蟹合一	上贿晓	xuei55	xuei55	xuei55	xuei55	xuei55	xuei55	xuei213
回	蟹合一	平灰匣	xuei53	xuei53	xuei53	xuei53	xuei53	xuei53	xuei53
汇	蟹合一	上贿匣	xuei31	xuei31	xuei31	xuei31	xuei31	xuei412	xuei412
溃	蟹合一	去队匣	kʰuei31	xuei31	xuei31	xuei31	kʰuei213	xuei412	kʰuei55
蜕	蟹合一	去泰透	tʰuei31	tʰuei31	tʰuei31	tʰuei31	tʰuei31	tʰuei412	tʰuei412
兑	蟹合一	去泰定	tuei31	tuei31	tuei31	tuei31	tuei31	tuei412	tuei412
最	蟹合一	去泰精	tsuei31	tsuei31	tsuei31	tθuei31	tθuei31	tsuei412	tsuei412
会~计	蟹合一	去泰见	kʰuɛ31	kʰuɛ31	kʰuɛ31	kʰuɛ31	kʰuɛ31	kʰuɛ412	kʰuɛ412
外	蟹合一	去泰疑	uɛ31	uɛ31	uei31	uɛ31	uɛ31	uɛ412	uɛ412
会~议	蟹合一	去泰匣	xuei31	xuei31	xuei31	xuei31	xuei31	xuei412	xuei412
乖	蟹合二	平皆见	kuɛ53	kuɛ213	kuɛ213	kuɛ213	kuɛ213	kuɛ213	kuɛ213
怪	蟹合二	去怪见	kuɛ31	kuɛ31	kuɛ31	kuɛ31	kuɛ31	kuɛ412	kuɛ412
块	蟹合二	去怪溪	kʰuɛ31	kʰuɛ31	kʰuɛ31	kʰuɛ31	kʰuɛ31	kʰuɛ412	kʰuɛ412
怀	蟹合二	平皆匣	xuɛ53	xuɛ53	xuɛ53	xuɛ53	xuɛ53	xuɛ53	xuɛ53
坏	蟹合二	去怪匣	xuɛ31	xuɛ31	xuɛ31	xuɛ31	xuɛ31	xuɛ412	xuɛ412
拐	蟹合二	上蟹见	kuɛ55	kuɛ55	kuɛ55	kuɛ55	kuɛ55	kuɛ55	kuɛ55
挂	蟹合二	去卦见	kuɑ31	kuɑ31	kuɑ31	kuɑ31	kuɑ31	kuɑ412	kuɑ412
歪	蟹合二	平佳晓	uɛ213	uɛ213	uɛ213	uɛ213	uɛ213	uɛ213	uɛ213
画	蟹合二	去卦匣	xuɑ31	xuɑ31	xuɑ31	xuɑ31	xuɑ31	xuɑ412	xuɑ412
蛙	蟹合二	平佳影	uɑ53	uɑ213	uɑ213	uɑ213	uɑ53	uɑ213	uɑ213
快	蟹合二	去夬溪	kʰuɛ31	kʰuɛ31	kʰuɛ31	kʰuɛ31	kʰuɛ31	kʰuɛ412	kʰuɛ412
话	蟹合二	去夬匣	xuɑ31	xuɑ31	xuɑ31	xuɑ31	xuɑ31	xuɑ412	xuɑ412
脆	蟹合三	去祭清	tsʰuei31	tsʰuei31	tsʰuei31	tθʰuei31	tθʰuei31	tsʰuei412	tsʰuei412
岁	蟹合三	去祭心	suei31	suei31	suei31	θuei31	θuei31	suei412	suei412
税	蟹合三	去祭书	ʂuei31	ʂuei31	ʂuei31	ʂuei31	ʂuei31	ʂuei412 fei412	ʂuei412 fei412
卫	蟹合三	去祭云	uei55	uei31	uei53	uei53	uei53	uei412	uei412

例字	韵摄	中古音	大李村	耿庄	谭家村	谭家营	马家庄	朱家庄	官路村
锐	蟹合三	去祭以	zuei³¹	zuei⁴¹²	zuei⁵²	luei⁵⁵	zɚ³¹	luei³¹	zuei³¹
废	蟹合三	去废非	fei³¹	fi⁴¹²	fei³¹	fei³¹	fei⁵³	fei³¹	fei³¹
肺	蟹合三	去废敷	fei³¹ / fi³¹	fi⁴¹²	fei³¹	fei³¹	fei⁵³	fei³¹	fei³¹
闺	蟹合四	平齐见	kuei²¹³	kuei²¹³	kuei²¹³	kuei²¹³	kuei⁵³	kuei²¹³ / kuɚ²¹³	kuei²¹³
桂	蟹合四	去霁见	kuei³¹	kuei⁴¹²	kuei³¹	kuei³¹	kuei⁵³	kuei³¹	kuei³¹
奎	蟹合四	平齐溪	kʰuei⁵³	kʰuei⁵³	kʰuei⁵³	kʰuei³¹	kʰuei⁵⁵	kʰuei⁵⁵	kʰuei⁵³
惠	蟹合四	去霁匣	xuei³¹	xuei⁴¹²	xuei³¹	xuei³¹	xuei⁵³ / ɕi⁵³ 姓	xuei³¹	xuei³¹
碑	止开三	平支帮	pei²¹³	pei²¹³	pi²¹³	pei²¹³	pei³¹	pei²¹³	pei²¹³
彼	止开三	上纸帮	pi³¹	pi⁵⁵	pi⁵⁵	pi⁵⁵	pi³¹	pi³¹	pi³¹
臂	止开三	去寘帮	pi³¹	pi⁴¹²	pi⁵⁵	pi⁵⁵	pi⁵³	pi³¹	pei³¹
披	止开三	平支滂	pʰi²¹³	pʰi²¹³	pʰi²¹³ / pʰei²¹³	pʰi⁵⁵	pʰi²¹³ / pʰei²¹³	pʰi²¹³ / pʰei²¹³
皮	止开三	平支並	pʰi⁵³	pʰi⁵³	pʰi⁵²	pʰi⁵²	pʰi⁵⁵	pʰi⁵⁵	pʰi⁵³
被	止开三	去寘並	pei³¹	pei⁴¹²	pi³¹	pei³¹	pei⁵³	pei³¹	pei³¹
避	止开三	去寘並	pʰi⁵⁵	pi⁴¹²	pʰi⁵⁵	pi³¹	pʰi⁵⁵	pi⁵⁵	pʰi⁵⁵
离	止开三	平支来	li⁵³	li⁴¹²	li⁵²	li³¹	li⁵⁵	li⁵⁵	li⁵³
紫	止开三	上纸精	tsɿ⁵⁵	tsɿ⁵⁵	tsɿ⁵⁵	tθɿ⁵⁵	tsɿ⁵⁵	tθɿ⁵⁵	tsɿ⁵⁵
此	止开三	上纸清	tsʰɿ⁵⁵	tsʰɿ⁵³	tsʰɿ⁵⁵	tθɿ⁵²	tsʰɿ⁵⁵	tθɿ⁵⁵	tsʰɿ⁵³
刺	止开三	去寘清	tsʰɿ³¹	tsʰɿ⁴¹²	tsʰɿ³¹	tθɿ³¹	tsʰɿ⁵⁵	tθʰɿ⁵⁵	tsʰɿ³¹
知	止开三	平支知	tʂʅ²¹³	tʂʅ²¹³	tʂʅ²¹³	tʃʅ²¹³	tʂʅ³¹	tʂʅ²¹³	tʂʅ²¹³
池	止开三	平支澄	tʂʰʅ⁵³	tʂʰʅ⁵³	tʂʰʅ⁵²	tʃʰʅ⁵²	tʂʰʅ⁵⁵	tʂʰʅ⁵⁵	tʂʰʅ⁵³
筛	止开三	平支生	ʂɛ²¹³	ʂɛ²¹³	ʂɛ²¹³	ʂɛ²¹³	ʂɛ³¹	ʂɛ²¹³	ʂɛ²¹³
支	止开三	平支章	tʂʅ²¹³	tʂʅ²¹³	tʂʅ²¹³	tʂʅ²¹³	tʂʅ³¹	tʂʅ²¹³	tʂʅ²¹³
纸	止开三	上纸章	tsɿ⁵⁵	tʂʅ⁵⁵	tʂʅ⁵⁵	tʂʅ⁵⁵	tʂʅ⁵⁵	tʂʅ⁵⁵	tʂʅ⁵⁵
施	止开三	平支书	ʂʅ²¹³	ʂʅ²¹³	ʂʅ⁵⁵	ʂʅ⁵⁵	ʂʅ⁵⁵	ʂʅ⁵⁵	ʂʅ⁵⁵
翅	止开三	去寘书	tʂʰʅ³¹	tʂʰʅ⁴¹²	tʂʰʅ³¹	tʂʰʅ³¹	tʂʰʅ⁵³	tʂʰʅ⁵⁵	tʂʰʅ³¹
匙	止开三	平支禅	sɿ⁵⁵	ʂʅ⁵⁵	ʂʰʅ³¹	ʂʰʅ³¹	ʂʰʅ⁵³	ʂʰʅ⁵⁵	ʂʰʅ⁵⁵
是	止开三	上纸禅	ʂʅ³¹	ʂʅ⁴¹²	ʂʅ³¹	ʂʅ³¹	sɿ⁵³	ʂʅ³¹	ʂʅ³¹
儿	止开三	平支日	lə⁵⁵	ə⁵³	ə⁵⁵ / lə⁵²	ə⁵²	ə⁵⁵	ə⁵⁵ / lə⁵³
寄	止开三	去寘见	tɕi³¹	tɕi⁴¹²	tɕi³¹	tɕi³¹	tɕi⁵³	tɕi³¹	tɕi³¹
骑	止开三	平支群	tɕʰi⁵³	tɕʰi⁵³	tɕʰi⁵²	tɕʰi⁵²	tɕʰi⁵⁵	tɕʰi⁵⁵	tɕʰi⁵³
技	止开三	上纸群	tɕi³¹	tɕi⁴¹²	tɕi³¹	tɕi³¹	tɕi⁵³	tɕi²¹³	tɕi³¹
宜	止开三	平支疑	i⁵³	i⁵³	ŋi⁵³	i³¹	ŋi⁵⁵	i⁵⁵	i⁵³
蚁	止开三	上纸疑	i⁵⁵	i⁵⁵	i³¹	i³¹	i⁵³	i⁵⁵	i⁵⁵
义	止开三	去寘疑	i³¹	i⁴¹²	i³¹	i³¹	i⁵³	i³¹	i³¹
议	止开三	去寘疑	i³¹	i⁴¹²	i³¹	i³¹	i⁵³	i³¹	i³¹
牺	止开三	平支溪	ɕi²¹³	si²¹³	si²¹³	si⁵⁵	ɕi³¹	si⁵⁵	ɕi²¹³

续表

例字	韵摄	中古音	东堤村	杨居屯	朱鹿村	太平村	魏马村	雷家寨	北李村
锐	蟹合三	去祭以	zuei³¹	zuei³¹	luei³¹	zuei³¹	luei⁵⁵	zuei⁴¹²	zuei⁵⁵
废	蟹合三	去废非	fei³¹	fei³¹	fei³¹	fei³¹	fei³¹	fei⁴¹²	fei⁴¹²
肺	蟹合三	去废敷	fei³¹	fei³¹	fei³¹	fei³¹	fei³¹	fei⁴¹²	fi⁴¹²
闺	蟹合四	平齐见	kuei²¹³	kuei³¹	kuei²¹³	kuei²¹³	kuei²¹³	kuei²¹³	kuei²¹³
桂	蟹合四	去霁见	kuei³¹	kuei³¹	kuei³¹	kuei³¹	kuei³¹	kuei⁴¹²	kuei⁴¹²
奎	蟹合四	平齐溪	kʰuei⁵³	kʰuei⁵³	kʰuei⁵³	kʰuei⁵³	kʰuei⁵³	kʰuei⁵³	kʰuei⁵³
惠	蟹合四	去霁匣	xuei³¹	xuei³¹ ɕi³¹ 姓	xuei³¹	xuei³¹	xuei³¹	xuei⁴¹²	xuei⁴¹²
碑	止开三	平支帮	pei²¹³	pi³¹	pei²¹³	pei²¹³	pei²¹³	pei²¹³	pei²¹³
彼	止开三	上纸帮	pi⁵⁵	—	pi⁵⁵	pi⁵⁵	pi³¹	pi⁵⁵	pi⁵⁵
臂	止开三	去寘帮	pi³¹	pi³¹	pi³¹	pi³¹	pi⁵⁵	pi²¹³	pi⁴¹²
披	止开三	平支滂	pʰei²¹³	pʰei³¹	pʰei²¹³	pʰi²¹³	pʰi²¹³	pʰi²¹³	pʰi²¹³
皮	止开三	平支並	pʰi⁵³	pʰi⁵³	pʰi⁵³	pʰi⁵³	pʰi⁵³	pʰi⁵³	pʰi⁵³
被	止开三	上纸並	pei³¹	pei³¹	pei³¹	pei³¹	pei³¹	pei⁴¹²	pei⁴¹²
避	止开三	去寘並	pi³¹	pei⁵⁵	pi³¹	pʰi³¹	pi³¹	pʰi⁵⁵	pi⁴¹²
离	止开三	平支来	li³¹	li⁵³	li⁵³	li³¹	li³¹	li⁴¹²	li⁴¹²
紫	止开三	上纸精	tsʅ⁵⁵	tsʅ⁵⁵	tsʅ⁵⁵	tθʅ⁵⁵	tθʅ⁵⁵	tsʅ⁵⁵	tsʅ⁵⁵
此	止开三	上纸清	tsʰʅ⁵³	tsʰʅ⁵⁵	tsʰʅ⁵³	tθʰʅ⁵³	tθʰʅ⁵³	tsʰʅ⁵³	tsʰʅ⁵³
刺	止开三	去寘清	tsʰʅ³¹	tsʰʅ³¹	tsʰʅ³¹	tθʰʅ³¹	tθʰʅ³¹	tsʰʅ⁴¹²	tsʰʅ⁴¹²
知	止开三	平支知	tʂʅ²¹³	tʂʅ³¹	tʂʅ²¹³	tʃʅ²¹³	tʃʅ²¹³	tʂʅ²¹³	tʂʅ²¹³
池	止开三	平支澄	tʂʰʅ⁵³	tʂʰʅ⁵³	tʂʰʅ⁵³	tʃʰʅ⁵³	tʃʰʅ⁵³	tʂʰʅ⁵³	tʂʰʅ⁵³
筛	止开三	平支生	ʂɛ²¹³	ʂɛ³¹	ʂɛ²¹³	ʂɛ²¹³	ʂɛ²¹³	ʂɛ²¹³	ʂɛ²¹³
支	止开三	平支章	tʂʅ²¹³	tʂʅ²¹³	tʂʅ²¹³	tʂʅ²¹³	tʂʅ²¹³	tʂʅ²¹³	tʂʅ²¹³
纸	止开三	上纸章	tʂʅ⁵⁵	tʂʅ⁵⁵	tʂʅ⁵⁵	tʂʅ⁵⁵	tʂʅ⁵⁵	tʂʅ⁵⁵	tʂʅ⁵⁵
施	止开三	平支书	ʂʅ⁵⁵	ʂʅ²¹³	ʂʅ⁵⁵	ʂʅ⁵⁵	ʂʅ⁵⁵	ʂʅ²¹³	ʂʅ²¹³
翅	止开三	去寘书	tʂʰʅ³¹	tʂʰʅ³¹	tʂʰʅ³¹	tʂʰʅ³¹	tʂʰʅ³¹	tʂʰʅ⁴¹²	tʂʰʅ⁴¹²
匙	止开三	平支禅	tʂʰʅ⁵³	tʂʰʅ⁵³	tʂʰʅ⁵³	tʂʰʅ⁵³	tʂʰʅ⁵³	ʂʅ⁵⁵	ʂʅ⁵⁵
是	止开三	上纸禅	ʂʅ³¹	ʂʅ³¹	ʂʅ³¹	ʂʅ³¹	ʂʅ³¹	ʂʅ⁴¹²	ʂʅ⁴¹²
儿	止开三	平支日	lə⁵³	lə⁵³	lə⁵³	ə⁵³ / lə⁵³	lə⁵³	ə⁵³	ə⁵³
寄	止开三	去寘见	tɕi³¹	tɕi³¹	tɕi³¹	tɕi³¹	tɕi⁵³	tɕi⁴¹²	tɕi⁴¹²
骑	止开三	平支群	tɕʰi⁵³	tɕʰi⁵³	tɕʰi⁵³	tɕʰi⁵³	tɕʰi⁵³	tɕʰi⁵³	tɕʰi⁵³
技	止开三	上纸群	tɕi²¹³	tɕi³¹	tɕi³¹	tɕi³¹	tɕi⁵³	tɕi⁴¹²	tɕi⁴¹²
宜	止开三	平支疑	i⁵³	ŋi⁵³	i⁵³	ŋi⁵³	i⁵³	ŋi⁵³	i⁵³
蚁	止开三	上纸疑	i⁵⁵	i³¹	i⁵⁵	i²¹³	i⁵⁵	i⁵⁵	i⁵⁵
义	止开三	去寘疑	i³¹	i³¹	i³¹	i³¹	i³¹	i⁴¹²	i⁴¹²
议	止开三	去寘疑	i³¹	i³¹	i³¹	i³¹	i³¹	i⁴¹²	i⁴¹²
牺	止开三	平支溪	ɕi⁵⁵	ɕi²¹³	ɕi⁵⁵	si²¹³	si⁵⁵	ɕi²¹³	si²¹³

例字	韵摄	中古音	大李村	耿庄	谭家村	谭家营	马家庄	朱家庄	官路村
戏	止开三	去寘晓	ɕi³¹	ɕi⁴¹²	ɕi³¹	ɕi³¹	ɕi⁵³	ɕi³¹	ɕi³¹
椅	止开三	上纸影	i⁵⁵	i⁵⁵	i⁵⁵	i⁵⁵	i⁵⁵	i⁵⁵	i⁵⁵
移	止开三	平支以	i⁵³	i⁵⁵	i⁵²	i⁵²	i⁵⁵	i⁵⁵	i⁵³
易	止开三	去寘以	i³¹	i⁴¹²	i³¹	i³¹	i⁵⁵	i⁵³	i³¹
悲	止开三	平脂帮	pei²¹³	pei²¹³	pei²¹³	pei²¹³	pei³¹	pei²¹³	pei²¹³
比	止开三	上旨帮	pi³¹	pi⁵⁵	pi⁵⁵	pi⁵⁵	pi⁵⁵	pi⁵⁵	pi⁵⁵
庇	止开三	去至帮	pi⁵⁵	pʰi²¹³	pʰi⁵⁵	pʰi⁵⁵	pʰi⁵³	pʰi²¹³	pʰi⁵⁵
痹	止开三	去至帮	pi³¹	pʰi²¹³	pʰi⁵²	pʰi⁵⁵	pʰi⁵³	pʰi²¹³	pʰi⁵³
屁	止开三	去寘滂	pʰi³¹	pʰi⁴¹²	pʰi³¹	pʰi³¹	pʰi⁵³	pʰi³¹	pʰi³¹
备	止开三	去至並	pei³¹	pei⁴¹²	pi³¹	pi³¹	pi⁵³	pei³¹	pei³¹
鼻	止开三	去至並	pi³¹	pi⁵³	pi⁵²	pi⁵²	pi⁵⁵	pi⁵⁵	pi⁵³
眉	止开三	平脂明	mei⁵³	mei⁵³	mei⁵² / mi⁵²	mei⁵²	mi⁵⁵	mei⁵⁵	mi⁵³
美	止开三	上旨明	mei⁵⁵	mei⁵⁵	mei⁵⁵	mei⁵⁵	mei⁵⁵	mei⁵⁵	mei⁵⁵
地	止开三	去至定	ti³¹	ti⁴¹²	ti³¹	ti³¹	ti⁵³	ti³¹	ti³¹
尼	止开三	平脂泥	ŋi⁵³	ŋi⁵³	ŋi⁵²	ŋi⁵²	ŋi⁵⁵	ŋi⁵⁵	ŋi⁵³
梨	止开三	平脂来	li⁵³	li⁵³	li⁵²	li⁵²	li⁵⁵	li⁵⁵	li⁵³
利	止开三	去至来	li³¹	li⁴¹²	li³¹	li³¹	li⁵³	li³¹	li³¹
资	止开三	平脂精	tsɿ²¹³	tsɿ²¹³	tsɿ²¹³	tθɿ²¹³	tsɿ³¹	tθɿ²¹³	tsɿ²¹³
次	止开三	去至清	tsʰɿ⁵³	tsʰɿ⁵³	tsʰɿ⁵²	tθʰɿ⁵²	tsʰɿ⁵⁵	tθʰɿ³¹	tsʰɿ⁵³
瓷	止开三	平脂从	tsʰɿ⁵³	tsʰɿ⁵³	tsʰɿ⁵²	tθʰɿ⁵²	tsʰɿ⁵⁵	tθʰɿ⁵⁵	tsʰɿ⁵³
自	止开三	去至从	tsɿ³¹	tsɿ⁴¹²	tsɿ⁵²	tθɿ⁵²	tsɿ⁵⁵	tθɿ⁵⁵	tsɿ⁵³
私	止开三	平脂私	sɿ²¹³	sɿ²¹³	sɿ²¹³	θɿ²¹³	sɿ³¹	θɿ²¹³	sɿ²¹³
死	止开三	上纸心	sɿ⁵⁵	sɿ⁵⁵	sɿ⁵⁵	θɿ⁵⁵	sɿ⁵⁵	θɿ⁵⁵	sɿ⁵⁵
四	止开三	去旨心	sɿ³¹	sɿ⁴¹²	sɿ³¹	θɿ³¹	sɿ⁵³	θɿ³¹	sɿ³¹
致	止开三	去至章	tʂʅ⁵⁵	tʂʅ⁵³	tʂʅ³¹	tʂʅ³¹	tʂʅ⁵³	tʂʅ³¹	tʂʅ³¹
迟	止开三	平脂澄	tʂʰʅ⁵³	tʂʰʅ⁵³	tʂʰʅ⁵²	tʃʰʅ⁵²	tʂʰʅ⁵⁵	tʂʰʅ⁵⁵	tʂʰʅ⁵³
师	止开三	平脂生	ʂʅ²¹³	ʂʅ²¹³	ʂʅ²¹³	ʂʅ²¹³	ʂʅ³¹	ʂʅ²¹³	ʂʅ²¹³
指	止开三	上旨章	tʂʅ⁵⁵	tʂʅ⁵⁵	tʂʅ⁵⁵	tʂʅ⁵⁵	tʂʅ⁵⁵	tʂʅ⁵⁵	tʂʅ⁵⁵
至	止开三	去至章	tʂʅ⁵⁵	tʂʅ⁵³	tʂʅ⁵⁵	tʂʅ⁵⁵	tʂʅ⁵⁵	tʂʅ⁵⁵	tʂʅ⁵⁵
示	止开三	去至船	ʂʅ³¹	ʂʅ³¹	ʂʅ³¹	ʂʅ³¹	sɿ⁵³	ʂʅ²¹³	ʂʅ³¹
尸	止开三	平脂书	ʂʅ²¹³	ʂʅ²¹³	ʂʅ²¹³	ʂʅ²¹³	ʂʅ³¹	ʂʅ²¹³	ʂʅ²¹³
屎	止开三	上旨书	ʂʅ⁵⁵	ʂʅ⁵⁵	ʂʅ⁵⁵	ʂʅ⁵⁵	ʂʅ⁵⁵	ʂʅ⁵⁵	ʂʅ⁵⁵
视	止开三	去至禅	ʂʅ³¹	ʂʅ⁴¹²	ʂʅ³¹	ʂʅ³¹	sɿ⁵³	ʂʅ³¹	ʂʅ³¹
二	止开三	去至日	ɚ³¹ / lə³¹	ɚ⁴¹²	ɚ³¹ / lə³¹	lə³¹	ɚ⁵³	lə³¹	ɚ³¹ / lə³¹
饥	止开三	平脂见	tɕi²¹³	tɕi²¹³	tɕi²¹³	tɕi²¹³	tɕi³¹	tɕi²¹³	tɕi²¹³
几	止开三	上旨见	tɕi²¹³	tɕi⁵⁵	tɕi²¹³	tɕi⁵⁵	tɕi⁵⁵	tɕi²¹³	tɕi²¹³
器	止开三	去至溪	tɕʰi³¹	tɕʰi⁴¹²	tɕʰi³¹	tɕʰi³¹	tɕʰi⁵³	tɕʰi³¹	tɕʰi³¹
弃	止开三	去至溪	tɕʰi³¹	tɕʰi⁴¹²	tɕʰi³¹	tɕʰi²¹³	tɕʰi⁵³	tɕʰi⁵⁵	tɕʰi³¹

续表

例字	韵摄	中古音	东堤村	杨居屯	朱鹿村	太平村	魏马村	雷家寨	北李村
戏	止开三	去真晓	ɕi^{31}	ɕi^{31}	ɕi^{31}	ɕi^{31}	ɕi^{31}	ɕi^{412}	ɕi^{412}
椅	止开三	上纸影	i^{213}	i^{55}	i^{55}	i^{55}	i^{55}	i^{55}	i^{55}
移	止开三	平支以	i^{53}	i^{53}	i^{53}	i^{53}	i^{53}	i^{53}	i^{53}
易	止开三	去真以	i^{53}	i^{31}	i^{31}	i^{53}	i^{53}	i^{213}	i^{412}
悲	止开三	平脂帮	pei^{213}	pei^{55}	pei^{213}	pei^{213}	pei^{213}	pei^{213}	pei^{213}
比	止开三	上旨帮	pi^{55}	pi^{55}	pi^{55}	pi^{55}	pi^{55}	pi^{55}	pi^{55}
庀	止开三	去至帮	p^{h}i^{31}	—	p^{h}i^{31}	p^{h}i^{31}	p^{h}i^{53}	p^{h}i^{53}	p^{h}i^{213}
痞	止开三	去至帮	p^{h}i^{213}	p^{h}i^{53}	p^{h}i^{213}	p^{h}i^{53}	p^{h}i^{53}	p^{h}i^{53}	p^{h}i^{53}
屁	止开三	去真滂	p^{h}i^{31}	p^{h}i^{31}	p^{h}i^{31}	p^{h}i^{31}	p^{h}i^{31}	p^{h}i^{412}	p^{h}i^{412}
备	止开三	去至並	pei^{31}	pi^{53}	pei^{53}	pi^{31}	pi^{31}	pi^{412}	pei^{412}
鼻	止开三	去至並	pi^{53}	pi^{31}	pi^{53}	pi^{53}	pi^{53}	pi^{53}	pi^{53}
眉	止开三	平脂明	mei^{53}	mei^{53}	mei^{53}	mei^{53}	mei^{53}	mei^{53}	mei^{53}
美	止开三	上旨明	mei^{55}	mei^{55}	mei^{55}	mei^{55}	mei^{55}	mei^{55}	mei^{55}
地	止开三	去至定	ti^{31}	ti^{31}	ti^{31}	ti^{31}	ti^{31}	ti^{412}	ti^{412}
尼	止开三	平脂泥	ŋi^{53}	mi^{53}	ŋi^{53}	ŋi^{53}	ŋi^{53}	ŋi^{53}	ŋi^{53}
梨	止开三	平脂来	li^{53}	li^{53}	li^{53}	li^{53}	li^{53}	li^{53}	li^{53}
利	止开三	去至来	li^{31}	li^{31}	li^{31}	li^{31}	li^{31}	li^{412}	li^{412}
资	止开三	平脂精	tsɿ^{213}	tsɿ^{213}	tsɿ^{213}	tθɿ^{213}	tθɿ^{213}	tsɿ^{213}	tsɿ^{213}
次	止开三	去至清	ts^{h}ɿ^{53}	ts^{h}ɿ^{55}	ts^{h}ɿ^{53}	tθ^{h}ɿ^{53}	tθ^{h}ɿ^{53}	ts^{h}ɿ^{53}	ts^{h}ɿ^{53}
瓷	止开三	平脂从	ts^{h}ɿ^{53}	ts^{h}ɿ^{53}	ts^{h}ɿ^{53}	tθ^{h}ɿ^{53}	tθ^{h}ɿ^{53}	ts^{h}ɿ^{53}	ts^{h}ɿ^{53}
自	止开三	去至从	tsɿ^{53}	tsɿ^{55}	tsɿ^{53}	tθɿ^{53}	tθɿ^{53}	tsɿ^{412}	tsɿ^{412}
私	止开三	平脂私	sɿ^{213}	sɿ^{213}	sɿ^{213}	θɿ^{213}	θɿ^{213}	sɿ^{213}	sɿ^{213}
死	止开三	上纸心	sɿ^{55}	sɿ^{55}	sɿ^{55}	θɿ^{55}	θɿ^{55}	sɿ^{55}	sɿ^{55}
四	止开三	去旨心	sɿ^{31}	sɿ^{31}	sɿ^{31}	θɿ^{31}	θɿ^{31}	sɿ^{412}	sɿ^{412}
致	止开三	去至章	tʂʅ^{31}	tʂʅ^{31}	tʂʅ^{31}	tʂʅ^{31}	tʂʅ^{31}	tʂʅ^{412}	tʂʅ^{412}
迟	止开三	平脂澄	tʂ^{h}ʅ^{53}	tʂ^{h}ʅ^{53}	tʂ^{h}ʅ^{53}	tʃ^{h}ʅ^{53}	tʃ^{h}ʅ^{55}	tʂ^{h}ʅ^{53}	tʂ^{h}ʅ^{53}
师	止开三	平脂生	ʂʅ^{213}	ʂʅ^{213}	ʂʅ^{213}	ʂʅ^{213}	ʂʅ^{213}	ʂʅ^{213}	ʂʅ^{213}
指	止开三	上旨章	tʂʅ^{55}	tʂʅ^{31}～头	tʂʅ^{55}	tʂʅ^{55}	tʂʅ^{55}	tʂʅ^{55}	tʂʅ^{55}
至	止开三	去至章	tʂʅ^{31}	tʂʅ^{55}	tʂʅ^{31}	tʂʅ^{31}	tʂʅ^{31}	tʂʅ^{412}	tʂʅ^{412}
示	止开三	去至船	ʂʅ^{55}	ʂʅ^{31}	ʂʅ^{31}	ʂʅ^{31}	ʂʅ^{31}	ʂʅ^{55}	ʂʅ^{213}
尸	止开三	平脂书	ʂʅ^{55}	ʂʅ^{213}	ʂʅ^{213}	ʂʅ^{213}	ʂʅ^{213}	ʂʅ^{213}	ʂʅ^{213}
屎	止开三	上旨书	ʂʅ^{55}	ʂʅ^{55}	ʂʅ^{55}	ʂʅ^{55}	ʂʅ^{55}	ʂʅ^{55}	ʂʅ^{55}
视	止开三	去至禅	ʂʅ^{31}	ʂʅ^{31}	ʂʅ^{31}	ʂʅ^{31}	ʂʅ^{31}	ʂʅ^{412}	ʂʅ^{412}
二	止开三	去至日	lə^{31}	lə^{31}	lə^{31}	lə^{31}	lə^{31}	ɚ^{412}	ɚ^{412}
饥	止开三	平脂见	tɕi^{213}	tɕi^{213}	tɕi^{213}	tɕi^{213}	tɕi^{213}	tɕi^{213}	tɕi^{213}
几	止开三	上旨见	tɕi^{213}	tɕi^{213}	tɕi^{213}	tɕi^{55}	tɕi^{55}	tɕi^{55}	tɕi^{55}
器	止开三	去至溪	tɕ^{h}i^{31}	tɕ^{h}i^{31}	tɕ^{h}i^{31}	tɕ^{h}i^{31}	tɕ^{h}i^{31}	tɕ^{h}i^{412}	tɕ^{h}i^{412}
弃	止开三	去至溪	tɕ^{h}i^{213}	tɕ^{h}i^{31}	tɕ^{h}i^{213}	tɕ^{h}i^{55}	tɕ^{h}i^{55}	tɕ^{h}i^{412}	tɕ^{h}i^{412}

例字	韵摄	中古音	大李村	耿庄	谭家村	谭家营	马家庄	朱家庄	官路村
姨	止开三	平脂以	i⁵³	i⁵⁵	i⁵²	i⁵²	i⁵⁵	i⁵⁵	i⁵³
你	止开三	上止泥	ŋi⁵⁵	ŋi⁵⁵	ŋi⁵⁵	ŋi⁵⁵	ŋi⁵⁵	ŋi⁵⁵	ŋi⁵⁵
李	止开三	上止来	li⁵⁵	li⁵⁵	li⁵⁵	li⁵⁵	li⁵⁵	li⁵⁵	li⁵⁵
子	止开三	上止精	tsɿ⁵⁵	tsɿ⁵⁵	tsɿ⁵⁵	tθɿ⁵⁵	tsɿ⁵⁵	tθɿ⁵⁵	tsɿ⁵⁵
慈	止开三	平之从	tsʰɿ⁵³	tsʰɿ⁵³	tsʰɿ⁵²	tθʰɿ⁵²	tsʰɿ⁵⁵	tθʰɿ⁵⁵	tsʰɿ⁵³
字	止开三	去志从	tsɿ³¹	tsɿ⁴¹²	tsɿ³¹	tθɿ³¹	tsɿ⁵³	tθɿ³¹	tsɿ³¹
丝	止开三	平之心	sɿ²¹³	sɿ²¹³	sɿ²¹³	θɿ²¹³	sɿ³¹	θɿ²¹³	sɿ²¹³
伺	止开三	去志心	tsʰɿ³¹	tsʰɿ³¹	tsʰɿ⁵²	tθʰɿ³¹	tsʰɿ⁵³	tθʰɿ³¹	tsʰɿ³¹
词	止开三	平之邪	tsʰɿ⁵³	tsʰɿ⁵³	tsʰɿ⁵²	tθʰɿ⁵²	tsʰɿ⁵⁵	tθʰɿ⁵⁵	tsʰɿ⁵³
祠	止开三	平之邪	tsʰɿ⁵³	tsʰɿ⁵³	tsʰɿ⁵²	tθʰɿ⁵²	tsʰɿ⁵⁵	tθʰɿ⁵⁵	tsʰɿ⁵³
似	止开三	上止邪	sɿ³¹	sɿ⁴¹²	sɿ³¹	θɿ³¹	sɿ⁵³	θɿ³¹	sɿ³¹
寺	止开三	去志邪	sɿ³¹	sɿ⁴¹²	sɿ³¹	θɿ³¹	sɿ⁵³	θɿ³¹	sɿ³¹
饲	止开三	去志邪	sɿ³¹	sɿ²¹³	sɿ²¹³	tθʰɿ²¹³	sɿ⁵⁵	θɿ³¹	sɿ²¹³
置	止开三	去志知	tʂʅ³¹	tʂʅ⁵³	tʂʅ⁵²	tʃʅ⁵⁵	tʂʅ⁵⁵	tʂʅ⁵⁵	tʂʅ⁵⁵
痴	止开三	平之彻	tʂʰʅ²¹³	tʂʰʅ²¹³	tʂʰʅ⁵⁵	tʃʰʅ²¹³	tʂʰʅ⁵⁵	tʂʰʅ⁵⁵	tʂʰʅ⁵⁵
耻	止开三	上止彻	tʂʰʅ⁵⁵	tʂʰʅ⁵⁵	tʂʰʅ⁵⁵	tʃʰʅ⁵⁵	tʂʰʅ⁵⁵	tʂʰʅ⁵⁵	tʂʰʅ⁵⁵
持	止开三	平之澄	tʂʰʅ⁵³	tʂʰʅ⁵³	tʂʰʅ⁵²	tʃʰʅ⁵²	tʂʰʅ⁵⁵	tʂʰʅ⁵⁵	tʂʰʅ⁵³
治	止开三	去志澄	tʂʅ³¹	tʂʅ⁴¹²	tʂʅ³¹	tʃʅ³¹	tʂʅ⁵³	tʂʅ³¹	tʂʅ³¹
厕	止开三	去志初	tsʰei²¹³	tʂʰei²¹³	tʂʰei²¹³	tθʰə³¹	tsʰei³¹	tθʰə²¹³	tsʰə²¹³ / tʂʰei²¹³
士	止开三	上止崇	sɿ³¹	ʂʅ⁴¹²	ʂʅ³¹	ʃʅ³¹	ʂʅ⁵³	ʂʅ³¹	ʂʅ³¹
柿	止开三	上止崇	sɿ³¹	ʂʅ⁴¹²	ʂʅ³¹	ʃʅ³¹	ʂʅ⁵³	ʂʅ³¹	ʂʅ³¹
事	止开三	去志崇	ʂʅ³¹	ʂʅ⁴¹²	ʂʅ³¹	ʃʅ³¹	ʂʅ⁵³	ʂʅ³¹	ʂʅ³¹
使	止开三	上止生	ʂʅ⁵⁵	ʂʅ⁵⁵	ʂʅ⁵⁵	ʃʅ⁵⁵	ʂʅ⁵⁵	ʂʅ⁵⁵	ʂʅ⁵⁵
之	止开三	平之章	tʂʅ²¹³	tʂʅ⁵⁵	tʂʅ⁵⁵	tʃʅ²¹³	tʂʅ³¹	tʂʅ²¹³	tʂʅ³¹
止	止开三	上止章	tʂʅ⁵⁵	tʂʅ⁵⁵	tʂʅ⁵⁵	tʃʅ⁵⁵	tʂʅ⁵⁵	tʂʅ⁵⁵	tʂʅ⁵⁵
志	止开三	去志章	tʂʅ³¹	tʂʅ⁴¹²	tʂʅ³¹	tʃʅ³¹	tʂʅ⁵³	tʂʅ³¹	tʂʅ³¹
齿	止开三	上止昌	tʂʰʅ⁵⁵	tʂʰʅ⁵⁵	tʂʰʅ⁵⁵	tʃʰʅ⁵⁵	tʂʰʅ⁵⁵	tʂʰʅ⁵⁵	tʂʰʅ⁵⁵
诗	止开三	平之书	sɿ²¹³	ʂʅ²¹³	ʂʅ²¹³	ʃʅ²¹³	sɿ³¹	ʂʅ²¹³	ʂʅ²¹³
始	止开三	上止书	sɿ⁵⁵	ʂʅ⁵⁵	ʂʅ⁵⁵	ʃʅ⁵⁵	ʂʅ⁵³	ʂʅ⁵⁵	ʂʅ⁵⁵
试	止开三	去志书	sɿ³¹	ʂʅ⁴¹²	ʂʅ³¹	ʃʅ³¹	ʂʅ⁵³	ʂʅ³¹	ʂʅ³¹
时	止开三	平之禅	ʂʅ⁵³	ʂʅ⁵³	ʂʅ⁵²	ʃʅ⁵²	sɿ⁵⁵	ʂʅ⁵⁵	ʂʅ⁵³
市	止开三	上止禅	ʂʅ³¹	ʂʅ⁴¹²	ʂʅ³¹	ʃʅ³¹	ʂʅ⁵³	ʂʅ³¹	ʂʅ³¹
耳	止开三	上止日	lə⁵⁵	ə⁻⁵⁵	ə⁵⁵ / lə⁵⁵	lə⁵⁵	ə⁵⁵ / lə⁵⁵	ə⁵⁵	ə⁵⁵ / lə⁵⁵
基	止开三	平之见	tɕi²¹³	tɕi²¹³	tɕi²¹³	tɕi²¹³	tɕi³¹	tɕi²¹³	tɕi²¹³
己	止开三	上止见	tɕi⁵⁵	tɕi⁵⁵	tɕi⁵⁵	tɕi⁵⁵	tɕi³¹	tɕi²¹³	tɕi²¹³
纪	止开三	上止见	tɕi³¹	tɕi⁴¹²	tɕi³¹	tɕi⁵²	tɕi⁵³	tɕi³¹	tɕi³¹
记	止开三	去志见	tɕi³¹	tɕi⁴¹²	tɕi³¹	tɕi⁵²	tɕi⁵³	tɕi³¹	tɕi³¹
欺	止开三	平之溪	tɕʰi²¹³	tɕʰi²¹³	tɕʰi²¹³	tɕʰi²¹³	tɕʰi³¹	tɕʰi²¹³	tɕʰi²¹³

续表

例字	韵摄	中古音	东堤村	杨居屯	朱鹿村	太平村	魏马村	雷家寨	北李村
姨	止开三	平脂以	i^{53}	i^{53}	i^{53}	i^{53}	i^{53}	i^{53}	i^{53}
你	止开三	上止泥	ŋi^{55}	ŋi^{55}	ŋi^{55}	ŋi^{55}	ŋi^{55}	ŋi^{55}	ŋi^{55}
李	止开三	上止来	li^{55}	li^{55}	li^{55}	li^{55}	li^{55}	li^{55}	li^{55}
子	止开三	上止精	tsɿ^{55}	tsɿ^{55}	tsɿ^{55}	tθɿ^{55}	tθɿ^{55}	tsɿ^{55}	tsɿ^{55}
慈	止开三	平之从	tsʰɿ^{53}	tsʰɿ^{53}	tsʰɿ^{53}	tθʰɿ^{53}	tθʰɿ^{53}	tsʰɿ^{53}	tsʰɿ^{53}
字	止开三	去志从	tsɿ^{31}	tsɿ^{31}	tsɿ^{31}	tθɿ^{31}	tθɿ^{31}	tsɿ^{412}	tsɿ^{412}
丝	止开三	平之心	sɿ^{213}	sɿ^{213}	sɿ^{213}	θɿ^{213}	θɿ^{213}	sɿ^{213}	sɿ^{213}
伺	止开三	去志心	tsʰɿ^{53}	tsʰɿ^{31}	tsʰɿ^{31}	tθʰɿ^{31}	tθʰɿ^{31}	tsʰɿ^{53}	tsʰɿ^{53}
词	止开三	平之邪	tsʰɿ^{53}	tsʰɿ^{53}	tsʰɿ^{53}	tθʰɿ^{53}	tθʰɿ^{53}	tsʰɿ^{53}	tsʰɿ^{53}
祠	止开三	平之邪	tsʰɿ^{53}	tsʰɿ^{53}	tsʰɿ^{53}	tθʰɿ^{53}	tθʰɿ^{53}	tsʰɿ^{53}	tsʰɿ^{53}
似	止开三	上止邪	sɿ^{31}	sɿ^{31}	sɿ^{31}	θɿ^{55}	θɿ^{31}	sɿ^{412}	sɿ^{412}
寺	止开三	去志邪	sɿ^{31}	sɿ^{31}	sɿ^{31}	θɿ^{31}	θɿ^{31}	sɿ^{412}	sɿ^{412}
饲	止开三	去志邪	sɿ^{213}	sɿ^{31}	sɿ^{31}	θɿ^{31}	θɿ^{31}	sɿ^{213}	sɿ^{213}
置	止开三	去志知	tʂʅ^{53}	tʂʅ^{31}	tʂʅ^{53}	tʃʅ^{53}	tʃʅ^{53}	tʂʅ^{412}	tʂʅ^{53}
痴	止开三	平之彻	tʂʰʅ	tʂʰʅ^{213}	tʂʰʅ^{213}	tʃʰʅ^{55}	tʃʰʅ^{55}	tʂʰʅ^{213}	tʂʰʅ^{213}
耻	止开三	上止彻	tʂʰʅ^{213}	tʂʰʅ^{55}	tʂʰʅ^{55}	tʃʰʅ^{55}	tʃʰʅ^{55}	tʂʰʅ^{55}	tʂʰʅ^{55}
持	止开三	平之澄	tʂʰʅ^{53}	tʂʰʅ^{53}	tʂʰʅ^{53}	tʃʰʅ^{55}	tʃʰʅ^{55}	tʂʰʅ^{53}	tʂʰʅ^{53}
治	止开三	去志澄	tʂʅ^{31}	tʂʅ^{31}	tʂʅ^{31}	tʂʅ^{31}	tʃʅ^{31}	tʂʅ^{412}	tʂʅ^{412}
厕	止开三	去志初	sɿ^{213}	tʂʰei^{55}	tsʰə^{31} / sɿ^{213}	tʂʰei^{55}	θɿ^{31}	tʂʰei^{213}	tʂʰei^{213}
士	止开三	上止崇	ʂʅ^{31}	ʂʅ^{31}	ʂʅ^{31}	ʂʅ^{31}	ʂʅ^{31}	ʂʅ^{412}	ʂʅ^{412}
柿	止开三	上止崇	ʂʅ^{31}	ʂʅ^{31}	ʂʅ^{31}	ʂʅ^{31}	ʂʅ^{31}	ʂʅ^{412}	ʂʅ^{412}
事	止开三	去志崇	ʂʅ^{31}	ʂʅ^{31}	ʂʅ^{31}	ʂʅ^{31}	ʂʅ^{31}	ʂʅ^{412}	ʂʅ^{412}
使	止开三	上止生	ʂʅ^{55}	ʂʅ^{55}	ʂʅ^{55}	ʂʅ^{55}	ʂʅ^{55}	sɿ^{55}	sɿ^{55}
之	止开三	平之章	tʂʅ^{213}	tʂʅ^{213}	tʂʅ^{213}	tʂʅ^{213}	tʂʅ^{213}	tʂʅ^{213}	tʂʅ^{213}
止	止开三	上止章	tʂʅ^{55}	tʂʅ^{55}	tʂʅ^{55}	tʂʅ^{55}	tʂʅ^{55}	tʂʅ^{55}	tʂʅ^{55}
志	止开三	去志章	tʂʅ^{31}	tʂʅ^{31}	tʂʅ^{31}	tʂʅ^{31}	tʂʅ^{31}	tʂʅ^{412}	tʂʅ^{412}
齿	止开三	上止昌	tʂʰʅ^{55}	tʂʰʅ^{55}	tʂʰʅ^{55}	tʂʰʅ^{55}	tʂʰʅ^{55}	tʂʰʅ^{55}	tʂʰʅ^{55}
诗	止开三	平之书	ʂʅ^{213}	ʂʅ^{213}	ʂʅ^{213}	ʂʅ^{213}	ʂʅ^{213}	sɿ^{213}	ʂʅ^{213}
始	止开三	上止书	ʂʅ^{55}	ʂʅ^{55}	ʂʅ^{55}	ʂʅ^{55}	ʂʅ^{55}	ʂʅ^{55}	ʂʅ^{55}
试	止开三	去志书	ʂʅ^{31}	ʂʅ^{31}	ʂʅ^{31}	ʂʅ^{31}	ʂʅ^{31}	ʂʅ^{412}	ʂʅ^{412}
时	止开三	平之禅	ʂʅ^{53}	ʂʅ^{53}	ʂʅ^{53}	ʂʅ^{53}	ʂʅ^{53}	ʂʅ^{53}	ʂʅ^{53}
市	止开三	上止禅	ʂʅ^{31}	ʂʅ^{31}	ʂʅ^{31}	ʂʅ^{31}	ʂʅ^{31}	ʂʅ^{412}	ʂʅ^{412}
耳	止开三	上止日	lə^{55}	lə^{55}	lə^{55}	ɚ^{55} / lə^{55}	lə^{55}	ɚ^{55}	ɚ^{55}
基	止开三	平之见	tɕi^{213}	tɕi^{213}	tɕi^{213}	tɕi^{213}	tɕi^{213}	tɕi^{213}	tɕi^{213}
己	止开三	上止见	tɕi^{55}	tɕi^{31}	tɕi^{53}	tɕi^{31}	tɕi^{55}	tɕi^{55}	tɕi^{55}
纪	止开三	上止见	tɕi^{53}	tɕi^{31}	tɕi^{31}	tɕi^{31}	tɕi^{31}	tɕi^{412}	tɕi^{412}
记	止开三	去志见	tɕi^{31}	tɕi^{31}	tɕi^{31}	tɕi^{31}	tɕi^{31}	tɕi^{412}	tɕi^{412}
欺	止开三	平之溪	tɕʰi^{213}	tɕʰi^{213}	tɕʰi^{213}	tɕʰi^{213}	tɕʰi^{213}	tɕʰi^{213}	tɕʰi^{213}

例字	韵摄	中古音	大李村	耿庄	谭家村	谭家营	马家庄	朱家庄	官路村
起	止开三	上止溪	tɕʰi⁵⁵	tɕʰi⁵⁵	tɕʰi⁵⁵	tɕʰi⁵⁵	tɕʰi⁵⁵	tɕʰi⁵⁵	tɕʰi⁵⁵
棋	止开三	平之群	tɕʰi⁵³	tɕʰi⁵³	tɕʰi⁵²	tɕʰi⁵²	tɕʰi⁵⁵	tɕʰi⁵⁵	tɕʰi⁵³
忌	止开三	去志群	tɕi³¹	tɕi⁵⁵	tɕi³¹	tɕi³¹	tɕi⁵³	tɕi³¹	tɕi³¹
疑	止开三	平之疑	ŋi⁵³	i⁵³	i⁵² ŋi⁵²	i⁵²	ŋi⁵⁵	i⁵⁵	ŋi⁵³
喜	止开三	上止晓	ɕi⁵⁵	ɕi⁵⁵	ɕi⁵⁵	ɕi⁵⁵	ɕi⁵⁵	ɕi⁵⁵	ɕi⁵⁵
医	止开三	平之影	i²¹³	i²¹³	i²¹³	i³¹	i³¹	i²¹³	i²¹³
意	止开三	去志影	i³¹	i⁴¹²	i³¹	i³¹	i⁵³	i³¹	i³¹
以	止开三	上止以	i²¹³	i⁵⁵	i³¹	i⁵⁵	i³¹	i²¹³	i²¹³
机	止开三	平微见	tɕi²¹³	tɕi²¹³	tɕi²¹³	tɕi²¹³	tɕi³¹	tɕi²¹³	tɕi²¹³
几	止开三	上尾见	tɕi⁵⁵	tɕi⁵⁵	tɕi⁵⁵	tɕi⁵⁵	tɕi⁵⁵	tɕi⁵⁵	tɕi⁵⁵
气	止开三	去未溪	tɕʰi³¹	tɕʰi⁴¹²	tɕʰi³¹	tɕʰi³¹	tɕʰi⁵³	tɕʰi³¹	tɕʰi³¹
毅	止开三	去未疑	i³¹	i⁵³	i⁵³	i³¹	i⁵⁵	i⁵⁵	i⁵³
希	止开三	平微晓	ɕi²¹³	ɕi²¹³	ɕi²¹³	ɕi²¹³	ɕi³¹	ɕi²¹³	ɕi²¹³
衣	止开三	平微影	i²¹³	i²¹³	i²¹³	i²¹³	i³¹	i²¹³	i²¹³
累	止合三	去寘来	lei³¹	lei⁴¹²	luei⁵⁵	luei⁵⁵	luei⁵⁵	luei³¹	luei³¹
嘴	止合三	上纸精	tsuei⁵⁵	tsuei⁵⁵	tsuei⁵⁵	tθuei⁵⁵	tsuei⁵⁵	tθuei⁵⁵	tsuei⁵⁵
随	止合三	平支邪	suei⁵³	suei⁵³	suei⁵²	θuei⁵²	suei⁵⁵	θuei⁵⁵	suei⁵³
揣	止合三	上纸初	tʂʰuɛ⁵⁵	tʂʰuɛ⁵⁵	tʂʰuɛ²¹³	tʂʰuɛ²¹³	tʂʰuɛ³¹	tʂʰuɛ²¹³	tʂʰuɛ²¹³
吹	止合三	平支昌	tʂʰuei²¹³	tʂʰuei²¹³	tʂʰuei²¹³	tʂʰuei²¹³	tʂʰuei³¹	tʂʰuei²¹³	tʂʰuei²¹³
垂	止合三	平支禅	tʂʰuei⁵³	tʂʰuei⁵³	tʂʰuei⁵²	tʂʰuei⁵²	tʂʰuei⁵⁵	tʂʰuei⁵⁵	tʂʰuei⁵³
睡	止合三	去寘禅	ʂuei³¹	ʂuei⁴¹²	ʂuei³¹	ʂuei³¹	ʂuei⁵³	ʂuei³¹	ʂuei³¹
瑞	止合三	去寘禅	zuei³¹	zuei⁴¹²	zuei³¹	ʂuei³¹	zuɔ³¹	luei³¹	zuei³¹ ʂuei³¹
规	止合三	平支见	kuei²¹³ kʰuei²¹³	kuei²¹³	kuei²¹³	kuei²¹³	kuei³¹	kuei²¹³	kʰuei²¹³
亏	止合三	平支溪	kʰuei²¹³	kʰuei²¹³	kʰuei²¹³	kʰuei²¹³	kʰuei³¹	kʰuei²¹³	kʰuei²¹³
跪	止合三	上纸群	kuei³¹	kuei⁴¹²	kuei³¹	kuei³¹	kuei⁵³	kuei³¹	kuei³¹
危	止合三	平支疑	uei²¹³	uei⁵⁵	uei²¹³	vei⁵⁵	uei³¹	vei⁵⁵	uei²¹³
伪	止合三	去寘疑	uei⁵⁵	uei⁵⁵	uei⁵²	vei⁵²	uei⁵⁵	vei⁵⁵	uei⁵⁵
毁	止合三	上纸晓	xuei⁵⁵	xuei⁵⁵	xuei⁵⁵	xuei⁵⁵	xuei⁵⁵	xuei⁵⁵	xuei⁵⁵
委	止合三	上纸影	uei⁵⁵	uei⁵⁵	uei⁵⁵	vei⁵⁵	uei⁵⁵	vei⁵⁵	uei²¹³
喂~饭	止合三	去寘影	uei³¹	uei⁴¹²	uei³¹	vei³¹	uei⁵³	vei³¹	uei³¹
为作~	止合三	平支云	uei³¹	uei⁵³	uei⁵²	vei²¹³	uei⁵³	vei⁵⁵	uei⁵³
为~什么	止合三	去寘云	uei³¹	uei⁴¹²	uei³¹	vei³¹	uei⁵³	vei³¹	uei³¹
类	止合三	去至来	luei⁵⁵	lei⁴¹²	luei³¹	luei³¹	luei⁵³	luei³¹	luei³¹
泪	止合三	去至来	lei³¹	lei⁴¹²	luei³¹	luei³¹	luei⁵³	luei³¹	luei³¹
醉	止合三	去至精	tsuei³¹	tsuei⁴¹²	tsuei³¹	tθuei³¹	tsuei⁵³	tθuei³¹	tsuei³¹
翠	止合三	去至清	tsʰuei³¹	tsʰuei⁴¹²	tsʰuei³¹	tθʰuei³¹	tsʰuei³¹	tθʰuei³¹	tsʰuei³¹
虽	止合三	平脂心	suei⁵³	suei²¹³	suei⁵³	θuei²¹³	suei⁵⁵	θuei⁵⁵	suei⁵³

续表

例字	韵摄	中古音	东堤村	杨居屯	朱鹿村	太平村	魏马村	雷家寨	北李村
起	止开三	上止溪	tɕʰi⁵⁵	tɕʰi⁵⁵	tɕʰi⁵⁵	tɕʰi⁵⁵	tɕʰi⁵⁵	tɕʰi⁵⁵	tɕʰi⁵⁵
棋	止开三	平之群	tɕʰi⁵³	tɕʰi⁵³	tɕʰi⁵³	tɕʰi⁵³	tɕʰi⁵³	tɕʰi⁵³	tɕʰi⁵³
忌	止开三	去志群	tɕi³¹	tɕi³¹	tɕi³¹	tɕi³¹	tɕi³¹	tɕi⁴¹²	tɕi⁴¹²
疑	止开三	平之疑	i⁵³	ŋi⁵³	i⁵³	ŋi⁵³	i⁵³	ŋi⁵³	i⁵³
喜	止开三	上止晓	ɕi⁵⁵	ɕi⁵⁵	ɕi⁵⁵	ɕi⁵⁵	ɕi⁵⁵	ɕi⁵⁵	ɕi⁵⁵
医	止开三	平之影	i²¹³	i²¹³	i²¹³	i²¹³	i²¹³	i²¹³	i²¹³
意	止开三	去志影	i³¹	i³¹	i³¹	i³¹	i³¹	i⁴¹²	i⁴¹²
以	止开三	上止以	i²¹³	i⁵⁵	i²¹³	i⁵⁵	i⁵⁵	i⁵⁵	i⁵⁵
机	止开三	平微见	tɕi²¹³	tɕi²¹³	tɕi²¹³	tɕi²¹³	tɕi²¹³	tɕi²¹³	tɕi²¹³
几	止开三	上尾见	tɕi⁵⁵	tɕi⁵⁵	tɕi⁵⁵	tɕi⁵⁵	tɕi⁵⁵	tɕi⁵⁵	tɕi⁵⁵
气	止开三	去未溪	tɕʰi³¹	tɕʰi³¹	tɕʰi³¹	tɕʰi³¹	tɕʰi³¹	tɕʰi⁴¹²	tɕʰi⁴¹²
毅	止开三	去未疑	i⁵³	i⁵³	i⁵³	i³¹	i⁵³	i⁵³	i⁵³
希	止开三	平微晓	ɕi⁵⁵	ɕi²¹³	ɕi⁵⁵	ɕi²¹³	ɕi⁵⁵	ɕi²¹³	ɕi²¹³
衣	止开三	平微影	i²¹³	i²¹³	i²¹³	i²¹³	i²¹³	i²¹³	i²¹³
累	止合三	去寘来	luei⁵³	luei³¹	luei³¹	luei³¹	luei⁵³	lei⁴¹²	lei⁴¹²
嘴	止合三	上纸精	tsuei⁵⁵	tsuei⁵⁵	tsuei⁵⁵	tθuei⁵⁵	tθuei⁵⁵	tsuei⁵⁵	tsuei⁵⁵
随	止合三	平支邪	suei⁵³	suei⁵³	suei⁵³	θuei⁵³	θuei⁵³	suei⁵³	suei⁵³
揣	止合三	上纸初	tʂʰuɛ²¹³	tʂʰuɛ²¹³	tʂʰuɛ²¹³	tʂʰuɛ²¹³	tʂʰuɛ²¹³	tʂʰuɛ⁵⁵	tʂʰuɛ⁵⁵
吹	止合三	平支昌	tʂʰuei²¹³	tʂʰuei²¹³	tʂʰuei²¹³	tʂʰuei²¹³	tʂʰuei²¹³	tʂʰuei²¹³	tʂʰuei²¹³
垂	止合三	平支禅	tʂʰuei⁵³	tʂʰuei⁵³	tʂʰuei⁵³	tʂʰuei⁵³	tʂʰuei⁵³	tʂʰuei⁵³	tʂʰuei⁵³
睡	止合三	去寘禅	ʂuei³¹	ʂuei³¹	ʂuei³¹	ʂuei³¹	ʂuei³¹	ʂuei⁴¹²	ʂuei⁴¹²
瑞	止合三	去寘禅	ʂuei³¹	ʂuei³¹	ʂuei³¹	ʂuei³¹	luei³¹	zuei⁴¹²	zuei⁴¹²
规	止合三	平支见	kuei²¹³	kuei³¹	kuei²¹³	kuei²¹³	kuei²¹³	kʰuei²¹³	kʰuei²¹³
亏	止合三	平支溪	kʰuei²¹³	kʰuei²¹³	kʰuei²¹³	kʰuei²¹³	kʰuei²¹³	kʰuei²¹³	kʰuei²¹³
跪	止合三	上纸群	kuei³¹	kuei³¹	kuei³¹	kuei³¹	kuei³¹	kuei⁴¹²	kuei⁴¹²
危	止合三	平支疑	uei⁵⁵	uei²¹³	uei⁵⁵	uei³¹	uei⁵⁵	uei⁵⁵	uei⁵⁵
伪	止合三	去寘疑	uei⁵⁵	uei⁵⁵	uei⁵⁵	uei⁵⁵	uei³¹	uei⁵⁵	uei⁵⁵
毁	止合三	上纸晓	xuei⁵⁵	xuei⁵⁵	xuei⁵⁵	xuei⁵⁵	xuei⁵⁵	xuei⁵⁵	xuei⁵⁵
委	止合三	上纸影	uei⁵⁵	uei⁵⁵	uei⁵⁵	uei⁵⁵	uei⁵⁵	uei⁵⁵	uei⁵⁵
喂~饭	止合三	去寘影	uei³¹	uei³¹	uei³¹	uei³¹	uei³¹	uei⁴¹²	uei⁴¹²
为作~	止合三	平支云	uei⁵³	uei⁵³	uei⁵³	uei⁵³	uei⁵³	uei⁵³	uei⁵³
为~什么	止合三	去寘云	uei³¹	uei³¹	uei³¹	uei³¹	uei³¹	uei⁴¹²	uei⁴¹²
类	止合三	去至来	luei³¹	luei⁵⁵	luei³¹	luei⁵⁵	luei³¹	lei⁴¹²	lei⁴¹²
泪	止合三	去至来	luei³¹	luei³¹	luei³¹	luei³¹	luei³¹	lei⁴¹²	lei⁴¹²
醉	止合三	去至精	tsuei³¹	tsuei³¹	tsuei³¹	tθuei³¹	tθuei³¹	tsuei⁴¹²	tsuei⁴¹²
翠	止合三	去至精	tsʰuei³¹	tsʰuei³¹	tsʰuei³¹	tθʰuei³¹	tθʰuei³¹	tsʰuei⁴¹²	tsʰuei⁴¹²
虽	止合三	平脂心	suei⁵³	suei²¹³	suei⁵³	θuei⁵³	θuei⁵³	suei²¹³	suei²¹³

例字	韵摄	中古音	大李村	耿庄	谭家村	谭家营	马家庄	朱家庄	官路村
穗	止合三	去至邪	suei³¹	suei⁴¹²	suei³¹	θuei³¹	ɕy⁵³	θuei³¹	suei³¹
追	止合三	平脂知	tʂuei²¹³	tʂuei²¹³	tʂuei²¹³	tʂuei²¹³	tʂuei³¹	tʂuei²¹³	tʂuei²¹³
锤	止合三	平脂澄	tʂʰuei⁵³	tʂʰuei⁵³	tʂʰuei⁵²	tʂʰuei⁵²	tʂʰuei⁵⁵	tʂʰuei⁵⁵	tʂʰuei⁵³
衰	止合三	平脂生	ʂuɛ²¹³	ʂuɛ²¹³	ʂuɛ²¹³	ʂuɛ²¹³	ʂuɛ⁵⁵	ʂuɛ²¹³	ʂuɛ²¹³
摔	止合三	平脂生	ʂuei²¹³	ʂuei²¹³	ʂuɛ⁵⁵/ʂuei⁵⁵	ʂuei⁵⁵	ʂuɛ⁵⁵/ʂuei⁵⁵	ʂuei⁵⁵	ʂuei²¹³
帅	止合三	去至生	ʂuɛ³¹	ʂuɛ⁴¹²	ʂuɛ³¹	ʂuɛ³¹	ʂuɛ⁵³	ʂuɛ³¹	ʂuɛ³¹
锥	止合三	平脂章	tʂuei²¹³	tʂuei²¹³	tʂuei²¹³	tʂuei²¹³	tʂuei³¹	tʂuei²¹³	tʂuei²¹³
水	止合三	上旨书	ʂuei⁵⁵	ʂuei⁵⁵	ʂuei⁵⁵	ʂuei⁵⁵	ʂuei⁵⁵	ʂuei⁵⁵	ʂuei⁵⁵
谁	止合三	平脂禅	sei	ʂei⁵³	ʂei⁵²	ʃei⁵²	ʂuei⁵⁵	ʂuei⁵⁵	ʂei⁵³
龟	止合三	平脂见	kuei²¹³	kuei²¹³	kuei²¹³	kuei⁵⁵	kuei³¹	kuei²¹³	kuei²¹³
轨	止合三	上旨见	kuei⁵⁵	kuei⁵⁵	kuei²¹³	kuei²¹³	kuei⁵⁵	kuei²¹³	kuei⁵⁵
愧	止合三	去至见	kʰuei³¹	kʰuei⁵³	kʰuei⁵²	kʰuei⁵²	kʰuei³¹	kʰuei²¹³	kʰuei³¹
季	止合三	去至见	tɕi³¹	tɕi⁴¹²	tɕi³¹	tɕi³¹	tɕi⁵³	tɕi³¹	tɕi³¹
葵	止合三	平脂群	kʰuei⁵³	kʰuei⁵³	kʰuei⁵²	kʰuei⁵²	kʰuei⁵⁵	kʰuei⁵⁵	kʰuei⁵³
柜	止合三	去至群	kuei³¹	kuei⁴¹²	kuei³¹	kuei³¹	kuei⁵³	kuei³¹	kuei³¹
位	止合三	去至云	uei³¹	uei⁴¹²	uei³¹	vei³¹	uei⁵³	vei³¹	uei³¹
维	止合三	平脂以	uei⁵³	uei⁵⁵	uei⁵²	vei⁵⁵	uei⁵⁵	vei⁵⁵	uei⁵³
遗	止合三	平脂以	i⁵³	i⁵³	i⁵²	i⁵²	i⁵⁵	i⁵⁵	i⁵³
唯	止合三	上旨以	uei⁵³	uei⁵⁵	uei⁵⁵	vei⁵⁵	uei⁵⁵	vei⁵⁵	uei⁵³
飞	止合三	平微非	fei²¹³/fi²¹³	fi²¹³	fei²¹³	fei²¹³	fei³¹	fei²¹³	fei²¹³
匪	止合三	上尾非	fei⁵⁵	fi⁵⁵	fei²¹³	fei²¹³	fei³¹	fei²¹³	fei⁵⁵
妃	止合三	平微敷	fei²¹³	fi⁵⁵	fei²¹³	fei²¹³	fei³¹	fei²¹³	fei²¹³
费	止合三	平微敷	fei³¹	fi⁴¹²	fei³¹	fei³¹	fei³¹	fei³¹	fei³¹
肥	止合三	平微奉	fei²¹³	fi⁵³	fei⁵²	fei⁵²	fei⁵⁵	fei⁵⁵	fei⁵³
微	止合三	平微微	uei⁵³	uei⁵⁵	uei²¹³	vei²¹³	uei⁵⁵	vei⁵⁵	uei⁵³
尾	止合三	上尾微	uei⁵⁵/i⁵⁵	uei⁵⁵/i⁵⁵	uei⁵⁵/i⁵⁵	vei⁵⁵/i⁵⁵	uei⁵⁵/i⁵⁵	vei⁵⁵/i⁵⁵	uei⁵⁵/i⁵⁵
味	止合三	去未微	uei³¹	uei⁴¹²	uei³¹	vei³¹	uei⁵³	vei³¹	uei³¹
归	止合三	平微见	kuei²¹³	kuei²¹³	kuei²¹³	kuei²¹³	kuei³¹	kuei²¹³	kuei²¹³
鬼	止合三	上尾见	kuei⁵⁵	kuei⁵⁵	kuei⁵⁵	kuei⁵⁵	kuei³¹	kuei⁵⁵	kuei⁵⁵
贵	止合三	去未见	kuei³¹	kuei⁴¹²	kuei³¹	kuei³¹	kuei⁵³	kuei³¹	kuei³¹
魏	止合三	去未疑	uei³¹	uei⁴¹²	uei³¹	vei³¹	uei⁵³	vei³¹	uei³¹
挥	止合三	平微晓	xuei²¹³	xuei²¹³	xuei²¹³	xuei³¹	xuei²¹³	xuei²¹³	xuei²¹³
威	止合三	平微影	uei²¹³	uei²¹³	uei²¹³	vei⁵⁵	uei³¹	vei²¹³	uei²¹³
慰	止合三	平微影	uei³¹	uei⁴¹²	uei³¹/ɣ³¹~问	vei⁵⁵	uei⁵³	vei⁵⁵	uei³¹/ɣ³¹~问

续表

例字	韵摄	中古音	东堤村	杨居屯	朱鹿村	太平村	魏马村	雷家寨	北李村
穗	止合三	去至邪	suei³¹	suei³¹ ɕy³¹	suei³¹	θuei³¹	θuei³¹	suei⁴¹²	suei⁴¹²
追	止合三	平脂知	tʂuei²¹³	tʂuei²¹³	tʂuei²¹³	tʂuei²¹³	tʂuei²¹³	tʂuei²¹³	tʂuei²¹³
锤	止合三	平脂澄	tʂʰuei⁵³	tʂʰuei⁵³	tʂʰuei⁵³	tʂʰuei⁵³	tʂʰuei⁵³	tʂʰuei⁵³	tʂʰuei⁵³
衰	止合三	平脂生	ʂɛ²¹³	ʂɛ²¹³	ʂɛ²¹³	ʂɛ²¹³	ʂɛ²¹³	ʂɛ²¹³	ʂɛ²¹³
摔	止合三	平脂生	ʂuei²¹³	ʂuei²¹³	ʂuei⁵⁵	ʂuei⁵⁵	ʂuei⁵⁵	ʂuei²¹³	fei²¹³
帅	止合三	去至生	ʂuɛ³¹	ʂuɛ³¹	ʂuɛ³¹	ʂuɛ³¹	ʂuɛ³¹	ʂuɛ⁴¹²	ʂuɛ⁴¹²
锥	止合三	平脂章	tʂuei²¹³	tʂuei³¹	tʂuei³¹	tʂuei³¹	tʂuei³¹	tʂuei²¹³	tʂuei²¹³
水	止合三	上旨书	ʂuei⁵⁵	ʂuei⁵⁵	ʂuei⁵⁵	ʂuei⁵⁵	ʂuei⁵⁵	ʂuei⁵⁵	ʂuei⁵⁵ fei⁵⁵
谁	止合三	平脂禅	ʂei⁵³	ʂei⁵³	ʂei⁵³	ʃei⁵³	ʃei⁵³	ʂei⁵³	ʂuei⁵³
龟	止合三	平脂见	kuei²¹³	kuei²¹³	kuei²¹³	kuei²¹³	kuei²¹³	kuei²¹³	kuei²¹³
轨	止合三	上旨见	kuei²¹³	kuẽ⁵⁵	kuei²¹³	kuei²¹³	kuei²¹³	kuei⁵⁵	kuei⁵⁵
愧	止合三	去至见	kʰuei⁵³	kʰuei³¹	kʰuei³¹	kʰuei³¹	kʰuei⁵³	kʰuei⁴¹²	kʰuei⁵³
季	止合三	去至见	tɕi³¹	tɕi³¹	tɕi³¹	tɕi³¹	tɕi³¹	tɕi⁴¹²	tɕi⁴¹²
葵	止合三	平脂群	kʰuei⁵³	kʰuei⁵³	kʰuei⁵³	kʰuei⁵³	kʰuei⁵³	kʰuei⁵³	kʰuei⁵³
柜	止合三	去至群	kuei³¹	kuei³¹	kuei³¹	kuei³¹	kuei³¹	kuei⁴¹²	kuei⁴¹²
位	止合三	去至云	uei³¹	uei³¹	uei³¹	uei³¹	uei³¹	uei⁴¹²	uei⁴¹²
维	止合三	平脂以	uei⁵⁵	uei⁵³	uei⁵⁵	uei⁵⁵	uei⁵⁵	uei⁵³	uei⁵⁵
遗	止合三	平脂以	i⁵³	i⁵³	i⁵³	i⁵³	i⁵³	i⁵³	i⁵³
唯	止合三	上旨以	uei⁵⁵	uei⁵³	uei⁵⁵	uei⁵⁵	vei⁵⁵	uei⁵³	uei⁵⁵
飞	止合三	平微非	fei²¹³	fei²¹³	fei²¹³	fei²¹³	fei²¹³	fei²¹³ fi²¹³	fi²¹³
匪	止合三	上尾非	fei⁵⁵	fei⁵⁵	fei⁵⁵	fei⁵⁵	fei³¹	fei⁵⁵ fi⁵⁵	fi⁵⁵
妃	止合三	平微敷	fei²¹³	fei³¹	fei²¹³	fei²¹³	fei²¹³	fei²¹³	fei⁵⁵
费	止合三	平微敷	fei³¹	fei³¹	fei³¹	fei³¹	fei³¹	fi⁴¹²	fi⁴¹²
肥	止合三	平微奉	fei⁵³	fei⁵³	fei⁵³	fei⁵³	fei⁵³	fei⁵³ fi⁵³	fi⁵³
微	止合三	平微微	uei⁵⁵	uei⁵³	uei²¹³	uei²¹³	uei²¹³	uei⁵³	uei⁵⁵
尾	止合三	上尾微	uei⁵⁵ i⁵⁵	uei⁵⁵ i³¹	uei⁵⁵ i⁵⁵	uei⁵⁵ i⁵⁵	uei⁵⁵ i⁵⁵	uei⁵⁵ i⁵⁵	uei⁵⁵ i⁵⁵
味	止合三	去未微	uei³¹	uei³¹	uei³¹	uei³¹	uei³¹	uei⁴¹²	uei⁴¹²
归	止合三	平微见	kuei²¹³	kuei²¹³	kuei²¹³	kuei²¹³	kuei²¹³	kuei²¹³	kuei²¹³
鬼	止合三	上尾见	kuei⁵⁵	kuei⁵⁵	kuei⁵⁵	kuei⁵⁵	kuei⁵⁵	kuei⁵⁵	kuei⁵⁵
贵	止合三	去未见	kuei³¹	kuei³¹	kuei³¹	kuei³¹	kuei³¹	kuei⁴¹²	kuei⁴¹²
魏	止合三	去未疑	uei³¹	uei³¹	uei³¹	θuei³¹	θuei³¹	uei⁴¹²	uei⁴¹²
挥	止合三	平微晓	xuei²¹³	xuei²¹³	xuei²¹³	xuei²¹³	xuei²¹³	xuei²¹³	xuei²¹³
威	止合三	平微影	uei²¹³	uei²¹³	uei²¹³	uei²¹³	uei²¹³	uei²¹³	uei²¹³
慰	止合三	平微影	uei⁵⁵	uẽ³¹ y³¹~问	uei⁵⁵	uei⁵⁵ y⁵⁵~问	uei⁵⁵	y⁴¹²~问	uei⁴¹²

例字	韵摄	中古音	大李村	耿庄	谭家村	谭家营	马家庄	朱家庄	官路村
围	止合三	平微云	uei^{53}	uei^{53}	uei^{52}	vei^{52}	uei^{55}	vei^{55}	uei^{53}
伟	止合三	上尾云	uei^{55}	uei^{55}	uei^{55}	vei^{55}	uei^{55}	vei^{55}	uei^{55}
苇	止合三	上尾云	uei^{55}	uei^{55}	uei^{55}	vei^{55}	uei^{55}	vei^{55}	uei^{53} y^{55}
胃	止合三	去未云	uei^{31}	uei^{412}	uei^{31}	vei^{31}	uei^{53}	vei^{31}	uei^{31}
堡	效开一	上皓帮	pɔ^{55}	pɔ^{55}	pɔ^{55}/pu^{55}	pɔ^{55}/pu^{55}	pu^{53}	pɔ^{55}	pɔ^{55}/pu^{55}
宝	效开一	上皓帮	pɔ^{55}	pɔ^{55}	pɔ^{55}	pɔ^{55}	pɔ^{55}	pɔ^{55}	pɔ^{55}
报	效开一	去号帮	pɔ^{31}	pɔ^{412}	pɔ^{31}	pɔ^{31}	pɔ^{53}	pɔ^{31}	pɔ^{31}
袍	效开一	平豪并	pʰɔ^{53}	pʰɔ^{53}	pʰɔ^{52}	pʰɔ^{52}	pʰɔ^{55}	pʰɔ^{55}	pʰɔ^{53}
抱	效开一	上皓并	pɔ^{31}	pɔ^{412}	pɔ^{31}	pɔ^{31}	pɔ^{55}	pɔ^{31}	pɔ^{31}
暴	效开一	去号并	pɔ^{31}	pɔ^{412}	pɔ^{31}	pɔ^{31}	pɔ^{53}	pɔ^{31}	pɔ^{31}
菢	效开一	去号并	pɔ^{31}	pɔ^{412}	pɔ^{31}	pɔ^{31}	pɔ^{53}	pɔ^{31}	pɔ^{31}
毛	效开一	平豪明	mɔ^{53}	mɔ^{53}	mɔ^{52}	mɔ^{52}	mɔ^{55}	mɔ^{55}	mɔ^{53}
帽	效开一	去号明	mɔ^{31}	mɔ^{412}	mɔ^{31}	mɔ^{31}	mɔ^{53}	mɔ^{31}	mɔ^{31}
刀	效开一	平豪端	tɔ^{213}	tɔ^{213}	tɔ^{213}	tɔ^{213}	tɔ^{31}	tɔ^{213}	tɔ^{213}
倒	效开一	上皓端	tɔ^{55}	tɔ^{55}	tɔ^{55}	tɔ^{55}	tɔ^{55}	tɔ^{55}	tɔ^{55}
到	效开一	去号端	tɔ^{31}	tɔ^{412}	tɔ^{31}	tɔ^{31}	tɔ^{53}	tɔ^{31}	tɔ^{31}
掏	效开一	平豪透	tʰɔ^{213}	tʰɔ^{213}	tʰɔ^{213}	tʰɔ^{213}	tʰɔ^{55}	tʰɔ^{213}	tʰɔ^{213}
讨	效开一	上皓透	tʰɔ^{55}	tʰɔ^{53}	tʰɔ^{55}	tʰɔ^{55}	tʰɔ^{55}	tʰɔ^{55}	tʰɔ^{55}
套	效开一	去号透	tʰɔ^{31}	tʰɔ^{412}	tʰɔ^{31}	tʰɔ^{31}	tʰɔ^{53}	tʰɔ^{31}	tʰɔ^{31}
桃	效开一	平脂生	tʰɔ^{53}	tʰɔ^{53}	tʰɔ^{52}	tʰɔ^{52}	tʰɔ^{55}	tʰɔ^{55}	tʰɔ^{53}
涛	效开一	平脂生	tʰɔ^{213}	tʰɔ^{213}	tʰɔ^{52}	tʰɔ^{52}	tʰɔ^{31}	tʰɔ^{213}	tʰɔ^{213}
道	效开一	上皓定	tɔ^{31}	tɔ^{412}	tɔ^{31}	tɔ^{31}	tɔ^{53}	tɔ^{31}	tɔ^{31}
稻	效开一	上皓定	tɔ^{31}	tɔ^{412}	tɔ^{31}	tɔ^{31}	tɔ^{53}	tɔ^{31}	tɔ^{31}
导	效开一	去号定	tɔ^{55}	tɔ^{55}	tɔ^{55}	tɔ^{31}	tɔ^{55}	tɔ^{55}	tɔ^{55}
脑	效开一	上皓泥	nɔ^{55}	nɔ^{55}	nɔ^{55}	nɔ^{55}	nɔ^{55}	nɔ^{55}	nɔ^{55}
劳	效开一	平豪来	lɔ^{53}	lɔ^{53}	lɔ^{52}	lɔ^{52}	lɔ^{55}	lɔ^{55}	lɔ^{53}
老	效开一	上皓来	lɔ^{55}	lɔ^{55}	lɔ^{55}	lɔ^{55}	lɔ^{55}	lɔ^{55}	lɔ^{55}
涝	效开一	去号来	lɔ^{31}	lɔ^{53}	lɔ^{31}	lɔ^{31}	lɔ^{55}	lɔ^{31}	lɔ^{31}
遭	效开一	平豪精	tsɔ^{213}	tsɔ^{213}	tsɔ^{213}	tθɔ^{213}	tsɔ^{31}	tθɔ^{213}	tsɔ^{213}
早	效开一	上皓精	tsɔ^{55}	tsɔ^{55}	tsɔ^{55}	tθɔ^{55}	tsɔ^{55}	tθɔ^{55}	tsɔ^{55}
灶	效开一	去号精	tsɔ^{31}	tsɔ^{412}	tsɔ^{31}	tθɔ^{31}	tsɔ^{53}	tθɔ^{31}	tsɔ^{31}
操	效开一	平豪清	tsʰɔ^{213}	tsʰɔ^{213}	tsʰɔ^{213}	tθʰɔ^{213}	tsʰɔ^{31}	tθʰɔ^{213}	tsʰɔ^{213}
草	效开一	上皓清	tsʰɔ^{55}	tsʰɔ^{55}	tsʰɔ^{55}	tθʰɔ^{55}	tsʰɔ^{55}	tθʰɔ^{55}	tsʰɔ^{55}
糙	效开一	去号清	tsʰɔ^{31}	tsʰɔ^{55}	tsʰɔ^{31}/tsɔ^{31}	tθʰɔ^{31}	tsɔ^{31}	tθɔ^{213}	tsɔ^{213}
曹	效开一	平豪从	tsʰɔ^{53}	tsʰɔ^{53}	tsʰɔ^{53}	tθʰɔ^{213}	tsʰɔ^{31}	tθʰɔ^{53}	tsʰɔ^{53}
造	效开一	上皓从	tsɔ^{31}	tsɔ^{412}	tsɔ^{31}	tθɔ^{31}	tsɔ^{53}	tθɔ^{31}	tsɔ^{31}
嫂	效开一	上皓心	sɔ^{55}	sɔ^{55}	sɔ^{55}	θɔ^{55}	sɔ^{55}	θɔ^{55}	sɔ^{55}

续表

例字	韵摄	中古音	东堤村	杨居屯	朱鹿村	太平村	魏马村	雷家寨	北李村
围	止合三	平微云	uei⁵³	uei⁵³	uei⁵³	uei⁵³	uei⁵³	uei⁵³	uei⁵³
伟	止合三	上尾云	uei⁵⁵	uei⁵⁵	uei⁵⁵	uei⁵⁵	uei⁵⁵	uei⁵⁵	uei⁵⁵
苇	止合三	上尾云	uei⁵⁵	uei⁵⁵	uei⁵⁵	uei⁵⁵	uei⁵⁵	uei⁵⁵	uei⁵⁵
胃	止合三	去未云	uei³¹	uei³¹	uei³¹	uei³¹	uei³¹	uei⁴¹²	uei⁴¹²
堡	效开一	上皓帮	pɔ⁵⁵	pu⁵⁵	pɔ⁵⁵	pɔ⁵⁵/pu³¹	pɔ⁵⁵/pu³¹	pu⁵⁵	pɔ⁵⁵
宝	效开一	上皓帮	pɔ⁵⁵	pɔ⁵⁵	pɔ⁵⁵	pɔ⁵⁵	pɔ⁵⁵	pɔ⁵⁵	pɔ⁵⁵
报	效开一	去号帮	pɔ³¹	pɔ³¹	pɔ³¹	pɔ³¹	pɔ³¹	pɔ⁴¹²	pɔ⁴¹²
袍	效开一	平豪並	pʰɔ⁵³	pʰɔ⁵³	pʰɔ⁵³	pʰɔ⁵⁵	pʰɔ⁵³	pʰɔ⁵³	pʰɔ⁵³
抱	效开一	上皓並	pɔ³¹/pu³¹	pɔ³¹	pɔ³¹	pu³¹	pɔ³¹/pu³¹	pɔ⁴¹²	pɔ⁴¹²
暴	效开一	去号並	pɔ³¹	pɔ³¹	pɔ³¹	pɔ³¹	pɔ³¹	pɔ⁴¹²	pɔ⁴¹²
菢	效开一	去号並	pɔ³¹	pɔ³¹	pɔ³¹	pɔ³¹	pɔ³¹	pɔ⁴¹²	pɔ⁴¹²
毛	效开一	平豪明	mɔ⁵³	mɔ⁵³	mɔ⁵³	mɔ⁵³	mɔ⁵³	mɔ⁵³	mɔ⁵³
帽	效开一	去号明	mɔ³¹	mɔ³¹	mɔ³¹	mɔ³¹	mɔ³¹	mɔ⁴¹²	mɔ⁴¹²
刀	效开一	平豪端	tɔ²¹³	tɔ²¹³	tɔ²¹³	tɔ²¹³	tɔ²¹³	tɔ²¹³	tɔ²¹³
倒	效开一	上皓端	tɔ⁵⁵	tɔ⁵⁵	tɔ⁵⁵	tɔ⁵⁵	tɔ⁵⁵	tɔ⁵⁵	tɔ⁵⁵
到	效开一	去号端	tɔ³¹	tɔ³¹	tɔ³¹	tɔ³¹	tɔ³¹	tɔ⁴¹²	tɔ⁴¹²
掏	效开一	平豪透	tʰɔ²¹³	tʰɔ²¹³	tʰɔ²¹³	tʰɔ²¹³	tʰɔ²¹³	tʰɔ²¹³	tʰɔ²¹³
讨	效开一	上皓透	tʰɔ⁵⁵	tʰɔ⁵⁵	tʰɔ⁵⁵	tʰɔ⁵⁵	tʰɔ⁵⁵	tʰɔ⁵³	tʰɔ⁵³
套	效开一	去号透	tʰɔ³¹	tʰɔ³¹	tʰɔ³¹	tʰɔ³¹	tʰɔ³¹	tʰɔ⁴¹²	tʰɔ⁴¹²
桃	效开一	平脂生	tʰɔ⁵³	tʰɔ⁵³	tʰɔ⁵³	tʰɔ⁵³	tʰɔ⁵³	tʰɔ⁵³	tʰɔ⁵³
涛	效开一	平脂生	tʰɔ²¹³	tʰɔ²¹³	tʰɔ²¹³	tʰɔ²¹³	tʰɔ²¹³	tʰɔ²¹³	tʰɔ²¹³
道	效开一	上皓定	tɔ³¹	tɔ³¹	tɔ³¹	tɔ³¹	tɔ³¹	tɔ⁴¹²	tɔ⁴¹²
稻	效开一	上皓定	tɔ³¹	tɔ³¹	tɔ³¹	tɔ³¹	tɔ³¹	tɔ⁴¹²	tɔ⁴¹²
导	效开一	去号定	tɔ⁵⁵	tɔ⁵⁵	tɔ⁵⁵	tɔ⁵⁵	tɔ⁵⁵	tɔ⁵⁵	tɔ⁵⁵
脑	效开一	上皓泥	nɔ⁵⁵	nɔ⁵⁵	nɔ⁵⁵	nɔ⁵⁵	nɔ⁵⁵	nɔ⁵⁵	nɔ⁵⁵
劳	效开一	平豪来	lɔ⁵³	lɔ⁵³	lɔ⁵³	lɔ⁵³	lɔ⁵³	lɔ⁵³	lɔ⁵³
老	效开一	上皓来	lɔ⁵⁵	lɔ⁵⁵	lɔ⁵⁵	lɔ⁵⁵	lɔ⁵⁵	lɔ⁵⁵	lɔ⁵⁵
涝	效开一	去号来	lɔ³¹	lɔ³¹	lɔ³¹	lɔ³¹	lɔ³¹	lɔ⁴¹²	lɔ⁴¹²
遭	效开一	平豪精	tsɔ²¹³	tsɔ²¹³	tsɔ²¹³	tθɔ²¹³	tθɔ²¹³	tsɔ²¹³	tsɔ²¹³
早	效开一	上皓精	tsɔ⁵⁵	tsɔ⁵⁵	tsɔ⁵⁵	tθɔ⁵⁵	tθɔ⁵⁵	tsɔ⁵⁵	tsɔ⁵⁵
灶	效开一	去号精	tsɔ³¹	tsɔ³¹	tsɔ³¹	tθɔ³¹	tθɔ³¹	tsɔ⁴¹²	tsɔ⁴¹²
操	效开一	平豪清	tsʰɔ²¹³	tsʰɔ²¹³	tsʰɔ²¹³	tθʰɔ²¹³	tθʰɔ²¹³	tsʰɔ²¹³	tsʰɔ²¹³
草	效开一	上皓清	tsʰɔ⁵⁵	tsʰɔ⁵⁵	tsʰɔ⁵⁵	tθʰɔ⁵⁵	tθʰɔ⁵⁵	tsʰɔ⁵⁵	tsʰɔ⁵⁵
糙	效开一	去号清	tsʰɔ³¹	tsʰɔ³¹	tsʰɔ³¹	tθʰɔ³¹	tθʰɔ³¹	tsʰɔ⁴¹²	tsʰɔ²¹³
曹	效开一	平豪从	tsɔ⁵³	tsɔ⁵³	tsɔ⁵³	tθɔ⁵³	tθɔ⁵³	tsɔ⁵³	tsɔ⁵³
造	效开一	上皓从	tsɔ³¹	tsɔ³¹	tsɔ³¹	tθɔ³¹	tθɔ³¹	tsɔ⁴¹²	tsɔ⁴¹²
嫂	效开一	上皓心	sɔ⁵⁵	sɔ⁵⁵	sɔ⁵⁵	θɔ⁵⁵	θɔ⁵⁵	sɔ⁵⁵	sɔ⁵⁵

例字	韵摄	中古音	大李村	耿庄	谭家村	谭家营	马家庄	朱家庄	官路村
扫	效开一	去号心	sɔ⁵⁵	sɔ⁵⁵	sɔ⁵⁵	θɔ⁵⁵	sɔ⁵⁵	θɔ⁵⁵	sɔ⁵⁵
高	效开一	平豪见	kɔ²¹³	kɔ²¹³	kɔ²¹³	kɔ²¹³	kɔ³¹	kɔ²¹³	kɔ²¹³
稿	效开一	上皓见	kɔ⁵⁵	kɔ⁵⁵	kɔ⁵⁵	kɔ⁵⁵	kɔ⁵⁵	kɔ⁵⁵	kɔ⁵⁵
告	效开一	去号见	kɔ³¹	kɔ⁴¹²	kɔ³¹	kɔ³¹	kɔ⁵³	kɔ³¹	kɔ³¹
考	效开一	上皓溪	kʰɔ⁵⁵	kʰɔ⁵⁵	kʰɔ⁵⁵	kʰɔ⁵⁵	kʰɔ⁵⁵	kʰɔ⁵⁵	kʰɔ⁵⁵
靠	效开一	去号溪	kʰɔ³¹	kʰɔ⁴¹²	kʰɔ³¹	kʰɔ³¹	kʰɔ⁵³	kʰɔ³¹	kʰɔ³¹
熬	效开一	平豪疑	ɣɔ⁵³	ɣɔ⁵³	ŋɔ⁵²	ŋɔ⁵²	ŋɔ⁵⁵	ŋɔ⁵⁵	ŋɔ⁵³
傲	效开一	去号疑	ɣɔ³¹	ɣɔ⁴¹²	ŋɔ³¹	ŋɔ³¹	ŋɔ⁵³	ŋɔ⁵⁵	ŋɔ³¹
蒿	效开一	平豪晓	xɔ³¹	xɔ²¹³	xɔ³¹	xɔ²¹³	xɔ³¹	xɔ²¹³	xɔ²¹³
薅	效开一	平豪晓	xɔ²¹³	xɔ²¹³	xɔ²¹³	xɔ²¹³	xɔ³¹	xɔ²¹³	xɔ²¹³
好~坏	效开一	上皓晓	xɔ⁵⁵	xɔ⁵⁵	xɔ⁵⁵	xɔ⁵⁵	xɔ⁵⁵	xɔ⁵⁵	xɔ⁵⁵
好喜~	效开一	去号晓	xɔ³¹	xɔ⁴¹²	xɔ³¹	xɔ³¹	xɔ⁵³	xɔ³¹	xɔ³¹
耗	效开一	去号晓	xɔ³¹	xɔ⁵³	xɔ⁵²	xɔ³¹	xɔ⁵³	xɔ⁵³	xɔ⁵³
壕	效开一	平豪匣	xɔ⁵³	xɔ⁵³	xɔ⁵²	xɔ⁵²	xɔ⁵⁵	xɔ⁵⁵	xɔ⁵³
号~数	效开一	去号匣	xɔ³¹	xɔ⁴¹²	xɔ³¹	xɔ³¹	xɔ³¹	xɔ³¹	xɔ³¹
袄	效开一	上皓影	ɣɔ⁵⁵	ɣɔ⁵⁵	ŋɔ⁵⁵	ŋɔ⁵⁵	ŋɔ⁵⁵	ŋɔ⁵⁵	ŋɔ⁵⁵
包	效开二	平肴帮	pɔ²¹³	pɔ²¹³	pɔ²¹³	pɔ²¹³	pɔ³¹	pɔ²¹³	pɔ²¹³
饱	效开二	上巧帮	pɔ⁵⁵	pɔ⁵⁵	pɔ⁵⁵	pɔ⁵⁵	pɔ⁵⁵	pɔ⁵⁵	pɔ⁵⁵
豹	效开二	去效帮	pɔ³¹	pɔ⁴¹²	pɔ³¹	pɔ³¹	pɔ⁵³	pɔ³¹	pɔ³¹
抛	效开二	平肴滂	pʰɔ²¹³	pʰɔ²¹³	pʰɔ²¹³	pʰɔ²¹³	pʰɔ³¹	pʰɔ²¹³	pʰɔ²¹³
炮	效开二	去效滂	pʰɔ³¹	pʰɔ⁴¹²	pʰɔ³¹	pʰɔ³¹	pʰɔ⁵³	pʰɔ³¹	pʰɔ³¹
跑	效开二	平肴並	pʰɔ⁵⁵	pʰɔ⁵⁵	pʰɔ⁵⁵	pʰɔ⁵⁵	pʰɔ⁵⁵	pʰɔ⁵⁵	pʰɔ⁵⁵
刨	效开二	平肴並	pʰɔ⁵³	pʰɔ⁵³	pɔ⁵²	pɔ⁵²	pɔ⁵⁵	pʰɔ⁵⁵	pʰɔ²¹³
鲍	效开二	上巧並	pɔ²¹³	pɔ⁴¹²	pɔ³¹	pɔ³¹	pɔ³¹	pɔ²¹³	pɔ³¹
猫	效开二	平肴明	mɔ²¹³	mɔ⁵³	mɔ⁵²	mɔ⁵²	mɔ⁵⁵	mɔ⁵⁵	mɔ⁵³
卯	效开二	上巧明	mɔ⁵⁵	mɔ⁵⁵	mɔ⁵⁵	mɔ⁵⁵	mɔ⁵⁵	mɔ⁵⁵	mɔ²¹³
貌	效开二	去效明	mɔ³¹	mɔ⁴¹²	mɔ³¹	mɔ³¹	mɔ³¹	mɔ⁵³	mɔ³¹
闹	效开二	去效泥	nɔ³¹	nɔ⁴¹²	nɔ³¹	nɔ³¹	nɔ⁵³	nɔ³¹	nɔ³¹
罩	效开二	去效知	tʂɔ³¹	tʂɔ⁴¹²	tʂɔ³¹	tʂɔ³¹	tʂɔ⁵³	tʂɔ³¹	tʂɔ³¹
抓	效开二	平肴庄	tʂua²¹³	tʂua²¹³	tʂua²¹³	tʂua²¹³	tʂua³¹	tʂua²¹³	tʂua²¹³
爪	效开二	上巧庄	tʂua⁵⁵	tʂua⁵⁵	tʂua⁵⁵	tʂua⁵⁵	tʂua⁵⁵	tʂua⁵⁵	tʂua⁵⁵
找	效开二	上巧庄	tsɔ⁵⁵	tʂɔ⁵⁵	tʂɔ⁵⁵	tʂɔ⁵⁵	tʂɔ⁵⁵	tʂɔ⁵⁵	tʂɔ⁵⁵
笊	效开二	去效庄	tsɔ³¹	tʂɔ⁵⁵	tʂɔ⁵⁵	tʂɔ⁵⁵	tʂɔ⁵⁵	tʂɔ⁵⁵	tʂɔ⁵⁵
抄	效开二	平肴初	tsʰɔ²¹³	tʂʰɔ²¹³	tʂʰɔ²¹³	tʂʰɔ²¹³	tʂʰɔ³¹	tʂʰɔ²¹³	tʂʰɔ²¹³
炒	效开二	上巧初	tsʰɔ⁵⁵	tʂʰɔ⁵⁵	tʂʰɔ⁵⁵	tʂʰɔ⁵⁵	tʂʰɔ⁵⁵	tʂʰɔ⁵⁵	tʂʰɔ⁵⁵
巢	效开二	平肴崇	tsʰɔ⁵³	tʂʰɔ⁵³	tʂʰɔ⁵²	tʂʰɔ⁵²	tʂʰɔ⁵⁵	tʂʰɔ⁵⁵	tʂʰɔ⁵³
梢	效开二	平生	sɔ²¹³	ʂɔ²¹³	ʂɔ²¹³	ʂɔ²¹³	ʂɔ³¹	ʂɔ²¹³	ʂɔ²¹³
潲	效开二	去效生	sɔ²¹³	ʂɔ⁴¹²	ʂɔ⁵²	ʂɔ⁵²	ʂɔ⁵³	ʂɔ³¹	ʂɔ³¹
交	效开二	平肴见	tɕiɔ²¹³	tɕiɔ²¹³	tɕiɔ²¹³	tɕiɔ²¹³	tɕiɔ³¹	tɕiɔ²¹³	tɕiɔ²¹³

续表

例字	韵摄	中古音	东堤村	杨居屯	朱鹿村	太平村	魏马村	雷家寨	北李村
扫	效开一	去号心	sɔ⁵⁵	sɔ⁵⁵	sɔ⁵⁵	θɔ⁵⁵	θɔ⁵⁵	sɔ⁵⁵	sɔ⁵⁵
高	效开一	平豪见	kɔ²¹³	kɔ²¹³	kɔ²¹³	kɔ²¹³	kɔ²¹³	kɔ²¹³	kɔ²¹³
稿	效开一	上皓见	kɔ⁵⁵	kɔ⁵⁵	kɔ⁵⁵	kɔ⁵⁵	kɔ⁵⁵	kɔ⁵⁵	kɔ⁵⁵
告	效开一	去号见	kɔ³¹	kɔ³¹	kɔ³¹	kɔ³¹	kɔ³¹	kɔ⁴¹²	kɔ⁴¹²
考	效开一	上皓溪	kʰɔ⁵⁵	kʰɔ⁵⁵	kʰɔ⁵⁵	kʰɔ⁵⁵	kʰɔ⁵⁵	kʰɔ⁵⁵	kʰɔ⁵⁵
靠	效开一	去号溪	kʰɔ³¹	kʰɔ³¹	kʰɔ³¹	kʰɔ³¹	kʰɔ³¹	kʰɔ⁴¹²	kʰɔ⁴¹²
熬	效开一	平豪疑	ŋɔ⁵³	ŋɔ⁵³	ŋɔ⁵³	ŋɔ⁵³	ŋɔ⁵³	ɣɔ⁵³	ɣɔ⁵³
傲	效开一	去号疑	ŋɔ³¹	ŋɔ³¹	ŋɔ³¹	ŋɔ³¹	ŋɔ³¹	ɣɔ⁴¹²	ɣɔ⁴¹²
蒿	效开一	平豪晓	xɔ²¹³	xɔ²¹³	xɔ²¹³	xɔ³¹	xɔ²¹³	xɔ²¹³	xɔ²¹³
薅	效开一	平豪晓	xɔ²¹³	xɔ²¹³	xɔ²¹³	xɔ²¹³	xɔ²¹³	xɔ²¹³	xɔ²¹³
好~坏	效开一	上皓晓	xɔ⁵⁵	xɔ⁵⁵	xɔ⁵⁵	xɔ⁵⁵	xɔ⁵⁵	xɔ⁵⁵	xɔ⁵⁵
好喜~	效开一	去号晓	xɔ³¹	xɔ³¹	xɔ³¹	xɔ³¹	xɔ³¹	xɔ⁴¹²	xɔ⁴¹²
耗	效开一	去号晓	xɔ³¹	xɔ³¹	xɔ³¹	xɔ⁵³	xɔ⁵³	xɔ⁵³	xɔ⁵³
壕	效开一	平豪匣	xɔ⁵³	xɔ⁵³	xɔ⁵³	xɔ⁵³	xɔ⁵³	xɔ⁵³	xɔ⁵³
号~数	效开一	去号匣	xɔ³¹	xɔ³¹	xɔ³¹	xɔ³¹	xɔ³¹	xɔ⁴¹²	xɔ⁴¹²
袄	效开一	上皓影	ŋɔ⁵⁵	ŋɔ⁵⁵	ŋɔ⁵⁵	ŋɔ⁵⁵	ŋɔ⁵⁵	ɣɔ⁵⁵	ɣɔ⁵⁵
包	效开二	平肴帮	pɔ²¹³	pɔ²¹³	pɔ²¹³	pɔ²¹³	pɔ²¹³	pɔ²¹³	pɔ²¹³
饱	效开二	上巧帮	pɔ⁵⁵	pɔ⁵⁵	pɔ⁵⁵	pɔ⁵⁵	pɔ⁵⁵	pɔ⁵⁵	pɔ⁵⁵
豹	效开二	去效帮	pɔ³¹	pɔ³¹	pɔ³¹	pɔ³¹	pɔ³¹	pɔ⁴¹²	pɔ⁴¹²
抛	效开二	平肴滂	pʰɔ²¹³	pʰɔ²¹³	pʰɔ²¹³	pʰɔ²¹³	pʰɔ²¹³	pʰɔ²¹³	pʰɔ²¹³
炮	效开二	去效滂	pʰɔ³¹	pʰɔ³¹	pʰɔ³¹	pʰɔ³¹	pʰɔ³¹	pʰɔ⁴¹²	pʰɔ⁴¹²
跑	效开二	平肴並	pʰɔ⁵⁵	pʰɔ⁵⁵	pʰɔ⁵⁵	pʰɔ⁵⁵	pʰɔ⁵⁵	pʰɔ⁵⁵	pʰɔ⁵⁵
刨	效开二	平肴並	pʰɔ⁵³	pɔ⁵³	pʰɔ⁵³	pʰɔ⁵³	pʰɔ⁵³	pʰɔ⁵³	pʰɔ⁵³
鲍	效开二	上巧並	pɔ⁵³	pɔ³¹	pɔ³¹	pɔ³¹	pɔ³¹	pɔ⁴¹²	pɔ⁴¹²
猫	效开二	平肴明	mɔ⁵³	mɔ⁵³	mɔ⁵³	mɔ⁵³	mɔ⁵³	mɔ²¹³	mɔ⁵³
卯	效开二	上巧明	mɔ⁵⁵	mɔ⁵⁵	mɔ⁵⁵	mɔ⁵⁵	mɔ⁵⁵	mɔ⁵⁵	mɔ⁵⁵
貌	效开二	去效明	mɔ³¹	mɔ³¹	mɔ³¹	mɔ³¹	mɔ³¹	mɔ⁴¹²	mɔ⁴¹²
闹	效开二	去效泥	nɔ³¹	nɔ³¹	nɔ³¹	nɔ³¹	nɔ³¹	nɔ⁴¹²	nɔ⁴¹²
罩	效开二	去效知	tʂɔ³¹	tʂɔ³¹	tʂɔ³¹	tʂɔ³¹	tʂɔ³¹	tʂɔ⁴¹²	tʂɔ⁴¹²
抓	效开二	平肴庄	tʂuɑ²¹³	tʂuɑ²¹³	tʂuɑ²¹³	tʂuɑ²¹³	tʂuɑ²¹³	tʂuɑ²¹³	tʂuɑ²¹³
爪	效开二	上巧庄	tʂuɑ²¹³	tʂuɑ⁵⁵	tʂuɑ⁵⁵	tʂuɑ⁵⁵	tʂuɑ⁵⁵	tʂuɑ⁵⁵	tʂuɑ⁵⁵
找	效开二	上巧庄	tʂɔ⁵⁵	tʂɔ⁵⁵	tʂɔ⁵⁵	tʂɔ⁵⁵	tʂɔ⁵⁵	tʂɔ⁵⁵	tʂɔ⁵⁵
笊	效开二	去效庄	tʂɔ³¹	tʂɔ³¹	tʂɔ³¹	tʂɔ³¹	tʂɔ⁵⁵	tʂɔ⁴¹²	tʂɔ⁵³
抄	效开二	平肴初	tʂʰɔ²¹³	tʂʰɔ²¹³	tʂʰɔ²¹³	tʂʰɔ²¹³	tʂʰɔ²¹³	tʂʰɔ²¹³	tʂʰɔ²¹³
炒	效开二	上巧初	tʂʰɔ⁵⁵	tʂʰɔ⁵⁵	tʂʰɔ⁵⁵	tʂʰɔ⁵⁵	tʂʰɔ⁵⁵	tʂʰɔ⁵⁵	tʂʰɔ⁵⁵
巢	效开二	平肴崇	tʂʰɔ⁵³	tʂʰɔ⁵³	tʂʰɔ⁵³	tʂʰɔ⁵³	tʂʰɔ⁵³	tʂʰɔ⁵³	tʂʰɔ⁵³
梢	效开二	平肴生	ʂɔ²¹³	ʂɔ²¹³	ʂɔ²¹³	ʂɔ²¹³	ʂɔ²¹³	ʂɔ²¹³	ʂɔ²¹³
潲	效开二	去效生	ʂɔ⁵³	ʂɔ³¹	ʂɔ³¹	ʂɔ³¹	ʂɔ⁵³	sɔ⁴¹²	ʂɔ⁴¹²
交	效开二	平肴见	tɕiɔ²¹³	tɕiɔ²¹³	tɕiɔ²¹³	tɕiɔ²¹³	tɕiɔ²¹³	tɕiɔ²¹³	tɕiɔ²¹³

例字	韵摄	中古音	大李村	耿庄	谭家村	谭家营	马家庄	朱家庄	官路村
搅	效开二	上巧见	tɕiɔ⁵⁵	tɕiɔ⁵⁵	tɕiɔ⁵⁵	tɕiɔ²¹³	tɕiɔ⁵⁵	tɕiɔ⁵⁵	tɕiɔ⁵⁵
窖	效开二	去效见	tɕiɔ³¹	tɕiɔ⁴¹²	tɕiɔ³¹	tɕiɔ³¹	tɕiɔ⁵³	tɕiɔ³¹	tɕiɔ³¹
敲	效开二	平肴溪	tɕʰiɔ²¹³	tɕʰiɔ²¹³	tɕʰiɔ²¹³	tɕʰiɔ²¹³	tɕʰiɔ³¹	tɕʰiɔ²¹³	tɕʰiɔ²¹³
巧	效开二	上巧溪	tɕʰiɔ⁵⁵	tɕʰiɔ⁵⁵	tɕʰiɔ⁵⁵	tɕʰiɔ⁵⁵	tɕʰiɔ⁵⁵	tɕʰiɔ⁵⁵	tɕʰiɔ⁵⁵
咬	效开二	上巧疑	iɔ⁵⁵	iɔ⁵⁵	iɔ⁵⁵	iɔ⁵⁵	iɔ⁵⁵	iɔ⁵⁵	iɔ⁵⁵
孝	效开二	去效晓	ɕiɔ³¹	ɕiɔ⁴¹²	ɕiɔ³¹	ɕiɔ³¹	ɕiɔ⁵³	ɕiɔ³¹	ɕiɔ³¹
校	效开二	去效匣	ɕiɔ³¹	ɕiɔ⁴¹²	ɕiɔ³¹	ɕiɔ³¹	ɕiɔ⁵³	ɕiɔ³¹	ɕiɔ³¹
膘	效开三	平宵帮	piɔ²¹³	piɔ²¹³	piɔ²¹³	piɔ²¹³	piɔ³¹	piɔ²¹³	piɔ²¹³
表	效开三	上小帮	piɔ⁵⁵	piɔ⁵⁵	piɔ⁵⁵	piɔ⁵⁵	piɔ⁵⁵	piɔ⁵⁵	piɔ⁵⁵
飘	效开三	平宵滂	pʰiɔ²¹³	pʰiɔ²¹³	pʰiɔ²¹³	pʰiɔ²¹³	pʰiɔ³¹	pʰiɔ²¹³	pʰiɔ²¹³
漂	效开三	上小滂	pʰiɔ³¹	pʰiɔ²¹³	pʰiɔ²¹³	pʰiɔ²¹³	pʰiɔ⁵³	pʰiɔ²¹³	pʰiɔ²¹³
票	效开三	去笑滂	pʰiɔ³¹	pʰiɔ⁴¹²	pʰiɔ³¹	pʰiɔ³¹	pʰiɔ³¹	pʰiɔ³¹	pʰiɔ³¹
瓢	效开三	平宵並	pʰiɔ⁵³	pʰiɔ⁵³	pʰiɔ⁵²	pʰiɔ⁵²	pʰiɔ⁵⁵	pʰiɔ⁵⁵	pʰiɔ⁵³
苗	效开三	平宵明	miɔ⁵³	miɔ⁵³	miɔ⁵²	miɔ⁵²	miɔ⁵⁵	miɔ⁵⁵	miɔ⁵³
秒	效开三	上小明	miɔ⁵⁵	miɔ⁵⁵	miɔ⁵⁵	miɔ⁵⁵	miɔ⁵⁵	miɔ⁵⁵	miɔ⁵⁵
庙	效开三	去笑明	miɔ³¹	miɔ⁴¹²	miɔ³¹	miɔ³¹	miɔ⁵³	miɔ³¹	miɔ³¹
疗	效开三	去笑来	liɔ⁵³	liɔ⁵³	liɔ⁵²	liɔ⁵²	liɔ⁵⁵	liɔ⁵⁵	liɔ⁵³
焦	效开三	平宵精	tɕiɔ²¹³	tsiɔ²¹³	tsiɔ²¹³	tsiɔ²¹³	tɕiɔ³¹	tsiɔ²¹³	tɕiɔ²¹³
锹	效开三	平宵清	tɕʰiɔ²¹³	tsʰiɔ²¹³	tsʰiɔ²¹³	tsʰiɔ²¹³	tɕʰiɔ³¹	tɕʰiɔ⁵⁵	tɕʰiɔ²¹³
悄	效开三	上小清	tɕʰiɔ²¹³	tsʰiɔ²¹³	tsʰiɔ²¹³	tsʰiɔ³¹	tɕʰiɔ³¹	tsʰiɔ⁵⁵	tɕʰiɔ²¹³
俏	效开三	去笑清	tɕʰiɔ³¹	tsʰiɔ⁴¹²	tsʰiɔ³¹	tsʰiɔ³¹	tɕʰiɔ³¹	tsʰiɔ⁵⁵	tɕʰiɔ³¹
消	效开三	平宵心	ɕiɔ²¹³	siɔ²¹³	siɔ²¹³	siɔ²¹³	siɔ³¹	siɔ²¹³	ɕiɔ²¹³
小	效开三	上小心	ɕiɔ⁵⁵	siɔ⁵⁵	siɔ⁵⁵	siɔ⁵⁵	siɔ⁵⁵	siɔ⁵⁵	ɕiɔ⁵⁵
笑	效开三	去笑心	ɕiɔ³¹	siɔ⁴¹²	siɔ³¹	siɔ³¹	siɔ⁵³	siɔ³¹	ɕiɔ³¹
朝今~	效开三	平宵知	tʂɔ²¹³	tʂɔ²¹³	tʂɔ²¹³	tʃɔ²¹³	tʂɔ³¹	tʂɔ²¹³	tʂɔ²¹³
超	效开三	平宵彻	tʂʰɔ²¹³	tʂʰɔ²¹³	tʂʰɔ²¹³	tʃʰɔ²¹³	tʂʰɔ²¹³	tʂʰɔ²¹³	tʂʰɔ²¹³
朝~代	效开三	平宵澄	tʂʰɔ⁵³	tʂʰɔ⁵³	tʂʰɔ⁵²	tʃʰɔ⁵²	tʂʰɔ⁵⁵	tʂʰɔ⁵⁵	tʂʰɔ⁵³
赵	效开三	上小澄	tʂɔ³¹	tʂɔ⁴¹²	tʂɔ³¹	tʃɔ³¹	tʂɔ⁵³	tʂɔ³¹	tʂɔ³¹
召	效开三	去笑澄	tʂɔ²¹³	tʂɔ²¹³	tʂɔ²¹³	tʃɔ³¹	tʂɔ⁵³	tʂɔ²¹³	tʂɔ³¹
招	效开三	平宵章	tʂɔ²¹³	tʂɔ²¹³	tʂɔ²¹³	tʃɔ²¹³	tʂɔ³¹	tʂɔ²¹³	tʂɔ²¹³
沼	效开三	上小章	tʂɔ²¹³	tʂɔ²¹³	tʂɔ²¹³	tʃɔ²¹³	tʂɔ⁵⁵	tʂɔ²¹³	tʂɔ²¹³
照	效开三	去笑章	tʂɔ³¹	tʂɔ⁴¹²	tʂɔ³¹	tʃɔ³¹	tʂɔ⁵³	tʂɔ³¹	tʂɔ³¹
烧	效开三	平宵书	ʂɔ²¹³	ʂɔ²¹³	ʂɔ²¹³	ʃɔ²¹³	ʂɔ³¹	ʂɔ²¹³	ʂɔ²¹³
少多~	效开三	上小书	ʂɔ⁵⁵	ʂɔ⁵⁵	ʂɔ⁵⁵	ʃɔ⁵⁵	ʂɔ⁵⁵	ʂɔ⁵⁵	ʂɔ⁵⁵
少~年	效开三	去笑书	ʂɔ³¹	ʂɔ⁴¹²	ʂɔ³¹	ʃɔ³¹	ʂɔ⁵³	ʂɔ³¹	ʂɔ³¹
韶	效开三	平宵禅	ʂɔ⁵³	ʂɔ⁵³	ʂɔ⁵²	ʃɔ⁵²	ʂɔ⁵⁵	ʂɔ⁵⁵	ʂɔ⁵³
绍	效开三	上小禅	ʂɔ⁵³	ʂɔ⁵³	ʂɔ⁵²	ʃɔ⁵²	ʂɔ⁵⁵	ʂɔ⁵⁵	ʂɔ⁵³
饶	效开三	平宵日	ʐɔ⁵³	ʐɔ⁵⁵	iɔ⁵²	iɔ⁵²	ʐɔ⁵⁵	ʐɔ⁵⁵	ʐɔ⁵³
扰	效开三	上小日	ʐɔ⁵⁵	ʐɔ⁵⁵	$\frac{ʐɔ⁵⁵}{iɔ⁵²}$	iɔ⁵²	ʐɔ⁵⁵	ʐɔ⁵⁵	ʐɔ⁵⁵

续表

例字	韵摄	中古音	东堤村	杨居屯	朱鹿村	太平村	魏马村	雷家寨	北李村
搅	效开二	上巧见	tɕiɔ⁵⁵	tɕiɔ⁵⁵	tɕiɔ⁵⁵	tɕiɔ⁵⁵	tɕiɔ⁵⁵	tɕiɔ⁵⁵	tɕiɔ⁵⁵
窖	效开二	去效见	tɕiɔ³¹	tɕiɔ³¹	tɕiɔ³¹	tɕiɔ³¹	tɕiɔ³¹	tɕiɔ⁴¹²	tɕiɔ⁴¹²
敲	效开二	平肴溪	tɕʰiɔ²¹³	tɕʰiɔ²¹³	tɕʰiɔ²¹³	tɕʰiɔ²¹³	tɕʰiɔ²¹³	tɕʰiɔ²¹³	tɕʰiɔ²¹³
巧	效开二	上巧溪	tɕʰiɔ⁵⁵	tɕʰiɔ⁵⁵	tɕʰiɔ⁵⁵	tɕʰiɔ⁵⁵	tɕʰiɔ⁵⁵	tɕʰiɔ⁵⁵	tɕʰiɔ⁵⁵
咬	效开二	上巧疑	iɔ⁵⁵	iɔ⁵⁵	iɔ⁵⁵	iɔ⁵⁵	iɔ⁵⁵	iɔ⁵⁵	iɔ⁵⁵
孝	效开二	去效晓	ɕiɔ³¹	ɕiɔ³¹	ɕiɔ³¹	ɕiɔ³¹	ɕiɔ³¹	ɕiɔ⁴¹²	ɕiɔ⁴¹²
校	效开二	去效匣	ɕiɔ³¹	ɕiɔ³¹	ɕiɔ³¹	ɕiɔ³¹	ɕiɔ³¹	ɕiɔ⁴¹²	ɕiɔ⁴¹²
膘	效开三	平宵帮	piɔ²¹³	piɔ²¹³	piɔ²¹³	piɔ²¹³	piɔ²¹³	piɔ²¹³	piɔ²¹³
表	效开三	上小帮	piɔ⁵⁵	piɔ⁵⁵	piɔ⁵⁵	piɔ⁵⁵	piɔ⁵⁵	piɔ⁵⁵	piɔ⁵⁵
飘	效开三	平宵滂	pʰiɔ²¹³	pʰiɔ²¹³	pʰiɔ²¹³	pʰiɔ²¹³	pʰiɔ²¹³	pʰiɔ²¹³	pʰiɔ²¹³
漂	效开三	上小滂	pʰiɔ²¹³	pʰiɔ²¹³	pʰiɔ²¹³	pʰiɔ²¹³	pʰiɔ²¹³	pʰiɔ²¹³	pʰiɔ²¹³
票	效开三	去笑滂	pʰiɔ³¹	pʰiɔ³¹	pʰiɔ³¹	pʰiɔ³¹	pʰiɔ³¹	pʰiɔ⁴¹²	pʰiɔ⁴¹²
瓢	效开三	平宵并	pʰiɔ⁵³	pʰiɔ⁵³	pʰiɔ⁵³	pʰiɔ⁵³	pʰiɔ⁵³	pʰiɔ⁵³	pʰiɔ⁵³
苗	效开三	平宵明	miɔ⁵³	miɔ⁵³	miɔ⁵³	miɔ⁵³	miɔ⁵³	miɔ⁵³	miɔ⁵³
秒	效开三	上小明	miɔ⁵⁵	miɔ⁵⁵	miɔ⁵⁵	miɔ⁵⁵	miɔ⁵⁵	miɔ⁵⁵	miɔ⁵⁵
庙	效开三	去笑明	miɔ³¹	miɔ³¹	miɔ³¹	miɔ³¹	miɔ³¹	miɔ⁴¹²	miɔ⁴¹²
疗	效开三	去笑来	liɔ⁵³	liɔ⁵³	liɔ⁵³	liɔ⁵³	liɔ⁵³	liɔ⁵³	liɔ⁵³
焦	效开三	平宵精	tɕiɔ²¹³	tɕiɔ²¹³	tɕiɔ²¹³	tsiɔ²¹³	tsiɔ²¹³	tɕiɔ²¹³	tsiɔ²¹³
锹	效开三	平宵清	tɕʰiɔ⁵³	tɕʰiɔ²¹³	tɕʰiɔ²¹³	tsʰiɔ²¹³	tsʰiɔ²¹³	tɕʰiɔ²¹³	tsʰiɔ²¹³
悄	效开三	上小清	tɕʰiɔ³¹	tɕʰiɔ⁵⁵	tɕʰiɔ³¹	tsʰiɔ³¹	tsʰiɔ³¹	tɕʰiɔ²¹³	tsʰiɔ²¹³
俏	效开三	去笑清	tɕʰiɔ³¹	tɕʰiɔ³¹	tɕʰiɔ³¹	tsʰiɔ³¹	tsʰiɔ³¹	tɕʰiɔ⁴¹²	tsʰiɔ⁴¹²
消	效开三	平宵心	ɕiɔ²¹³	ɕiɔ²¹³	ɕiɔ²¹³	siɔ²¹³	siɔ²¹³	ɕiɔ²¹³	siɔ²¹³
小	效开三	上小心	ɕiɔ⁵⁵	ɕiɔ⁵⁵	ɕiɔ⁵⁵	siɔ⁵⁵	siɔ⁵⁵	ɕiɔ⁵⁵	siɔ⁵⁵
笑	效开三	去笑心	ɕiɔ³¹	ɕiɔ³¹	ɕiɔ³¹	siɔ³¹	siɔ³¹	ɕiɔ⁴¹²	siɔ⁴¹²
朝今~	效开三	平宵知	tʂɔ²¹³	tʂɔ²¹³	tʂɔ²¹³	tʃɔ²¹³	tʃɔ²¹³	tʂɔ²¹³	tʂɔ²¹³
超	效开三	平宵彻	tʂʰɔ²¹³	tʂʰɔ²¹³	tʂʰɔ²¹³	tʃʰɔ²¹³	tʃʰɔ²¹³	tʂʰɔ²¹³	tʂʰɔ²¹³
朝~代	效开三	平宵澄	tʂʰɔ⁵³	tʂʰɔ⁵³	tʂʰɔ⁵³	tʃʰɔ⁵³	tʃʰɔ⁵³	tʂʰɔ⁵³	tʂʰɔ⁵³
赵	效开三	上小澄	tʂɔ³¹	tʂɔ³¹	tʂɔ³¹	tʃɔ³¹	tʃɔ³¹	tʂɔ⁴¹²	tʂɔ⁴¹²
召	效开三	去笑澄	tʂɔ²¹³	tʂɔ²¹³	tʂɔ²¹³	tʃɔ²¹³	tʃɔ²¹³	tʂɔ²¹³	tʂɔ²¹³
招	效开三	平宵章	tʂɔ²¹³	tʂɔ²¹³	tʂɔ²¹³	tʃɔ²¹³	tʃɔ²¹³	tʂɔ²¹³	tʂɔ²¹³
沼	效开三	上小章	tʂɔ²¹³	tʂɔ²¹³	tʂɔ²¹³	tʃɔ²¹³	tʃɔ²¹³	tʂɔ²¹³	tʂɔ²¹³
照	效开三	去笑章	tʂɔ³¹	tʂɔ³¹	tʂɔ³¹	tʃɔ³¹	tʃɔ³¹	tʂɔ⁴¹²	tʂɔ⁴¹²
烧	效开三	平宵书	ʂɔ²¹³	ʂɔ²¹³	ʂɔ²¹³	ʃɔ²¹³	ʃɔ²¹³	ʂɔ²¹³	ʂɔ²¹³
少多~	效开三	上小书	ʂɔ⁵⁵	ʂɔ⁵⁵	ʂɔ⁵⁵	ʃɔ⁵⁵	ʃɔ⁵⁵	ʂɔ⁵⁵	ʂɔ⁵⁵
少~年	效开三	去笑书	ʂɔ³¹	ʂɔ³¹	ʂɔ³¹	ʃɔ³¹	ʃɔ³¹	ʂɔ⁴¹²	ʂɔ⁴¹²
韶	效开三	平宵禅	ʂɔ⁵³	ʂɔ⁵³	ʂɔ⁵³	ʃɔ⁵³	ʃɔ⁵³	ʂɔ²¹³	ʂɔ⁵³
绍	效开三	上小禅	ʂɔ⁵³	ʂɔ⁵³	ʂɔ⁵³	ʃɔ⁵³	ʃɔ⁵³	ʂɔ⁵³	ʂɔ⁵³
饶	效开三	平宵日	ʐɔ⁵³	lɔ⁵⁵	lɔ⁵³	iɔ⁵³	iɔ⁵³	ʐɔ⁵³	ʐɔ⁵³
扰	效开三	上小日	ʐɔ⁵⁵	ʐɔ⁵⁵ / lɔ⁵⁵	lɔ⁵³	iɔ⁵³	iɔ⁵³	ʐɔ⁵⁵	ʐɔ⁵⁵

例字	韵摄	中古音	大李村	耿庄	谭家村	谭家营	马家庄	朱家庄	官路村
绕	效开三	去笑日	ʐɔ³¹	ʐɔ⁵⁵	ʐɔ⁵⁵/iɔ⁵⁵	iɔ⁵²	ʐɔ⁵⁵	ʐɔ⁵⁵	ʐɔ⁵⁵
娇	效开三	平宵见	tɕiɔ²¹³	tɕiɔ²¹³	tɕiɔ²¹³	tɕiɔ²¹³	tɕiɔ³¹	tɕiɔ²¹³	tɕiɔ²¹³
桥	效开三	平宵群	tɕʰiɔ⁵³	tɕiɔ⁵³	tɕʰiɔ⁵²	tɕʰiɔ⁵²	tɕʰiɔ⁵⁵	tɕʰiɔ⁵⁵	tɕʰiɔ⁵⁵
轿	效开三	去笑群	tɕiɔ³¹	tɕiɔ⁴¹²	tɕiɔ³¹	tɕiɔ³¹	tɕiɔ⁵³	tɕiɔ³¹	tɕiɔ³¹
腰	效开三	平宵影	iɔ²¹³	iɔ²¹³	iɔ²¹³	iɔ²¹³	iɔ³¹	iɔ²¹³	iɔ²¹³
要	效开三	去笑影	iɔ³¹	iɔ⁴¹²	iɔ³¹	iɔ²¹³	iɔ⁵³	iɔ³¹	iɔ³¹
摇	效开三	平宵以	iɔ⁵³	iɔ⁵³	iɔ⁵²	iɔ⁵²	iɔ⁵⁵	iɔ⁵⁵	iɔ⁵³
舀	效开三	上小以	iɔ⁵⁵	iɔ⁵⁵	iɔ⁵⁵	iɔ⁵⁵	iɔ⁵⁵	iɔ⁵⁵	iɔ⁵⁵
耀	效开三	去笑以	iɔ³¹	iɔ⁴¹²	iɔ³¹	iɔ³¹	iɔ⁵³	iɔ³¹	iɔ³¹
刁	效开四	平萧端	tiɔ²¹³	tiɔ²¹³	tiɔ²¹³	tiɔ²¹³	tiɔ³¹	tiɔ²¹³	tiɔ²¹³
鸟	效开四	上筱端	ŋiɔ⁵⁵	ŋiɔ⁵⁵	ŋiɔ⁵⁵	ŋiɔ⁵⁵	ŋiɔ⁵⁵	ŋiɔ⁵⁵	ŋiɔ⁵⁵
钓	效开四	去啸端	tiɔ³¹	tiɔ⁴¹²	tiɔ³¹	tiɔ³¹	tiɔ⁵³	tiɔ³¹	tiɔ³¹
挑	效开四	平萧透	tʰiɔ²¹³	tʰiɔ²¹³	tʰiɔ⁵⁵	tʰiɔ²¹³	tʰiɔ³¹	tʰiɔ²¹³	tʰiɔ²¹³
跳	效开四	去啸透	tʰiɔ³¹	tʰiɔ⁴¹²	tʰiɔ³¹	tʰiɔ³¹	tʰiɔ⁵³	tʰiɔ⁵⁵	tʰiɔ³¹
条	效开四	平萧定	tʰiɔ⁵³	tʰiɔ⁵³	tʰiɔ⁵²	tʰiɔ⁵²	tʰiɔ⁵⁵	tʰiɔ⁵⁵	tʰiɔ⁵³
掉	效开四	去啸定	tiɔ³¹	tiɔ⁴¹²	tiɔ³¹	tiɔ³¹	tiɔ⁵³	tiɔ³¹	tiɔ³¹
尿	效开四	去啸泥	ŋiɔ³¹	ŋiɔ⁴¹²	ŋiɔ³¹	ŋiɔ³¹	ŋiɔ⁵³	ŋiɔ³¹	ŋiɔ³¹
撩	效开四	平萧来	liɔ⁵³	liɔ⁵³	liɔ⁵²	liɔ⁵²	liɔ⁵⁵	liɔ²¹³	liɔ⁵³
了~结	效开四	上筱来	liɔ⁵⁵	liɔ⁵⁵	liɔ⁵⁵	liɔ⁵⁵	liɔ⁵⁵	liɔ⁵⁵	liɔ⁵⁵
料	效开四	去啸来	liɔ³¹	liɔ⁴¹²	liɔ³¹	liɔ³¹	liɔ⁵³	liɔ³¹	liɔ³¹
箫	效开四	平萧心	ɕiɔ²¹³	siɔ²¹³	siɔ²¹³	siɔ²¹³	siɔ³¹	siɔ²¹³	ɕiɔ²¹³
浇	效开四	平萧见	tɕiɔ²¹³	tɕiɔ²¹³	tɕiɔ²¹³	tɕiɔ²¹³	tɕiɔ²¹³	tɕiɔ²¹³	tɕiɔ²¹³
缴	效开四	上筱见	tɕiɔ²¹³	tɕiɔ²¹³	tɕiɔ²¹³	tɕiɔ⁵⁵	tɕiɔ²¹³	tɕiɔ²¹³	tɕiɔ²¹³
叫	效开四	去啸见	tɕiɔ³¹	tɕiɔ⁴¹²	tɕiɔ³¹	tɕiɔ³¹	tɕiɔ⁵³	tɕiɔ³¹	tɕiɔ³¹
窍	效开四	去啸溪	tɕʰiɔ³¹	tɕʰiɔ⁴¹²	tɕʰiɔ⁵⁵	tɕʰiɔ³¹	tɕʰiɔ⁵⁵	tɕʰiɔ³¹	tɕʰiɔ³¹
晓	效开四	上筱晓	ɕiɔ⁵⁵	ɕiɔ⁵⁵	ɕiɔ⁵⁵	ɕiɔ⁵⁵	ɕiɔ⁵⁵	ɕiɔ⁵⁵	ɕiɔ⁵⁵
吆	效开四	平萧影	iɔ²¹³	iɔ⁵³	iɔ²¹³	iɔ²¹³	iɔ³¹	iɔ²¹³	iɔ²¹³
剖	流开一	上厚滂	pʰɔ²¹³	pʰɔ²¹³	pʰɔ²¹³	pʰɔ²¹³	pʰɔ³¹	pʰɔ²¹³	pʰɔ²¹³
亩	流开一	上厚明	mu⁵⁵	mu⁵⁵	mu⁵⁵	mu⁵⁵	mu⁵⁵	mu⁵⁵	mu⁵⁵
母	流开一	上厚明	mu⁵⁵	mu⁵⁵	mu⁵⁵	mu⁵⁵	mu⁵⁵	mu⁵⁵	mu⁵⁵
贸	流开一	去候明	mɔ³¹	mɔ⁴¹²	mɔ³¹	mɔ³¹	mɔ⁵³	mɔ³¹	mɔ³¹
茂	流开一	去候明	mɔ³¹	mɔ⁴¹²	mɔ³¹	mɔ³¹	mɔ⁵³	mɔ³¹	mɔ³¹
兜	流开一	平侯端	tou²¹³	tou²¹³	tou²¹³	tou²¹³	tou³¹	tou²¹³	tou²¹³
斗	流开一	上厚端	tou⁵⁵	tou⁵⁵	tou⁵⁵	tou⁵⁵	tou⁵⁵	tou⁵⁵	tou⁵⁵
偷	流开一	平侯透	tʰou²¹³	tʰou²¹³	tʰou²¹³	tʰou²¹³	tʰou³¹	tʰou²¹³	tʰou²¹³
透	流开一	去候透	tʰou³¹	tʰou⁴¹²	tʰou³¹	tʰou³¹	tʰou³¹	tʰou²¹³	tʰou³¹
头	流开一	平侯定	tʰou⁵³	tʰou⁵³	tʰou⁵²	tʰou⁵²	tʰou⁵⁵	tʰou⁵⁵	tʰou⁵³
豆	流开一	去候定	tou³¹	tou⁴¹²	tou³¹	tou³¹	tou⁵³	tou³¹	tou³¹
楼	流开一	平侯来	lou⁵³	lou⁵³	lou⁵²	lou⁵²	lou⁵⁵	lou⁵⁵	lou⁵³

续表

例字	韵摄	中古音	东堤村	杨居屯	朱鹿村	太平村	魏马村	雷家寨	北李村
绕	效开三	去笑日	zɔ⁵⁵	zɔ⁵⁵	lɔ⁵³	zɔ⁵⁵ / iɔ⁵⁵	iɔ⁵³	zɔ⁵⁵	zɔ⁵³
娇	效开三	平宵见	tɕiɔ²¹³	tɕiɔ²¹³	tɕiɔ²¹³	tɕiɔ²¹³	tɕiɔ²¹³	tɕiɔ²¹³	tɕiɔ²¹³
桥	效开三	平宵群	tɕʰiɔ⁵³	tɕʰiɔ⁵³	tɕʰiɔ⁵³	tɕʰiɔ⁵³	tɕʰiɔ⁵³	tɕʰiɔ⁵³	tɕʰiɔ⁵³
轿	效开三	去笑群	tɕiɔ³¹	tɕiɔ³¹	tɕiɔ³¹	tɕiɔ³¹	tɕiɔ³¹	tɕiɔ⁴¹²	tɕiɔ⁴¹²
腰	效开三	平宵影	iɔ²¹³	iɔ²¹³	iɔ²¹³	iɔ²¹³	iɔ²¹³	iɔ²¹³	iɔ²¹³
要	效开三	去笑影	iɔ³¹	iɔ³¹	iɔ³¹	iɔ³¹	iɔ³¹	iɔ⁴¹²	iɔ⁴¹²
摇	效开三	平宵以	iɔ⁵³	iɔ⁵³	iɔ⁵³	iɔ⁵³	iɔ⁵³	iɔ⁵³	iɔ⁵³
舀	效开三	上小以	iɔ⁵⁵	iɔ⁵⁵	iɔ⁵⁵	iɔ⁵⁵	iɔ⁵⁵	iɔ⁵⁵	iɔ⁵⁵
耀	效开三	去笑以	iɔ³¹	iɔ³¹	iɔ³¹	iɔ³¹	iɔ³¹	iɔ⁴¹²	iɔ⁴¹²
刁	效开四	平萧端	tiɔ²¹³	tiɔ²¹³	tiɔ²¹³	tiɔ²¹³	tiɔ²¹³	tiɔ²¹³	tiɔ²¹³
鸟	效开四	上筱端	ŋiɔ⁵⁵	ŋiɔ⁵⁵	ŋiɔ⁵⁵	ŋiɔ⁵⁵	ŋiɔ⁵⁵	ŋiɔ⁵⁵	ŋiɔ⁵⁵
钓	效开四	去啸端	tiɔ³¹	tiɔ³¹	tiɔ³¹	tiɔ³¹	tiɔ³¹	tiɔ⁴¹²	tiɔ⁴¹²
挑	效开四	平萧透	tʰiɔ²¹³	tʰiɔ²¹³	tʰiɔ²¹³	tʰiɔ²¹³	tʰiɔ²¹³	tʰiɔ²¹³	tʰiɔ²¹³
跳	效开四	去啸透	tʰiɔ³¹	tʰiɔ³¹	tʰiɔ³¹	tʰiɔ³¹	tʰiɔ³¹	tʰiɔ⁴¹²	tʰiɔ⁴¹²
条	效开四	平萧定	tʰiɔ⁵³	tʰiɔ⁵³	tʰiɔ⁵³	tʰiɔ⁵³	tʰiɔ⁵³	tʰiɔ⁵³	tʰiɔ⁵³
掉	效开四	去啸定	tiɔ³¹	tiɔ³¹	tiɔ³¹	tiɔ³¹	tiɔ³¹	tiɔ⁴¹²	tiɔ⁴¹²
尿	效开四	去啸泥	ŋiɔ³¹	ŋiɔ³¹	ŋiɔ³¹	ŋiɔ³¹	ŋiɔ³¹	ŋiɔ⁴¹²	ŋiɔ⁴¹²
撩	效开四	平萧来	liɔ²¹³	liɔ⁵³	liɔ⁵³	liɔ⁵³	liɔ⁵³	liɔ⁵³	liɔ⁵³
了~结	效开四	上筱来	liɔ⁵⁵	liɔ⁵⁵	liɔ⁵⁵	liɔ⁵⁵	liɔ⁵⁵	liɔ⁵⁵	liɔ⁵⁵
料	效开四	去啸来	liɔ³¹	liɔ³¹	liɔ³¹	liɔ³¹	liɔ³¹	liɔ⁴¹²	liɔ⁴¹²
箫	效开四	平萧心	ɕiɔ²¹³	ɕiɔ²¹³	ɕiɔ²¹³	siɔ²¹³	siɔ²¹³	ɕiɔ²¹³	ɕiɔ²¹³
浇	效开四	平萧见	tɕiɔ²¹³	tɕiɔ²¹³	tɕiɔ²¹³	tɕiɔ²¹³	tɕiɔ²¹³	tɕiɔ²¹³	tɕiɔ²¹³
缴	效开四	上筱见	tɕiɔ⁵⁵	tɕiɔ²¹³	tɕiɔ²¹³	tɕiɔ²¹³	tɕiɔ⁵⁵	tɕiɔ⁵⁵	tɕiɔ²¹³
叫	效开四	去啸见	tɕiɔ³¹	tɕiɔ³¹	tɕiɔ³¹	tɕiɔ³¹	tɕiɔ³¹	tɕiɔ⁴¹²	tɕiɔ⁴¹²
窍	效开四	去啸溪	tɕʰiɔ³¹	tɕʰiɔ³¹	tɕʰiɔ³¹	tɕʰiɔ³¹	tɕʰiɔ³¹	tɕʰiɔ⁴¹²	tɕʰiɔ⁴¹²
晓	效开四	上筱晓	ɕiɔ⁵⁵	ɕiɔ⁵⁵	ɕiɔ⁵⁵	ɕiɔ⁵⁵	ɕiɔ⁵⁵	ɕiɔ⁵⁵	ɕiɔ⁵⁵
吆	效开四	平萧影	iɔ²¹³	iɔ²¹³	iɔ³¹	iɔ²¹³	iɔ²¹³	iɔ²¹³	iɔ²¹³
剖	流开一	上厚滂	pʰɔ²¹³	pʰɔ³¹	pʰɔ²¹³	pʰɔ²¹³	pʰɔ²¹³	pʰɔ²¹³	pʰɔ²¹³
亩	流开一	上厚明	mu⁵⁵	mu⁵⁵	mu⁵⁵	mu⁵⁵	mu⁵⁵	mu⁵⁵	mu⁵⁵
母	流开一	上厚明	mu⁵⁵	mu⁵⁵	mu⁵⁵	mu⁵⁵	mu⁵⁵	mu⁵⁵	mu⁵⁵
贸	流开一	去候明	mɔ³¹	mɔ³¹	mɔ³¹	mɔ³¹	mɔ³¹	mɔ⁴¹²	mɔ⁴¹²
茂	流开一	去候明	mɔ³¹	mɔ³¹	mɔ³¹	mɔ³¹	mɔ³¹	mɔ⁴¹²	mɔ⁴¹²
兜	流开一	平侯端	tou²¹³	tou²¹³	tou²¹³	tou²¹³	tou²¹³	tou²¹³	tou²¹³
斗	流开一	上厚端	tou⁵⁵	tou⁵⁵	tou⁵⁵	tou⁵⁵	tou⁵⁵	tou⁵⁵	tou⁵⁵
偷	流开一	平侯透	tʰou²¹³	tʰou²¹³	tʰou²¹³	tʰou²¹³	tʰou²¹³	tʰou²¹³	tʰou²¹³
透	流开一	去候透	tʰou³¹	tʰou³¹	tʰou³¹	tʰou³¹	tʰou³¹	tʰou⁴¹²	tʰou⁴¹²
头	流开一	平侯定	tʰou⁵³	tʰou⁵³	tʰou⁵³	tʰou⁵³	tʰou⁵³	tʰou⁵³	tʰou⁵³
豆	流开一	去候定	tou³¹	tou³¹	tou³¹	tou³¹	tou³¹	tou⁴¹²	tou⁴¹²
楼	流开一	平侯来	lou⁵³	lou⁵³	lou⁵³	lou⁵³	lou⁵³	lou⁵³	lou⁵³

例字	韵摄	中古音	大李村	耿庄	谭家村	谭家营	马家庄	朱家庄	官路村
篓	流开一	上厚来	lou55	lou55	lou55	lou55	lou55	lou55	lou55
漏	流开一	去候来	lou31	lou412	lou31	lou31	lou53	lou31	lou31
走	流开一	上厚精	tsou55	tsou55	tsou55	tθou55	tsou55	tθou55	tsou55
奏	流开一	去候精	tsou31	tsou412	tsou31	tθou31	tsou53	tθou31	tsou31
凑	流开一	去候清	tsʰou31	tsʰou412	tsʰou31	tθʰou31	tsʰou53	tθʰou31	tsʰou31
嗽	流开一	去候心	sou31	tsʰɔ213	suə55	θuə55	suə55	θuə55	suə55
钩	流开一	平侯见	kou213	kou213	kou213	kou213	kou31	kou213	kou213
狗	流开一	上厚见	kou55	kou55	kou55	kou55	kou55	kou55	kou55
够	流开一	去候见	kou31	kou412	kou31	kou31	kou53	kou31	kou31
构	流开一	去候见	kou31	kou412	kou31	kou31	kou53	kou31	kou31
抠	流开一	平侯溪	kʰou213	kʰou213	kʰou213	kʰou213	kʰou31	kʰou213	kʰou213
口	流开一	平侯溪	kʰou55	kʰou55	kʰou55	kʰou55	kʰou55	kʰou55	kʰou55
扣	流开一	去候溪	kʰou31	kʰou412	kʰou31	kʰou31	kʰou53	kʰou31	kʰou31
藕	流开一	上厚疑	ɣou55	ɣou55	ŋou55	ŋou55	ŋou53	ŋou55	ŋou213
偶	流开一	上厚疑	ɣou55	ɣou55	ŋou55	ŋou213	ŋou31	ŋou213	ŋou55
吼	流开一	上厚晓	xou55	xou55	xou55	xou55	xou53	xou55	xou55
猴	流开一	平侯匣	xou53	xou53	xou52	xou52	xou55	xou55	xou53
后先~	流开一	上厚匣	xou31	xou412	xou31	xou31	xou53	xou31	xou31
厚	流开一	上厚匣	xou31	xou412	xou31	xou31	xou53	xou31	xou31
候	流开一	去候匣	xou31	xou53	xou31	xou52	xou53	xou31	xou31
欧	流开一	平侯影	ɣou213	ɣou213	ŋou213	ŋou213	ŋou31	ŋou213	ŋou213
呕	流开一	上厚影	ɣou213	ɣou213	ŋou55	ŋou55	ŋou55	ŋou213	ŋou213
沤	流开一	去候影	ɣou31	ŋou213	ŋou31	ŋou31	ŋou31	ŋou213	ŋou213
富	流开三	去宥非	fu31	fu412	fu31	fu31	fu53	fu31	fu31
副	流开三	去宥敷	fu31	fu412	fu31	fu31	fu55	fu31	fu31
浮	流开三	平尤奉	fu53	fu53	fu52	fu52	fu55	fu55	fu53
妇	流开三	上有奉	fu31	fu412	fu31	fu31	fu53	fu31	fu31
复	流开三	去宥奉	fu213	fu213	fu52	fu55	fu55	fu213	fu55
谋	流开三	平尤明	mu53	mu53	mu52	mu31	mu53	mu53	mu53
矛	流开三	平尤明	mɔ53	mɔ53	mɔ52	mɔ52	mɔ55	mɔ53	mɔ53
扭	流开三	上有泥	ȵiou55	ȵiou55	ȵiou55	ȵiou55	ȵiou55	ȵiou55	ȵiou55
流	流开三	平尤来	liou53	liou53	liou52	liou52	liou55	liou55	liou53
刘	流开三	平尤来	liou53	liou53	liou52	liou52	liou55	liou55	liou53
柳	流开三	上有来	liou53	liou55	liou55	liou55	liou55	liou55	liou55
揪	流开三	平尤精	tɕiou213	tsiou55	tsiou213	tsiou213	tɕiou31	tsiou213	tɕiou213
酒	流开三	上有精	tɕiou55	tsiou55	tsiou55	tsiou55	tɕiou55	tsiou55	tɕiou55
秋	流开三	平尤清	tɕʰiou213	tsʰiou55	tsʰiou213	tsʰiou213	tɕʰiou31	tsʰiou213	tɕʰiou213
就	流开三	去宥从	tɕiou31	tsiou412	tsiou31	tsiou31	tɕiou53	tsiou31	tɕiou31
修	流开三	平尤心	ɕiou213	siou213	siou213	siou213	siou31	siou213	ɕiou213
羞	流开三	平尤心	ɕiou213	siou213	siou213	siou213	siou31	siou213	ɕiou213

续表

例字	韵摄	中古音	东堤村	杨居屯	朱鹿村	太平村	魏马村	雷家寨	北李村
篓	流开一	上厚来	lou^{55}	lou^{55}	lou^{55}	lou^{55}	lou^{55}	lou^{55}	lou^{55}
漏	流开一	去候来	lou^{31}	lou^{31}	lou^{31}	lou^{31}	lou^{31}	lou^{412}	lou^{412}
走	流开一	上厚精	tsou^{55}	tsou^{55}	tsou^{55}	tθou^{55}	tθou^{55}	tsou^{55}	tsou^{55}
奏	流开一	去候精	tsou^{31}	tsou^{31}	tsou^{31}	tθou^{31}	tθou^{31}	tsou^{412}	tsou^{412}
凑	流开一	去候清	tsʰou^{31}	tsʰou^{31}	tsʰou^{31}	tθʰou^{31}	tθʰou^{31}	tsʰou^{412}	tsʰou^{412}
嗽	流开一	去候心	suə^{55}	suə^{55}	suə^{55}	θuə^{55}	θuə^{55}	sou^{412}	tsʰɔ^{0}
钩	流开一	平侯见	kou^{213}	kou^{213}	kou^{213}	kou^{213}	kou^{213}	kou^{213}	kou^{213}
狗	流开一	上厚见	kou^{55}	kou^{55}	kou^{55}	kou^{55}	kou^{55}	kou^{55}	kou^{55}
够	流开一	去候见	kou^{31}	kou^{31}	kou^{31}	kou^{31}	kou^{31}	kou^{412}	kou^{412}
构	流开一	去候见	kou^{31}	kou^{31}	kou^{31}	kou^{31}	kou^{31}	kou^{412}	kou^{412}
抠	流开一	平侯溪	kʰou^{213}	kʰou^{213}	kʰou^{213}	kʰou^{213}	kʰou^{213}	kʰou^{213}	kʰou^{213}
口	流开一	平侯溪	kʰou^{55}	kʰou^{55}	kʰou^{55}	kʰou^{55}	kʰou^{55}	kʰou^{55}	kʰou^{55}
扣	流开一	去候溪	kʰou^{31}	kʰou^{31}	kʰou^{31}	kʰou^{31}	kʰou^{31}	kʰou^{412}	kʰou^{412}
藕	流开一	上厚疑	ŋou^{55}	ŋou^{55}	ŋou^{55}	ŋou^{55}	ŋou^{55}	ɣou^{55}	ɣou^{55}
偶	流开一	上厚疑	ŋou^{213}	ŋou^{213}	ŋou^{213}	ŋou^{213}	ŋou^{213}	ɣou^{55}	ɣou^{55}
吼	流开一	上厚晓	xou^{55}	xou^{55}	xou^{55}	xou^{55}	xou^{53}	xou^{55}	xou^{53}
猴	流开一	平侯匣	xou^{53}	xou^{53}	xou^{53}	xou^{53}	xou^{53}	xou^{53}	xou^{53}
后先~	流开一	上厚匣	xou^{31}	xou^{31}	xou^{31}	xou^{31}	xou^{31}	xou^{412}	xou^{412}
厚	流开一	上厚匣	xou^{31}	xou^{31}	xou^{31}	xou^{31}	xou^{31}	xou^{412}	xou^{412}
候	流开一	去候匣	xou^{53}	xou^{31}	xou^{31}	xou^{53}	xou^{53}	xou^{412}	xou^{53}
欧	流开一	平侯影	ŋou^{213}	ŋou^{213}	ŋou^{213}	ŋou^{213}	ŋou^{213}	ɣou^{213}	ɣou^{213}
呕	流开一	上厚影	ŋou^{213}	ŋou^{213}	ŋou^{213}	ŋou^{213}	ŋou^{213}	ɣou^{213}	ɣou^{213}
沤	流开一	去候影	ŋou^{213}	ŋou^{31}	ŋou^{213}	ŋou^{31}	ŋou^{31}	ŋou^{213}	ŋou^{213}
富	流开三	去宥非	fu^{31}	fu^{31}	fu^{31}	fu^{31}	fu^{31}	fu^{412}	fu^{412}
副	流开三	去宥敷	fu^{31}	fu^{31}	fu^{31}	fu^{31}	fu^{31}	fu^{412}	fu^{412}
浮	流开三	平尤奉	fu^{53}	fu^{53}	fu^{53}	fu^{53}	fu^{53}	fu^{53}	fu^{53}
妇	流开三	上有奉	fu^{31}	fu^{31}	fu^{31}	fu^{31}	fu^{31}	fu^{412}	fu^{213}
复	流开三	去宥奉	fu^{55}	fu^{31}	fu^{55}	fu^{55}	fu^{55}	fu^{213}	fu^{213}
谋	流开三	平尤明	mu^{31}	mu^{53}	mu^{31}	mu^{53}	mu^{31}	mu^{53}	mu^{53}
矛	流开三	平尤明	mɔ^{53}	mɔ^{53}	mɔ^{53}	mɔ^{53}	mɔ^{53}	mɔ^{53}	mɔ^{53}
扭	流开三	上有泥	ȵiou^{55}	ȵiou^{55}	ȵiou^{55}	ȵiou^{55}	ȵiou^{55}	ȵiou^{55}	ȵiou^{55}
流	流开三	平尤来	liou^{53}	liou^{53}	liou^{53}	liou^{53}	liou^{53}	liou^{53}	liou^{53}
刘	流开三	平尤来	liou^{53}	liou^{53}	liou^{53}	liou^{53}	liou^{53}	liou^{53}	liou^{53}
柳	流开三	上有来	liou^{55}	liou^{55}	liou^{55}	liou^{55}	liou^{55}	liou^{55}	liou^{55}
揪	流开三	平尤精	tɕiou^{213}	tɕiou^{213}	tɕiou^{213}	tsiou^{213}	tsiou^{213}	tɕiou^{213}	tsiou^{213}
酒	流开三	上有精	tɕiou^{55}	tɕiou^{55}	tɕiou^{55}	tsiou^{55}	tsiou^{55}	tɕiou^{55}	tsiou^{55}
秋	流开三	平尤清	tɕʰiou^{213}	tɕʰiou^{213}	tɕʰiou^{213}	tsʰiou^{213}	tsʰiou^{213}	tɕʰiou^{213}	tsʰiou^{213}
就	流开三	去宥从	tɕiou^{31}	tɕiou^{31}	tɕiou^{31}	tɕiou^{31}	tsiou^{31}	tɕiou^{412}	tsiou^{412}
修	流开三	平尤心	ɕiou^{213}	ɕiou^{213}	ɕiou^{213}	siou^{213}	siou^{213}	ɕiou^{213}	siou^{213}
羞	流开三	平尤心	ɕiou^{213}	ɕiou^{213}	ɕiou^{213}	siou^{213}	siou^{213}	ɕiou^{213}	siou^{213}

例字	韵摄	中古音	大李村	耿庄	谭家村	谭家营	马家庄	朱家庄	官路村
秀	流开三	去宥心	ɕiou³¹	siou⁴¹²	siou³¹	siou³¹	siou⁵³	siou³¹	ɕiou³¹
囚	流开三	平尤邪	ɕiou⁵³	tsʰiou²¹³	tsʰiou⁵²／siou⁵²	tɕʰiou²¹³	tɕʰiou³¹	tɕʰiou⁵⁵	tɕʰiou⁵³
袖	流开三	去宥邪	ɕiou³¹	siou⁴¹²	siou³¹	siou³¹	ɕiou⁵³	siou³¹	ɕiou³¹
肘	流开三	上有知	tʂou⁵⁵	tʂou⁵⁵	tʂou⁵⁵	tʃou⁵⁵	tʂou⁵⁵	tʂou⁵⁵	tʂou⁵⁵
抽	流开三	平尤彻	tʂʰou²¹³	tʂʰou²¹³	tʂʰou²¹³	tʃʰou²¹³	tʂʰou²¹³	tʂʰou²¹³	tʂʰou²¹³
丑	流开三	上有彻	tʂʰou⁵⁵	tʂʰou⁵⁵	tʂʰou⁵⁵	tʃʰou⁵⁵	tʂʰou⁵⁵	tʂʰou⁵⁵	tʂʰou⁵⁵
绸	流开三	平尤澄	tʂʰou⁵³	tʂʰou⁵³	tʂʰou⁵²	tʃʰou⁵²	tʂʰou⁵³	tʂʰou⁵⁵	tʂʰou⁵³
宙	流开三	去宥澄	tʂou³¹	tʂou⁴¹²	tʂou³¹	tʃou³¹	tʂou⁵³	tʂou⁵⁵	tʂou⁵⁵
皱	流开三	去宥庄	tʂou³¹	tʂou⁴¹²	tʂou³¹	tʂou³¹	tʂou⁵³	tʂou⁵⁵	tʂou⁵⁵
瞅	流开三	上有初	tʂʰou⁵⁵	tʂʰou⁵⁵	tʂʰou⁵⁵	tʂʰou⁵⁵	tʂʰou⁵⁵	tʂʰou⁵⁵	tʂʰou⁵⁵
愁	流开三	平尤崇	tʂʰou⁵³	tʂʰou⁵³	tʂʰou⁵²	tʂʰou⁵²	tʂʰou⁵³	tʂʰou⁵⁵	tʂʰou⁵³
骤	流开三	去宥崇	tsou³¹	tʂou⁴¹²	tʂou³¹	tʂou³¹	tʂou⁵³	tʂou³¹	tʂou³¹
搜	流开三	平尤生	sou²¹³	sou²¹³	ʂou²¹³	ʂou²¹³	sou³¹	θou²¹³	sou²¹³
瘦	流开三	去宥生	sou³¹	ʂou⁴¹²	ʂou³¹	ʂou³¹	ʂou⁵³	θou²¹³	sou³¹
州	流开三	平尤章	tʂou²¹³	tʂou²¹³	tʂou²¹³	tʃou²¹³	tʂou³¹	tʂou²¹³	tʂou²¹³
周	流开三	平尤章	tʂou²¹³	tʂou²¹³	tʂou²¹³	tʃou²¹³	tʂou³¹	tʂou²¹³	tʂou²¹³
帚	流开三	上有章	tʂʰu⁰	ʂu⁴¹²	tʂu⁵⁵	tʃu³¹	tʂu³¹	tʂou²¹³／tʂu³¹	tʂou³¹／tʂu³¹
咒	流开三	去宥章	tʂou³¹	tʂou⁴¹²	tʂou³¹	tʃou³¹	tʂou⁵³	tʂou³¹	tʂou³¹
丑	流开三	上有昌	tʂʰou⁵⁵	tʂʰou⁵⁵	tʂʰou⁵⁵	tʃʰou⁵⁵	tʂʰou⁵⁵	tʂʰou⁵⁵	tʂʰou⁵⁵
臭	流开三	去宥昌	tʂʰou³¹	tʂʰou⁴¹²	tʂʰou³¹	tʃʰou³¹	tʂʰou⁵³	tʂʰou³¹	tʂʰou³¹
收	流开三	平尤书	ʂou²¹³	ʂou²¹³	ʂou²¹³	ʃou²¹³	ʂou³¹	ʂou²¹³	ʂou²¹³
手	流开三	上有书	ʂou⁵⁵	ʂou⁵⁵	ʂou⁵⁵	ʃou⁵⁵	ʂou⁵⁵	ʂou⁵⁵	ʂou⁵⁵
兽	流开三	去宥书	ʂou³¹	ʂou⁴¹²	ʂou³¹	ʃou³¹	ʂou⁵³	ʂou³¹	ʂou³¹
仇	流开三	平尤禅	tʂʰou⁵³	tʂʰou⁵³	tʂʰou⁵²	tʃʰou⁵²	tʂʰou⁵³	tʂʰou⁵⁵	tʂʰou⁵³
受	流开三	上有禅	ʂou³¹	ʂou⁴¹²	ʂou³¹	ʃou³¹	ʂou⁵³	ʂou³¹	ʂou³¹
寿	流开三	去宥禅	ʂou³¹	ʂou⁴¹²	ʂou³¹	ʃou³¹	ʂou⁵³	ʂou³¹	ʂou³¹
揉	流开三	平尤日	zou⁵³	zou⁵³	ʐou⁵²／iou⁵²	iou⁵²	zou⁵⁵	zou⁵⁵	zou⁵³
阄	流开三	平尤见	tɕiou²¹³	tɕʰiou²¹³	tɕiou²¹³	tɕʰiou²¹³	tɕʰiou³¹	tɕʰiou²¹³	tɕʰiou²¹³
九	流开三	上有见	tɕiou⁵⁵	tɕiou⁵⁵	tɕiou⁵⁵	tɕiou⁵⁵	tɕiou⁵⁵	tɕiou⁵⁵	tɕiou⁵⁵
救	流开三	去宥见	tɕiou³¹	tɕiou⁴¹²	tɕiou³¹	tɕiou³¹	tɕiou⁵³	tɕiou³¹	tɕiou³¹
丘	流开三	平尤溪	tɕʰiou²¹³	tɕʰiou²¹³	tɕʰiou²¹³	tɕʰiou²¹³	tɕʰiou³¹	tɕʰiou²¹³	tɕʰiou²¹³
球	流开三	平尤群	tɕʰiou⁵³	tɕʰiou⁵³	tɕʰiou⁵²	tɕʰiou⁵²	tɕʰiou⁵³	tɕʰiou⁵⁵	tɕʰiou⁵³
舅	流开三	上有群	tɕiou³¹	tɕiou⁴¹²	tɕiou³¹	tɕiou³¹	tɕiou⁵³	tɕiou³¹	tɕiou³¹
旧	流开三	去宥群	tɕiou³¹	tɕiou⁴¹²	tɕiou³¹	tɕiou³¹	tɕiou⁵³	tɕiou³¹	tɕiou³¹
牛	流开三	平尤疑	ŋiou⁵³	ŋiou⁵³	ŋiou⁵²	ŋiou⁵²	ŋiou⁵⁵	ŋiou⁵⁵	ŋiou⁵³
休	流开三	平尤晓	ɕiou²¹³	ɕiou²¹³	ɕiou²¹³	ɕiou²¹³	ɕiou³¹	ɕiou²¹³	ɕiou²¹³
朽	流开三	上有晓	ɕiou²¹³	ɕiou²¹³	ɕiou⁵⁵	ɕiou²¹³	ɕiou³¹	ɕiou²¹³	ɕiou⁵⁵

续表

例字	韵摄	中古音	东堤村	杨居屯	朱鹿村	太平村	魏马村	雷家寨	北李村
秀	流开三	去宥心	ɕiou³¹	ɕiou³¹	ɕiou³¹	siou³¹	siou³¹	ɕiou⁴¹²	siou⁴¹²
囚	流开三	平尤邪	tɕʰiou⁵³	tɕʰiou²¹³	tɕʰiou²¹³	tɕʰiou²¹³	tɕʰiou²¹³	tɕʰiou²¹³	tsʰiou⁵³
袖	流开三	去宥邪	ɕiou³¹	ɕiou³¹	ɕiou³¹	siou³¹	siou³¹	ɕiou⁴¹²	siou⁴¹²
肘	流开三	上有知	tʂou⁵⁵	tʂou⁵⁵	tʂou⁵⁵	tʃou⁵⁵	tʃou⁵⁵	tʂou⁵⁵	tʂou⁵⁵
抽	流开三	平尤彻	tʂʰou²¹³	tʂʰou²¹³	tʂʰou²¹³	tʃʰou²¹³	tʃʰou²¹³	tʂʰou²¹³	tʂʰou²¹³
丑	流开三	上有彻	tʂʰou⁵⁵	tʂʰou⁵⁵	tʂʰou⁵⁵	tʃʰou⁵⁵	tʃʰou⁵⁵	tʂʰou⁵⁵	tʂʰou⁵⁵
绸	流开三	平尤澄	tʂʰou⁵³	tʂʰou⁵³	tʂʰou⁵³	tʃʰou⁵³	tʃʰou⁵³	tʂʰou⁵³	tʂʰou⁵³
宙	流开三	去宥澄	tʂou³¹	tʂou³¹	tʂou³¹	tʃou³¹	tʃou³¹	tʂou⁴¹²	tʂou⁴¹²
皱	流开三	去宥庄	tʂou³¹	tʂou³¹	tʂou³¹	tʃou³¹	tʃou³¹	tʂou⁴¹²	tʂou⁴¹²
瞅	流开三	上有初	tʂʰou⁵⁵	tʂʰou⁵⁵	tʂʰou⁵⁵	tʃʰou⁵⁵	tʃʰou⁵⁵	tʂʰou⁵⁵	tʂʰou⁵⁵
愁	流开三	平尤崇	tʂʰou⁵³	tʂʰou⁵³	tʂʰou⁵³	tʃʰou⁵³	tʃʰou⁵³	tʂʰou⁵³	tʂʰou⁵³
骤	流开三	去宥崇	tʂou³¹	tʂou³¹	tʂou³¹	tʃou³¹	tʃou³¹	tʂou⁴¹²	tʂou⁴¹²
搜	流开三	平尤生	sou²¹³	sou²¹³	sou²¹³	ʃou²¹³	ʂou²¹³	sou²¹³	sou²¹³
瘦	流开三	去宥生	ʂou³¹	ʂou³¹	ʂou³¹	ʂou³¹	ʂou³¹	ʂou⁴¹²	ʂou⁴¹²
州	流开三	平尤章	tʂou²¹³	tʂou²¹³	tʂou²¹³	tʃou²¹³	tʃou²¹³	tʂou²¹³	tʂou²¹³
周	流开三	平尤章	tʂou²¹³	tʂou²¹³	tʂou²¹³	tʃou²¹³	tʃou²¹³	tʂou²¹³	tʂou²¹³
帚	流开三	上有章	tʂu³¹	tʂu³¹	tʂʅ³¹	tʃu⁵⁵	tʃu⁵⁵	ʂu⁵⁵	fu⁵⁵
咒	流开三	去宥章	tʂou³¹	tʂou³¹	tʂou³¹	tʃou³¹	tʃou³¹	tʂou⁴¹²	tʂou⁴¹²
丑	流开三	上有昌	tʂʰou⁵⁵	tʂʰou⁵⁵	tʂʰou⁵⁵	tʃʰou⁵⁵	tʃʰou⁵⁵	tʂʰou⁵⁵	tʂʰou⁵⁵
臭	流开三	去宥昌	tʂʰou³¹	tʂʰou³¹	tʂʰou³¹	tʃʰou³¹	tʃʰou³¹	tʂʰou⁴¹²	tʂʰou⁴¹²
收	流开三	平尤书	ʂou²¹³	ʂou²¹³	ʂou²¹³	ʃou²¹³	ʃou²¹³	ʂou²¹³	ʂou²¹³
手	流开三	上有书	ʂou⁵⁵	ʂou⁵⁵	ʂou⁵⁵	ʃou⁵⁵	ʃou⁵⁵	ʂou⁵⁵	ʂou⁵⁵
兽	流开三	去宥书	ʂou³¹	ʂou³¹	ʂou³¹	ʃou³¹	ʃou³¹	ʂou⁴¹²	ʂou⁴¹²
仇	流开三	平尤禅	tʂʰou⁵³	tʂʰou⁵³	tʂʰou⁵³	tʃʰou⁵³	tʃʰou⁵³	tʂʰou⁵³	tʂʰou⁵³
受	流开三	上有禅	ʂou³¹	ʂou³¹	ʂou³¹	ʃou³¹	ʃou³¹	ʂou⁴¹²	ʂou⁴¹²
寿	流开三	去宥禅	ʂou³¹	ʂou³¹	ʂou³¹	ʃou³¹	ʃou³¹	ʂou⁴¹²	ʂou⁴¹²
揉	流开三	平尤日	ʐou⁵³	ʐou⁵³ / lou⁵³	lou⁵³	ʐou⁵³ / iou⁵³	iou⁵³	ʐou⁵³	ʐou⁵³
阄	流开三	平尤见	tɕʰiou²¹³	—	tɕʰiou²¹³	tɕʰiou²¹³	tɕʰiou²¹³	tɕʰiou²¹³	tɕʰiou²¹³
九	流开三	上有见	tɕiou⁵⁵	tɕiou⁵⁵	tɕiou⁵⁵	tɕiou⁵⁵	tɕiou⁵⁵	tɕiou⁵⁵	tɕiou⁵⁵
救	流开三	去宥见	tɕiou³¹	tɕiou³¹	tɕiou³¹	tɕiou³¹	tɕiou³¹	tɕiou⁴¹²	tɕiou⁴¹²
丘	流开三	平尤溪	tɕʰiou²¹³	tɕʰiou²¹³	tɕʰiou²¹³	tɕʰiou²¹³	tɕʰiou²¹³	tɕʰiou²¹³	tɕʰiou²¹³
球	流开三	平尤群	tɕʰiou⁵³	tɕʰiou⁵³	tɕʰiou⁵³	tɕʰiou⁵³	tɕʰiou⁵³	tɕʰiou⁵³	tɕʰiou⁵³
舅	流开三	上有群	tɕiou³¹	tɕiou³¹	tɕiou³¹	tɕiou³¹	tɕiou³¹	tɕiou⁴¹²	tɕiou⁴¹²
旧	流开三	去宥群	tɕiou³¹	tɕiou³¹	tɕiou³¹	tɕiou³¹	tɕiou³¹	tɕiou⁴¹²	tɕiou⁴¹²
牛	流开三	平尤疑	ȵiou⁵³	ȵiou⁵³	ȵiou⁵³	ȵiou⁵³	ȵiou⁵³	ȵiou⁵³	ȵiou⁵³
休	流开三	平尤晓	ɕiou²¹³	ɕiou²¹³	ɕiou²¹³	ɕiou²¹³	ɕiou²¹³	ɕiou²¹³	ɕiou²¹³
朽	流开三	上有晓	ɕiou²¹³	ɕiou⁵⁵	ɕiou⁵⁵	ɕiou⁵⁵	ɕiou²¹³	ɕiou⁵⁵	ɕiou⁵⁵

例字	韵摄	中古音	大李村	耿庄	谭家村	谭家营	马家庄	朱家庄	官路村
优	流开三	平尤影	iou213	iou213	iou213	iou213	iou31	iou213	iou213
邮	流开三	平尤云	iou53	iou53	iou52	iou52	iou55	iou213	iou53
有	流开三	上有云	iou55	iou55	iou55	iou55	iou55	iou55	iou55
右	流开三	去宥云	iou31	iou412	iou31	iou31	iou53	iou31	iou31
油	流开三	平尤以	iou53	iou53	iou52	iou52	iou55	iou53	iou53
诱	流开三	上有以	iou31	iou412	iou31	iou31	iou53	iou31	iou31
釉	流开三	去宥以	iou31	iou412	iou31	iou52	iou53	iou53	iou53
彪	流开三	平幽帮	piɔ213	piɔ213	piɔ213	piɔ213	piɔ31	piɔ213	piɔ213
丢	流开三	平幽端	tiou213	tiou213	tiou213	tiou213	tiou31	tiou213	tiou213
纠	流开三	上黝见	tɕiou213	tɕiou213	tɕiou213	tɕiou55	tɕiou31	tɕiou213	tɕiou213
幽	流开三	平幽影	iou213	iou213	iou55	iou52	iou55	iou55	iou213
幼	流开三	去幼影	iou31	iou412	iou31	iou31	iou53	iou31	iou31
耽	咸开一	平覃端	tã213	tã213	tã213	tã55	tã31	tã213	tã213
搭	咸开一	入合端	tɑ213	tɑ213	tɑ55	tɑ55	tɑ31	tɑ213	tɑ213
答	咸开一	入合端	tɑ213	tɑ213	tɑ55	tɑ55	tɑ31	tɑ55	tɑ213
贪	咸开一	平覃透	tʰã213	tʰã213	tʰã213	tʰã213	tʰã31	tʰã213	tʰã213
探	咸开一	去勘透	tʰã31	tʰã412	tʰã31	tʰã31	tʰã53	tʰã31	tʰã31
踏	咸开一	入合透	tʰɑ213	tʰɑ213	tʰɑ52	tʰɑ52	tʰɑ31	tʰɑ213	tʰɑ213
谭	咸开一	平覃定	tʰã53	tʰã53	tʰã52	tʰã52	tʰã55	tʰã53	tʰã53
南	咸开一	平覃泥	nã53	nã53	nã52	nã52	nã55	nã55	nã53
男	咸开一	平覃泥	nã53	nã53	nã52	nã52	nã55	nã55	nã53
纳	咸开一	入合泥	nɑ213	nɑ213	nɑ31	nɑ31	nɑ31	nɑ31	nɑ31
拉	咸开一	入合来	lɑ213	lɑ213	lɑ55	lɑ55	lɑ31	lɑ213	lɑ213
簪	咸开一	平覃精	tsã213	tsã213	tsã213	tθã213	tsã31	tθã213	tsã213
参	咸开一	平覃清	tsʰã213	tsʰã213	tsʰã213	tθʰã213	tsʰã31	tθʰã213	tsʰã213
惨	咸开一	上感清	tsʰã55	tsʰã55	tsʰã55	tθʰã52	tsʰã55	tθʰã55	tsʰã55
蚕	咸开一	平覃从	tsʰã53	tsʰã53	tsʰã52	tθʰã52	tsʰã55	tθʰã55	tsʰã53
杂	咸开一	入合从	tsɑ53	tsɑ53	tsɑ52	tθɑ52	tsɑ53	tθɑ55	tsɑ53
感	咸开一	上咸见	kã55	kã55	kã55	kã55	kã55	kã55	kã55
鸽	咸开一	入合见	kə213	kə213	kə213	kə213	kə31	kə213	kə213
砍	咸开一	上感溪	kʰã55	kʰã55	kʰã55	kʰã55	kʰã55	kʰã55	kʰã55
喝	咸开一	入合晓	xə213	xə213	xɑ55	xɑ55	xɑ31	xə213	xɑ213
含	咸开一	平覃匣	xã53	xã53	xã52	xã52	xã55	xã55	xã53
盒	咸开一	入合匣	xə53	xə53	xuə52	xuə52	xə55	xə55	xuə53
庵	咸开一	平覃影	ɣã213	ɣã213	ŋã213	ŋã213	ŋã31	ŋã213	ŋã213
暗	咸开一	去阚影	ɣã31	ɣã412	ŋã31	ŋã31	ŋã53	ŋã31	ŋã31
担~任	咸开一	平谈端	tã213	tã213	tã213	tã213	tã31	tã213	tã213
胆	咸开一	上敢端	tã55	tã55	tã55	tã55	tã55	tã55	tã55
担~子	咸开一	去阚端	tã31	tã412	tã31	tã31	tã53	tã31	tã31
毯	咸开一	上敢透	tʰã55	tʰã55	tʰã55	tʰã55	tʰã55	tʰã55	tʰã55

续表

例字	韵摄	中古音	东堤村	杨居屯	朱鹿村	太平村	魏马村	雷家寨	北李村
优	流开三	平尤影	iou²¹³	iou²¹³	iou²¹³	iou²¹³	iou²¹³	iou²¹³	iou²¹³
邮	流开三	平尤云	iou⁵³	iou⁵³	iou²¹³	iou⁵³	iou⁵³	iou⁵³	iou²¹³
有	流开三	上有云	iou⁵⁵	iou⁵⁵	iou⁵⁵	iou⁵⁵	iou⁵⁵	iou⁵⁵	iou⁵⁵
右	流开三	去宥云	iou³¹	iou³¹	iou³¹	iou³¹	iou³¹	iou⁴¹²	iou⁴¹²
油	流开三	平尤以	iou⁵³	iou⁵³	iou⁵³	iou⁵³	iou⁵³	iou⁵³	iou⁵³
诱	流开三	上有以	iou³¹	iou³¹	iou³¹	iou³¹	iou³¹	iou⁴¹²	iou⁴¹²
釉	流开三	去宥以	iou⁵³	iou³¹	iou⁵³	iou³¹	iou³¹	iou⁴¹²	iou⁵³
彪	流开三	平幽帮	piɔ²¹³	piɔ²¹³	piɔ²¹³	piɔ²¹³	piɔ²¹³	piɔ²¹³	piɔ²¹³
丢	流开三	平幽端	tiou²¹³	tiou²¹³	tiou²¹³	tiou²¹³	tiou²¹³	tiou²¹³	tiou²¹³
纠	流开三	上黝见	tɕiou²¹³	tɕiou²¹³	tɕiou²¹³	tɕiou⁵⁵	tɕiou⁵⁵	tɕiou²¹³	tɕiou²¹³
幽	流开三	平幽影	iou⁵³	iou²¹³	iou²¹³	iou⁵³	iou²¹³	iou²¹³	iou²¹³
幼	流开三	去幼影	iou³¹	iou³¹	iou³¹	iou³¹	iou³¹	iou⁴¹²	iou⁴¹²
耽	咸开一	平覃端	tã³¹	tã²¹³	tã³¹	tã²¹³	tã⁵⁵	tã²¹³	tã²¹³
搭	咸开一	入合端	ta⁵⁵	ta⁵⁵	ta⁵⁵	ta⁵⁵	ta⁵⁵	ta²¹³	ta²¹³
答	咸开一	入合端	ta⁵⁵	ta⁵⁵	ta⁵⁵	ta⁵⁵	ta⁵⁵	ta²¹³	ta²¹³
贪	咸开一	平覃透	tʰã²¹³	tʰã²¹³	tʰã²¹³	tʰã²¹³	tʰã²¹³	tʰã²¹³	tʰã²¹³
探	咸开一	去勘透	tʰã³¹	tʰã³¹	tʰã³¹	tʰã³¹	tʰã³¹	tʰã⁴¹²	tʰã⁴¹²
踏	咸开一	入合透	tʰɑ²¹³	tʰɑ⁵³	tʰɑ⁵³	tʰɑ³¹	tʰɑ⁵⁵	tʰɑ²¹³	tʰɑ²¹³
谭	咸开一	平覃定	tʰã⁵³	tʰã⁵³	tʰã⁵³	tʰã⁵³	tʰã⁵³	tʰã⁵³	tʰã⁵³
南	咸开一	平覃泥	nã⁵³	nã⁵³	nã⁵³	nã⁵³	nã⁵³	nã⁵³	nã⁵³
男	咸开一	平覃泥	nã⁵³	nã⁵³	nã⁵³	nã⁵³	nã⁵³	nã⁵³	nã⁵³
纳	咸开一	入合泥	nɑ³¹	nɑ⁵³	nɑ³¹	nɑ³¹	nɑ³¹	nɑ²¹³	nɑ²¹³
拉	咸开一	入合来	lɑ²¹³	lɑ⁵⁵	lɑ⁵⁵	lɑ⁵⁵	lɑ⁵⁵	lɑ²¹³	lɑ²¹³
簪	咸开一	平覃精	tsã³¹	tsã²¹³	tsã²¹³	tθã²¹³	tθã²¹³	tsã²¹³	tsã²¹³
参	咸开一	平覃清	tsʰã²¹³	tsʰã²¹³	tsʰã²¹³	tθʰã²¹³	tθʰã²¹³	tsʰã²¹³	tsʰã²¹³
惨	咸开一	上感清	tsʰã⁵⁵	tsʰã⁵³	tsʰã⁵³	tθʰã⁵⁵	tθʰã⁵³	tsʰã⁵⁵	tsʰã⁵⁵
蚕	咸开一	平覃从	tsʰã⁵³	tsʰã⁵³	tsʰã⁵³	tθʰã⁵³	tθʰã⁵³	tsʰã⁵³	tsʰã⁵³
杂	咸开一	入合从	tsɑ⁵³	tsɑ⁵³	tsɑ⁵³	tθɑ⁵³	tθɑ⁵³	tsɑ⁵³	tsɑ⁵³
感	咸开一	上咸见	kã⁵⁵	kã⁵⁵	kã⁵⁵	kã⁵⁵	kã⁵⁵	kã⁵⁵	kã⁵⁵
鸽	咸开一	入合见	kə⁵³	kə²¹³	kə⁵³	kə⁵⁵	kə⁵⁵	kə²¹³	kə²¹³
砍	咸开一	上感溪	kʰã⁵⁵	kʰã⁵⁵	kʰã⁵⁵	kʰã⁵⁵	kʰã⁵⁵	kʰã⁵⁵	kʰã⁵⁵
喝	咸开一	入合晓	xɑ²¹³	xɑ⁵⁵	xɑ⁵⁵	xɑ⁵⁵	xɑ⁵⁵	xə²¹³	xə²¹³
含	咸开一	平覃匣	xã⁵³	xã⁵³	xã⁵³	xã⁵³	xã⁵³	xã⁵³	xã⁵³
盒	咸开一	入合匣	xuə⁵³	xuə⁵³	xuə⁵³	xuə⁵³	xuə⁵³	xə⁵³	xə⁵³
庵	咸开一	平覃影	ŋã²¹³	ŋã²¹³	ŋã²¹³	ŋã²¹³	ŋã²¹³	ɣã²¹³	ɣã²¹³
暗	咸开一	去阚影	ŋã³¹	ŋã³¹	ŋã³¹	ŋã³¹	ŋã³¹	ɣã⁴¹²	ɣã⁴¹²
担~任	咸开一	平谈端	tã²¹³	tã²¹³	tã²¹³	tã²¹³	tã²¹³	tã²¹³	tã²¹³
胆	咸开一	上敢端	tã⁵⁵	tã⁵⁵	tã⁵⁵	tã⁵⁵	tã⁵⁵	tã⁵⁵	tã⁵⁵
担~子	咸开一	去阚端	tã³¹	tã³¹	tã³¹	tã³¹	tã³¹	tã⁴¹²	tã⁴¹²
毯	咸开一	上敢透	tʰã⁵⁵	tʰã⁵⁵	tʰã⁵⁵	tʰã⁵⁵	tʰã⁵⁵	tʰã⁵⁵	tʰã⁵⁵

例字	韵摄	中古音	大李村	耿庄	谭家村	谭家营	马家庄	朱家庄	官路村
塔	咸开一	入盍透	tʰɑ213	tʰɑ213	tʰɑ55	tʰɑ55	tʰɑ31	tʰɑ213	tʰɑ213
谈	咸开一	平谈定	tʰã53	tʰã53	tʰã52	tʰã52	tʰã55	tʰã55	tʰã53
淡	咸开一	上敢定	tã31	tã412	tã31	tã31	tã53	tã31	tã31
蓝	咸开一	平谈来	lã53	lã53	lã52	lã52	lã55	lã55	lã53
揽	咸开一	上敢来	lã55	lã55	lã55	lã55	lã55	lã55	lã55
腊	咸开一	入盍来	lɑ213	lɑ213	lɑ31	lɑ31	lɑ31	lɑ55	lɑ55
惭	咸开一	平谈从	tsʰã53	tsʰã53	tsʰã52	tθʰã31	tsʰã55	tθʰã55	tsʰã53
暂	咸开一	去阚从	tsã31	tsã412	tsã31	tθã31	tsã53	tθã31	tsã31
三	咸开一	平谈心	sã213	sã213	sã213	θã213	sã31	θã213	sã213
甘	咸开一	平谈见	kã213	kã213	kã213	kã213	kã31	kã213	kã213
敢	咸开一	上敢见	kã55	kã55	kã55	kã55	kã55	kã55	kã55
磕	咸开一	入盍溪	kʰə213	kʰə213	kʰɑ55	kʰɑ55	kʰə31	kʰə213	kʰɑ213
喊	咸开一	上敢晓	xã55	xã55	xã55	xã55	xã55	xã55	xã55
站	咸开二	去陷知	tʂã31	tʂã412	tʂã31	tʂã31	tʂã53	tʂã31	tʂã31
赚	咸开二	去陷澄	tʂuã31	tʂuã412	tʂuã31	tʃuã31	tʂuã53	tʂuã31	tʂuã31
斩	咸开二	上豏庄	tʂã55	tʂã55	tʂã55	tʂã55	tʂã55	tʂã55	tʂã55
蘸	咸开二	去陷庄	tʂã31	tʂã412	tʂã31	tʂã31	tʂã53	tʂã31	tʂã31
眨	咸开二	入洽庄	tsa55 tsã55	tʂa55	tʂa55 tsã55	tʂa55	tʂa55	tʂɑ31	tʂɑ213
插	咸开二	入洽初	tsʰa213	tʂʰa213	tʂʰa55	tʂʰa55	tʂʰa31	tʂʰa213	tʂʰa213
馋	咸开二	平咸崇	tsʰã53	tʂʰã53	tʂʰã52	tʂʰã52	tʂʰã55	tʂʰã55	tʂʰã53
闸	咸开二	入洽崇	tsa55	tʂa55	tʂa55	tʂa55	tʂa53	tʂa55	tʂɑ55
炸	咸开二	入洽崇	tsa53	tʂa53	tʂa52	tʂa52	tʂa55	tʂa55	tʂɑ53
杉	咸开二	平咸生	ʂã213	ʂã213	ʂã213	ʂɑ213	ʂɑ31	ʂã213	ʂã213
减	咸开二	上豏见	tɕiã55	tɕiã55	tɕiã55	tɕiã55	tɕiã55	tɕiã55	tɕiã55
夹	咸开二	入洽见	tɕia213	tɕia213	tɕia55	tɕia55	tɕia31	tɕia213	tɕia213
鹐	咸开二	平咸溪	tɕʰiã213	—	tɕʰiã213	tɕʰiã55	—	—	tɕʰiã213
掐	咸开二	入洽溪	tɕʰia213	tɕʰia213	tɕʰia55	tɕʰia55	tɕʰia31	tɕʰia213	tɕʰia213
咸	咸开二	平咸匣	ɕiã53	ɕiã53	ɕiã52	ɕiã52	ɕiã55	ɕiã55	ɕiã53
陷	咸开二	去陷匣	ɕiã31	ɕiã412	ɕiã31	ɕiã31	ɕiã53	ɕiã31	ɕiã31
狭	咸开二	入洽匣	ɕia53	ɕia53	ɕia52	ɕia52	ɕia55	ɕia55	ɕia53
搀	咸开二	平衔初	tʂʰã213	tʂʰã213	tʂʰã55	tʂʰã55	tʂʰã55	tʂʰã213	tʂʰã213
衫	咸开二	平衔生	sã213	ʂã213	ʂã213	ʂã213	ʂã31	ʂã213	ʂã213
监	咸开二	平衔见	tɕiã213	tɕiã213	tɕiã213	tɕiã213	tɕiã31	tɕiã213	tɕiã213
甲	咸开二	入狎见	tɕia213	tɕia213	tɕia55	tɕia55	tɕia31	tɕia213	tɕia213
岩	咸开二	平衔疑	iã53	iã53	iɛ52	iã52	iɛ55	iã55	iã53
衔	咸开二	平衔匣	ɕiã53	ɕiã53	ɕiã52	ɕiã52	ɕiã55	ɕiã55	ɕiã53
舰	咸开二	上槛匣	tɕiã55	tɕiã412	tɕiã31	tɕiã31	tɕiã55	tɕiã31	tɕiã31
匣	咸开二	入狎匣	ɕia53	ɕia53	ɕia52	ɕia52	ɕia55	ɕia55	ɕia53

续表

例字	韵摄	中古音	东堤村	杨居屯	朱鹿村	太平村	魏马村	雷家寨	北李村
塔	咸开一	入盍透	tʰɑ213	tʰɑ55	tʰɑ55	tʰɑ55	tʰɑ55	tʰɑ213	tʰɑ213
谈	咸开一	平谈定	tʰã53	tʰã53	tʰã53	tʰã53	tʰã53	tʰã53	tʰã53
淡	咸开一	上敢定	tã31	tã31	tã31	tã31	tã31	tã412	tã412
蓝	咸开一	平谈来	lã53	lã53	lã53	lã53	lã53	lã53	lã53
揽	咸开一	上敢来	lã55	lã55	lã55	lã55	lã55	lã55	lã55
腊	咸开一	入盍来	lɑ31	lɑ31	lɑ31	lɑ31	lɑ31	lɑ213	lɑ213
惭	咸开一	平谈从	tsʰã53	tsʰã53	tsʰã31	tθʰã53	tθʰã31	tsʰã53	tsʰã53
暂	咸开一	去阚从	tsã31	tsã31	tsã31	tθã31	tθã31	tsã412	tsã412
三	咸开一	平谈心	sã213	sã213	sã213	θã213	θã213	sã213	sã213
甘	咸开一	平谈见	kã213	kã213	kã213	kã213	kã213	kã213	kã213
敢	咸开一	上敢见	kã55	kã55	kã55	kã55	kã55	kã55	kã55
磕	咸开一	入盍溪	kʰɑ213	kʰã55	kʰã55	kʰã55	kʰã55	kʰɔ213	kʰɔ213
喊	咸开一	上敢晓	xã55	xã55	xã55	xã55	xã55	xã55	xã55
站	咸开二	去陷知	tʂã31	tʂã31	tʂã31	tʂã31	tʂã31	tʂã412	tʂã412
赚	咸开二	去陷澄	tʂuã31	tʂuã31	tʂuã31	tʃuã31	tʃuã31	tʂuã412	tʂuã412
斩	咸开二	上赚庄	tʂã55	tʂã55	tʂã55	tʂã55	tʂã55	tʂã55	tʂã55
蘸	咸开二	去陷庄	tʂã31	tʂã31	tʂã31	tʂã31	tʂã31	tʂã412	tʂã412
眨	咸开二	入洽庄	tʂɑ213	tʂã213	tʂɑ213	tʂɑ55	tʂɑ55	tsɑ213	tʂɑ213
插	咸开二	入洽初	tʂʰɑ213	tʂʰɑ31	tʂʰɑ55	tʂʰɑ55	tʂʰɑ55	tʂʰɑ213	tʂʰɑ213
馋	咸开二	平咸崇	tʂã53	tʂʰã53	tʂã53	tʂã53	tʂã53	tʂã53	tʂã53
闸	咸开二	入洽崇	tʂɑ55	tʂɑ31	tʂɑ55	tʂɑ55	tʂɑ55	tʂɑ55	tʂɑ55
炸	咸开二	入洽崇	tʂɑ31	tʂɑ53	tʂɑ53	tʂɑ53	tʂɑ31	tʂɑ53	tʂɑ53
杉	咸开二	平咸生	ʂã213	ʂã213	ʂã213	ʂã213	ʂɑ213	ʂã213	ʂã213
减	咸开二	上赚见	tɕiã55	tɕiã55	tɕiã55	tɕiã55	tɕiã55	tɕiã55	tɕiã55
夹	咸开二	入洽见	tɕiɑ213	tɕiɑ55	tɕiɑ55	tɕiɑ55	tɕiɑ55	tɕiɑ213	tɕiɑ213
鸽	咸开二	平咸溪	tɕʰiɑ213	—	—	—	tɕʰiɑ55	tsã213	tɕʰiɑ213
掐	咸开二	入洽溪	tɕʰiɑ213	tɕʰiɑ213	tɕʰiɑ55	tɕʰiɑ55	tɕʰiɑ55	tɕʰiɑ213	tɕʰiɑ213
咸	咸开二	平咸匣	ɕiã53	ɕiã53	ɕiã53	ɕiã53	ɕiã53	ɕiã53	ɕiã53
陷	咸开二	去陷匣	ɕiã31	ɕiã31	ɕiã31	ɕiã31	ɕiã31	ɕiã412	ɕiã55
狭	咸开二	入洽匣	ɕiɑ53	ɕiɑ53	ɕiɑ53	ɕiɑ53	ɕiɑ53	ɕiɑ53	ɕiɑ213
搀	咸开二	平衔初	tʂʰã213	tʂʰã53	tʂã53	tʂã213	tʂã213	tsʰã213	tʂã213
衫	咸开二	平衔生	ʂã213	ʂã213	ʂã213	ʂã213	ʂã213	ʂã213	ʂã213
监	咸开二	平衔见	tɕiã213	tɕiã213	tɕiã213	tɕiã213	tɕiã213	tɕiã213	tɕiã213
甲	咸开二	入洽见	tɕiɑ55	tɕiɑ213	tɕiɑ213	tɕiɑ213	tɕiɑ55	tɕiɑ213	tɕiɑ213
岩	咸开二	平衔疑	iã53	iɛ53	iã53	iɛ53	iã53	iɛ53	iã53
衔	咸开二	平衔匣	ɕiã53	ɕiã53	ɕiã53	ɕiã53	ɕiã53	ɕiã55	ɕiã55
舰	咸开二	上槛匣	tɕiã31	tɕiã55	tɕiã31	tɕiã31	tɕiã31	tɕiã55	tɕiã412
匣	咸开二	入狎匣	ɕiɑ53	ɕiɑ53	ɕiɑ53	ɕiɑ53	ɕiɑ53	ɕiɑ53	ɕiɑ53

例字	韵摄	中古音	大李村	耿庄	谭家村	谭家营	马家庄	朱家庄	官路村
鸭	咸开二	入狎影	iɑ²¹³	iɑ²¹³	iɑ⁵⁵	iɑ⁵⁵	iɑ³¹	iɑ²¹³	iɑ²¹³
压	咸开二	入狎影	iɑ²¹³	iɑ²¹³	iɑ³¹	iɑ³¹	iɑ⁵³	iɑ³¹	iɑ³¹
贬	咸开三	上琰帮	piã⁵⁵	piã⁵⁵	piã⁵⁵	piã⁵⁵	piã⁵⁵	piã⁵⁵	piã⁵⁵
镊	咸开三	入叶泥	ɲiə²¹³	ɲiə²¹³	ɲiə³¹	ɲiə³¹	ɲiə³¹	ɲiə³¹	ɲiə³¹
镰	咸开三	平盐来	liã⁵³	liã⁵³	liã⁵²	liã⁵²	liã⁵⁵	liã⁵⁵	liã⁵³
猎	咸开三	入叶来	liə²¹³	liə²¹³	liə³¹	liə³¹	liə³¹	liə³¹	liə³¹
尖	咸开三	平盐精	tɕiã²¹³	tsiã²¹³	tsiã²¹³	tsiã²¹³	tɕiã³¹	tɕiã²¹³	tɕiã²¹³
接	咸开三	入叶精	tɕiə²¹³	tsiə²¹³	tsiə⁵⁵	tsiə⁵⁵	tɕiə³¹	tɕiə²¹³	tɕiə²¹³
签	咸开三	平盐清	tɕʰiã²¹³	tsʰiã²¹³	tsʰiã²¹³	tsʰiã²¹³	tɕʰiã³¹	tsʰiã²¹³	tɕʰiã²¹³
妾	咸开三	入叶清	tɕʰiã³¹	tsʰiə²¹³	tsʰiə⁵⁵	tsʰiə⁵⁵	tɕʰiə³¹	tsʰiə³¹	tɕʰiə³¹
渐	咸开三	上琰从	tɕiã³¹	tsiã⁴¹²	tsiã³¹	tsiã³¹	tɕiã⁵³	tsiã³¹	tɕiã³¹
捷	咸开三	入叶从	tɕiə⁵³	tsiə⁵³	tsiə⁵²	tɕiə⁵²	tɕiə⁵⁵	tɕiə⁵⁵	tɕiə⁵³
沾	咸开三	平盐知	tʂã²¹³	tʂã²¹³	tʂã²¹³	tʃã²¹³	tʂã³¹	tʂã²¹³	tʂã²¹³
佔	咸开三	去艳章	tʂã³¹	tʂã⁴¹²	tʂã³¹	tʃã³¹	tʂã⁵³	tʂã³¹	tʂã³¹
摺	咸开三	入叶章	tʂə²¹³	tʂə²¹³	tʂə⁵⁵	tʃə³¹	tʂə³¹	tʂə²¹³	tʂə²¹³
陕	咸开三	上琰书	ʂã⁵⁵	ʂã⁵⁵	ʂã⁵⁵	ʃã⁵⁵	ʂã⁵⁵	ʂã⁵⁵	ʂã⁵⁵
闪	咸开三	上琰书	ʂã⁵⁵	ʂã⁵⁵	ʂã⁵⁵	ʃã⁵⁵	ʂã⁵⁵	ʂã⁵⁵	ʂã⁵⁵
摄	咸开三	入叶书	ʂə³¹	ʂə²¹³	ʂə³¹	ʃə³¹	ɲiə⁵⁵	ɲiə³¹	ʂə³¹
蟾	咸开三	平盐禅	tʂʰã⁵³	tʂʰã⁵³	tʂʰã⁵²	tʃʰã⁵²	tʂʰã⁵⁵	tʂʰã⁵⁵	tʂʰã⁵³
涉	咸开三	入叶禅	ʂə²¹³	ʂə²¹³	ʂə³¹	ʃə³¹	ʂə⁵³	ʂə³¹	ʂə³¹
染	咸开三	上琰日	zã⁵⁵	zã⁵⁵	zã⁵⁵ / iã⁵⁵	iã⁵⁵	zã⁵⁵	zã⁵⁵	zã⁵⁵
检	咸开三	上琰见	tɕiã⁵⁵	tɕiã⁵⁵	tɕiã⁵⁵	tɕiã⁵⁵	tɕiã⁵⁵	tɕiã⁵⁵	tɕiã⁵⁵
脸	咸开三	上琰见	liã⁵⁵	liã⁵⁵	liã⁵⁵	liã⁵⁵	liã⁵⁵	liã⁵⁵	liã⁵⁵
钳	咸开三	平盐群	tɕʰiã⁵³	tɕʰiã⁵³	tɕʰiã⁵²	tɕʰiã⁵²	tɕʰiã⁵⁵	tɕʰiã⁵⁵	tɕʰiã⁵⁵
俭	咸开三	上琰群	tɕiã⁵⁵	tɕiã⁵⁵	tɕiã⁵⁵	tɕiã⁵⁵	tɕiã⁵⁵	tɕiã⁵⁵	tɕiã⁵⁵
验	咸开三	去艳疑	iã³¹	iã⁴¹²	iã³¹	iã³¹	iã⁵³	iã³¹	iã³¹
险	咸开三	上琰晓	ɕiã⁵⁵	ɕiã⁵⁵	ɕiã⁵⁵	ɕiã⁵⁵	ɕiã⁵⁵	ɕiã⁵⁵	ɕiã⁵⁵
淹	咸开三	平盐影	iã²¹³	iã²¹³	iã²¹³	iã²¹³	iã³¹	iã²¹³	iã²¹³
掩	咸开三	上琰影	iã⁵⁵	iã⁵⁵	iã²¹³	iã²¹³	iã²¹³	iã⁵⁵	iã⁵⁵
厌	咸开三	去艳影	iã³¹	iã⁴¹²	iã³¹	iã³¹	iã⁵³	iã³¹	iã³¹
炎	咸开三	平盐云	iã⁵³	iã⁵³	iã³¹	iã⁵²	iã⁵⁵	iã⁵⁵	iã⁵³
盐	咸开三	平盐以	iã⁵³	iã⁵³	iã⁵²	iã⁵²	iã⁵⁵	iã⁵⁵	iã⁵³
艳	咸开三	去艳以	iã³¹	iã⁴¹²	iã³¹	iã³¹	iã⁵³	iã³¹	iã³¹
叶	咸开三	入叶以	iə²¹³	iə²¹³	iə³¹	iə³¹	iə⁵³	iə³¹	iə³¹
剑	咸开三	去酽见	tɕiã³¹	tɕiã⁴¹²	tɕiã³¹	tɕiã³¹	tɕiã⁵³	tɕiã³¹	tɕiã³¹
劫	咸开三	入业见	tɕiə⁵³	tsiə⁵³	tɕiə⁵²	tɕiə⁵²	tɕiə⁵⁵	tɕiə⁵⁵	tɕiə⁵³ / tɕʰiə⁵³
欠	咸开三	去酽溪	tɕʰiã³¹	tɕʰiã⁴¹²	tɕʰiã³¹	tɕʰiã³¹	tɕʰiã⁵³	tɕʰiã³¹	tɕʰiã³¹
怯	咸开三	入业溪	tɕʰyə³¹	tɕʰiə⁴¹²	tɕʰiə³¹	tɕʰiə³¹	tɕʰiə⁵³	tɕʰiə³¹	tɕʰiə⁵³

续表

例字	韵摄	中古音	东堤村	杨居屯	朱鹿村	太平村	魏马村	雷家寨	北李村
鸭	咸开二	入狎影	iɑ213	iɑ213	iɑ55	iɑ55	iɑ55	iɑ213	iɑ213
压	咸开二	入狎影	iɑ31	iɑ31	iɑ31	iɑ31	iɑ31	iɑ213	iɑ213
贬	咸开三	上琰帮	piã55	piã55	piã55	piã55	piã55	piã55	piã55
镊	咸开三	入叶泥	ȵiə53	ȵiə31	ȵiə53	ȵiə31	ȵiə31	ȵiə213	ȵiə213
镰	咸开三	平盐来	liã53	liã53	liã53	liã53	liã53	liã53	liã53
猎	咸开三	入叶来	liə31	liə31	liə31	liə31	liə31	liə31	liə213
尖	咸开三	平盐精	tɕiã213	tɕiã213	tɕiã213	tsiã213	tsiã213	tɕiã213	tsiã213
接	咸开三	入叶精	tɕiə213	tɕiə55	tɕiə55	tsiə55	tsiə55	tɕiə213	tsiə213
签	咸开三	平盐清	tɕʰiã213	tɕʰiã213	tɕʰiã213	tʰiã213	tsʰiã213	tɕʰiã213	tsʰiã213
妾	咸开三	入叶清	tɕʰiə53	tɕʰiə31	tɕʰiə31	tsʰiə31	tsʰiə53	tɕʰiə31	tsʰiə31
渐	咸开三	上琰从	tɕiã31	tɕiã31	tɕiã31	tsiã31	tsiã31	tɕiã412	tsiã412
捷	咸开三	入叶从	tɕiə53	tiə53	tɕiə53	tsiə53	tsiə55	tɕiə53	tsiə53
沾	咸开三	平盐知	tʂã213	tʂã213	tʂã213	tʃã213	tʃã213	tʂã213	tʂã213
占	咸开三	去艳章	tʂã31	tʂã31	tʂã31	tʃã31	tʃã31	tʂã412	tʂã412
摺	咸开三	入叶章	tʂə213	tʂə55	tʂə55	tʃə31	tʃə31	tʂə213	tʂə213
陕	咸开三	上琰书	ʂã55	ʂã55	ʂã55	ʂã55	ʃã55	ʂã55	ʂã55
闪	咸开三	上琰书	ʂã55	ʂã55	ʂã55	ʃã55	ʃã55	ʂã55	ʂã55
摄	咸开三	入叶书	ȵiə213	ʂə31	ȵiə31	ʃə31	ȵiə31	ȵiə213	ȵiə213
蟾	咸开三	平盐禅	tʂʰã53	tʂʰã53	tʂʰã53	tʃʰã55	tʃʰã53	tʂʰã53	tʂʰã53
涉	咸开三	入叶禅	tʂʰə55 干~	ʂə53	ʂə31	ʃə31	ʃə31	ʂə213	ʂə213
染	咸开三	上琰日	ʐã55	ʐã55 / lã55	lã55	ʐã55 / iã55	iã55	ʐã55	ʐã55
检	咸开三	上琰见	tɕiã55	tɕiã55	tɕiã55	tɕiã55	tɕiã55	tɕiã55	tɕiã55
脸	咸开三	上琰见	liã55	liã55	liã55	liã55	liã55	liã55	liã55
钳	咸开三	平盐群	tɕʰiã53	tɕʰiã53	tɕʰiã53	tɕʰiã53	tɕʰiã31	tɕʰiã53	tɕʰiã55
俭	咸开三	上琰群	tɕiã55	tɕiã55	tɕiã55	tɕiã55	tɕiã55	tɕiã55	tɕiã55
验	咸开三	去艳疑	iã31	iã31	iã31	iã31	iã31	iã412	iã412
险	咸开三	上琰晓	ɕiã55	ɕiã55	ɕiã55	ɕiã55	ɕiã55	ɕiã55	ɕiã55
淹	咸开三	平盐影	iã213	iã213	iã213	iã213	iã213	iã213	iã213
掩	咸开三	上琰影	iã55	iã55	iã55	iã213	iã213	iã213	iã55
厌	咸开三	去艳影	iã31	iã31	iã31	iã31	iã31	iã412	iã412
炎	咸开三	平盐云	iã53	iã53	iã53	iã53	iã53	iã53	iã53
盐	咸开三	平盐以	iã53	iã53	iã53	iã53	iã53	iã53	iã53
艳	咸开三	去艳以	iã31	iã31	iã31	iã31	iã31	iã412	iã412
叶	咸开三	入叶以	iə31	iə31	iə31	iə31	iə31	iə213	iə213
剑	咸开三	去酽见	tɕiã31	tɕiã31	tɕiã31	tɕiã31	tɕiã31	tɕiã412	tɕiã412
劫	咸开三	入业见	tɕiə213	tɕʰiə31	tɕiə53	tɕiə53	tɕiə53	tɕiə53	tɕiə213
欠	咸开三	去酽溪	tɕʰiã31	tɕʰiã31	tɕʰiã31	tɕʰiã31	tɕʰiã31	tɕʰiã412	tɕʰiã412
怯	咸开三	入业溪	tɕʰyə31	tɕʰiə31	tɕʰiə31	tɕʰiə31	tɕʰiə31	tɕʰiə213	tɕʰiə412

例字	韵摄	中古音	大李村	耿庄	谭家村	谭家营	马家庄	朱家庄	官路村
严	咸开三	平严疑	iã⁵³	iã⁵³	iã⁵²	iã⁵²	iã⁵⁵	iã⁵⁵	iã⁵³
业	咸开三	入业疑	ŋiə²¹³	iə²¹³	ŋiə³¹	iə³¹	ŋiə³¹	iə³¹	ŋiə³¹
胁	咸开三	入业晓	ɕiə⁵³	ɕiə⁵³	ɕiə⁵²	ɕiə⁵²	ɕiə⁵⁵	ɕiə⁵⁵	ɕiə⁵³
腌	咸开三	平严影	iã²¹³	iã²¹³	iã²¹³	iã²¹³	iã³¹	iã³¹	iã²¹³
掂	咸开四	平添端	tiã²¹³	tiã²¹³	tiã²¹³	tiã²¹³	tiã³¹	tiã³¹	tiã²¹³
点	咸开四	上忝端	tiã⁵⁵	tiã⁵⁵	tiã⁵⁵	tiã⁵⁵	tiã⁵⁵	tiã⁵⁵	tiã⁵⁵
店	咸开四	去㮇端	tiã³¹	tiã⁴¹²	tiã³¹	tiã³¹	tiã⁵³	tiã⁵³	tiã³¹
跌	咸开四	入贴端	tiə²¹³	tiə⁵³	tiə⁵⁵	tiə⁵⁵	tiə³¹	tiə²¹³	tiə²¹³
添	咸开四	平添透	tʰiã²¹³	tʰiã²¹³	tʰiã²¹³	tʰiã²¹³	tʰiã³¹	tʰiã²¹³	tʰiã²¹³
舔	咸开四	上忝透	tʰiã⁵⁵	tʰiã⁵⁵	tʰiã⁵⁵	tʰiã⁵⁵	tʰiã⁵⁵	tʰiã⁵⁵	tʰiã⁵⁵
贴	咸开四	入帖透	tʰiə²¹³	tʰiə²¹³	tʰiə²¹³	tʰiə⁵⁵	tʰiə³¹	tʰiə²¹³	tʰiə²¹³
甜	咸开四	平添定	tʰiã⁵³	tʰiã⁵³	tʰiã⁵²	tʰiã⁵²	tʰiã⁵³	tʰiã⁵³	tʰiã⁵³
碟	咸开四	入贴定	tiə⁵³	tiə⁵³	tiə⁵²	tiə⁵²	tiə⁵⁵	tiə⁵⁵	tiə⁵³
念	咸开四	去㮇泥	ŋiã³¹	ŋiã⁴¹²	ŋiã³¹	ŋiã³¹	ŋiã⁵³	ŋiã³¹	ŋiã³¹
挟	咸开四	入帖见	tɕia²¹³	tɕia²¹³	tɕia⁵⁵	tɕia⁵⁵	tɕia³¹	tɕia²¹³	tɕia²¹³
谦	咸开四	平添溪	tɕʰiã²¹³	tɕʰiã²¹³	tɕʰiã²¹³	tɕʰiã²¹³	tɕʰiã³¹	tɕʰiã²¹³	tɕʰiã²¹³
歉	咸开四	去㮇溪	tɕʰiã³¹	tɕʰiã⁴¹²	tɕʰiã³¹	tɕʰiã³¹	tɕʰiã⁵³	tɕʰiã³¹	tɕʰiã³¹
嫌	咸开四	平添匣	ɕiã⁵³	ɕiã⁵³	ɕiã⁵²	ɕiã⁵²	ɕiã⁵⁵	ɕiã⁵⁵	ɕiã⁵³
协	咸开四	入贴匣	ɕiə⁵³	ɕiə⁵³	ɕiə⁵²	ɕiə⁵²	ɕiə⁵⁵	ɕiə⁵⁵	ɕiə⁵³
法	咸合三	入乏非	fɑ²¹³	fɑ²¹³	fɑ⁵⁵	fɑ⁵⁵	fɑ³¹	fɑ²¹³	fɑ²¹³
泛	咸合三	去梵敷	fã³¹	fã⁴¹²	fã⁵²	fã³¹	fã⁵³	fã⁵³	fã⁵³
凡	咸合三	平凡奉	fã⁵³	fã⁵³	fã⁵²	fã⁵²	fã⁵⁵	fã⁵⁵	fã⁵³
帆	咸合三	平凡奉	fã²¹³	fã⁵³	fã²¹³	fã²¹³	fã³¹	fã²¹³	fã²¹³
犯	咸合三	上范奉	fã³¹	fã⁴¹²	fã³¹	fã³¹	fã⁵³	fã³¹	fã³¹
范	咸合三	上范奉	fã³¹	fã⁵³	fã³¹	fã³¹	fã⁵³	fã³¹	fã³¹
乏	咸合三	入乏奉	fɑ⁵³	fɑ⁵³	fɑ⁵²	fɑ⁵²	fɑ⁵⁵	fɑ⁵⁵	fɑ⁵³
品	深开三	上寝滂	pʰiə̃⁵⁵	pʰiə̃⁵⁵	pʰiə̃⁵⁵	pʰiə̃⁵⁵	pʰiə̃⁵⁵	pʰiə̃⁵⁵	pʰiə̃⁵⁵
赁	深开三	去沁来	liə̃³¹	liə̃⁴¹²	liə̃³¹	liə̃³¹	liə̃⁵³	liə̃³¹	liə̃³¹
林	深开三	平侵来	liə̃⁵³	liə̃⁵³	liə̃⁵²	liə̃⁵²	liə̃⁵⁵	liə̃⁵⁵	liə̃⁵³
淋	深开三	平侵来	liə̃⁵³	liə̃⁵³	luə̃⁵²	luə̃⁵²	luə̃⁵⁵	luə̃⁵⁵	luə̃⁵³
临	深开三	平侵来	liə̃⁵³	liə̃⁵³	liə̃⁵²	liə̃⁵²	liə̃⁵⁵	liə̃⁵⁵	liə̃⁵³
立	深开三	入缉来	li²¹³	li²¹³	li³¹	li³¹	li⁵³	li⁵³	li³¹
浸	深开三	去沁精	tɕʰiə̃²¹³	—	tsʰiə̃²¹³	tsiə̃³¹	tɕʰiə̃³¹	tɕiə̃²¹³	tɕiə̃²¹³
侵	深开三	平侵清	tɕʰiə̃²¹³	tsʰiə̃⁵⁵	tsʰiə̃²¹³	tsʰiə̃²¹³	tɕʰiə̃³¹	tsʰiə̃²¹³	tɕʰiə̃²¹³
集	深开三	入辑从	tɕi²¹³~体 tɕi⁵³ 上~	tsi⁵³	tsi²¹³	tsi⁵²	tɕi⁵⁵	tsi⁵⁵	tɕi⁵³
心	深开三	平侵心	ɕiə̃²¹³	siə̃²¹³	siə̃²¹³	siə̃²¹³	siə̃³¹	siə̃²¹³	ɕiə̃²¹³
寻	深开三	平侵邪	ɕyə̃⁵³	suə̃⁵⁵	ɕyə̃⁵²	syə̃⁵²	ɕyə̃⁵⁵	syə̃⁵⁵	ɕyə̃⁵³
习	深开三	入缉邪	ɕi⁵³	si⁵³	si⁵²	si⁵²	si⁵⁵	si⁵⁵	ɕi⁵³

续表

例字	韵摄	中古音	东堤村	杨居屯	朱鹿村	太平村	魏马村	雷家寨	北李村
严	咸开三	平严疑	iã⁵³	iã⁵³	iã⁵³	iã⁵³	iã⁵³	iã⁵³	iã⁵³
业	咸开三	入业疑	iə³¹	iə³¹ ŋiə³¹	iə³¹	iə³¹	iə³¹	ŋiə²¹³	iə²¹³
胁	咸开三	入业晓	ɕiə⁵³	ɕiə⁵³	ɕiə⁵³	ɕiə⁵³	ɕiə⁵³	ɕiə⁵³	ɕiə⁵³
腌	咸开三	平严影	iã²¹³	iã²¹³	iã²¹³	iã²¹³	iã²¹³	iã²¹³	iã²¹³
掂	咸开四	平添端	tiã²¹³	tiã³¹	tiã²¹³	tiã²¹³	tiã²¹³	tiã²¹³	tiã²¹³
点	咸开四	上忝端	tiã⁵⁵	tiã⁵⁵	tiã⁵⁵	tiã⁵⁵	tiã⁵⁵	tiã⁵⁵	tiã⁵⁵
店	咸开四	去㮇端	tiã³¹	tiã³¹	tiã³¹	tiã³¹	tiã³¹	tiã⁴¹²	tiã⁴¹²
跌	咸开四	入贴端	tiə³¹	tiə⁵⁵	tiə⁵⁵	tiə⁵⁵	tiə⁵⁵	tiə²¹³	tiə⁵³
添	咸开四	平添透	tʰiã²¹³	tʰiã²¹³	tʰiã²¹³	tʰiã²¹³	tʰiã²¹³	tʰiã²¹³	tʰiã²¹³
舔	咸开四	上忝透	tʰiã⁵⁵	tʰiã⁵⁵	tʰiã⁵⁵	tʰiã⁵⁵	tʰiã⁵⁵	tʰiã⁵⁵	tʰiã⁵⁵
贴	咸开四	入帖透	tʰiə²¹³	tʰiə⁵⁵	tʰiə⁵⁵	tʰiə⁵⁵	tʰiə⁵⁵	tʰiə⁵⁵	tʰiə²¹³
甜	咸开四	平添定	tʰiã⁵³	tʰiã⁵³	tʰiã⁵³	tʰiã⁵³	tʰiã⁵³	tʰiã⁵³	tʰiã⁵³
碟	咸开四	入贴定	tiə⁵³	tiə⁵³	tiə⁵³	tiə⁵³	tiə⁵³	tiə⁵³	tiə⁵³
念	咸开四	去㮇泥	ŋiã³¹	ŋiã³¹	ŋiã³¹	ŋiã³¹	ŋiã³¹	ŋiã⁴¹²	ŋiã⁴¹²
挟	咸开四	入帖见	tɕia²¹³	tɕia⁵⁵	tɕia⁵⁵	tɕia⁵⁵	tɕia⁵⁵	tɕia²¹³	tɕia²¹³
谦	咸开四	平添溪	tɕʰiã²¹³	tɕʰiã²¹³	tɕʰiã²¹³	tɕʰiã²¹³	tɕʰiã²¹³	tɕʰiã²¹³	tɕʰiã²¹³
歉	咸开四	去㮇溪	tɕʰiã³¹	tɕʰiã³¹	tɕʰiã³¹	tɕʰiã³¹	tɕʰiã³¹	tɕʰiã⁴¹²	tɕʰiã⁴¹²
嫌	咸开四	平添匣	ɕiã⁵³	ɕiã⁵³	ɕiã⁵³	ɕiã⁵³	ɕiã⁵³	ɕiã⁵³	ɕiã⁵³
协	咸开四	入贴匣	ɕiə⁵³	ɕiə⁵³	ɕiə⁵³	ɕiə⁵³	ɕiə⁵³	ɕiə⁵³	ɕiə⁵³
法	咸合三	入乏非	fa²¹³	fa⁵⁵	fa⁵⁵	fa⁵⁵	fa⁵⁵	fa²¹³	fa²¹³
泛	咸合三	去梵敷	fã³¹	fã³¹	fã³¹	fã³¹	fã³¹	fã⁴¹²	fã⁴¹²
凡	咸合三	平凡奉	fã³¹	fã⁵³	fã⁵³	fã⁵³	fã³¹	fã⁵³	fã⁵³
帆	咸合三	平凡奉	fã⁵³	fã³¹	fã²¹³	fã²¹³	fã²¹³	fã⁵³	fã⁵³
犯	咸合三	上范奉	fã³¹	fã³¹	fã³¹	fã³¹	fã³¹	fã⁴¹²	fã⁴¹²
范	咸合三	上范奉	fã³¹	fã³¹	fã³¹	fã³¹	fã³¹	fã⁴¹²	fã⁴¹²
乏	咸合三	入乏奉	fa⁵³	fa⁵³	fa⁵³	fa⁵³	fa⁵³	fa⁵³	fa⁵³
品	深开三	上寝滂	pʰiɤ̃⁵⁵	pʰiɤ̃⁵⁵	pʰiɤ̃⁵⁵	pʰiɤ̃⁵⁵	pʰiɤ̃⁵⁵	pʰiɤ̃⁵⁵	pʰiɤ̃⁵⁵
赁	深开三	去沁来	liɤ̃³¹	liɤ̃³¹	liɤ̃³¹	liɤ̃³¹	liɤ̃³¹	liɤ̃⁴¹²	liɤ̃⁴¹²
林	深开三	平侵来	liɤ̃⁵³	liɤ̃⁵³	liɤ̃⁵³	liɤ̃⁵³	liɤ̃⁵³	liɤ̃⁵³	liɤ̃⁵³
淋	深开三	平侵来	luɤ̃⁵³	liɤ̃⁵³ luɛ̃⁵³	lyɛ̃⁵³	luɤ̃⁵³	luɤ̃⁵³	liɤ̃⁵³	liɤ̃⁵³
临	深开三	平侵来	liɤ̃⁵³	liɤ̃⁵³	liɤ̃⁵³	liɤ̃⁵³	liɤ̃⁵³	liɤ̃⁵³	liɤ̃⁵³
立	深开三	入缉来	li³¹	li³¹	li³¹	li³¹	li³¹	li²¹³	li²¹³
浸	深开三	去沁精	tɕʰiɤ̃²¹³	tɕiɤ̃³¹	tɕiɤ̃³¹	tɕiɤ̃³¹	tsʰiɤ̃²¹³	tɕiɤ̃²¹³	tsiɤ̃²¹³
侵	深开三	平侵清	tɕʰiɤ̃²¹³	tɕʰiɤ̃²¹³	tɕʰiɤ̃²¹³	tsʰiɤ̃²¹³	tsʰiɤ̃²¹³	tɕʰiɤ̃²¹³	tsʰiɤ̃⁵³
集	深开三	入缉从	tɕi⁵³	tɕi⁵³	tɕi⁵³	tsi⁵⁵	tsi⁵⁵	tɕi⁵³	tsi⁵³
心	深开三	平侵心	ɕiɤ̃²¹³	ɕiɤ̃²¹³	ɕiɤ̃²¹³	siɤ̃²¹³	siɤ̃²¹³	ɕiɤ̃²¹³	siɤ̃²¹³
寻	深开三	平侵邪	ɕyɛ̃⁵³	ɕyɛ̃⁵³	ɕyɛ̃⁵³	syɤ̃⁵³	syɤ̃⁵³	ɕyɤ̃⁵³	suɛ̃⁵⁵
习	深开三	入缉邪	ɕi⁵³	ɕi⁵³	ɕi⁵³	si⁵³	si⁵³	ɕi⁵³	si⁵³

例字	韵摄	中古音	大李村	耿庄	谭家村	谭家营	马家庄	朱家庄	官路村
沉	深开三	平侵澄	tʂʰə̃⁵³	tʂʰə̃⁵³	tʂʰɚ̃⁵²	tʃʰɚ̃⁵²	tʂʰɚ̃⁵⁵	tʂʰɚ̃⁵⁵	tʂʰɚ̃⁵³
参人~	深开三	平侵生	sə̃²¹³	ʂə̃²¹³	ʂɚ̃²¹³	ʃɚ̃²¹³	ʂɚ̃³¹	ʂɚ̃²¹³	ʂɚ̃²¹³
森	深开三	平侵生	sə̃²¹³	ʂə̃²¹³	ʂɚ̃²¹³	ʃɚ̃²¹³	sei³¹	ʂɚ̃²¹³	ʂɚ̃²¹³
渗	深开三	去沁生	sə̃³¹	ʂə̃⁴¹²	ʂɚ̃³¹	ʃɚ̃⁵⁵	ʂɚ̃⁵³	ʂɚ̃³¹	ʂɚ̃³¹
涩	深开三	入缉生	sei²¹³	ʂei²¹³	ʂei⁵⁵	ʃei⁵⁵	sei³¹	ʂʅ²¹³~巴	ʂʅ²¹³
针	深开三	平侵章	tʂə̃²¹³	tʂə̃²¹³	tʂɚ̃²¹³	tʃɚ̃²¹³	tʂɚ̃³¹	tʂɚ̃²¹³	tʂɚ̃²¹³
枕名词	深开三	上寝章	tʂə̃³¹	tʂə̃⁴¹²	tʂɚ̃³¹	tʃɚ̃³¹	tʂɚ̃⁵³	tʂɚ̃³¹	tʂɚ̃³¹
枕动词	深开三	去沁章	tʂə̃³¹	tʂə̃⁴¹²	tʂɚ̃⁵⁵	tʃɚ̃⁵⁵	tʂɚ̃⁵³	tʂɚ̃⁵⁵	tʂɚ̃⁵⁵
汁	深开三	入缉章	tʂʅ²¹³	tʂʅ²¹³	tʂʅ²¹³	tʃʅ⁵⁵	tʂʅ³¹	tʂʅ²¹³	tʂʅ²¹³
深	深开三	平侵书	tʂʰə̃²¹³	tʂʰə̃²¹³	ʂɚ̃²¹³	ʃɚ̃³¹	ʂɚ̃³¹	ʂɚ̃²¹³ / tʂʰɚ̃²¹³	ʂɚ̃²¹³
婶	深开三	上寝书	ʂə̃⁵⁵	ʂə̃⁵⁵	ʂɚ̃⁵⁵	ʃɚ̃²¹³	ʂɚ̃⁵⁵	ʂɚ̃⁵⁵	ʂɚ̃⁵⁵
湿	深开三	入缉书	ʂʅ²¹³	ʂʅ²¹³	ʂʅ⁵⁵	ʃʅ⁵⁵	ʂʅ³¹	ʂʅ²¹³	ʂʅ²¹³
甚	深开三	上寝禅	ʂə̃³¹	ʂə̃⁴¹²	ʂɚ̃⁵⁵	ʃɚ̃³¹	ʂɚ̃³¹	ʂɚ̃³¹	ʂɚ̃³¹
十	深开三	入缉禅	ʂʅ⁵³	ʂʅ⁵³	ʂʅ⁵²	ʃʅ⁵²	ʂʅ⁵⁵	ʂʅ⁵⁵	ʂʅ⁵³
任	深开三	去沁日	zə̃³¹	zə̃⁴¹²	zɚ̃³¹ / iɚ̃³¹	iɚ̃³¹	zɚ̃⁵³	zɚ̃³¹	zɚ̃³¹
入	深开三	入缉日	zu²¹³	zu²¹³	zu³¹ / yu³¹	yu³¹	zu³¹	lu³¹	zu³¹
金	深开三	平侵见	tɕiẽ²¹³	tɕiẽ²¹³	tɕiɚ̃²¹³	tɕiɚ̃³¹	tɕiɚ̃³¹	tɕiɚ̃²¹³	tɕiɚ̃²¹³
禁	深开三	去沁见	tɕiẽ³¹	tɕiẽ⁴¹²	tɕiɚ̃³¹	tɕiɚ̃³¹	tɕiɚ̃⁵³	tɕiɚ̃³¹	tɕiɚ̃³¹
急	深开三	入缉见	tɕi⁵³	tɕi⁵³	tɕi⁵²	tɕi⁵⁵	tɕi⁵⁵	tɕi⁵⁵	tɕi⁵³
给	深开三	入缉见	tɕi⁵⁵	kei⁴¹²	kei⁵² / tɕi⁵²	kei⁵² / tɕʰi⁵²	tɕi⁵⁵	tɕi⁵⁵	tɕi⁵³
钦	深开三	平侵溪	tɕʰiẽ²¹³	tɕʰiẽ²¹³	tɕʰiɚ̃²¹³	tɕʰiɚ̃²¹³	tɕʰiɚ̃²¹³	tɕʰiɚ̃²¹³	tɕʰiɚ̃⁵³
泣	深开三	入缉溪	tɕʰi³¹	—	tɕʰi⁵²	tɕʰi⁵²	tɕʰi⁵³	tɕʰi³¹	tɕʰi³¹
琴	深开三	平侵群	tɕʰiẽ⁵³	tɕʰiẽ⁵³	tɕʰiɚ̃⁵²	tɕʰiɚ̃⁵²	tɕʰiɚ̃⁵⁵	tɕʰiɚ̃⁵⁵	tɕʰiɚ̃⁵³
妗	深开三	去沁群	tɕiẽ³¹	tɕiẽ⁴¹²	tɕiɚ̃³¹	tɕiɚ̃³¹	tɕiɚ̃⁵³	tɕiɚ̃³¹	tɕiɚ̃³¹
及	深开三	入缉群	tɕi²¹³	tɕi⁵³	tɕi⁵²	tɕi⁵⁵	tɕi⁵⁵	tɕi⁵⁵	tɕi⁵³
吸	深开三	入缉晓	ɕi²¹³	ɕi²¹³	ɕi²¹³	ɕi²¹³	ɕi³¹	ɕi²¹³	ɕi²¹³
音	深开三	平侵影	iẽ²¹³	iẽ²¹³	iɚ̃²¹³	iɚ̃²¹³	iɚ̃³¹	iɚ̃²¹³	iɚ̃²¹³
阴	深开三	平侵影	iẽ²¹³	iẽ²¹³	iɚ̃²¹³	iɚ̃²¹³	iɚ̃³¹	iɚ̃²¹³	iɚ̃²¹³
饮	深开三	上寝影	iẽ⁵⁵	iẽ⁵⁵	iɚ̃⁵⁵	iɚ̃⁵⁵	iɚ̃⁵⁵	iɚ̃⁵⁵	iɚ̃⁵⁵
单	山开一	平寒端	tã²¹³	tã²¹³	tã²¹³	tã²¹³	tã²¹³	tã²¹³	tã²¹³
掸	山开一	上旱端	tã³¹	tʰã⁵³	tã³¹	tʰã⁵²	tã⁵³	tʰã⁵⁵	tʰã⁵⁵
旦	山开一	去翰端	tã³¹	tã⁴¹²	tã³¹	tã⁵⁵	tã⁵³	tã⁵⁵	tã³¹
滩	山开一	平寒透	tʰã²¹³	tʰã²¹³	tʰã²¹³	tʰã²¹³	tʰã³¹	tʰã²¹³	tʰã²¹³
坦	山开一	上旱透	tʰã³¹	tʰã⁵⁵	tʰã⁵⁵	tʰã⁵⁵	tʰã⁵⁵	tʰã⁵⁵	tʰã⁵⁵
炭	山开一	去翰透	tʰã³¹	tʰã⁴¹²	tʰã³¹	tʰã²¹³	tʰã⁵³	tʰã⁵⁵	tʰã³¹
弹~跳	山开一	平寒定	tʰã⁵³	tʰã⁵³	tʰã⁵²	tʰã⁵²	tʰã⁵⁵	tʰã⁵⁵	tʰã⁵³

续表

例字	韵摄	中古音	东堤村	杨居屯	朱鹿村	太平村	魏马村	雷家寨	北李村
沉	深开三	平侵澄	tʂʰɤ̃53	tʂʰẽ53	tʂʰẽ53	tʃʰɤ̃53	tʃʰɤ̃53	tʂʰẽ53	tʂʰẽ53
参~人	深开三	平侵生	ʂɤ̃213	ʂẽ213	ʂẽ213	ʂɤ̃213	ʂɤ̃213	ʂẽ213	ʂẽ213
森	深开三	平侵生	ʂɤ̃213	ʂẽ213	ʂẽ213	ʃɤ̃213	ʂɤ̃213	sẽ213	ʂẽ213
渗	深开三	去沁生	ʂɤ̃55	ʂẽ31	ʂẽ55	ʃ ɤ̃31	ʂɤ̃31	ʂẽ412	ʂẽ412
涩	深开三	入缉生	ʂʅ213	sei55 ʂʅ31~巴	ʂʅ55	ʂei55	ʂei55	ʂei213	ʂei213
针	深开三	平侵章	tʂɤ̃213	tʂẽ213	tʂẽ213	tʃ ɤ̃213	tʃɤ̃213	tʂẽ213	tʂẽ213
枕名词	深开三	上寝章	tʂɤ̃55	tʂẽ55	tʂẽ213	tʃ ɤ̃31	tʃɤ̃31	tʂẽ412	tʂẽ412
枕动词	深开三	去沁章	tʂɤ̃55	tʂẽ55	tʂẽ31	tʃ ɤ̃55	tʃɤ̃55	tʂẽ412	tʂẽ412
汁	深开三	入缉章	tʂʅ213	tʂʅ213	tʂʅ55	tʃ ʅ213	tʃʅ55	tʂʅ213	tʂʅ213
深	深开三	平侵书	ʂɤ̃213	ʂẽ213	ʂẽ213	ʃɤ̃213	ʃɤ̃213	ʂʰẽ213	ʂʰẽ213
婶	深开三	上寝书	ʂɤ̃55	ʂẽ55	ʂẽ55	ʃɤ̃55	ʃɤ̃55	ʂẽ55	ʂẽ55
湿	深开三	入缉书	ʂʅ213	ʂʅ55	ʂʅ55	ʃʅ55	ʃʅ55	ʂʅ213	ʂʅ213
甚	深开三	上寝禅	ʂɤ̃31	ʂẽ31	ʂẽ31	ʃɤ̃31	ʃɤ̃31	ʂẽ412	ʂẽ412
十	深开三	入缉禅	ʂʅ53	ʂʅ53	ʂʅ53	ʃʅ53	ʃʅ53	ʂʅ53	ʂʅ53
任	深开三	去沁日	zɤ̃31	zẽ31 lẽ31	lẽ31	iɤ̃31	iɤ̃31	zẽ412	zẽ412
入	深开三	入缉日	zu31	zu31 lu31	lu31	zu31	yu31	zu213	zu213
金	深开三	平侵见	tɕiɤ̃213	tɕiɤ̃213	tɕiɤ̃213	tɕiɤ̃213	tɕiɤ̃213	tɕiɤ̃213	tɕiɤ̃213
禁	深开三	去沁见	tɕiɤ̃31	tɕiɤ̃31	tɕiɤ̃31	tɕiɤ̃31	tɕiɤ̃31	tɕiɤ̃412	tɕiɤ̃412
急	深开三	入缉见	tɕi53	tɕi53	tɕi55	tɕi55	tɕi55	tɕi55	tɕi213
给	深开三	入缉见	kei53 tɕi53	kei53	tɕi55	kei53	kei53 tɕʰi53	kei53 tɕi53	kei53
钦	深开三	平侵溪	tɕʰiɤ̃213	tɕʰiɤ̃213	tɕʰiɤ̃213	tɕʰiŋ213	tɕʰiɤ̃213	tɕʰiɤ̃213	tɕʰiɤ̃213
泣	深开三	入缉溪	tɕʰi213	tɕʰi53	tɕʰi31	tɕʰi31	tɕʰi53	tɕʰi53	tɕʰi213
琴	深开三	平侵群	tɕʰiɤ̃53	tɕʰiɤ̃53	tɕʰiɤ̃53	tɕʰiɤ̃53	tɕʰiɤ̃53	tɕʰiɤ̃53	tɕʰiɤ̃53
妗	深开三	去沁群	tɕiɤ̃31	tɕiɤ̃31	tɕiɤ̃31	tɕiɤ̃31	tɕiɤ̃31	tɕiɤ̃412	tɕiɤ̃412
及	深开三	入缉群	tɕi53	tɕi53	tɕi53	tɕʰi55	tɕi55	tɕi53	tɕi53
吸	深开三	入缉晓	ei213	ei213	ei213	ei213	ei31	ei213	ei213
音	深开三	平侵影	iɤ̃213	iɤ̃213	iɤ̃213	iɤ̃213	iɤ̃213	iɤ̃213	iɤ̃213
阴	深开三	平侵影	iɤ̃213	iɤ̃213	iɤ̃213	iɤ̃213	iɤ̃213	iɤ̃213	iɤ̃213
饮	深开三	上寝影	iɤ̃55	iɤ̃55	iɤ̃55	iɤ̃55	iɤ̃55	iɤ̃55	iɤ̃55
单	山开一	平寒端	tã213	tã213	tã213	tã213	tã213	tã213	tã213
掸	山开一	上旱端	tʰã55	tʰã55	tʰã53	tã55	tã31	tʰã55	tʰã55
旦	山开一	去翰端	tã31	tã31	tã31	tã31	tã31	tã412	tã412
滩	山开一	平寒透	tʰã213	tʰã213	tʰã213	tʰã213	tʰã213	tʰã213	tʰã213
坦	山开一	上旱透	tʰã55	tʰã55	tʰã55	tʰã55	tʰã55	tʰã55	tʰã55
炭	山开一	去翰透	tʰã31	tʰã31	tʰã31	tʰã31	tʰã31	tʰã412	tʰã412
弹~跳	山开一	平寒定	tʰã53	tʰã53	tʰã53	tʰã53	tʰã53	tʰã53	tʰã53

例字	韵摄	中古音	大李村	耿庄	谭家村	谭家营	马家庄	朱家庄	官路村
诞	山开一	上旱定	tã³¹	tã⁴¹²	tã³¹	tã³¹	tã⁵³	tã⁵⁵	tã³¹
蛋	山开一	去翰定	tã³¹	tã⁴¹²	tã³¹	tã³¹	tã⁵³	tã⁵⁵	tã³¹
达	山开一	入曷定	tɑ⁵³	tɑ⁵³	tɑ⁵²	tɑ⁵⁵	tɑ⁵⁵	tɑ⁵⁵	tɑ⁵³
难困~	山开一	平寒泥	nã⁵³	nã⁵³	nã⁵²	nã⁵²	nã⁵⁵	nã⁵⁵	nã⁵³
难灾~	山开一	去翰泥	nã³¹	nã⁴¹²	nã³¹	nã³¹	nã⁵³	nã⁵⁵	nã³¹
捺	山开一	入曷泥	nɑ²¹³	nɑ²¹³	nɑ³¹	nɑ³¹	nɑ⁵³	nɑ³¹	nɑ²¹³
兰	山开一	平寒来	lã⁵³	lã⁵³	lã⁵²	lã⁵²	lã⁵⁵	lã⁵⁵	lã⁵³
懒	山开一	上旱来	lã⁵⁵	lã⁵⁵	lã⁵⁵	lã⁵⁵	lã⁵⁵	lã⁵⁵	lã⁵⁵
烂	山开一	去翰来	lã³¹	lã⁴¹²	lã³¹	lã³¹	lã⁵³	lã⁵⁵	lã³¹
辣	山开一	入曷来	lɑ²¹³	lɑ²¹³	lɑ³¹	lɑ³¹	lɑ⁵³	lɑ³¹	lɑ³¹
赞	山开一	去翰精	tsã³¹	tsã⁴¹²	tsã³¹	tθã³¹	tsã⁵³	tθã³¹	tsã³¹
餐	山开一	平寒清	tsʰã²¹³	tsʰã²¹³	tsʰã²¹³	tθʰã²¹³	tsʰã⁵⁵	tθʰã²¹³	tsʰã²¹³
灿	山开一	去翰清	tsʰã⁵⁵	tsʰã⁴¹²	tsʰã³¹	tθʰã³¹	tsʰã⁵³	tθʰã³¹	tsʰã³¹
擦	山开一	入曷清	tsʰɑ²¹³	tsʰɑ²¹³	tsʰɑ⁵⁵	tθʰɑ⁵⁵	tsʰɑ³¹	tθʰɑ²¹³	tsʰɑ²¹³
残	山开一	平寒从	tsʰã⁵³	tsʰã⁵³	tsʰã⁵²	tθʰã⁵²	tsʰã⁵⁵	tθʰã⁵⁵	tsʰã⁵³
伞	山开一	上旱心	sã⁵⁵	sã⁵⁵	suã⁵⁵	θuã⁵⁵	sã⁵⁵	θã⁵⁵	sã⁵⁵
散	山开一	去翰心	sã³¹	sã⁴¹²	suã³¹	θuã³¹	sã⁵³	θã³¹	sã⁵⁵
肝	山开一	平寒见	kã²¹³	kã²¹³	kã²¹³	kã²¹³	kã³¹	kã²¹³	kã²¹³
擀	山开一	上旱见	kã⁵⁵	kã⁵⁵	kã⁵⁵	kã⁵⁵	kã⁵⁵	kã⁵⁵	kã⁵⁵
割	山开一	入曷见	kə²¹³	kə²¹³	kɑ⁵⁵	kɑ⁵⁵	kɑ³¹	kɑ²¹³	kɑ²¹³
看	山开一	平寒溪	kʰã³¹	kʰã⁴¹²	kʰã³¹	kʰã³¹	kʰã⁵³	kʰã³¹	kʰã³¹
渴	山开一	入曷溪	kʰə²¹³	kʰə²¹³	kʰɑ⁵⁵	kʰɑ⁵⁵	kʰə³¹	kʰə²¹³	kʰə²¹³
岸	山开一	去翰疑	ɣã³¹	ɣã⁴¹²	ŋã³¹	ŋã³¹	ŋã⁵³	ŋã³¹	ŋã³¹
罕	山开一	上旱晓	xã⁵⁵	xã²¹³	xã⁵²	xã⁵⁵	xã⁵⁵	xã⁵⁵	xã²¹³
汉	山开一	去翰晓	xã³¹	xã⁴¹²	xã³¹	xã³¹	xã⁵³	xã⁵⁵	xã³¹
喝	山开一	入曷晓	xə²¹³	xə²¹³	xuə³¹	xə⁵⁵	xuə³¹	xə²¹³	xuə³¹
寒	山开一	平寒匣	xã⁵³	xã⁵³	xã⁵²	xã⁵²	xã⁵³	xã⁵⁵	xã⁵³
旱	山开一	上旱匣	xã³¹	xã⁴¹²	xã³¹	xã³¹	xã⁵³	xã³¹	xã³¹
汗	山开一	去翰匣	xã³¹	xã⁴¹²	xã³¹	xã³¹	xã⁵³	xã⁵⁵	xã³¹
安	山开一	平寒影	ɣã²¹³	ɣã²¹³	ŋã²¹³	ŋã²¹³	ŋã³¹	ŋã²¹³	ŋã²¹³
按	山开一	去翰影	ɣã³¹	ɣã⁴¹²	ŋã²¹³	ŋã²¹³	ŋã⁵³	ŋã³¹	ŋã³¹
扮	山开二	去裥帮	pã³¹	pã⁴¹²	pã³¹	pã³¹	pã⁵³	pã⁵⁵	pã³¹
八	山开二	入黠帮	pɑ²¹³	pɑ²¹³	pɑ⁵⁵	pɑ⁵⁵	pɑ³¹	pɑ²¹³	pɑ²¹³
盼	山开二	去裥滂	pʰã³¹	pʰã⁴¹²	pʰã³¹	pʰã³¹	pʰã⁵³	pʰã³¹	pʰã³¹
办	山开二	去裥并	pã³¹	pã⁴¹²	pã³¹	pã³¹	pã⁵³	pã³¹	pã³¹
拔	山开二	入黠并	pɑ⁵³	pɑ⁵³	pɑ⁵²	pɑ⁵²	pɑ⁵⁵	pɑ⁵⁵	pɑ⁵³
抹	山开二	入黠明	mɑ²¹³	mɑ⁵⁵	mɑ⁵⁵	mɑ⁵⁵	mɑ⁵⁵	mɑ⁵⁵	mɑ²¹³
盏	山开二	上产庄	tʂã⁵⁵	tʂã⁵⁵	tʂã⁵⁵	tʂã⁵⁵	tʂã⁵³	tʂã⁵⁵	tʂã⁵⁵
扎	山开二	入黠庄	tʂɑ²¹³	tʂɑ²¹³	tʂɑ⁵⁵	tʂɑ⁵⁵	tʂɑ³¹	tʂɑ²¹³	tʂɑ²¹³
铲	山开二	上产初	tʂʰã⁵⁵	tʂʰã⁵⁵	tʂʰã⁵⁵	tʂʰã⁵⁵	tʂʰã⁵⁵	tʂʰã⁵⁵	tʂʰã⁵⁵

续表

例字	韵摄	中古音	东堤村	杨居屯	朱鹿村	太平村	魏马村	雷家寨	北李村
诞	山开一	上旱定	tã^{31}	tã^{31}	tã^{31}	tã^{31}	tã^{31}	tã^{55}	tã^{55}
蛋	山开一	去翰定	tã^{31}	tã^{31}	tã^{31}	tã^{31}	tã^{31}	tã^{412}	tã^{412}
达	山开一	入曷定	tɑ^{55}	tɑ^{53}	tɑ^{53}	tɑ^{53}	tɑ^{55}	tɑ^{53}	tɑ^{53}
难困~	山开一	平寒泥	nã^{53}	nã^{53}	nã^{53}	nã^{53}	nã^{53}	nã^{53}	nã^{53}
难灾~	山开一	去翰泥	nã^{31}	nã^{31}	nã^{31}	nã^{31}	nã^{31}	nã^{412}	nã^{412}
捺	山开一	入曷泥	nɑ^{31}	nɑ^{31}	nɑ^{31}	nɑ^{31}	nɑ^{31}	nɑ^{213}	nɑ^{213}
兰	山开一	平寒来	lã^{53}	lã^{53}	lã^{53}	lã^{53}	lã^{53}	lã^{53}	lã^{53}
懒	山开一	上旱来	lã^{55}	lã^{55}	lã^{55}	lã^{55}	lã^{55}	lã^{55}	lã^{55}
烂	山开一	去翰来	lã^{31}	lã^{31}	lã^{31}	lã^{31}	lã^{31}	lã^{412}	lã^{412}
辣	山开一	入曷来	lɑ^{31}	lɑ^{31}	lɑ^{31}	lɑ^{31}	lɑ^{31}	lɑ^{213}	lɑ^{213}
赞	山开一	去翰精	tsã^{31}	tsã^{31}	tsã^{31}	tθã^{31}	tθã^{31}	tsã^{412}	tsã^{412}
餐	山开一	平寒清	tsʰã^{213}	tsʰã^{213}	tsʰã^{213}	tθʰã^{213}	tθʰã^{213}	tsʰã^{213}	tsʰã^{213}
灿	山开一	去翰清	tsʰã^{31}	tsʰã^{31}	tsʰã^{31}	tθʰã^{31}	tθʰã^{31}	tsʰã^{55}	tsʰã^{412}
擦	山开一	入曷清	tsʰɑ^{213}	tsʰɑ^{55}	tsʰɑ^{55}	tθʰɑ^{55}	tθʰɑ^{55}	tsʰɑ^{213}	tsʰɑ^{213}
残	山开一	平寒从	tsʰã^{53}	tsʰã^{53}	tsʰã^{53}	tθʰã^{53}	tθʰã^{53}	tsʰã^{53}	tsʰã^{53}
伞	山开一	上旱心	sã^{55}	sã^{55}	sã^{55}	θuã^{55}	θuã^{55}	sã^{55}	sã^{55}
散	山开一	去翰心	sã^{55}	sã^{31}	sã^{31}	θuã^{31}	θuã^{31}	sã^{412}	sã^{412}
肝	山开一	平寒见	kã^{213}	kã^{213}	kã^{213}	kã^{213}	kã^{213}	kã^{213}	kã^{213}
擀	山开一	上旱见	kã^{55}	kã^{55}	kã^{55}	kã^{55}	kã^{55}	kã^{55}	kã^{55}
割	山开一	入曷见	kɑ^{213}	kɑ^{55}	kɑ^{55}	kɑ^{55}	kɑ^{55}	kə^{213}	kə^{213}
看	山开一	平寒溪	kʰã^{31}	kʰã^{31}	kʰã^{31}	kʰã^{31}	kʰã^{31}	kʰã^{412}	kʰã^{412}
渴	山开一	入曷溪	kʰuə^{31}	kʰuə^{55}	kʰuə^{55}	kʰuə^{55}	kʰɑ^{55}	kʰə^{213}	kʰə^{213}
岸	山开一	去翰疑	ŋã^{31}	ŋã^{31}	ŋã^{31}	ŋã^{31}	ŋã^{31}	ɣã^{412}	ɣã^{412}
罕	山开一	上旱晓	xã^{31}	xã^{55}	xã^{213}	xã^{213}	xã^{31}	xã^{55}	xã^{213}
汉	山开一	去翰晓	xã^{31}	xã^{31}	xã^{31}	xã^{31}	xã^{31}	xã^{412}	xã^{412}
喝	山开一	入曷晓	xuə^{31}	xuə^{31}	xuə^{31}	xuə^{31}	xuə^{31}	xə^{213}	xə^{213}
寒	山开一	平寒匣	xã^{53}	xã^{53}	xã^{53}	xã^{53}	xã^{53}	xã^{53}	xã^{53}
旱	山开一	上旱匣	xã^{31}	xã^{31}	xã^{31}	xã^{31}	xã^{31}	xã^{412}	xã^{412}
汗	山开一	去翰匣	xã^{31}	xã^{31}	xã^{31}	xã^{31}	xã^{31}	xã^{412}	xã^{412}
安	山开一	平寒影	ŋã^{213}	ŋã^{213}	ŋã^{213}	ŋã^{213}	ŋã^{213}	ɣã^{213}	ɣã^{213}
按	山开一	去翰影	ŋã^{213}	ŋã^{31}	ŋã^{31}	ŋã^{31}	ŋã^{31}	ɣã^{412}	ɣã^{412}
扮	山开二	去裥帮	pã^{31}	pã^{31}	pã^{31}	pã^{31}	pã^{31}	pã^{412}	pã^{412}
八	山开二	入黠帮	pɑ^{213}	pɑ^{55}	pɑ^{55}	pɑ^{55}	pɑ^{55}	pɑ^{213}	pɑ^{213}
盼	山开二	去裥滂	pʰã^{31}	pʰã^{31}	pʰã^{31}	pʰã^{31}	pʰã^{31}	pʰã^{412}	pʰã^{412}
办	山开二	去裥並	pã^{31}	pã^{31}	pã^{31}	pã^{31}	pã^{31}	pã^{412}	pã^{412}
拔	山开二	入黠並	pɑ^{53}	pɑ^{53}	pɑ^{53}	pɑ^{53}	pɑ^{53}	pɑ^{53}	pɑ^{53}
抹	山开二	入黠明	mɑ^{55}	mɑ^{31}	mɑ^{55}	mɑ^{55}	mɑ^{55}	mɑ^{213}	mɑ^{55}
盏	山开二	上产庄	tʂã^{55}	tʂã^{55}	tʂã^{55}	tʂã^{55}	tʂã^{55}	tʂã^{55}	tʂã^{55}
扎	山开二	入黠庄	tʂɑ^{213}	tʂɑ^{55}	tʂɑ^{55}	tʂɑ^{55}	tʂɑ^{55}	tʂɑ^{213}	tʂɑ^{213}
铲	山开二	上产初	tʂʰã^{55}	tʂʰã^{55}	tʂʰã^{55}	tʂʰã^{55}	tʂʰã^{55}	tʂʰã^{55}	tʂʰã^{55}

例字	韵摄	中古音	大李村	耿庄	谭家村	谭家营	马家庄	朱家庄	官路村
察	山开二	入黠初	tsʰɑ53	tsʰɑ213	tsʰɑ52	tsʰɑ52	tsʰɑ31	tsʰɑ55	tsʰɑ53
山	山开二	平山生	ʂã213	ʂã213	ʂã213	ʂã213	ʂã31	ʂã213	ʂã213
产	山开二	上产生	tsʰã55	tsʰã55	tsʰã55	tsʰã55	tsʰã55	tsʰã55	tsʰã55
杀	山开二	入黠生	sa213	ʂa213	ʂɑ55	ʂɑ55	ʂɑ31	ʂɑ213	ʂɑ213
间	山开二	平山见	tɕiã213	tɕiã213	tɕiã213	tɕiã213	tɕiã213	tɕiã213	tɕiã213
简	山开二	上产见	tɕiã55	tɕiã55	tɕiã55	tɕiã55	tɕiã55	tɕiã55	tɕiã55
眼	山开二	上产疑	iã55	iã55	iã55	iã55	iã55	iã55	iã55
闲	山开二	平山匣	ɕiã53	ɕiã53	ɕiã52	ɕiã52	ɕiã55	ɕiã53	ɕiã53
限	山开二	上产匣	ɕiã31	ɕiã412	ɕiã31	ɕiã31	ɕiã53	ɕiã31	ɕiã31
班	山开二	平删帮	pã213	pã213	pã213	pã213	pã31	pã213	pã213
板	山开二	上潸帮	pã55	pã55	pã55	pã55	pã55	pã55	pã55
攀	山开二	平删滂	pʰã213	pʰã213	pʰã52	pʰã52	pʰã31	pʰã213	pʰã213
蛮	山开二	平删明	mã53	mã53	mã52	mã52	mã55	mã53	mã53
慢	山开二	去谏明	mã31	mã412	mã31	mã31	mã53	mã31	mã31
铡	山开二	入辖崇	tsa53	tʂa53	tʂɑ52	tʂɑ52	tʂɑ55	tʂɑ55	tʂɑ53
疝	山开二	去谏生	ʂã31	ʂã412	ʂã31	ʃã31	ʂã53	ʂã31	ʂã31
奸	山开二	平删见	tɕiã213	tɕiã213	tɕiã213	tɕiã213	tɕiã213	tɕiã213	tɕiã213
颜	山开二	平删疑	iã53	iã53	iã52	iã52	iã55	iã53	iã53
雁	山开二	去谏疑	iã31	iã412	iã31	iã31	iã53	iã31	iã31
瞎	山开二	入辖晓	ɕia213	ɕia213	ɕia55	ɕia55	ɕia213 xɑ31	ɕia213	ɕia213
鞭	山开三	平仙帮	piã213	piã213	piã213	piã213	piã31	piã213	piã213
变	山开三	去线帮	piã31	piã412	piã31	piã31	piã53	piã31	piã31
别	山开三	入薛帮	piə53	piə53	piə52	piə52	piə55	piə55	piə53
偏	山开三	平仙滂	pʰiã213	pʰiã213	pʰiã213	pʰiã213	pʰiã31	pʰiã213	pʰiã213
骗	山开三	去线滂	pʰiã31	pʰiã412	pʰiã31	pʰiã31	pʰiã53	pʰiã31	pʰiã31
便~宜	山开三	平仙并	pʰiã53	pʰiã53	pʰiã52	pʰiã52	pʰiã55	pʰiã53	pʰiã53
便方~	山开三	去线并	piã31	piã412	piã31	piã31	piã53	piã31	piã31
别	山开三	入薛并	piə53	piə53	piə52	piə52	piə55	piə55	piə53
棉	山开三	平仙明	miã53	miã53	miã52	miã52	miã55	miã55	miã53
免	山开三	上狝明	miã55	miã55	miã55	miã55	miã55	miã55	miã55
面	山开三	去线明	miã31	miã412	miã31	miã31	miã53	miã31	miã31
灭	山开三	入薛明	miə213	miə213	miə31	miə31	miə31	miə31	miə31
连	山开三	平仙来	liã53	liã53	liã52	liã52	liã55	liã55	liã53
列	山开三	入薛来	liə213	liə213	liə31	liə31	liə31	liə31	liə31
煎	山开三	平仙精	tɕiã213	tsiã213	tsiã213	tsiã213	tɕiã213	tsiã213	tɕiã213
剪	山开三	上狝精	tɕiã55	tsiã55	tsiã55	tsiã55	tɕiã55	tsiã55	tɕiã55
箭	山开三	去线精	tɕiã31	tsiã412	tsiã31	tsiã31	tɕiã53	tsiã31	tɕiã31
迁	山开三	平仙清	tɕʰiã213	tsʰiã213	tsʰiã213	tsʰiã213	tɕʰiã213	tsʰiã213	tɕʰiã213
浅	山开三	上狝清	tɕʰiã55	tsʰiã55	tsʰiã55	tsʰiã55	tɕʰiã55	tsʰiã55	tɕʰiã55

续表

例字	韵摄	中古音	东堤村	杨居屯	朱鹿村	太平村	魏马村	雷家寨	北李村
察	山开二	入黠初	tʂʰɑ213	tʂʰɑ53	tʂʰɑ53	tʂʰɑ53	tʂʰɑ53	tsʰa213	tsʰa213
山	山开二	平山生	ʂã213	ʂã213	ʂã213	ʂã213	ʂã213	ʂã213	ʂã213
产	山开二	上产生	tʂʰã55	tʂʰã55	tʂʰã55	tʂʰã55	tʂʰã55	tsʰã55	tsʰã55
杀	山开二	入黠生	ʂɑ213	ʂɑ55	ʂɑ55	ʂɑ55	ʂɑ55	ʂa213	ʂa213
间	山开二	平山见	tɕiã213	tɕiã213	tɕiã213	tɕiã213	tɕiã213	tɕiã213	tɕiã213
简	山开二	上产见	tɕiã55	tɕiã55	tɕiã55	tɕiã55	tɕiã55	tɕiã55	tɕiã55
眼	山开二	上产疑	iã55	iã55	iã55	iã55	iã55	iã55	iã55
闲	山开二	平山匣	ɕiã53	ɕiã53	ɕiã53	ɕiã53	ɕiã53	ɕiã53	ɕiã53
限	山开二	上产匣	ɕiã31	ɕiã31	ɕiã31	ɕiã31	ɕiã31	ɕiã412	ɕiã412
班	山开二	平删帮	pã213	pã213	pã213	pã213	pã213	pã213	pã213
板	山开二	上清帮	pã55	pã55	pã55	pã55	pã55	pã55	pã55
攀	山开二	平删滂	pʰã53	pʰã213	pʰã53	pʰã53	pʰã53	pʰã213	pʰã213
蛮	山开二	平删明	mã53	mã53	mã53	mã53	mã53	mã53	mã55
慢	山开二	去谏明	mã31	mã31	mã31	mã31	mã31	mã412	mã412
铡	山开二	入辖崇	tʂɑ53	tʂɑ53	tʂɑ53	tʂɑ53	tʂɑ53	tʂɑ53	tʂɑ53
疝	山开二	去谏生	ʂã31	ʂã31	ʂã31	ʂã31	ʃã31	ʂã412	ʂã412
奸	山开二	平删见	tɕiã213	tɕiã31	tɕiã53	tɕiã213	tɕiã53	tɕiã213	tɕiã213
颜	山开二	平删疑	iã31	iã53	iã53	iã53	iã53	iã53	iã53
雁	山开二	去谏疑	iã31	iã31	iã31	iã31	iã31	iã412	iã412
瞎	山开二	入辖晓	ɕia213	ɕia55	ɕia55	ɕia55	ɕia55	ɕia213	ɕia213
鞭	山开三	平仙帮	piã213	piã213	piã213	piã213	piã213	piã213	piã213
变	山开三	去线帮	piã31	piã31	piã31	piã31	piã31	piã412	piã412
别	山开三	入薛帮	piə53	piə53	piə53	piə53	piə53	piə53	piə53
偏	山开三	平仙滂	pʰiã213	pʰiã213	pʰiã213	pʰiã213	pʰiã213	pʰiã213	pʰiã213
骗	山开三	去线滂	pʰiã31	pʰiã31	pʰiã31	pʰiã31	pʰiã31	pʰiã412	pʰiã412
便~宜	山开三	平仙并	pʰiã53	pʰiã53	pʰiã53	pʰiã53	pʰiã53	pʰiã53	pʰiã53
便方~	山开三	去线并	piã31	piã31	piã31	piã31	piã31	piã412	piã412
别	山开三	入薛并	piə53	piə53	piə53	piə53	piə53	piə53	piə53
棉	山开三	平仙明	miã53	miã53	miã53	miã53	miã53	miã53	miã53
免	山开三	上狝明	miã55	miã55	miã55	miã55	miã55	miã55	miã55
面	山开三	去线明	miã31	miã31	miã31	miã31	miã31	miã412	miã412
灭	山开三	入薛明	miə31	miə31	miə31	miə31	miə31	miə213	miə213
连	山开三	平仙来	liã53	liã53	liã53	liã53	liã53	liã53	liã53
列	山开三	入薛来	liə31	liə31	liə31	liə31	liə31	liə213	liə213
煎	山开三	平仙精	tɕiã213	tɕiã213	tɕiã213	tsiã213	tsiã213	tɕiã213	tsiã213
剪	山开三	上狝精	tɕiã55	tɕiã55	tɕiã55	tsiã55	tsiã55	tɕiã55	tsiã55
箭	山开三	去线精	tɕiã31	tɕiã31	tɕiã31	tsiã31	tsiã31	tɕiã412	tsiã412
迁	山开三	平仙清	tɕʰiã213	tɕʰiã213	tɕʰiã213	tsʰiã213	tsʰiã213	tɕʰiã213	tsʰiã213
浅	山开三	上狝清	tɕʰiã55	tɕʰiã55	tɕʰiã55	tsʰiã55	tsʰiã55	tɕʰiã55	tsʰiã55

例字	韵摄	中古音	大李村	耿庄	谭家村	谭家营	马家庄	朱家庄	官路村
钱	山开三	平仙从	tɕʰiã⁵³	tsʰiã⁵³	tsʰiã⁵²	tɕʰiã⁵²	tɕʰiã⁵⁵	tsʰiã⁵⁵	tɕʰiã⁵³
贱	山开三	去线从	tɕiã³¹	tsiã⁴¹²	tsiã³¹	tsiã³¹	tɕiã⁵³	tsiã³¹	tɕiã³¹
鲜	山开三	平仙心	ɕiã²¹³	siã²¹³	siã²¹³	siã²¹³	ɕiã³¹	siã²¹³	ɕiã²¹³
癣	山开三	上狝心	ɕiã⁵⁵	suã⁵⁵	ɕyã⁵⁵	syã⁵⁵	ɕyã⁵⁵	syã⁵⁵	ɕyã⁵⁵
线	山开三	去线心	ɕiã³¹	siã⁴¹²	siã³¹	siã³¹	ɕiã⁵³	siã³¹	ɕiã³¹
薛	山开三	入薛心	ɕiə³¹	suə²¹³	siə³¹	syə⁵⁵	ɕyə³¹	syə²¹³	ɕiə³¹
展	山开三	上狝知	tʂã⁵⁵	tʂã⁵⁵	tʂã⁵⁵	tʃã⁵⁵	tʂã⁵⁵	tʂã⁵⁵	tʂã⁵⁵
哲	山开三	入薛知	tʂə²¹³	tʂə²¹³	tʂə⁵²	tʃə⁵⁵	tʂə⁵⁵	tʂə⁵⁵	tʂə²¹³
撤	山开三	入薛彻	tʂʰə³¹	tʂʰə⁴¹²	tʂʰə³¹	tʃʰə³¹	tʂʰə⁵³	tʂʰə⁵⁵	tʂʰə³¹
缠	山开三	平仙澄	tʂʰã⁵³	tʂʰã⁵³	tʂʰã⁵²	tʃʰã⁵²	tʂʰã⁵⁵	tʂʰã⁵⁵	tʂʰã⁵³
辙	山开三	入薛澄	tʂə⁵³	tʂə⁵³	tʂə⁵²	tʃə⁵²	tʂə⁵⁵	tʂə⁵⁵	tʂə⁵³
战	山开三	去线章	tʂã³¹	tʂã⁴¹²	tʂã³¹	tʃã³¹	tʂã⁵³	tʂã³¹	tʂã³¹
折存~	山开三	入薛章	tʂə³¹	tʂə²¹³	tʂə⁵⁵	tʃə⁵⁵	tʂə⁵⁵	tʂə⁵⁵	tʂə²¹³
舌	山开三	入薛船	ʂə⁵³	ʂə⁵³	ʂə⁵²	ʃə⁵²	ʂə⁵⁵	ʂə⁵⁵	ʂə⁵³
搧	山开三	平仙书	ʂã²¹³	ʂã²¹³	ʂã²¹³	ʃã²¹³	ʂã³¹	ʂã²¹³	ʂã²¹³
扇	山开三	去线书	ʂã³¹	ʂã⁴¹²	ʂã³¹	ʃã³¹	ʂã⁵³	ʂã³¹	ʂã³¹
设	山开三	入薛书	ʂə²¹³	ʂə²¹³	ʂə³¹	ʃə⁵⁵	ʂə³¹	ʂə³¹	ʂə³¹
蝉	山开三	平仙禅	ʂʰã⁵³	ʂʰã⁵³	ʂʰã⁵³	tʃʰã⁵⁵	ʂʰã⁵⁵	ʂʰã⁵⁵	ʂʰã⁵³
善	山开三	上狝禅	ʂã³¹	ʂã⁴¹²	ʂã³¹	ʃã³¹	ʂã⁵³	ʂã³¹	ʂã³¹
折~本	山开三	入薛禅	ʂə⁵³	ʂə⁵³	ʂə⁵²	ʃə⁵⁵	ʂə⁵⁵	ʂə⁵⁵	ʂə⁵³
燃	山开三	平仙日	ʐã⁵³	ʐã⁵⁵	ʐã⁵²	iã⁵²	ʐã⁵⁵	ʐã⁵⁵	ʐã⁵³
热	山开三	入薛日	ʐə²¹³	ʐə²¹³	ʐə³¹ / iə³¹	iə³¹	ʐə⁵³	ʐə⁵⁵	ʐə³¹
乾	山开三	平仙群	tɕʰiã⁵³	tɕʰiã⁵³	tɕʰiã⁵²	tɕʰiã²¹³	tɕʰiã⁵⁵	tɕʰiã⁵⁵	tɕʰiã⁵³
件	山开三	上狝群	tɕiã³¹	tɕiã⁴¹²	tɕiã³¹	tɕiã³¹	tɕiã⁵³	tɕiã³¹	tɕiã³¹
杰	山开三	入薛群	tɕiə⁵³	tɕiə⁵³	tɕiə⁵²	tɕiə⁵²	tɕiə⁵⁵	tɕiə⁵⁵	tɕiə⁵³
孽	山开三	入薛疑	ȵiə²¹³	ȵiə²¹³	ȵiə³¹	ȵiə³¹	ȵiə⁵³	ȵiə³¹	ȵiə³¹
延	山开三	平仙以	iã⁵³	iã⁵³	iã⁵²	iã⁵²	iã⁵⁵	iã⁵⁵	iã⁵³
演	山开三	上狝以	iã⁵⁵	iã⁵⁵	iã⁵⁵	iã⁵⁵	iã⁵⁵	iã⁵⁵	iã⁵⁵
建	山开三	去愿见	tɕiã³¹	tɕiã⁴¹²	tɕiã³¹	tɕiã³¹	tɕiã⁵³	tɕiã³¹	tɕiã³¹
揭	山开三	入月见	tɕiə²¹³	tɕiə²¹³	tɕiə⁵⁵	tɕiə⁵⁵	tɕiə²¹³	tɕiə²¹³	tɕiə²¹³
健	山开三	去愿群	tɕiã³¹	tɕiã⁴¹²	tɕiã³¹	tɕiã³¹	tɕiã⁵³	tɕiã³¹	tɕiã³¹
言	山开三	平元疑	iã⁵³	iã⁵³	iã⁵²	iã⁵²	iã⁵⁵	iã⁵⁵	iã⁵³
掀	山开三	平元晓	ɕiã²¹³	ɕiã²¹³	ɕiã²¹³	ɕiã²¹³	ɕiã³¹	ɕiã²¹³	ɕiã²¹³
献	山开三	去愿晓	ɕiã³¹	ɕiã⁴¹²	ɕiã³¹	ɕiã³¹	ɕiã⁵³	ɕiã³¹	ɕiã³¹
歇	山开三	入月晓	ɕiə²¹³	ɕiə²¹³	ɕiə⁵⁵	ɕiə⁵⁵	ɕiə²¹³	ɕiə²¹³	ɕiə²¹³
堰	山开三	去愿影	iã³¹	iã⁴¹²	iã³¹	iã³¹	iã⁵³	iã³¹	iã³¹
边	山开四	平先帮	piã²¹³	piã²¹³	piã²¹³	piã²¹³	piã³¹	piã²¹³	piã²¹³
扁	山开四	上铣帮	piã⁵⁵	piã⁵⁵	piã⁵⁵	piã⁵⁵	piã⁵⁵	piã⁵⁵	piã⁵⁵
遍	山开四	去霰帮	piã³¹	piã⁴¹²	piã³¹	piã³¹	piã⁵⁵	piã³¹	piã³¹

续表

例字	韵摄	中古音	东堤村	杨居屯	朱鹿村	太平村	魏马村	雷家寨	北李村
钱	山开三	平仙从	tɕʰiã⁵³	tɕʰiã⁵³	tɕʰiã⁵³	tsʰiã⁵³	tsʰiã⁵³	tɕʰiã⁵³	tsʰiã⁵³
贱	山开三	去线从	tɕiã³¹	tɕiã³¹	tɕiã³¹	tsiã³¹	tsiã³¹	tɕiã⁴¹²	tsiã⁴¹²
鲜	山开三	平仙心	ɕiã²¹³	ɕiã³¹	ɕiã²¹³	siã²¹³	siã²¹³	ɕiã²¹³	siã²¹³
癣	山开三	上狝心	ɕyã⁵⁵	ɕyã⁵⁵	ɕyã⁵⁵	ɕyã⁵⁵	syã⁵⁵	suã⁵⁵	suã⁵⁵
线	山开三	去线心	ɕiã³¹	ɕiã³¹	ɕiã³¹	siã³¹	siã³¹	ɕiã⁴¹²	siã⁴¹²
薛	山开三	入薛心	ɕyə²¹³	ɕiə³¹	ɕyə²¹³	ɕyə⁵⁵	syə⁵⁵	ɕiə⁵⁵	suə²¹³
展	山开三	上狝知	tʂã⁵⁵	tʂã⁵⁵	tʂã⁵⁵	tʂã⁵⁵	tʃã⁵⁵	tʂã⁵⁵	tʂã⁵⁵
哲	山开三	入薛知	tʂə²¹³	tʂə⁵³	tʂə⁵⁵	tʃə⁵⁵	tʃə⁵⁵	tʂə⁵⁵	tʂə²¹³
撤	山开三	入薛彻	tʂʰə³¹	tʂʰə⁵⁵	tʂʰə³¹	tʃʰə⁵⁵	tʃʰə³¹	tʂʰə⁴¹²	tʂʰə⁴¹²
缠	山开三	平仙澄	tʂʰã⁵³	tʂʰã⁵³	tʂʰã⁵³	tʃʰã⁵³	tʃʰã⁵³	tʂʰã⁵³	tʂʰã⁵³
辙	山开三	入薛澄	tʂə⁵³	tʂə⁵³	tʂə⁵³	tʃə⁵³	tʃə⁵³	tʂə⁵³	tʂə⁵³
战	山开三	去线章	tʂã³¹	tʂã³¹	tʂã³¹	tʃã³¹	tʃã³¹	tʂã⁴¹²	tʂã⁴¹²
折存~	山开三	入薛章	tʂə²¹³	tʂə⁵⁵	tʂə⁵⁵	tʃə⁵⁵	tʃə⁵⁵	tʂə⁵⁵	tʂə²¹³
舌	山开三	入薛船	ʂə⁵³	ʂə⁵³	ʂə⁵³	ʃə⁵³	ʃə⁵³	ʂə⁵³	ʂə⁵³
搧	山开三	平仙书	ʂã²¹³	ʂã³¹	ʂã²¹³	ʃã³¹	ʃã²¹³	ʂã²¹³	ʂã²¹³
扇	山开三	去线书	ʂã³¹	ʂã³¹	ʂã³¹	ʃã³¹	ʃã³¹	ʂã⁴¹²	ʂã⁴¹²
设	山开三	入薛书	ʂə⁵⁵	ʂə²¹³	ʂə⁵⁵	ʃə³¹	ʃə⁵⁵	ʂə⁵⁵	ʂə²¹³
蝉	山开三	平仙禅	tʂʰã⁵³	tʂʰã⁵³	tʂʰã⁵³	tʃʰã⁵³	tʃʰã⁵³	tʂʰã⁵³	tʂʰã⁵³
善	山开三	上狝禅	ʂã³¹	ʂã³¹	ʂã³¹	ʃã³¹	ʃã³¹	ʂã⁴¹²	ʂã⁴¹²
折~本	山开三	入薛禅	ʂə⁵³	ʂə⁵³	ʂə⁵³	ʃə⁵⁵	ʃə⁵⁵	ʂə⁵³	ʂə⁵³
燃	山开三	平仙日	zã⁵⁵	zã⁵³ / lã⁵³	lã⁵⁵	zã⁵³	iã⁵³	zã⁵³	zã⁵⁵
热	山开三	入薛日	zə³¹	zə³¹ / lə³¹	lə³¹	zə³¹	iə³¹	zə²¹³	zə²¹³
乾	山开三	平仙群	tɕʰiã²¹³	tɕʰiã⁵³	tɕʰiã⁵³	tɕʰiã⁵³	tɕʰiã⁵³	tɕʰiã⁵³	tɕʰiã⁵⁵
件	山开三	上狝群	tɕiã³¹	tɕiã³¹	tɕiã³¹	tɕiã³¹	tɕiã³¹	tɕiã⁴¹²	tɕiã⁴¹²
杰	山开三	入薛群	tɕiə⁵³	tɕiə⁵³	tɕiə⁵³	tɕiə⁵³	tɕiə⁵³	tɕiə⁵³	tɕiə⁵³
孽	山开三	入薛疑	ŋiə⁵³	ŋiə³¹	ŋiə⁵³	ŋiə³¹	ŋiə³¹	ŋiə²¹³	ŋiə²¹³
延	山开三	平仙以	iã⁵³	iã⁵³	iã⁵³	iã⁵³	iã⁵³	iã⁵³	iã⁵³
演	山开三	上狝以	iã⁵⁵	iã⁵⁵	iã⁵⁵	iã⁵⁵	iã⁵⁵	iã⁵⁵	iã⁵⁵
建	山开三	去愿见	tɕiã³¹	tɕiã³¹	tɕiã³¹	tɕiã³¹	tɕiã³¹	tɕiã⁴¹²	tɕiã⁴¹²
揭	山开三	入月见	tɕiə²¹³	tɕiə⁵⁵	tɕiə⁵⁵	tɕiə⁵⁵	tɕiə⁵⁵	tɕiə²¹³	tɕiə²¹³
健	山开三	去愿群	tɕiã³¹	tɕiã³¹	tɕiã³¹	tɕiã³¹	tɕiã³¹	tɕiã⁴¹²	tɕiã⁴¹²
言	山开三	平元疑	iã⁵³	iã⁵³	iã⁵³	iã⁵³	iã⁵³	iã⁵³	iã⁵³
掀	山开三	平元晓	ɕiã²¹³	ɕiã²¹³	ɕiã²¹³	ɕiã²¹³	ɕiã²¹³	ɕiã²¹³	ɕiã²¹³
献	山开三	去愿晓	ɕiã³¹	ɕiã³¹	ɕiã³¹	ɕiã³¹	ɕiã³¹	ɕiã⁴¹²	ɕiã⁴¹²
歇	山开三	入月晓	ɕiə²¹³	ɕiə⁵⁵	ɕiə⁵⁵	ɕiə⁵⁵	ɕiə⁵⁵	ɕiə²¹³	ɕiə²¹³
堰	山开三	去愿影	iã³¹	iã³¹	iã³¹	iã³¹	iã³¹	iã⁴¹²	iã⁴¹²
边	山开四	平先帮	piã²¹³	piã²¹³	piã²¹³	piã²¹³	piã²¹³	piã²¹³	piã²¹³
扁	山开四	上铣帮	piã⁵⁵	piã²¹³	piã⁵⁵	piã⁵⁵	piã⁵⁵	piã⁵⁵	piã⁵⁵
遍	山开四	去霰帮	piã³¹	piã³¹	piã³¹	piã³¹	piã³¹	piã⁴¹²	piã⁴¹²

例字	韵摄	中古音	大李村	耿庄	谭家村	谭家营	马家庄	朱家庄	官路村
憋	山开四	入屑帮	piə²¹³	piə²¹³	piə⁵⁵	piə⁵⁵	piə³¹	piə²¹³	piə²¹³
片	山开四	去霰滂	pʰiã³¹	pʰiã⁴¹²	pʰiã³¹	pʰiã³¹	pʰiã⁵³	pʰiã³¹	pʰiã³¹
撇	山开四	入屑滂	pʰiə²¹³	pʰiə²¹³	pʰiə⁵⁵	pʰiə⁵⁵	pʰiə³¹	pʰiə²¹³	pʰiə²¹³
辫	山开四	上铣並	piã³¹	piã⁴¹²	piã³¹	piã³¹	piã³¹	piã³¹	piã³¹
眠	山开四	平先明	miã⁵³	miã⁵³	miã⁵²	miã⁵²	miã⁵⁵	miã⁵⁵	miã⁵³
面	山开四	去霰明	miã³¹	miã⁴¹²	miã³¹	miã³¹	miã⁵³	miã³¹	miã³¹
颠	山开四	平先端	tiã²¹³	tiã²¹³	tiã⁵⁵	tiã⁵⁵	tiã³¹	tiã²¹³	tiã²¹³
典	山开四	上铣端	tiã²¹³	tiã⁵⁵	tiã⁵⁵	tiã⁵⁵	tiã³¹	tiã⁵⁵	tiã⁵⁵
天	山开四	平先透	tʰiã²¹³	tʰiã²¹³	tʰiã²¹³	tʰiã²¹³	tʰiã³¹	tʰiã²¹³	tʰiã²¹³
铁	山开四	入屑透	tʰiə²¹³	tʰiə²¹³	tʰiə⁵⁵	tʰiə⁵⁵	tʰiə³¹	tʰiə²¹³	tʰiə²¹³
田	山开四	平先定	tʰiã⁵³	tʰiã⁵³	tʰiã⁵²	tʰiã⁵²	tʰiã⁵⁵	tʰiã⁵⁵	tʰiã⁵³
垫	山开四	去霰定	tiã³¹	tiã⁴¹²	tiã³¹	tiã³¹	tiã⁵³	tiã³¹	tiã³¹
电	山开四	去霰定	tiã³¹	tiã⁴¹²	tiã³¹	tiã³¹	tiã³¹	tiã³¹	tiã³¹
年	山开四	平先泥	ŋiã⁵³	ŋiã⁵³	ŋiã⁵²	ŋiã⁵²	ŋiã⁵⁵	ŋiã⁵⁵	ŋiã⁵³
撵	山开四	上铣泥	ŋiã⁵⁵	ŋiã⁵⁵	ŋiã⁵⁵	ŋiã⁵⁵	ŋiã⁵⁵	ŋiã⁵⁵	ŋiã⁵⁵
捏	山开四	入屑泥	ŋiə²¹³	ŋiə²¹³	ŋiə³¹	ŋiə³¹	ŋiə⁵³	ŋiə²¹³	ŋiə²¹³
莲	山开四	平先来	liã⁵³	liã⁵³	liã⁵²	liã⁵²	liã⁵⁵	liã⁵⁵	liã⁵³
怜	山开四	平先来	liã⁵³	liã⁵³	liã⁵³	liã⁵³	liã⁵³	liã⁵⁵	liã⁵⁵
练	山开四	去霰来	liã³¹	liã⁴¹²	liã³¹	liã³¹	liã⁵³	liã³¹	liã³¹
荐	山开四	去霰精	tɕiã³¹	tsiã⁴¹²	tsiã³¹	tsiã³¹	tɕiã⁵³	tsiã³¹	tɕiã³¹
节	山开四	入屑精	tɕiə²¹³	tsiə²¹³	tsiə⁵⁵	tsiə⁵⁵	tɕiə³¹	tsiə²¹³	tɕiə²¹³
千	山开四	平先清	tɕʰiã²¹³	tsʰiã²¹³	tsʰiã²¹³	tsʰiã²¹³	tɕʰiã³¹	tsʰiã²¹³	tɕʰiã²¹³
切	山开四	入屑清	tɕʰiə²¹³	tsʰiə²¹³	tsʰiə⁵⁵	tsʰiə⁵⁵	tɕʰiə³¹	tsʰiə²¹³	tɕʰiə²¹³
前	山开四	平先从	tɕʰiã⁵³	tsʰiã⁵³	tsʰiã⁵²	tsʰiã⁵²	tɕʰiã⁵⁵	tsʰiã⁵⁵	tɕʰiã⁵³
截	山开四	入屑从	tɕiə²¹³	tsiə⁵³	tsiə⁵²	tsiə⁵²	tɕiə⁵⁵	tsiə⁵⁵	tɕiə⁵³
先	山开四	平先心	ɕiã²¹³	siã²¹³	siã²¹³	siã²¹³	siã³¹	siã²¹³	ɕiã²¹³
楔	山开四	入屑心	ɕiə²¹³	siə²¹³	siə⁵⁵	siə⁵⁵	ɕiə³¹	siə²¹³	ɕiə²¹³
肩	山开四	平先见	tɕiã²¹³	tɕiã²¹³	tsiã²¹³	tsiã²¹³	tɕiã³¹	tsiã²¹³	tɕiã²¹³
见	山开四	去霰见	tɕiã³¹	tɕiã⁴¹²	tɕiã³¹	tɕiã³¹	tɕiã⁵³	tɕiã³¹	tɕiã³¹
结	山开四	入屑见	tɕiə²¹³	tɕiə²¹³	tɕiə⁵⁵	tɕiə⁵⁵	tɕiə³¹	tɕiə²¹³	tɕiə²¹³
牵	山开四	平先溪	tɕʰiã²¹³	tɕʰiã²¹³	tɕʰiã²¹³	tɕʰiã²¹³	tɕʰiã³¹	tɕʰiã²¹³	tɕʰiã²¹³
研	山开四	平先疑	iã⁵³	iã⁵³	iã⁵²	iã⁵⁵	iã⁵⁵	iã⁵⁵	iã⁵³
砚	山开四	去霰疑	iã³¹	iã⁵³	iã³¹	iã⁵⁵	iã³¹	iã⁵⁵	iã³¹
显	山开四	上铣晓	ɕiã⁵⁵	ɕiã⁵⁵	ɕiã⁵⁵	ɕiã⁵⁵	ɕiã⁵⁵	ɕiã⁵⁵	ɕiã⁵⁵
贤	山开四	平先匣	ɕiã⁵³	ɕiã⁵³	ɕiã⁵²	ɕiã⁵²	ɕiã⁵⁵	ɕiã⁵⁵	ɕiã⁵³
现	山开四	去霰匣	ɕiã³¹	ɕiã⁴¹²	ɕiã³¹	ɕiã³¹	ɕiã⁵³	ɕiã³¹	ɕiã³¹
烟	山开四	平先影	iã²¹³	iã²¹³	iã²¹³	iã²¹³	iã³¹	iã²¹³	iã²¹³
燕	山开四	平先影	iã³¹	iã⁴¹²	iã³¹	iã³¹	iã⁵³	iã³¹	iã³¹
噎	山开四	入屑影	iə²¹³	iə²¹³	iə⁵⁵	iə⁵⁵	iə³¹	iə²¹³	iə²¹³

续表

例字	韵摄	中古音	东堤村	杨居屯	朱鹿村	太平村	魏马村	雷家寨	北李村
憋	山开四	入屑帮	piə²¹³	piə³¹	piə⁵⁵	piə⁵⁵	piə⁵⁵	piə²¹³	piə²¹³
片	山开四	去霰滂	pʰiã³¹	pʰiã³¹	pʰiã³¹	pʰiã³¹	pʰiã³¹	pʰiã⁴¹²	pʰiã⁴¹²
撇	山开四	入屑滂	pʰiə²¹³	pʰiə⁵⁵	pʰiə⁵⁵	pʰiə⁵⁵	pʰiə⁵⁵	pʰiə²¹³	pʰiə⁵⁵
辫	山开四	上铣并	piã³¹	piã⁵⁵	piã³¹	piã³¹	piã³¹	piã⁴¹²	piã⁴¹²
眠	山开四	平先明	miã⁵³	miã⁵³	miã⁵³	miã⁵³	miã⁵³	miã⁵³	miã⁵³
面	山开四	去霰明	miã³¹	miã³¹	miã³¹	miã³¹	miã³¹	miã⁴¹²	miã⁴¹²
颠	山开四	平先端	tiã²¹³	tiã²¹³	tiã²¹³	tiã²¹³	tiã²¹³	tiã²¹³	tiã²¹³
典	山开四	上铣端	tiã⁵⁵	tiã⁵⁵	tiã⁵⁵	tiã⁵⁵	tiã⁵⁵	tiã⁵⁵	tiã⁵⁵
天	山开四	平先透	tʰiã²¹³	tʰiã²¹³	tʰiã²¹³	tʰiã²¹³	tʰiã²¹³	tʰiã²¹³	tʰiã²¹³
铁	山开四	入屑透	tʰiə²¹³	tʰiə⁵⁵	tʰiə⁵⁵	tʰiə⁵⁵	tʰiə⁵⁵	tʰiə²¹³	tʰiə⁵⁵
田	山开四	平先定	tʰiã⁵³	tʰiã⁵³	tʰiã⁵³	tʰiã⁵³	tʰiã⁵³	tʰiã⁵³	tʰiã⁵³
垫	山开四	去霰定	tiã³¹	tiã³¹	tiã³¹	tiã³¹	tiã³¹	tiã⁴¹²	tiã⁴¹²
电	山开四	去霰定	tiã³¹	tiã³¹	tiã³¹	tiã³¹	tiã³¹	tiã⁴¹²	tiã⁴¹²
年	山开四	平先泥	ŋiã⁵³	ŋiã⁵³	ŋiã⁵³	ŋiã⁵³	ŋiã⁵³	ŋiã⁵³	ŋiã⁵³
撵	山开四	上铣泥	ŋiã⁵⁵	ŋiã⁵⁵	ŋiã⁵⁵	ŋiã⁵⁵	ŋiã⁵⁵	ŋiã⁵⁵	ŋiã⁵⁵
捏	山开四	入屑泥	ŋiə³¹	ŋiə⁵⁵	ŋiə⁵⁵	ŋiə⁵⁵	ŋiə³¹	ŋiə²¹³	ŋiə²¹³
莲	山开四	平先来	liã⁵³	liã⁵³	liã⁵³	liã⁵³	liã⁵³	liã⁵³	liã⁵³
怜	山开四	平先来	liã³¹	liã⁵⁵	liã³¹	liã³¹	liã³¹	liã⁵³	liã⁵³
练	山开四	去霰来	liã³¹	liã³¹	liã³¹	liã³¹	liã³¹	liã⁴¹²	liã⁴¹²
荐	山开四	去霰精	tɕiã³¹	tɕiã³¹	tɕiã³¹	tsiã³¹	tsiã³¹	tɕiã⁴¹²	tsiã⁴¹²
节	山开四	入屑精	tɕiə²¹³	tɕiə⁵⁵	tɕiə⁵⁵	tsiə⁵⁵	tsiə⁵⁵	tɕiə²¹³	tsiə²¹³
千	山开四	平先清	tɕʰiã²¹³	tɕʰiã²¹³	tɕʰiã²¹³	tsʰiã²¹³	tsʰiã²¹³	tɕʰiã²¹³	tsʰiã²¹³
切	山开四	入屑清	tɕʰiə²¹³	tɕʰiə⁵⁵	tɕʰiə⁵⁵	tsʰiə⁵⁵	tsʰiə⁵⁵	tɕʰiə²¹³	tsʰiə⁵⁵
前	山开四	平先从	tɕʰiã⁵³	tɕʰiã⁵³	tɕʰiã⁵³	tsʰiã⁵³	tsʰiã⁵³	tɕʰiã⁵³	tsʰiã⁵³
截	山开四	入屑从	tɕiə⁵³	tɕiə⁵⁵	tɕiə⁵³	tsiə⁵³	tsiə⁵³	tɕiə⁵³	tsiə⁵³
先	山开四	平先心	ɕiã²¹³	ɕiã²¹³	ɕiã²¹³	siã²¹³	siã²¹³	ɕiã²¹³	siã²¹³
楔	山开四	入屑心	—	ɕiə²¹³	ɕiə⁵⁵	siə⁵⁵	siə⁵⁵	ɕiə²¹³	ɕiə²¹³
肩	山开四	平先见	tɕiã²¹³	tɕiã²¹³	tɕiã²¹³	tsiã²¹³	tsiã²¹³	tɕiã²¹³	tɕiã²¹³
见	山开四	去霰见	tɕiã³¹	tɕiã³¹	tɕiã³¹	tɕiã³¹	tɕiã³¹	tɕiã⁴¹²	tɕiã⁴¹²
结	山开四	入屑见	tɕiə²¹³	tɕiə⁵⁵	tɕiə⁵⁵	tɕiə⁵⁵	tɕiə⁵⁵	tɕiə²¹³	tɕiə²¹³
牵	山开四	平先溪	tɕʰiã²¹³	tɕʰiã²¹³	tɕʰiã²¹³	tɕʰiã²¹³	tɕʰiã²¹³	tɕʰiã²¹³	tɕʰiã²¹³
研	山开四	平先疑	iã⁵⁵	iã⁵³	iã⁵⁵	iã⁵⁵	iã⁵⁵	iã⁵³	iã⁵³
砚	山开四	去霰疑	iã⁵⁵	iã⁵⁵	iã³¹	iã³¹	iã³¹	iã⁵³	iã⁵³
显	山开四	上铣晓	ɕiã⁵⁵	ɕiã⁵⁵	ɕiã⁵⁵	ɕiã⁵⁵	ɕiã⁵⁵	ɕiã⁵⁵	ɕiã⁵⁵
贤	山开四	平先匣	ɕiã⁵³	ɕiã⁵³	ɕiã⁵³	ɕiã⁵³	ɕiã⁵³	ɕiã⁵³	ɕiã⁵³
现	山开四	去霰匣	ɕiã³¹	ɕiã³¹	ɕiã³¹	ɕiã³¹	ɕiã³¹	ɕiã⁴¹²	ɕiã⁴¹²
烟	山开四	平先影	iã²¹³	iã²¹³	iã²¹³	iã²¹³	iã²¹³	iã²¹³	iã²¹³
燕	山开四	平先影	iã³¹	iã³¹	iã³¹	iã³¹	iã³¹	iã⁴¹²	iã⁴¹²
噎	山开四	入屑影	iə²¹³	iə²¹³	iə⁵⁵	iə⁵⁵	iə⁵⁵	iə²¹³	iə²¹³

例字	韵摄	中古音	大李村	耿庄	谭家村	谭家营	马家庄	朱家庄	官路村
搬	山合一	平桓帮	pã²¹³	pã²¹³	pã²¹³	pã²¹³	pã³¹	pã²¹³	pã²¹³
半	山合一	去换帮	pã³¹	pã⁴¹²	pã³¹	pã³¹	pã⁵³	pã³¹	pã³¹
拨	山合一	入末帮	pə²¹³	pə²¹³	pə⁵⁵	pə⁵⁵	pə³¹	pə²¹³	pə²¹³
潘	山合一	平桓滂	pʰã²¹³	pʰã²¹³	pʰã²¹³	pʰã²¹³	pʰã³¹	pʰã²¹³	pʰã²¹³
判	山合一	去换滂	pʰã³¹	pʰã⁴¹²	pʰã³¹	pʰã³¹	pʰã⁵³	pʰã³¹	pʰã³¹
泼	山合一	入末滂	pʰə²¹³	pʰə²¹³	pʰə⁵⁵	pʰə⁵⁵	pʰə³¹	pʰə²¹³	pʰə²¹³
盘	山合一	平桓并	pʰã⁵³	pʰã⁵³	pʰã⁵²	pʰã⁵²	pʰã⁵⁵	pʰã⁵⁵	pʰã⁵³
拌	山合一	上缓并	pã³¹	pã⁴¹²	pã³¹	pã³¹	pã⁵³	pã³¹	pã³¹
叛	山合一	去换并	pʰã³¹	pʰã⁴¹²	pʰã³¹	pʰã³¹	pʰã⁵³	pʰã³¹	pʰã³¹
瞒	山合一	平桓明	mã⁵³	mã⁵³	mã⁵²	mã⁵²	mã⁵⁵	mã⁵⁵	mã⁵³
满	山合一	上缓明	mã⁵⁵	mã⁵⁵	mã⁵⁵	mã⁵⁵	mã⁵⁵	mã⁵⁵	mã⁵⁵
末	山合一	入末明	mə²¹³	mə²¹³	mə³¹	mə³¹	mə³¹	mə³¹	mə³¹
端	山合一	平桓端	tuã²¹³	tuã²¹³	tuã²¹³	tuã²¹³	tuã²¹³	tuã²¹³	tuã²¹³
短	山合一	上缓端	tuã⁵⁵	tuã⁵⁵	tuã⁵⁵	tuã⁵⁵	tuã⁵⁵	tuã⁵⁵	tuã⁵⁵
锻	山合一	去换端	tuã³¹	tuã⁴¹²	tuã³¹	tuã³¹	tuã⁵³	tuã³¹	tuã³¹
掇	山合一	入末端	tuə³¹	tɔ⁵⁵	tuə⁵⁵	tuə⁵⁵	tuə⁵⁵	tuə⁵⁵	tuə⁵⁵
脱	山合一	入末透	tʰuə²¹³	tʰuə²¹³	tʰuə⁵⁵	tʰuə⁵⁵	tʰuə³¹	tʰuə²¹³	tʰuə²¹³
团	山合一	平桓定	tʰuã⁵³	tʰuã⁵³	tʰuã⁵²	tʰuã⁵²	tʰuã⁵⁵	tʰuã⁵⁵	tʰuã⁵³
断	山合一	上缓定	tuã³¹	tuã⁴¹²	tuã³¹	tuã³¹	tuã⁵³	tuã³¹	tuã³¹
段	山合一	去换定	tuã³¹	tuã⁴¹²	tuã³¹	tuã³¹	tuã⁵³	tuã³¹	tuã³¹
夺	山合一	入末定	tuə⁵³	tuə⁵³	tuə⁵²	tuə⁵²	tuə⁵⁵	tuə⁵⁵	tuə⁵³
暖	山合一	上缓泥	nuã⁵⁵	nuã⁵⁵	nuã⁵⁵	nuã⁵⁵	nuã⁵⁵	nuã⁵⁵	nuã⁵⁵
卵	山合一	上缓来	luã⁵⁵	luã⁵³	luã⁵²	luã⁵²	zuã⁵⁵	luã⁵⁵	luã⁵⁵
乱	山合一	去换来	luã³¹	luã⁴¹²	luã³¹	luã³¹	luã⁵³	luã³¹	luã³¹
捋	山合一	入末来	ly⁵⁵	ly⁵⁵	lyu⁵⁵	lyu⁵⁵	ly⁵⁵	ly⁵⁵	ly⁵⁵
钻动词	山合一	平桓精	tsuã³¹	tsuã²¹³	tsuã²¹³	tθuã²¹³	tsuã³¹	tθuã²¹³	tsuã²¹³
攒	山合一	上缓精	tsã⁵⁵	tsuã⁵⁵	tsuã³¹	tθuã⁵⁵	tsuã⁵³	tθuã⁵⁵	tsã⁵⁵
钻名词	山合一	去换精	tsuã³¹	tsuã⁴¹²	tsuã³¹	tθuã³¹	tsuã⁵³	tθuã³¹	tsuã³¹
窜	山合一	去换清	tsʰuã³¹	tsʰuã²¹³	tʂʰuã³¹	tθʰuã³¹	tʂʰuã⁵³	tθʰuã³¹	tsʰuã³¹
撮	山合一	入末清	tsʰuə²¹³	tsʰuə²¹³	tsuə⁵⁵ 一~	tθʰuə⁵⁵	tsuə⁵⁵ 一~	tθʰuə⁵⁵	tsuə⁵⁵ 一~
酸	山合一	平桓心	suã²¹³	suã²¹³	suã²¹³	θuã²¹³	suã³¹	θuã²¹³	suã²¹³
算	山合一	去换心	suã³¹	suã⁴¹²	suã³¹	θuã³¹	suã⁵³	θuã³¹	suã³¹
蒜	山合一	去换心	suã³¹	suã⁴¹²	suã³¹	θuã³¹	suã⁵³	θuã³¹	suã³¹
官	山合一	平桓见	kuã²¹³	kuã²¹³	kuã²¹³	kuã²¹³	kuã³¹	kuã²¹³	kuã²¹³
管	山合一	上缓见	kuã⁵⁵	kuã⁵⁵	kuã⁵⁵	kuã⁵⁵	kuã⁵⁵	kuã⁵⁵	kuã⁵⁵
贯	山合一	去换见	kuã³¹	kuã⁴¹²	kuã³¹	kuã³¹	kuã⁵³	kuã³¹	kuã³¹
罐	山合一	去换见	kuã³¹	kuã⁴¹²	kuã³¹	kuã³¹	kuã⁵³	kuã³¹	kuã³¹
括	山合一	入末见	kʰuə²¹³	kʰuə²¹³	kuə³¹	kuə⁵⁵	kuə⁵³	kuə²¹³	kʰuə²¹³
宽	山合一	平桓溪	kʰuã²¹³	kʰuã²¹³	kʰuã²¹³	kʰuã²¹³	kʰuã³¹	kʰuã²¹³	kʰuã²¹³
款	山合一	上缓溪	kʰuã⁵⁵	kʰuã⁵⁵	kʰuã⁵⁵	kʰuã⁵⁵	kʰuã⁵⁵	kʰuã⁵⁵	kʰuã⁵⁵

续表

例字	韵摄	中古音	东堤村	杨居屯	朱鹿村	太平村	魏马村	雷家寨	北李村
搬	山合一	平桓帮	pã²¹³	pã²¹³	pã²¹³	pã²¹³	pã²¹³	pã²¹³	pã²¹³
半	山合一	去换帮	pã³¹	pã³¹	pã³¹	pã³¹	pã³¹	pã⁴¹²	pã⁴¹²
拨	山合一	入末帮	pə²¹³	pə⁵⁵	pə²¹³	pə⁵⁵	pə⁵⁵	pə²¹³	pə²¹³
潘	山合一	平桓滂	pʰã²¹³	pʰã²¹³	pʰã²¹³	pʰã²¹³	pʰã²¹³	pʰã²¹³	pʰã²¹³
判	山合一	去换滂	pʰã³¹	pʰã³¹	pʰã³¹	pʰã³¹	pʰã³¹	pʰã⁴¹²	pʰã⁴¹²
泼	山合一	入末滂	pʰə²¹³	pʰə⁵⁵	pʰə⁵⁵	pʰə⁵⁵	pʰə⁵⁵	pʰə²¹³	pʰə²¹³
盘	山合一	平桓并	pʰã⁵³	pʰã⁵³	pʰã⁵³	pʰã⁵³	pʰã⁵³	pʰã⁵³	pʰã⁵³
拌	山合一	上缓并	pã³¹	pã³¹	pã³¹	pã³¹	pã³¹	pã⁴¹²	pã⁴¹²
叛	山合一	去换并	pʰã³¹	pʰã³¹	pʰã³¹	pʰã³¹	pʰã³¹	pʰã⁴¹²	pʰã⁴¹²
瞒	山合一	平桓明	mã⁵³	mã⁵³	mã⁵³	mã⁵³	mã⁵³	mã⁵⁵	mã⁵³
满	山合一	上缓明	mã⁵⁵	mã⁵⁵	mã⁵⁵	mã⁵⁵	mã⁵⁵	mã⁵⁵	mã⁵⁵
末	山合一	入末明	mə³¹	mə³¹	mə³¹	mə³¹	mə³¹	mə⁵⁵	mə²¹³
端	山合一	平桓端	tuã²¹³	tuã²¹³	tuã²¹³	tuã²¹³	tuã²¹³	tuã²¹³	tuã²¹³
短	山合一	上缓端	tuã⁵⁵	tuã⁵⁵	tuã⁵⁵	tuã⁵⁵	tuã⁵⁵	tuã⁵⁵	tuã⁵⁵
锻	山合一	去换端	tuã³¹	tuã³¹	tuã³¹	tuã³¹	tuã³¹	tuã⁴¹²	tuã⁴¹²
掇	山合一	入末端	tuə²¹³	tuə⁵³	tuə³¹	tuə⁵⁵	tuə⁵⁵	tɔ⁴¹²	tɔ⁵⁵
脱	山合一	入末透	tʰuə²¹³	tʰuə⁵⁵	tʰuə⁵⁵	tʰuə⁵⁵	tʰuə⁵⁵	tʰuã²¹³	tʰuã²¹³
团	山合一	平桓定	tʰuã⁵³	tʰuã⁵³	tʰuã⁵³	tʰuã⁵³	tʰuã⁵³	tʰuã⁵³	tʰuã⁵³
断	山合一	上缓定	tuã³¹	tuã³¹	tuã³¹	tuã³¹	tuã³¹	tuã⁴¹²	tuã⁴¹²
段	山合一	去换定	tuã³¹	tuã³¹	tuã³¹	tuã³¹	tuã³¹	tuã⁴¹²	tuã⁴¹²
夺	山合一	入末定	tuə⁵³	tuə⁵³	tuə⁵³	tuə⁵³	tuə⁵³	tuə⁵³	tuə⁵³
暖	山合一	上缓泥	nuã⁵⁵	nuã⁵⁵	nuã⁵⁵	nuã⁵⁵	nuã⁵⁵	nuã⁵⁵	nuã⁵⁵
卵	山合一	上缓来	luã⁵⁵	luã⁵⁵	luã⁵⁵	luã⁵⁵	luã⁵³	lã⁵⁵	luã⁵⁵
乱	山合一	去换来	luã³¹	luã³¹	luã³¹	luã³¹	luã³¹	luã⁴¹²	luã⁴¹²
捋	山合一	入末来	lyu⁵⁵	ly⁵⁵	ly⁵⁵	ly⁵⁵	ly⁵⁵	ly²¹³	ly⁵⁵
钻动词	山合一	平桓精	tsuã²¹³	tsuã³¹	tsuã²¹³	tθuã²¹³	tθuã²¹³	tsuã⁴¹²	tsuã²¹³
攒	山合一	上缓精	tsã⁵⁵	tsã⁵⁵	tsã⁵⁵	tθuã⁵⁵	tθuã³¹	tsuã⁵⁵	tsuã⁵⁵
钻名词	山合一	去换精	tsuã³¹	tsuã³¹	tsuã³¹	tθuã³¹	tθuã³¹	tsuã⁴¹²	tsuã⁴¹²
窜	山合一	去换清	tsʰuã²¹³	tsʰuã³¹	tsʰuã³¹	tʃʰuã²¹³	tθʰuã²¹³	tsʰuã⁴¹²	tsʰuã⁴¹²
撮	山合一	入末清	tsʰuə²¹³	tsʰuə³¹	tsʰuə⁵⁵	tθuə⁵⁵ 一～	tθʰuə⁵⁵	tsuə⁵⁵ 一～	tsuə⁵⁵ 一～
酸	山合一	平桓心	suã²¹³	suã²¹³	suã²¹³	θuã²¹³	θuã²¹³	suã²¹³	suã²¹³
算	山合一	去换心	suã³¹	suã³¹	suã³¹	θuã³¹	θuã³¹	suã⁴¹²	suã⁴¹²
蒜	山合一	去换心	suã³¹	suã³¹	suã³¹	θuã³¹	θuã³¹	suã⁴¹²	suã⁴¹²
官	山合一	平桓见	kuã²¹³	kuã³¹	kuã²¹³	kuã²¹³	kuã²¹³	kuã²¹³	kuã²¹³
管	山合一	上缓见	kuã⁵⁵	kuã⁵⁵	kuã⁵⁵	kuã⁵⁵	kuã⁵⁵	kuã⁵⁵	kuã⁵⁵
贯	山合一	去换见	kuã³¹	kuã³¹	kuã³¹	kuã³¹	kuã³¹	kuã⁴¹²	kuã⁴¹²
罐	山合一	去换见	kuã³¹	kuã³¹	kuã³¹	kuã³¹	kuã³¹	kuã⁴¹²	kuã⁴¹²
括	山合一	入末见	kʰuə²¹³	kʰuə³¹	kuə⁵⁵	kuə⁵⁵	kuə⁵⁵	kʰuə²¹³	kʰuə²¹³
宽	山合一	平桓溪	kʰuã²¹³	kʰuã²¹³	kʰuã²¹³	kʰuã²¹³	kʰuã²¹³	kʰuã²¹³	kʰuã²¹³
款	山合一	上缓溪	kʰuã⁵⁵	kʰuã⁵⁵	kʰuã⁵⁵	kʰuã⁵⁵	kʰuã⁵⁵	kʰuã⁵⁵	kʰuã⁵⁵

例字	韵摄	中古音	大李村	耿庄	谭家村	谭家营	马家庄	朱家庄	官路村
阔	山合一	入末溪	kʰuə²¹³	kʰuə²¹³	kʰuə³¹	kʰuə⁵⁵	kʰuə⁵³	kʰuə⁵⁵	kʰuə²¹³
玩	山合一	去换疑	uã⁵³	uã⁵³	vã⁵²	vã⁵²	uã⁵⁵	vã⁵⁵	uã⁵³
欢	山合一	平桓晓	xuã²¹³	xuã²¹³	xuã²¹³	xuã²¹³	xuã³¹	xuã²¹³	xuã²¹³
唤	山合一	去换晓	xuã³¹	xuã⁴¹²	xuã³¹	xuã³¹	xuã⁵³	xuã³¹	xuã³¹
豁	山合一	入末晓	xuə²¹³	xuə²¹³	xuə³¹	xuə²¹³	xuə³¹	xuə²¹³	xuə²¹³
完	山合一	平桓匣	uã⁵³	uã⁵³	vã⁵²	vã⁵²	uã⁵⁵	vã⁵⁵	uã⁵³
缓	山合一	上缓匣	xuã⁵⁵	xuã⁵⁵	xuã⁵⁵	xuã⁵⁵	xuã⁵⁵	xuã⁵⁵	xuã⁵⁵
换	山合一	去换匣	xuã³¹	xuã⁴¹²	xuã³¹	xuã³¹	xuã⁵³	xuã³¹	xuã³¹
活	山合一	入末匣	xuə⁵³	xuə⁵³	xuə⁵²	xuə⁵²	xuə⁵⁵	xuə⁵⁵	xuə⁵³
豌	山合一	平桓影	uã²¹³	uã²¹³	vã⁵⁵	vã²¹³	uã³¹	vã⁵⁵	uã³¹
碗	山合一	上缓影	uã⁵⁵	uã⁵⁵	vã⁵⁵	vã⁵⁵	uã⁵⁵	vã⁵⁵	uã⁵⁵
腕	山合一	去换影	uã³¹	uã⁵⁵	vã⁵⁵	vɚ²¹³	uã⁵⁵	vã²¹³	uã⁵⁵
顽	山合二	平山疑	uã⁵³	uã⁵³	vã⁵²	vã⁵²	uã⁵⁵	vã⁵⁵	uã⁵³
滑	山合二	入黠匣	xuɑ⁵³	xuɑ⁵³	xuɑ⁵²	xuɑ⁵²	xuɑ⁵⁵	xuɑ⁵⁵	xuɑ⁵³
挖	山合二	入黠影	uɑ²¹³	uɑ²¹³	uɑ²¹³	vɑ⁵⁵	uɑ³¹	vɑ²¹³	uɑ²¹³
闩	山合二	平删生	ʂuã²¹³	ʂuã⁴¹²	ʂuã³¹	ʂuã²¹³	ʂuã³¹	ʂuã²¹³	ʂuã³¹
涮	山合二	去谏生	ʂuã³¹	fã⁴¹²	ʂuã³¹	ʂuɛ⁵⁵	ʂuã⁵³	ʂuã³¹	ʂuã³¹
刷	山合二	入鎋生	ʂuɑ²¹³	ʂuɑ²¹³	ʂuɑ⁵⁵	ʂuɑ³¹	ʂuɑ³¹	ʂuɑ²¹³	ʂuɑ²¹³
关	山合二	平删见	kuã²¹³	kuã²¹³	kuã²¹³	kuã²¹³	kuã³¹	kuã²¹³	kuã²¹³
惯	山合二	去谏见	kuã³¹	kuã⁴¹²	kuã³¹	kuã³¹	kuã⁵³	kuã³¹	kuã³¹
刮	山合二	去谏见	kuɑ²¹³	kuɑ²¹³	kuɑ⁵⁵	kuɑ⁵⁵	kuɑ³¹	kuɑ²¹³	kuɑ²¹³
还~原	山合二	平山匣	xuã⁵³	xuã⁵³	xuã⁵²	xuã⁵²	xuã⁵⁵	xuã⁵⁵	xuã⁵³
还~有	山合二	平山匣	xɛ⁵³	xɛ⁵³	xã⁵²	xã⁵²	xã⁵⁵	xã⁵⁵	xã⁵³
患	山合二	去谏匣	xuã³¹	xuã⁴¹²	xuã³¹	xuã³¹	xuã⁵³	xuã³¹	xuã³¹
弯	山合二	平删影	uã²¹³	uã²¹³	vã²¹³	vã²¹³	uã³¹	vã²¹³	uã²¹³
恋	山合三	去线来	liã⁵³	luã⁴¹²	luã³¹	liã³¹	luã⁵⁵	liã⁵⁵	luã⁵³
全	山合三	平仙从	tsʰuã⁵³	tsʰuã⁵³	tɕʰyã⁵²	tɕʰyã⁵²	tsʰuã⁵⁵	tsʰyã⁵⁵	tɕʰyã⁵³
绝	山合三	入薛从	tɕyə⁵³	tsuə⁵³	tɕyə⁵²	tsyə⁵²	tɕyə⁵⁵	tsyə⁵⁵	tɕyə⁵³
宣	山合三	平仙心	ɕyã²¹³	suã²¹³	ɕyã²¹³	syã²¹³	ɕyã⁵⁵	syã⁵⁵	ɕyã²¹³
选	山合三	上狝心	ɕyã⁵⁵ / suã⁵⁵	suã⁵⁵	ɕyã⁵⁵	syã⁵⁵	ɕyã⁵⁵	syã⁵⁵	ɕyã⁵⁵
雪	山合三	入薛心	ɕyə²¹³ / suə²¹³	suə²¹³	ɕyə⁵⁵	syə⁵⁵	ɕyə³¹	syə²¹³	ɕyə²¹³
旋	山合三	平仙邪	ɕyã⁵³	suã⁵³	ɕyã⁵²	syã⁵²	ɕyã⁵⁵	syã⁵⁵	ɕyã⁵³
转~眼	山合三	上狝知	tʂã⁵⁵	tʂã⁵⁵	tʂã⁵⁵	tʃã⁵⁵	tʂuã⁵⁵	tʂuã³¹	tʂuã⁵⁵
转~圈	山合三	去线知	tʂuã³¹	tʂuã⁴¹²	tʂuã³¹	tʃuã³¹	tʂuã³¹	tʂuã³¹	tʂuã³¹
传~达	山合三	平仙澄	tʂʰuã⁵³	tʂʰuã⁵³	tʂʰuã⁵²	tʃʰuã⁵²	tʂʰuã⁵⁵	tʂʰuã⁵⁵	tʂʰuã⁵³
砖	山合三	平仙章	tʂuã²¹³	tʂuã²¹³	tʂuã²¹³	tʃuã²¹³	tʂuã²¹³	tʂuã²¹³	tʂuã²¹³
穿	山合三	平仙昌	tʂʰuã²¹³	tʂʰuã²¹³	tʂʰuã²¹³	tʃʰuã²¹³	tʂʰuã³¹	tʂʰuã²¹³	tʂʰuã²¹³
串	山合三	去线昌	tʂʰuã³¹	tʂʰuã⁴¹²	tʂʰuã³¹	tʃʰuã³¹	tʂʰuã⁵³	tʂʰuã³¹	tʂʰuã³¹

续表

例字	韵摄	中古音	东堤村	杨居屯	朱鹿村	太平村	魏马村	雷家寨	北李村
阔	山合一	入末溪	kʰuə²¹³	kʰuə²¹³	kʰuə³¹	kʰuə³¹	kʰuə³¹	kʰuə⁴¹²	kʰuə⁴¹²
玩	山合一	去换疑	uã⁵³	uã⁵³	uã⁵³	uã⁵³	uã⁵³	uã⁵³	uã⁵³
欢	山合一	平桓晓	xuã²¹³	xuã²¹³	xuã²¹³	xuã²¹³	xuã²¹³	xuã²¹³	xuã²¹³
唤	山合一	去换晓	xuã³¹	xuã³¹	xuã³¹	xuã³¹	xuã³¹	xuã⁴¹²	xuã⁴¹²
豁	山合一	入末晓	xuə³¹	xuə²¹³	xuə³¹	xuə³¹	xuə³¹	xuə³¹	xuə³¹
完	山合一	平桓匣	uã⁵³	uã⁵³	uã⁵³	uã⁵³	uã⁵³	uã⁵³	uã⁵³
缓	山合一	上缓匣	xuã⁵⁵	xuã⁵⁵	xuã⁵⁵	xuã⁵⁵	xuã⁵⁵	xuã⁵⁵	xuã⁵⁵
换	山合一	去换匣	xuã³¹	xuã³¹	xuã³¹	xuã³¹	xuã³¹	xuã⁴¹²	xuã⁴¹²
活	山合一	入末匣	xuə⁵³	xuə⁵³	xuə⁵³	xuə⁵³	xuə⁵³	xuə⁵³	xuə⁵³
豌	山合一	平桓影	uã⁵⁵	uã³¹	uã²¹³	uã⁵⁵	uã⁵⁵	uã²¹³	uã²¹³
碗	山合一	上缓影	uã⁵⁵	uã⁵⁵	uã⁵⁵	uã⁵⁵	vã⁵⁵	uã⁵⁵	uã⁵⁵
腕	山合一	去换影	uã⁵⁵	uã⁵⁵	uã³¹	uɚ²¹³	uɚ²¹³	uã⁵⁵	uã⁵⁵
顽	山合二	平山疑	uã⁵³	uã⁵³	uã⁵³	uã⁵³	uã⁵³	uã⁵³	uã⁵³
滑	山合二	入黠匣	xuɑ⁵³	xuɑ⁵³	xuɑ⁵³	xuɑ⁵³	xuɑ⁵³	xuɑ⁵³	xuɑ⁵³
挖	山合二	入黠影	uɑ³¹	uɑ²¹³	uɑ²¹³	uɑ²¹³	uɑ⁵⁵	uɑ²¹³	uɑ²¹³
闩	山合二	平删生	ʂuã²¹³	ʂuã³¹	ʂuã²¹³	ʂuã²¹³	ʂuã²¹³	ʂuã²¹³	ʂuã²¹³
涮	山合二	去谏生	ʂuã³¹	ʂuã³¹	ʂuã³¹	ʂuã³¹	ʂuɛ⁵³	ʂuã⁴¹²	fã⁴¹²
刷	山合二	入辖生	ʂuɑ⁵⁵	ʂuɑ⁵⁵	ʂuɑ⁵⁵	ʂuɑ⁵⁵	ʂuɑ⁵⁵	ʂuɑ²¹³ / faɑ²¹³	ʂuɑ²¹³ / faɑ²¹³
关	山合二	平删见	kuã²¹³	kuã²¹³	kuã²¹³	kuã²¹³	kuã²¹³	kuã²¹³	kuã²¹³
惯	山合二	去谏见	kuã³¹	kuã³¹	kuã³¹	kuã³¹	kuã³¹	kuã⁴¹²	kuã⁴¹²
刮	山合二	去谏见	kuɑ²¹³	kuɑ⁵⁵	kuɑ⁵⁵	kuɑ⁵⁵	kuɑ⁵⁵	kuɑ²¹³	kuɑ²¹³
还~原	山合二	平山匣	xuã⁵³	xuã⁵³	xuã⁵³	xuã⁵³	xuã⁵³	xuã⁵³	xuã⁵³
还~有	山合二	平山匣	xã⁵³	xã⁵³	xã⁵³	xã⁵³	xã⁵³	xɛ⁵³	xɛ⁵³
患	山合二	去谏匣	xuã³¹	xuã³¹	xuã³¹	xuã³¹	xuã³¹	xuã⁴¹²	xuã⁴¹²
弯	山合二	平删影	uã²¹³	uã²¹³	uã²¹³	uã²¹³	uã²¹³	uã²¹³	uã²¹³
恋	山合三	去线来	liã³¹	luã⁵³	liã³¹	luã³¹	liã³¹	lã⁵³	liã⁴¹²
全	山合三	平仙从	tsʰyã⁵³	tɕʰyã⁵³	tɕʰyã⁵³	tɕʰyã⁵³	tsʰyã⁵³	tsʰuã⁵³	tsʰuã⁵³
绝	山合三	入薛从	tɕyə⁵³	tɕyə⁵³	tɕyə⁵³	tɕyə⁵³	tsyə⁵³	tɕyə⁵³	tsuə⁵³
宣	山合三	平仙心	ɕyã²¹³	ɕã²¹³	ɕyã⁵⁵	ɕyã⁵⁵	syã²¹³	ɕyã²¹³	suã²¹³
选	山合三	上狝心	ɕyã⁵⁵	ɕyã⁵⁵	ɕyã⁵⁵	ɕyã⁵⁵	syã⁵⁵	ɕyã⁵⁵	suã⁵⁵
雪	山合三	入薛心	ɕyə²¹³	ɕyə⁵⁵	ɕyə⁵⁵	ɕyə⁵⁵	syə⁵⁵	ɕyə⁵⁵	suə⁵⁵
旋	山合三	平仙邪	ɕyã⁵³	ɕyã⁵³	ɕyã⁵³	ɕyã⁵³	syã⁵³	ɕyã⁵³	suã⁵⁵
转~眼	山合三	上狝知	tʂã⁵⁵	tʂuã⁵⁵	tʂuã⁵⁵	tʃuã⁵⁵	tʃuã⁵⁵	tʂuã⁵⁵	tʂuã⁵⁵
转~圈	山合三	去线知	tʂuã³¹	tʂuã³¹	tʂuã³¹	tʃuã³¹	tʃuã³¹	tʂuã⁴¹²	tʂuã⁴¹²
传~达	山合三	平仙澄	tʂʰuã⁵³	tʂʰuã⁵³	tʂʰuã⁵³	tʃʰuã⁵³	tʃʰuã⁵³	tʂʰuã⁵³	tʂʰuã⁵³
砖	山合三	平仙章	tʂuã²¹³	tʂuã²¹³	tʂuã²¹³	tʃuã²¹³	tʃuã²¹³	tʂuã²¹³	tʂuã²¹³
穿	山合三	平仙昌	tʂʰuã²¹³	tʂʰuã²¹³	tʂʰuã²¹³	tʃʰuã²¹³	tʃʰuã²¹³	tʂʰuã²¹³	tʂʰuã²¹³
串	山合三	去线昌	tʂʰuã³¹	tʂʰuã³¹	tʂʰuã³¹	tʃʰuã³¹	tʃʰuã³¹	tʂʰuã⁴¹²	tʂʰuã⁴¹²

例字	韵摄	中古音	大李村	耿庄	谭家村	谭家营	马家庄	朱家庄	官路村
船	山合三	平仙船	tʂʰuã⁵³	tʂʰuã⁵³	tʂʰuã⁵²	tʃʰuã⁵²	ʂuã⁵⁵	tʂʰuã⁵⁵	tʂʰuã⁵³
说	山合三	入薛书	ʂuə²¹³	ʂuə²¹³	ʂuə⁵⁵	ʃuə⁵⁵	ʂuə³¹	ʂuə²¹³	ʂuə²¹³
软	山合三	上狝日	ʐuã⁵⁵	ʐuã⁵⁵	ʐuã⁵⁵ / yã⁵⁵	yã⁵⁵	ʐuã⁵⁵	luã⁵⁵	ʐuã⁵⁵
捲	山合三	上狝见	tɕyã⁵⁵	tɕyã⁵⁵	tɕyã⁵⁵	tɕyã⁵⁵	tɕyã⁵⁵	tɕyã⁵⁵	tɕyã⁵⁵
卷	山合三	去线见	tɕyã³¹	tɕyã⁴¹²	tɕyã³¹	tɕyã³¹	tɕyã³¹	tɕyã³¹	tɕyã³¹
圈圆~	山合三	平仙溪	tɕʰyã²¹³	tɕʰyã²¹³	tɕʰyã²¹³	tɕʰyã²¹³	tɕʰyã²¹³	tɕʰyã²¹³	tɕʰyã²¹³
权	山合三	平仙群	tɕʰyã⁵³	tɕʰyã⁵⁵	tɕʰyã⁵²	tɕʰyã⁵²	tɕʰyã⁵⁵	tɕʰyã⁵⁵	tɕʰyã⁵³
圈羊~	山合三	上狝群	tɕyã⁵³	tɕyã⁴¹²	tɕyã³¹	tɕyã³¹	tɕyã⁵³	tɕyã⁵⁵	tɕyã⁵⁵
倦	山合三	去线群	tɕyã³¹	tɕyã⁴¹²	tɕyã³¹	tɕyã³¹	tɕyã³¹	tɕyã³¹	tɕyã³¹
圆	山合三	平仙云	yã⁵³	yã⁵³	yã⁵²	yã⁵²	yã⁵⁵	yã⁵⁵	yã⁵³
院	山合三	去线云	yã³¹	yã⁴¹²	yã³¹	yã³¹	yã⁵³	yã³¹	yã³¹
缘	山合三	平仙以	yã⁵³	iã⁵³	yã⁵²	iã⁵²	iã⁵⁵	iã⁵⁵	yã⁵³
沿	山合三	平仙以	iã⁵³	iã⁵³	iã⁵²	iã⁵²	iã⁵⁵	iã⁵⁵	iã⁵³
铅	山合三	平仙以	tɕʰiã²¹³	tɕʰiã²¹³	tɕʰiã²¹³	tɕʰiã²¹³	tɕʰiã²¹³	tɕʰiã²¹³	tɕʰiã²¹³
捐	山合三	平仙以	tɕyã²¹³	tɕyã²¹³	tɕyã³¹	tɕyã³¹	tɕyã³¹	tɕyã²¹³	tɕyã²¹³
悦	山合三	入薛以	yə²¹³	yə²¹³	yə³¹	yə³¹	yə³¹	yə³¹	yə³¹
阅	山合三	入薛以	yə²¹³	yə²¹³	yə³¹	yə³¹	yə³¹	yə³¹	yə³¹
反	山合三	上阮非	fã⁵⁵	fã⁵⁵	fã⁵⁵	fã⁵⁵	fã⁵⁵	fã⁵⁵	fã⁵⁵
贩	山合三	去愿非	fã³¹	fã⁴¹²	fã³¹	fã³¹	fã⁵³	fã³¹	fã³¹
发头~	山合三	入月非	fa²¹³	fa²¹³	fa⁵⁵	fa⁵⁵	fa³¹	fa²¹³	fa²¹³
翻	山合三	平元敷	fã²¹³	fã²¹³	fã²¹³	fã²¹³	fã²¹³	fã²¹³	fã²¹³
烦	山合三	平元敷	fã⁵³	fã⁵³	fã⁵²	fã⁵²	fã⁵⁵	fã⁵⁵	fã⁵³
饭	山合三	去愿奉	fã³¹	fã⁴¹²	fã³¹	fã³¹	fã⁵³	fã³¹	fã³¹
罚	山合三	去愿奉	fa⁵³	fa⁵³	fa⁵²	fa⁵²	fa⁵⁵	fa⁵⁵	fa⁵³
晚	山合三	上阮微	uã⁵⁵	uã⁵⁵	vã⁵⁵	vã⁵⁵	uã⁵⁵	vã⁵⁵	uã⁵⁵
万	山合三	去愿微	uã³¹	uã⁴¹²	vã³¹	vã³¹	uã⁵³	vã³¹	uã³¹
袜	山合三	入月微	ua²¹³	ua²¹³	vɑ³¹	vɑ³¹	uɑ⁵³	vɑ³¹	uɑ³¹
劝	山合三	去愿溪	tɕʰyã³¹	tɕʰyã⁴¹²	tɕʰyã³¹	tɕʰyã³¹	tɕʰyã⁵³	tɕʰyã³¹	tɕʰyã³¹
券	山合三	去愿溪	tɕyã³¹	tɕyã⁴¹²	tɕyã³¹	tɕyã³¹	tɕyã⁵³	tɕyã³¹	tɕyã³¹
橛	山合三	入月群	tɕyə⁵³	tɕyə⁵³	tɕyə⁵⁵	tɕyə⁵⁵	tɕyə³¹	tɕyə⁵⁵	tɕyə²¹³
元	山合三	平元疑	yã⁵³	yã⁵³	yã⁵²	yã⁵²	yã⁵⁵	yã⁵⁵	yã⁵³
愿	山合三	去愿疑	yã³¹	yã⁴¹²	yã³¹	yã³¹	yã⁵³	yã³¹	yã³¹
月	山合三	入月疑	yə²¹³	yə²¹³	yə³¹	yə³¹	yə³¹	yə³¹	yə³¹
冤	山合三	平元影	yã²¹³	yã²¹³	yã²¹³	yã²¹³	yã³¹	yã²¹³	yã²¹³
怨	山合三	去愿影	yã³¹	yã⁴¹²	yã³¹	yã³¹	yã⁵³	yã³¹	yã³¹
园	山合三	平元云	yã⁵³	yã⁵³	yã⁵²	yã⁵²	yã⁵⁵	yã⁵⁵	yã⁵³
远	山合三	上阮云	yã⁵⁵	yã⁵⁵	yã⁵⁵	yã⁵⁵	yã⁵⁵	yã⁵⁵	yã⁵⁵

续表

例字	韵摄	中古音	东堤村	杨居屯	朱鹿村	太平村	魏马村	雷家寨	北李村
船	山合三	平仙船	tʂʰuã⁵³	tʂʰuã⁵³ ʂuã⁵³	tʂʰuã⁵⁵	tʃʰuã⁵⁵	tʃʰuã⁵⁵	tʂʰuã⁵⁵	tʂʰuã⁵⁵
说	山合三	入薛书	ʂuə²¹³	ʂuə⁵⁵	ʂuə⁵⁵	ʃuə⁵⁵	ʃuə⁵⁵	ʂuə²¹³	ʂuə²¹³ fə²¹³
软	山合三	上狝日	ʐuã⁵⁵	ʐuã⁵⁵ luã⁵⁵	luã⁵⁵	ʐuã⁵⁵ yã⁵⁵	yã⁵⁵	ʐuã⁵⁵	ʐuã⁵⁵
捲	山合三	上狝见	tɕyã⁵⁵	tɕyã⁵⁵	tɕyã⁵⁵	tɕyã⁵⁵	tɕyã⁵⁵	tɕyã⁵⁵	tɕyã⁵⁵
卷	山合三	去线见	tɕyã³¹	tɕyã³¹	tɕyã³¹	tɕyã³¹	tɕyã³¹	tɕyã⁴¹²	tɕyã⁴¹²
圈圆~	山合三	平仙溪	tɕʰyã²¹³	tɕʰyã²¹³	tɕʰyã²¹³	tɕʰyã²¹³	tɕʰyã²¹³	tɕʰyã²¹³	tɕʰyã²¹³
权	山合三	平仙群	tɕʰyã⁵⁵	tɕʰyã⁵⁵	tɕʰyã⁵⁵	tɕʰyã⁵⁵	tɕʰyã⁵⁵	tɕʰyã⁵³	tɕʰyã⁵³
圈羊~	山合三	上狝群	tɕyã³¹	tɕyã³¹	tɕyã³¹	tɕyã³¹	tɕyã³¹	tɕyã⁴¹²	tɕyã⁴¹²
倦	山合三	去线群	tɕyã³¹	tɕyã³¹	tɕyã³¹	tɕyã³¹	tɕyã³¹	tɕyã⁴¹²	tɕyã⁴¹²
圆	山合三	平仙云	yã⁵³	yã⁵³	yã⁵³	yã⁵³	yã⁵³	yã⁵³	yã⁵³
院	山合三	去线云	yã³¹	yã³¹	yã³¹	yã³¹	yã³¹	yã⁴¹²	yã⁴¹²
缘	山合三	平仙以	iã⁵³	iã⁵³	iã⁵³	iã⁵³	iã⁵³	iã⁵³	iã⁵³
沿	山合三	平仙以	iã⁵³	iã⁵³	iã⁵³	iã⁵³	iã⁵³	iã⁵³	iã⁵³
铅	山合三	平仙以	tɕʰiã²¹³	tɕʰiã²¹³	tɕʰiã²¹³	tɕʰiã²¹³	tɕʰiã²¹³	tɕʰiã²¹³	tɕʰiã²¹³
捐	山合三	平仙以	tɕyã²¹³	tɕyã³¹	tɕyã²¹³	tɕyã²¹³	tɕyã²¹³	tɕyã²¹³	tɕyã²¹³
悦	山合三	入薛以	yə³¹	yə³¹	yə³¹	yə³¹	yə³¹	yə²¹³	yə²¹³
阅	山合三	入薛以	yə³¹	yə³¹	yə³¹	yə³¹	yə³¹	yə²¹³	yə²¹³
反	山合三	上阮非	fã⁵⁵	fã⁵⁵	fã⁵⁵	fã⁵⁵	fã⁵⁵	fã⁵⁵	fã⁵⁵
贩	山合三	去愿非	fã³¹	fã³¹	fã³¹	fã³¹	fã³¹	fã⁴¹²	fã⁴¹²
发头~	山合三	入月非	fɑ⁵⁵	fɑ⁵⁵	fɑ⁵⁵	fɑ⁵⁵	fɑ⁵⁵	fɑ²¹³	fɑ²¹³
翻	山合三	平元敷	fã²¹³	fã²¹³	fã²¹³	fã²¹³	fã²¹³	fã²¹³	fã²¹³
烦	山合三	平元敷	fã⁵³	fã⁵³	fã⁵³	fã⁵³	fã⁵³	fã⁵³	fã⁵³
饭	山合三	去愿奉	fã³¹	fã³¹	fã³¹	fã³¹	fã³¹	fã⁴¹²	fã⁴¹²
罚	山合三	去愿奉	fɑ⁵³	fɑ⁵³	fɑ⁵³	fɑ⁵³	fɑ⁵³	fɑ⁵³	fɑ⁵³
晚	山合三	上阮微	uã⁵⁵	uã⁵⁵	uã⁵⁵	uã⁵⁵	uã⁵⁵	uã⁵⁵	uã⁵⁵
万	山合三	去愿微	uã³¹	uã³¹	uã³¹	uã³¹	uã³¹	uã⁴¹²	uã⁴¹²
袜	山合三	入月微	uɑ³¹	uɑ³¹	uɑ³¹	uɑ³¹	uɑ³¹	uɑ²¹³	uɑ²¹³
劝	山合三	去愿溪	tɕʰyã³¹	tɕʰyã³¹	tɕʰyã³¹	tɕʰyã³¹	tɕʰyã³¹	tɕʰyã⁴¹²	tɕʰyã⁴¹²
券	山合三	去愿溪	tɕyã³¹	tɕyã³¹	tɕyã³¹	tɕyã³¹	tɕyã³¹	tɕyã⁴¹²	tɕyã⁴¹²
橛	山合三	入月群	tɕyə²¹³	tɕyə⁵⁵	tɕyə⁵⁵	tɕyə⁵⁵	tɕyə⁵⁵	tɕyə²¹³	tɕyə⁵³
元	山合三	平元疑	yã⁵³	yã⁵³	yã⁵³	yã⁵³	yã⁵³	yã⁵³	yã⁵³
愿	山合三	去愿疑	yã³¹	yã³¹	yã³¹	yã³¹	yã³¹	yã⁴¹²	yã⁴¹²
月	山合三	入月疑	yə³¹	yə³¹	yə³¹	yə³¹	yə³¹	yə²¹³	yə²¹³
冤	山合三	平元影	yã²¹³	yã²¹³	yã²¹³	yã²¹³	yã²¹³	yã²¹³	yã²¹³
怨	山合三	去愿影	yã³¹	yã³¹	yã³¹	yã³¹	yã³¹	yã⁴¹²	yã⁴¹²
园	山合三	平元云	yã⁵³	yã⁵³	yã⁵³	yã⁵³	yã⁵³	yã⁵³	yã⁵³
远	山合三	上阮云	yã⁵⁵	yã⁵⁵	yã⁵⁵	yã⁵⁵	yã⁵⁵	yã⁵⁵	yã⁵⁵

例字	韵摄	中古音	大李村	耿庄	谭家村	谭家营	马家庄	朱家庄	官路村
越	山合三	入月云	yə²¹³	yə²¹³	yə³¹	yə³¹	yə³¹	yə³¹	yə³¹
决	山合四	入屑见	tɕyə⁵³	tɕyə²¹³	tɕyə⁵⁵	tɕyə⁵⁵	tɕyə⁵⁵	tɕyə⁵⁵	tɕyə⁵⁵
犬	山合四	上铣溪	tɕʰyã⁵⁵	tɕʰyã⁵⁵	tɕʰyã⁵⁵	tɕʰyã⁵⁵	tɕʰyã⁵⁵	tɕʰyã⁵⁵	tɕʰyã⁵⁵
缺	山合四	入屑溪	tɕʰyə²¹³	tɕʰyə²¹³	tɕʰyə⁵⁵	tɕʰyə⁵⁵	tɕʰyə⁵⁵	tɕʰyə²¹³	tɕʰyə²¹³
血	山合四	入屑晓	ɕiə²¹³	ɕiə²¹³	ɕiə⁵⁵	ɕiə⁵⁵	ɕiə³¹	ɕiə²¹³	ɕiə²¹³
玄	山合四	平先匣	ɕyã⁵³	ɕyã⁵³	ɕyã⁵²	ɕyã⁵²	ɕyã⁵⁵	ɕyã⁵⁵	ɕyã⁵³
悬	山合四	平先匣	ɕyã⁵³	ɕyã⁵³	ɕyã⁵²	ɕyã⁵²	ɕyã⁵⁵	ɕyã⁵⁵	ɕyã⁵³
县	山合四	去霰匣	ɕiã³¹	ɕiã⁴¹²	ɕiã³¹	ɕiã³¹	ɕiã⁵³	ɕiã³¹	ɕiã³¹
吞	臻开一	平痕透	tʰẽ²¹³	tʰuẽ²¹³	tʰɚŋ²¹³	tʰuɚ²¹³	tʰɚ³¹	tʰuɚ²¹³	tʰuɚ²¹³
根	臻开一	平痕见	kẽ²¹³	kẽ²¹³	kɚ²¹³	kɚ²¹³	kɚ³¹	kɚ²¹³	kɚ²¹³
很	臻开一	上很匣	xẽ⁵⁵	xẽ⁵⁵	xɚ⁵⁵	xɚ⁵⁵	xɚ⁵⁵	xɚ⁵⁵	xɚ⁵⁵
恨	臻开一	去恨匣	xẽ³¹	xẽ⁴¹²	xɚ³¹	xɚ³¹	xɚ⁵³	xɚ³¹	xɚ³¹
恩	臻开一	平痕影	ɣẽ²¹³	ɣẽ²¹³	ŋɚ²¹³	ŋɚ²¹³	ŋɚ³¹	ŋɚ²¹³	ŋɚ²¹³
彬	臻开三	平真帮	piẽ²¹³	piẽ²¹³	piɚ²¹³	piɚ²¹³	piɚ³¹	piɚ²¹³	piɚ²¹³
宾	臻开三	平真帮	pʰiẽ⁵³	piẽ²¹³	piɚ²¹³	piɚ²¹³	piɚ³¹	piɚ²¹³	piɚ²¹³
笔	臻开三	入质帮	pi²¹³ / pei²¹³	pei²¹³	pi⁵⁵	pi⁵⁵	pei³¹	pei²¹³	pi²¹³
毕	臻开三	入质帮	pi³¹ / pei³¹	pi²¹³ / pei²¹³	pi⁵⁵	pi⁵⁵	pi³¹	pi⁵⁵	pi⁵³
匹	臻开三	入质滂	pʰi⁵⁵	pʰi²¹³	pʰi⁵⁵	pʰi⁵⁵	pʰi⁵⁵	pʰi⁵⁵	pʰi⁵³
贫	臻开三	平真並	pʰiẽ⁵³	pʰiẽ⁵³	pʰiɚ⁵²	pʰiɚ⁵²	pʰiɚ⁵⁵	pʰiɚ⁵⁵	pʰiɚ⁵³
民	臻开三	平真明	miẽ⁵³	miẽ⁵³	miɚ⁵²	miɚ⁵²	miɚ⁵⁵	miɚ⁵⁵	miɚ⁵³
敏	臻开三	上轸明	miẽ⁵⁵	miẽ⁵⁵	miɚ⁵⁵	miɚ⁵⁵	miɚ⁵⁵	miɚ⁵⁵	miɚ⁵⁵
密	臻开三	入质明	mi²¹³	mi²¹³	mi³¹	mi³¹	mi³¹	mi³¹	mi³¹
邻	臻开三	平真来	liẽ⁵³	liẽ⁵³	liɚ⁵²	liɚ⁵²	liɚ⁵⁵	liɚ⁵⁵	liɚ⁵³
栗	臻开三	入质来	li²¹³	li²¹³	li⁵²	li³¹	li⁵³	li³¹	li³¹
津	臻开三	平真精	tɕiŋ²¹³	tsiẽ²¹³	tsiɚ²¹³	tsyɚ²¹³	tɕiɚ³¹	tɕiɚ²¹³	tɕiɚ²¹³
进	臻开三	去震精	tɕiẽ³¹	tsiẽ⁴¹²	tsiɚ³¹	tsiɚ³¹	tɕiɚ⁵³	tɕiɚ³¹	tɕiɚ³¹
亲父~	臻开三	平真清	tɕʰiẽ²¹³	tsʰiẽ²¹³	tsʰiɚ⁵⁵	tsʰiɚ⁵⁵	tɕʰiɚ³¹	tɕʰiɚ²¹³	tɕʰiɚ²¹³
亲~家	臻开三	去震清	tɕʰiẽ³¹	tsʰiẽ⁵³	tsʰiɚ³¹	tsʰiɚ³¹	tɕʰiɚ³¹	tɕʰiŋ⁵⁵	tɕʰiɚ³¹
七	臻开三	入质清	tɕʰi²¹³	tsʰi²¹³	tsʰi⁵⁵	tsʰi⁵⁵	tɕʰi³¹	tɕʰi²¹³	tɕʰi⁵³
秦	臻开三	平真从	tɕʰiẽ⁵³	tsʰiẽ⁵³	tsʰiɚ⁵²	tsʰiɚ⁵²	tɕʰiɚ³¹	tɕʰiɚ⁵⁵	tɕʰiɚ⁵³
尽	臻开三	上轸从	tɕiẽ³¹	tsiẽ⁴¹²	tsiɚ³¹	tsiɚ³¹	tɕiɚ⁵³	tɕiɚ³¹	tɕiɚ³¹
疾	臻开三	入质从	tɕi²¹³	tsi²¹³	tsi⁵³	tsi⁵³	tsi⁵⁵	tsi⁵⁵	tɕi³¹
新	臻开三	平真心	ɕiẽ²¹³	siẽ²¹³	siɚ²¹³	siɚ²¹³	siɚ³¹	siɚ²¹³	ɕiɚ²¹³
信	臻开三	去震心	ɕiẽ³¹	siẽ⁴¹²	siɚ³¹	siɚ³¹	siɚ⁵³	siɚ³¹	ɕiɚ³¹
讯	臻开三	去震心	ɕyẽ³¹	siẽ⁴¹²	ɕyɚ³¹	syɚ⁵²	ɕiɚ⁵³	ɕiɚ³¹	ɕiɚ³¹
膝	臻开三	入质心	ɕi²¹³	si²¹³	tsʰi⁵⁵	tsʰi⁵⁵	tɕʰi³¹	tɕʰi²¹³	tɕʰi²¹³
珍	臻开三	平真知	tʂẽ²¹³	tʂẽ⁵⁵	tʂɚ²¹³	tʃɚ⁵⁵	tʂɚ³¹	tʂɚ²¹³	tʂɚ²¹³
镇	臻开三	去震知	tʂẽ³¹	tʂẽ⁴¹²	tʂɚ³¹	tʃɚ³¹	tʂɚ⁵³	tʂɚ³¹	tʂɚ³¹

续表

例字	韵摄	中古音	东堤村	杨居屯	朱鹿村	太平村	魏马村	雷家寨	北李村
越	山合三	入月云	yə³¹	yə³¹	yə³¹	yə³¹	yə³¹	yə²¹³	yə²¹³
决	山合四	入屑见	tɕyə²¹³	tɕyə⁵⁵	tɕyə⁵⁵	tɕyə⁵⁵	tɕyə⁵⁵	tɕyə⁵⁵	tɕyə²¹³
犬	山合四	上铣溪	tɕʰyã⁵⁵	tɕʰyã⁵⁵	tɕʰyã⁵⁵	tɕʰyã⁵⁵	tɕʰyã⁵⁵	tɕʰyã⁵⁵	tɕʰyã⁵⁵
缺	山合四	入屑溪	tɕʰyə²¹³	tɕʰyə⁵⁵	tɕʰyə⁵⁵	tɕʰyə⁵⁵	tɕʰyə⁵⁵	tɕʰyə²¹³	tɕʰyə²¹³
血	山合四	入屑晓	ɕiə²¹³	ɕiə⁵⁵	ɕiə⁵⁵	ɕiə⁵⁵	ɕiə⁵⁵	ɕiə⁵⁵	ɕiə²¹³
玄	山合四	平先匣	ɕyã⁵³	ɕyã⁵³	ɕyã⁵³	ɕyã⁵³	ɕyã⁵³	ɕyã⁵³	ɕyã⁵³
悬	山合四	平先匣	ɕyã⁵³	ɕyã⁵³	ɕyã⁵³	ɕyã⁵³	ɕyã⁵³	ɕyã⁵³	ɕyã⁵³
县	山合四	去霰匣	ɕiã³¹	ɕiã³¹	ɕiã³¹	ɕiã³¹	ɕiã³¹	ɕiã⁴¹²	ɕiã⁴¹²
吞	臻开一	平痕透	tʰuə̃²¹³	tʰəŋ⁵³	tʰuə̃²¹³	tʰuə̃²¹³	tʰuə̃²¹³	tʰuẽ²¹³	tʰuẽ²¹³
根	臻开一	平痕见	kə̃²¹³	kẽ²¹³	kə̃²¹³	kə̃²¹³	kə̃²¹³	kẽ²¹³	kẽ²¹³
很	臻开一	上很匣	xə̃²¹³	xẽ⁵⁵	xə̃²¹³	xə̃⁵⁵	xə̃⁵⁵	xẽ⁵⁵	xẽ⁵⁵
恨	臻开一	去恨匣	xə̃³¹	xẽ³¹	xə̃³¹	xə̃³¹	xə̃³¹	xẽ⁴¹²	xẽ⁴¹²
恩	臻开一	平痕影	ŋə̃²¹³	ŋẽ²¹³	ŋə̃²¹³	ŋə̃²¹³	ŋə̃²¹³	ɣẽ²¹³	ɣẽ²¹³
彬	臻开三	平真帮	piə̃²¹³	piə̃²¹³	piə̃²¹³	piə̃²¹³	piə̃²¹³	piə̃²¹³	piə̃²¹³
宾	臻开三	平真帮	piə̃²¹³	piə̃²¹³	piə̃²¹³	piə̃²¹³	piə̃²¹³	piə̃²¹³	piə̃²¹³
笔	臻开三	入质帮	pi⁵⁵	pi⁵⁵	pi⁵⁵	pi⁵⁵	pi⁵⁵	pei²¹³	pei²¹³
毕	臻开三	入质帮	pi⁵⁵	pi⁵⁵	pi⁵⁵	pi³¹	pi⁵⁵	pi²¹³	pi⁴¹²
匹	臻开三	入质滂	pʰi⁵³	pʰi⁵⁵	pʰi⁵³	pʰi²¹³	pʰi²¹³	pʰi⁵⁵	pʰi⁵³
贫	臻开三	平真并	pʰiə̃⁵³	pʰiə̃⁵³	pʰiə̃⁵³	pʰiə̃⁵³	pʰiə̃⁵³	pʰiə̃⁵³	pʰiə̃⁵³
民	臻开三	平真明	miə̃⁵³	miə̃⁵³	miə̃⁵³	miə̃⁵³	miə̃⁵³	miə̃⁵³	miə̃⁵³
敏	臻开三	上轸明	miə̃⁵⁵	miə̃⁵⁵	miə̃⁵⁵	miə̃⁵⁵	miə̃⁵⁵	miə̃⁵⁵	miə̃⁵⁵
密	臻开三	入质明	mi³¹	mi³¹	mi³¹	mi³¹	mi³¹	mi²¹³	mi²¹³
邻	臻开三	平真来	liə̃⁵³	liə̃⁵³	liə̃⁵³	liə̃⁵³	liə̃⁵³	liə̃⁵³	liə̃⁵³
栗	臻开三	入质来	li³¹	li⁵⁵	li³¹	li³¹	li³¹	li²¹³	li²¹³
津	臻开三	平真精	tɕyə̃²¹³	tɕiŋ²¹³	tɕyə̃²¹³	tsiə̃³¹	tsyə̃²¹³	tɕiə̃²¹³	tsiə̃⁵⁵
进	臻开三	去震精	tɕiə̃³¹	tɕiə̃³¹	tɕiə̃³¹	tsiə̃³¹	tsiə̃³¹	tɕiə̃⁴¹²	tsiə̃⁴¹²
亲父~	臻开三	平真清	tɕʰiə̃²¹³	tɕʰiə̃²¹³	tɕʰiə̃²¹³	tsʰiə̃²¹³	tsʰiə̃²¹³	tɕʰiə̃²¹³	tsʰiə̃²¹³
亲~家	臻开三	去震清	tɕʰiə̃³¹	tɕʰiə̃⁵⁵	tɕʰiə̃³¹	tsʰiə̃³¹	tsʰiə̃³¹	tɕʰiə̃³¹	tsʰiə̃⁵³
七	臻开三	入质清	tɕʰi²¹³	tɕʰi⁵⁵	tɕʰi⁵⁵	tsʰi⁵⁵	tsʰi⁵⁵	tɕʰi²¹³	tsʰi²¹³
秦	臻开三	平真从	tɕʰiə̃⁵³	tɕʰiə̃⁵³	tɕʰiə̃⁵³	tsʰiə̃⁵³	tsʰiə̃⁵³	tɕʰiə̃⁵³	tsʰiə̃⁵³
尽	臻开三	上轸从	tɕiə̃³¹	tɕiə̃³¹	tɕiə̃³¹	tsiə̃³¹	tsiə̃³¹	tɕiə̃⁴¹²	tsiə̃⁴¹²
疾	臻开三	入质从	tɕi⁵³	tɕi⁵³	tɕi⁵³	tsi⁵³	tsi⁵³	tɕi²¹³	tsi²¹³
新	臻开三	平真心	ɕiə̃²¹³	ɕiə̃²¹³	ɕiə̃²¹³	siə̃²¹³	siə̃²¹³	ɕiə̃²¹³	siə̃²¹³
信	臻开三	去震心	ɕiə̃³¹	ɕiə̃³¹	ɕiə̃³¹	siə̃³¹	siə̃³¹	ɕiə̃⁴¹²	siə̃⁴¹²
讯	臻开三	去震心	ɕyə̃³¹	ɕyẽ³¹ / ɕyẽ³¹	ɕyẽ³¹	ɕyẽ³¹	syə̃⁵³	ɕiə̃⁴¹²	siə̃⁴¹²
膝	臻开三	入质心	ɕi²¹³	tɕʰi⁵⁵	tɕʰi⁵⁵	tsʰi²¹³	si⁵⁵	tɕʰi²¹³	si²¹³
珍	臻开三	平真知	tʂə̃²¹³	tʂẽ²¹³	tʂẽ⁵⁵	tʃə̃²¹³	tʃə̃²¹³	tʂẽ²¹³	tʂẽ⁵⁵
镇	臻开三	去震知	tʂə̃³¹	tʂẽ³¹	tʂẽ³¹	tʃə̃³¹	tʃə̃³¹	tʂẽ⁴¹²	tʂẽ⁴¹²

例字	韵摄	中古音	大李村	耿庄	谭家村	谭家营	马家庄	朱家庄	官路村
趁	臻开三	去震彻	tʂʰə̃³¹	tʂʰə̃⁴¹²	tʂʰɘ̃⁵²	tʃʰɘ̃⁵²	tʂʰɘ̃⁵³	tʂʰɘ̃⁵⁵	tʂʰɘ̃³¹
陈	臻开三	平真澄	tʂʰə̃⁵³	tʂʰə̃⁵³	tʂʰɘ̃⁵²	tʃʰɘ̃⁵²	tʂʰɘ̃⁵⁵	tʂʰɘ̃⁵⁵	tʂʰɘ̃⁵³
阵	臻开三	去震澄	tʂə̃³¹	tʂə̃⁴¹²	tʂɘ̃³¹	tʃɘ̃³¹	tʂɘ̃⁵³	tʂɘ̃³¹	tʂɘ̃³¹
侄	臻开三	入质澄	tʂʅ⁵³	tʂʅ⁵³	tʂʅ⁵³	tʃʅ⁵²	tʂʅ⁵⁵	tʂʅ⁵⁵	tʂʅ⁵³
臻	臻开三	平真庄	tʂə̃²¹³	tʂə̃²¹³	tʂɘ̃²¹³	tʃɘ̃²¹³	tʂɘ̃³¹	tʂɘ̃²¹³	tʂɘ̃²¹³
衬	臻开三	去震初	tʂʰə̃³¹	tʂʰə̃⁴¹²	tʂʰɘ̃³¹	tʃʰɘ̃³¹	tʂʰɘ̃⁵³	tʂʰɘ̃³¹	tʂʰɘ̃³¹
虱	臻开三	入质生	ʂʅ²¹³	ʂʅ²¹³	ʂʅ⁵⁵	ʂʅ⁵⁵	ʂʅ⁵⁵	ʂʅ²¹³	ʂʅ²¹³
真	臻开三	平真章	tʂə̃²¹³	tʂə̃²¹³	tʂɘ̃²¹³	tʃɘ̃²¹³	tʂɘ̃³¹	tʂɘ̃²¹³	tʂɘ̃²¹³
疹	臻开三	上轸章	tʂə̃²¹³	tʂə̃⁵⁵	tʂɘ̃⁵⁵	tʃɘ̃⁵⁵	tʂɘ̃⁵⁵	tʂɘ̃²¹³	tʂɘ̃⁵⁵
震	臻开三	去震章	tʂə̃³¹	tʂə̃⁴¹²	tʂɘ̃³¹	tʃɘ̃³¹	tʂɘ̃⁵³	tʂɘ̃³¹	tʂɘ̃³¹
质	臻开三	入质章	tʂʅ²¹³	tʂʅ²¹³	tʂʅ²¹³	tʃʅ⁵⁵	tʂʅ³¹	tʂʅ²¹³	tʂʅ²¹³
神	臻开三	平真船	ʂə̃⁵³	ʂə̃⁵³	ʂɘ̃⁵²	ʃɘ̃⁵²	ʂɘ̃⁵⁵	ʂɘ̃⁵⁵	ʂɘ̃⁵³
实	臻开三	入质船	ʂʅ⁵³	ʂʅ⁵³	ʂʅ⁵²	ʃʅ⁵²	ʂʅ⁵⁵	ʂʅ⁵⁵	ʂʅ⁵³
身	臻开三	平真书	ʂə̃²¹³	ʂə̃²¹³	ʂɘ̃²¹³	ʃɘ̃²¹³	ʂɘ̃²¹³	ʂɘ̃²¹³	ʂɘ̃²¹³
失	臻开三	入质书	ʂʅ²¹³	ʂʅ²¹³	ʂʅ⁵⁵	ʃʅ⁵⁵	ʂʅ³¹	ʂʅ²¹³	ʂʅ²¹³
辰	臻开三	平真禅	tʂʰə̃⁵³	tʂʰə̃⁵³	tʂʰɘ̃⁵²	tʃʰɘ̃⁵²	tʂʰɘ̃⁵⁵	tʂʰɘ̃⁵⁵	tʂʰɘ̃⁵³
肾	臻开三	上轸禅	ʂə̃³¹	ʂə̃⁴¹²	ʂɘ̃³¹	ʃɘ̃³¹	ʂɘ̃⁵³	ʂɘ̃³¹	ʂɘ̃³¹
慎	臻开三	去震禅	ʂə̃³¹	ʂə̃⁴¹²	ʂɘ̃³¹	ʃɘ̃³¹	ʂɘ̃⁵³	ʂɘ̃³¹	ʂɘ̃³¹
人	臻开三	平真日	ʐə̃⁵³	ʐə̃⁵³	ʐɘ̃⁵² / iɘ̃⁵²	iɘ̃⁵²	ʐɘ̃⁵⁵	ʐɘ̃⁵⁵	ʐɘ̃⁵³
日	臻开三	入质日	ʐʅ²¹³	ʐʅ²¹³	ʐʅ³¹ / i³¹ / ɚ³¹	i³¹	ɚ³¹	ʐʅ³¹	ʐʅ³¹
巾	臻开三	平真见	tɕiə̃²¹³	tɕiə̃²¹³	tɕiɘ̃²¹³	tɕiɘ̃²¹³	tɕiɘ̃³¹	tɕiɘ̃²¹³	tɕiɘ̃²¹³
紧	臻开三	上轸见	tɕiə̃⁵⁵	tɕiə̃⁵⁵	tɕiɘ̃⁵⁵	tɕiɘ̃⁵⁵	tɕiɘ̃⁵⁵	tɕiɘ̃⁵⁵	tɕiɘ̃⁵⁵
吉	臻开三	入质见	tɕi²¹³	tɕi²¹³	tɕi³¹	tɕi⁵⁵	tɕi³¹	tɕi²¹³	tɕi⁵³
仅	臻开三	去震群	tɕiə̃⁵⁵	tɕiə̃⁵⁵	tɕiɘ̃⁵⁵	tɕiɘ̃⁵⁵	tɕiɘ̃⁵⁵	tɕiɘ̃⁵⁵	tɕiɘ̃⁵⁵
银	臻开三	平真疑	iə̃⁵³	iə̃⁵³	iɘ̃⁵²	iɘ̃⁵²	iɘ̃⁵⁵	iɘ̃⁵⁵	iɘ̃⁵³
因	臻开三	平真影	iə̃²¹³	iə̃²¹³	iɘ̃²¹³	iɘ̃²¹³	iɘ̃³¹	iɘ̃²¹³	iɘ̃²¹³
印	臻开三	去震影	iə̃³¹	iə̃⁴¹²	iɘ̃³¹	iɘ̃³¹	iɘ̃⁵³	iɘ̃³¹	iɘ̃³¹
一	臻开三	入质影	i²¹³	i²¹³	i⁵⁵	i⁵⁵	i³¹	i²¹³	i²¹³
乙	臻开三	入质影	i²¹³	i⁵⁵	i⁵⁵	i⁵⁵	i³¹	i²¹³	i²¹³
寅	臻开三	平真以	iə̃⁵⁵	iə̃⁵⁵	iɘ̃⁵⁵	iɘ̃⁵⁵	iɘ̃⁵⁵	iɘ̃⁵⁵	iɘ̃⁵³
引	臻开三	上轸以	iə̃⁵⁵	iə̃⁵⁵	iɘ̃⁵⁵	iɘ̃⁵⁵	iɘ̃⁵⁵	iɘ̃⁵⁵	iɘ̃⁵⁵
逸	臻开三	入质以	i³¹	i⁴¹²	i⁵²	i⁵²	i⁵³	i⁵⁵	i³¹
筋	臻开三	平殷见	tɕiə̃²¹³	tɕiə̃²¹³	tɕiɘ̃²¹³	tɕiɘ̃²¹³	tɕiɘ̃³¹	tɕiɘ̃²¹³	tɕiɘ̃²¹³
劲	臻开三	去焮见	tɕiə̃³¹	tɕiə̃⁴¹²	tɕiɘ̃³¹	tɕiɘ̃³¹	tɕiɘ̃⁵³	tɕiɘ̃³¹	tɕiɘ̃³¹
勤	臻开三	平殷群	tɕʰiə̃⁵³	tɕʰiə̃⁵³	tɕʰiɘ̃⁵²	tɕʰiɘ̃⁵²	tɕʰiɘ̃⁵⁵	tɕʰiɘ̃⁵⁵	tɕʰiɘ̃⁵³
近	臻开三	上隐群	tɕiə̃³¹	tɕiə̃⁴¹²	tɕiɘ̃³¹	tɕiɘ̃³¹	tɕiɘ̃⁵³	tɕiɘ̃³¹	tɕiɘ̃³¹
欣	臻开三	平殷晓	ɕiə̃²¹³	ɕiə̃²¹³	ɕiɘ̃²¹³	ɕiɘ̃²¹³	ɕiɘ̃³¹	ɕiɘ̃²¹³	ɕiɘ̃²¹³
隐	臻开三	上隐影	iə̃⁵⁵	iə̃⁵⁵	iɘ̃⁵⁵	iɘ̃⁵⁵	iɘ̃⁵⁵	iɘ̃⁵⁵	iɘ̃⁵⁵

续表

例字	韵摄	中古音	东堤村	杨居屯	朱鹿村	太平村	魏马村	雷家寨	北李村
趁	臻开三	去震彻	tʂʰɔ̃53	tʂʰẽ31	tʂʰẽ53	tʃʰɔ̃31	tʃʰɔ̃31	tʂʰɔ̃412	tʂʰẽ412
陈	臻开三	平真澄	tʂʰɔ̃53	tʂʰẽ53	tʂʰẽ53	tʃʰɔ̃53	tʃʰɔ̃53	tʂʰẽ53	tʂʰẽ53
阵	臻开三	去震澄	tʂɔ̃31	tʂẽ31	tʂẽ31	tʃɔ̃31	tʃɔ̃31	tʂẽ412	tʂẽ412
侄	臻开三	入质澄	tʂʅ53	tʂʅ53	tʂʅ53	tʃʅ53	tʃʅ53	tʂʅ53	tʂʅ53
臻	臻开三	平真庄	tʂɔ̃213	tʂɔ̃213	tʂẽ213	tʃɔ̃213	tʃɔ̃213	tʂɔ̃213	tʂẽ213
衬	臻开三	去震初	tʂʰɔ̃31	tʂʰẽ55	tʂʰẽ31	tʃʰɔ̃31	tʃʰɔ̃31	tʂʰẽ412	tʂʰẽ412
虱	臻开三	入质生	ʂʅ213	ʂʅ213	ʂʅ55	ʃʅ55	ʃʅ55	ʂʅ213	ʂʅ213
真	臻开三	平真章	tʂɔ̃213	tʂẽ213	tʂẽ213	tʃɔ̃213	tʃɔ̃213	tʂẽ213	tʂẽ213
疹	臻开三	上轸章	tʂɔ̃55	tʂẽ55	tʂẽ55	tʃɔ̃55	tʃɔ̃55	tʂẽ55	tʂẽ55
震	臻开三	去震章	tʂɔ̃31	tʂẽ31	tʂẽ31	tʃɔ̃31	tʃɔ̃31	tʂẽ412	tʂẽ412
质	臻开三	入质章	tʂʅ213	tʂʅ213	tʂʅ55	tʃʅ53	tʃʅ55	tʂʅ213	tʂʅ213
神	臻开三	平真船	ʂɔ̃53	ʂẽ53	ʂẽ53	ʃɔ̃53	ʃɔ̃53	ʂẽ53	ʂẽ53
实	臻开三	入质船	ʂʅ53	ʂʅ53	ʂʅ53	ʃʅ53	ʃʅ53	ʂʅ53	ʂʅ53
身	臻开三	平真书	ʂɔ̃213	ʂẽ213	ʂẽ213	ʃɔ̃213	ʃɔ̃213	ʂẽ213	ʂẽ213
失	臻开三	入质书	ʂʅ213	ʂʅ213	ʂʅ213	ʃʅ55	ʃʅ55	ʂʅ213	ʂʅ213
辰	臻开三	平真禅	tʂʰɔ̃53	tʂʰẽ53 / ʂẽ53	tʂʰẽ53	tʃʰɔ̃53	tʃʰɔ̃53	tʂʰẽ53	tʂʰẽ53
肾	臻开三	上轸禅	ʂɔ̃31	ʂẽ31	ʂẽ31	ʃɔ̃31	ʃɔ̃31	ʂẽ412	ʂẽ412
慎	臻开三	去震禅	ʂɔ̃55	tʂʰẽ31	ʂẽ55	ʃɔ̃31	ʃɔ̃31	ʂẽ412	ʂẽ412
人	臻开三	平真日	zɔ̃53	lẽ53	lẽ53	iɔ̃53	iɔ̃53	zẽ53	zẽ53
日	臻开三	入质日	zə31	ə31 / lə31	lə31	ʐʅ31 / i31	i31	ʐʅ213	ʐʅ213
巾	臻开三	平真见	tɕiɔ̃213	tɕiɔ̃31	tɕiɔ̃213	tɕiɔ̃55	tɕiɔ̃213	tɕiɔ̃213	tɕiɔ̃213
紧	臻开三	上轸见	tɕiɔ̃55	tɕiɔ̃55	tɕiɔ̃55	tɕiɔ̃55	tɕiɔ̃55	tɕiɔ̃55	tɕiɔ̃55
吉	臻开三	入质见	tɕi213	tɕi213	tɕi55	tɕi55	tɕi55	tɕi213	tɕi213
仅	臻开三	去震群	tɕiɔ̃55	tɕiɔ̃55	tɕiɔ̃55	tɕiɔ̃55	tɕiɔ̃55	tɕiɔ̃55	tɕiɔ̃55
银	臻开三	平真疑	iɔ̃53	iɔ̃53	iɔ̃53	iɔ̃53	iɔ̃53	iɔ̃53	iɔ̃53
因	臻开三	平真影	iɔ̃213	iɔ̃213	iɔ̃213	iɔ̃213	iɔ̃213	iɔ̃213	iɔ̃213
印	臻开三	去震影	iɔ̃31	iɔ̃31	iɔ̃31	iɔ̃31	iɔ̃31	iɔ̃412	iɔ̃412
一	臻开三	入质影	i213	i55	i213	i55	i55	i213	i55
乙	臻开三	入质影	i213	i55	i55	i55	i55	i412	i55
寅	臻开三	平真以	iɔ̃55	iɔ̃53	iɔ̃53	iɔ̃53	iɔ̃55	iɔ̃53	iɔ̃53
引	臻开三	上轸以	iɔ̃55	iɔ̃55	iɔ̃55	iɔ̃55	iɔ̃55	iɔ̃55	iɔ̃55
逸	臻开三	入质以	i53	i31	i31	i31	i53	i53	i53
筋	臻开三	平殷见	tɕiɔ̃213	tɕiɔ̃213	tɕiɔ̃213	tɕiɔ̃213	tɕiɔ̃213	tɕiɔ̃213	tɕiɔ̃213
劲	臻开三	去焮见	tɕiɔ̃31	tɕiɔ̃31	tɕiɔ̃31	tɕiɔ̃31	tɕiɔ̃31	tɕiɔ̃412	tɕiɔ̃412
勤	臻开三	平殷群	tɕʰiɔ̃53	tɕʰiɔ̃53	tɕʰiɔ̃53	tɕʰiɔ̃53	tɕʰiɔ̃53	tɕʰiɔ̃53	tɕʰiɔ̃53
近	臻开三	上隐群	tɕiɔ̃31	tɕiɔ̃31	tɕiɔ̃31	tɕiɔ̃31	tɕiɔ̃31	tɕiɔ̃412	tɕiɔ̃412
欣	臻开三	平殷晓	ɕiɔ̃213	ɕiɔ̃213	ɕiɔ̃213	ɕiɔ̃213	ɕiɔ̃213	ɕiɔ̃213	ɕiɔ̃213
隐	臻开三	上隐影	iɔ̃55	iɔ̃55	iɔ̃55	iɔ̃55	iɔ̃55	iɔ̃55	iɔ̃55

例字	韵摄	中古音	大李村	耿庄	谭家村	谭家营	马家庄	朱家庄	官路村
奔	臻合一	平魂帮	pẽ²¹³	pẽ²¹³	pɤ̃²¹³	pɤ̃³¹	pɤ̃⁵³	pɤ̃³¹	pɤ̃³¹
本	臻合一	上混帮	pẽ⁵⁵	pẽ⁵⁵	pɤ̃⁵⁵	pɤ̃⁵⁵	pɤ̃⁵⁵	pɤ̃⁵⁵	pɤ̃⁵⁵
不	臻合一	入没帮	pu²¹³	pu²¹³	pu⁵⁵	pu⁵⁵	pu³¹	pu²¹³	pu²¹³
喷	臻合一	平魂滂	pʰẽ²¹³	pʰẽ²¹³	pʰɤ̃²¹³	pʰɤ̃²¹³	pʰɤ̃³¹	pʰɤ̃²¹³	pʰɤ̃²¹³
盆	臻合一	平魂並	pʰẽ⁵³	pʰẽ⁵³	pʰɤ̃⁵²	pʰɤ̃⁵²	pʰɤ̃⁵⁵	pʰɤ̃⁵⁵	pʰɤ̃⁵³
笨	臻合一	上混並	pẽ³¹	pẽ⁴¹²	pɤ̃³¹	pɤ̃³¹	pɤ̃⁵³	pɤ̃³¹	pɤ̃³¹
勃	臻合一	入没並	pə⁵³	pə⁵³	pə²¹³	pə²¹³	pə⁵⁵	pə⁵⁵	pə²¹³
脖	臻合一	入没並	pə²¹³	pə⁵³	pə⁵²	pə⁵²	pə⁵⁵	pə⁵⁵	pə⁵³
门	臻合一	平魂明	mẽ⁵³	mẽ⁵³	mɤ̃⁵²	mɤ̃⁵²	mɤ̃⁵⁵	mɤ̃⁵⁵	mɤ̃⁵³
闷	臻合一	去慁明	mẽ³¹	mẽ⁴¹²	mɤ̃³¹	mɤ̃³¹	mɤ̃⁵³	mɤ̃³¹	mɤ̃³¹
没	臻合一	入没明	mei²¹³	mei²¹³	mu⁵²	mu⁵²	mu³¹	mu⁵⁵	mu⁵³
墩	臻合一	平魂端	tuẽ²¹³	tuẽ²¹³	tuɤ̃²¹³	tuɤ̃²¹³	tuɤ̃³¹	tuɤ̃²¹³	tuɤ̃²¹³
顿	臻合一	去慁端	tuẽ³¹	tuẽ⁴¹²	tuɤ̃³¹	tuɤ̃³¹	tuɤ̃⁵³	tuɤ̃³¹	tuɤ̃³¹
褪	臻合一	去慁透	tʰuei³¹	tʰuei⁴¹²	tʰuei³¹	tʰuei³¹	tʰuei⁵³	tʰuei⁵⁵	tʰuei³¹
盾	臻合一	上混定	tuẽ³¹	tuẽ⁴¹²	tuɤ̃³¹	tuɤ̃³¹	tuɤ̃⁵³	tuɤ̃³¹	tuɤ̃³¹
突	臻合一	入没定	tʰu⁵⁵	tʰu²¹³	tou⁵⁵	tʰu⁵⁵	tou⁵⁵	tʰu²¹³	tʰu²¹³
嫩	臻合一	去慁泥	luẽ³¹	luẽ⁴¹²	luɤ̃³¹	luɤ̃³¹	luɤ̃⁵³	luɤ̃³¹	luɤ̃³¹
仑	臻合一	平魂来	luẽ⁵³	luẽ⁵³	luɤ̃⁵²	luɤ̃⁵²	luɤ̃⁵⁵	luɤ̃⁵⁵	luɤ̃⁵³
论	臻合一	去慁来	luẽ³¹	luẽ⁴¹²	luɤ̃³¹	luɤ̃³¹	luɤ̃⁵³	luɤ̃³¹	luɤ̃³¹
尊	臻合一	平魂精	tsuẽ²¹³	tsuẽ²¹³	tsuɤ̃²¹³	tθuɤ̃²¹³	tsuɤ̃³¹	tθuɤ̃⁵⁵	tsuɤ̃²¹³
卒	臻合一	入没精	tsou⁵³	tsu⁵³	tsu⁵²	tθu⁵²	tsu⁵⁵	tθu⁵⁵	tsu⁵³
村	臻合一	平魂清	tsʰuẽ²¹³	tsʰuẽ²¹³	tsʰuɤ̃²¹³	tθʰuɤ̃²¹³	tsʰuɤ̃³¹	tθʰuɤ̃²¹³	tsʰuɤ̃²¹³
寸	臻合一	去慁清	tsʰuẽ³¹	tsʰuẽ⁴¹²	tsʰuɤ̃³¹	tθʰuɤ̃³¹	tsʰuɤ̃⁵³	tθʰuɤ̃³¹	tsʰuɤ̃³¹
存	臻合一	平魂从	tsʰuẽ⁵³	tsʰuẽ⁵³	tsʰuɤ̃⁵²	tθʰuɤ̃⁵²	tsʰuɤ̃⁵⁵	tθʰuɤ̃⁵⁵	tsʰuɤ̃⁵³
蹲	臻合一	平魂从	tuẽ²¹³	tuẽ²¹³	tuɤ̃²¹³	tuɤ̃²¹³	tuɤ̃³¹	tθuɤ̃³¹	tuɤ̃²¹³
孙	臻合一	平魂心	suẽ²¹³	suẽ²¹³	suɤ̃²¹³	θuɤ̃²¹³	suɤ̃³¹	θuɤ̃³¹	suɤ̃²¹³
损	臻合一	上混心	suẽ⁵⁵	suẽ⁵⁵	ɕyɤ̃⁵⁵	syɤ̃⁵⁵	ɕyɤ̃⁵⁵	syɤ̃⁵⁵	suɤ̃⁵⁵
昆	臻合一	平魂见	kʰuẽ²¹³	kʰuẽ²¹³	kʰuɤ̃²¹³	kʰuɤ̃²¹³	kʰuɤ̃³¹	kʰuɤ̃²¹³	kʰuɤ̃²¹³
滚	臻合一	上混见	kuẽ⁵⁵	kuẽ⁵⁵	kuɤ̃⁵⁵	kuɤ̃⁵⁵	kuɤ̃⁵⁵	kuɤ̃⁵⁵	kuɤ̃⁵⁵
棍	臻合一	去慁见	kuẽ³¹	kuẽ⁴¹²	kuɤ̃³¹	kuɤ̃³¹	kuɤ̃⁵³	kuɤ̃³¹	kuɤ̃³¹
骨	臻合一	入没见	ku²¹³	ku²¹³	ku⁵⁵	ku⁵⁵	ku³¹	ku²¹³	ku²¹³
坤	臻合一	平魂溪	kʰuẽ²¹³	kʰuẽ²¹³	kʰuɤ̃²¹³	kʰuɤ̃²¹³	kʰuɤ̃³¹	kʰuɤ̃²¹³	kʰuɤ̃²¹³
捆	臻合一	上混溪	kʰuẽ⁵⁵	kʰuẽ⁵⁵	kʰuɤ̃⁵⁵ tɕʰyɤ̃⁵⁵	kʰuɤ̃⁵⁵ tɕʰyɤ̃⁵⁵	kʰuɤ̃⁵⁵	kʰuɤ̃⁵⁵ tɕʰyɤ̃⁵⁵	kʰuɤ̃⁵⁵ tɕʰyɤ̃⁵⁵
困	臻合一	去慁溪	kʰuẽ³¹	kʰuẽ⁴¹²	kʰuɤ̃³¹	kʰuɤ̃³¹	kʰuɤ̃⁵³	kʰuɤ̃³¹	kʰuɤ̃³¹
窟	臻合一	入没溪	kʰu²¹³	kʰu²¹³	kʰu⁵⁵	kʰu⁵⁵	kʰu³¹	kʰu²¹³	kʰu²¹³
婚	臻合一	平魂晓	xuẽ²¹³	xuẽ²¹³	xuɤ̃²¹³	xuɤ̃²¹³	xuɤ̃³¹	xuɤ̃²¹³	xuɤ̃²¹³
魂	臻合一	平魂匣	xuẽ⁵³	xuẽ⁵³	xuɤ̃⁵²	xuɤ̃⁵²	xuɤ̃⁵⁵	xuei⁵⁵	xuei⁵³
混	臻合一	上混匣	xuẽ⁵³	xuẽ⁴¹²	xuɤ̃³¹	xuɤ̃³¹	xuɤ̃⁵³	xuɤ̃³¹	xuɤ̃³¹

续表

例字	韵摄	中古音	东堤村	杨居屯	朱鹿村	太平村	魏马村	雷家寨	北李村
奔	臻合一	平魂帮	pɤ̃³¹	pẽ²¹³	pẽ³¹	pɤ̃²¹³	pɤ̃³¹	pẽ²¹³	pẽ²¹³
本	臻合一	上混帮	pɤ̃⁵⁵	pẽ⁵⁵	pẽ⁵⁵	pɤ̃⁵⁵	pɤ̃⁵⁵	pẽ⁵⁵	pẽ⁵⁵
不	臻合一	入没帮	pu²¹³	pu⁵⁵	pu²¹³	pu⁵⁵	pu⁵⁵	pu²¹³	pu²¹³
喷	臻合一	平魂滂	pʰɤ̃²¹³	pʰẽ²¹³	pʰẽ²¹³	pʰɤ̃²¹³	pʰɤ̃²¹³	pʰẽ²¹³	pʰẽ²¹³
盆	臻合一	平魂並	pʰɤ̃⁵³	pʰẽ⁵³	pʰẽ⁵³	pʰɤ̃⁵³	pʰɤ̃⁵³	pʰẽ⁵³	pʰẽ⁵³
笨	臻合一	上混並	pɤ̃³¹	pẽ³¹	pẽ³¹	pɤ̃³¹	pɤ̃³¹	pẽ⁴¹²	pẽ⁴¹²
勃	臻合一	入没並	pə⁵³	pʰə²¹³	pə⁵⁵	pə²¹³	pə²¹³	pə⁵³	pə⁵³
脖	臻合一	入没並	pə⁵³	pə⁵³	pə⁵³	pə⁵³	pə⁵³	pə⁵³	pə⁵³
门	臻合一	平魂明	mɤ̃⁵³	mẽ⁵³	mẽ⁵³	mɤ̃⁵³	mɤ̃⁵³	mẽ⁵³	mẽ⁵³
闷	臻合一	去慁明	mɤ̃³¹	mẽ³¹	mẽ³¹	mɤ̃³¹	mɤ̃³¹	mẽ⁴¹²	mẽ⁴¹²
没	臻合一	入没明	mu⁵³~有 mə⁵³ 淹~	mu⁵³	mu⁵³~有	mu⁵³~有	mu⁵³~有 mo⁵³ 淹~	mei²¹³	mei²¹³
墩	臻合一	平魂明	tuɤ̃²¹³	tuẽ²¹³	tuẽ²¹³	tuɤ̃²¹³	tuɤ̃²¹³	tuẽ²¹³	tuẽ²¹³
顿	臻合一	去慁端	tuɤ̃³¹	tuẽ³¹	tuẽ³¹	tuɤ̃³¹	tuɤ̃³¹	tuẽ⁴¹²	tuẽ⁴¹²
褪	臻合一	去慁透	tʰuei³¹	tʰuei³¹	tʰuei³¹	tʰuei³¹	tʰuei³¹	tʰuei⁴¹²	tʰuei⁴¹²
盾	臻合一	上混定	tuɤ̃³¹	tuẽ³¹	tuẽ³¹	tuɤ̃³¹	tuɤ̃³¹	tuẽ⁴¹²	tuẽ⁴¹²
突	臻合一	入没定	tʰu²¹³	tou⁵⁵	tʰu⁵⁵	tʰu⁵⁵	tʰu⁵⁵	tʰu⁵⁵	tʰu²¹³
嫩	臻合一	去慁泥	luɤ̃³¹	luẽ⁵⁵	luẽ³¹	luɤ̃³¹	luɤ̃³¹	luẽ⁴¹²	luẽ⁴¹²
仑	臻合一	平魂来	luɤ̃⁵³	luẽ⁵³	luẽ⁵³	luɤ̃⁵³	luɤ̃⁵³	luẽ⁵³	luẽ⁵³
论	臻合一	去慁来	luɤ̃³¹	luẽ³¹	luẽ³¹	luɤ̃³¹	luɤ̃³¹	luẽ⁴¹²	luẽ⁴¹²
尊	臻合一	平魂精	tsuɤ̃²¹³	tɕyẽ³¹	tsuẽ²¹³	tɕyɤ̃²¹³	tθuɤ̃²¹³	tsuẽ²¹³	tsuẽ²¹³
卒	臻合一	入没精	tsu⁵³	tsu²¹³	tsu⁵³	tθu²¹³	tθu⁵³	tsu⁵³	tsu⁵³
村	臻合一	平魂清	tsʰuɤ̃²¹³	tsʰuẽ²¹³	tsʰuẽ²¹³	tθʰuɤ̃²¹³	tθʰuɤ̃²¹³	tsʰuẽ²¹³	tsʰuẽ²¹³
寸	臻合一	去慁清	tsʰuɤ̃³¹	tsʰuẽ³¹	tsʰuẽ³¹	tθʰuɤ̃³¹	tθʰuɤ̃³¹	tsʰuẽ⁴¹²	tsʰuẽ⁴¹²
存	臻合一	平魂从	tsʰuɤ̃⁵³	tsʰuẽ⁵³	tsʰuẽ⁵³	tθʰuɤ̃⁵³	tθʰuɤ̃⁵³	tsʰuẽ⁵³	tsʰuẽ⁵³
蹲	臻合一	平魂从	tuɤ̃²¹³	tuẽ²¹³	tuẽ²¹³	tuɤ̃²¹³	tuɤ̃²¹³	tuẽ²¹³	tuẽ²¹³
孙	臻合一	平魂心	suɤ̃²¹³	suẽ²¹³	suẽ²¹³	θuɤ̃²¹³	θuɤ̃²¹³	suẽ²¹³	suẽ²¹³
损	臻合一	上混心	suɤ̃⁵⁵	suẽ⁵⁵ ɕyẽ⁵⁵	ɕyẽ⁵⁵	ɕyɤ̃⁵⁵	syɤ̃⁵⁵	suẽ⁵⁵	suẽ⁵⁵
昆	臻合一	平魂见	kʰuɤ̃²¹³	kʰuẽ²¹³	kʰuẽ²¹³	kʰuɤ̃²¹³	kʰuɤ̃²¹³	kʰuẽ²¹³	kʰuẽ²¹³
滚	臻合一	上混见	kuɤ̃⁵⁵	kuẽ⁵⁵	kuẽ⁵⁵	kuɤ̃⁵⁵	kuɤ̃⁵⁵	kuẽ⁵⁵	kuẽ⁵⁵
棍	臻合一	去慁见	kuɤ̃³¹	kuẽ³¹	kuẽ³¹	kuɤ̃³¹	kuɤ̃³¹	kuẽ⁴¹²	kuẽ⁴¹²
骨	臻合一	入没见	ku²¹³	ku⁵⁵	ku⁵⁵	ku⁵⁵	ku⁵⁵	ku²¹³	ku²¹³
坤	臻合一	平魂溪	kʰuɤ̃²¹³	kʰuẽ²¹³	kʰuẽ²¹³	kʰuɤ̃²¹³	kʰuɤ̃²¹³	kʰuẽ²¹³	kʰuẽ²¹³
捆	臻合一	上混溪	tɕʰyɤ̃⁵⁵	kʰuẽ⁵⁵	tɕʰyẽ⁵⁵	kʰuɤ̃⁵⁵ tɕʰyɤ̃⁵⁵	kʰuɤ̃⁵⁵ tɕʰyɤ̃⁵⁵	kʰuẽ⁵⁵	kʰuẽ⁵⁵
困	臻合一	去慁溪	kʰuɤ̃³¹	kʰuẽ³¹	kʰuẽ³¹	kʰuɤ̃³¹	kʰuɤ̃³¹	kʰuẽ⁴¹²	kʰuẽ⁴¹²
窟	臻合一	入没溪	kʰu²¹³	kʰu⁵⁵	kʰu⁵⁵	kʰu⁵⁵	kʰu⁵⁵	kʰũ²¹³	kʰũ²¹³
婚	臻合一	平魂晓	xuɤ̃²¹³	xuẽ²¹³	xuẽ²¹³	xuɤ̃²¹³	xuɤ̃²¹³	xuẽ²¹³	xuẽ²¹³
魂	臻合一	平魂匣	xuɤ̃⁵³	xuẽ⁵³	xuẽ⁵³	xuɤ̃⁵³	xuɤ̃⁵³	xuẽ⁵³	xuẽ⁵³
混	臻合一	上混匣	xuɤ̃³¹	xuẽ³¹	xuẽ³¹	xuɤ̃³¹	xuɤ̃³¹	xuẽ⁴¹²	xuẽ⁴¹²

例字	韵摄	中古音	大李村	耿庄	谭家村	谭家营	马家庄	朱家庄	官路村
温	臻合一	平魂影	uẽ²¹³	uẽ²¹³	uɜ̃²¹³	vɜ̃²¹³	uɜ̃³¹	vɜ̃²¹³	uɜ̃²¹³
稳	臻合一	上混影	uẽ⁵⁵	uẽ⁵⁵	uɜ̃⁵⁵	vɜ̃⁵⁵	uɜ̃⁵⁵	vɜ̃⁵⁵	uɜ̃⁵⁵
轮	臻合三	平谆来	luẽ⁵³	luẽ⁵³	luɜ̃⁵²	luɜ̃⁵²	luɜ̃⁵⁵	luɜ̃⁵⁵	luɜ̃⁵³
律	臻合三	入术来	ly²¹³	ly²¹³	ly⁵⁵	lyu³¹	ly³¹	ly³¹	ly³¹
遵	臻合三	平谆精	tsuẽ²¹³	tsuẽ²¹³	tsuɜ̃²¹³	tθuɜ̃²¹³	tsuɜ̃³¹	tθuɜ̃⁵⁵	tsuɜ̃²¹³
俊	臻合三	去稕精	tsuẽ³¹	tsuẽ⁴¹²	tɕyɜ̃³¹	tsyɜ̃³¹	tsuɜ̃⁵³	tsyɜ̃³¹	tɕyɜ̃³¹
笋	臻合三	上準心	suẽ⁵⁵	suẽ⁵⁵	ɕyɜ̃⁵⁵	syɜ̃⁵²	ɕyɜ̃⁵⁵	syɜ̃⁵⁵	suẽ⁵⁵ ɕyẽ⁵⁵
迅	臻合三	去稕心	ɕyẽ³¹	siẽ⁴¹²	ɕyɜ̃³¹	syɜ̃⁵²	ɕyɜ̃³¹	siɜ̃³¹	ɕyɜ̃³¹
旬	臻合三	平谆邪	ɕyẽ⁵³	suẽ⁵³	ɕyɜ̃⁵²	syɜ̃⁵²	ɕyɜ̃⁵⁵	syɜ̃⁵⁵	ɕyɜ̃⁵³
椿	臻合三	平谆邪	tʂʰuẽ²¹³	tʂʰuẽ²¹³	tʂʰuɜ̃²¹³	tʃʰuɜ̃²¹³	tʂʰuɜ̃³¹	tʂʰuɜ̃⁵⁵	tʂʰuɜ̃²¹³
率	臻合三	入术生	ʂuɛ³¹	ʂuɛ⁴¹²	ʂuɛ³¹	ʂuɛ³¹	ʂuɛ⁵³	ʂuɛ³¹	ʂuɛ³¹
准	臻合三	上準章	tʂuẽ⁵⁵	tʂuẽ⁵⁵	tʂuɜ̃⁵⁵	tʃuɜ̃⁵⁵	tʂuɜ̃⁵⁵	tʂuɜ̃⁵⁵	tʂuɜ̃⁵⁵
春	臻合三	平谆昌	tʂʰuẽ²¹³	tʂʰuẽ²¹³	tʂʰuɜ̃²¹³	tʃʰuɜ̃²¹³	tʂʰuɜ̃³¹	tʂʰuɜ̃²¹³	tʂʰuɜ̃²¹³
出	臻合三	入术昌	tʂʰu²¹³	tʂʰu²¹³	tʂʰu⁵⁵	tʃʰu³¹	tʂʰu³¹	tʂʰu²¹³	tʂʰu²¹³
唇	臻合三	平谆船	tʂʰuẽ⁵³	tʂʰuẽ⁵³	tʂʰuɜ̃⁵²	tʃʰuɜ̃⁵²	tʂʰuɜ̃⁵⁵	tʂʰuɜ̃⁵⁵	tʂʰuɜ̃⁵³
顺孝~	臻合三	去稕船	ʂuẽ³¹	ʂuẽ⁴¹² tʂuẽ⁴¹²	ʂuɜ̃³¹ tʂuɜ̃³¹	ʃuɜ̃³¹	ʂuɜ̃⁵⁵	ʂuɜ̃⁵⁵	ʂuɜ̃³¹ tʂʰuẽ³¹
术	臻合三	入术船	ʂu⁵³	ʂu⁵³	ʂu⁵²	ʃu³¹	ʂu⁵⁵	ʂu⁵⁵	ʂu⁵³
纯	臻合三	平谆禅	tsʰuẽ⁵³	tsʰuẽ⁵³	tsʰuɜ̃⁵²	tʃʰuɜ̃⁵²	tʂʰuɜ̃⁵⁵	tʂʰuɜ̃⁵⁵	tʂʰuɜ̃⁵³
闰	臻合三	去稕日	ʐuẽ³¹	yẽ⁴¹²	ʐɜ̃³¹ yɜ̃³¹	yɜ̃³¹	ʐuɜ̃⁵³	yɜ̃³¹	ʐuɜ̃³¹
均	臻合三	平谆见	tɕyẽ²¹³	tɕyẽ²¹³	tɕyɜ̃²¹³	tɕyɜ̃²¹³	tɕyɜ̃³¹	tɕyɜ̃²¹³	tɕyɜ̃²¹³
菌	臻合三	上準群	tɕyẽ³¹	tɕyẽ⁵⁵	tɕyɜ̃⁵⁵	tɕyɜ̃⁵⁵	tɕyɜ̃⁵³	tɕyɜ̃⁵⁵	tɕyɜ̃⁵⁵
匀	臻合三	平谆以	yẽ⁵³	yẽ⁵³	yɜ̃⁵³	yɜ̃⁵²	yɜ̃⁵³	yɜ̃⁵⁵	yɜ̃⁵³
允	臻合三	平谆以	yẽ⁵³	yẽ⁵³	yɜ̃⁵⁵	yɜ̃⁵²	yɜ̃⁵⁵	yɜ̃⁵⁵	yɜ̃⁵⁵
分	臻合三	平文非	fẽ²¹³	fẽ²¹³	fɜ̃²¹³	fɜ̃²¹³	fɜ̃³¹	fɜ̃²¹³	fɜ̃²¹³
粉	臻合三	上吻非	fẽ⁵⁵	fẽ⁵⁵	fɜ̃⁵⁵	fɜ̃⁵⁵	fɜ̃⁵⁵	fɜ̃⁵⁵	fɜ̃⁵⁵
粪	臻合三	去问非	fẽ³¹	fẽ⁴¹²	fɜ̃³¹	fɜ̃³¹	fɜ̃⁵³	fɜ̃³¹	fɜ̃³¹
奋	臻合三	去问非	fẽ³¹	fẽ⁴¹²	fɜ̃³¹	fɜ̃³¹	fɜ̃⁵³	fɜ̃³¹	fɜ̃³¹
纷	臻合三	平文敷	fẽ²¹³	fẽ²¹³	fɜ̃²¹³	fɜ̃²¹³	fɜ̃³¹	fɜ̃²¹³	fɜ̃²¹³
佛仿~	臻合三	入物敷	fə⁵³	fu⁵³	fu⁵⁵	fu⁵²	fu⁵⁵	fu⁵⁵	fu²¹³
坟	臻合三	平文奉	fẽ⁵³	fẽ⁵³	fɜ̃⁵²	fɜ̃⁵²	fɜ̃⁵⁵	fɜ̃⁵⁵	fɜ̃⁵³
愤	臻合三	上吻奉	fẽ³¹	fẽ⁴¹²	fɜ̃³¹	fɜ̃³¹	fɜ̃³¹	fɜ̃³¹	fɜ̃³¹
份	臻合三	去问奉	fẽ³¹	fẽ⁴¹²	fɜ̃³¹	fɜ̃³¹	fɜ̃³¹	fɜ̃³¹	fɜ̃³¹
佛~像	臻合三	入物奉	fu⁵³	fu⁵³	fə⁵²	fə⁵²	fə⁵⁵	fə⁵⁵	fə⁵³
蚊	臻合三	平文微	uẽ⁵³	uẽ⁵³	vɜ̃⁵²	vɜ̃⁵²	uɜ̃⁵⁵	vɜ̃⁵⁵	luɜ̃⁵³
问	臻合三	去问微	uẽ³¹	uẽ⁴¹²	vɜ̃³¹	vɜ̃³¹	uɜ̃³¹	vɜ̃³¹	uɜ̃³¹
物	臻合三	入物微	uə²¹³	u²¹³	uə²¹³	u³¹	uə³¹	vu³¹	u³¹
军	臻合三	平文见	tɕyẽ²¹³	tɕyẽ²¹³	tɕyɜ̃²¹³	tɕyɜ̃²¹³	tɕyɜ̃³¹	tɕyɜ̃²¹³	tɕyɜ̃²¹³

续表

例字	韵摄	中古音	东堤村	杨居屯	朱鹿村	太平村	魏马村	雷家寨	北李村
温	臻合一	平魂影	uɤ̃213	uẽ213	uẽ213	uɤ̃213	uɤ̃213	uẽ213	uẽ213
稳	臻合一	上混影	uɤ̃55	uẽ55	uẽ55	uɤ̃55	uɤ̃55	uẽ55	uẽ55
轮	臻合三	平谆来	luɤ̃53	luẽ53	luẽ53 / lyẽ53~流	luɤ̃53	luɤ̃53	luẽ53	luẽ53
律	臻合三	入术来	ly31	ly55	ly31	ly31	lyu31	ly213	ly213
遵	臻合三	平谆精	tsuɤ̃213	tsuẽ213	tsuẽ213	tθuɤ̃213	tθuɤ̃213	tsuẽ213	tsuẽ213
俊	臻合三	去稕精	tɕyɤ̃31	tɕyẽ31	tɕyẽ31	tɕyɤ̃31	tsyɤ̃31	tsuẽ412	tsuẽ412
笋	臻合三	上準心	suɤ̃55	ɕyẽ55	ɕyẽ55	ɕyẽ55	syɤ̃55	suẽ55	suẽ55
迅	臻合三	去稕心	ɕyɤ̃53	ɕiɤ̃31	ɕyẽ31	siɤ̃31	syɤ̃53	syɤ̃412	siɤ̃412
旬	臻合三	平谆邪	ɕyɤ̃53	ɕyẽ53	ɕyẽ53	syɤ̃53	syɤ̃53	suẽ53	suẽ53
椿	臻合三	平谆彻	tʂʰuɤ̃213	tʂʰuẽ31	tʂʰuẽ213	tʃʰuɤ̃213	tʃʰuɤ̃213	tʂʰuẽ213	tʂʰuẽ213
率	臻合三	入术生	ʂuɛ31	ʂuɛ31	ʂuɛ31	ʂuɛ31	ʂuɛ31	ʂuɛ412	ʂuɛ412
准	臻合三	上準章	tʂuɤ̃55	tʂuẽ55	tʂuẽ55	tʃuɤ̃55	tʃuɤ̃55	tʂuẽ55	tʂuẽ55
春	臻合三	平谆昌	tʂʰuɤ̃213	tʂʰuẽ213	tʂʰuẽ213	tʃʰuɤ̃213	tʃʰuɤ̃213	tʂʰuẽ213	tʂʰuẽ213
出	臻合三	入术昌	tʂʰu213	tʂʰu55	tʂʰʉ55	tʃʰu55	tʃʰu55	tʂʰu213	tʂʰu213
唇	臻合三	平谆船	tʂuɤ̃53	tʂʰuẽ53	tʂʰuẽ53	tʃʰuɤ̃53	tʃʰuɤ̃53	tʂʰuẽ53	tʂʰuẽ53
顺孝~	臻合三	去稕船	ʂuɤ̃31 / tʂʰuɤ̃31	ʂuẽ31	ʂuẽ31 / tʂʰuẽ31	ʃuɤ̃31 / tʃʰuɤ̃31	ʃuɤ̃31 / tʃʰuɤ̃31	fẽ412	fẽ412 / tʂʰuẽ412
术	臻合三	入术船	ʂu31	ʂu53	ʂu31	ʂu53	ʃu31	ʂu55	ʂu55
纯	臻合三	平谆禅	tʂuɤ̃53	tʂʰuẽ53	tʂʰuẽ53	tʃʰuɤ̃53	tʃʰuɤ̃53	tʂʰuẽ53	tʂʰuẽ53
闰	臻合三	去稕日	yɤ̃31	luẽ31	yẽ31	yɤ̃31	yɤ̃31	zuẽ412	yɤ̃412
均	臻合三	平谆见	tɕyɤ̃213	tɕyẽ213	tɕyẽ213	tɕyɤ̃213	tɕyɤ̃213	tɕyẽ213	tɕyɤ̃213
菌	臻合三	上準群	tɕyɤ̃55	tɕyẽ55	tɕyẽ31	tɕyɤ̃31	tɕyɤ̃53	tɕyɤ̃55	tɕyɤ̃55
匀	臻合三	平谆以	yɤ̃53	yẽ53	yẽ53	yɤ̃53	yɤ̃53	yɤ̃53	yɤ̃53
允	臻合三	平谆以	yɤ̃55	yẽ55	yẽ55	yɤ̃53	yɤ̃55	yɤ̃55	yɤ̃55
分	臻合三	平文非	fɤ̃213	fẽ213	fẽ213	fɤ̃213	fɤ̃213	fẽ213	fẽ213
粉	臻合三	上吻非	fɤ̃55	fẽ55	fẽ55	fɤ̃55	fɤ̃55	fẽ55	fẽ55
粪	臻合三	去问非	fɤ̃31	fẽ31	fẽ31	fɤ̃31	fɤ̃31	fẽ412	fẽ412
奋	臻合三	去问非	fɤ̃31	fẽ31	fẽ31	fɤ̃31	fɤ̃31	fẽ412	fẽ412
纷	臻合三	平文敷	fɤ̃31	fẽ213	fẽ213	fɤ̃213	fɤ̃213	fẽ213	fẽ55
佛仿~	臻合三	入物敷	fu213	fu53	fu55	fu55	fu55	fu53	fu53
坟	臻合三	平文奉	fɤ̃53	fẽ53	fẽ53	fɤ̃53	fɤ̃53	fẽ53	fẽ53
愤	臻合三	上吻奉	fɤ̃31	fẽ31	fẽ31	fɤ̃31	fɤ̃31	fẽ412	fẽ412
份	臻合三	去问奉	fə31	fẽ31	fẽ31	fɤ̃31	fə31	fẽ412	fẽ412
佛~像	臻合三	入物奉	fə53	fə53	fə53	fə53	fə53	fə53	fə53
蚊	臻合三	平文微	uɤ̃53	uẽ53	uẽ53	uɤ̃53	uɤ̃53	uẽ53	uẽ53
问	臻合三	去问微	uɤ̃31	uẽ31	uẽ31	uɤ̃31	uɤ̃31	uẽ412	uẽ412
物	臻合三	入物微	u31	uə213	u31	uə31	u31	uə213	u213
军	臻合三	平文见	tɕyɤ̃213	tɕyẽ213	tɕyẽ213	tɕyɤ̃213	tɕyɤ̃213	tɕyɤ̃213	tɕyɤ̃213

例字	韵摄	中古音	大李村	耿庄	谭家村	谭家营	马家庄	朱家庄	官路村
屈	臻合三	入物溪	tɕʰyẽ²¹³	tɕʰyẽ²¹³	tɕʰyɒ̃⁵⁵	tɕʰyu⁵⁵	tɕʰyɒ̃³¹	tɕʰyɒ̃²¹³	tɕʰyɒ̃²¹³
裙	臻合三	平文群	tɕʰyẽ⁵³	tɕʰyẽ⁵³	tɕʰyɒ̃⁵²	tɕʰyɒ̃⁵²	tɕʰyɒ̃⁵⁵	tɕʰyɒ̃⁵⁵	tɕʰyɒ̃⁵³
群	臻合三	平文群	tɕʰyẽ⁵³	tɕʰyẽ⁵³	tɕʰyɒ̃⁵²	tɕʰyɒ̃⁵²	tɕʰyɒ̃⁵⁵	tɕʰyɒ̃⁵⁵	tɕʰyɒ̃⁵³
熏	臻合三	平文晓	ɕyẽ²¹³	ɕyẽ²¹³	ɕyɒ̃²¹³	ɕyɒ̃²¹³	ɕyɒ̃³¹	ɕyɒ̃²¹³	ɕyɒ̃²¹³
训	臻合三	去问晓	ɕyẽ³¹	ɕyẽ⁴¹²	ɕyɒ̃³¹	ɕyɒ̃³¹	ɕyɒ̃⁵³	ɕyɒ̃³¹	ɕyɒ̃³¹
熨	臻合三	去问影	yẽ³¹	yẽ⁴¹²	yɒ̃³¹	yɒ̃³¹	yɒ̃⁵³	yɒ̃³¹	yɒ̃³¹
云	臻合三	平文云	yẽ⁵³	yẽ⁵³	yɒ̃⁵²	yɒ̃⁵²	yɒ̃⁵⁵	yɒ̃⁵⁵	yɒ̃⁵³
运	臻合三	去问云	yẽ³¹	yẽ⁴¹²	yɒ̃³¹	yɒ̃³¹	yɒ̃⁵³	yɒ̃³¹	yɒ̃³¹
晕	臻合三	去问云	yẽ²¹³	yẽ²¹³	yɒ̃²¹³	yɒ̃²¹³	yɒ̃⁵³	yɒ̃²¹³	yɒ̃²¹³
帮	宕开一	平唐帮	paŋ²¹³	paŋ²¹³	paŋ²¹³	paŋ²¹³	paŋ³¹	paŋ²¹³	paŋ²¹³
榜	宕开一	上荡帮	paŋ⁵⁵	paŋ⁵⁵	paŋ⁵⁵	paŋ⁵⁵	paŋ⁵⁵	paŋ⁵⁵	paŋ⁵⁵
博	宕开一	入铎帮	pə²¹³	pə²¹³	pə⁵²	pə⁵⁵	pə³¹	pə⁵⁵	pə²¹³
泊	宕开一	入铎滂	pʰə²¹³	pʰə²¹³	pʰə⁵⁵	pʰə⁵⁵	pʰə³¹	pʰə⁵⁵	pʰə²¹³
旁	宕开一	平唐并	pʰaŋ⁵³	pʰaŋ⁵³	pʰaŋ⁵²	pʰaŋ⁵²	pʰaŋ⁵⁵	pʰaŋ⁵⁵	pʰaŋ⁵³
薄	宕开一	入铎并	pə⁵³	pə⁵³	pə⁵²	pə⁵²	pə⁵⁵	pə⁵⁵	pə⁵³
忙	宕开一	平唐明	maŋ⁵³	maŋ⁵³	maŋ⁵²	maŋ⁵²	maŋ⁵⁵	maŋ⁵⁵	maŋ⁵³
芒	宕开一	平唐明	maŋ⁵³	uaŋ⁵³	maŋ⁵²	maŋ⁵²	maŋ⁵⁵	maŋ⁵⁵	maŋ⁵³ uaŋ⁵³ 麦~
幕	宕开一	入铎明	mu³¹	mu⁴¹²	mu³¹	mu³¹	mu⁵³	mu³¹	mu³¹
摸	宕开一	入铎明	mə²¹³	mə²¹³	mə³¹ mə³¹	mə³¹	mə³¹	mə³¹	mə³¹
当~然	宕开一	平唐端	taŋ²¹³	taŋ²¹³	taŋ²¹³	taŋ²¹³	taŋ³¹	taŋ²¹³	taŋ²¹³
党	宕开一	上荡端	taŋ⁵⁵	taŋ⁵⁵	taŋ⁵⁵	taŋ⁵⁵	taŋ⁵⁵	taŋ⁵⁵	taŋ⁵⁵
当典~	宕开一	去宕端	taŋ³¹	taŋ⁴¹²	taŋ³¹	taŋ³¹	taŋ⁵³	taŋ³¹	taŋ³¹
汤	宕开一	平唐透	tʰaŋ²¹³	tʰaŋ²¹³	tʰaŋ²¹³	tʰaŋ²¹³	tʰaŋ³¹	tʰaŋ²¹³	tʰaŋ²¹³
躺	宕开一	上荡透	tʰaŋ⁵⁵	tʰaŋ⁵⁵	tʰaŋ⁵⁵	tʰaŋ⁵⁵	tʰaŋ⁵⁵	tʰaŋ⁵⁵	tʰaŋ⁵⁵
烫	宕开一	去宕透	tʰaŋ³¹	tʰaŋ⁴¹²	tʰaŋ³¹	tʰaŋ³¹	tʰaŋ⁵³	tʰaŋ³¹	tʰaŋ³¹
托	宕开一	入铎透	tʰuə²¹³	tʰuə²¹³	tʰuə⁵⁵	tʰuə³¹	tʰuə³¹	tʰuə²¹³	tʰuə²¹³
糖	宕开一	平唐定	tʰaŋ⁵³	tʰaŋ⁵³	tʰaŋ⁵²	tʰaŋ⁵²	tʰaŋ⁵⁵	tʰaŋ⁵⁵	tʰaŋ⁵³
狼	宕开一	平唐来	laŋ⁵³	laŋ⁵³	laŋ⁵²	laŋ⁵²	laŋ⁵⁵	laŋ⁵⁵	laŋ⁵³
朗	宕开一	上荡来	laŋ⁵³	laŋ⁵³	laŋ³¹	laŋ³¹	laŋ⁵⁵	laŋ⁵⁵	laŋ³¹
浪	宕开一	去宕来	laŋ³¹	laŋ⁴¹²	laŋ³¹	laŋ³¹	laŋ⁵³	laŋ³¹	laŋ³¹
落	宕开一	入铎来	luə²¹³	luə²¹³	luə³¹	luə³¹	luə³¹	luə³¹	luə³¹
烙	宕开一	入铎来	luə²¹³	luə²¹³	luə³¹	luə³¹	luə³¹	luə³¹	luə³¹
葬	宕开一	去宕精	tsaŋ³¹	tsaŋ⁴¹²	tsaŋ³¹	tθaŋ³¹	tsaŋ⁵³	tθaŋ³¹	tsaŋ³¹
作	宕开一	入铎精	tsuə²¹³	tsuə²¹³	tsuə⁵⁵	tθuə⁵⁵	tsuə³¹	tθuə²¹³	tsuə²¹³
仓	宕开一	平唐清	tsʰaŋ²¹³	tsʰaŋ²¹³	tsʰaŋ²¹³	tθʰaŋ²¹³	tsʰaŋ³¹	tθʰaŋ²¹³	tsʰaŋ²¹³
藏隐~	宕开一	平唐从	tsaŋ³¹	tsaŋ⁵³	tsʰaŋ⁵²	tθʰaŋ⁵²	tsʰaŋ⁵⁵	tθʰaŋ⁵⁵	tsʰaŋ²¹³
凿	宕开一	入铎从	tsuə⁵³	tsuə⁵³	tsuə⁵²	tθuə⁵²	tsuə⁵⁵	tθuə⁵⁵	tsuə⁵³
昨	宕开一	入铎从	tsuə⁵³	tsuə⁵⁵	tsuə⁵⁵	tθuə⁵²	tsuə³¹	tθuə³¹	tsuə⁵³

续表

例字	韵摄	中古音	东堤村	杨居屯	朱鹿村	太平村	魏马村	雷家寨	北李村
屈	臻合三	入物溪	tɕʰy²¹³	tɕʰy²¹³	tɕʰy⁵⁵	tɕʰy⁵⁵	tɕʰyu⁵⁵	tɕʰy²¹³	tɕʰy²¹³
裙	臻合三	平文群	tɕʰyɤ̃⁵³	tɕʰyẽ⁵³	tɕʰyẽ⁵³	tɕʰyɤ̃⁵³	tɕʰyɤ̃⁵³	tɕʰyɤ̃⁵³	tɕʰyɤ̃⁵³
群	臻合三	平文群	tɕʰyɤ̃⁵³	tɕʰyẽ⁵³	tɕʰyẽ⁵³	tɕʰyɤ̃⁵³	tɕʰyɤ̃⁵³	tɕʰyɤ̃⁵³	tɕʰyɤ̃⁵³
熏	臻合三	平文晓	ɕyɤ̃²¹³	ɕyẽ²¹³	ɕyẽ²¹³	ɕyẽ²¹³	ɕyɤ̃²¹³	ɕyɤ̃²¹³	ɕyɤ̃²¹³
训	臻合三	去问晓	ɕyɤ̃³¹	ɕyẽ³¹	ɕyẽ³¹	ɕyẽ³¹	ɕyɤ̃³¹	ɕyɤ̃⁴¹²	ɕyɤ̃⁴¹²
熨	臻合三	去问影	yɤ̃³¹	yẽ³¹	yẽ³¹	yẽ³¹	yɤ̃³¹	yɤ̃⁴¹²	yɤ̃⁴¹²
云	臻合三	平文云	yɤ̃⁵³	yẽ⁵³	yẽ⁵³	yɤ̃⁵³	yɤ̃⁵³	yɤ̃⁵³	yɤ̃⁵³
运	臻合三	去问云	yɤ̃³¹	yẽ³¹	yẽ³¹	yɤ̃³¹	yɤ̃³¹	yɤ̃⁴¹²	yɤ̃⁴¹²
晕	臻合三	去问云	yɤ̃²¹³	yẽ³¹	yẽ²¹³	yɤ̃²¹³	yɤ̃²¹³	yɤ̃²¹³	yɤ̃²¹³
帮	宕开一	平唐帮	paŋ²¹³	paŋ²¹³	paŋ²¹³	paŋ²¹³	paŋ²¹³	paŋ²¹³	paŋ²¹³
榜	宕开一	上荡帮	paŋ⁵⁵	paŋ⁵⁵	paŋ⁵⁵	paŋ⁵⁵	paŋ⁵⁵	paŋ⁵⁵	paŋ⁵⁵
博	宕开一	入铎帮	pə²¹³	pə²¹³	pə⁵⁵	pə⁵⁵	pə⁵⁵	pə²¹³	pə²¹³
泊	宕开一	入铎滂	pʰə²¹³	pei²¹³	pə⁵⁵	pʰə⁵⁵	pʰə⁵⁵	pʰə²¹³	pʰə²¹³
旁	宕开一	平唐并	pʰaŋ⁵³	pʰaŋ⁵³	pʰaŋ⁵³	pʰaŋ⁵³	pʰaŋ⁵³	pʰaŋ⁵³	pʰaŋ⁵³
薄	宕开一	入铎并	pə⁵³	pə⁵³	pə⁵³	pə⁵³	pə⁵³	pə⁵³	pə⁵³
忙	宕开一	平唐明	maŋ⁵³	maŋ⁵³	maŋ⁵³	maŋ⁵³	maŋ⁵³	maŋ⁵³	maŋ⁵³
芒	宕开一	平唐明	maŋ⁵³	maŋ⁵³	maŋ⁵³	maŋ⁵³	maŋ⁵³	uaŋ⁵³	uaŋ⁵³
幕	宕开一	入铎明	mu³¹	mu³¹	mu³¹	mu³¹	mu³¹	mu⁴¹²	mu⁴¹²
摸	宕开一	入铎明	mə³¹	mə³¹	mə³¹	mə³¹	mə³¹	mə²¹³	mə²¹³
当～然	宕开一	平唐端	taŋ²¹³	taŋ²¹³	taŋ²¹³	taŋ²¹³	taŋ²¹³	taŋ²¹³	taŋ²¹³
党	宕开一	上荡端	taŋ⁵⁵	taŋ⁵⁵	taŋ⁵⁵	taŋ⁵⁵	taŋ⁵⁵	taŋ⁵⁵	taŋ⁵⁵
当典～	宕开一	去宕端	taŋ³¹	taŋ³¹	taŋ³¹	taŋ³¹	taŋ³¹	taŋ⁴¹²	taŋ⁴¹²
汤	宕开一	平唐透	tʰaŋ²¹³	tʰaŋ²¹³	tʰaŋ²¹³	tʰaŋ²¹³	tʰaŋ²¹³	tʰaŋ²¹³	tʰaŋ²¹³
躺	宕开一	上荡透	tʰaŋ⁵⁵	tʰaŋ⁵⁵	tʰaŋ⁵⁵	tʰaŋ⁵⁵	tʰaŋ⁵⁵	tʰaŋ⁵⁵	tʰaŋ⁵⁵
烫	宕开一	去宕透	tʰaŋ³¹	tʰaŋ³¹	tʰaŋ³¹	tʰaŋ³¹	tʰaŋ³¹	tʰaŋ⁴¹²	tʰaŋ⁴¹²
托	宕开一	入铎透	tʰuə²¹³	tʰuə²¹³	tʰuə⁵⁵	tʰuə²¹³	tʰuə⁵⁵	tʰuə²¹³	tʰuə²¹³
糖	宕开一	平唐定	tʰaŋ⁵³	tʰaŋ⁵³	tʰaŋ⁵³	tʰaŋ⁵³	tʰaŋ⁵³	tʰaŋ⁵³	tʰaŋ⁵³
狼	宕开一	平唐来	laŋ⁵³	laŋ⁵³	laŋ⁵³	laŋ⁵³	laŋ⁵³	laŋ⁵³	laŋ⁵³
朗	宕开一	上荡来	laŋ⁵³	laŋ³¹	laŋ⁵⁵	laŋ⁵⁵	laŋ⁵⁵	laŋ⁴¹²	laŋ⁵⁵
浪	宕开一	去宕来	laŋ³¹	laŋ³¹	laŋ³¹	laŋ³¹	laŋ³¹	laŋ⁴¹²	laŋ⁴¹²
落	宕开一	入铎来	luə³¹	luə³¹	luə³¹	luə³¹	luə³¹	luə²¹³	luə²¹³
烙	宕开一	入铎来	luə³¹	luə⁵⁵	luə⁵⁵	luə⁵⁵	luə⁵⁵	luə²¹³	luə²¹³
葬	宕开一	去宕精	tsaŋ³¹	tsaŋ³¹	tsaŋ³¹	tθaŋ³¹	tθaŋ³¹	tsaŋ⁴¹²	tsaŋ⁴¹²
作	宕开一	入铎精	tsuə²¹³	tsuə³¹	tsuə⁵⁵	tθuə⁵⁵	tθuə⁵⁵	tsuə²¹³	tsuə²¹³
仓	宕开一	平唐清	tsʰaŋ²¹³	tsʰaŋ²¹³	tsʰaŋ²¹³	tθʰaŋ²¹³	tθʰaŋ²¹³	tsʰaŋ²¹³	tsʰaŋ²¹³
藏隐～	宕开一	平唐从	tsʰaŋ⁵³	tsʰaŋ⁵³	tsʰaŋ⁵³	tθʰaŋ⁵³	tθʰaŋ⁵³	tsʰaŋ⁵³	tsʰaŋ⁵³
凿	宕开一	入铎从	tsuə⁵³	tsuə⁵³	tsuə⁵³	tθuə⁵³	tθuə⁵³	tsuə⁵³	tsɔ²¹³
昨	宕开一	入铎从	tsuə⁵⁵	tsuə⁵³	tsuə⁵⁵	tθuə⁵⁵	tθuə⁵⁵	tsuə⁴¹²	tsuə⁵⁵

例字	韵摄	中古音	大李村	耿庄	谭家村	谭家营	马家庄	朱家庄	官路村
桑	宕开一	平唐心	saŋ²¹³	saŋ²¹³	saŋ²¹³	θaŋ²¹³	saŋ³¹	θaŋ²¹³	saŋ²¹³
钢	宕开一	平唐见	kaŋ²¹³	kaŋ²¹³	kaŋ²¹³	kaŋ²¹³	kaŋ³¹	kaŋ²¹³	kaŋ²¹³
杠	宕开一	去宕见	kaŋ³¹	kaŋ⁴¹²	kaŋ³¹	kaŋ³¹	kaŋ⁵³	kaŋ³¹	kaŋ³¹
各	宕开一	入铎见	kə²¹³	kə²¹³	kə²¹³	kə⁵⁵	kə³¹	kə²¹³	kə²¹³
糠	宕开一	平唐溪	kʰaŋ²¹³	kʰaŋ²¹³	kʰaŋ²¹³	kʰaŋ²¹³	kʰaŋ³¹	kʰaŋ²¹³	kʰaŋ²¹³
炕	宕开一	去宕溪	kʰaŋ³¹	kʰaŋ⁴¹²	kʰaŋ³¹	kʰaŋ³¹	kʰaŋ⁵³	kʰaŋ³¹	kʰaŋ³¹
昂	宕开一	平唐疑	ɣaŋ²¹³	ɣaŋ⁵³	ŋaŋ²¹³	ŋaŋ²¹³	ŋaŋ⁵⁵	ŋaŋ⁵⁵	ŋaŋ²¹³
行银~	宕开一	平唐匣	xaŋ⁵³	xaŋ⁵³	xaŋ⁵²	xaŋ⁵²	xaŋ⁵⁵	xaŋ⁵⁵	xaŋ⁵³
鹤	宕开一	入铎匣	xə³¹	xə⁴¹²	xuə³¹	xuə³¹	xə³¹	xə²¹³	xuə³¹
恶善~	宕开一	入铎影	ɣə²¹³	ə²¹³	ŋə³¹	və⁵⁵	ŋə³¹	ŋə³¹	uə²¹³
娘	宕开三	平阳泥	ɲiaŋ⁵³	ɲiaŋ⁵³	ɲiaŋ⁵²	ɲiaŋ⁵²	ɲiaŋ⁵⁵	ɲiaŋ⁵⁵	ɲiaŋ⁵³
凉	宕开三	平阳来	liaŋ⁵³	liaŋ⁵³	liaŋ⁵²	liaŋ⁵²	liaŋ⁵⁵	liaŋ⁵⁵	liaŋ⁵³
粮	宕开三	平阳来	liaŋ⁵³	liaŋ⁵³	liaŋ⁵²	liaŋ⁵²	liaŋ⁵⁵	liaŋ⁵⁵	liaŋ⁵³
两	宕开三	上养来	liaŋ⁵⁵	liaŋ⁵⁵	liaŋ⁵⁵	liaŋ⁵⁵	liaŋ⁵⁵	liaŋ⁵⁵	liaŋ⁵⁵
亮	宕开三	去漾来	liaŋ³¹	liaŋ⁴¹²	liaŋ³¹	liaŋ³¹	liaŋ⁵³	liaŋ³¹	liaŋ³¹
浆	宕开三	平阳精	tɕiaŋ²¹³	tsiaŋ²¹³	tsiaŋ²¹³	tsiaŋ²¹³	tɕiaŋ³¹	tsiaŋ²¹³	tɕiaŋ²¹³
奖	宕开三	上养精	tɕiaŋ⁵⁵	tsiaŋ⁵⁵	tsiaŋ⁵⁵	tsiaŋ⁵⁵	tɕiaŋ⁵⁵	tsiaŋ⁵⁵	tɕiaŋ⁵⁵
酱	宕开三	入药精	tɕiaŋ³¹	tsiaŋ⁴¹²	tsiaŋ³¹	tsiaŋ³¹	tɕiaŋ³¹	tsiaŋ³¹	tɕiaŋ³¹
雀	宕开三	入药精	tɕʰyə³¹	tsʰuə²¹³	tɕʰyə⁵⁵	tsʰyə⁵⁵	tɕʰyə³¹	tsʰyə²¹³	tɕʰyə⁵³
枪	宕开三	平阳清	tɕʰiaŋ²¹³	tsʰiaŋ²¹³	tsʰiaŋ²¹³	tsʰiaŋ²¹³	tɕʰiaŋ³¹	tsʰiaŋ²¹³	tɕʰiaŋ²¹³
抢	宕开三	上养清	tɕʰiaŋ⁵⁵	tsʰiaŋ⁵⁵	tsʰiaŋ⁵⁵	tsʰiaŋ⁵⁵	tɕʰiaŋ³¹	tsʰiaŋ⁵⁵	tɕʰiaŋ⁵⁵
鹊	宕开三	入药清	tɕʰyə³¹	tsʰuə²¹³	tɕʰyə⁵⁵	tsʰyə⁵⁵	tɕʰyə³¹	tsʰyə²¹³	tɕʰyə⁵³
墙	宕开三	平阳从	tɕʰiaŋ⁵³	tsʰiaŋ⁵³	tsʰiaŋ⁵²	tsʰiaŋ⁵²	tɕʰiaŋ⁵⁵	tsʰiaŋ⁵⁵	tɕʰiaŋ⁵³
匠	宕开三	去漾从	tɕiaŋ³¹	tsiaŋ⁴¹²	tsiaŋ³¹	tsiaŋ³¹	tɕiaŋ⁵³	tsiaŋ³¹	tɕiaŋ³¹
嚼	宕开三	入药从	tsuə⁵³	tsuə⁵³	tɕyə⁵²	tsyə⁵²	tɕyə⁵⁵	tsyə⁵⁵	tɕyə⁵³
箱	宕开三	平阳心	ɕiaŋ²¹³	siaŋ²¹³	siaŋ²¹³	siaŋ²¹³	ɕiaŋ³¹	siaŋ²¹³	ɕiaŋ²¹³
想	宕开三	上养心	ɕiaŋ⁵⁵	siaŋ⁵⁵	siaŋ⁵⁵	siaŋ⁵⁵	ɕiaŋ⁵⁵	siaŋ⁵⁵	ɕiaŋ⁵⁵
相~貌	宕开三	去漾心	ɕiaŋ³¹	siaŋ⁴¹²	siaŋ³¹	siaŋ³¹	ɕiaŋ⁵³	siaŋ³¹	ɕiaŋ³¹
削剥~	宕开三	入药心	suə²¹³	suə²¹³	ɕyə⁵⁵	syə⁵⁵	suə³¹	syə²¹³	ɕyə⁵³
详	宕开三	平阳邪	ɕiaŋ⁵³	siaŋ⁵³	siaŋ⁵³	siaŋ⁵²	siaŋ⁵²	siaŋ⁵³	ɕiaŋ⁵³
像	宕开三	上养邪	ɕiaŋ³¹	siaŋ⁴¹²	siaŋ³¹	siaŋ⁵²	siaŋ⁵³	siaŋ³¹	ɕiaŋ³¹
张	宕开三	平阳知	tʂaŋ²¹³	tʂaŋ²¹³	tʂaŋ²¹³	tʃaŋ²¹³	tʂaŋ³¹	tʂaŋ²¹³	tʂaŋ²¹³
长生~	宕开三	上养知	tʂaŋ⁵⁵	tʂaŋ⁵⁵	tʂaŋ⁵⁵	tʃaŋ⁵⁵	tʂaŋ⁵⁵	tʂaŋ⁵⁵	tʂaŋ⁵⁵
账	宕开三	去漾知	tʂaŋ³¹	tʂaŋ⁴¹²	tʂaŋ³¹	tʃaŋ³¹	tʂaŋ³¹	tʂaŋ³¹	tʂaŋ³¹
畅	宕开三	去漾彻	tʂʰaŋ⁵⁵	tʂʰaŋ²¹³	tʂʰaŋ⁵⁵	tʃʰaŋ²¹³	tʂʰaŋ⁵³	tʂʰaŋ⁵⁵	tʂʰaŋ⁵⁵
肠	宕开三	平阳澄	tʂʰaŋ⁵³	tʂʰaŋ⁵³	tʂʰaŋ⁵²	tʃʰaŋ⁵²	tʂʰaŋ⁵⁵	tʂʰaŋ⁵⁵	tʂʰaŋ⁵³
丈	宕开三	上养澄	tʂaŋ³¹	tʂaŋ⁴¹²	tʂaŋ³¹	tʃaŋ³¹	tʂaŋ⁵³	tʂaŋ³¹	tʂaŋ³¹
着	宕开三	入药崇	tsuə⁵³	tsuə⁵³	tsuə⁵²	tʂə⁵²	tsuə⁵⁵	tsuə⁵⁵	tsuə⁵³
装	宕开三	平阳庄	tʂuaŋ²¹³	tʂuaŋ²¹³	tʂuaŋ²¹³	tʂuaŋ²¹³	tʂuaŋ³¹	tʂuaŋ²¹³	tʂuaŋ²¹³

续表

例字	韵摄	中古音	东堤村	杨居屯	朱鹿村	太平村	魏马村	雷家寨	北李村
桑	宕开一	平唐心	saŋ²¹³	saŋ²¹³	saŋ²¹³	θaŋ²¹³	θaŋ²¹³	saŋ²¹³	saŋ²¹³
钢	宕开一	平唐见	kaŋ²¹³	kaŋ²¹³	kaŋ²¹³	kaŋ²¹³	kaŋ²¹³	kaŋ²¹³	kaŋ²¹³
杠	宕开一	去宕见	kaŋ³¹	kaŋ³¹	kaŋ³¹	kaŋ³¹	kaŋ³¹	kaŋ⁴¹²	kaŋ⁴¹²
各	宕开一	入铎见	kuə⁵⁵	kə²¹³	kuə⁵⁵	kə⁵⁵	kə⁵⁵	kə²¹³	kə²¹³
糠	宕开一	平唐溪	kʰaŋ²¹³	kʰaŋ³¹	kʰaŋ²¹³	kʰaŋ²¹³	kʰaŋ²¹³	kʰaŋ²¹³	kʰaŋ²¹³
炕	宕开一	去宕溪	kʰaŋ³¹	kʰaŋ³¹	kʰaŋ³¹	kʰaŋ³¹	kʰaŋ³¹	kʰaŋ⁴¹²	kʰaŋ⁴¹²
昂	宕开一	平唐疑	ŋaŋ⁵³	ŋaŋ²¹³	ŋaŋ⁵⁵	ŋaŋ²¹³	ŋaŋ²¹³	ɣaŋ²¹³	ɣaŋ⁵³
行银~	宕开一	平唐匣	xaŋ⁵³	xaŋ⁵³	xaŋ⁵³	xaŋ⁵³	xaŋ⁵³	xaŋ⁵³	xaŋ⁵³
鹤	宕开一	入铎匣	xuə²¹³	xuə⁵³	xuə²¹³	xuə³¹	xɔ⁵³	xə⁵³	xə²¹³
恶善~	宕开一	入铎影	uə²¹³	ŋə³¹	uə²¹³	ŋə³¹	uə³¹	ə²¹³	ə²¹³
娘	宕开三	平阳泥	ȵiaŋ⁵³	ȵiaŋ⁵³	ȵiaŋ⁵³	ȵiaŋ⁵³	ȵiaŋ⁵³	ȵiaŋ⁵³	ȵiaŋ⁵³
凉	宕开三	平阳来	liaŋ⁵³	liaŋ⁵³	liaŋ⁵³	liaŋ⁵³	liaŋ⁵³	liaŋ⁵³	liaŋ⁵³
粮	宕开三	平阳来	liaŋ⁵³	liaŋ⁵³	liaŋ⁵³	liaŋ⁵³	liaŋ⁵³	liaŋ⁵³	liaŋ⁵³
两	宕开三	上养来	liaŋ⁵⁵	liaŋ⁵⁵	liaŋ⁵⁵	liaŋ⁵⁵	liaŋ⁵⁵	liaŋ⁵⁵	liaŋ⁵⁵
亮	宕开三	去漾来	liaŋ³¹	liaŋ³¹	liaŋ³¹	liaŋ³¹	liaŋ³¹	liaŋ⁴¹²	liaŋ⁴¹²
浆	宕开三	平阳精	tɕiaŋ²¹³	tɕiaŋ³¹	tɕiaŋ²¹³	tsiaŋ²¹³	tsiaŋ²¹³	tɕiaŋ⁴¹²	tsiaŋ⁴¹²
奖	宕开三	上养精	tɕiaŋ⁵⁵	tɕiaŋ⁵⁵	tɕiaŋ⁵⁵	tsiaŋ⁵⁵	tsiaŋ⁵⁵	tɕiaŋ⁵⁵	tsiaŋ⁵⁵
酱	宕开三	入药精	tɕiaŋ³¹	tɕiaŋ³¹	tɕiaŋ³¹	tsiaŋ³¹	tsiaŋ³¹	tɕiaŋ⁴¹²	tsiaŋ⁴¹²
雀	宕开三	入药精	tɕʰyə⁵⁵	tɕʰyə⁵⁵	tɕʰyə⁵⁵	tɕʰyə⁵⁵	tsʰyə⁵⁵	tɕʰyə⁵⁵	tsʰyə⁵⁵
枪	宕开三	平阳清	tɕʰiaŋ²¹³	tɕʰiaŋ²¹³	tɕʰiaŋ²¹³	tsʰiaŋ²¹³	tsʰiaŋ²¹³	tɕʰiaŋ²¹³	tsʰiaŋ²¹³
抢	宕开三	上养清	tɕʰiaŋ⁵⁵	tɕʰiaŋ⁵⁵	tɕʰiaŋ⁵⁵	tsʰiaŋ⁵⁵	tsʰiaŋ⁵⁵	tɕʰiaŋ⁵⁵	tsʰiaŋ⁵⁵
鹊	宕开三	入药清	tɕʰyə²¹³	tɕʰyə⁵⁵	tɕʰyə⁵⁵	tɕʰyə⁵⁵	tsʰyə⁵⁵	tɕʰyə⁵⁵	tsʰyə⁵⁵
墙	宕开三	平阳从	tɕʰiaŋ⁵³	tɕʰiaŋ⁵³	tɕʰiaŋ⁵³	tsʰiaŋ⁵³	tsʰiaŋ⁵³	tɕʰiaŋ⁵³	tsʰiaŋ⁵³
匠	宕开三	去漾从	tɕiaŋ³¹	tɕiaŋ³¹	tɕiaŋ³¹	tsiaŋ³¹	tsiaŋ³¹	tɕiaŋ⁴¹²	tsiaŋ⁴¹²
嚼	宕开三	入药从	tɕyə⁵³	tɕyə⁵³	tɕyə⁵³	tɕyə⁵³	tsyə⁵³	tsuə⁵³	tsuə⁵³
箱	宕开三	平阳心	ɕiaŋ²¹³	ɕiaŋ²¹³	ɕiaŋ²¹³	siaŋ²¹³	siaŋ²¹³	ɕiaŋ²¹³	siaŋ²¹³
想	宕开三	上养心	ɕiaŋ⁵⁵	ɕiaŋ⁵⁵	ɕiaŋ⁵⁵	siaŋ⁵⁵	siaŋ⁵⁵	ɕiaŋ⁵⁵	siaŋ⁵⁵
相~貌	宕开三	去漾心	ɕiaŋ³¹	ɕiaŋ³¹	ɕiaŋ³¹	siaŋ³¹	siaŋ³¹	ɕiaŋ⁴¹²	siaŋ⁴¹²
削剥~	宕开三	入药心	ɕyə²¹³	ɕyə⁵⁵	ɕyə⁵⁵	ɕyə⁵⁵	syə⁵⁵	suə²¹³	suə²¹³
详	宕开三	平阳邪	ɕiaŋ⁵³	ɕiaŋ⁵³	ɕiaŋ⁵³	siaŋ⁵³	siaŋ⁵³	ɕiaŋ⁵³	siaŋ⁵³
像	宕开三	上养邪	ɕiaŋ³¹	ɕiaŋ³¹	ɕiaŋ³¹	siaŋ³¹	siaŋ³¹	ɕiaŋ⁴¹²	siaŋ⁴¹²
张	宕开三	平阳知	tʂaŋ²¹³	tʂaŋ²¹³	tʂaŋ²¹³	tʃaŋ²¹³	tʃaŋ²¹³	tʂaŋ²¹³	tʂaŋ²¹³
长生~	宕开三	上养知	tʂaŋ⁵⁵	tʂaŋ⁵⁵	tʂaŋ⁵⁵	tʃaŋ⁵⁵	tʃaŋ⁵⁵	tʂaŋ⁵⁵	tʂaŋ⁵⁵
账	宕开三	去漾知	tʂaŋ³¹	tʂaŋ³¹	tʂaŋ³¹	tʃaŋ³¹	tʃaŋ³¹	tʂaŋ⁴¹²	tʂaŋ⁴¹²
畅	宕开三	去漾彻	tʂʰaŋ²¹³	tʂʰaŋ⁵⁵	tʂʰaŋ²¹³	tʃʰaŋ⁵⁵	tʃʰaŋ²¹³	tʂʰaŋ⁵⁵	tʂʰaŋ²¹³
肠	宕开三	平阳澄	tʂʰaŋ⁵³	tʂʰaŋ⁵³	tʂʰaŋ⁵³	tʃʰaŋ⁵³	tʃʰaŋ⁵³	tʂʰaŋ⁵³	tʂʰaŋ⁵³
丈	宕开三	上养澄	tʂaŋ³¹	tʂaŋ³¹	tʂaŋ³¹	tʃaŋ³¹	tʃaŋ³¹	tʂaŋ⁴¹²	tʂaŋ⁴¹²
着	宕开三	入药崇	tʂuə⁵³	tʂuə⁵³	tʂuə⁵³	tʃə⁵³	tʃə⁵³	tʂuə⁵³	tʂuə⁵³
装	宕开三	平阳庄	tʂuaŋ²¹³	tʂuaŋ²¹³	tʂuaŋ²¹³	tʃuaŋ²¹³	tʃuaŋ²¹³	tʂuaŋ²¹³	tʂuaŋ²¹³

例字	韵摄	中古音	大李村	耿庄	谭家村	谭家营	马家庄	朱家庄	官路村
庄	宕开三	平阳庄	tʂuaŋ²¹³	tʂuaŋ²¹³	tʂuaŋ²¹³	tʂuaŋ²¹³	tʂuaŋ³¹	tʂuaŋ²¹³	tʂuaŋ²¹³
壮	宕开三	平阳庄	tʂuaŋ³¹	tʂuaŋ⁴¹²	tʂuaŋ³¹	tʂuaŋ³¹	tʂuaŋ⁵³	tʂuaŋ³¹	tʂuaŋ³¹
疮	宕开三	平阳初	tʂʰuaŋ²¹³	tʂʰuaŋ²¹³	tʂʰuaŋ²¹³	tʂʰuaŋ²¹³	tʂʰuaŋ³¹	tʂʰuaŋ²¹³	tʂʰuaŋ²¹³
闯	宕开三	平阳初	tʂʰuaŋ⁵⁵	tʂʰuaŋ⁵⁵	tʂʰuaŋ⁵⁵	tʂʰuaŋ⁵⁵	tʂʰuaŋ⁵⁵	tʂʰuaŋ⁵⁵	tʂʰuaŋ⁵⁵
创	宕开三	去漾初	tʂʰuaŋ⁵⁵	tʂʰuaŋ⁴¹²	tʂʰuaŋ³¹	tʂʰuaŋ³¹	tʂʰuaŋ⁵³	tʂʰuaŋ³¹	tʂʰuaŋ³¹
床	宕开三	平阳崇	tʂʰuaŋ⁵³	tʂʰuaŋ⁵³	tʂʰuaŋ⁵²	tʂʰuaŋ⁵²	tʂʰuaŋ⁵⁵	tʂʰuaŋ⁵⁵	tʂʰuaŋ⁵³
状	宕开三	去漾崇	tʂuaŋ³¹	tʂuaŋ⁴¹²	tʂuaŋ³¹	tʂuaŋ³¹	tʂuaŋ⁵³	tʂuaŋ³¹	tʂuaŋ³¹
霜	宕开三	平阳生	ʂuaŋ²¹³	ʂuaŋ²¹³	ʂuaŋ²¹³	ʂuaŋ²¹³	ʂuaŋ³¹	ʂuaŋ²¹³	ʂuaŋ²¹³
章	宕开三	平阳章	tʂaŋ²¹³	tʂaŋ²¹³	tʂaŋ²¹³	tʃaŋ²¹³	tʂaŋ³¹	tʂaŋ²¹³	tʂaŋ²¹³
掌	宕开三	上养章	tʂaŋ⁵⁵	tʂaŋ⁵⁵	tʂaŋ⁵⁵	tʃaŋ⁵⁵	tʂaŋ⁵⁵	tʂaŋ⁵⁵	tʂaŋ⁵⁵
障	宕开三	去漾章	tʂaŋ³¹	tʂaŋ³¹	tʂaŋ³¹	tʃaŋ⁵⁵	tʂaŋ³¹	tʂaŋ³¹	tʂaŋ³¹
昌	宕开三	平阳昌	tʂʰaŋ⁵⁵	tʂʰaŋ²¹³	tʂʰaŋ²¹³	tʃʰaŋ²¹³	tʂʰaŋ³¹	tʂʰaŋ²¹³	tʂʰaŋ²¹³
厂	宕开三	上养昌	tʂʰaŋ⁵⁵	tʂʰaŋ⁵⁵	tʂʰaŋ⁵⁵	tʃʰaŋ⁵⁵	tʂʰaŋ⁵⁵	tʂʰaŋ⁵⁵	tʂʰaŋ⁵⁵
唱	宕开三	去漾昌	tʂʰaŋ³¹	tʂʰaŋ⁴¹²	tʂʰaŋ³¹	tʃʰaŋ³¹	tʂʰaŋ⁵³	tʂʰaŋ³¹	tʂʰaŋ³¹
伤	宕开三	平阳书	ʂaŋ²¹³	ʂaŋ²¹³	ʂaŋ²¹³	ʃaŋ²¹³	ʂaŋ³¹	ʂaŋ²¹³	ʂaŋ²¹³
赏	宕开三	上养书	ʂaŋ⁵⁵	ʂaŋ⁵⁵	ʂaŋ⁵⁵	ʃaŋ⁵⁵	ʂaŋ⁵⁵	ʂaŋ⁵⁵	ʂaŋ⁵⁵
常	宕开三	平阳禅	tʂʰaŋ⁵³	tʂʰaŋ⁵³	tʂʰaŋ⁵²	tʃʰaŋ⁵²	tʂʰaŋ⁵⁵/ʂaŋ⁵⁵	tʂʰaŋ⁵⁵	tʂʰaŋ⁵³
尝	宕开三	平阳禅	tʂʰaŋ⁵³	tʂʰaŋ⁵³	tʂʰaŋ⁵²/ʂaŋ⁵²	tʃʰaŋ⁵²	tʂʰaŋ⁵⁵/ʂaŋ⁵⁵	tʂʰaŋ⁵⁵	tʂʰaŋ⁵³
上	宕开三	上养禅	ʂaŋ³¹	ʂaŋ⁴¹²/xaŋ⁰	ʂaŋ³¹	ʃaŋ³¹	ʂaŋ⁵³	ʂaŋ³¹	ʂaŋ³¹
勺	宕开三	入药禅	ʂuə⁵³	ʂuə⁵³	ʂuə⁵²	ʃuə⁵²	ʂuə⁵⁵	ʂuə⁵⁵	ʂuə⁵³
瓤	宕开三	平阳日	zaŋ⁵³	zaŋ⁵³	zaŋ⁵²	iaŋ⁵²	zaŋ⁵⁵	zaŋ⁵⁵	zaŋ⁵³
让	宕开三	去漾日	zaŋ³¹	zaŋ⁴¹²	zaŋ³¹/iaŋ³¹	iaŋ³¹	zaŋ⁵³	zaŋ³¹	zaŋ³¹
弱	宕开三	入药日	zuə⁵³	zuə⁴¹²	zuə⁵²	yə⁵⁵	zuə⁵⁵	luə³¹	zuə⁵³
姜	宕开三	平阳见	tɕiaŋ²¹³	tɕiaŋ²¹³	tɕiaŋ²¹³	tɕiaŋ²¹³	tɕiaŋ³¹	tɕiaŋ²¹³	tɕiaŋ²¹³
脚	宕开三	入药见	tɕyə²¹³	tɕyə²¹³	tɕyə⁵⁵	tɕyə⁵⁵	tɕyə³¹	tɕyə²¹³	tɕyə²¹³
羌	宕开三	平阳溪	tɕʰiaŋ²¹³	tɕʰiaŋ²¹³	tɕʰiaŋ²¹³	tɕʰiaŋ²¹³	tɕʰiaŋ³¹	tɕʰiaŋ²¹³	tɕʰiaŋ²¹³
却	宕开三	入药溪	tɕʰyə²¹³	tɕʰyə²¹³	tɕʰyə⁵⁵	tɕʰyə⁵⁵	tɕʰyə³¹	tɕʰyə²¹³	tɕʰyə³¹
强	宕开三	平阳群	tɕʰiaŋ⁵³	tɕʰiaŋ⁵³	tɕʰiaŋ⁵²	tɕʰiaŋ⁵²	tɕʰiaŋ⁵⁵	tɕʰiaŋ⁵⁵	tɕʰiaŋ⁵³
仰	宕开三	上养疑	iaŋ⁵⁵	iaŋ⁵³	iaŋ⁵⁵	iaŋ⁵⁵	iaŋ⁵⁵	iaŋ⁵⁵	iaŋ⁵⁵
虐	宕开三	入药疑	yə²¹³	yə²¹³	yə³¹	yə³¹	yə³¹	yə³¹	yə³¹
香	宕开三	平阳晓	ɕiaŋ²¹³	ɕiaŋ²¹³	ɕiaŋ²¹³	ɕiaŋ²¹³	ɕiaŋ³¹	ɕiaŋ²¹³	ɕiaŋ²¹³
响	宕开三	上养晓	ɕiaŋ⁵⁵	ɕiaŋ⁵⁵	ɕiaŋ⁵⁵	ɕiaŋ⁵⁵	ɕiaŋ⁵⁵	ɕiaŋ⁵⁵	ɕiaŋ⁵⁵
向	宕开三	去漾晓	ɕiaŋ³¹	ɕiaŋ⁴¹²	ɕiaŋ³¹	ɕiaŋ³¹	ɕiaŋ⁵³	ɕiaŋ³¹	ɕiaŋ³¹
秧	宕开三	平阳影	iaŋ²¹³	iaŋ²¹³	iaŋ²¹³	iaŋ²¹³	iaŋ³¹	iaŋ²¹³	iaŋ²¹³

续表

例字	韵摄	中古音	东堤村	杨居屯	朱鹿村	太平村	魏马村	雷家寨	北李村
庄	宕开三	平阳庄	tʂuaŋ²¹³	tʂuaŋ²¹³	tʂuaŋ²¹³	tʂuaŋ²¹³	tʂuaŋ²¹³	tʂuaŋ²¹³	tʂuaŋ²¹³
壮	宕开三	平阳庄	tʂuaŋ³¹	tʂuaŋ³¹	tʂuaŋ³¹	tʂuaŋ³¹	tʂuaŋ³¹	tʂuaŋ⁴¹²	tʂuaŋ⁴¹²
疮	宕开三	平阳初	tʂʰuaŋ²¹³	tʂʰuaŋ²¹³	tʂʰuaŋ²¹³	tʂʰuaŋ²¹³	tʂʰuaŋ²¹³	tʂʰuaŋ²¹³	tʂʰuaŋ²¹³
闯	宕开三	平阳初	tʂʰuaŋ⁵⁵	tʂʰuaŋ⁵⁵	tʂʰuaŋ³¹	tʂʰuaŋ⁵⁵	tʂʰuaŋ⁵⁵	tʂʰuaŋ⁵⁵	tʂʰuaŋ⁵⁵
创	宕开三	去漾初	tʂʰuaŋ³¹	tʂʰuaŋ⁵⁵	tʂʰuaŋ³¹	tʂʰuaŋ³¹	tʂʰuaŋ³¹	tʂʰuaŋ⁴¹²	tʂʰuaŋ⁴¹²
床	宕开三	平阳崇	tʂʰuaŋ⁵³	tʂʰuaŋ⁵³	tʂʰuaŋ⁵³	tʂʰuaŋ⁵³	tʂʰuaŋ⁵³	tʂʰuaŋ⁵³	tʂʰuaŋ⁵³
状	宕开三	去漾崇	tʂuaŋ³¹	tʂuaŋ³¹	tʂuaŋ³¹	tʂuaŋ³¹	tʂuaŋ³¹	tʂuaŋ⁴¹²	tʂuaŋ⁴¹²
霜	宕开三	平阳生	ʂuaŋ²¹³	ʂuaŋ²¹³	ʂuaŋ²¹³	ʂuaŋ²¹³	ʂuaŋ²¹³	ʂuaŋ²¹³ / faŋ²¹³	ʂuaŋ²¹³ / faŋ²¹³
章	宕开三	平阳章	tʂaŋ²¹³	tʂaŋ²¹³	tʂaŋ²¹³	tʃaŋ²¹³	tʃaŋ²¹³	tʂaŋ²¹³	tʂaŋ²¹³
掌	宕开三	上养章	tʂaŋ⁵⁵	tʂaŋ⁵⁵	tʂaŋ⁵⁵	tʃaŋ⁵⁵	tʃaŋ⁵⁵	tʂaŋ⁵⁵	tʂaŋ⁵⁵
障	宕开三	去漾章	tʂaŋ³¹	tʂaŋ³¹	tʂaŋ³¹	tʃaŋ³¹	tʃaŋ³¹	tʂaŋ⁴¹²	tʂaŋ²¹³
昌	宕开三	平阳昌	tʂʰaŋ²¹³	tʂʰaŋ⁵⁵	tʂʰaŋ²¹³	tʃʰaŋ²¹³	tʃʰaŋ²¹³	tʂʰaŋ²¹³	tʂʰaŋ²¹³
厂	宕开三	上养昌	tʂʰaŋ⁵⁵	tʂʰaŋ⁵⁵	tʂʰaŋ⁵⁵	tʃʰaŋ⁵⁵	tʃʰaŋ⁵⁵	tʂʰaŋ⁵⁵	tʂʰaŋ⁵⁵
唱	宕开三	去漾昌	tʂʰaŋ³¹	tʂʰaŋ³¹	tʂʰaŋ³¹	tʃʰaŋ³¹	tʃʰaŋ³¹	tʂʰaŋ⁴¹²	tʂʰaŋ⁴¹²
伤	宕开三	平阳书	ʂaŋ²¹³	ʂaŋ²¹³	ʂaŋ²¹³	ʃaŋ²¹³	ʃaŋ²¹³	ʂaŋ²¹³	ʂaŋ²¹³
赏	宕开三	上养书	ʂaŋ⁵⁵	ʂaŋ⁵⁵	ʂaŋ⁵⁵	ʃaŋ⁵⁵	ʃaŋ⁵⁵	ʂaŋ⁵⁵	ʂaŋ⁵⁵
常	宕开三	平阳禅	tʂʰaŋ⁵³	tʂʰaŋ⁵³	tʂʰaŋ⁵³	tʃʰaŋ⁵³	tʃʰaŋ⁵³	tʂʰaŋ⁵³ / ʂaŋ⁵³	tʂʰaŋ⁵³
尝	宕开三	平阳禅	tʂʰaŋ⁵³	tʂʰaŋ⁵³	tʂʰaŋ⁵³	tʃʰaŋ⁵³	tʃʰaŋ⁵³	tʂʰaŋ⁵³	tʂʰaŋ⁵³
上	宕开三	上养禅	ʂaŋ³¹ / xaŋ³¹	ʂaŋ³¹	ʂaŋ³¹ / xaŋ³¹	ʃaŋ³¹	ʃaŋ³¹	ʂaŋ⁴¹²	ʂaŋ⁴¹²
勺	宕开三	入药禅	ʂuə⁵³	ʂuə⁵³	ʂuə⁵³	ʃuə⁵³	ʃuə⁵³	ʂuə⁵³	ʂuə⁵³ / fə⁵³
瓤	宕开三	平阳日	zaŋ⁵³	laŋ⁵³	laŋ⁵³	iaŋ⁵³	iaŋr⁵³	zaŋ⁵³	zaŋ⁵³
让	宕开三	去漾日	zaŋ³¹	zaŋ³¹ / laŋ³¹	laŋ³¹	zaŋ³¹ / iaŋ³¹	iaŋ³¹	zaŋ⁴¹²	zaŋ⁴¹²
弱	宕开三	入药日	zuə³¹	zuə³¹ / luə³¹	luə³¹	luə³¹	yə⁵⁵	zuə⁵³	zuə⁵³
姜	宕开三	平阳见	tɕiaŋ²¹³	tɕiaŋ²¹³	tɕiaŋ²¹³	tɕiaŋ²¹³	tɕiaŋ²¹³	tɕiaŋ²¹³	tɕiaŋ²¹³
脚	宕开三	入药见	tɕyə²¹³	tɕyə⁵⁵	tɕyə⁵⁵	tɕyə⁵⁵	tɕyə⁵⁵	tɕyə²¹³	tɕyə²¹³
羌	宕开三	平阳溪	tɕʰiaŋ²¹³	tɕʰiaŋ²¹³	tɕʰiaŋ²¹³	tɕʰiaŋ²¹³	tɕʰiaŋ²¹³	tɕʰiaŋ²¹³	tɕʰiaŋ²¹³
却	宕开三	入药溪	tɕʰyə²¹³	tɕʰyə⁵⁵	tɕʰyə⁵⁵	tɕʰyə⁵⁵	tɕʰyə⁵⁵	tɕʰyə²¹³	tɕʰyə²¹³
强	宕开三	平阳群	tɕʰiaŋ⁵³	tɕʰiaŋ⁵³	tɕʰiaŋ⁵³	tɕʰiaŋ⁵³	tɕʰiaŋ⁵³	tɕʰiaŋ⁵³	tɕʰiaŋ⁵³
仰	宕开三	上养疑	iaŋ⁵³	iaŋ⁵³	iaŋ⁵⁵	iaŋ⁵⁵	iaŋ²¹³	ŋiaŋ⁵⁵	iaŋ⁵⁵
虐	宕开三	入药疑	yə³¹	yə²¹³	yə³¹	yə³¹	yə³¹	yə²¹³	yə²¹³
香	宕开三	平阳晓	ɕiaŋ²¹³	ɕiaŋ²¹³	ɕiaŋ²¹³	ɕiaŋ²¹³	ɕiaŋ²¹³	ɕiaŋ²¹³	ɕiaŋ²¹³
响	宕开三	上养晓	ɕiaŋ⁵⁵	ɕiaŋ⁵⁵	ɕiaŋ⁵⁵	ɕiaŋ⁵⁵	ɕiaŋ⁵⁵	ɕiaŋ⁵⁵	ɕiaŋ⁵⁵
向	宕开三	去漾晓	ɕiaŋ³¹	ɕiaŋ³¹	ɕiaŋ³¹	ɕiaŋ³¹	ɕiaŋ³¹	ɕiaŋ⁴¹²	ɕiaŋ⁴¹²
秧	宕开三	平阳影	iaŋ²¹³	iaŋ²¹³	iaŋ²¹³	iaŋ²¹³	iaŋ²¹³	iaŋ²¹³	iaŋ²¹³

例字	韵摄	中古音	大李村	耿庄	谭家村	谭家营	马家庄	朱家庄	官路村
央	宕开三	平阳影	iaŋ²¹³	iaŋ²¹³	iaŋ²¹³	iaŋ²¹³	iaŋ³¹	iaŋ²¹³	iaŋ²¹³
约	宕开三	入药影	yə²¹³	yə²¹³	yə⁵⁵	yə⁵⁵	yə³¹	yə²¹³	yə³¹
羊	宕开三	平阳以	iaŋ⁵³	iaŋ⁵³	iaŋ⁵²	iaŋ⁵²	iaŋ⁵⁵	iaŋ⁵⁵	iaŋ⁵³
痒	宕开三	上养以	iaŋ⁵⁵	iaŋ⁵⁵	iaŋ⁵⁵	iaŋ⁵⁵	iaŋ⁵⁵	iaŋ⁵⁵	iaŋ⁵⁵
样	宕开三	去漾以	iaŋ³¹	iaŋ⁴¹²	iaŋ³¹	iaŋ³¹	iaŋ⁵³	iaŋ³¹	iaŋ³¹
药	宕开三	入药以	yə²¹³	yə²¹³	yə³¹	yə³¹	yə⁵³	yə³¹	yə³¹
光	宕合一	平唐见	kuaŋ²¹³	kuaŋ²¹³	kuaŋ²¹³	kuaŋ²¹³	kuaŋ³¹	kuaŋ²¹³	kuaŋ²¹³
广	宕合一	上荡见	kuaŋ⁵⁵	kuaŋ⁵⁵	kuaŋ⁵⁵	kuaŋ⁵⁵	kuaŋ⁵⁵	kuaŋ⁵⁵	kuaŋ⁵⁵
郭	宕合一	入铎见	kuə²¹³	kuə²¹³	kuə⁵⁵	kuə⁵⁵	kuə³¹	kuə²¹³	kuə²¹³
扩	宕合一	入铎溪	kʰuə²¹³	kʰuə²¹³	kʰuə²¹³	kʰuə⁵⁵	kʰuə³¹	kʰuə²¹³	kʰuə²¹³
慌	宕合一	平唐晓	xuaŋ²¹³	xuaŋ²¹³	xuaŋ²¹³	xuaŋ²¹³	xuaŋ³¹	xuaŋ²¹³	xuaŋ²¹³
谎	宕合一	上荡晓	xuaŋ⁵⁵	xuaŋ⁵⁵	xuaŋ⁵⁵	xuaŋ⁵⁵	xuaŋ⁵⁵	xuaŋ⁵⁵	xuaŋ⁵⁵
霍	宕合一	入铎晓	xuə³¹	xuə²¹³	xuə²¹³	xuə²¹³	xuə³¹	xuə²¹³	xuə²¹³
黄	宕合一	平唐匣	xuaŋ⁵³	xuaŋ⁵³	xuaŋ⁵²	xuaŋ⁵²	xuaŋ⁵⁵	xuaŋ⁵⁵	xuaŋ⁵³
汪	宕合一	平唐影	uaŋ²¹³	uaŋ⁴¹²	uaŋ²¹³	vaŋ²¹³	uaŋ³¹	vaŋ²¹³	uaŋ²¹³
方	宕合三	平阳非	faŋ²¹³	faŋ²¹³	faŋ²¹³	faŋ²¹³	faŋ³¹	faŋ²¹³	faŋ²¹³
仿	宕合三	上养非	faŋ⁵⁵	faŋ⁵⁵	faŋ⁵⁵	faŋ⁵⁵	faŋ⁵⁵	faŋ⁵⁵	faŋ⁵⁵
放	宕合三	去漾非	faŋ³¹	faŋ⁴¹²	faŋ³¹	faŋ³¹	faŋ⁵³	faŋ³¹	faŋ³¹
芳	宕合三	平阳敷	faŋ⁵⁵	faŋ⁵⁵	faŋ²¹³	faŋ²¹³	faŋ⁵⁵	faŋ²¹³	faŋ²¹³
纺	宕合三	上养敷	faŋ⁵⁵	faŋ⁵⁵	faŋ⁵⁵	faŋ⁵⁵	faŋ⁵⁵	faŋ⁵⁵	faŋ⁵⁵
访	宕合三	去漾敷	faŋ⁵⁵	faŋ⁵⁵	faŋ⁵⁵	faŋ⁵⁵	faŋ⁵⁵	faŋ⁵⁵	faŋ⁵⁵
防	宕合三	平阳奉	faŋ⁵³	faŋ⁵³	faŋ⁵⁵	faŋ⁵⁵	faŋ⁵⁵	faŋ⁵⁵	faŋ⁵³
网	宕合三	上养微	uaŋ⁵⁵	uaŋ⁵⁵	vaŋ⁵⁵	vaŋ⁵⁵	uaŋ⁵⁵	vaŋ⁵⁵	uaŋ⁵⁵
忘	宕合三	去漾微	uaŋ³¹	uaŋ⁴¹²	uaŋ³¹	vaŋ³¹	uaŋ⁵³	vaŋ³¹	uaŋ⁵⁵
逛	宕合三	去漾见	kuaŋ³¹	kuaŋ⁴¹²	kuaŋ³¹	kuaŋ³¹	kuaŋ⁵³	kuaŋ³¹	kuaŋ³¹
筐	宕合三	平阳溪	kʰuaŋ²¹³	kʰuaŋ²¹³	kʰuaŋ²¹³	kʰuaŋ²¹³	kʰuaŋ³¹	kʰuaŋ²¹³	kʰuaŋ²¹³
狂	宕合三	平阳群	kʰuaŋ⁵³	kʰuaŋ⁵³	kʰuaŋ⁵²	kʰuaŋ⁵⁵	kʰuaŋ⁵⁵	kʰuaŋ⁵⁵	kʰuaŋ⁵³
况	宕合三	去漾晓	kʰuaŋ³¹	kʰuaŋ⁴¹²	kʰuaŋ³¹	kʰuaŋ³¹	kʰuaŋ⁵³	kʰuaŋ³¹	kʰuaŋ³¹
王	宕合三	平阳云	uaŋ⁵³	uaŋ⁵³	vaŋ⁵²	vaŋ⁵²	uaŋ⁵⁵	vaŋ⁵⁵	uaŋ⁵³
往	宕合三	上养云	uaŋ⁵⁵	uaŋ⁵⁵	vaŋ⁵⁵	vaŋ⁵⁵	uaŋ⁵³	vaŋ⁵⁵	uaŋ⁵⁵
旺	宕合三	去漾云	uaŋ³¹	uaŋ⁴¹²	uaŋ³¹	vaŋ³¹	uaŋ⁵³	vaŋ³¹	uaŋ³¹
绑	江开二	上讲帮	paŋ⁵⁵	paŋ⁵⁵	paŋ⁵⁵	paŋ⁵⁵	paŋ⁵⁵	paŋ⁵⁵	paŋ⁵⁵
剥	江开二	入觉帮	pə²¹³	pə²¹³	pə⁵⁵~削 pa⁵⁵~皮	pə⁵⁵~削 pa⁵⁵~皮	pə³¹~削 pa³¹~皮	pə²¹³~削 pa²¹³~皮	pə²¹³~削 pa²¹³~皮
胖	江开二	去绛滂	pʰaŋ³¹	pʰaŋ⁴¹²	pʰaŋ³¹	pʰaŋ³¹	pʰaŋ⁵³	pʰaŋ³¹	pʰaŋ³¹
朴	江开二	入觉滂	pʰu⁵⁵	pʰu⁵⁵	pʰu⁵⁵	pʰu⁵⁵	pʰu⁵⁵	pʰu⁵⁵	pʰu⁵⁵
棒	江开二	上讲并	paŋ³¹	paŋ⁴¹²	paŋ⁵⁵	paŋ⁵⁵	paŋ⁵³	paŋ³¹	paŋ³¹
雹	江开二	入觉并	pə²¹³	pə²¹³	pə²¹³ pa²¹³~子	pa⁵²~子	pə³¹ pa⁵⁵~子	pə²¹³ pa⁵⁵~子	pa⁵³~子
攮	江开二	上讲泥	naŋ⁵⁵	naŋ⁵⁵	naŋ⁵⁵	naŋ⁵⁵	naŋ⁵⁵	naŋ⁵⁵	naŋ⁵⁵

续表

例字	韵摄	中古音	东堤村	杨居屯	朱鹿村	太平村	魏马村	雷家寨	北李村
央	宕开三	平阳影	iaŋ²¹³	iaŋ²¹³	iaŋ²¹³	iaŋ²¹³	iaŋ²¹³	iaŋ²¹³	iaŋ²¹³
约	宕开三	入药影	yə²¹³	yə²¹³	yə⁵⁵	yə³¹	yə⁵⁵	yə²¹³	yə²¹³
羊	宕开三	平阳以	iaŋ⁵³	iaŋ⁵³	iaŋ⁵³	iaŋ⁵³	iaŋ⁵³	iaŋ⁵³	iaŋ⁵³
痒	宕开三	上养以	iaŋ⁵⁵	iaŋ⁵⁵	iaŋ⁵⁵	iaŋ⁵⁵	iaŋ⁵⁵	iaŋ⁵⁵	iaŋ⁵⁵
样	宕开三	去漾以	iaŋ³¹	iaŋ³¹	iaŋ³¹	iaŋ³¹	iaŋ³¹	iaŋ⁴¹²	iaŋ⁴¹²
药	宕开三	入药以	yə³¹	yə³¹	yə³¹	yə³¹	yə³¹	yə²¹³	yə²¹³
光	宕合一	平唐见	kuaŋ²¹³	kuaŋ²¹³	kuaŋ²¹³	kuaŋ²¹³	kuaŋ²¹³	kuaŋ²¹³	kuaŋ²¹³
广	宕合一	上荡见	kuaŋ⁵⁵	kuaŋ⁵⁵	kuaŋ⁵⁵	kuaŋ⁵⁵	kuaŋ⁵⁵	kuaŋ⁵⁵	kuaŋ⁵⁵
郭	宕合一	入铎见	kuə²¹³	kuə⁵⁵	kuə⁵⁵	kuə⁵⁵	kuə⁵⁵	kuə²¹³	kuə²¹³
扩	宕合一	入铎溪	kʰuə²¹³	kʰuə⁵⁵	kʰuə⁵⁵	kʰuə⁵⁵	kʰuə⁵⁵	kʰuə²¹³	kʰuə²¹³
慌	宕合一	平唐晓	xuaŋ²¹³	xuaŋ²¹³	xuaŋ²¹³	xuaŋ²¹³	xuaŋ²¹³	xuaŋ²¹³	xuaŋ²¹³
谎	宕合一	上荡晓	xuaŋ⁵⁵	xuaŋ⁵⁵	xuaŋ⁵⁵	xuaŋ⁵⁵	xuaŋ⁵⁵	xuaŋ⁵⁵	xuaŋ⁵⁵
霍	宕合一	入铎晓	xuə²¹³	xuə³¹	xuə⁵⁵	xuə³¹	xuə³¹	xuə⁵³	xuə²¹³
黄	宕合一	平唐匣	xuaŋ⁵³	xuaŋ⁵³	xuaŋ⁵³	xuaŋ⁵³	xuaŋ⁵³	xuaŋ⁵³	xuaŋ⁵³
汪	宕合一	平唐影	uaŋ²¹³	uaŋ²¹³	uaŋ²¹³	uaŋ⁵⁵	uaŋ⁵⁵	uaŋ²¹³	uaŋ²¹³
方	宕合三	平阳非	faŋ²¹³	faŋ²¹³	faŋ²¹³	faŋ²¹³	faŋ²¹³	faŋ²¹³	faŋ²¹³
仿	宕合三	上养非	faŋ⁵⁵	faŋ⁵⁵	faŋ⁵⁵	faŋ⁵⁵	faŋ⁵⁵	faŋ⁵⁵	faŋ⁵⁵
放	宕合三	去漾非	faŋ³¹	faŋ³¹	faŋ³¹	faŋ³¹	faŋ³¹	faŋ⁴¹²	faŋ⁴¹²
芳	宕合三	平阳敷	faŋ⁵³	faŋ⁵³	faŋ²¹³	faŋ²¹³	faŋ²¹³	faŋ²¹³	faŋ⁵⁵
纺	宕合三	上养敷	faŋ⁵⁵	faŋ⁵⁵	faŋ⁵⁵	faŋ⁵⁵	faŋ⁵⁵	faŋ⁵⁵	faŋ⁵⁵
访	宕合三	去漾敷	faŋ³¹	faŋ³¹	faŋ³¹	faŋ³¹	faŋ³¹	faŋ⁵⁵	faŋ⁵⁵
防	宕合三	平阳奉	faŋ⁵⁵	faŋ⁵³	faŋ⁵³	faŋ⁵³	faŋ⁵³	faŋ⁵³	faŋ⁵³
网	宕合三	上养微	uaŋ⁵⁵	uaŋ⁵⁵	uaŋ⁵⁵	uaŋ⁵⁵	uaŋ⁵⁵	uaŋ⁵⁵	uaŋ⁵⁵
忘	宕合三	去漾微	uaŋ³¹	uaŋ³¹	uaŋ³¹	uaŋ³¹	uaŋ³¹	uaŋ⁴¹²	uaŋ⁴¹²
逛	宕合三	去漾见	kuaŋ³¹	kuaŋ³¹	kuaŋ³¹	kuaŋ³¹	kuaŋ³¹	kuaŋ⁴¹²	kuaŋ⁴¹²
筐	宕合三	平阳溪	kʰuaŋ²¹³	kʰuaŋ²¹³	kʰuaŋ²¹³	kʰuaŋ²¹³	kʰuaŋ²¹³	kʰuaŋ²¹³	kʰuaŋ²¹³
狂	宕合三	平阳群	kʰuaŋ⁵³	kʰuaŋ⁵³	kʰuaŋ⁵³	kʰuaŋ⁵³	kʰuaŋ⁵⁵	kʰuaŋ⁵³	kʰuaŋ⁵³
况	宕合三	去漾晓	kʰuaŋ³¹	kʰuaŋ³¹	kʰuaŋ³¹	kʰuaŋ³¹	kʰuaŋ³¹	kʰuaŋ⁴¹²	kʰuaŋ⁴¹²
王	宕合三	平阳云	uaŋ⁵³	uaŋ⁵³	uaŋ⁵³	uaŋ⁵³	uaŋ⁵³	uaŋ⁵³	uaŋ⁵³
往	宕合三	上养云	uaŋ⁵⁵	uaŋ³¹	uaŋ⁵⁵	uaŋ³¹	uaŋ⁵⁵	uaŋ⁵⁵	uaŋ⁵⁵
旺	宕合三	去漾云	uaŋ³¹	uaŋ³¹	uaŋ³¹	uaŋ³¹	uaŋ³¹	uaŋ⁴¹²	uaŋ⁴¹²
绑	江开二	上讲帮	paŋ⁵⁵	paŋ⁵⁵	paŋ⁵⁵	paŋ⁵⁵	paŋ⁵⁵	paŋ⁵⁵	paŋ⁵⁵
剥	江开二	入觉帮	pə⁵⁵~削 pa⁵⁵~皮	pa⁵⁵~皮	pə⁵⁵~削 pa⁵⁵~皮	pə⁵⁵~削 pa⁵⁵~皮	pə⁵⁵~削 pa⁵⁵~皮	pə²¹³	pə²¹³
胖	江开二	去绛滂	pʰaŋ³¹	pʰaŋ³¹	pʰaŋ³¹	pʰaŋ³¹	pʰaŋ³¹	pʰaŋ⁴¹²	pʰaŋ⁴¹²
朴	江开二	入觉滂	pʰu⁵⁵	pʰu⁵⁵	pʰu⁵⁵	pʰu⁵⁵	pʰu⁵⁵	pʰu⁴¹²	pʰu⁵⁵
棒	江开二	上讲并	paŋ³¹	paŋ³¹	paŋ³¹	paŋ³¹	paŋ³¹	paŋ⁴¹²	paŋ⁴¹²
雹	江开二	入觉并	pɔ²¹³冰~ pa²¹³~子	pɔ²¹³冰~ pa²¹³~子	pɔ²¹³冰~ pa⁵³~子	pɔ²¹³冰~ pa⁵³~子	pɔ³¹冰~ pa⁵³~子	pɔ⁴¹²	pə²¹³
攮	江开二	上讲泥	naŋ⁵⁵	naŋ⁵⁵	naŋ⁵⁵	naŋ⁵⁵	naŋ³¹	naŋ⁵⁵	naŋ⁵⁵

例字	韵摄	中古音	大李村	耿庄	谭家村	谭家营	马家庄	朱家庄	官路村
桩	江开二	平江知	tʂuaŋ²¹³	tʂuaŋ²¹³	tʂuaŋ²¹³	tʂuaŋ²¹³	tʂuaŋ³¹	tʂuaŋ²¹³	tʂuaŋ²¹³
桌	江开二	入觉知	tsuə²¹³	tsuə²¹³	tsuə⁵⁵	tsuə⁵⁵	tsuə³¹	tsuə²¹³	tsuə²¹³
戳	江开二	入觉彻	tʂʰuə⁵³	tʂʰuə⁵³	tʂʰuə²¹³	tʂʰuə⁵⁵	tʂʰuə⁵⁵	tʂʰuə²¹³	tʂʰuə²¹³
撞	江开二	去绛澄	tʂuaŋ³¹	tʂʰuaŋ⁵⁵	tʂʰuaŋ³¹	tʂuaŋ³¹	tʂuaŋ⁵³	tʂuaŋ³¹	tʂuaŋ³¹
浊	江开二	入觉澄	tʂuə⁵³	tsuə⁵³	tsuə⁵²	tsuə⁵²	tsuə⁵⁵	tsuə²¹³	tsuə⁵³
捉	江开二	入觉庄	tʂuə²¹³	tsuə²¹³	tsuə⁵⁵	tsuə⁵⁵	tsuə³¹	tsuə²¹³	tsuə²¹³
窗	江开二	平江初	tʂʰuaŋ²¹³	tʂʰuaŋ²¹³	tʂʰuaŋ²¹³	tʂʰuaŋ²¹³	tʂʰuaŋ³¹	tʂʰuaŋ²¹³	tʂʰuaŋ²¹³
镯	江开二	入觉崇	tʂuə⁵³	tsuə⁵³	tsuə⁵²	tsuə⁵²	tsuə⁵⁵	tsuə⁵⁵	tsuə⁵³
双	江开二	平江生	ʂuaŋ²¹³	ʂuaŋ²¹³	ʂuaŋ²¹³	ʂuaŋ²¹³	ʂuaŋ³¹	ʂuaŋ²¹³	ʂuaŋ²¹³
江	江开二	平江见	tɕiaŋ²¹³	tɕiaŋ²¹³	tɕiaŋ²¹³	tɕiaŋ²¹³	tɕiaŋ³¹	tɕiaŋ²¹³	tɕiaŋ²¹³
讲	江开二	上讲见	tɕiaŋ⁵⁵	tɕiaŋ⁵⁵	tɕiaŋ⁵⁵	tɕiaŋ⁵⁵	tɕiaŋ⁵⁵	tɕiaŋ⁵⁵	tɕiaŋ⁵⁵
降	江开二	去绛见	ɕiaŋ⁵³	tɕiaŋ⁴¹²	tɕiaŋ³¹	tɕiaŋ³¹	tɕiaŋ³¹	tɕiaŋ³¹	tɕiaŋ³¹
虹	江开二	去绛见	xuŋ⁵³	tɕiaŋ⁴¹²	xəŋ⁵²	xəŋ⁵²	xuŋ⁵⁵	xuŋ⁵⁵	xuŋ⁵³
觉	江开二	入觉见	tɕyə²¹³	tɕyə²¹³	tɕyə⁵⁵	tɕyə³¹	tɕyə³¹	tɕyə²¹³	tɕyə³¹
角	江开二	入觉见	tɕyə²¹³	tɕyə²¹³	tɕyə⁵⁵	tɕyə³¹	tɕyə³¹	tɕyə²¹³	tɕyə³¹
腔	江开二	平江溪	tɕʰiaŋ²¹³	tɕʰiaŋ²¹³	tɕʰiaŋ²¹³	tɕʰiaŋ²¹³	tɕʰiaŋ³¹	tɕʰiaŋ²¹³	tɕʰiaŋ²¹³
确	江开二	入觉溪	tɕʰyə⁵⁵	tɕʰyə²¹³	tɕʰyə⁵⁵	tɕʰyə⁵⁵	tɕʰyə³¹	tɕʰyə²¹³	tɕʰyə⁵⁵
壳	江开二	入觉溪	kʰə²¹³	kʰə²¹³	kʰə⁵⁵	kʰə⁵⁵	kʰə³¹	kʰə²¹³	kʰə²¹³
岳	江开二	入觉疑	yə²¹³	yə²¹³	yə³¹	yə³¹	yə³¹	yə³¹	yə³¹
项	江开二	上讲匣	ɕiaŋ³¹	ɕiaŋ⁴¹²	ɕiaŋ³¹ xaŋ³¹	ɕiaŋ³¹	xaŋ⁵³	ɕiaŋ³¹	ɕiaŋ³¹
巷	江开二	去绛匣	xaŋ²¹³	ɕiaŋ⁴¹²	xaŋ²¹³	ɕiaŋ³¹	xaŋ³¹	ɕiaŋ³¹	ɕiaŋ³¹ xaŋ³¹
学	江开二	入觉匣	ɕyə⁵³	ɕyə⁵³	ɕyə⁵²	ɕyə⁵²	ɕyə⁵⁵	ɕyə⁵⁵	ɕyə⁵³
握	江开二	入觉影	uə²¹³	uə²¹³	uə⁵⁵	və³¹	uə³¹	və²¹³	uə²¹³
北	曾开一	入德帮	pei²¹³	pei²¹³	pei⁵⁵	pei⁵⁵	pei³¹	pei²¹³	pei²¹³
朋	曾开一	平登並	pʰəŋ⁵³	pʰəŋ⁵³	pʰəŋ⁵²	pʰəŋ⁵²	pʰəŋ⁵⁵	pʰəŋ⁵⁵	pʰəŋ⁵³
墨	曾开一	入德明	mei²¹³	mei²¹³	mei⁵²	mei³¹	mei⁵³	mei³¹	mei⁵³
灯	曾开一	平登端	təŋ²¹³	təŋ²¹³	təŋ²¹³	təŋ²¹³	təŋ³¹	təŋ²¹³	təŋ²¹³
等	曾开一	上等端	təŋ⁵⁵	təŋ⁵⁵	təŋ⁵⁵	təŋ⁵⁵	təŋ⁵⁵	təŋ⁵⁵	təŋ⁵⁵
凳	曾开一	去嶝端	təŋ³¹	təŋ⁴¹²	təŋ³¹	təŋ³¹	təŋ³¹	təŋ³¹	təŋ³¹
得	曾开一	入德端	tei²¹³	tei²¹³	tei⁵⁵	tei⁵⁵	tei³¹	tei²¹³	tei²¹³
德	曾开一	入德端	tei²¹³	tei²¹³	tei⁵⁵	tei⁵⁵	tei³¹	tei²¹³	tei²¹³
藤	曾开一	平登定	tʰəŋ⁵³	tʰəŋ⁵³	tʰəŋ⁵²	tʰəŋ⁵²	tʰəŋ⁵⁵	tʰəŋ⁵⁵	tʰəŋ⁵³
邓	曾开一	去嶝定	təŋ³¹	təŋ⁴¹²	təŋ³¹	təŋ³¹	təŋ³¹	təŋ³¹	təŋ³¹
特	曾开一	入德定	tʰei⁵³	tʰei⁵³	tʰei⁵²	tʰə³¹	tʰei⁵⁵	tʰə⁵⁵	tʰei⁵³
能	曾开一	平登泥	nəŋ⁵³	nəŋ⁵³	nəŋ⁵²	nəŋ⁵²	nəŋ⁵⁵	nəŋ⁵⁵	nəŋ⁵³

续表

例字	韵摄	中古音	东堤村	杨居屯	朱鹿村	太平村	魏马村	雷家寨	北李村
桩	江开二	平江知	tʂuaŋ²¹³	tʂuaŋ²¹³	tʂuaŋ²¹³	tʂuaŋ²¹³	tʂuaŋ²¹³	tʂuaŋ²¹³	tʂuaŋ²¹³
桌	江开二	入觉知	tʂuə²¹³	tʂuə⁵⁵	tʂuə⁵⁵	tʂuə⁵⁵	tʂuə⁵⁵	tʂuə²¹³	tʂuə²¹³
戳	江开二	入觉彻	tʂʰuə⁵³	tʂʰuə²¹³	tʂʰuə⁵³	tʂʰuə⁵³	tʂʰuə⁵³	tʂʰuə²¹³	tʂʰuə²¹³
撞	江开二	去绛澄	tʂuaŋ³¹ / tʂʰuaŋ³¹	tʂʰuaŋ³¹	tʂʰuaŋ³¹	tʂuaŋ³¹	tʂuaŋ³¹	tʂʰuaŋ⁴¹²	tʂuaŋ⁴¹² / tʂʰuaŋ⁴¹²
浊	江开二	入觉澄	tʂuə⁵³	tʂuə⁵³	tʂuə⁵³	tʂuə⁵³	tʂuə⁵³	tʂuə⁵³	tʂuə⁵³
捉	江开二	入觉庄	tʂuə²¹³	tʂuə⁵⁵	tʂuə⁵⁵	tʂuə⁵⁵	tʂuə⁵⁵	tʂuə²¹³	tʂuə²¹³
窗	江开二	平江初	tʂʰuaŋ²¹³	tʂʰuaŋ²¹³	tʂʰuaŋ²¹³	tʂʰuaŋ²¹³	tʂʰuaŋ²¹³	tʂʰuaŋ²¹³	tʂʰuaŋ²¹³
镯	江开二	入觉崇	tʂuə⁵³	tʂuə⁵³	tʂuə⁵³	tʂuə⁵³	tʂuə⁵³ / tsuə⁵³		tʂuə⁵³
双	江开二	平江生	ʂuaŋ²¹³	ʂuaŋ²¹³	ʂuaŋ²¹³	ʂuaŋ²¹³	ʂuaŋ²¹³	ʂuaŋ²¹³ / faŋ²¹³	ʂuaŋ²¹³ / faŋ²¹³
江	江开二	平江见	tɕiaŋ²¹³	tɕiaŋ²¹³	tɕiaŋ²¹³	tɕiaŋ²¹³	tɕiaŋ²¹³	tɕiaŋ²¹³	tɕiaŋ²¹³
讲	江开二	上讲见	tɕiaŋ⁵⁵	tɕiaŋ⁵⁵	tɕiaŋ⁵⁵	tɕiaŋ⁵⁵	tɕiaŋ⁵⁵	tɕiaŋ⁵⁵	tɕiaŋ⁵⁵
降	江开二	去绛见	tɕiaŋ³¹	tɕiaŋ³¹	tɕiaŋ³¹	tɕiaŋ³¹	tɕiaŋ³¹	tɕiaŋ⁴¹²	tɕiaŋ⁴¹²
虹	江开二	去绛见	xuŋ⁵³	tɕiaŋ³¹	xuŋ⁵³	xəŋ⁵³	xuŋ⁵³	tɕiaŋ⁴¹²	tɕiaŋ⁴¹²
觉	江开二	入觉见	tɕyə²¹³	tɕyə⁵⁵	tɕyə⁵⁵	tɕyə⁵⁵	tɕyə⁵⁵	tɕyə²¹³	tɕyə²¹³
角	江开二	入觉见	tɕyə²¹³ / tɕia²¹³ 牛~	tɕyə⁵⁵	tɕyə⁵⁵ / tɕia⁵⁵ 牛~	tɕyə⁵⁵	tɕyə⁵⁵	tɕyə²¹³	tɕyə²¹³
腔	江开二	平江溪	tɕʰiaŋ²¹³	tɕʰiaŋ²¹³	tɕʰiaŋ²¹³	tɕʰiaŋ²¹³	tɕʰiaŋ²¹³	tɕʰiaŋ²¹³	tɕʰiaŋ²¹³
确	江开二	入觉溪	tɕʰyə²¹³	tɕʰyə⁵⁵	tɕʰyə⁵⁵	tɕʰyə⁵⁵	tɕʰyə⁵⁵	tɕʰyə⁵⁵	tɕʰyə²¹³
壳	江开二	入觉溪	kʰə²¹³	kʰə⁵⁵	kʰə⁵⁵	kʰə⁵⁵	tɕʰyə⁵⁵	kʰə²¹³	kʰə²¹³
岳	江开二	入觉疑	yə³¹	yə³¹	yə³¹	yə³¹	yə³¹	yə²¹³	yə²¹³
项	江开二	上讲匣	ɕiaŋ³¹	xaŋ³¹	ɕiaŋ³¹	xaŋ³¹	ɕiaŋ³¹	xaŋ⁴¹²	ɕiaŋ⁴¹²
巷	江开二	去绛匣	ɕiaŋ³¹	xaŋ³¹	ɕiaŋ³¹	xaŋ²¹³	ɕiaŋ³¹	ɕiaŋ⁴¹²	ɕiaŋ⁴¹²
学	江开二	入觉匣	ɕyə⁵³	ɕyə⁵³	ɕyə⁵³	ɕyə⁵³	ɕyə⁵³	ɕyə⁵³	ɕyə⁵³
握	江开二	入觉影	uə²¹³	uə²¹³	uə⁵⁵ / yə⁵⁵	uə⁵⁵	uə⁵⁵	uə²¹³	uə²¹³
北	曾开一	入德帮	pei²¹³	pei⁵⁵	pei²¹³	pei⁵⁵	pei⁵⁵	pei²¹³	pei²¹³
朋	曾开一	平登並	pʰəŋ⁵³	pʰəŋ⁵³	pʰəŋ⁵³	pʰəŋ⁵³	pʰəŋ⁵³	pʰəŋ⁵³	pʰəŋ⁵³
墨	曾开一	入德明	mei³¹	mei⁵³	mei³¹	mei³¹	mei³¹	mei²¹³	mei²¹³
灯	曾开一	平登端	təŋ²¹³	təŋ²¹³	təŋ²¹³	təŋ²¹³	təŋ²¹³	təŋ²¹³	təŋ²¹³
等	曾开一	上等端	təŋ⁵⁵	təŋ⁵⁵	təŋ⁵⁵	təŋ⁵⁵	təŋ⁵⁵	təŋ⁵⁵	təŋ⁵⁵
凳	曾开一	去嶝端	təŋ³¹	təŋ³¹	təŋ³¹	təŋ³¹	təŋ³¹	təŋ⁴¹²	təŋ⁴¹²
得	曾开一	入德端	tei²¹³	tei⁵⁵	tei⁵⁵	tei⁵⁵	tei⁵⁵	tei²¹³	tei²¹³
德	曾开一	入德端	tei²¹³	tei⁵⁵	tei⁵⁵	tei⁵⁵	tei⁵⁵	tei²¹³	tei²¹³
藤	曾开一	平登定	tʰəŋ⁵³	tʰəŋ⁵³	tʰəŋ⁵³	tʰəŋ⁵³	tʰəŋ⁵³	tʰəŋ⁵³	tʰəŋ⁵³
邓	曾开一	去嶝定	təŋ³¹	təŋ³¹	təŋ³¹	təŋ³¹	təŋ³¹	təŋ⁴¹²	təŋ⁴¹²
特	曾开一	入德定	tʰə⁵³	tʰei⁵³	tʰə⁵³	tʰei⁵³	tʰə⁵⁵	tʰei⁵³	tʰə⁵³
能	曾开一	平登泥	nəŋ⁵³	nəŋ⁵³	nəŋ⁵³	nəŋ⁵³	nəŋ⁵³	nəŋ⁵³	nəŋ⁵³

例字	韵摄	中古音	大李村	耿庄	谭家村	谭家营	马家庄	朱家庄	官路村
楞	曾开一	平登来	ləŋ⁵³	ləŋ⁴¹²	ləŋ³¹	ləŋ³¹	ləŋ⁵³	ləŋ³¹	ləŋ³¹
肋	曾开一	入德来	lei²¹³	lei²¹³	luei³¹	luei³¹	luei³¹	luei³¹	luei³¹
勒	曾开一	入德来	lei²¹³	lei²¹³	luei³¹	luei³¹	luei³¹	luei³¹	luei³¹
增	曾开一	平登精	tsəŋ²¹³	tsəŋ²¹³	tsəŋ²¹³	tθəŋ²¹³	tsəŋ²¹³	tθəŋ²¹³	tsəŋ²¹³
则	曾开一	入德精	tsei²¹³	tsei²¹³	tsei⁵²	tθə⁵²	tsei²¹³	tθə²¹³	tsei²¹³
层	曾开一	平登从	tsʰəŋ⁵³	tsʰəŋ⁵³	tsʰəŋ⁵²	tθʰəŋ⁵²	tsʰəŋ⁵⁵	tθʰəŋ⁵⁵	tsʰəŋ⁵³
赠	曾开一	去嶝从	tsəŋ³¹	tsəŋ³¹	tsəŋ³¹	tθəŋ³¹	tsəŋ³¹	tθəŋ³¹	tsəŋ³¹
贼	曾开一	入德从	tsei⁵³	tsei⁵³	tsei⁵²	tθei⁵²	tsei⁵⁵	tθei⁵⁵	tsei⁵³
僧	曾开一	平登心	səŋ²¹³	səŋ²¹³	səŋ²¹³	θəŋ²¹³	səŋ²¹³	θəŋ²¹³	səŋ²¹³
塞	曾开一	入德心	sei²¹³	sei²¹³	sei⁵⁵	θei⁵⁵	sei³¹	θei²¹³	sei²¹³
肯	曾开一	上等溪	kʰə̃⁵⁵	kʰə̃⁵⁵	kʰə̃⁵⁵	kʰə̃⁵⁵	kʰə̃⁵⁵	kʰə̃⁵⁵	kʰə⁵⁵
刻	曾开一	入德溪	kʰei²¹³	kʰei²¹³	kʰei⁵⁵	kʰei⁵⁵	kʰei³¹	kʰei²¹³	kʰei²¹³
黑	曾开一	入德晓	xei²¹³	xei²¹³	xei⁵⁵	xei⁵⁵	xei³¹	xei²¹³	xei²¹³
恒	曾开一	平登匣	xəŋ⁵³	xəŋ⁵³	xəŋ⁵²	xəŋ⁵²	xəŋ⁵⁵	xəŋ⁵⁵	xəŋ⁵³
冰	曾开三	平蒸帮	piŋ²¹³	piŋ²¹³	piŋ²¹³	piŋ²¹³	piŋ³¹	piŋ²¹³	piŋ²¹³
逼	曾开三	入职帮	pi²¹³	pi²¹³	pi²¹³	pi⁵²	pi⁵⁵	pi⁵⁵	pi²¹³
凭	曾开三	平蒸并	pʰiŋ⁵³	pʰiŋ⁵³	pʰiŋ⁵²	pʰiŋ⁵²	pʰiŋ⁵⁵	pʰiŋ⁵⁵	pʰiŋ⁵³
力	曾开三	入职来	li²¹³	li²¹³	li³¹	li³¹	li³¹	li³¹	li³¹
息	曾开三	入职心	ɕi²¹³	si²¹³	si²¹³	si⁵⁵	si³¹	si²¹³	ɕi³¹
征	曾开三	平蒸澄	tʂəŋ²¹³	tʂəŋ²¹³	tʂəŋ²¹³	tʃəŋ²¹³	tʂəŋ³¹	tʂəŋ²¹³	tʂəŋ²¹³
直	曾开三	入职澄	tʂɿ⁵³	tʂɿ⁵³	tʂɿ⁵²	tʃʃ⁵²	tʂɿ⁵⁵	tʂɿ⁵⁵	tʂɿ⁵³
侧	曾开三	入职庄	tsʰei²¹³	tʂʰə̃⁵³	tʂʰei⁵⁵	tθʰə³¹	tθʰə⁵⁵	tsʰə³¹ / tʂʰei²¹³	
测	曾开三	入职初	tsʰei²¹³	tsʰei²¹³	tsʰei⁵⁵	tθʰə³¹	tsʰei³¹	tθʰə²¹³	tsʰə³¹ / tʂʰei²¹³
色	曾开三	入职生	sei²¹³	ʂei²¹³	ʂei⁵⁵	ʂei⁵⁵	sei³¹	ʂei²¹³	ʂei²¹³
蒸	曾开三	平蒸章	tʂəŋ²¹³	tʂəŋ²¹³	tʂəŋ²¹³	tʃəŋ²¹³	tʂəŋ³¹	tʂəŋ²¹³	tʂəŋ²¹³
证	曾开三	去证章	tʂəŋ³¹	tʂəŋ⁴¹²	tʂəŋ³¹	tʃəŋ³¹	tʂəŋ³¹	tʂəŋ³¹	tʂəŋ³¹
织	曾开三	入职章	tʂɿ²¹³	tʂɿ²¹³	tʂɿ⁵⁵	tʃʃ⁵⁵	tʂɿ³¹	tʂɿ²¹³	tʂɿ²¹³
称	曾开三	平蒸昌	tʂʰəŋ⁵⁵	tʂʰəŋ²¹³	tʂʰəŋ⁵⁵	tʃʰəŋ⁵⁵	tʂʰəŋ⁵³	tʂʰəŋ²¹³	tʂʰəŋ⁵⁵
秤	曾开三	去证昌	tʂʰəŋ³¹	tʂʰəŋ⁴¹²	tʂʰəŋ³¹	tʃʰəŋ³¹	tʂʰəŋ³¹	tʂʰəŋ³¹	tʂʰəŋ³¹
乘	曾开三	平蒸船	tʂʰəŋ⁵³	tʂʰəŋ⁵³	tʂʰəŋ⁵²	tʃʰəŋ⁵²	tʂʰəŋ⁵⁵	tʂʰəŋ⁵⁵	tʂʰəŋ⁵³
绳	曾开三	平蒸船	ʂəŋ⁵³	ʂəŋ⁵³	ʂəŋ⁵²	ʃəŋ⁵²	ʂəŋ⁵⁵	ʂəŋ⁵⁵	ʂəŋ⁵³
剩	曾开三	去证船	ʂəŋ³¹	ʂəŋ⁴¹²	ʂəŋ³¹	ʃəŋ³¹	ʂəŋ⁵³	ʂəŋ⁵³	ʂəŋ³¹
食	曾开三	入职船	ʂɿ⁵³	ʂɿ⁵³	ʂɿ⁵²	ʃʃ⁵²	ʂɿ⁵⁵	ʂɿ⁵⁵	ʂɿ⁵³
升	曾开三	平蒸书	ʂəŋ²¹³	ʂəŋ²¹³	ʂəŋ²¹³	ʃəŋ²¹³	ʂəŋ³¹	ʂəŋ²¹³	ʂəŋ²¹³
胜	曾开三	去证书	ʂəŋ³¹	ʂəŋ⁴¹²	ʂəŋ³¹	ʃəŋ³¹	ʂəŋ³¹	ʂəŋ³¹	ʂəŋ³¹
式	曾开三	入职书	ʂɿ³¹	ʂɿ⁴¹²	ʂɿ⁵⁵	ʃʃ⁵⁵	ʂɿ³¹	ʂɿ³¹	ʂɿ³¹
承	曾开三	平蒸禅	tʂʰəŋ⁵³	tʂʰəŋ⁵³	tʂʰəŋ⁵²	tʃʰəŋ⁵²	tʂʰəŋ⁵⁵	tʂʰəŋ⁵⁵	tʂʰəŋ⁵³

续表

例字	韵摄	中古音	东堤村	杨居屯	朱鹿村	太平村	魏马村	雷家寨	北李村
楞	曾开一	平登来	ləŋ³¹	ləŋ⁵³	ləŋ³¹	ləŋ³¹	ləŋ³¹	ləŋ⁴¹²	ləŋ⁴¹²
肋	曾开一	入德来	luei³¹	lei²¹³	luei³¹	luei³¹	luei³¹	lei²¹³	lei²¹³
勒	曾开一	入德来	luei³¹	luei³¹	luei³¹	luei³¹	luei³¹	lei²¹³	lei²¹³
增	曾开一	平登精	tsəŋ²¹³	tsəŋ²¹³	tsəŋ²¹³	tθəŋ²¹³	tθəŋ²¹³	tsəŋ²¹³	tsəŋ²¹³
则	曾开一	入德精	tsei²¹³	tsei⁵³	tsei⁵⁵	tɕei⁵⁵	tθei²¹³	tsei²¹³	tsei²¹³
层	曾开一	平登从	tsʰəŋ⁵³	tsʰəŋ⁵³	tsʰəŋ⁵³	tθʰəŋ⁵³	tθʰəŋ⁵³	tsʰəŋ⁵³	tsʰəŋ⁵³
赠	曾开一	去嶝从	tsəŋ³¹	tsəŋ³¹	tsəŋ³¹	tθəŋ³¹	tθəŋ³¹	tsəŋ³¹	tsəŋ³¹
贼	曾开一	入德从	tsei⁵³	tsei⁵³	tsei⁵³	tθei⁵³	tθei⁵³	tsei⁵³	tsei⁵³
僧	曾开一	平登心	tsəŋ²¹³	tsəŋ²¹³	səŋ²¹³ tsəŋ²¹³	tθəŋ²¹³	θəŋ²¹³	səŋ²¹³	səŋ²¹³
塞	曾开一	入德心	sei²¹³	sei⁵⁵	sei⁵⁵	θei⁵⁵	θei⁵⁵	sei²¹³	sei²¹³
肯	曾开一	上等溪	kʰɤ̃⁵⁵	kʰɤ̃⁵⁵	kʰɤ̃⁵⁵	kʰɤ̃⁵⁵	kʰɤ̃⁵⁵	kʰɤ̃⁵⁵	kʰɤ̃⁵⁵
刻	曾开一	入德溪	kʰei²¹³	kʰei⁵⁵	kʰei⁵⁵	kʰei⁵⁵	kʰei⁵⁵	kʰei²¹³	kʰei²¹³
黑	曾开一	入德晓	xei²¹³	xei⁵⁵	xei⁵⁵	xei⁵⁵	xei⁵⁵	xei²¹³	xei²¹³
恒	曾开一	平登匣	xəŋ⁵³	xəŋ⁵³	xəŋ⁵³	xəŋ⁵³	xəŋ⁵³	xəŋ⁵³	xəŋ⁵³
冰	曾开三	平蒸帮	piŋ²¹³	piŋ²¹³	piŋ²¹³	piŋ²¹³	piŋ²¹³	piŋ²¹³	piŋ²¹³
逼	曾开三	入职帮	pi⁵³	pi²¹³	pi⁵³	pi⁵³	pi⁵³	pi⁵³	pi⁵⁵
凭	曾开三	平蒸并	pʰiŋ⁵³	pʰiŋ⁵³	pʰiŋ⁵³	pʰiŋ⁵³	pʰiŋ⁵³	pʰiɤ̃⁵³	pʰiŋ⁵³
力	曾开三	入职来	li³¹	li³¹	li³¹	li³¹	li³¹	li²¹³	li²¹³
息	曾开三	入职心	ɕi²¹³	ɕi²¹³	ɕi⁵⁵	si²¹³	si⁵⁵	ɕi²¹³	si²¹³
征	曾开三	平蒸澄	tʂəŋ²¹³	tʂəŋ²¹³	tʂəŋ²¹³	tʃəŋ²¹³	tʃəŋ²¹³	tʂəŋ²¹³	tʂəŋ²¹³
直	曾开三	入职澄	tʂʅ⁵³	tʂʅ⁵³	tʂʅ⁵³	tʃʅ⁵³	tʃʅ⁵³	tʂʅ⁵³	tʂʅ⁵³
侧	曾开三	入职庄	tʂʰə²¹³ tʂʰei²¹³	tʂʰei²¹³	tʂʰə⁵⁵ tʂʰei⁵⁵	tʂʰei⁵⁵	tʂʰə⁵⁵	tʂʰei²¹³ tʂei²¹³	tʂʰə²¹³
测	曾开三	入职初	tʂʰei²¹³	tʂʰei²¹³	tʂʰə⁵⁵ tʂʰei⁵⁵	tʂʰei⁵⁵	tθʰə⁵⁵	tʂʰei²¹³	tʂʰə²¹³
色	曾开三	入职生	ʂei²¹³	ʂei⁵⁵	ʂei⁵⁵	ʂei⁵⁵	ʂei⁵⁵	sei²¹³	ʂei²¹³
蒸	曾开三	平蒸章	tʂəŋ²¹³	tʂəŋ²¹³	tʂəŋ²¹³	tʃəŋ²¹³	tʃəŋ²¹³	tʂəŋ²¹³	tʂəŋ²¹³
证	曾开三	去证章	tʂəŋ³¹	tʂəŋ³¹	tʂəŋ³¹	tʃəŋ³¹	tʃəŋ³¹	tʂəŋ⁴¹²	tʂəŋ⁴¹²
织	曾开三	入职章	tʂʅ²¹³	tʂʅ²¹³	tʂʅ⁵⁵	tʃʅ⁵⁵	tʃʅ⁵⁵	tʂʅ²¹³	tʂʅ²¹³
称	曾开三	平蒸昌	tʂʰəŋ²¹³	tʂʰəŋ²¹³	tʂʰəŋ²¹³	tʃʰəŋ²¹³	tʃʰəŋ²¹³	tʂʰəŋ²¹³	tʂʰəŋ²¹³
秤	曾开三	去证昌	tʂʰəŋ³¹	tʂʰəŋ³¹	tʂʰəŋ³¹	tʃʰəŋ³¹	tʃʰəŋ³¹	tʂʰəŋ⁴¹²	tʂʰəŋ⁴¹²
乘	曾开三	平蒸船	tʂʰəŋ⁵³	tʂʰəŋ⁵³	tʂʰəŋ⁵³	tʃʰəŋ⁵³	tʃʰəŋ⁵³	tʂʰəŋ⁵³	tʂʰəŋ⁵³
绳	曾开三	平蒸船	ʂəŋ⁵³	ʂəŋ⁵³	ʂəŋ⁵³	ʃəŋ⁵³	ʃəŋ⁵³	ʂəŋ⁵³	ʂəŋ⁵³
剩	曾开三	去证船	ʂəŋ³¹	ʂəŋ³¹	ʂəŋ³¹	ʃəŋ³¹	ʃəŋ³¹	ʂəŋ⁴¹²	ʂəŋ⁴¹²
食	曾开三	入职船	ʂʅ⁵³	ʂʅ⁵³	ʂʅ⁵³	ʃʅ⁵³	ʃʅ⁵³	ʂʅ⁵³	ʂʅ⁵³
升	曾开三	平蒸书	ʂəŋ²¹³	ʂəŋ²¹³	ʂəŋ²¹³	ʃəŋ²¹³	ʃəŋ²¹³	ʂəŋ²¹³	ʂəŋ²¹³
胜	曾开三	去证书	ʂəŋ³¹	ʂəŋ³¹	ʂəŋ³¹	ʃəŋ³¹	ʃəŋ³¹	ʂəŋ⁴¹²	ʂəŋ⁴¹²
式	曾开三	入职书	ʂʅ²¹³	ʂʅ³¹	ʂʅ⁵⁵	ʃʅ³¹	ʃʅ⁵⁵	ʂʅ²¹³	ʂʅ²¹³
承	曾开三	平蒸禅	tʂʰəŋ⁵³	tʂʰəŋ⁵³	tʂʰəŋ⁵³	tʃʰəŋ⁵³	tʃʰəŋ⁵³	tʂʰəŋ⁵³	tʂʰəŋ⁵³

例字	韵摄	中古音	大李村	耿庄	谭家村	谭家营	马家庄	朱家庄	官路村
植	曾开三	入职禅	tʂʅ⁵³	tʂʅ⁵³	tʂʅ⁵²	tʃi⁵⁵	tʂʅ⁵⁵	tʂʅ⁵⁵	tʂʅ⁵³
仍	曾开三	入职禅	zəŋ⁵⁵	zəŋ⁵⁵	zəŋ⁵²	ləŋ²¹³	zəŋ⁵⁵	zəŋ²¹³	zəŋ²¹³
扔	曾开三	入职禅	zəŋ²¹³	zəŋ²¹³	zəŋ²¹³ / ləŋ²¹³	ləŋ²¹³	zəŋ³¹	zəŋ²¹³	zəŋ²¹³
极	曾开三	入职群	tɕi⁵³	tɕi⁵³	tɕi⁵²	tɕi⁵²	tɕi⁵⁵	tɕi⁵⁵	tɕi⁵³
凝	曾开三	平蒸疑	ɲiŋ⁵³	iŋ⁵³	ɲiŋ⁵²	ɲiŋ⁵²	ɲiŋ⁵⁵	ɲiŋ⁵⁵	ɲiŋ⁵³
兴	曾开三	去证晓	ɕiŋ³¹	ɕiŋ⁴¹²	ɕiŋ³¹	ɕiŋ³¹	ɕiŋ³¹	ɕiŋ³¹	ɕiŋ³¹
应	曾开三	去证影	iŋ²¹³	iŋ²¹³	iŋ³¹	iŋ³¹	iŋ³¹	iŋ²¹³	iŋ²¹³
鹰	曾开三	去证影	iŋ²¹³	iŋ²¹³	iŋ²¹³	iŋ³¹	iŋ³¹	iŋ²¹³	iŋ²¹³
忆	曾开三	入职影	i³¹	i⁴¹²	i³¹	i³¹	i⁵³	i⁵⁵	i³¹
蝇	曾开三	平蒸以	iŋ⁵³	iŋ⁵³	iŋ⁵²	iŋ⁵⁵	iŋ³¹	iŋ⁵⁵	iŋ²¹³
孕	曾开三	去证以	yẽ³¹	yẽ⁴¹²	yə̃³¹	yə̃³¹	yə̃⁵³	yə̃³¹	yə̃³¹
国	曾合一	入德见	kuei²¹³	kuə⁵⁵	kuei⁵⁵	kuə⁵⁵	kuei³¹	kuə⁵⁵ / kuei⁵⁵	kuei²¹³
或	曾合一	入德匣	xuei⁵³	xuei⁵³	xuei⁵²	xuei⁵²	xuei⁵⁵	xuei⁵⁵	xuei⁵³
百	梗开二	入陌帮	pei²¹³	pei²¹³	pei⁵⁵	pei⁵⁵	pei³¹	pei²¹³	pei²¹³
伯	梗开二	入陌帮	pei²¹³	pei²¹³	pei⁵⁵	pei⁵⁵	pei³¹	pei²¹³	pei²¹³
迫	梗开二	入陌帮	pʰə³¹	pʰei⁵⁵	pʰei⁵⁵	pʰei⁵⁵	pʰei³¹	pʰei²¹³	pei⁵⁵
拍	梗开二	入陌滂	pʰei²¹³	pʰei⁵⁵	pʰei⁵⁵	pʰei⁵⁵	pʰei³¹	pʰei²¹³	pʰei²¹³
彭	梗开二	平庚并	pʰəŋ⁵³	pʰəŋ⁵³	pʰəŋ⁵²	pʰəŋ⁵²	pʰəŋ⁵⁵	pʰəŋ⁵⁵	pʰəŋ⁵³
白	梗开二	入陌并	pei⁵³	pei⁵³	pei⁵²	pei⁵²	pei⁵⁵	pei⁵⁵	pei⁵³
盲	梗开二	平庚明	maŋ⁵³	maŋ⁵³	maŋ⁵²	maŋ⁵⁵	maŋ⁵⁵	maŋ⁵⁵	maŋ⁵³
孟	梗开二	去映明	məŋ³¹	məŋ⁴¹²	məŋ³¹	məŋ³¹	məŋ⁵³	məŋ³¹	məŋ³¹
打	梗开二	上梗端	ta⁵⁵	ta⁵⁵	ta⁵⁵	ta⁵⁵	ta⁵⁵	ta⁵⁵	ta⁵⁵
冷	梗开二	上梗来	ləŋ⁵⁵	ləŋ⁵⁵	ləŋ⁵⁵	ləŋ⁵⁵	ləŋ⁵⁵	ləŋ⁵⁵	ləŋ⁵⁵
撑	梗开二	平庚彻	tʂʰəŋ²¹³	tʂʰəŋ²¹³	tʂʰəŋ²¹³	tʂʰəŋ²¹³	tʂʰəŋ³¹	tʂʰəŋ²¹³	tʂʰəŋ²¹³
拆	梗开二	入陌彻	tʂʰei²¹³	tʂʰei²¹³	tʂʰei⁵⁵	tʂʰei⁵⁵	tʂʰei⁵⁵	tʂʰei²¹³	tʂʰei²¹³
择	梗开二	入陌澄	tsei⁵³	tʂei⁵³	tʂei⁵²	tʂei⁵²	tʂei⁵⁵	tʂei⁵⁵	tʂei⁵³
窄	梗开二	入陌庄	tsei²¹³	tʂei²¹³	tʂei⁵⁵	tʂei⁵⁵	tʂei³¹	tʂei²¹³	tʂei²¹³
生	梗开二	平庚生	səŋ²¹³	ʂəŋ²¹³	ʂəŋ²¹³	ʂəŋ²¹³	ʂəŋ³¹	ʂəŋ²¹³	ʂəŋ²¹³
省	梗开二	上梗生	səŋ⁵⁵	ʂəŋ⁵⁵	ʂəŋ⁵⁵	ʂəŋ⁵⁵	ʂəŋ⁵⁵	ʂəŋ⁵⁵	ʂəŋ⁵⁵
庚	梗开二	平庚见	kəŋ²¹³	kəŋ²¹³	kəŋ²¹³	kəŋ²¹³	kəŋ²¹³	kəŋ²¹³	kəŋ²¹³
更~加	梗开二	去映见	kəŋ³¹	kəŋ⁴¹²	kəŋ³¹	kəŋ³¹	kəŋ⁵³	kəŋ³¹	kəŋ³¹
格	梗开二	入陌见	kei²¹³	kei²¹³	kei⁵⁵	kei⁵⁵	kei³¹	kə²¹³ / kei²¹³	kə²¹³ / kei²¹³
坑	梗开二	平庚溪	kʰəŋ²¹³	kʰəŋ²¹³	kʰəŋ²¹³	kʰəŋ²¹³	kʰəŋ³¹	kʰəŋ²¹³	kʰəŋ²¹³
梗	梗开二	上梗溪	kəŋ⁵⁵	kəŋ⁵⁵	kəŋ⁵⁵	kəŋ⁵⁵	kəŋ⁵⁵	kəŋ²¹³	kəŋ²¹³
客	梗开二	入陌溪	kʰei²¹³	kʰei²¹³	kʰei⁵⁵	kʰei⁵⁵	kʰei³¹	kʰei²¹³	kʰei²¹³
硬	梗开二	去映疑	iŋ³¹	iŋ⁴¹²	ɲiŋ³¹	iŋ³¹	iŋ⁵³	iŋ³¹	iŋ³¹
额	梗开二	入陌疑	ɣẽ²¹³	ɣei⁵⁵	ŋə̃²¹³	ɣə⁵²	ŋə̃³¹	ŋə⁵⁵	ŋə̃²¹³

续表

例字	韵摄	中古音	东堤村	杨居屯	朱鹿村	太平村	魏马村	雷家寨	北李村
植	曾开三	入职禅	tʂʅ³¹	tʂʅ⁵³	tʂʅ⁵³	tʃʅ⁵³	tʃʅ⁵⁵	tʂʅ⁵³	tʂʅ⁵³
仍	曾开三	入职禅	zəŋ²¹³	zəŋ⁵³	ləŋ⁵⁵	zəŋ⁵³	ləŋ⁵³	zəŋ⁵⁵	zəŋ⁵⁵
扔	曾开三	入职禅	zəŋ²¹³	zəŋ²¹³ / ləŋ²¹³	ləŋ²¹³	zəŋ²¹³	ləŋ²¹³	zəŋ²¹³	zəŋ²¹³
极	曾开三	入职群	tɕi⁵³	tɕi²¹³	tɕi⁵³	tɕi⁵³	tɕi⁵³	tɕi⁵³	tɕi⁵³
凝	曾开三	平蒸疑	iŋ⁵³	ȵiŋ⁵³	iŋ⁵³	iŋ⁵³	iŋ⁵³	ȵiŋ⁵³	ȵiŋ⁵³
兴	曾开三	去证晓	ɕiŋ³¹	ɕiŋ³¹	ɕiŋ³¹	ɕiŋ³¹	ɕiŋ³¹	ɕiŋ⁴¹²	ɕiŋ⁴¹²
应	曾开三	去证影	iŋ²¹³	iŋ²¹³	iŋ²¹³	iŋ³¹	iŋ³¹	iŋ²¹³	iŋ²¹³
鹰	曾开三	去证影	iŋ²¹³	iŋ²¹³	iŋ²¹³	iŋ²¹³	iŋ²¹³	iŋ²¹³	iŋ²¹³
忆	曾开三	入职影	i³¹	i³¹	i³¹	i³¹	i⁵³	i⁴¹²	i⁴¹²
蝇	曾开三	平蒸以	iŋ²¹³	iŋ⁵³	iŋ⁵⁵	iŋ⁵³	iŋ²¹³	iŋ⁵³	iŋ⁵³
孕	曾开三	去证以	yə̃³¹	iə̃³¹	yə̃³¹	yə̃³¹	yə̃³¹	yə̃⁴¹²	yə̃⁴¹²
国	曾合一	入德见	kuə²¹³ / kuei²¹³	kuei⁵⁵	kuə⁵⁵ / kuei⁵⁵	kuei⁵⁵	kuə⁵⁵ / kuei⁵⁵	kuə²¹³ / kuei²¹³	kuə⁵⁵ / kuei²¹³
或	曾合一	入德匣	xuei⁵³	xuei⁵³	xuei⁵³	xuei⁵³	xuei⁵³	xuei⁵³	xuei⁵³
百	梗开二	入陌帮	pei²¹³	pei⁵⁵	pei⁵⁵	pei⁵⁵	pei⁵⁵	pei²¹³	pei²¹³
伯	梗开二	入陌帮	pei²¹³	pei³¹	pei⁵⁵	pei⁵⁵	pei⁵⁵	pei⁵⁵	pei²¹³
迫	梗开二	入陌帮	pʰei²¹³	pʰei⁵⁵	pʰei⁵⁵	pʰei³¹	pʰei⁵⁵	pʰei⁵⁵	pʰei⁵⁵
拍	梗开二	入陌滂	pʰei²¹³	pʰei²¹³	pʰei⁵⁵	pʰei⁵⁵	pʰei⁵⁵	pʰei²¹³	pʰei²¹³
彭	梗开二	平庚并	pʰəŋ⁵³	pʰəŋ⁵³	pʰəŋ⁵³	pʰəŋ⁵³	pʰəŋ⁵³	pʰəŋ⁵³	pʰəŋ⁵³
白	梗开二	入陌并	pei⁵³	pei⁵³	pei⁵³	pei⁵³	pei⁵³	pei⁵³	pei⁵³
盲	梗开二	平庚明	maŋ⁵⁵	maŋ⁵³	maŋ⁵⁵	maŋ⁵³	maŋ⁵⁵	maŋ⁵³	maŋ⁵³
孟	梗开二	去映明	məŋ³¹	məŋ³¹	məŋ³¹	məŋ³¹	məŋ³¹	məŋ⁴¹²	məŋ⁴¹²
打	梗开二	上梗端	ta⁵⁵	ta⁵⁵	ta⁵⁵	ta⁵⁵	ta⁵⁵	ta⁵⁵	ta⁵⁵
冷	梗开二	上梗来	ləŋ⁵⁵	ləŋ⁵⁵	ləŋ⁵⁵	ləŋ⁵⁵	ləŋ⁵⁵	ləŋ⁵⁵	ləŋ⁵⁵
撑	梗开二	平庚彻	tʂʰəŋ²¹³	tʂʰəŋ³¹	tʂʰəŋ²¹³	tʂʰəŋ²¹³	tʂʰəŋ²¹³	tʂʰəŋ²¹³	tʂʰəŋ²¹³
拆	梗开二	入陌彻	tʂʰei²¹³	tʂʰei⁵⁵	tʂʰei⁵⁵	tʂʰei⁵⁵	tʂʰei⁵⁵	tʂʰei²¹³	tʂʰei²¹³
择	梗开二	入陌澄	tʂei⁵³	tʂei⁵³	tʂei⁵³	tʂei⁵³	tʂei⁵³	tʂei⁵³	tʂei⁵³
窄	梗开二	入陌庄	tʂei²¹³	tʂei⁵⁵	tʂei⁵⁵	tʂei⁵⁵	tʂei⁵⁵	tʂei²¹³	tʂei²¹³
生	梗开二	平庚生	ʂəŋ²¹³	ʂəŋ²¹³	ʂəŋ²¹³	ʂəŋ²¹³	ʂəŋ²¹³	ʂəŋ²¹³	ʂəŋ²¹³
省	梗开二	上梗生	ʂəŋ⁵⁵	ʂəŋ⁵⁵	ʂəŋ⁵⁵	ʂəŋ⁵⁵	ʂəŋ⁵⁵	ʂəŋ⁵⁵	ʂəŋ⁵⁵
庚	梗开二	平庚见	kəŋ²¹³	kəŋ²¹³	kəŋ²¹³	kəŋ²¹³	kəŋ²¹³	kəŋ²¹³	kəŋ²¹³
更~加	梗开二	去映见	kəŋ³¹	kəŋ³¹	kəŋ³¹	kəŋ³¹	kəŋ³¹	kəŋ⁴¹²	kəŋ⁴¹²
格	梗开二	入陌见	kei²¹³	kei⁵⁵	kei⁵⁵	kei⁵⁵	kei⁵⁵	kei²¹³	kə²¹³
坑	梗开二	平庚溪	kʰəŋ²¹³	kʰəŋ²¹³	kʰəŋ²¹³	kʰəŋ²¹³	kʰəŋ²¹³	kʰəŋ²¹³	kʰəŋ²¹³
梗	梗开二	上梗溪	kəŋ⁵⁵	kəŋ⁵⁵	kəŋ⁵⁵	kəŋ⁵⁵	kəŋ⁵⁵	kəŋ⁵⁵	kəŋ⁵⁵
客	梗开二	入陌溪	kʰei²¹³	kʰei⁵⁵	kʰei⁵⁵	kʰei⁵⁵	kʰei⁵⁵	kʰei²¹³	kʰei²¹³
硬	梗开二	去映疑	iŋ³¹	iŋ³¹	iŋ³¹	iŋ³¹	iŋ³¹	iŋ⁴¹²	iŋ⁴¹²
额	梗开二	入陌疑	ŋər²¹³	ŋẽ³¹	ŋər²¹³	ŋei³¹	ŋə⁵³	ɣẽ²¹³	ə⁵³ / ɣei⁵⁵

例字	韵摄	中古音	大李村	耿庄	谭家村	谭家营	马家庄	朱家庄	官路村
亨	梗开二	平庚晓	xəŋ²¹³	xəŋ²¹³	xəŋ²¹³	xəŋ²¹³	xəŋ⁵⁵	xəŋ²¹³	xəŋ²¹³
行~为	梗开二	平庚匣	ɕiŋ⁵³	ɕiŋ⁵³	ɕiŋ⁵²	ɕiŋ⁵²	ɕiŋ⁵⁵	ɕiŋ⁵⁵	ɕiŋ⁵³
衡	梗开二	平庚匣	xəŋ⁵³	xəŋ⁵³	xəŋ⁵²	xəŋ⁵²	xəŋ⁵⁵	xəŋ⁵⁵	xəŋ⁵³
杏	梗开二	上梗匣	ɕiŋ³¹	ɕiŋ⁴¹²	ɕiŋ³¹	ɕiŋ³¹	ɕiŋ⁵³	ɕiŋ³¹	ɕiŋ³¹
擘	梗开二	入麦帮	pei²¹³	pei²¹³	pei⁵⁵	pei⁵⁵	pei³¹	pei²¹³	pei²¹³
棚	梗开二	平耕并	pʰəŋ⁵³	pʰəŋ⁵³	pʰəŋ⁵²	pʰəŋ⁵²	pʰəŋ⁵⁵	pʰəŋ⁵⁵	pʰəŋ⁵³
麦	梗开二	入麦明	mei²¹³	mei²¹³	mei³¹	mei³¹	mei⁵³	mei³¹	mei³¹
摘	梗开二	入麦知	tʂei²¹³	tʂei²¹³	tʂei⁵⁵	tʂei⁵⁵	tʂei³¹	tʂei²¹³	tʂei²¹³
橙	梗开二	平耕澄	tʂʰəŋ⁵³	tʂʰəŋ⁵³	tʂʰəŋ⁵²	tʃʰəŋ⁵²	tʂʰəŋ⁵⁵	tʂʰəŋ⁵⁵	tʂʰəŋ⁵³
争	梗开二	平耕庄	tsəŋ²¹³	tsəŋ²¹³	tsəŋ²¹³	tsəŋ²¹³	tsəŋ³¹	tsəŋ²¹³	tsəŋ²¹³
责	梗开二	入麦庄	tʂei²¹³	tʂei²¹³	tʂei⁵⁵	tʂei⁵²	tsei³¹	tʂei²¹³	tsə²¹³ / tʂei²¹³
策	梗开二	入麦初	tsʰei²¹³	tʂʰei²¹³	tʂʰei⁵⁵	tʂʰei⁵⁵	tsʰei³¹	tθʰə²¹³ / tʂʰei²¹³	tsʰei²¹³
耕	梗开二	平耕见	kəŋ²¹³	kəŋ²¹³	kəŋ²¹³	tɕiŋ²¹³	kəŋ³¹	kəŋ²¹³ / tɕiŋ²¹³	kəŋ²¹³
耿	梗开二	上耿见	kəŋ⁵⁵	kəŋ⁵⁵	kəŋ⁵⁵	kəŋ⁵⁵	kəŋ³¹	kəŋ⁵⁵	kəŋ⁵⁵
隔	梗开二	入麦见	kei²¹³	kei²¹³	kei⁵⁵	kei⁵⁵	kei³¹	kei²¹³	kei²¹³
幸	梗开二	上耿匣	ɕiŋ³¹	ɕiŋ⁴¹²	ɕiŋ³¹	ɕiŋ³¹	ɕiŋ⁵³	ɕiŋ²¹³	ɕiŋ³¹
樱	梗开二	平耕影	iŋ²¹³	iŋ²¹³	iŋ²¹³	iŋ²¹³	iŋ³¹	iŋ²¹³	iŋ²¹³
兵	梗开三	平庚帮	piŋ²¹³	piŋ²¹³	piŋ²¹³	piŋ²¹³	piŋ³¹	piŋ²¹³	piŋ²¹³
丙	梗开三	上梗帮	piŋ⁵⁵	piŋ⁵⁵	piŋ⁵⁵	piŋ⁵⁵	piŋ⁵⁵	piŋ⁵⁵	piŋ⁵⁵
碧	梗开三	入陌帮	pi³¹	pi⁴¹²	pi²¹³	pi³¹	pi³¹	pi³¹	pi³¹
平	梗开三	平庚并	pʰiŋ⁵³	pʰiŋ⁵³	pʰiŋ⁵²	pʰiŋ⁵²	pʰiŋ⁵⁵	pʰiŋ⁵⁵	pʰiŋ⁵³
病	梗开三	去映并	piŋ³¹	piŋ⁴¹²	piŋ³¹	piŋ³¹	piŋ⁵³	piŋ³¹	piŋ³¹
明	梗开三	平庚明	miŋ⁵³	miŋ⁵³	miŋ⁵²	miŋ⁵²	miŋ⁵⁵	miŋ⁵⁵	miŋ⁵³
盟	梗开三	平庚明	məŋ⁵³	məŋ⁵³	məŋ⁵²	məŋ⁵²	məŋ⁵⁵	məŋ⁵⁵	məŋ⁵³
命	梗开三	去映明	miŋ³¹	miŋ⁴¹²	miŋ³¹	miŋ³¹	miŋ⁵³	miŋ³¹	miŋ³¹
京	梗开三	平庚见	tɕiŋ²¹³	tɕiŋ²¹³	tɕiŋ²¹³	tɕiŋ²¹³	tɕiŋ³¹	tɕiŋ²¹³	tɕiŋ²¹³
景	梗开三	上梗见	tɕiŋ⁵⁵	tɕiŋ⁵⁵	tɕiŋ⁵⁵	tɕiŋ⁵⁵	tɕiŋ⁵⁵	tɕiŋ⁵⁵	tɕiŋ⁵⁵
镜	梗开三	去映见	tɕiŋ³¹	tɕiŋ⁴¹²	tɕiŋ³¹	tɕiŋ³¹	tɕiŋ⁵³	tɕiŋ³¹	tɕiŋ³¹
庆	梗开三	去映溪	tɕʰiŋ³¹	tɕʰiŋ⁴¹²	tɕʰiŋ³¹	tɕʰiŋ³¹	tɕʰiŋ⁵³	tɕʰiŋ³¹	tɕʰiŋ³¹
竞	梗开三	去映群	tɕiŋ²¹³	tɕiŋ⁴¹²	tɕiŋ²¹³	tɕiŋ²¹³	tɕiŋ⁵³	tɕiŋ²¹³	tɕiŋ³¹
剧	梗开三	入陌群	tɕy³¹	tɕy⁴¹²	tɕy³¹	tɕyu³¹	tɕy⁵³	tɕy³¹	tɕy³¹
迎	梗开三	平庚疑	iŋ³¹	iŋ⁵³	iŋ⁵²	iŋ⁵²	iŋ⁵⁵	iŋ⁵⁵	iŋ⁵³
英	梗开三	平庚影	iŋ²¹³	iŋ²¹³	iŋ²¹³	iŋ²¹³	iŋ³¹	iŋ²¹³	iŋ²¹³
影	梗开三	上梗影	iŋ⁵⁵	iŋ⁵⁵	iŋ⁵⁵	iŋ⁵⁵	iŋ⁵⁵	iŋ⁵⁵	iŋ⁵⁵
映	梗开三	去映影	iŋ⁵⁵	iaŋ⁵³	iaŋ³¹	iŋ⁵⁵	iaŋ³¹	iŋ²¹³	iŋ³¹
饼	梗开三	上静帮	piŋ⁵⁵	piŋ⁵⁵	piŋ⁵⁵	piŋ⁵⁵	piŋ⁵⁵	piŋ⁵⁵	piŋ⁵⁵
名	梗开三	平清明	miŋ⁵³	miŋ⁵³	miŋ⁵²	miŋ⁵²	miŋ⁵⁵	miŋ⁵⁵	miŋ⁵³

续表

例字	韵摄	中古音	东堤村	杨居屯	朱鹿村	太平村	魏马村	雷家寨	北李村
亨	梗开二	平庚晓	xəŋ²¹³	xəŋ²¹³	xəŋ²¹³	xəŋ²¹³	xəŋ²¹³	xəŋ²¹³	xəŋ²¹³
行~为	梗开二	平庚匣	ɕiŋ⁵³	ɕiŋ⁵³	ɕiŋ⁵³	ɕiŋ⁵³	ɕiŋ⁵³	ɕiŋ⁵³	ɕiŋ⁵³
衡	梗开二	平庚匣	xəŋ⁵³	xəŋ⁵³ / xuŋ⁵³	xəŋ⁵³	xəŋ⁵³	xəŋ⁵³	xuŋ⁵³	xəŋ⁵³
杏	梗开二	上梗匣	ɕiŋ³¹	ɕiŋ³¹	ɕiŋ³¹	ɕiŋ³¹	ɕiŋ³¹	ɕiŋ⁴¹²	ɕiŋ⁴¹²
擘	梗开二	入麦帮	pei²¹³	pei⁵⁵	pei⁵⁵	pei⁵⁵	pei⁵⁵	pei²¹³	pei²¹³
棚	梗开二	平耕并	pʰəŋ⁵³	pʰəŋ⁵³	pʰəŋ⁵³	pʰəŋ⁵³	pʰəŋ⁵³	pʰəŋ⁵³	pʰəŋ⁵³
麦	梗开二	入麦明	mei³¹	mei³¹	mei³¹	mei³¹	mei³¹	mei²¹³	mei²¹³
摘	梗开二	入麦知	tʂei²¹³	tʂei⁵⁵	tʂei⁵⁵	tʂei⁵⁵	tʂei⁵⁵	tʂei²¹³	tʂei²¹³
橙	梗开二	平耕澄	tʂʰəŋ⁵³	tʂʰəŋ⁵³	tʂʰəŋ⁵³	tʃʰəŋ⁵³	tʃʰəŋ⁵³	tʂʰəŋ⁵³	tʂʰəŋ⁵³
争	梗开二	平耕庄	tsəŋ²¹³	tsəŋ²¹³	tʂəŋ²¹³	tʂəŋ²¹³	tʂəŋ²¹³	tʂəŋ²¹³	tʂəŋ²¹³
责	梗开二	入麦庄	tʂei²¹³	tʂei⁵⁵	tʂei⁵⁵	tʂei⁵⁵	tʂei⁵⁵	tsei²¹³	tʂei²¹³
策	梗开二	入麦初	tʂʰei²¹³	tʂʰei⁵⁵	tʂʰei⁵⁵	tʂʰei⁵⁵	tʂʰei⁵⁵	tsʰei²¹³	tʂʰei²¹³
耕	梗开二	平耕见	tɕiŋ²¹³	kəŋ²¹³	tɕiŋ²¹³	kəŋ²¹³ / tɕiŋ²¹³	tɕiŋ²¹³	kəŋ²¹³	kəŋ²¹³
耿	梗开二	上耿见	kəŋ⁵⁵	kəŋ⁵⁵	kəŋ⁵⁵	kəŋ⁵⁵	kəŋ⁵⁵	kəŋ⁵⁵	kəŋ⁵⁵
隔	梗开二	入麦见	kei²¹³	kei⁵⁵	kei⁵⁵	kei⁵⁵	kei⁵⁵	kei²¹³	kei²¹³
幸	梗开二	上耿匣	ɕiŋ³¹	ɕiŋ³¹	ɕiŋ³¹	ɕiŋ³¹	ɕiŋ³¹	ɕiŋ⁴¹²	ɕiŋ⁴¹²
樱	梗开二	平耕影	iŋ²¹³	iŋ²¹³	iŋ²¹³	iŋ²¹³	iŋ²¹³	iŋ²¹³	iŋ²¹³
兵	梗开三	平庚帮	piŋ²¹³	piŋ²¹³	piŋ²¹³	piŋ²¹³	piŋ²¹³	piŋ²¹³	piŋ²¹³
丙	梗开三	上梗帮	piŋ⁵⁵	piŋ⁵⁵	piŋ⁵⁵	piŋ⁵⁵	piŋ⁵⁵	piŋ⁵⁵	piŋ⁵⁵
碧	梗开三	入陌帮	pi³¹	pi²¹³	pi³¹	pi³¹	pi³¹	pi²¹³	pi⁴¹²
平	梗开三	平庚并	pʰiŋ⁵³	pʰiŋ⁵³	pʰiŋ⁵³	pʰiŋ⁵³	pʰiŋ⁵³	pʰiŋ⁵³	pʰiŋ⁵³
病	梗开三	去映并	piŋ³¹	piŋ³¹	piŋ³¹	piŋ³¹	piŋ³¹	piŋ⁴¹²	piŋ⁴¹²
明	梗开三	平庚明	miŋ⁵³	miŋ⁵³	miŋ⁵³	miŋ⁵³	miŋ⁵³	miŋ⁵³	miŋ⁵³
盟	梗开三	平庚明	məŋ⁵³	məŋ⁵³	məŋ⁵³	məŋ⁵³	məŋ⁵³	məŋ⁵³	məŋ⁵³
命	梗开三	去映明	miŋ³¹	miŋ³¹	miŋ³¹	miŋ³¹	miŋ³¹	miŋ⁴¹²	miŋ⁴¹²
京	梗开三	平庚见	tɕiŋ²¹³	tɕiŋ²¹³	tɕiŋ²¹³	tɕiŋ²¹³	tɕiŋ²¹³	tɕiŋ²¹³	tɕiŋ²¹³
景	梗开三	上梗见	tɕiŋ⁵⁵	tɕiŋ⁵⁵	tɕiŋ⁵⁵	tɕiŋ⁵⁵	tɕiŋ⁵⁵	tɕiŋ⁵⁵	tɕiŋ⁵⁵
镜	梗开三	去映见	tɕiŋ³¹	tɕiŋ³¹	tɕiŋ³¹	tɕiŋ³¹	tɕiŋ³¹	tɕiŋ⁴¹²	tɕiŋ⁴¹²
庆	梗开三	去映溪	tɕʰiŋ³¹	tɕʰiŋ³¹	tɕʰiŋ³¹	tɕʰiŋ³¹	tɕʰiŋ³¹	tɕʰiŋ⁴¹²	tɕʰiŋ⁴¹²
竞	梗开三	去映群	tɕiŋ⁵⁵	tɕiŋ³¹	tɕiŋ⁵⁵	tɕiŋ³¹	tɕiŋ³¹	tɕiŋ⁴¹²	tɕiŋ⁵⁵
剧	梗开三	入陌群	tɕy³¹	tɕy³¹	tɕy³¹	tɕy³¹	tɕyu³¹	tɕy²¹³	tɕy⁴¹²
迎	梗开三	平庚疑	iŋ⁵³	iŋ⁵³	iŋ⁵³	iŋ⁵³	iŋ⁵³	iŋ⁵³	iŋ⁵³
英	梗开三	平庚影	iŋ²¹³	iŋ²¹³	iŋ²¹³	iŋ²¹³	iŋ²¹³	iŋ²¹³	iŋ²¹³
影	梗开三	上梗影	iŋ⁵⁵	iŋ⁵⁵	iŋ⁵⁵	iŋ⁵⁵	iŋ⁵⁵	iŋ⁵⁵	iŋ⁵⁵
映	梗开三	去映影	iŋ⁵⁵	iaŋ³¹	iŋ⁵⁵	iaŋ³¹	iŋ⁵⁵	iaŋ⁴¹²	iŋ⁵³
饼	梗开三	上静帮	piŋ⁵⁵	piŋ⁵⁵	piŋ⁵⁵	piŋ⁵⁵	piŋ⁵⁵	piŋ⁵⁵	piŋ⁵⁵
名	梗开三	平清明	miŋ⁵³	miŋ⁵³	miŋ⁵³	miŋ⁵³	miŋ⁵³	miŋ⁵³	miŋ⁵³

例字	韵摄	中古音	大李村	耿庄	谭家村	谭家营	马家庄	朱家庄	官路村
领	梗开三	上静来	liŋ⁵⁵	liŋ⁵⁵	liŋ⁵⁵	liŋ⁵⁵	liŋ⁵⁵	liŋ⁵⁵	liŋ⁵⁵
令	梗开三	去劲来	liŋ³¹	liŋ⁴¹²	liŋ³¹	liŋ³¹	liŋ⁵³	liŋ³¹	liŋ³¹
精	梗开三	平清精	tɕiŋ²¹³	tsiŋ²¹³	tsiŋ²¹³	tsiŋ²¹³	tɕiŋ³¹	tsiŋ²¹³	tɕiŋ²¹³
井	梗开三	上静精	tɕiŋ⁵⁵	tsiŋ⁵⁵	tsiŋ⁵⁵	tsiŋ⁵⁵	tɕiŋ⁵⁵	tsiŋ⁵⁵	tɕiŋ⁵⁵
积	梗开三	入昔精	tɕi²¹³	tsi²¹³	tsi²¹³	tsi⁵⁵	tɕi³¹	tsi²¹³	tɕi²¹³
清	梗开三	平清清	tɕʰiŋ²¹³	tsʰiŋ²¹³	tsʰiŋ²¹³	tsʰiŋ²¹³	tɕʰiŋ³¹	tsʰiŋ²¹³ tɕʰyə̃²¹³	tɕʰiŋ²¹³ tɕʰyə̃²¹³
请	梗开三	上静清	tɕʰiŋ⁵⁵	tsʰiŋ⁵⁵	tsʰiŋ⁵⁵	tsʰiŋ⁵⁵	tɕʰiŋ⁵⁵	tsʰiŋ⁵⁵	tɕʰiŋ⁵⁵
情	梗开三	平清从	tɕʰiŋ⁵³	tsʰiŋ⁵³	tsʰiŋ⁵²	tsʰiŋ⁵²	tɕʰiŋ⁵²	tsʰiŋ⁵⁵	tɕʰiŋ⁵³
晴	梗开三	平清从	tɕʰiŋ⁵³	tsʰiŋ⁵³	tsʰiŋ⁵²	tsʰiŋ⁵²	tɕʰiŋ⁵²	tsʰiŋ⁵⁵	tɕʰiŋ⁵³
静	梗开三	上静从	tɕiŋ³¹	tsiŋ⁴¹²	tsiŋ³¹	tsiŋ³¹	tɕiŋ⁵³	tsiŋ³¹	tɕiŋ³¹
净	梗开三	去劲从	tɕiŋ³¹	tsiŋ⁴¹²	tsiŋ³¹	tsiŋ³¹	tɕiŋ⁵³	tsiŋ³¹	tɕiŋ³¹
籍	梗开三	入昔从	tɕi²¹³	tsi⁵³	tsi⁵²	tsi⁵⁵	tɕi³¹	tsi⁵⁵	tɕi³¹
省 反~	梗开三	上静心	ɕiŋ⁵⁵	siŋ⁵⁵	siŋ⁵⁵	siŋ⁵⁵	ɕiŋ⁵⁵	siŋ⁵⁵	ɕiŋ⁵⁵
姓	梗开三	去劲心	ɕiŋ³¹	siŋ⁴¹²	siŋ³¹	siŋ³¹	ɕiŋ⁵³	siŋ³¹	ɕiŋ³¹
惜	梗开三	入昔心	ɕi²¹³	si²¹³	si⁵⁵	si⁵⁵	ɕi³¹	si²¹³	ɕi²¹³
席	梗开三	入昔邪	ɕi⁵³	si⁵³	si⁵²	si⁵²	ɕi⁵⁵	si⁵⁵	ɕi⁵³
侦	梗开三	平清彻	tʂə̃²¹³	tʂəŋ²¹³	tʂə̃²¹³	tʃə̃²¹³	tʂə̃³¹	tʂəŋ²¹³	tʂə̃²¹³
程	梗开三	平清澄	tʂʰəŋ⁵³	tʂʰəŋ⁵³	tʂʰəŋ⁵²	tʃʰəŋ⁵²	tʂʰəŋ⁵⁵	tʂʰəŋ⁵⁵	tʂʰəŋ⁵³
郑	梗开三	去劲澄	tʂəŋ³¹	tʂəŋ⁴¹²	tʂəŋ³¹	tʃəŋ³¹	tʂəŋ⁵³	tʂəŋ³¹	tʂəŋ³¹
正 ~月	梗开三	平清章	tʂəŋ²¹³	tʂəŋ²¹³	tʂəŋ³¹	tʃəŋ³¹	tʂəŋ⁵³	tʂəŋ²¹³	tʂəŋ²¹³
整	梗开三	上静章	tʂəŋ⁵⁵	tʂəŋ⁵⁵	tʂəŋ⁵⁵	tʃəŋ⁵⁵	tʂəŋ⁵⁵	tʂəŋ⁵⁵	tʂəŋ⁵⁵
正 ~确	梗开三	去劲章	tʂəŋ³¹	tʂəŋ⁴¹²	tʂəŋ³¹	tʃəŋ³¹	tʂəŋ⁵³	tʂəŋ³¹	tʂəŋ³¹
只 一~	梗开三	入昔章	tʂʅ²¹³	tʂʅ²¹³	tʂʅ²¹³	tʃʅ²¹³	tʂʅ³¹	tʂʅ²¹³	tʂʅ²¹³
尺	梗开三	入昔昌	tʂʰʅ²¹³	tʂʰʅ²¹³	tʂʰʅ⁵⁵	tʃʰʅ⁵⁵	tʂʰʅ³¹	tʂʰʅ²¹³	tʂʰʅ²¹³
射	梗开三	入昔书	ʂə³¹	ʂə⁴¹²	ʂə³¹	ʃə³¹	ʂə⁵³	ʂə³¹	ʂə³¹
声	梗开三	平清书	ʂəŋ²¹³	ʂəŋ²¹³	ʂəŋ²¹³	ʃəŋ²¹³	ʂəŋ³¹	ʂəŋ²¹³	ʂəŋ²¹³
适	梗开三	入昔书	ʂʅ²¹³	ʂʅ²¹³	ʂʅ⁵⁵	ʃʅ⁵⁵	ʂʅ³¹	ʂʅ²¹³	ʂʅ²¹³
城	梗开三	平清禅	tʂʰəŋ⁵³	tʂʰəŋ⁵³	tʂʰəŋ⁵²	tʃʰəŋ⁵²	tʂʰəŋ⁵⁵	tʂʰəŋ⁵⁵	tʂʰəŋ⁵³
盛	梗开三	去劲禅	ʂəŋ⁵³	ʂəŋ⁴¹²	ʂəŋ³¹	ʃəŋ³¹	ʂəŋ⁵³	ʂəŋ⁵³	ʂəŋ³¹
石	梗开三	入昔禅	ʂʅ⁵³	ʂʅ⁵³	ʂʅ⁵²	ʃʅ⁵²	ʂʅ⁵⁵	ʂʅ⁵⁵	ʂʅ⁵³
颈	梗开三	上静见	tɕiŋ³¹	tɕiŋ⁴¹²	tɕiŋ³¹	tɕiŋ³¹	tɕiŋ⁵⁵	tɕiŋ³¹	tɕiŋ³¹
轻	梗开三	平清溪	tɕʰiŋ²¹³	tɕʰiŋ²¹³	tɕʰiŋ²¹³	tɕʰiŋ²¹³	tɕʰiŋ³¹	tɕʰiŋ²¹³	tɕʰiŋ²¹³
益	梗开三	入昔影	i³¹	i⁵³	i³¹	i³¹	i⁵³	i³¹	i³¹
赢	梗开三	平清以	iŋ⁵³	iŋ⁵³	iŋ⁵²	iŋ⁵²	iŋ⁵⁵	iŋ⁵⁵	iŋ⁵³
液	梗开三	入昔以	i²¹³	iə²¹³	i²¹³	i⁵⁵	iə³¹	iə²¹³	iə³¹
壁	梗开四	入昔帮	pi³¹	pi⁴¹²	pi³¹	pi⁵⁵	pi³¹	pi³¹	pi³¹
瓶	梗开四	平青并	pʰiŋ⁵³	pʰiŋ⁵³	pʰiŋ⁵²	pʰiŋ⁵²	pʰiŋ⁵²	pʰiŋ⁵⁵	pʰiŋ⁵³
并	梗开四	上迥并	piŋ³¹	piŋ⁴¹²	piŋ³¹	piŋ³¹	piŋ⁵⁵	piŋ³¹	piŋ³¹
钉	梗开四	平青端	tiŋ²¹³	tiŋ²¹³	tiŋ²¹³	tiŋ²¹³	tiŋ³¹	tiŋ²¹³	tiŋ²¹³

续表

例字	韵摄	中古音	东堤村	杨居屯	朱鹿村	太平村	魏马村	雷家寨	北李村
领	梗开三	上静来	liŋ⁵⁵	liŋ⁵⁵	liŋ⁵⁵	liŋ⁵⁵	liŋ⁵⁵	liŋ⁵⁵	liŋ⁵⁵
令	梗开三	去劲来	liŋ³¹	liŋ³¹	liŋ³¹	liŋ³¹	liŋ³¹	liŋ⁴¹²	liŋ⁴¹²
精	梗开三	平清精	tɕiŋ²¹³	tɕiŋ²¹³	tɕiŋ²¹³	tsiŋ²¹³	tsiŋ²¹³	tɕiŋ²¹³	tsiŋ²¹³
井	梗开三	上静精	tɕiŋ⁵⁵	tɕiŋ⁵⁵	tɕiŋ⁵⁵	tsiŋ⁵⁵	tsiŋ⁵⁵	tɕiŋ⁵⁵	tsiŋ⁵⁵
积	梗开三	入昔精	tɕi²¹³	tɕi²¹³	tɕi⁵⁵	tsi⁵⁵	tsi⁵⁵	tɕi²¹³	tsi²¹³
清	梗开三	平清清	tɕʰiŋ²¹³	tɕʰiŋ²¹³	tɕʰiŋ²¹³	tsʰiŋ²¹³	tsʰiŋ²¹³	tɕʰiŋ²¹³	tsʰiŋ²¹³
请	梗开三	上静清	tɕʰiŋ⁵⁵	tɕʰiŋ⁵⁵	tɕʰiŋ⁵⁵	tsʰiŋ⁵⁵	tsʰiŋ⁵⁵	tɕʰiŋ⁵⁵	tsʰiŋ⁵⁵
情	梗开三	平清从	tɕʰiŋ⁵³	tɕʰiŋ⁵³	tɕʰiŋ⁵³	tsʰiŋ⁵³	tsʰiŋ⁵³	tɕʰiŋ⁵³	tsʰiŋ⁵³
晴	梗开三	平清从	tɕʰiŋ⁵³	tɕʰiŋ⁵³	tɕʰiŋ⁵³	tsʰiŋ⁵³	tsʰiŋ⁵³	tɕʰiŋ⁵³	tsʰiŋ⁵³
静	梗开三	上静从	tɕiŋ³¹	tɕiŋ³¹	tɕiŋ³¹	tsiŋ³¹	tsiŋ³¹	tɕiŋ⁴¹²	tsiŋ⁴¹²
净	梗开三	去劲从	tɕiŋ³¹	tɕiŋ³¹	tɕiŋ³¹	tsiŋ³¹	tsiŋ³¹	tɕiŋ⁴¹²	tsiŋ⁴¹²
籍	梗开三	入昔从	tɕi²¹³	tɕi³¹	tɕi⁵⁵	tsi³¹	tsi⁵⁵	tɕi²¹³	tsi⁵³
省反~	梗开三	上静心	ɕiŋ⁵⁵	ɕiŋ⁵⁵	ɕiŋ⁵⁵	siŋ⁵⁵	siŋ⁵⁵	ɕiŋ⁵⁵	siŋ⁵⁵
姓	梗开三	去劲心	ɕiŋ³¹	ɕiŋ³¹	ɕiŋ³¹	siŋ³¹	siŋ³¹	ɕiŋ⁴¹²	siŋ⁴¹²
惜	梗开三	入昔心	ɕi²¹³	ɕi²¹³	ɕi⁵⁵	si⁵⁵	si⁵⁵	ɕi²¹³	si²¹³
席	梗开三	入昔邪	ɕi⁵³	ɕi⁵³	ɕi⁵³	si⁵³	si⁵³	ɕi⁵³	si⁵³
侦	梗开三	平清彻	tʂəŋ²¹³	tʂə̃²¹³	tʂəŋ²¹³	tʃə̃²¹³	tʃəŋ²¹³	tʂəŋ²¹³	tʂəŋ²¹³
程	梗开三	平清澄	tʂʰəŋ⁵³	tʂʰəŋ⁵³	tʂʰəŋ⁵³	tʃʰəŋ⁵³	tʃʰəŋ⁵³	tʂʰəŋ⁵³	tʂʰəŋ⁵³
郑	梗开三	去劲澄	tʂəŋ³¹	tʂəŋ³¹	tʂəŋ³¹	tʃəŋ³¹	tʃəŋ³¹	tʂəŋ⁴¹²	tʂəŋ⁴¹²
正~月	梗开三	平清章	tʂəŋ³¹	tʂəŋ²¹³	tʂəŋ²¹³	tʃəŋ²¹³	tʃəŋ²¹³	tʂəŋ²¹³	tʂəŋ²¹³
整	梗开三	上静章	tʂəŋ⁵⁵	tʂəŋ⁵⁵	tʂəŋ⁵⁵	tʃəŋ⁵⁵	tʃəŋ⁵⁵	tʂəŋ⁵⁵	tʂəŋ⁵⁵
正~确	梗开三	去劲章	tʂəŋ³¹	tʂəŋ³¹	tʂəŋ³¹	tʃəŋ³¹	tʃəŋ³¹	tʂəŋ⁴¹²	tʂəŋ⁴¹²
只一~	梗开三	入昔章	tʂʅ²¹³	tʂʅ²¹³	tʂʅ²¹³	tʃʅ²¹³	tʃʅ²¹³	tʂʅ²¹³	tʂʅ²¹³
尺	梗开三	入昔昌	tʂʰʅ²¹³	tʂʰʅ⁵⁵	tʂʰʅ⁵⁵	tʃʰʅ⁵⁵	tʃʰʅ⁵⁵	tʂʰʅ²¹³	tʂʰʅ²¹³
射	梗开三	入昔书	ʂə³¹	ʂə³¹	ʂə³¹	ʃə³¹	ʃə³¹	ʂə⁵⁵	ʂə⁴¹²
声	梗开三	平清书	ʂəŋ²¹³	ʂəŋ²¹³	ʂə̃²¹³	ʃəŋ²¹³	ʃəŋ²¹³	ʂə̃²¹³	ʂəŋ²¹³
适	梗开三	入昔书	ʂʅ²¹³	ʂʅ⁵³	ʂʅ⁵⁵	ʃʅ⁵⁵	ʃʅ⁵⁵	ʂʅ²¹³	ʂʅ²¹³
城	梗开三	平清禅	tʂʰəŋ⁵³	tʂʰəŋ⁵³	tʂʰəŋ⁵³	tʃʰəŋ⁵³	tʃʰəŋ⁵³	tʂʰəŋ⁵³	tʂʰəŋ⁵³
盛	梗开三	去劲禅	ʂəŋ³¹	ʂəŋ³¹	ʂəŋ³¹	ʃəŋ³¹	ʃəŋ³¹	ʂə̃⁴¹²	ʂəŋ⁴¹²
石	梗开三	入昔禅	ʂʅ⁵³	ʂʅ⁵³	ʂʅ⁵³	ʃʅ⁵³	ʃʅ⁵³	ʂʅ⁵³	ʂʅ⁵³
颈	梗开三	上静见	tɕiŋ⁵⁵	tɕiŋ³¹	tɕiŋ³¹	tɕiŋ³¹	tɕiŋ³¹	tɕiŋ⁴¹²	tɕiŋ⁴¹²
轻	梗开三	平清溪	tɕʰiŋ²¹³	tɕʰiŋ²¹³	tɕʰiŋ²¹³	tɕʰiŋ²¹³	tɕʰiŋ²¹³	tɕʰiŋ²¹³	tɕʰiŋ²¹³
益	梗开三	入昔影	i³¹	i³¹	i³¹	i³¹	i³¹	i⁴¹²	i²¹³
赢	梗开三	平清以	iŋ⁵³	iŋ⁵³	iŋ⁵³	iŋ⁵³	iŋ⁵³	iŋ⁵³	iŋ⁵³
液	梗开三	入昔以	iə⁵⁵	i²¹³	iə⁵⁵	iə³¹	i⁵⁵	i²¹³	iə²¹³
壁	梗开四	入昔帮	pi³¹	pi²¹³	pi³¹	pi²¹³	pi³¹	pi²¹³	pi⁴¹²
瓶	梗开四	平青并	pʰiŋ⁵³	pʰiŋ⁵³	pʰiŋ⁵³	pʰiŋ⁵³	pʰiŋ⁵³	pʰiŋ⁵³	pʰiŋ⁵³
并	梗开四	上迥并	piŋ³¹	piŋ³¹	piŋ³¹	piŋ³¹	piŋ³¹	piŋ⁴¹²	piŋ⁴¹²
钉	梗开四	平青端	tiŋ²¹³	tiŋ²¹³	tiŋ²¹³	tiŋ²¹³	tiŋ²¹³	tiŋ²¹³	tiŋ²¹³

例字	韵摄	中古音	大李村	耿庄	谭家村	谭家营	马家庄	朱家庄	官路村
顶	梗开四	上迥端	tiŋ⁵⁵	tiŋ⁵⁵	tiŋ⁵⁵	tiŋ⁵⁵	tiŋ⁵⁵	tiŋ⁵⁵	tiŋ⁵⁵
的㈠~	梗开四	入锡端	ti³¹	ti⁵³	ti³¹	ti⁵⁵	ti³¹	ti³¹	ti³¹
滴	梗开四	入锡端	ti²¹³	ti²¹³	ti²¹³	ti⁵⁵	ti³¹	ti²¹³	ti²¹³
听	梗开四	平青透	tʰiŋ²¹³	tʰiŋ²¹³	tʰiŋ²¹³	tʰiŋ²¹³	tʰiŋ³¹	tʰiŋ²¹³	tʰiŋ²¹³
厅	梗开四	平青透	tʰiŋ²¹³	tʰiŋ²¹³	tʰiŋ²¹³	tʰiŋ²¹³	tʰiŋ²¹³	tʰiŋ²¹³	tʰiŋ²¹³
踢	梗开四	入锡透	tʰi²¹³	tʰi²¹³	tʰi⁵⁵	tʰi⁵²	tʰi³¹	tʰi²¹³	tʰi²¹³
停	梗开四	平青定	tʰiŋ²¹³	tʰiŋ²¹³	tʰiŋ⁵²	tʰiŋ⁵²	tʰiŋ⁵⁵	tʰiŋ⁵⁵	tʰiŋ⁵³
挺	梗开四	上迥定	tʰiŋ⁵⁵	tʰiŋ⁵⁵	tʰiŋ⁵⁵	tʰiŋ⁵⁵	tʰiŋ⁵⁵	tʰiŋ⁵⁵	tʰiŋ⁵⁵
定	梗开四	去径定	tiŋ³¹	tiŋ⁴¹²	tiŋ³¹	tiŋ³¹	tiŋ⁵³	tiŋ³¹	tiŋ³¹
笛	梗开四	入锡定	ti⁵³	ti⁵³	ti⁵²	ti⁵²	ti⁵⁵	ti⁵⁵	ti⁵³
敌	梗开四	入锡定	ti⁵³	ti⁵³	ti⁵³	ti⁵²	ti⁵⁵	ti⁵⁵	ti⁵³
宁安~	梗开四	平青泥	ŋiŋ⁵³	ŋiŋ⁵³	ŋiŋ⁵²	ŋiŋ⁵²	ŋiŋ⁵⁵	ŋiŋ⁵⁵	ŋiŋ⁵³
零	梗开四	平青来	liŋ⁵³	liŋ⁵³	liŋ⁵²	liŋ⁵²	liŋ⁵⁵	liŋ⁵⁵	liŋ⁵³
另	梗开四	去径来	liŋ³¹	liŋ⁴¹²	liŋ⁵⁵	liŋ²¹³	liŋ⁵³	liŋ⁵³	liŋ³¹
历	梗开四	入锡来	li³¹	li²¹³	li³¹	li³¹	li³¹	li³¹	li³¹
绩	梗开四	入锡精	tɕi³¹	tsi²¹³	tsi⁵⁵	tsi⁵⁵	tɕi⁵³	tsi²¹³	tɕi²¹³
青	梗开四	平青清	tɕʰiŋ²¹³	tsʰiŋ²¹³	tsʰiŋ²¹³	tsʰiŋ²¹³	tɕʰiŋ³¹	tsʰiŋ²¹³	tɕʰiŋ²¹³
戚	梗开四	入锡清	tɕʰi³¹	tsʰi²¹³	tsʰi²¹³	tsʰi³¹	tɕʰi³¹	tsʰi²¹³	tɕʰi⁵³
星	梗开四	平青心	ɕiŋ²¹³	siŋ²¹³	siŋ²¹³	siŋ²¹³	siŋ³¹	siŋ²¹³	ɕiŋ²¹³
醒	梗开四	上迥心	ɕiŋ⁵⁵	siŋ⁵⁵	siŋ⁵⁵	siŋ⁵⁵	siŋ⁵⁵	siŋ⁵⁵	ɕiŋ⁵⁵
锡	梗开四	入锡心	ɕi²¹³	si²¹³	si²¹³	si⁵⁵	si³¹	si²¹³	ɕi²¹³
经	梗开四	平青见	tɕiŋ²¹³	tɕiŋ²¹³	tɕiŋ²¹³	tɕiŋ²¹³	tɕiŋ³¹	tɕiŋ²¹³	tɕiŋ²¹³
击	梗开四	入锡见	tɕi²¹³	tɕi²¹³	tɕi²¹³	tɕi⁵⁵	tɕi³¹	tɕi²¹³	tɕi²¹³
吃	梗开四	入锡溪	tʂʅ²¹³	tʂʰʅ²¹³	tʂʰʅ⁵⁵	tʃʰʅ⁵⁵	tʂʰʅ³¹	tʂʰʅ²¹³	tʂʰʅ²¹³
形	梗开四	平青匣	ɕiŋ⁵³	ɕiŋ⁵³	ɕiŋ⁵²	ɕiŋ⁵²	ɕiŋ⁵⁵	ɕiŋ⁵⁵	ɕiŋ⁵³
矿	梗合二	上梗见	kʰuaŋ³¹	kʰuaŋ⁴¹²	kʰuaŋ³¹	kʰuaŋ³¹	kʰuaŋ⁵³	kʰuaŋ³¹	kʰuaŋ³¹
横	梗合二	去映匣	xəŋ³¹	xuŋ⁴¹²	xəŋ³¹	xəŋ⁵²	xuŋ⁵³	xuŋ³¹	xuŋ³¹
宏	梗合二	平耕匣	xuŋ⁵³	xuŋ⁵³	xəŋ⁵²	xuŋ⁵²	xuŋ⁵⁵	xuŋ⁵⁵	xuŋ⁵³
获	梗合二	入麦匣	xuə²¹³	xuə²¹³	xuə³¹ / xuei³¹	xuə³¹	xuə³¹	xuə³¹ / xuei⁵⁵	xuə³¹
划	梗合二	入麦匣	xuɑ³¹	xuɑ⁴¹²	xuɑ³¹	xuɑ³¹	xuɑ⁵³	xuɑ³¹	xuɑ³¹
兄	梗合三	平庚晓	ɕyŋ²¹³	ɕyŋ²¹³	ɕiŋ²¹³	ɕiŋ²¹³	ɕyŋ³¹	ɕyŋ²¹³	ɕyŋ²¹³
荣	梗合三	平庚云	yŋ⁵³	yŋ⁵³	iŋ⁵²	iŋ⁵²	yŋ⁵⁵	luŋ⁵⁵	zuŋ⁵³
永	梗合三	上梗云	yŋ⁵⁵	yŋ⁵⁵	iŋ⁵²	iŋ⁵²	yŋ⁵⁵	yŋ⁵⁵	yŋ⁵⁵
顷	梗合三	上静溪	tɕʰyŋ⁵⁵	tɕʰiŋ⁵⁵	tɕʰiŋ⁵⁵	tɕʰiŋ⁵⁵	tɕʰiŋ⁵⁵	tɕʰiŋ⁵⁵	tɕʰiŋ⁵⁵
营	梗合三	平清以	iŋ⁵³	iŋ⁵³	iŋ⁵²	iŋ⁵²	iŋ⁵⁵	iŋ⁵⁵	iŋ⁵³
疫	梗合三	入昔以	i⁵³	i⁵³	i⁵²	i⁵²	i⁵⁵	i⁵⁵	i⁵³
卜	通合一	入屋帮	pu⁵⁵	pʰu⁵⁵~卦 / pu⁵⁵	pu³¹ / pei³¹ 萝~	pu³¹ / pei⁵⁵ 萝~	pu⁵³ 占~ / pei⁵³ 萝~	pu⁵⁵ 占~ / pei³¹ 萝~	pei³¹ 萝~

续表

例字	韵摄	中古音	东堤村	杨居屯	朱鹿村	太平村	魏马村	雷家寨	北李村
顶	梗开四	上迥端	tiŋ⁵⁵	tiŋ⁵⁵	tiŋ⁵⁵	tiŋ⁵⁵	tiŋ⁵⁵	tiŋ⁵⁵	tiŋ⁵⁵
的 目~	梗开四	入锡端	ti³¹	ti³¹	ti⁵⁵	ti³¹	ti³¹	ti⁵³	ti⁵⁵
滴	梗开四	入锡端	ti²¹³	ti⁵⁵	ti⁵⁵	ti⁵⁵	ti⁵⁵	ti²¹³	ti²¹³
听	梗开四	平青透	tʰiŋ²¹³	tʰiŋ²¹³	tʰiŋ²¹³	tʰiŋ²¹³	tʰiŋ²¹³	tʰiŋ²¹³	tʰiŋ²¹³
厅	梗开四	平青透	tʰiŋ²¹³	tʰiŋ²¹³	tʰiŋ²¹³	tʰiŋ²¹³	tʰiŋ²¹³	tʰiŋ²¹³	tʰiŋ²¹³
踢	梗开四	入锡透	tʰi²¹³	tʰi⁵⁵	tʰi⁵⁵	tʰi⁵⁵	tʰi⁵³	tʰi²¹³	tʰi²¹³
停	梗开四	平青定	tʰiŋ⁵³	tʰiŋ⁵³	tʰiŋ⁵³	tʰiŋ⁵³	tʰiŋ⁵³	tʰiŋ⁵³	tʰiŋ⁵³
挺	梗开四	上迥定	tʰiŋ⁵⁵	tʰiŋ⁵⁵	tʰiŋ⁵⁵	tʰiŋ⁵⁵	tʰiŋ⁵⁵	tʰiŋ⁵⁵	tʰiŋ⁵⁵
定	梗开四	去径定	tiŋ³¹	tiŋ³¹	tiŋ³¹	tiŋ³¹	tiŋ³¹	tiŋ⁴¹²	tiŋ⁴¹²
笛	梗开四	入锡定	ti⁵³	ti⁵³	ti⁵³	ti⁵³	ti⁵³	ti⁵³	ti⁵³
敌	梗开四	入锡定	ti⁵³	ti⁵³	ti⁵³	ti⁵³	ti⁵³	ti⁵³	ti⁵⁵
宁 安~	梗开四	平青泥	ŋiŋ⁵³	ŋiŋ⁵³	ŋiŋ⁵³	ŋiŋ⁵³	ŋiŋ⁵³	ŋiŋ⁵³	ŋiŋ⁵³
零	梗开四	平青来	liŋ⁵³	liŋ⁵³	liŋ⁵³	liŋ⁵³	liŋ⁵³	liŋ⁵³	liŋ⁵³
另	梗开四	去径来	liŋ²¹³	liŋ³¹	liŋ³¹	liŋ⁵⁵	liŋ²¹³	liŋ⁴¹²	liŋ⁴¹²
历	梗开四	入锡来	li³¹	li⁵³	li³¹	li³¹	li³¹	li²¹³	li²¹³
绩	梗开四	入锡精	tɕi²¹³	tɕi²¹³	tɕi⁵⁵	tsi³¹	tsi⁵⁵	tɕi²¹³	tsi²¹³
青	梗开四	平青清	tɕʰiŋ²¹³	tɕʰiŋ²¹³	tɕʰiŋ²¹³	tsʰiŋ²¹³	tsʰiŋ²¹³	tɕʰiŋ²¹³	tsʰiŋ²¹³
戚	梗开四	入锡清	tɕʰi²¹³	tɕʰi⁵³	tɕʰi⁵⁵	tsʰi⁵⁵	tsʰi⁵⁵	tɕʰi⁵⁵	tsʰi⁵⁵
星	梗开四	平青心	ɕiŋ²¹³	ɕiŋ²¹³	ɕiŋ²¹³	siŋ²¹³	siŋ²¹³	ɕiŋ²¹³	siŋ²¹³
醒	梗开四	上迥心	ɕiŋ⁵⁵	ɕiŋ⁵⁵	ɕiŋ⁵⁵	siŋ⁵⁵	siŋ⁵⁵	ɕiŋ⁵⁵	siŋ⁵⁵
锡	梗开四	入锡心	ɕi²¹³	ɕi²¹³	ɕi⁵⁵	si²¹³	si⁵⁵	ɕi²¹³	si²¹³
经	梗开四	平青见	tɕiŋ²¹³	tɕiŋ²¹³	tɕiŋ²¹³	tɕiŋ²¹³	tɕiŋ²¹³	tɕiŋ²¹³	tɕiŋ²¹³
击	梗开四	入锡见	tɕi²¹³	tɕi²¹³	tɕi²¹³	tɕi²¹³	tɕi⁵⁵	tɕi²¹³	tɕi²¹³
吃	梗开四	入锡溪	tʂʰʅ²¹³	tʂʰʅ⁵⁵	tʂʰʅ⁵⁵	tʃʰʅ⁵⁵	tʃʰʅ⁵⁵	tʂʰʅ²¹³	tʂʰʅ²¹³
形	梗开四	平青匣	ɕiŋ⁵³	ɕiŋ⁵³	ɕiŋ⁵³	ɕiŋ⁵³	ɕiŋ⁵³	ɕiŋ⁵³	ɕiŋ⁵³
矿	梗合二	上梗见	kʰuaŋ³¹	kʰuaŋ³¹	kʰuaŋ³¹	kʰuaŋ³¹	kʰuaŋ³¹	kʰuaŋ⁴¹²	kʰuaŋ⁴¹²
横	梗合二	去映匣	xəŋ⁵³	xuŋ³¹	xəŋ⁵³	xəŋ³¹	xəŋ⁵³	xuŋ⁴¹²	xəŋ⁴¹²
宏	梗合二	平耕匣	xuŋ⁵³	xuŋ⁵³	xuŋ⁵³	xuŋ⁵³	xuŋ⁵³	xuŋ⁵³	xəŋ⁵³
获	梗合二	入麦匣	xuə²¹³ / xuei²¹³	xuə²¹³	xuə³¹ / xuei⁵⁵	xuə³¹	xuə³¹	xuə²¹³	xuə²¹³ / xuei²¹³
划	梗合二	入麦匣	xua³¹	xua³¹	xua³¹	xua³¹	xua³¹	xua⁴¹²	xua⁴¹²
兄	梗合三	平庚晓	ɕyŋ²¹³	ɕyŋ²¹³	ɕyŋ²¹³	ɕiŋ²¹³	ɕyŋ²¹³	ɕyŋ²¹³	ɕyŋ²¹³
荣	梗合三	平庚云	ʐuŋ⁵³	yŋ⁵³	luŋ⁵³	iŋ⁵³	yŋ⁵³	ʐuŋ⁵³	yŋ⁵³
永	梗合三	上梗云	yŋ⁵⁵	yŋ⁵⁵	yŋ⁵⁵	iŋ⁵⁵	yŋ⁵⁵	yŋ⁵⁵	yŋ⁵⁵
顷	梗合三	上静溪	tɕʰyŋ⁵⁵	tɕʰiŋ⁵⁵	tɕʰiŋ⁵⁵	tɕʰiŋ⁵⁵	tɕʰiŋ⁵⁵	tɕʰiŋ⁵⁵	tɕʰiŋ⁵⁵
营	梗合三	平清以	iŋ⁵³	iŋ⁵³	iŋ⁵³	iŋ⁵³	iŋ⁵³	iŋ⁵³	iŋ⁵³
疫	梗合三	入昔以	i⁵³	i³¹	i⁵³	i⁵³	i⁵³	i⁵³	i⁵³
卜	通合一	入屋帮	pʰu⁵⁵~卦 / pei³¹ 萝~	pei³¹ 萝~	pu⁵⁵~卦 / pei³¹ 萝~	pu³¹ 占~ / pei³¹ 萝~	pu³¹ / pei³¹ 萝~	pʰu⁵⁵ 占~ / pu⁵⁵ 萝~	pʰu⁵⁵ 姓 / pu⁵⁵

例字	韵摄	中古音	大李村	耿庄	谭家村	谭家营	马家庄	朱家庄	官路村
扑	通合一	入屋滂	p^{h}u^{213}	p^{h}u^{213}	p^{h}u^{55}	p^{h}u^{55}	p^{h}u^{55}	p^{h}u^{55}	p^{h}u^{213}
篷	通合一	平东並	p^{h}əŋ^{53}	p^{h}əŋ^{53}	p^{h}əŋ^{52}	p^{h}əŋ^{52}	p^{h}əŋ^{55}	p^{h}əŋ^{55}	p^{h}əŋ^{53}
蒙	通合一	平东明	məŋ^{53}	məŋ^{53}	məŋ^{52}	məŋ^{52}	məŋ^{55}	məŋ^{55}	məŋ^{53}
木	通合一	入屋明	mu^{213}	mu^{213}	mu^{31}	mu^{31}	mu^{31}	mu^{31}	mu^{31}
东	通合一	平东端	tuŋ^{213}	tuŋ^{213}	təŋ^{213}	təŋ^{213}	tuŋ^{31}	tuŋ^{213}	tuŋ^{213}
懂	通合一	上董端	tuŋ^{55}	tuŋ^{55}	təŋ^{55}	təŋ^{55}	tuŋ^{55}	tuŋ^{55} / tuə̃^{55}	tuŋ^{55} / tuə̃^{55}
冻	通合一	去送端	tuŋ^{31}	tuŋ^{412}	təŋ^{31}	təŋ^{31}	tuŋ^{53}	tuŋ^{31}	tuŋ^{31}
通	通合一	平东透	t^{h}uŋ^{213}	t^{h}uŋ^{213}	t^{h}əŋ^{213}	t^{h}əŋ^{213}	t^{h}uŋ^{31}	t^{h}uŋ^{213}	t^{h}uŋ^{213}
桶	通合一	上董透	t^{h}uŋ^{55}	t^{h}uŋ^{55}	t^{h}əŋ^{55}	t^{h}əŋ^{55}	t^{h}uŋ^{55}	t^{h}uŋ^{55}	t^{h}uŋ^{55}
痛	通合一	平东透	t^{h}uŋ^{31}	t^{h}uŋ^{412}	t^{h}əŋ^{52}	t^{h}əŋ^{52}	t^{h}uŋ^{53}	t^{h}uŋ^{31}	t^{h}uŋ^{31}
秃	通合一	入屋透	t^{h}u^{213}	t^{h}u^{213}	t^{h}u^{55}	t^{h}u^{55}	t^{h}u^{31}	t^{h}u^{213}	t^{h}u^{213}
铜	通合一	平东定	t^{h}uŋ^{53}	t^{h}uŋ^{53}	t^{h}əŋ^{52}	t^{h}əŋ^{52}	t^{h}uŋ^{55}	t^{h}uŋ^{55}	t^{h}uŋ^{53}
动	通合一	上董定	tuŋ^{31}	tuŋ^{412}	təŋ^{31}	təŋ^{31}	tuŋ^{53}	tuŋ^{31}	tuŋ^{31}
洞	通合一	平东定	tuŋ^{31}	tuŋ^{412}	təŋ^{31}	təŋ^{31}	tuŋ^{53}	tuŋ^{31}	tuŋ^{31}
独	通合一	入屋定	tu^{53}	tu^{53}	tu^{52}	tu^{52}	tu^{55}	tu^{55}	tu^{53}
读	通合一	入屋定	tu^{53}	tu^{53}	tu^{52}	tu^{31}	tou^{55}	tu^{55}	tu^{53}
聋	通合一	平东来	luŋ^{53}	luŋ^{53}	ləŋ^{52}	ləŋ^{52}	luŋ^{55}	luŋ^{55}	luŋ^{53}
拢	通合一	上董来	luŋ^{55}	luŋ^{55}	ləŋ^{55}	ləŋ^{52}	luŋ^{55}	luŋ^{55}	luŋ^{55}
弄	通合一	去送来	nuŋ^{31}	nuŋ^{412} / nəŋ^{412}	nəŋ^{31}	nəŋ^{31}	nuŋ^{53}	nuŋ^{31}	nuŋ^{31}
鬃	通合一	平东精	tsuŋ^{213}	tsuŋ^{213}	tsəŋ^{213}	tθəŋ^{213}	tsuŋ^{31}	tθuŋ^{213}	tsuŋ^{213}
总	通合一	上董精	tsuŋ^{55}	tsuŋ^{55}	tsəŋ^{55}	tθəŋ^{55}	tsuŋ^{55}	tθuŋ^{55}	tsuŋ^{55}
粽	通合一	平东精	tsuŋ^{31}	tsuŋ^{412}	tsəŋ^{31}	tθəŋ^{31}	tsuŋ^{53}	tθuŋ^{31} / tɕyŋ^{31}	tsuŋ^{31}
葱	通合一	平东清	ts^{h}uŋ^{213}	ts^{h}uŋ^{213}	ts^{h}əŋ^{213}	tθ^{h}əŋ^{213}	ts^{h}uŋ^{31}	tθ^{h}uŋ^{213}	ts^{h}uŋ^{213}
丛	通合一	平东从	ts^{h}uŋ^{53}	ts^{h}əŋ^{53}	ts^{h}əŋ^{52}	tθ^{h}əŋ^{52}	ts^{h}uŋ^{55}	tθ^{h}uŋ^{55}	ts^{h}uŋ^{53}
族	通合一	入屋从	tsu^{53}	tsu^{53}	tsu^{52}	tθu^{52}	tsou^{55}	tθu^{55}	tsu^{53}
送	通合一	平东心	suŋ^{31}	suŋ^{412}	səŋ^{31}	θəŋ^{31}	suŋ^{53}	θuŋ^{31}	suŋ^{31}
速	通合一	入屋心	su^{213}	su^{213}	sou^{213}	θu^{31}	sou^{31}	θu^{213}	su^{213}
公	通合一	平东见	kuŋ^{213}	kuŋ^{213}	kəŋ^{213}	kəŋ^{213}	kuŋ^{31}	kuŋ^{213}	kuŋ^{213}
贡	通合一	去东见	kuŋ^{31}	kuŋ^{412}	kəŋ^{31}	kəŋ^{31}	kuŋ^{53}	kuŋ^{31}	kuŋ^{31}
谷	通合一	入屋见	ku^{213}	ku^{213}	ku^{55}	ku^{55}	ku^{31}	ku^{213}	ku^{213}
空~虚	通合一	平东溪	k^{h}uŋ^{213}	k^{h}uŋ^{213}	k^{h}əŋ^{213}	k^{h}əŋ^{213}	k^{h}uŋ^{31}	k^{h}uŋ^{213}	k^{h}uŋ^{213}
孔	通合一	上董溪	k^{h}uŋ^{55}	k^{h}uŋ^{55}	k^{h}əŋ^{55}	k^{h}əŋ^{55}	k^{h}uŋ^{55}	k^{h}uŋ^{55}	k^{h}uŋ^{55}
空~缺	通合一	去送溪	k^{h}uŋ^{31}	k^{h}uŋ^{412}	k^{h}əŋ^{31}	k^{h}əŋ^{31}	k^{h}uŋ^{53}	k^{h}uŋ^{31}	k^{h}uŋ^{31}
哭	通合一	入屋溪	k^{h}u^{213}	k^{h}u^{213}	k^{h}u^{55}	k^{h}u^{55}	k^{h}u^{31}	k^{h}u^{213}	k^{h}u^{213}
哄	通合一	上董晓	xuŋ^{55}	xuŋ^{55}	xəŋ^{55}	xəŋ^{55}	xuŋ^{55}	xuŋ^{55}	xuŋ^{55}
红	通合一	平东匣	xuŋ^{53}	xuŋ^{53}	xəŋ^{52}	xəŋ^{52}	xuŋ^{55}	xuŋ^{55}	xuŋ^{53}

续表

例字	韵摄	中古音	东堤村	杨居屯	朱鹿村	太平村	魏马村	雷家寨	北李村
扑	通合一	入屋滂	pʰu⁵⁵	pʰu⁵⁵	pʰu⁵⁵	pʰu⁵⁵	pʰu⁵⁵	pʰu²¹³	pʰu²¹³
篷	通合一	平东並	pʰəŋ⁵³	pʰəŋ⁵³	pʰəŋ⁵³	pʰəŋ⁵³	pʰəŋ⁵³	pʰəŋ⁵³	pʰəŋ⁵³
蒙	通合一	平东明	məŋ⁵³	məŋ⁵³	məŋ⁵³	məŋ⁵³	məŋ⁵³	məŋ⁵³	məŋ⁵³
木	通合一	入屋明	mu³¹	mu³¹	mu³¹	mu³¹	mu³¹	mu²¹³	mu²¹³
东	通合一	平东端	tuŋ²¹³	tuŋ²¹³	tuŋ²¹³	təŋ²¹³	tuŋ²¹³	tuŋ²¹³	tuŋ²¹³
懂	通合一	上董端	tuŋ⁵⁵ / tuə̃⁵⁵	tuŋ⁵⁵	tuŋ⁵⁵ / tuẽ⁵⁵	təŋ⁵⁵	tuŋ⁵⁵	tuŋ⁵⁵	tuŋ⁵⁵
冻	通合一	去送端	tuŋ³¹	tuŋ³¹	tuŋ³¹	təŋ³¹	tuŋ³¹	tuŋ⁴¹²	tuŋ⁴¹²
通	通合一	平东透	tʰuŋ²¹³	tʰuŋ²¹³	tʰuŋ²¹³	tʰəŋ²¹³	tʰuŋ²¹³	tʰuŋ²¹³	tʰuŋ²¹³
桶	通合一	上董透	tʰuŋ⁵⁵	tʰuŋ⁵⁵	tʰuŋ⁵⁵	tʰəŋ⁵⁵	tʰuŋ⁵⁵	tʰuŋ⁵⁵	tʰuŋ⁵⁵
痛	通合一	平东透	tʰuŋ⁵³	tʰuŋ⁵³	tʰuŋ³¹	tʰəŋ⁵³	tʰuŋ⁵³	tʰuŋ⁴¹²	tʰuŋ⁴¹²
秃	通合一	入屋透	tʰu²¹³	tʰu⁵⁵	tʰu⁵⁵	tʰu⁵⁵	tʰu⁵⁵	tʰu²¹³	tʰu²¹³
铜	通合一	平东定	tʰuŋ⁵³	tʰuŋ⁵³	tʰuŋ⁵³	tʰəŋ⁵³	tʰuŋ⁵³	tʰuŋ⁵³	tʰuŋ⁵³
动	通合一	上董定	tuŋ³¹	tuŋ³¹	tuŋ³¹	təŋ³¹	tuŋ³¹	tuŋ⁴¹²	tuŋ⁴¹²
洞	通合一	平东定	tuŋ³¹	tuŋ³¹	tuŋ³¹	təŋ³¹	tuŋ³¹	tuŋ⁴¹²	tuŋ⁴¹²
独	通合一	入屋定	tu⁵³	tu⁵³	tu⁵³	tu⁵³	tu⁵³	tu⁵³	tu⁵³
读	通合一	入屋定	tu⁵³	tou⁵³ / tu⁵³	tu⁵³	tou⁵³	tu³¹	tʰu⁵⁵	tu⁵⁵
聋	通合一	平东来	luŋ⁵³	luŋ⁵³	luŋ⁵³	ləŋ⁵³	luŋ⁵³	luŋ⁵³	luŋ⁵³
拢	通合一	上董来	luŋ⁵³	luŋ⁵³	luŋ⁵⁵	ləŋ⁵³	luŋ⁵³	luŋ⁵⁵	luŋ⁵⁵
弄	通合一	去送来	nəŋ³¹	nuŋ³¹	nəŋ³¹	nuŋ³¹	nuŋ³¹	nəŋ⁴¹²	nuŋ⁴¹² / nəŋ⁴¹²
鬃	通合一	平东精	tsuŋ²¹³	tsuŋ²¹³	tsuŋ²¹³	tθəŋ²¹³	tθuŋ²¹³	tsuŋ²¹³	tsuŋ²¹³
总	通合一	上董精	tsuŋ⁵⁵	tsuŋ⁵⁵	tsuŋ⁵⁵	tθəŋ⁵⁵	tθuŋ⁵⁵	tsuŋ⁵⁵	tsuŋ⁵⁵
粽	通合一	平东精	tsuŋ³¹	tɕyŋ⁵⁵	tɕyŋ⁵⁵	tθəŋ³¹	tθuŋ³¹	tsuŋ⁴¹²	tsuŋ⁴¹²
葱	通合一	平东清	tsʰuŋ²¹³	tsʰuŋ²¹³	tsʰuŋ²¹³	tθʰəŋ²¹³	tθʰuŋ²¹³	tsʰuŋ²¹³	tsʰuŋ²¹³
丛	通合一	平东从	tsʰuŋ⁵³	tsʰuŋ²¹³	tɕʰyŋ⁵³	tθʰəŋ⁵³	tθʰuŋ⁵³	tsʰuŋ⁵³ / tsʰəŋ⁵³	
族	通合一	入屋从	tsu⁵³	tsu⁵³	tsu⁵³	tθu⁵³	tθu⁵³	tsu⁵³	tsu⁵³
送	通合一	平东心	suŋ³¹	suŋ³¹	suŋ³¹	θəŋ³¹	θuŋ³¹	suŋ⁴¹²	suŋ⁴¹²
速	通合一	入屋心	su²¹³	su²¹³	su²¹³	θu²¹³	θu²¹³	su²¹³	su²¹³
公	通合一	平东见	kuŋ²¹³	kuŋ²¹³	kuŋ²¹³	kəŋ²¹³	kuŋ²¹³	kuŋ²¹³	kuŋ²¹³
贡	通合一	去东见	kuŋ³¹	kuŋ³¹	kuŋ³¹	kəŋ³¹	kuŋ³¹	kuŋ⁴¹²	kuŋ⁴¹²
谷	通合一	入屋见	ku²¹³	ku⁵⁵	ku⁵⁵	ku⁵⁵	ku⁵⁵	ku²¹³	ku²¹³
空~虚	通合一	平东溪	kʰuŋ²¹³	kʰuŋ²¹³	kʰuŋ²¹³	kʰəŋ²¹³	kʰuŋ²¹³	kʰuŋ²¹³	kʰuŋ²¹³
孔	通合一	上董溪	kʰuŋ⁵⁵	kʰuŋ⁵⁵	kʰuŋ⁵⁵	kʰəŋ⁵⁵	kʰuŋ⁵⁵	kʰuŋ⁵⁵	kʰuŋ⁵⁵
空~缺	通合一	去送溪	kʰuŋ³¹	kʰuŋ³¹	kʰuŋ³¹	kʰəŋ³¹	kʰuŋ³¹	kʰuŋ⁴¹²	kʰuŋ⁴¹²
哭	通合一	入屋溪	kʰu²¹³	kʰu⁵⁵	kʰu⁵⁵	kʰu⁵⁵	kʰu⁵⁵	kʰu²¹³	kʰu²¹³
哄	通合一	上董晓	xuŋ⁵⁵	xuŋ⁵⁵	xuŋ⁵⁵	xəŋ⁵⁵	xuŋ⁵⁵	xuŋ⁵⁵	xuŋ⁵⁵
红	通合一	平东匣	xuŋ⁵³	xuŋ⁵³	xuŋ⁵³	xəŋ⁵³	xuŋ⁵³	xuŋ⁵³	xuŋ⁵³

例字	韵摄	中古音	大李村	耿庄	谭家村	谭家营	马家庄	朱家庄	官路村
瓮	通合一	平东影	uŋ³¹	uŋ⁴¹²	uəŋ³¹	vəŋ³¹	uŋ⁵³	vəŋ³¹	uŋ³¹
屋	通合一	入屋影	u²¹³	u²¹³	u⁵⁵	u⁵⁵	u³¹	vu²¹³	u²¹³
冬	通合一	平冬端	tuŋ²¹³	tuŋ²¹³	təŋ²¹³	təŋ²¹³	tuŋ³¹	tuŋ²¹³	tuŋ²¹³
督	通合一	入沃端	tu²¹³	tu²¹³	tu²¹³	tu²¹³	tou³¹	tu³¹	tu²¹³
统	通合一	去宋透	tʰuŋ⁵⁵	tʰuŋ⁵⁵	tʰəŋ⁵⁵	tʰəŋ⁵⁵	tʰuŋ⁵⁵	tʰuŋ⁵⁵	tʰuŋ⁵⁵
毒	通合一	入沃定	tu⁵³	tu⁵³	tu⁵²	tu⁵²	tu⁵⁵	tu⁵⁵	tu⁵³
农	通合一	平冬泥	luŋ⁵³	nuŋ⁵³	nəŋ⁵²	nu⁵²	nuŋ⁵⁵	nu⁵⁵	nuŋ⁵³
脓	通合一	平冬泥	nuŋ⁵³	nuŋ⁵³	nəŋ⁵²	nəŋ⁵²	nuŋ⁵⁵	nuŋ⁵⁵	nuŋ⁵³
宗	通合一	平冬精	tsuŋ²¹³	tsuŋ²¹³	tsəŋ²¹³	tθəŋ²¹³	tsuŋ³¹	tθuŋ²¹³	tsuŋ²¹³
松	通合一	平冬心	suŋ²¹³	suŋ²¹³	səŋ²¹³	θəŋ²¹³	suŋ³¹	θuŋ²¹³	suŋ²¹³
宋	通合一	去宋心	suŋ³¹	suŋ⁴¹²	səŋ³¹	θəŋ³¹	suŋ⁵³	θuŋ³¹	suŋ³¹
沃	通合一	入沃影	uə³¹	uə²¹³	u³¹	u²¹³	uə³¹	və²¹³	uə³¹
风	通合三	平东非	fəŋ²¹³	fəŋ²¹³	fəŋ²¹³	fəŋ²¹³	fəŋ³¹	fəŋ²¹³	fəŋ²¹³
福	通合三	入屋非	fu²¹³	fu²¹³	fu⁵⁵	fu⁵⁵	fu³¹	fu²¹³	fu²¹³
丰	通合三	平东敷	fəŋ²¹³	fəŋ²¹³	fəŋ²¹³	fəŋ²¹³	fəŋ³¹	fəŋ²¹³	fəŋ²¹³
冯	通合三	平东奉	fəŋ⁵³	fəŋ⁵³	fəŋ⁵²	fəŋ⁵²	fəŋ⁵⁵	fəŋ⁵⁵	fəŋ⁵³
凤	通合三	去送奉	fəŋ³¹	fəŋ⁴¹²	fəŋ³¹	fəŋ³¹	fəŋ³¹	fəŋ³¹	fəŋ³¹
服	通合三	入屋奉	fu⁵³	fu⁵³	fu⁵³	fu⁵⁵	fu⁵⁵	fu⁵⁵	fu⁵³
梦	通合三	去送明	məŋ³¹	məŋ⁴¹²	məŋ³¹	məŋ³¹	məŋ⁵³	məŋ³¹	məŋ³¹
目	通合三	入屋明	mu²¹³	mu⁴¹²	mu³¹	mu³¹	mu³¹	mu³¹	mu³¹
隆	通合三	平东来	luŋ⁵³	luŋ⁵³	ləŋ⁵²	ləŋ⁵²	luŋ⁵⁵	luŋ⁵⁵	luŋ⁵³
六	通合三	入屋来	liou³¹	liou⁴¹²	liou³¹	liou³¹	liou⁵³	liou³¹	liou³¹
陆	通合三	入屋来	lu³¹	lu⁴¹²	lu³¹ / lou³¹	lu³¹	lou³¹	lu³¹	lu³¹
宿	通合三	入屋心	ɕy²¹³	su²¹³ / sy²¹³	ɕy⁵²	syu⁵⁵	ɕy³¹	sy²¹³	ɕy²¹³
肃	通合三	入屋心	su²¹³	su²¹³ / sy²¹³	ɕy³¹	syu⁵⁵	ɕy³¹	sy⁵⁵	su²¹³ / ɕy²¹³
中~当	通合三	平东知	tʂuŋ²¹³	tʂuŋ²¹³	tʂəŋ²¹³	tʂəŋ²¹³	tʂuŋ³¹	tʂuŋ²¹³	tʂuŋ²¹³
忠	通合三	平东知	tʂuŋ²¹³	tʂuŋ²¹³	tʂəŋ²¹³	tʂəŋ²¹³	tʂuŋ³¹	tʂuŋ²¹³	tʂuŋ²¹³
中~射	通合三	去送知	tʂuŋ³¹	tʂuŋ⁴¹²	tʂəŋ³¹	tʂəŋ³¹	tʂuŋ³¹	tʂuŋ³¹	tʂuŋ³¹
竹	通合三	入屋知	tʂu²¹³	tʂu²¹³	tʂu⁵⁵	tʂu⁵⁵	tʂu³¹ / tsou³¹	tʂu²¹³	tʂu²¹³
畜	通合三	入屋彻	tʂʰu⁵³	tʂʰu⁴¹²	tʂʰu⁵²	tʂʰu³¹	tʂʰu⁵³	tʂʰu⁵⁵	tʂʰu³¹
虫	通合三	平东澄	tʂʰuŋ⁵³	tʂʰuŋ⁵³	tʂʰəŋ⁵²	tʂʰəŋ⁵²	tʂʰuŋ⁵⁵	tʂʰuŋ⁵⁵	tʂʰuŋ⁵³
轴	通合三	入屋澄	tsou⁵³	tʂu⁵³	tʂu⁵²	tʃu⁵²	tʂu⁵⁵	tʂu⁵⁵	tsou⁵³ / tʂu⁵³
缩	通合三	入屋生	suə²¹³	ʂuə⁴¹²	suə²¹³	ʂuə⁵⁵	ʂuə³¹	ʂuə⁵⁵	suə²¹³
终	通合三	平东章	tʂuŋ²¹³	tʂuŋ²¹³	tʂəŋ²¹³	tʂəŋ²¹³	tʂuŋ³¹	tʂuŋ²¹³	tʂuŋ²¹³
众	通合三	去送章	tʂuŋ³¹	tʂuŋ⁴¹²	tʂəŋ³¹	tʂəŋ³¹	tʂuŋ⁵³	tʂuŋ³¹	tʂuŋ³¹

续表

例字	韵摄	中古音	东堤村	杨居屯	朱鹿村	太平村	魏马村	雷家寨	北李村
瓮	通合一	平东影	uŋ²¹³	uŋ⁵⁵	uŋ³¹	uŋ³¹	uŋ³¹	uŋ⁴¹²	uŋ⁴¹²
屋	通合一	入屋影	u²¹³	u⁵⁵	u⁵⁵	u⁵⁵	u⁵⁵	u²¹³	u²¹³
冬	通合一	平冬端	tuŋ²¹³	tuŋ²¹³	tuŋ²¹³	təŋ²¹³	tuŋ²¹³	tuŋ²¹³	tuŋ²¹³
督	通合一	入沃端	tu²¹³	tu²¹³	tu²¹³	tu²¹³	tu²¹³	tu²¹³	tu²¹³
统	通合一	去宋透	tʰuŋ⁵⁵	tʰuŋ⁵⁵	tʰuŋ⁵⁵	tʰəŋ⁵⁵	tʰuŋ⁵⁵	tʰuŋ⁵⁵	tʰuŋ⁵⁵
毒	通合一	入沃定	tu⁵³	tu⁵³	tu⁵³	tu⁵³	tu⁵³	tu⁵³	tu⁵³
农	通合一	平冬泥	nu⁵³	nuŋ⁵³	nu⁵³	nəŋ⁵³	nu⁵³	nuŋ⁵³	nuŋ⁵³
脓	通合一	平冬泥	nuŋ⁵³	nuŋ⁵³	nuŋ⁵³	nəŋ⁵³	nuŋ⁵³	nuŋ⁵³	nuŋ⁵³
宗	通合一	平冬精	tsuŋ²¹³	tsuŋ²¹³	tsuŋ²¹³	tθəŋ²¹³	tθuŋ²¹³	tsuŋ²¹³	tsuŋ²¹³
松	通合一	平冬心	suŋ²¹³	suŋ²¹³	suŋ²¹³	θəŋ²¹³	θuŋ²¹³	suŋ²¹³	suŋ²¹³
宋	通合一	去宋心	suŋ³¹	suŋ³¹	suŋ³¹	θəŋ³¹	θuŋ³¹	suŋ⁴¹²	suŋ⁴¹²
沃	通合一	入沃影	u³¹	uə⁵³	u²¹³	u³¹	u²¹³	u²¹³	uə²¹³
风	通合三	平东非	fəŋ²¹³	fəŋ²¹³	fəŋ²¹³	fəŋ²¹³	fəŋ²¹³	fəŋ²¹³	fəŋ²¹³
福	通合三	入屋非	fu²¹³	fu⁵⁵	fu⁵⁵	fu⁵⁵	fu⁵⁵	fu²¹³	fu²¹³
丰	通合三	平东敷	fəŋ²¹³	fəŋ²¹³	fəŋ²¹³	fəŋ²¹³	fəŋ²¹³	fəŋ²¹³	fəŋ²¹³
冯	通合三	平东奉	fəŋ⁵³	fəŋ⁵³	fəŋ⁵³	fəŋ⁵³	fəŋ⁵³	fəŋ⁵³	fəŋ⁵⁵
凤	通合三	去送奉	fəŋ³¹	fəŋ³¹	fəŋ³¹	fəŋ³¹	fəŋ³¹	fəŋ⁴¹²	fəŋ⁴¹²
服	通合三	入屋奉	fu⁵³	fu⁵³	fu⁵³	fu⁵³	fu⁵³	fu⁵³	fu⁵³
梦	通合三	去送明	məŋ³¹	məŋ³¹	məŋ³¹	məŋ³¹	məŋ³¹	məŋ⁴¹²	məŋ⁴¹²
目	通合三	入屋明	mu³¹	mu³¹	mu³¹	mu³¹	mu³¹	mu²¹³	mu⁴¹²
隆	通合三	平东来	luŋ⁵³	luŋ⁵³	luŋ⁵³	ləŋ⁵³	luŋ⁵³	luŋ⁵³	luŋ⁵³
六	通合三	入屋来	liou³¹	liou³¹	liou³¹	liou³¹	liou³¹	liou⁴¹²	liou⁴¹²
陆	通合三	入屋来	lu⁵³	lu³¹	lu⁵³	lu³¹	lu³¹	lu⁴¹²	lu⁴¹²
宿	通合三	入屋心	ɕy²¹³	ɕy²¹³	ɕy⁵⁵	ɕy³¹	syu⁵⁵	ɕy²¹³	su²¹³/sy²¹³
肃	通合三	入屋心	ɕy³¹	ɕy²¹³	ɕy³¹	ɕy⁵⁵	θu⁵⁵/syu⁵⁵	ɕy²¹³	su²¹³/sy²¹³
中当~	通合三	平东知	tʂuŋ²¹³	tʂuŋ²¹³	tʂuŋ²¹³	tʂəŋ²¹³	tʂuŋ²¹³	tʂuŋ²¹³	tʂuŋ²¹³
忠	通合三	平东知	tʂuŋ²¹³	tʂuŋ²¹³	tʂuŋ²¹³	tʂəŋ²¹³	tʂuŋ²¹³	tʂuŋ²¹³	tʂuŋ²¹³
中射~	通合三	去送知	tʂuŋ³¹	tʂuŋ³¹	tʂuŋ³¹	tʂəŋ³¹	tʂuŋ³¹	tʂuŋ³¹	tʂuŋ⁴¹²
竹	通合三	入屋知	tʂu²¹³	tʂu⁵⁵	tʂu⁵⁵	tʂu⁵⁵	tʂu⁵⁵	tʂu²¹³	tʂu²¹³
畜	通合三	入屋彻	tʂʰu⁵⁵	tʂʰu⁵⁵	tʂʰu⁵⁵	tʂʰu⁵⁵	tʂʰu⁵⁵	tʂʰu⁵³	tʂʰu⁴¹²
虫	通合三	平东澄	tʂʰuŋ⁵³	tʂʰuŋ⁵³	tʂʰuŋ⁵³	tʂʰəŋ⁵³	tʂʰuŋ⁵³	tʂʰuŋ⁵³	tʂʰuŋ⁵³
轴	通合三	入屋澄	tʂu⁵³	tʂu⁵³	tʂʅ⁵³	tʃu⁵³	tʃu⁵³	tʂu⁵³	tʂu⁵³
缩	通合三	入屋生	ʂuə²¹³	suə²¹³	ʂuə²¹³	θuə⁵⁵	ʂuə⁵⁵	ʂuə²¹³	ʂuə²¹³
终	通合三	平东章	tʂuŋ²¹³	tʂuŋ²¹³	tʂuŋ²¹³	tʂəŋ²¹³	tʂuŋ²¹³	tʂuŋ²¹³	tʂuŋ²¹³
众	通合三	去送章	tʂuŋ³¹	tʂuŋ³¹	tʂuŋ³¹	tʂəŋ³¹	tʂuŋ³¹	tʂuŋ⁴¹²	tʂuŋ⁴¹²

例字	韵摄	中古音	大李村	耿庄	谭家村	谭家营	马家庄	朱家庄	官路村
祝	通合三	入屋章	tʂou²¹³	tʂu²¹³	tʂu⁵⁵	tʂu³¹	tsou⁵⁵	tʂu³¹	tʂu³¹
粥	通合三	入屋章	tsu³¹	tʂu²¹³	tʂu⁵⁵	tʃou²¹³ / tʃu³¹	tʂu³¹	tʂou²¹³ / tʂu²¹³	tʂou²¹³ / tʂu²¹³
充	通合三	平东昌	tʂʰuŋ³¹	tʂʰuŋ²¹³	tʂʰəŋ²¹³	tʂʰəŋ²¹³	tʂʰuŋ³¹	tʂʰuŋ²¹³	tʂʰuŋ²¹³
叔	通合三	入屋书	ʂu⁵⁵	ʂu⁵⁵	ʂu⁵⁵	ʃu⁵⁵	ʂu³¹	ʂu²¹³	ʂu²¹³
熟	通合三	入屋禅	ʂu⁵³	ʂu⁵³	ʂu⁵²	ʃu⁵²	ʂu⁵⁵	ʂu⁵⁵	ʂu⁵³
绒	通合三	平东日	ʐuŋ⁵³	yŋ⁵³	iŋ⁵²	iŋ⁵²	ʐuŋ⁵⁵	ʐuŋ⁵⁵	ʐuŋ⁵³
肉	通合三	入屋日	ʐou³¹	ʐou⁴¹²	iou³¹	iou³¹	ʐou⁵³	ʐou³¹	ʐou³¹
宫	通合三	平东见	kuŋ²¹³	kuŋ²¹³	kəŋ²¹³	kəŋ²¹³	kuŋ³¹	kuŋ²¹³	kuŋ²¹³
菊	通合三	入屋见	tɕy²¹³	tɕy²¹³	tɕy⁵⁵	tɕyu⁵⁵	tɕy³¹	tɕy²¹³	tɕy²¹³
曲酒~	通合三	入屋溪	tɕʰy²¹³	tɕʰy²¹³	tɕʰy⁵⁵	tɕʰyu⁵⁵	tɕʰy³¹	tɕʰy²¹³	tɕʰy²¹³
穷	通合三	平东群	tɕʰyŋ⁵³	tɕʰyŋ⁵³	tɕʰiŋ⁵²	tɕʰiŋ⁵²	tɕʰyŋ⁵⁵	tɕʰyŋ⁵⁵	tɕʰyŋ⁵³
畜	通合三	入屋晓	ɕy³¹	ɕy²¹³	ɕy⁵²	ɕyu⁵²	ɕy⁵³	ɕy⁵⁵	ɕy³¹
雄	通合三	平东云	ɕyŋ⁵³	ɕyŋ⁵³	ɕiŋ⁵²	ɕiŋ⁵²	ɕyŋ⁵⁵	ɕyŋ⁵⁵	ɕyŋ⁵³
熊	通合三	平东云	ɕyŋ⁵³	ɕyŋ⁵³	ɕiŋ⁵²	ɕiŋ⁵²	ɕyŋ⁵⁵	ɕyŋ⁵⁵	ɕyŋ⁵³
育	通合三	入屋以	y³¹	y⁴¹²	y³¹	yu³¹	y⁵³	y³¹	y³¹
封	通合三	平钟非	fəŋ²¹³	fəŋ²¹³	fəŋ²¹³	fəŋ²¹³	fəŋ³¹	fəŋ²¹³	fəŋ²¹³
蜂	通合三	平钟敷	fəŋ²¹³	fəŋ⁵⁵	fəŋ²¹³	fəŋ²¹³	fəŋ³¹	fəŋ²¹³	fəŋ²¹³
捧	通合三	上肿敷	pʰəŋ⁵⁵	pʰəŋ⁵⁵	pʰəŋ⁵⁵	pʰəŋ⁵⁵	pʰəŋ⁵⁵	pʰəŋ⁵⁵	pʰəŋ⁵⁵
缝	通合三	平钟奉	fəŋ⁵³	fəŋ⁵³	fəŋ⁵²	fəŋ⁵²	fəŋ⁵⁵	fəŋ⁵⁵	fəŋ⁵³
浓	通合三	平钟泥	luŋ⁵³	nuŋ⁵³	nəŋ⁵²	nəŋ⁵²	nuŋ⁵⁵	nuŋ⁵⁵	nuŋ⁵³
龙	通合三	平钟来	luŋ⁵³	luŋ⁵³	ləŋ⁵²	ləŋ⁵²	luŋ⁵⁵	lyŋ⁵⁵	luŋ⁵³
绿	通合三	入烛来	ly²¹³	ly²¹³	ly³¹	lyu³¹	lou³¹	ly³¹	ly³¹
录	通合三	入烛来	lu²¹³	lu²¹³	lou³¹	lu³¹	lou³¹	lu³¹	lu²¹³ / lou²¹³
踪	通合三	平钟精	tsuŋ²¹³	tsuŋ²¹³	tsəŋ²¹³	tθəŋ³¹	tsuŋ³¹	tθuŋ²¹³ / tɕyŋ²¹³	tsuŋ²¹³
纵	通合三	去用精	tsuŋ³¹	tsuŋ⁴¹²	tsəŋ³¹	tθəŋ³¹	tsuŋ³¹	tɕyŋ³¹	tsuŋ³¹
足	通合三	入烛精	tsu²¹³ / tɕy²¹³	tsu²¹³ / tɕy²¹³	tɕy²¹³	tsyu⁵⁵	tɕy³¹	tsy²¹³	tɕy²¹³
从	通合三	平钟从	tsʰuŋ⁵³	tsʰuŋ⁵³	tsʰəŋ⁵²	tθʰəŋ⁵²	tsʰuŋ⁵⁵	tɕʰyŋ⁵⁵	tsʰuŋ⁵³
粟	通合三	入烛心	su³¹	su⁴¹²	su⁵²	θu³¹	sou⁵³	θu³¹	su³¹
松~树	通合三	平钟邪	suŋ²¹³	suŋ²¹³	səŋ²¹³ / siŋ²¹³	siŋ²¹³	suŋ³¹	θuŋ²¹³ / ɕyŋ²¹³	suŋ²¹³
诵	通合三	去用邪	suŋ³¹	suŋ⁴¹²	səŋ³¹	θəŋ³¹	suŋ⁵³	θuŋ³¹	suŋ³¹
俗	通合三	入烛邪	su⁵³	sy⁵³	ɕy⁵²	syu⁵²	ɕy⁵⁵	sy⁵⁵	ɕy⁵³
续	通合三	入烛邪	ɕy³¹	sy⁴¹²	ɕy³¹	syu³¹	ɕy³¹	sy³¹	ɕy³¹
重~复	通合三	平钟澄	tʂuŋ³¹	tʂʰuŋ⁵³	tʂʰəŋ⁵²	tʂʰəŋ⁵²	tʂʰuŋ⁵⁵	tʂʰuŋ⁵⁵	tʂʰuŋ⁵³
重轻~	通合三	上肿澄	tʂuŋ³¹	tʂuŋ⁴¹²	tʂəŋ³¹	tʂəŋ³¹	tʂuŋ⁵³	tʂuŋ³¹	tʂuŋ³¹
钟	通合三	平钟章	tʂuŋ²¹³	tʂuŋ²¹³	tʂəŋ²¹³	tʂəŋ²¹³	tʂuŋ³¹	tʂuŋ²¹³	tʂuŋ²¹³

续表

例字	韵摄	中古音	东堤村	杨居屯	朱鹿村	太平村	魏马村	雷家寨	北李村
祝	通合三	入屋章	tʂu³¹	tʂu³¹	tʂʅ³¹	tʂu³¹	tʂu³¹	tʂu⁵⁵	tʂu²¹³
粥	通合三	入屋章	tʃou²¹³ / tʂu³¹	tʂu³¹	tʂʅ³¹	tʃou²¹³ / tʃu³¹	tʃou²¹³ / tʃu³¹	tʂu²¹³	tʂou²¹³ / tʂu²¹³
充	通合三	平东昌	tʂʰuŋ²¹³	tʂʰuŋ²¹³	tʂʰuŋ²¹³	tʂʰəŋ²¹³	tʂʰuŋ²¹³	tʂʰuŋ²¹³	tʂʰuŋ²¹³
叔	通合三	入屋书	ʂu²¹³	ʂu⁵⁵	ʂʅ⁵⁵	ʃu⁵⁵	ʃu⁵⁵	ʂu⁵⁵	ʂu⁵⁵
熟	通合三	入屋禅	ʂu⁵³	ʂu⁵³	ʂʅ⁵³	ʃu⁵³	ʃu⁵³	ʂu⁵³	ʂu⁵³ / fu⁵³
绒	通合三	平东日	zuŋ⁵³	luŋ⁵³	luŋ⁵³	iŋ⁵³	yŋ⁵³	zuŋ⁵³	zuŋ⁵³ / yŋ⁵³
肉	通合三	入屋日	zou³¹	lou³¹	lou³¹	iou³¹	iou³¹	zou⁴¹²	zou⁴¹²
宫	通合三	平东见	kuŋ²¹³	kuŋ²¹³	kuŋ²¹³	kəŋ²¹³	kuŋ²¹³	kuŋ²¹³	kuŋ²¹³
菊	通合三	入屋见	tɕy⁵⁵	tɕy⁵⁵	tɕy⁵⁵	tɕy⁵⁵	tɕyu⁵⁵	tɕy²¹³	tɕy²¹³
曲 酒~	通合三	入屋溪	tɕʰy²¹³	tɕʰy²¹³	tɕʰy⁵⁵	tɕʰy⁵⁵	tɕʰyu⁵⁵	tɕʰy²¹³	tɕʰy²¹³
穷	通合三	平东群	tɕʰyŋ⁵³	tɕʰyŋ⁵³	tɕʰyŋ⁵³	tɕʰiŋ⁵³	tɕʰyŋ⁵³	tɕʰyŋ⁵³	tɕʰyŋ⁵³
畜	通合三	入屋晓	ɕy⁵⁵	ɕy²¹³	ɕy⁵⁵	ɕy⁵⁵	ɕyu⁵⁵	ɕy²¹³	ɕy²¹³
雄	通合三	平东云	ɕyŋ⁵³	ɕyŋ⁵³	ɕyŋ⁵³	ɕiŋ⁵³	ɕyŋ⁵³	ɕyŋ⁵³	ɕyŋ⁵³
熊	通合三	平东云	ɕyŋ⁵³	ɕyŋ⁵³	ɕyŋ⁵³	ɕiŋ⁵³	ɕyŋ⁵³	ɕyŋ⁵³	ɕyŋ⁵³
育	通合三	入屋以	yu³¹	y³¹	yu³¹	y³¹	yu³¹	y⁴¹²	y⁴¹²
封	通合三	平钟非	fəŋ²¹³	fəŋ²¹³	fəŋ²¹³	fəŋ²¹³	fəŋ²¹³	fəŋ²¹³	fəŋ²¹³
蜂	通合三	平钟敷	fəŋ²¹³	fəŋ²¹³	fəŋ²¹³	fəŋ²¹³	fəŋ²¹³	fəŋ²¹³	fəŋ⁵⁵
捧	通合三	上肿敷	pʰəŋ⁵⁵	pʰəŋ⁵⁵	pʰəŋ⁵⁵	pʰəŋ⁵⁵	pʰəŋ⁵⁵	pʰəŋ⁵⁵	pʰəŋ⁵⁵
缝	通合三	平钟奉	fəŋ⁵³	fəŋ⁵³	fəŋ⁵³	fəŋ⁵³	fəŋ⁵³	fəŋ⁵³	fəŋ⁵³
浓	通合三	平钟泥	nuŋ⁵³	nuŋ⁵³	ŋyŋ⁵³	nəŋ⁵³	nuŋ⁵³	nuŋ⁵³	nuŋ⁵³
龙	通合三	平钟来	lyŋ⁵³	luŋ⁵³	lyŋ⁵³	ləŋ⁵³	luŋ⁵³	luŋ⁵³	luŋ⁵³
绿	通合三	入烛来	ly³¹	ly³¹	ly³¹	ly³¹	lyu³¹	ly²¹³	ly²¹³
录	通合三	入烛来	lu³¹	lou²¹³	lu³¹	lu³¹	lu³¹	lou²¹³	lu²¹³
踪	通合三	平钟精	tsuŋ²¹³	tsuŋ²¹³	tsuŋ²¹³	tθəŋ²¹³	tθuŋ³¹	tsuŋ²¹³	tsuŋ²¹³
纵	通合三	去用精	tsuŋ³¹	tsuŋ³¹	tsuŋ³¹	tθəŋ³¹	tθuŋ³¹	tsuŋ⁴¹²	tsuŋ⁴¹²
足	通合三	入烛精	tɕy²¹³	tɕy²¹³	tɕy⁵⁵	tsu⁵⁵ / tɕy⁵⁵	tsyu⁵⁵	tɕy⁵⁵	tsu²¹³ / tɕy²¹³
从	通合三	平钟从	tɕʰyŋ⁵³	tsʰuŋ⁵³	tɕʰyŋ⁵³	tθʰəŋ⁵³	tθʰuŋ⁵³	tsʰuŋ⁵³	tsʰuŋ⁵³
粟	通合三	入烛心	su²¹³	su²¹³	su²¹³	θu³¹	θu³¹	su⁴¹²	su⁴¹²
松 ~树	通合三	平钟邪	ɕyŋ²¹³	suŋ²¹³ / ɕyŋ²¹³	ɕyŋ²¹³	səŋ²¹³	syŋ²¹³	suŋ²¹³	suŋ²¹³
诵	通合三	去用邪	ɕyŋ³¹	suŋ³¹	ɕyŋ³¹	səŋ³¹	syŋ³¹	suŋ⁴¹²	suŋ⁴¹²
俗	通合三	入烛邪	ɕy⁵³	ɕy⁵³	ɕy⁵³	ɕy⁵³	ɕyu⁵³	ɕy⁵³	sy⁵³
续	通合三	入烛邪	ɕy³¹	ɕy³¹	ɕy³¹	ɕy³¹	ɕyu³¹	ɕy⁴¹²	sy⁴¹²
重 ~复	通合三	平钟澄	tʂʰuŋ⁵³	tʂʰuŋ⁵³	tʂʰuŋ⁵³	tʂʰəŋ⁵³	tʂʰuŋ⁵³	tʂʰuŋ⁵³	tʂʰuŋ⁵³
重 轻~	通合三	上肿澄	tsuŋ³¹	tsuŋ³¹	tsuŋ³¹	tsəŋ³¹	tsuŋ³¹	tsuŋ⁴¹²	tsuŋ⁴¹²
钟	通合三	平钟章	tʂuŋ²¹³	tʂuŋ²¹³	tʂuŋ²¹³	tʂəŋ²¹³	tʂuŋ²¹³	tʂuŋ²¹³	tʂuŋ²¹³

例字	韵摄	中古音	大李村	耿庄	谭家村	谭家营	马家庄	朱家庄	官路村
肿	通合三	上肿章	tʂuŋ⁵⁵	tʂuŋ⁵⁵	tʂəŋ⁵⁵	tʂəŋ⁵⁵	tʂuŋ⁵⁵	tʂuŋ⁵⁵	tʂuŋ⁵⁵
种~树	通合三	去用章	tʂuŋ³¹	tʂuŋ⁴¹²	tʂəŋ³¹	tʂəŋ³¹	tʂuŋ⁵³	tʂuŋ³¹	tʂuŋ³¹
烛	通合三	入烛章	tʂu²¹³	tʂu²¹³	tʂu²¹³	tʂu³¹	tʂu³¹	tʂu²¹³	tʂu²¹³
冲	通合三	平钟昌	tʂʰuŋ²¹³	tʂʰuŋ²¹³	tʂʰəŋ²¹³	tʂʰəŋ²¹³	tʂʰuŋ³¹	tʂʰuŋ²¹³	tʂʰuŋ²¹³
属	通合三	入烛禅	ʂu⁵³	ʂu⁵³	ʂu⁵²	ʂu³¹	sou⁵⁵	ʂu⁵⁵	ʂu⁵³
恭	通合三	平钟见	kuŋ²¹³	kuŋ²¹³	kəŋ²¹³	kəŋ³¹	kuŋ³¹	kuŋ²¹³	kuŋ³¹
拱	通合三	上肿见	kuŋ³¹	kuŋ⁵⁵	kəŋ³¹	kəŋ³¹	kuŋ³¹	kuŋ²¹³	kuŋ³¹
供	通合三	去用见	kuŋ³¹	kuŋ⁴¹²	kəŋ³¹	kəŋ³¹	kuŋ⁵³	kuŋ³¹	kuŋ³¹
曲歌~	通合三	入烛溪	tɕʰy²¹³	tɕʰy²¹³	tɕʰy⁵⁵	tɕʰyu⁵⁵	tɕʰy³¹	tɕʰy²¹³	tɕʰy²¹³
共	通合三	去用群	kuŋ³¹	kuŋ⁴¹²	kəŋ³¹	kəŋ³¹	kuŋ⁵³	kuŋ³¹	kuŋ³¹
局	通合三	入烛群	tɕy⁵³	tɕy⁵³	tɕy⁵²	tɕyu⁵²	tɕy⁵⁵	tɕy⁵⁵	tɕy⁵³
玉	通合三	入烛疑	y³¹	y⁴¹²	y³¹	yu³¹	y³¹	y³¹	y³¹
凶	通合三	平钟晓	ɕyŋ²¹³	ɕyŋ²¹³	ɕiŋ²¹³	ɕiŋ²¹³	ɕyŋ³¹	ɕy²¹³	ɕyŋ²¹³
拥	通合三	上肿影	yŋ²¹³	yŋ²¹³	iŋ²¹³	iŋ²¹³	yŋ³¹	yŋ²¹³	yŋ²¹³
容	通合三	平钟以	yŋ⁵³	yŋ⁵³	iŋ⁵²	iŋ⁵²	yŋ⁵⁵	luŋ⁵⁵	ʐuŋ⁵³ / yŋ⁵³
勇	通合三	上肿以	yŋ⁵⁵	yŋ⁵⁵	iŋ⁵⁵	iŋ⁵⁵	yŋ⁵⁵	yŋ⁵⁵	yŋ⁵⁵
用	通合三	去用以	yŋ³¹	yŋ⁴¹²	iŋ³¹	iŋ³¹	yŋ⁵³	yŋ³¹	yŋ³¹
浴	通合三	入烛以	y³¹	y⁴¹²	y³¹	yu³¹	y³¹	y³¹	y³¹

续表

例字	韵摄	中古音	东堤村	杨居屯	朱鹿村	太平村	魏马村	雷家寨	北李村
肿	通合三	上肿章	tʂuŋ^{55}	tʂuŋ^{55}	tʂuŋ^{55}	tʂəŋ^{55}	tʂuŋ^{55}	tʂuŋ^{55}	tʂuŋ^{55}
种~树	通合三	去用章	tʂuŋ^{31}	tʂuŋ^{31}	tʂuŋ^{31}	tʂəŋ^{31}	tʂuŋ^{31}	tʂuŋ^{412}	tʂuŋ^{412}
烛	通合三	入烛章	tʂu^{213}	tʂu^{213}	tʂu^{55}	tʂu^{55}	tʂu^{55}	tʂu^{213}	tʂu^{213}
冲	通合三	平钟昌	tʂʰuŋ^{213}	tʂʰuŋ^{213}	tʂʰuŋ^{213}	tʂʰəŋ^{213}	tʂʰuŋ^{213}	tʂʰuŋ^{213}	tʂʰuŋ^{213}
属	通合三	入烛禅	ʂu^{53}	ʂu^{53}	ʂʅ^{53}	ʂu^{55}	ʂu^{55}	ʂu^{53} / fu^{53}	ʂu^{55} / fu^{55}
恭	通合三	平钟见	kuŋ^{213}	kuŋ^{213}	kuŋ^{213}	kəŋ^{213}	kuŋ^{213}	kuŋ^{213}	kuŋ^{213}
拱	通合三	上肿见	kuŋ^{213}	kuŋ^{55}	kuŋ^{31}	kəŋ^{31}	kəŋ^{31}	kuŋ^{55}	kuŋ^{55}
供	通合三	去用见	kuŋ^{31}	kuŋ^{31}	kuŋ^{31}	kəŋ^{31}	kuŋ^{31}	kuŋ^{412}	kuŋ^{412}
曲歌~	通合三	入烛溪	tɕʰy^{213}	tɕʰy^{213}	tɕʰy^{55}	tɕʰy^{55}	tɕʰyu^{55}	tɕʰy^{213}	tɕʰy^{213}
共	通合三	去用群	kuŋ^{31}	kuŋ^{31}	kuŋ^{31}	kəŋ^{31}	kuŋ^{31}	kuŋ^{412}	kuŋ^{412}
局	通合三	入烛群	tɕy^{53}	tɕy^{53}	tɕy^{53}	tɕy^{53}	tɕyu^{53}	tɕy^{53}	tɕy^{53}
玉	通合三	入烛疑	y^{31}	y^{31}	y^{31}	y^{31}	yu^{31}	y^{412}	y^{412}
凶	通合三	平钟晓	ɕiŋ^{213}	ɕyŋ^{213}	ɕyŋ^{213}	ɕiŋ^{213}	ɕiŋ^{213}	ɕyŋ^{213}	ɕyŋ^{213}
拥	通合三	上肿影	yŋ^{213}	yŋ^{213}	yŋ^{213}	iŋ^{55}	yŋ^{213}	yŋ^{213}	yŋ^{213}
容	通合三	平钟以	zuŋ^{53}	yŋ^{53}	luŋ^{53}	iŋ^{53}	yŋ^{53}	yŋ^{53}	yŋ^{53}
勇	通合三	上肿以	yŋ^{55}	yŋ^{55}	yŋ^{55}	iŋ^{55}	yŋ^{55}	yŋ^{55}	yŋ^{55}
用	通合三	去用以	yŋ^{31}	yŋ^{31}	yŋ^{31}	iŋ^{31}	yŋ^{31}	yŋ^{412}	yŋ^{412}
浴	通合三	入烛以	y^{31}	y^{31}	y^{31}	y^{31}	yu^{31}	y^{412}	y^{412}

后　记

现在是癸卯年的正月末，将近二月。前日，西北地区不少地方下起了雨雪。昨日初霁，楼下的草坪已泛微绿，丁香的枝芽含苞欲开。如此情景，恰似韩愈的《春雪》："新年都未有芳华，二月初惊见草芽。白雪却嫌春色晚，故穿庭树作飞花。"我猜想，诗人描写的或许是关中农历二月的天气吧。

关中历史悠久，文化底蕴深厚，通行汉语中原官话，但关中的山东方言岛，于当地的中原官话而言，绝对是一个"另类"的存在。说实话，发现关中山东方言岛纯属运气、意外和偶然。因专业的缘故，我当时就兴奋地认为它是一片"新大陆"，对其进行调查研究也成为偶然中的必然。这一"新大陆"源于清末民初山东移民的"闯关中"，在关中已存在百余年。期间，山东移民已在陕西关中繁衍生息五六代人。于个体生命而言，这样的存在历史不可谓不长矣！从这个意义上讲，"新大陆"其实并不"新"，只是我发现的时间比较晚，调查研究关中山东方言岛也不过是近十年间的事情。与关中中原官话研究相比，关中山东方言岛研究无疑是"小众"的，研究时间短，研究力量弱，学术积淀薄。尽管此前我发表或出版了一些相关论著，但是对关中山东方言岛的研究还很不够，那仅仅是一个开始。

我之所以能将关中山东方言岛的研究持续地做下去，归功于国家社科基金项目的经费支持。本书是国家社科基金青年项目"语言接触下的关中山东方言岛语言演变研究"的结项成果。该项目于2013年立项，原计划3年完成，但因在这期间我承担的教育部语保工程项目挤占了大量时间，最终花了5年时间才成稿，于2019年正式结项并获良好等级。此时，距离发现关中山东方言岛正好过了十年。

相较于自己之前的调查研究，本书更注重以下两个方面。一是调查的全面性。在执行项目调查计划之初，对三原、阎良、富平、蒲城和大荔五县区的山东方言岛进行了全面调查，并在此基础上，选取有代表性的方言岛，对其进行了重点调查。之后分别于 2015 年和 2017 年，到山东高密、昌邑、寿光、青州、莱芜、菏泽、郓城、定陶等地的农村调查了关中山东方言岛的源方言，这是此前研究中未曾做过的。二是进行一些理论思考。前段时间，业师邢向东先生在微信朋友圈发了一篇题为《语言研究确应努力走完最后一公里》的文章，认为："要努力走完最后一公里"强调学术研究要勇于进行理论提升，不能满足于对语言事实的描写和语言材料的分析，甚至一般性的解释；"要努力走完最后一公里"必须有专业领域的积淀和丰富的研究实践；"要努力走完最后一公里"体现了一种学术精神，那就是勇于否定自己、超越自己。我很赞同业师的观点，转发朋友圈，并写道："学术研究能走完最后一公里者凤毛麟角，理论的提升、创建，总属于少数人。即便如此，我虽不能至，心亦向往之。"本书以"语言接触"理论为研究视角，从"语言接触"的界定入手，并在此基础上建立起语言接触的制约、过程和变化三大机制，搭建起自己的理论框架，将调查材料纳入此三大机制中进行相关的分析研究。这些理论思考、理论分析只是在现有的知识积累和认识水平上提出来的一些新想法，至于是否妥当，我并无多少把握。但是，有意识地进行一些理论探讨，实属一种有益的尝试，较之从前的研究也算是有了些许长进。

可以说，本书是我对关中山东方言岛调查研究十余年的系统总结。2020 年，我有幸获批国家社科基金一般项目"地理语言学视角下的西藏三江流域藏语康方言比较研究"，研究方向开始逐渐转向西藏的藏语方言。当然，这并不意味着关中山东方言岛调查研究的结束，我会一直关注它，从微观的角度去发掘它，如将关注焦点放在单点山东方言岛的调查研究上。

末了，感谢所有发音合作人，感谢在调查过程中给予我大力帮助的李民政、李飞、李宝栋，感谢陕西中医药大学付新军博士通读书稿时指出的不少错漏，感谢西藏民族大学科研处和文学院对本书出版的大力支持，感谢业师邢向东先生对本书出版的关心和极力推荐，感谢商务印书馆编辑薛亚娟女士的辛勤付出。

冬已去，春正来。少待时日，则会"等闲识得东风面，万紫千红总是春"。

陈荣泽

2023 年 2 月 15 日

于咸阳西藏民族大学

图书在版编目(CIP)数据

关中山东方言岛语言接触与演变研究 / 陈荣泽，脱慧洁著. —北京：商务印书馆，2023
ISBN 978-7-100-22039-2

I.①关… Ⅱ.①陈… ②脱… Ⅲ.①北方方言—方言研究—山东 Ⅳ.① H172.1

中国国家版本馆 CIP 数据核字（2023）第 113486 号

权利保留，侵权必究。

关中山东方言岛语言接触与演变研究
陈荣泽 脱慧洁 著

商 务 印 书 馆 出 版
（北京王府井大街36号 邮政编码100710）
商 务 印 书 馆 发 行
北京顶佳世纪印刷有限公司印刷
ISBN 978-7-100-22039-2

2023年7月第1版　　开本 787×1092　1/16
2023年7月北京第1次印刷　印张 20
定价：98.00元